CB081439

CONTRA-ORDENAÇÕES LABORAIS

REGIME JURÍDICO
(ANOTADO)

JOÃO SOARES RIBEIRO
(Jurista)

CONTRA-ORDENAÇÕES LABORAIS

REGIME JURÍDICO (ANOTADO)

3.ª Edição

ALMEDINA

CONTRA-ORDENAÇÕES LABORAIS
REGIME JURÍDICO

AUTOR
JOÃO SOARES RIBEIRO

EDITOR
EDIÇÕES ALMEDINA, SA
Av. Fernão Magalhães, n.° 584, 5.° Andar
3000-174 Coimbra
Tel.: 239 851 904
Fax: 239 851 901
www.almedina.net
editora@almedina.net

DESIGN DE CAPA
FBA

PRÉ-IMPRESSÃO | IMPRESSÃO | ACABAMENTO
G.C. – GRÁFICA DE COIMBRA, LDA.
Palheira – Assafarge
3001-453 Coimbra
producao@graficadecoimbra.pt

Janeiro, 2011

DEPÓSITO LEGAL
316226/10

Os dados e as opiniões inseridos na presente publicação
são da exclusiva responsabilidade do(s) seu(s) autor(es).

Toda a reprodução desta obra, por fotocópia ou outro qualquer
processo, sem prévia autorização escrita do Editor, é ilícita
e passível de procedimento judicial contra o infractor.

Biblioteca Nacional de Portugal – Catalogação na Publicação

PORTUGAL. Leis, decretos, etc

Contra-ordenações laborais : regime
jurídico / anot. João Soares Ribeiro.
3ª ed. – (Lei anotada)
ISBN 978-972-40-4311-1

I – SOARES, J. Ribeiro

CDU 349
347
331

NOTA INTRODUTÓRIA

Esta obra, tal como o título sugere, destina-se a uma análise das contra-ordenações laborais.

Porque agora, com o Código do Trabalho de 2009, a técnica legislativa foi alterada – passando as normas tipificadoras e determinativas do escalão de gravidade das contra-ordenações a integrar os artigos onde se prescrevem as condutas – acontece que as suas disposições se encontram disseminadas ao longo dos diplomas.

Neste contexto, porque por um lado se não quis fazer uma compilação legislativa e, por outro, se quis evitar uma obra demasiado extensa, optou-se, em regra, por transcrever apenas as disposições legais que integram o ilícito de mera ordenação social laboral.

A obra é composta por quatro partes:

Na primeira procede-se à anotação da Lei n.° 107/2009, que instituiu o regime processual das contra-ordenações laborais e da segurança social;

Na segunda, anotam-se muito sinteticamente as normas dos tipos legais de contra-ordenações, e dos crimes, e procede-se a uma análise do regime geral contido no Código do Trabalho (artigos 548.° a 566.°);

Na terceira, comenta-se o regime do planeamento, organização, e coordenação da segurança, higiene e saúde no trabalho nos estaleiros da construção, contido no Decreto-Lei n.° 433/82, de 27 de Outubro;

Finalmente, na quarta parte, procede-se a uma sucinta anotação de algumas disposições que consagram contra-ordenações em legislação extravagante ao Código do Trabalho.

O autor

ABREVIATURAS E SIGLAS

Ac.	– Acórdão
ACT	– Autoridade para as Condições de Trabalho
Al.	– alínea
art.	– artigo
arts.	– artigos
CC	– Código Civil
CO	– Contra-Ordenações
COL	– Contra-Ordenações Laborais
COSS	– Contra-Ordenações da Segurança Social
CPA	– Código do Procedimento Administrativo
CPP	– Código do Processo Penal
CPT	– Código do Processo de Trabalho
CRP	– Constituição da República Portuguesa
CT/2003	– Código do Trabalho de 2003
CT/2009	– Código do Trabalho de 2009
d.m.o.s.	– direito de mera ordenação social
DAR	– Diário da Assembleia da República
DL	– Decreto-Lei
HT	– Horário de trabalho
Ett	– empresa de trabalho temporário
i. a.	– *inter alia* (entre outros)
i. é	– isto é
IGT	– Inspector-Geral do Trabalho
IRCT	– Instrumento de Regulamentação Colectiva de Trabalho
ISS, I.P.	– Instituto da Segurança Social, Instituto Público
Jurisp	– Jurisprudência
L	– Lei
LG	– Lei Geral
LOFTJ	– Lei da Organização e Funcionamento dos Tribunais Judiciais
M.°P.°	– Ministério Público
n.os	– números
p. ex.,	– por exemplo

pnt	– período normal de trabalho
pp.	– páginas
pss	– plano de segurança e saúde
QL	– Questões Laborais
RDES	– Revista de Direito e Estudos Sociais
RGCO	– Regime Geral das Contra-Ordenações
SAM	– Sistema da Autoridade Marítima
shst	– Segurança, higiene e saúde no trabalho
ss.	– seguintes
SS	– Segurança Social
sst	– Segurança e saúde no trabalho
TRC	– Tribunal da Relação de Coimbra
TRE	– Tribunal da Relação de Évora
TRL	– Tribunal da Relação de Lisboa
TRP	– Tribunal da Relação do Porto
ut	– utilizador
Vd.	– Veja-se

PARTE I

REGIME PROCESSUAL DAS CONTRA-ORDENAÇÕES LABORAIS E DA SEGURANÇA SOCIAL CONTIDO NA LEI N.° 107/2009

LEI N.° 107/2009
de 14 de Setembro[1]

Aprova o regime processual aplicável às contra–ordenações laborais e de segurança social.

Nota:
A Lei 107/2009 tem origem na Proposta de Lei n.° 282/X/4.ª, publicada no DAR, II série A, n.°115/X/4, de 2009/05/16 (pág. 10-25). Da respectiva exposição de motivos, para além de se invocar o acordo tripartido celebrado entre o XVII Governo Constitucional e os parceiros sociais, de 25 de Julho de 2008, constam apenas como objectivos a simplificação legislativa e tornar a tramitação comum à ACT e ao ISS, I.P..

A Assembleia da República decreta, nos termos da alínea *c*) do artigo 161.° da Constituição, o seguinte:

CAPÍTULO I
Objecto, âmbito e competência

ARTIGO 1.°
Objecto e âmbito

A presente lei estabelece o regime jurídico do procedimento aplicável às contra-ordenações laborais e de segurança social.

Notas:
1 – Até esta Lei n.° 107/2009, para além de se encontrarem algumas normas de procedimento na LG das CO (arts. 33.° e ss. do DL 433/82), o regime especí-

[1] A não indicação da proveniência dos artigos significa que estes se encontram na lei sob anotação (L 107/2009).

fico das COL encontrava-se previsto nos arts. 630.° a 640.° do CT/2003 e o das COSS nos arts. 14.° a 32.° do DL 64/89, de 25/02. Estes últimos foram expressamente revogados pelo art. 64.°. Quanto aqueles, a sua revogação resulta da norma da alínea *e*) do n.° 3 do art. 13.° da Lei 7/2009, de 12/02, que aprovou o CT/2009. Mas, para além de normas destes diplomas, ainda se podem encontrar aqui, neste regime jurídico do procedimento, outras que anteriormente estavam contidas no Estatuto da IGT (DL 102/2000, de 02/06).

2 – Apesar de as normas adjectivas das COL e COSS se encontrarem nesta Lei 107/2009, a verdade é que continua a haver necessidade de, em certos aspectos aqui não regulados, se continuarem a aplicar supletivamente as disposições contidas na LG das CO (conforme, aliás, prescreve o art. 60.° desta Lei 107/2009) mesmo em institutos aqui tratados[2]. Ponto é que a regulamentação aqui prevista não colida com a da lei em anotação, mas dela seja meramente complementar.

3 – É a primeira vez que aparece tratado em conjunto o procedimento das COL e das COSS. Apesar de a tramitação de umas e outras passar a ser comum, a verdade, porém, é que a competência para o procedimento e para a decisão continua a ser própria de cada uma das autoridades, com excepção das CO dos dois tipos legais previstos no art. seguinte (contrato de trabalho dissimulado e falta de comunicação da admissão de trabalhador à SS).

4 – Concomitantemente com o disposto no presente artigo, determina o art. 186.°-J do CPT (redacção do DL 295/2009, de 13/10 e Declaração de Rectificação n.° 86/2009, publicada no DR, 1.as, n.° 227, de 23/11/2009):

"A impugnação de decisões de autoridades administrativas que apliquem coimas em processo laboral segue os termos do regime processual das contra-ordenações laborais, que consta de lei específica."

ARTIGO 2.°
Competência para o procedimento de contra-ordenações

1 – O procedimento das contra-ordenações abrangidas pelo âmbito de aplicação da presente lei compete às seguintes autoridades administrativas:

a) À Autoridade para as Condições do Trabalho (ACT), quando estejam em causa contra-ordenações por violação de norma que consagre

---

[2] Como será, p.ex., o caso do instituto das notificações, dos poderes dos inspectores, etc..

direitos ou imponha deveres a qualquer sujeito no âmbito de relação laboral e que seja punível com coima;

b) Ao Instituto da Segurança Social, I. P. (ISS, I. P.), quando estejam em causa contra-ordenações praticadas no âmbito do sistema de segurança social.

2 – Sempre que se verifique uma situação de prestação de actividade, por forma aparentemente autónoma, em condições características de contrato de trabalho, que possa causar prejuízo ao trabalhador ou ao Estado ou a falta de comunicação de admissão do trabalhador na segurança social, qualquer uma das autoridades administrativas referidas no número anterior é competente para o procedimento das contra-ordenações por esse facto.

Notas:

1 – A orgânica da ACT, incluindo a sua natureza e atribuições, encontra-se no DL 326-B/2007, de 28 de Setembro. Mas mantém-se em vigor o Estatuto da Inspecção-Geral do Trabalho contido no DL 102/2000, de 2 de Junho, com excepção dos revogados arts. 1.° a 4.°, de acordo, aliás, com o disposto no art. 20.° daquele.

2 – Quanto ao ISS, I.P., rege o DL 214/2007, de 29 de Junho, alterado pelo DL 163/2008, de 8 de Agosto, e a Portaria 638/2007, de 30 de Maio.

3 – Em termos de competência procedimental, a verdadeira inovação deste diploma encontra-se contida no n.° 2. Não se trata aqui da consagração de uma mera competência para a "fiscalização" daquelas duas infracções (falsos recibos verdes e falta de comunicação da admissão dos trabalhadores à SS), como se referiu no Parlamento quando da discussão na generalidade da Proposta de Lei 282/X/4.ª (DAR, II série, n.° 96/X/4, de 2009.06.26, pp. 9 a 13). Pode, aliás, dizer-se que a competência de cada uma das autoridades fiscalizarem o cumprimento da legislação própria da outra resultava já dos princípios gerais de direito e dos poderes de autoridade em que estão investidos os inspectores. Se estes, bem como as autoridades policiais, no exercício das suas funções, detectarem infracções contra-ordenacionais para cuja tramitação são competentes outras autoridades, deverão levantar o respectivo auto de notícia e remetê-lo à autoridade administrativa competente. É o que determina o art. 48.°, n.ºs 1 e 3, do DL 433/82, que, todavia, por razões de conjuntura político-legislativa, não fala em "auto" mas, antes, em "participação"[3].

A competência que aqui é atribuída à ACT – quanto à não inscrição dos trabalhadores na SS e ao ISS, I.P., por um lado, e quanto ao contrato de trabalho dis-

[3] Veja-se, a este propósito, J. Soares Ribeiro, «O auto de notícia de contravenção e contra-ordenação: valor probatório» – Questões Laborais – Ano I, n.° 3, 1994, pp. 136/137.

simulado em contrato de prestação de serviços, por outro – é de "procedimento das contra-ordenações" o que inclui, naturalmente, a competência para a aplicação da coima. Por isso, o legislador sentiu necessidade de determinar o intercâmbio das duas entidades sobre a informação trimestral quanto aos "procedimentos ... em curso" e às "coimas aplicadas". Embora, do mesmo passo, tenha igualmente prescrito a comunicação das outras infracções, agora num prazo de 10 dias (art. 62.°/1 e 2).

Verifica-se, assim, que, sendo embora a procedimentação comum às duas entidades, a competência material para a instrução dos processos e para aplicação das respectivas coimas e sanções acessórias é, salvo aquelas duas excepções, do organismo que tem a seu cargo a tutela dos interesses que a contra-ordenação visa defender ou promover.

4 – Uma solução semelhante à do n.° 2 pode encontrar-se no n.° 2 do art. 248.° da L 110/2009, de 16 de Setembro, sobre os regimes contributivos para a SS.

Aí se diz que "*Sempre que se verifique uma situação de prestação de actividade, por forma aparentemente autónoma, em condições características de contrato de trabalho, que possa causar prejuízo ao trabalhador ou ao Estado ou a falta de comunicação de admissão do trabalhador na segurança social, o processo e o procedimento das contra–ordenações compete ao ISS, I. P., ou à Autoridade para as Condições do Trabalho no território continental e, nas Regiões Autónomas, ao Centro de Segurança Social da Madeira e ao Instituto de Gestão de Regimes de Segurança Social nos Açores*."

Esta solução da competência conjunta, tem de ser, contudo, muito rigorosamente utilizada uma vez que a falta de intercâmbio de comunicação entre as duas autoridades pode levar facilmente à violação da proibição do princípio constitucional do *non bis in idem* (art. 29.°/5 da CRP).

5 – Não se compreende bem a inserção do requisito *"que possa causar prejuízo ao trabalhador ou ao Estado*" no n.° 2. Na verdade, independentemente de haver inúmeras situações reais de verdadeiro trabalho autónomo, e por isso perfeitamente legais, parece-nos que sempre que exista um contrato de trabalho dissimulado de prestação de serviço pode ter havido, ou pode vir a haver, prejuízo para o trabalhador. Se não também para o Estado. Daí que, não se tendo exigido que tenha já sido causado o prejuízo, mas apenas que o possa vir a causar,... tal condição parece despicienda e aquele segmento da norma letra morta.

6 – Sobre a questão da (in)constitucionalidade da atribuição da competência material às autoridades administrativas para o procedimento das contra-ordenações (e também para aplicação das coimas), pode ver-se o Acórdão do Tribunal Constitucional n.° 158/92[4] que conclui que o ilícito de mera ordenação social não

---

[4] Disponível em *http://www.dgsi.pt* e relatado por ANTERO ALVES MONTEIRO DINIS.

tem natureza idêntica ao ilícito criminal e que são diferentes os princípios jurídico-constitucionais, materiais e orgânicos da legislação das contra-ordenações e da legislação penal.

ARTIGO 3.°
Competência para a decisão

1 – A decisão dos processos de contra-ordenação compete:

a) Ao inspector-geral do Trabalho (IGT), no caso de contra-ordenações laborais;

b) Ao conselho directivo do ISS, I. P., no caso de contra-ordenações praticadas no âmbito do sistema de segurança social.

2 Nos termos do n.° 2 do artigo anterior a decisão dos processos de contra-ordenação compete ao inspector-geral do Trabalho quando o respectivo procedimento tiver sido realizado pela ACT e ao conselho directivo do ISS, I. P., quando tiver sido realizado pelo ISS, I. P.

3 – As competências a que se refere o presente artigo podem ser delegadas nos termos do Código do Procedimento Administrativo (CPA).

Notas:

1 – A norma correspondente à do n.° 1/*a*) encontrava-se até agora no art. 630.°/2 do CT/2003. Mas, em vez da expressão restritiva "competência para aplicação das coimas" que, na sua literalidade, excluía não só a competência para o arquivamento dos autos como ainda a competência para aplicação das sanções acessórias – por vezes bem mais gravosas que as próprias coimas[5] –, adoptou-se agora a expressão mais ampla de "decisão dos processos" que abrange também estes actos. Já na LG das CO a norma correspondente (art. 33.°) inclui ambas as competências.

2 – A norma correspondente à do n.° 1/*b*) encontrava-se até agora no art. 14.° do DL 64/89, de 25 de Fevereiro, sobre as CO da SS.

3 – A disposição do n.° 2 define que a competência da decisão cabe à autoridade administrativa que procedeu à instrução do processo nos dois tipos legais em que a competência material é comum às duas entidades.

Nestes termos, o IGT não é legalmente competente para aplicação de uma coima relativa a uma contra-ordenação por dissimulação de um contrato de traba-

[5] Sobre sanções acessórias ver na Parte II o art. 562.° e notas.

lho em prestação de serviço (com emissão de recibo verde) quando o processo for instruído e tramitado por pessoal da SS. O mesmo se passando, naturalmente, *mutatis mutandis*, com a competência do Conselho Directivo da SS.

E parece que o mesmo sucederá quando se tratar do mero levantamento do auto de notícia. Queremos com isto dizer que, apesar do contrário resultar do DL 433/82 (art. 48.°/3), no caso específico das COL e COSS o legislador pretende que, nos casos de competência material comum, quem autuar deverá instaurar, instruir, tramitar e decidir o processo. Apenas lhe incumbe comunicá-lo ao outro organismo (art. 62.°).

4 – As normas que no CPA regem a delegação de poderes encontram-se nos arts. 35.° a 41.°:

Artigo 35.°
Da delegação de poderes

1 – Os órgãos administrativos normalmente competentes para decidir em determinada matéria podem, sempre que para tal estejam habilitados por lei, permitir, através de um acto de delegação de poderes, que outro órgão ou agente pratique actos administrativos sobre a mesma matéria.

2 – Mediante um acto de delegação de poderes, os órgãos competentes para decidir em determinada matéria podem sempre permitir que o seu imediato inferior hierárquico, adjunto ou substituto pratiquem actos de administração ordinária nessa matéria.

3 – O disposto no número anterior vale igualmente para a delegação de poderes dos órgãos colegiais nos respectivos presidentes, salvo havendo lei de habilitação específica que estabeleça uma particular repartição de competências entre os diversos órgãos.

Artigo 36.°
Da subdelegação de poderes

1 – Salvo disposição legal em contrário, o delegante pode autorizar o delegado a subdelegar.

2 – O subdelegado pode subdelegar as competências que lhe tenham sido subdelegadas, salvo disposição legal em contrário ou reserva expressa do delegante ou subdelegante.

Artigo 37.°
Requisitos do acto de delegação

1 – No acto de delegação ou subdelegação, deve o órgão delegante ou subdelegante especificar os poderes que são delegados ou subdelegados ou quais os actos que o delegado ou subdelegado pode praticar.

2 – Os actos de delegação e subdelegação de poderes estão sujeitos a publicação no Diário da República ou, tratando-se da administração local, no boletim da autarquia, e devem ser afixados nos lugares do estilo quando tal boletim não exista.

Artigo 38.°
Menção da qualidade de delegado ou subdelegado

O órgão delegado ou subdelegado deve mencionar essa qualidade no uso da delegação ou subdelegação.

Artigo 39.°
Poderes do delegante ou subdelegante

1 – O órgão delegante ou subdelegante pode emitir directivas ou instruções vinculativas para o delegado ou subdelegado sobre o modo como devem ser exercidos os poderes delegados ou subdelegados.

2 – O órgão delegante ou subdelegante tem o poder de avocar, bem como o poder de revogar os actos praticados pelo delegado ou subdelegado ao abrigo da delegação ou subdelegação.

Artigo 40.°
Extinção da delegação ou subdelegação

A delegação e a subdelegação de poderes extinguem-se:

a) Por revogação do acto de delegação ou subdelegação;

b) Por caducidade, resultante de se terem esgotado os seus efeitos ou da mudança dos titulares dos órgãos delegante ou delegado, subdelegante ou subdelegado.

Artigo 41.°
Substituição

1 – Nos casos de ausência, falta ou impedimento do titular do cargo, a sua substituição cabe ao substituto designado na lei.

2 – Na falta de designação pela lei, a substituição cabe ao inferior hierárquico imediato, mais antigo, do titular a substituir.

3 – O exercício de funções em substituição abrange os poderes delegados ou subdelegados no substituído.

5 – A jurisprudência vem entendendo que a falta da menção da delegação de poderes não acarreta qualquer nulidade antes constituindo mera irregularidade. Neste sentido o Acórdão de 28/10/98 do TRL[6].

---

[6] Publicado em Acórdãos Doutrinais, 1998, p. 156-III, relatado por MIRANDA JONES.

6 – Sobre a constitucionalidade material da atribuição da competência de decisão de aplicação de coimas ao IGT e ao conselho directivo do ISS, I.P., ver nota 6 do art. anterior.

ARTIGO 4.°
Competência territorial

São territorialmente competentes para o procedimento das contra-ordenações, no âmbito das respectivas áreas geográficas de actuação de acordo com as competências previstas nas correspondentes leis orgânicas:

a) Os serviços desconcentrados da ACT em cuja área se haja verificado a contra-ordenação;

b) Os serviços do ISS, I. P., em cuja área se haja verificado a contra-ordenação.

Notas:

1 – Os serviços desconcentrados da ACT encontram-se previstos na Portaria n.° 1294-D/2007, de 28 de Setembro. Os do ISS, I.P., na Portaria n.° 638/2007, de 30 de Maio.

2 – Apesar da disposição específica deste preceito, continuará a ter aplicação o disposto nos arts. 35.° e 36.° da LG das CO:

Artigo 35.°
Competência territorial

1 – É territorialmente competente a autoridade administrativa concelhia em cuja circunscrição:

a) Se tiver consumado a infracção ou, caso a infracção não tenha chegado a consumar-se, se tiver praticado o último acto de execução ou, em caso de punibilidade dos actos preparatórios, se tiver praticado o último acto de preparação;

b) O arguido tem o seu domicílio ao tempo do início ou durante qualquer fase do processo.

2 – Se a infracção foi cometida a bordo de aeronave ou navio português, fora do território nacional, será competente a autoridade em cuja circunscrição se situe o aeroporto ou porto português que primeiro for escalado depois do cometimento da infracção.

Artigo 36.°
Competência por conexão

1 – Em caso de concurso de contra-ordenações será competente a autoridade a quem, segundo os preceitos anteriores, incumba processar qualquer das contra-ordenações.

2 – O disposto no número anterior aplica-se também aos casos em que um mesmo facto torna várias pessoas passíveis de sofrerem uma coima.

3 – Atente-se que a norma do art. 35.°/1/*a*) do DL 433/82, acima transcrita, inicialmente atribuía a competência territorial à circunscrição da autoridade onde "a infracção foi praticada ou descoberta". Mas as dúvidas que tal redacção levantava levaram o legislador a adoptar o critério da consumação da infracção.

Continuamos a defender[7] que o sentido da "verificação" da infracção, na letra deste art. 4.°, é o da sua consumação ou situação afim.

4 – Sobre o lugar da prática do facto rege o artigo 6.° do Dec.-Lei n.° 433/82:

"O facto considera-se praticado no lugar em que, total ou parcialmente e sob qualquer forma de comparticipação, o agente actuou ou, no caso de omissão, deveria ter actuado, bem como naquele em que o resultado típico se tenha produzido".

Assim:

- se a contra-ordenação consistiu, p. ex., na falta de entrega de documento de cessação do contrato de trabalho, o lugar do facto tanto pode ser a sede da empresa, onde o documento devia ser emitido, como a residência do trabalhador para onde tal documento devia ter sido enviado;
- se foi por um inspector determinada a uma empresa a exibição de certos documentos numa unidade da ACT, o lugar do facto será o dessas instalações, mas também pode ser o da sede da empresa, tanto mais que esta os podia ter enviado pelo correio a título devolutivo (art. 12.°/1).

---

[7] Tal como o fazíamos no domínio do CT/2003 – cfr. o nosso "Contra-Ordenações Laborais, 2.ª edição, Almedina 2003, nota 2 ao art. 631.°, pp. 256/257".

CAPÍTULO II
Actos processuais na fase administrativa

ARTIGO 5.°
Forma dos actos processuais

1 – No âmbito do procedimento administrativo, os actos processuais podem ser praticados em suporte informático com aposição de assinatura electrónica qualificada.

2 – Os actos processuais e documentos assinados nos termos do número anterior substituem e dispensam para quaisquer efeitos a assinatura autógrafa no processo em suporte de papel.

3 – Para os efeitos previstos nos números anteriores, apenas pode ser utilizada assinatura electrónica qualificada de acordo com os requisitos legais e regulamentares exigíveis pelo sistema de certificação electrónica do Estado.

4 – A tramitação processual no âmbito do procedimento administrativo pode ser efectuada informaticamente.

Notas:

1 – A assinatura electrónica permite identificar o seu titular como autor de um documento electrónico e resulta de um processamento electrónico de dados accionado única e exclusivamente pelo seu titular.

2 – Sobre o regime jurídico dos documentos electrónicos e da assinatura digital ver o DL n.° 290-D/99, de 2 de Agosto, na redacção do DL 62/2003, de 3 de Abril, e a Directiva n.° 1999/93/CE, do Parlamento Europeu e do Conselho, de 13 de Dezembro de 1999, que este último DL transpõe (*JO L 13 de 19.1.2000, p. 12-20*).

ARTIGO 6.°
Contagem dos prazos

1 – À contagem dos prazos para a prática de actos processuais previstos na presente lei são aplicáveis as disposições constantes da lei do processo penal.

2 – A contagem referida no número anterior não se suspende durante as férias judiciais.

Notas:

1 – Quiçá devido às vicissitudes que a contagem dos prazos nos processos civil e penal tem sofrido ao longo dos tempos, também a questão no âmbito do processo contra-ordenacional tem sido fonte das maiores dúvidas e incertezas. Tanto assim que o legislador do DL 244/95, de 14 de Setembro, depois de várias decisões contraditórias dos tribunais das Relações[8], sentiu necessidade de "esclarecer o modo como deve contar-se" estatuindo que "o prazo para impugnação da decisão da autoridade administrativa suspende-se aos sábados, domingos e feriados" (art. 60.° do DL 433/82)[9]. Encorajado por esta opção legislativa a Administração, quer por lugar paralelo com o que ela dispõe, quer porque entendia aplicável na fase administrativa do processo as regras do art. 72.°/1/b) do CPA, vinha a incluir apenas os designados "dias úteis" na sua contagem dos prazos (para prolação de despachos, cumprimento de determinações, realização de diligências, instrução de processos, etc.)[10].

A remissão que a lei ora faz para o processo penal, designadamente para o art. 104.°/1, que implica, por sua vez, o trazer à colação do art. 144.°/1 do CPC, impõe que a contagem dos prazos seja contínua. Tal tem como consequência prática uma redução geral dos prazos, para lá da redução ora imposta no "processo especial" (art. 29.°/3), e consequentemente um encurtamento temporal dos processos. Ponto é que tal desiderato legal seja viável.

2 – Este art. 6.°, integrado que está na fase administrativa, tem como objectivo que a autoridade administrativa passe a contar os prazos de forma contínua deixando, por isso de se suspender aos sábados, domingos e feriados e não se suspendendo, sequer, nas férias judiciais.

---

[8] Vd., p. ex., o Acórdão do TRL de 06/02/96, n.° conv. JTRL00000976, relatado por Nunes Ricardo, onde se afirma: "*O prazo para impugnar judicialmente decisão administrativa que aplicou coima, tem natureza substantiva, não lhe sendo aplicáveis as regras de contagem previstas no Código do Procedimento Administrativo artigo 72" e* o Acórdão do TRL de 05/07/95, n.° conv. JTRL0003052, relatado por Manuel Dias, onde se afirma*: "O prazo referido no n.° 3 do artigo 59 do Decreto-Lei n. 433/82, de 27 de Outubro, não sendo de natureza judicial é, porém, de natureza administrativa, sendo-lhe aplicável o artigo 72 do Código de Procedimento Administrativo. Não lhe é aplicável o art. 278 do Código Civil, pois não é de natureza substantiva*", ambos *com sumário* disponível em *http://www.dgsi.pt*.

[9] Assim se opondo à doutrina consagrada no Ac. do STJ n.° 2/94, com força vinculativa intra-judicial, publicado no DR de 07/05/94.

[10] De resto, também os Tribunais, mesmo os superiores, adoptavam o mesmo critério como pode ver-se, p. ex., no Acórdão do TRP de 01/06/2005, n.° conv. JTRP00038122, relatado por Dias Cabral, e disponível em *http://www.dgsi.pt*, onde se diz que: "*consideramos que na fase administrativa os prazos são contados de acordo com o estipulado no Código de Procedimento Administrativo*" e se dá nota de vários outros acórdãos no mesmo sentido.

E o que se passará quanto à fase judicial? Aí, duma maneira geral, a partir da reforma do CPC operada pelo DL 329-A/95, de 12/12, os prazos são contínuos. Todavia, até agora, o prazo de impugnação da decisão administrativa (20 dias), por força do que expressamente prescrevia (e continua a prescrever) o art. 60.° do DL 433/82 suspendia-se naqueles dias da semana. O que se passará agora?

Não parece minimamente congruente uma interpretação que considerasse que a Administração, a partir desta Lei n.° 107/2009, considerasse aqueles 20 dias seguidos e que os tribunais, por seu lado, continuassem a aplicar supletivamente a norma daquele art. 60.°[11], descontando, digamos assim, os fins de semana. A aberração duma solução desse tipo leva a considerar que também os tribunais devem ter por aplicável o n.° 1 deste preceito, todavia colocado na fase administrativa por erro de sistematização ou, quiçá mais rigorosamente, por miopia ou falta de previsão do legislador.

3 – Era entendimento unânime o de que, porque se não tinham os prazos do regime processual da fase administrativa das CO como prazos judiciais, não lhes eram aplicáveis as regras do justo impedimento ou aquela que permite que o acto possa ser praticado nos três dias seguintes ao termo do prazo mediante o pagamento de multa (art. 145.° /5 do CPC). Embora se continue a entender que na fase administrativa os prazos não são judiciais, a verdade é que a remissão feita no n.° 1 para "as disposições constantes da lei do processo penal", ou seja, designadamente, arts 104.°/1[12] e 107.°/5[13] do CPP e 145.°/5[14] do CPC, postulam agora outra interpretação.

4 – Não se suspendendo o prazo durante as férias judiciais, mas tendo os trabalhadores da Administração direito a férias, como quaisquer outros, e também como os magistrados, este será um dos casos em que o desiderato poderá não se lograr, provocando até uma atonia geral no cumprir da norma: Já que tudo é para resolver em prazo tão limitado, praticamente impossível de cumprir, então não valerá a pena cumprir prazo nenhum.

---

[11] Não se esqueça que o DL 433/82 é lex specialis nos processos de contra-ordenação, pelo que é ela que se aplica e não, directamente, o CPC (já que o CPP para aí remete).

[12] CPP – art. 104.°: 1. Aplicam -se à contagem dos prazos para a prática de actos processuais as disposições da lei do processo civil.

[13] CPP – art. 107.°: 5. Independentemente do justo impedimento, pode o acto ser praticado no prazo, nos termos e com as mesmas consequências que em processo civil, com as necessárias adaptações.

[14] CPC – art. 145.°: 5. Independentemente de justo impedimento, pode o acto ser praticado dentro dos três primeiros dias úteis subsequentes ao termo do prazo, ficando a sua validade dependente do pagamento, até ao termo do 1.° dia útil posterior ao da prática do acto, de uma multa de montante igual a um quarto da taxa de justiça inicial por cada dia de atraso, não podendo a multa exceder 3 UC.

Não sufragamos, todavia, e apesar do já designado "erro de sistematização" do preceito por inserido na fase administrativa, uma interpretação que tornasse aplicável o n.° 2 aos tribunais, caso que equivaleria a considerar urgentes todos os processos por CO.

5 – Sobre as férias judiciais rege o art. 12.° da LOFTJ (Lei n.° 52/2008, de 28/08, com a última versão da Rectif. n.° 86/2009, de 23/11) que diz:

"As férias judiciais decorrem de 22 de Dezembro a 3 de Janeiro, do domingo de Ramos à segunda-feira de Páscoa e de 1 a 31 de Agosto."

6 – Para aumentar a complexidade desta questão veio o recente Dec.-Lei n.° 35/2010, de 15/04, procedendo a novas alterações no domínio dos prazos, determinar que não se praticam actos processuais entre 15 e 31 de Julho e que durante tal período o prazo se suspende (arts. 143.°/1/*c*) e 144.°/1 do CPC). Ora a consequência lógica é a de que também essas normas aproveitam para a contagem dos prazos nos processos por COL e COSS, que assim, não se suspendendo nas férias judiciais, se suspendem entre aquelas datas.

ARTIGO 7.°
Notificações

1 – As notificações são dirigidas para a sede ou para o domicílio dos destinatários.

2 – Os interessados que intervenham em quaisquer procedimentos levados a cabo pela autoridade administrativa competente, devem comunicar, no prazo de 10 dias, qualquer alteração da sua sede ou domicílio.

3 – Se do incumprimento do disposto no número anterior resultar a falta de recebimento pelos interessados de notificação, esta considera-se efectuada para todos os efeitos legais, sem prejuízo do disposto no artigo seguinte.

Notas:

1 – Porque o CT/2003 nada dizia sobre notificações, aplicava-se supletivamente o disposto no art. 47.° da LG das CO e também o CPP, por força do art. 41.° daquele. Havia, porém, fortes dúvidas sobre se as regras de simplificação das notificações introduzidas no processo penal (e no processo civil) em 2003 se aplicariam no processo por contra-ordenação. Designadamente quanto à notificação via postal simples ou ao relevo e consequência jurídica a atribuir à recusa da notificação pelo arguido, que o artigo seguinte veio dissipar.

2 – O que a norma não esclarece é se a notificação do arguido é dirigida à sede que consta dos autos ou à que consta dos arquivos da unidade orgânica, que podem não coincidir, como tantas vezes sucede, sobretudo com os autos estradais lavrados pelas forças policiais. Propendemos a considerar que a primeira notificação deve ser efectuada no local indicado no auto, devendo, porém, a secretaria, oficiosamente, proceder a nova notificação no domicílio constante dos Serviços quando aquela se frustrar. Mas isso deveria ficar na letra da lei.

3 – A estatuição do n.° 2 e a cominação do n.° 3 têm algum paralelismo com o termo de identidade e residência (TIR), medida de coacção mínima aplicável ao arguido em processo penal (art. 196.° do CPP). Mas isso também quer significar que só se aplicam as medidas aqui enunciadas e não as que não foram transpostas do regime do CPP[15], por o legislador as não entender como adequadas a este processo.

4 – Com a entrada em vigor desta Lei 107/2009, ter-se-á eliminado a possibilidade de o processo prosseguir à revelia do infractor cujo paradeiro é desconhecido através da sua representação por defensor oficioso, como resultava dos arts. 26.°/2 e 27.° do DL 64/89 (anterior regime das CO da SS).

5 – Já a nomeação de defensor, que constava do art. 26.° do DL 64/89, e que não passou para o presente diploma, poderá continuar a praticar-se nos termos do art. 53.°/2 do DL 433/82 e da legislação de acesso ao direito e aos tribunais (Lei 34/2004, de 29/07, na redacção da Lei 47/2007, de 28/08 e Portaria 10/2008, de 03/01, alterada pela Portaria 210/2008, de 29/02).

6 – Relativamente a regras gerais sobre notificações em processo penal, consultar art. 113.° do respectivo Código.

ARTIGO 8.°
Notificação por carta registada

1 – As notificações em processo de contra–ordenação são efectuadas por carta registada, com aviso de recepção, sempre que se notifique o arguido do auto de notícia, da participação e da decisão da autoridade administrativa que lhe aplique coima, sanção acessória ou admoestação.

2 – Sempre que o notificando se recusar a receber ou assinar a notificação, o distribuidor do serviço postal certifica a recusa, considerando-se efectuada a notificação.

---

[15] Como, p. ex., a legitimidade da representação do arguido por defensor oficioso para os termos ulteriores do processo.

3 – A notificação por carta registada considera-se efectuada na data em que seja assinado o aviso de recepção ou no 3.° dia útil após essa data, quando o aviso seja assinado por pessoa diversa do notificando.

Notas:

1 – A notificação aqui prevista requer que seja adoptado pelas duas autoridades administrativas a quem este regime procedimental se aplica, um modelo de envelopes e de talões de avisos semelhantes aos que há muito estão a ser utilizados pelos serviços judiciários e outros.

A discriminação rigorosa dos actos e decisões que é feita na parte final do n.° 1 implica que não seja enviada sob registo, mas sim por carta simples, a decisão de arquivamento dos autos (n.° 1 do art. seguinte).

2 – Apesar da solução do n.° 2 ser um passo positivo na procura de arredar os entraves e obstáculos ao normal desenvolvimento dos processos, teme-se que continuem estes a ficar emperrados pelas constantes devoluções das notificações pelos serviços dos correios com a indicação de "fechado" ou "desconhecido", sendo certo que não é viável em processo de CO, por falta de expressa previsão, a notificação edital (arts. 113.°, n.° 1/d) e n.° 11 do CPP).

3 – Considerando que a esmagadora maioria das notificações em processo de CO laboral é feita a pessoas colectivas, designadamente sociedades comerciais, a regra da dilação da notificação para o 3.° dia após a data de assinatura do aviso vai ser a mais comum contribuindo para a delonga processual.

4 – Não está prevista a data de notificação quando, como tantas vezes sucede, o aviso vem assinado, mas não datado. Cremos que, nesse caso, se poderá aplicar a regra da notificação via postal simples (5.° dia posterior ao envio – art. 9.°/2), se tiverem sido cumpridos pelos funcionários os restantes pressupostos.

Jurisp.:

"Tendo a notificação da decisão administrativa sido efectuada por carta registada, conforme talão de aviso constante de fls. 143-A, o qual, apesar de assinado por quem a recebeu não tem informação sobre a data em que tal facto ocorreu, deveria o Tribunal ter oficiado aos CTT, ou procurado informação da data em que foi assinado o talão de aviso através do site dos CTT via Internet, o que não fez. Assim, nada habilitava o tribunal a poder considerar efectuada a notificação no dia imediato à expedição da notificação, ou em qualquer data certa, e decorrendo dos mesmos que a notificação da decisão administrativa foi enviada no dia 16 de Fevereiro de 2005 (cfr. fis.144), deverá a mesma ter-se por efectuada no dia 21 de Fevereiro seguinte (3.° dia útil subsequente), de acordo com o disposto no art. 113.° n.° 2 do Código de Processo Penal ex vi art. 41.° n.° 1 do Decreto-Lei n.° 433/82, de 27 de Outubro."

(Ac do TRL de 24/10/2006, Proc. 870472005-5, relatado por RICARDO CARDOSO)

ARTIGO 9.°
Notificação na pendência de processo

1 – As notificações efectuadas na pendência do processo não referidas no n.° 1 do artigo anterior são efectuadas por meio de carta simples.

2 – Quando a notificação seja efectuada por carta simples deve ficar expressamente registada no processo a data da respectiva expedição e a morada para a qual foi enviada, considerando-se a notificação efectuada no 5.° dia posterior à data ali indicada, devendo esta cominação constar do acto de notificação.

3 – Sempre que exista o consentimento expresso e informado do arguido ou este se encontre representado por defensor constituído, as notificações referidas no número anterior podem ser efectuadas por telefax ou via correio electrónico.

4 – Para efeitos do disposto no número anterior, considera-se consentimento expresso e informado a utilização de telefax ou correio electrónico pelo arguido como meio de contactar a autoridade administrativa competente.

5 – Quando a notificação seja efectuada por telefax ou via correio electrónico, presume-se que foi feita na data da emissão, servindo de prova, respectivamente, a cópia do aviso onde conste a menção de que a mensagem foi enviada com sucesso, bem como a data, hora e número de telefax do receptor ou extracto da mensagem efectuada, o qual será junto aos autos.

6 – Sempre que o arguido se encontre representado por defensor legal as notificações são a este efectuadas.

Notas:

1 – Este preceito, de par com os contidos nos arts. 21.°, 25.°/5, 28.° a 31.° e 39.°/4, é uma das concretizações do objectivo de simplificação anunciado na Proposta de Lei n.° 282/X/4.ª que se concretizou na Lei n.° 107/2009.

2 – Sobre notificações convém ter presentes as normas do art. 176.° /3 do CPC e art. 47.° da LG das CO.

Apesar de não constar expressamente da letra da lei – designadamente a solicitação dos interessados ou sendo do seu interesse – é prática usual entre as autoridades administrativas a solicitação de diligências a unidades territoriais mais próximas do domicílio daqueles (cartas precatórias). Mas, sem prejuízo de protocolos celebrados com autoridades estrangeiras (designadamente com a vizinha Espanha), não serão, em princípio, admissíveis as cartas rogatórias.

Se até aqui não havia dúvidas sobre a aplicação subsidiária do art. 47.°/3 do DL 433/82, que manda que a notificação seja dirigida ao defensor e comunicada por cópia ao arguido, agora, face à redacção do n.° 6, a dúvida poderia suscitar-se. Mas é nossa opinião que tal prática continuará a impor-se, já que, para lá de constituir uma garantia de defesa não despicienda, parece resultar da conjugação dos n.ºs 3 e 4 quando são utilizadas as novas tecnologias de comunicação. Na verdade, mesmo que o arguido tenha constituído defensor, ainda assim aquele deverá ser notificado pela mesma via quando tenha contactado a Administração por telefax ou correio electrónico.

3 – A regra do prazo de impugnação (da decisão administrativa) só começar a correr após a notificação da última pessoa, no caso de terem sido condenadas várias (art. 47.°/4 do DL 433/82), nos parece ser de continuar a aplicar. Mas haverá que distinguir se se trata de verdadeira notificação, como ocorre quando há vários arguidos que (ainda) não constituíram defensor, da mera comunicação ao arguido quando o defensor já foi notificado. Neste caso, parece-nos que a tentativa frustrada dessa comunicação não influirá na paralisação da contagem do prazo.

CAPÍTULO III
Da acção inspectiva

ARTIGO 10.°
Procedimentos inspectivos

1 – No exercício das suas funções profissionais o inspector do trabalho efectua, sem prejuízo do disposto em legislação específica, os seguintes procedimentos:

a) Requisitar, com efeitos imediatos ou para apresentação nos serviços desconcentrados do serviço com competência inspectiva do ministério responsável pela área laboral, examinar e copiar documentos e outros registos que interessem para o esclarecimento das relações de trabalho e das condições de trabalho;

b) Notificar o empregador para adoptar medidas de prevenção no domínio da avaliação dos riscos profissionais, designadamente promover, através de organismos especializados, medições, testes ou peritagens incidentes sobre os componentes materiais de trabalho;

c) Notificar para que sejam adoptadas medidas imediatamente executórias, incluindo a suspensão de trabalhos em curso, em caso de risco grave ou probabilidade séria da verificação de lesão da vida, integridade física ou saúde dos trabalhadores;

d) Levantar autos de notícia e participações, relativamente a infracções constatadas no exercício das respectivas competências, podendo ainda levantar autos de advertência em caso de infracções classificadas como leves e das quais ainda não tenha resultado prejuízo grave para os trabalhadores, para a administração do trabalho ou para a segurança social.

2 – No exercício das suas funções profissionais o inspector da segurança social efectua, sem prejuízo dos previstos em legislação específica, os seguintes procedimentos:

a) Requisitar e copiar, com efeitos imediatos, para exame, consulta e junção aos autos, livros, documentos, registos, arquivos e outros elementos pertinentes em poder das entidades cuja actividade seja objecto da sua acção e que interessem à averiguação dos factos objecto da acção inspectiva;

b) Levantar autos de notícia e participações, relativamente a infracções constatadas no exercício das respectivas competências, podendo ainda levantar autos de advertência em caso de infracções classificadas como leves e das quais ainda não tenha resultado prejuízo grave para a segurança social;

c) Notificar trabalhadores, beneficiários ou não, bem como entidades empregadoras, que sejam encontrados em situação de infracção, podendo igualmente proceder à notificação de outros cidadãos, com vista à sua inquirição como testemunhas e ou declarantes, com a faculdade de reduzir a escrito os respectivos depoimentos;

d) Direito de acesso livre-trânsito, nos termos da lei, pelo tempo e horário necessários ao desempenho das suas funções, nas instalações das entidades sujeitas ao exercício das suas atribuições;

e) Obter, das entidades fiscalizadas para apoio nas acções de fiscalização, a cedência de instalações adequadas, material e equipamento próprio, bem como a colaboração de pessoal que se mostre indispensável;

f) Trocar correspondência, em serviço, com todas as entidades públicas ou privadas sobre assuntos de serviço da sua competência;

g) Requisitar a colaboração necessária das autoridades policiais e administrativas, para o exercício das suas funções.

3 – O inspector do trabalho ou da segurança social, consoante os casos, pode, caso assim o entenda, notificar ou entregar imediatamente ao infractor os instrumentos referidos nos n.os 1 e 2.

4 – A notificação ou a entrega deve ser feita com a indicação da contra-ordenação verificada, das medidas recomendadas ao infractor e do prazo para o seu cumprimento, avisando-o de que o incumprimento das medidas recomendadas influi na determinação da medida da coima.

Notas:

1 – Sem prejuízo de os procedimentos aqui previstos constituírem transcrição de alguns dos anteriormente estatuídos, a ressalva da "legislação específica" implica que todas as actividades e poderes do inspector do trabalho ou do inspector da SS não contidas nesta Lei, mas que fazem parte do DL 102/2000, de 02/06, ou dos Estatutos do ISS, I.P., anexos à Portaria n.° 638/2007, alterada e republicada pela Portaria 1460-A/2009, de 31 de Dezembro, sejam aplicáveis. Daí a razão pela qual a regulamentação dos n.os 1 e 2, confiada na complementaridade dos respectivos estatutos orgânicos, não seja uniforme; não se podendo encontrar nela qualquer privilegiamento ou desconsideração de qualquer dos dois organismos, apesar de às quatro alíneas do n.° 1 relativas aos inspectores do trabalho, corresponderem 7 alíneas do n.° 2 referentes aos inspectores da SS, certamente por o estatuto destes ser bem mais lacunoso. É o que nos parece, apesar de no decurso do diploma se notar uma aproximação ao regime das COL (e não das COSS), de que são exemplo a advertência (art. 10.°/2/*b*)) ou o pagamento voluntário – que as COSS não contemplavam expressamente – ou o agravamento a título de reincidência que, também expressamente, afastavam (art. 19.°/*a*) e *b*) *in fine)*[16].

2 – Merece realce o facto de, pela primeira vez, aparecer consagrada na legislação própria a competência para os inspectores do trabalho poderem proceder à suspensão dos trabalhos como medida preventiva de sinistralidade laboral (n.° 1/*c*)). Já noutro local criticámos o regime jurídico da coordenação de segurança contido no DL 273/2003, de 29/10 – Parte III – por não ter adoptado esta

[16] O art. 3.°/2 do DL 64/89 afirmava textualmente que: "*A reincidência não é, nos termos do Decreto-Lei n.° 433/82, de 27 de Outubro, factor de agravamento das coimas*" consagrando, aliás, a teoria do Prof. EDUARDO CORREIA, in Direito Penal e Direito de Mera Ordenação Social – B.F.D.U.C., vol. XLIX, 1973, 272, segundo o qual "*... a imposição das referidas reacções administrativas não poderá considerar-se para efeitos de reincidência...*", doutrina seguida por autores como JOÃO CASTRO E SOUSA, – *A Aplicabilidade de Coimas às Pessoas Colectivas – As pessoas Colectivas em Face do Direito Criminal e do Chamado "Direito de Mera Ordenação Social*", Coimbra Editora, Ld.ª, 1985, pp. 136.

O art. 25.°, também do DL 64/89, falava da notificação do infractor se o processo não fosse arquivado, mas não se pronunciava sobre o pagamento voluntário.

solução, obrigando, por isso, os destinatários, ou seja essencialmente os empreiteiros e donos da obra, a socorrerem-se do Estatuto da IGT para encontrarem tal normativo (art. 10.°/1/*d*) do DL 102/2000)[17] que lhes é especialmente dirigido e, por isso, para ter efeito dissuasor deverá figurar nas leis que tutelam a redução da sinistralidade.

3 – O auto de advertência laboral perdeu alguma autonomia e relevo legal, uma vez que se encontrava até aqui definido no art. 632.° do CT/2003, um preceito contendo cinco números. Com a revogação deste artigo desapareceu a intrigante norma do seu n.° 5 sobre a manutenção das normas gerais relativas à desistência de que nunca descortinámos o sentido e razão de ser[18]. Manteve-se contudo a figura, embora com pressupostos distintos da que se encontrava no Código. Em lugar de se falar em "irregularidade sanável", o legislador optou por confinar a sua aplicação às "infracções classificadas como leves", excluindo as graves que, sendo sanáveis, podiam estar contidas nos parâmetros anteriores[19].

4 – O auto de advertência da SS, agora consagrado no n.° 2/*b*), é uma inovação relativamente ao regime anterior que o não contemplava, pois que se limitava ao auto de notícia, participação e denúncia (arts. 18.° e ss. do DL 64/89, de 25 de Fevereiro).

5 – Se se justifica a inclusão no n.° 3 de todos os instrumentos referidos em 1 e 2 (notificação para exibição de documentos, para adopção de medidas de prevenção de riscos, ou para inquirição de testemunhas; auto de suspensão de trabalhos; auto de notícia; participações; auto de advertência), já não nos parece correcto que no n.° 4 se incluam os autos de notícia cuja vocação não é, geralmente, a de determinar medidas que o infractor deva cumprir em prazo fixado, mas, outrossim, a de aplicar sanções por efectiva violação de direitos e interesses protegidos.

6 – Sem prejuízo de se considerar a não adopção das medidas recomendadas na advertência como uma agravante geral a considerar na determinação em concreto na medida da coima, a concretização legal de que o seu incumprimento, mesmo na hipótese de pagamento voluntário, aí influi, encontra-se prevista no n.° 4 do art. 19.°. É que, mesmo que o infractor pretenda beneficiar do pagamento da coima pelo montante mínimo, tendo havido prévio auto de advertência cujas medidas não foram respeitadas, esse valor pode ser determinado pela Administração como o mínimo da moldura do dolo e não da moldura da negligência[20].

---

[17] Cfr. J. Soares Ribeiro – *Responsabilidade pela Segurança na Construção Civil e Obras Públicas*, Almedina, 2005, p.114.

[18] Cfr. o nosso *Contra-Ordenações, cit., p. 258 (nota 2 ao art. 632.°).*

[19] Cfr. sobre o tema, para além das notas em *Contra-Ordenações, cit., p. 258 a 260,* o nosso *Discricionariedade no Exercício da Acção Inspectiva* – Prontuário do Direito do Trabalho – Act. n.° 79/81 (Jan-Dez/2008 – pp. 263-278).

[20] Sobre os valores das molduras das coimas, vd. art. 554.° do CT/2009.

7 – Acerca do levantamento de auto de advertência, pode ver-se o nosso trabalho *Discricionariedade no Exercício da Acção Inspectiva, in* Prontuário do Direito de Trabalho, n.ºs 79 a 81, pp. 263 a 278.

Jurisp.:

A – "... *a atribuição de uma tal faculdade* [de levantamento de auto de advertência], *não confere ao senhor inspector do trabalho um poder discricionário no sentido de dispor de um livre arbítrio entre perseguir ou deixar de perseguir o infractor em termos contra-ordenacionais, apenas lhe confere discricionaridade entre poder optar pelo levantamento de um ou de outro dos referidos autos o que "pressupõe a prossecução do objectivo que está subjacente à mens legis" e, ainda assim, condicionada à verificação de determinados pressupostos.*

(Ac do TRL de 04/10/2006, Proc. 5113/2006-4, relatado por José Feiteira).

B – *O juízo de oportunidade ou conveniência do levantamento do auto de advertência, a que se reporta o art. 632.°, n.° 1 do C. Trabalho*[de 2003] *(em detrimento do auto de notícia), está subtraído à possibilidade de posterior sindicância judicial, não sendo legalmente exigível à IGT o seu prévio levantamento.*

(Ac. do TRP de 18/06/2007, N.° Conv. JTRP00040428, relatado por Paula Leal de Carvalho).

ARTIGO 11.°
Notificação no âmbito de procedimentos inspectivos

No caso de entrega imediata, a notificação considera-se feita na pessoa do infractor quando seja efectuada em qualquer pessoa que na altura o represente, ou na sua falta, em qualquer trabalhador que se encontre a exercer funções no local.

Notas:

1 – Não se está aqui perante o tipo de notificações em sede de procedimento inserido num processo contra-ordenacional, de que cuidam os arts. 7.° a 9.°, destinado a dar a conhecer actos ou diligências processuais, e também o art. 17.° específico da primeira notificação das infracções, mas, antes, numa fase prévia, de notificações para a entrega dos instrumentos que resultam da intervenção inspectiva.

A "entrega imediata" pretende significar que os instrumentos referidos nos n.ºs 1 e 2 do art. anterior, sejam eles notificações sejam autos, podem ser lavrados no momento da visita inspectiva e imediatamente notificados. Mas porque assim é, não nos parece adequada a utilização do vocábulo "infractor", já que, muitas vezes, será apenas um notificando ou, quando muito, autuado ou advertido. De resto, é pouco frequente a notificação imediata de autos de notícia que são normalmente elaborados algum tempo após a verificação presencial da infracção, uma vez que pressupõem a recolha de elementos indispensáveis à determinação da moldura sancionatória[21]. Também a norma presume que o inspector se faça acompanhar dos meios técnicos necessários à elaboração do instrumento inspectivo.

2 – Em face do que se disse no início do número anterior, poderá surgir a questão da aplicação aqui do disposto no n.° 2 do art. 7.°. Ou seja, saber se o notificado de um procedimento inspectivo fica constituído no dever de comunicar, em dez dias, qualquer alteração da sede ou domicílio. Apesar de se tratar de tipos distintos de notificações, parece-nos que a letra daquele preceito é suficientemente ampla para permitir incluir as notificações a que se reporta este art. 11.°. Só assim não seria se a autoridade administrativa não fosse a "competente" para a instrução do processo, pois, nesse caso, também o instrumento não deveria ser entregue ao "infractor" mas, antes, remetido àquela autoridade.

3 – A fonte próxima deste preceito, que não constava das regras de procedimento do CT/2003, nem do regime das CO da SS, poderá ter sido o n.° 3 do art. 14.° do Estatuto da IGT (DL 102/2000) que determinava: "*A notificação considera-se feita na pessoa do infractor quando for efectuada em qualquer pessoa que na altura o represente, ainda que não possua título bastante para o efeito*".

Justifica-se a referência à notificação através de um trabalhador já que é, de longe, a situação mais comum encontrada pelos inspectores. É evidente que o teor da notificação, sob pena de responsabilidade disciplinar e/ou civil, é para ser levada imediatamente, ou logo que possível, ao conhecimento do empregador. Não estabelecendo a norma qualquer prazo de dilação (como sucede, p. ex., com a norma do art. 8.°/3), a notificação deverá ter-se feita na data em que o foi ao trabalhador. Todavia, poderá o empregador alegar que só mais tarde chegou ao seu conhecimento, cabendo-lhe, então, o ónus da prova.

A cominação da parte final do preceito já não se aplica nos outros tipos de CO, uma vez que aí funcionam as regras dos arts. 7.° a 9.°, designadamente a do art. 8.°/3, quando a notificação é assinada por pessoa diversa do notificando.

ARTIGO 12.°
Modo e lugar do cumprimento

1 – Se o cumprimento da norma a que respeita a contra-ordenação for comprovável por documentos, o sujeito responsável exibe ou envia a título devolutivo os documentos comprovativos do cumprimento no serviço ter-

---

[21] Embora, em rigor, o essencial do auto de notícia seja relatar factos presenciados.

ritorialmente competente da respectiva autoridade administrativa, dentro do prazo fixado.

2 – No caso de contra-ordenação não abrangida pelo disposto no número anterior, o inspector pode ordenar ao sujeito responsável pela contra-ordenação que, dentro do prazo fixado, comunique ao serviço territorialmente competente que tomou as medidas necessárias para cumprir a norma.

Notas:

1 – O preceito tem subjacente a ideia de que o procedimento inspectivo se destina fundamentalmente a obter a efectivação e efectividade do direito, o cumprimento das prescrições legais, e não a simples procura da sanção.

E embora se relacione com a disposição do art. 552.°/1 do CT/2009 que, por sua vez, teve por fonte os arts. 11.°/*e*) e 13.° do DL 102/2000 (sobre "apresentação de documentos"), rigorosamente pode não se tratar da mesma realidade ou, ao menos, ela é tratada em momentos diversos.

No artigo em análise está-se perante a necessidade de comprovação, documental (n.° 1), testemunhal ou compromissória (n.° 2), de que a norma foi cumprida. O momento próprio é o da actuação preventiva e conformadora da inspecção no serviço externo, designadamente nas instalações das empresas e de outros estabelecimentos. A disposição codicística, por sua vez, pressupõe uma notificação prévia do "serviço" que pode, todavia, ser feita, e muitas vezes sê-lo-á, pelos próprios inspectores.

2 – Parece, da redacção da norma do n.° 1, que a opção entre a exibição imediata e o envio a título devolutivo é do sujeito da obrigação. Mas em tempos de sociedade electrónica e de tecnologia de informação e comunicação[22], é estranha a rígida determinação do lugar do cumprimento com insistência (n.os 1 e 2) no "serviço territorialmente competente". Para comodidade dos sujeitos passivos das contra-ordenações, deveria ser possível a comprovação em qualquer das unidades territoriais dos respectivos organismos.

3 – Sobre o lugar da prática do facto, veja-se a nota 4 ao art. 4.°.

4 – Relacionado ainda com o tema da "apresentação de documentos", pode ver-se o crime de desobediência qualificada previsto no art. 547.°/a) do CT/2009, cujo tipo legal exige um preenchimento muito mais rigoroso dos respectivos pressupostos[23].

---

[22] Cfr. art. 5.°.

[23] Para uma tentativa de distinção entre o crime e a contra-ordenação (contidos anteriormente nos arts. 609.° do CT/2003 e 13.°/2 do DL 102/2000, vd. o nosso *O Crime de não apresentação pelo empregador de registos e outros documentos* – IX e X Congresso Nacional de Direito do Trabalho (10/11 de Novembro de 2005 e 16/17 de Novembro de 2006) – Almedina, Novembro, 2007, (pp. 33-53).

CAPÍTULO IV
Tramitação processual

SECÇÃO I
Da fase administrativa

ARTIGO 13.°
Auto de notícia e participação

1 – O auto de notícia e a participação são elaborados pelos inspectores do trabalho ou da segurança social, consoante a natureza das contra-ordenações em causa.

2 – Sem prejuízo do disposto em legislação especial, há lugar a auto de notícia quando, no exercício das suas funções o inspector do trabalho ou da segurança social, verificar ou comprovar, pessoal e directamente, ainda que por forma não imediata, qualquer infracção a normas sujeitas à fiscalização da respectiva autoridade administrativa sancionada com coima.

3 – Consideram-se provados os factos materiais constantes do auto de notícia levantado nos termos do número anterior enquanto a autenticidade do documento ou a veracidade do seu conteúdo não forem fundadamente postas em causa.

4 – Relativamente às infracções de natureza contra-ordenacional cuja verificação não tenha sido comprovada pessoalmente pelo inspector do trabalho ou da segurança social, há lugar à elaboração de participação instruída com os elementos de prova disponíveis e a indicação de, pelo menos, duas testemunhas e o máximo de cinco, independentemente do número de contra-ordenações em causa.

Notas:

1 – Acerca do n.° 1, e da competência da ACT ou do ISS, I.P., vejam-se as notas 3 aos arts. 1.°, 2.° e 3.°. Também para a mera elaboração do auto de notícia, ou até da participação, a competência é específica de cada um dos organismos, com a óbvia excepção das situações do art. 2.°/2. Mas, como se disse atrás, a competência comum, (competência genérica) que agora foi retirada, resulta(va) do teor do regime geral das CO (48.°/1 e /3).

Na verdade, se, por hipótese, um inspector do trabalho (ou da SS) no exercício das suas funções, verificar presencialmente indícios suficientes da existência duma contra-ordenação ambiental, poderá – antes, deverá – elaborar o respectivo auto e enviá-lo à autoridade competente.

2 – Continua (n.° 2) a seguir-se o critério, plasmado no Assento de 3 de Maio de 1985[24], da presencialidade pessoal e directa[25], mas não necessariamente imediata, do inspector. A presencialidade meramente mediata destina-se a permitir atribuir valor probatório ao auto contendo descrição de infracção cuja comprovação resultou, não da percepção sensorial contemporânea dos factos, mas da análise de documentos ou de prova pericial.

Já o art. 18.°/2 do ora revogado DL 64/89, relativo às CO da SS, limitava-se a dizer, muito mais imprecisamente, que havia lugar a auto quando a infracção fosse "*verificada por entidades ou serviços com competência para o levantar*".

3 – O n.° 3 representa uma importante inovação deste regime. Pela primeira vez a lei laboral vem dizer qual é o valor probatório do auto de notícia por contra-ordenação laboral. Até agora, e desde a introdução do direito de mera ordenação social[26], por falta de norma específica, havia necessidade de recorrer aos princípios gerais de direito contidos no CC, designadamente ao art. 369.°/1, que define documento autêntico – que o auto também é – e ao art. 371.°/1, que determina o valor probatório que estes documentos contêm.

De facto, desde que em 1 de Janeiro de 1988 entrou em vigor o actual CPP, que revogou o CPP de 1929, desapareceu a "fé em juízo" que o art. 169.° deste último consagrava, sendo que tal valor, contudo, era restrito aos autos por contravenção ou por crime, as figuras que integravam os quadros categoriais do regime anterior ao surgimento do ilícito contra-ordenacional. A partir de então, o auto de notícia por crime passou a valer como denúncia (art. 243.°/3 do CPP) e o de contravenção deixou de ter qualquer valor até que lhe foi reatribuído, no âmbito laboral, pelo DL 17/91, de 10/01 (art. 6.°/1)[27], e em legislação avulsa noutros âmbitos de intervenção administrativa.

---

24 Publicado no DR, 1.ª série, n.° 147, de 29/06/85: "*Na vigência do Decreto-Lei n.° 48/78, de 21 de Março, para um auto fazer fé em juízo, nos termos dos artigos 166.° e 169.°, § 2.°, do Código de Processo Penal, bastava que os factos tivessem sido pessoal e directamente presenciados pelo autuante, ainda que não de forma imediata*".

De facto, desde o Estatuto da IGT contido no DL 327/83, de 08/07 – que revogou e alterou o que constava do DL 48/78, onde a infracção podia ser verificada "por qualquer forma" – a redacção da norma sobre a presencialidade mantém-se praticamente inalterada (art. 7.°/1 do DL 102/2000 e art. 633.°/1 do CT/2003).

25 Para um caso de presencialidade indirecta, a propósito da orientação jurisprudencial contida no Ac. do TRL de 09/06/93, in BTE, 2.ª série, n.os 10 a 12 de 1996, vd. o nosso *O auto de notícia da Inspecção do Trabalho* – Questões Laborais – Ano VI, n.° 13, 1999, pp. 102-108;

26 Com o DL 232/79, de 24/07, e depois o DL 433/82, de 27/10.

27 Para maior desenvolvimento, vd., o nosso *Contra-Ordenações*, cit., p. 158 e ss..

O valor que a lei ora atribui ao auto de notícia por contra-ordenação é exactamente aquele que a doutrina[28] e a jurisprudência lhe vinham consagrando[29]. Mas não deixa de ser importante, e significativo, este reconhecimento legislativo.

Nos termos do n.° 3 consiste em terem-se por provados os factos materiais enquanto a autenticidade do auto, ou a veracidade do que nele está relatado, não forem fundadamente postos em causa. Só pois os factos materiais, e não também os juízos de valor, as proposições conclusivas, a invocação das normas jurídicas ou a subsunção dos factos ao direito. Não há, por isso, no auto de notícia qualquer presunção de culpabilidade, como erradamente na década de oitenta do século passado chegou a ser defendido por uma corrente jurisprudencial[30]. Aliás, em rigor, o auto para estar completo basta-se com os elementos fácticos enumerados no art. 15.°/1. Não necessita, em princípio, de conter quaisquer factos sobre o elemento subjectivo. Todavia, estas considerações têm que ser completadas com as que se fazem a propósito do art. 17.°/1 sobre a notificação do auto ao arguido[31].

4 – O n.° 4, relativo à elaboração da participação pela SS, contém uma importante inflexão legislativa relativamente ao que constava do art. 18.°/3 do DL 64/89. Segundo o qual haveria lugar à participação quando a infracção, em lugar de ser verificada por "*entidades ou serviços*" competentes, fosse "*constatada por qualquer funcionário no exercício das suas funções*". Agora, em aproximação do que tradicionalmente se vem verificando no âmbito laboral[32], e é, sem dúvida, mais correcto do ponto de vista dos princípios gerais da intervenção administrativa e fiscalizadora, a elaboração da participação tem lugar quando a infracção verificada pelo inspector da SS não seja por ele presencialmente comprovada. Mas, se concordamos com esta alteração legislativa, já não podemos deixar de criticar o valor que o art. 14.°/3 lhe atribui[33].

---

[28] Vd., os nossos *Contra-Ordenações*, cit., p. 166 e ss. e *O auto de notícia de contravenção e contra-ordenação: valor probatório* – Questões Laborais – Ano I, n.° 3, 1994, pp. 129-143;

[29] Cfr., p. ex., o Acórdão do STJ de 09/10/73, in BMJ 230.°; p. 123, ou o recente Acórdão do TRE n.° 550/08-3, de 22/04/2008, relatado por ACÁCIO PROENÇA, e disponível em http://www.dgsi.pt.

[30] Cfr., v.g., o Acórdão da Relação do Porto, in BTE, 2.ª série, n.° 4/82, p. 554 e ss, onde se afirma que "*...com a remessa a juízo dos autos de notícia – equivalente por lei a acusação – logo recai sobre o acusado a afirmação de haver cometido certa infracção, ou seja, de ser "culpado" dela...*".

[31] Vd. também as notas 1 e 2 ao art. 39.°. Sobre a errónea inserção sistemática do n.° 3 na fase administrativa do processo, vd. final da nota 1 ao mesmo art. 39.°.

[32] Vd., p. ex., o art. 8.° do DL 110/2000, ou o art. 633.°/2 do CT/2003.

[33] Vd. as notas 1 e 2 ao art. 14.°.

5 – O DL 64/89 que continha o regime das CO da SS falava nos arts. 18.°/1 e 3, 21.° e 22.° da denúncia. Esta era comunicada à instituição por uma entidade particular e devia obedecer a certos requisitos formais como o de conter a identificação do denunciante. Face à ausência de qualquer referência legal na Lei 107/2009 a esta figura, poder-se-ia ser levado a pensar que ela teria perdido todo o relevo. Outra será a conclusão, se atentarmos que ela continua contemplada na LG das CO (art. 54.°/1 e 2), e em termos tais que até a denúncia anónima poderá ser relevante. Tudo dependendo do resultado da investigação a que houver lugar.

Jurisp.:

A – *1. O auto de notícia é levantado, nas contraordenações laborais, pelo inspector do trabalho quando no exercício das suas funções verificar ou comprovar, pessoal e directamente, ainda que de forma não imediata, qualquer infracção às normas sujeitas à fiscalização da IGT (art. 633.°, n.° 1 do CT). 2. Atento o conceito que resulta dos arts. 363.°, n.° 2 e 369.°, n.° 1 do Cód. Civil, o auto de notícia reveste as características de documento autêntico, o que lhe confere a relevância probatória a que alude o art. 169.° do CPP (que tem de considerar-se acolhido em processo contraordenacional ex vi art. 41.°, n.° 1 do DL n.° 433/82 e também em processo contraordenacional laboral por força do art. 615.° do CT). 3. Assim, os factos materiais constantes do auto de notícia, como documento autêntico que é, consideram-se provados enquanto a autenticidade do documento ou a veracidade do seu conteúdo não forem fundadamente postas em causa.*

(Ac do TRE de 22/04/2008 – Proc. 550/08.3, relatado por Acácio Proença).

B – *Os Militares da Guarda Nacional Republicana encontram-se permanentemente de serviço. II – O agente de autoridade que, não se encontrando no exercício das suas funções de fiscalização, presencia a prática de uma contra-ordenação levanta o respectivo auto, mas este não faz fé em juízo.*

(Ac do TRP de 14/03/2007 Proc. 0647091, n.° conv. JTRP00040129, relatado por Jorge Jacob).

C – *Não faz fé em juízo o auto de notícia no qual a inspectora do trabalho que o lavrou não refere, em parte alguma, que tenha presenciado pessoal e directamente, por qualquer forma (mediata ou imediatamente) a infracção noticiada.*

(Ac do TRL de 19/11/2003 Proc. 6284/2003-4, relatado por Sarmento Botelho).

ARTIGO 14.°
Auto de infracção

1 – O auto de infracção é levantado por qualquer técnico da segurança social.

2 – Há lugar a auto de infracção quando seja verificada por qualquer técnico no exercício das suas funções infracção correspondente a contra-ordenação da segurança social.

3 – Consideram-se provados os factos materiais constantes do auto levantado nos termos do número anterior enquanto a autenticidade do documento ou a veracidade do seu conteúdo não forem fundadamente postas em causa.

Notas:

1 – Nos termos do art. 18.° do DL 64/89 ora revogado, o processo de contra-ordenação podia iniciar-se por um auto de notícia, por participação ou por denúncia particular. O auto teria lugar quando a infracção fosse verificada por "entidades competentes", i. é, por inspectores, a participação quando verificada por "qualquer funcionário" e a denúncia quando fosse comunicada por "entidade particular".

Não havia naquela lei nenhuma referência legal ao valor do auto de notícia, corroborando, aliás, o que dizemos na nota 3 ao art. 13.°. Curiosamente, porém, a norma do art. 18.°/3 do mesmo DL, pressurosamente atribuía à participação o mesmo valor – *recte "valor idêntico"* – do auto de notícia. Era, certamente, uma solução enviesada ditada por razões de utilização de recursos humanos a custo menos elevado[34]. Agora, em vez de "qualquer funcionário", a norma fala de "qualquer técnico". Se aqui se ganhou alguma coisa, pois que parece terem ficado afastados da elaboração da participação, sem desprimor para eles, os assistentes administrativos ou os elementos do pessoal auxiliar, já quanto ao valor probatório da participação, pois de uma verdadeira participação aqui se trata, embora a lei lhe chame "auto de infracção", é caso para dizer que é muito pior a emenda que o soneto.

Na verdade, o que agora se verifica é: i) quando é um inspector da SS verificar a infracção, terá – e muito bem! – de obedecer aos requisitos legais da presencialidade[35]; mas se for um outro qualquer técnico já a lei (n.° 2) lhe não faz a mesma exigência; ii) se for um inspector da SS a ter de elaborar uma participação por não ter presenciado a infracção ele terá – e muito bem! – de juntar testemunhas para credibilizar o relato; mas se for um outro qualquer técnico, mesmo que a infracção seja verificada por qualquer forma, (porque a lei não exige nenhuma), o seu relato – os factos materiais dele constantes (n.° 3) – tem especial valor de prova!!! Ou seja, é muito mais valorada a credibilidade de um qualquer técnico do

[34] Ou seja, a utilização de meros técnicos em vez de inspectores.

[35] Cfr. nota 2 ao art. 13.°.

que a de um inspector da SS. É mais credível uma participação que um auto de notícia, cuja infracção tem de ser presenciada por um inspector!...

2 – Estamos, de novo, confrontados com a inconstitucionalidade da verificação por qualquer forma[36], de que falava o há muito defunto preceito contido no art. 25.°/1 do DL 48/78, de 21/03 (Estatuto da IGT). Que desembocou na Resolução n.° 292/80 do Conselho da Revolução[37] que o declarou inconstitucional com força obrigatória geral "*... na parte em que se admite a verificação «por qualquer forma» e, portanto, independentemente da presencialidade da comprovação*". Que resultou em arquivamento de numerosos autos remetidos aos tribunais. E só veio a ser definitivamente resolvido pela alteração da norma legal[38] e pelo já referido Assento de 3 de Maio de 1985. Mas aqui, na disposição em anotação, com uma agravante: É que nem sequer a qualidade de inspector é exigida ao agente da notícia da contra-ordenação.

Ora, o especial valor probatório que é atribuído pela lei a determinados agentes do Estado – agora, a partir da Lei da Vinculação, das Carreiras e das Remunerações dos Trabalhadores que Exercem Funções Públicas, apenas os que têm vínculo de nomeação, entre os quais se conta o pessoal de inspecção[39] – resulta da especial fé pública que, em virtude das funções que desempenham, a lei lhes confere e que eles, na respectiva tomada de posse, assumem, solenemente, o compromisso de honrar. É patente que nem esta formalidade nem tal atributo se podem verificar nos técnicos da SS. E, também por isso, a norma do n.° 3 pode e deve ser declarada inválida.

ARTIGO 15.°
Elementos do auto de notícia, da participação e do auto de infracção

1 – O auto de notícia, a participação e o auto de infracção referidos nos artigos anteriores mencionam especificadamente os factos que constituem a contra-ordenação, o dia, a hora, o local e as circunstâncias em que foram cometidos e o que puder ser averiguado acerca da identificação e residência do arguido, o nome e categoria do autuante ou participante e,

---

[36] E por qualquer pessoa.

[37] Publicada no D.R., 1.ª série, n.° 191, de 20/8/80.

[38] O art. 29.° do DL 327/83, de 08/07.

[39] Cfr. alínea *f)* do art. 10.° da Lei 12-A/2008. O pessoal da inspecção é aquele que, ao lado das Forças Armadas, representação externa do Estado, informação de segurança, investigação criminal e segurança pública, mantém o vínculo de nomeação, ficando todo o restante com contrato de trabalho em funções públicas.

ainda, relativamente à participação, a identificação e a residência das testemunhas.

2 – Quando o responsável pela contra-ordenação seja uma pessoa colectiva ou equiparada, indica-se, sempre que possível, a sede da pessoa colectiva e a identificação e a residência dos respectivos gerentes, administradores ou directores.

3 – No caso de subcontrato, indica-se, sempre que possível, a identificação e a residência do subcontratante e do contratante principal.

Notas:

1 – A redacção deste preceito (se retirarmos a referência ao "auto de infracção", que não integra os instrumentos das COL) é semelhante à do art. 634.° do CT/2003. Todavia, no n.° 2, para lá de se ter alterado a forma verbal[40], aditou-se a expressão "a sede da pessoa colectiva", cuja indicação pelo autuante, embora tácita, parece que resultava já inequivocamente da norma anterior.

A participação, porque ao contrário do auto cuja infracção foi "presenciada" não tem um especial valor probatório – ou seja, os factos nela relatados são de livre apreciação pelo julgador – necessita de conter a identificação e residência de, pelo menos, duas testemunhas, sendo que uma delas poderá ser o próprio participante. Neste caso, antes da notificação ao arguido dos factos ali relatados, deverá ser feita instrução prévia, designadamente através da audição das testemunhas que deverão corroborar aqueles factos.

2 – As testemunhas indicadas na participação são testemunhas de acusação e, por isso, ao contrário do que sucede com as testemunhas de defesa (art. 21.°/1), são obrigadas a comparecer sob pena da sanção pecuniária prevista no art. 52.° da LG das CO.

3 – A *ratio* de o n.° 2 prescrever a indicação "sempre que possível" da identificação e residência dos gerentes, directores ou administradores da pessoa colectiva, não tem que ver com a obrigatoriedade de a contra-ordenação ter de ser materialmente praticada por uma pessoa singular, tal como sucedia com as contravenções integradas nos quadros categoriais do direito penal. Se no plano naturalístico assim é, no plano legal há muito que foi ultrapassada a tese de que *societas delinquere non potest*. Aliás, uma das razões práticas do aparecimento do direito das contra-ordenações foi, precisamente, a susceptibilidade da sua aplicação directa às pessoas colectivas[41], rompendo com a teoria de estas não serem

---

[40] Substituiu-se, quanto a nós sem qualquer vantagem, o vocábulo "for" por "seja".

[41] Já em 1973 o Prof. EDUARDO CORREIA no seu *Direito Penal e Direito de Mera Ordenação Social*, cit. p. 272, falava no alargamento dos agentes a quem as sanções típicas das CO podem ser impostas, precisamente as pessoas colectivas

capazes de acção e de culpa[42]. Por isso, o Prof. FIGUEIREDO DIAS desde 1982[43] vem ensinando que se justifica que no d.m.o.s. "... *se não façam sentir quaisquer dificuldades no tocante à aplicação directa e plena das coimas ás pessoas colectivas*". Tem que ver, outrossim, com o facto de aqueles representantes legais serem responsáveis solidários com a própria pessoa colectiva pelo pagamento da coima e, por isso, haver necessidade de serem notificados para tal efeito.

Aliás, mais tarde, num outro lugar, o mesmo Professor explicitava melhor a sua ideia considerando que o dogma da ciência penal (hoje também já aí ultrapassado) de que a acção relevante tem necessariamente por base a actuação de pessoas físicas, não tem aplicação no âmbito do d.m.o.s.[44].

"*A acção relevante no âmbito do Direito de Mera Ordenação Social é toda a conduta susceptível de ser praticada pelas pessoas que o sistema considera serem agentes idóneos de contra-ordenações*"[45].

4 – O n.° 3 foi aditado pelo legislador do CT/2003. Embora a solução aí defendida decorresse já dos princípios gerais, cremos que foi sua intenção, com a inserção dessa norma, vincar que em casos de subcontratação, para além do subcontratante responsável pela infracção, deve no mesmo auto identificar-se também o contratante, não só para que este possa vir a ser responsabilizado solidariamente pelo pagamento da coima, nos termos do disposto no n.° 4 do artigo 551.° do CT/2009, como também para que um e outro saibam que estão envolvidos no processo. Tratar-se-á de acentuação da função preventiva e dissuasória que a actuação coerciva sempre comporta, e que se justifica sobretudo agora em que este tipo de responsabilidade solidária é aplicável a todas as infracções muito graves[46].

5 – Os factos no auto devem ser *especificados*, isto é, discriminados, relatados com suficiente pormenor para poderem ser facilmente apreendidos pelo arguido e por ele contestados, se esse for o caso[47].

---

[42] Em sentido contrário, vd., o Ac. do TRE de 03/12/2009, Proc. 2768/08.7TBSTR.E1, relatado por CARLOS BERGUETE COELHO, disponível em *http://www.dgsi.pt*.

[43] Cfr. – O Movimento da Descriminalização e o Ilícito de Mera Ordenação Social – Jornadas de Direito Criminal – O Novo Código Penal Português e Legislação Complementar, Fase I, CEJ, pp. 317 e ss.

[44] Cfr. *Para uma dogmática do direito penal secundário*, pp. 48/49 e nota 120.

[45] Apud FREDERICO DE LACERDA DA COSTA PINTO – *O Ilícito de Mera Ordenação Social e a Erosão do Princípio da Subsidiariedade da Intervenção Penal* – *in* RPCC 7 (1997), p. 20.

[46] Ao contrário do que sucedia até ao CT/2003, em que a responsabilidade solidária era aplicável apenas quando fossem violadas normas de shst ou relativas à idade mínima de admissão.

[47] Cf. a doutrina consagrada no Acórdão n.° 1/2003, in DR, 1.as. A de 25/1/2003.

Como se observou já[48], não fazem parte dos elementos do auto as normas que prevêem e punem a infracção nem as que determinam a moldura da coima ou das sanções acessórias, pelo que um auto que as não contenha é perfeitamente regular e tem o valor probatório que o art. 13.°/3 lhe atribui.

Jurisp.:

I – O artigo 283.°, n.° 3 do CPP não é aplicável à fase administrativa do processo de contra-ordenação. II – Assim, não é nulo o auto de notícia, se dele não constar o período de inibição de conduzir, nem a norma que prevê a aplicação dessa sanção. É certo que não se pode aplicar uma coima ou sanção acessória, sem antes se dar ao arguido a possibilidade de se pronunciar sobre a contra-ordenação que lhe é imputada e a sanção ou sanções aplicáveis, mas isso decorre do art. 50.° do DL 433/82, de 27/10, e não de outra norma.

(Ac. do TRP de 06/10/2008, Proc. 0715317, relatado por MANUEL BRAZ).

ARTIGO 16.°
Impedimentos

O autuante ou o participante não podem exercer funções instrutórias no mesmo processo.

Notas:

1 – Esta norma, que pretende a salvaguarda dos direitos do autuado/arguido, constituindo como que uma manifestação tímida e incipiente do princípio de estrutura processual acusatória típico de todos os Estados após a Revolução Francesa, e que a fase administrativa do processo contra-ordenacional, atenta a organização hierárquica, manifestamente não pode consagrar, mantém-se no regime das COL desde a sua primeira versão[49].

Todavia, agora, face à redacção da parte final do corpo do n.° 3 do art. 29.°, poder-se-á questionar a sua aplicabilidade no “processo especial” dos arts. 28.° a 31.°. Dizendo-se ali que a revelia ou o incumprimento dum arguido nesse processo, determina o seu imediato prosseguimento “de acordo com as regras previstas nos artigos 17.° a 27.°”, deixa de fora, além de outros, precisamente este art. 16.°, o que poderia significar que não seria aplicável este impedimento no processo simplificado[50].

---

[48] Parte final da nota 3 ao art. 13.°.

[49] Cfr. art. 51.°/1 do DL 491/85, de 26/11.

[50] Vd., contudo, a nota 2 ao art. 29.°.

2 – Também suscitava alguma reserva a circunstância de, no âmbito laboral, o dirigente do serviço ter de confirmar o auto antes do seu envio ao arguido – era tal acto considerado mesmo como condição de eficácia do auto de notícia – e antes da instrução propriamente dita, para, a final, vir o mesmo dirigente a proferir a decisão, situação que era tida por mais gravosa para os direitos do arguido que aquela a que se refere a norma anotanda. Nesta, está em causa a pessoa do instrutor, naquela, a pessoa do decisor. Todavia, a confirmação do auto – que continua a figurar na letra do art. 7.°/3 do Estatuto da IGT (DL 102/200) – desapareceu com a entrada em vigor do CT/2003[51] e, por isso, essa entorse à estrutura acusatória, ou mais propriamente, esta manifestação ostensiva da estrutura inquisitória do processo por contra-ordenação, já não ocorre.

3 – Concluir-se-ia por argumento *a contrario* extraído da redacção deste art. 16.°, que o "técnico da segurança social" que, nos termos do art. 14.°/1 pode levantar o auto de infracção, poderia ser o instrutor do respectivo processo. É mais um exemplo da incoerência legislativa ou da tentativa falhada de aproveitamento duma situação fáctica desajustada aos cânones jurídico-administrativos actuais.

4 – Um outro apontamento que se pode fazer com base na redacção deste preceito, é o de que desapareceu a referência legal ao pessoal a quem é confiada a instrução dos processos e a quem cabe a coadjuvação[52], que no regime anterior[53] cabia aos técnicos e técnicos de inspecção, no primeiro caso, e aos técnico-profissionais e administrativos, no segundo.

ARTIGO 17.°
Notificação ao arguido das infracções laborais

1 – O auto de notícia, a participação e o auto de infracção são notificados ao arguido, para, no prazo de 15 dias, proceder ao pagamento voluntário da coima.

2 – Dentro do prazo referido no número anterior, pode o arguido, em alternativa, apresentar resposta escrita ou comparecer pessoalmente para apresentar resposta, devendo juntar os documentos probatórios de que disponha e arrolar ou apresentar testemunhas, até ao máximo de duas por cada infracção.

---

[51] Cfr. *Contra-Ordenações,* cit. p. 173 e nota 1 ao art. 635.°, p. 265/6.

[52] O que, na realidade, consolidada que está agora a prática processual contra-ordenacional, se torna perfeitamente dispensável.

[53] Cfr. art 639.°/1 do CT/2003.

3 – Quando tiver praticado três ou mais contra-ordenações a que seja aplicável uma coima única, o arguido pode arrolar até ao máximo de cinco testemunhas por todas as infracções.

Notas:

1 – Dissemos já[54] que o auto por contra-ordenação se deverá considerar perfeito com a relação dos factos da infracção e os elementos constantes do art. 15.°/1, entre os quais se não incluem os relativos à culpa ou às normas que prevêem e punem a infracção e a moldura sancionatória. E, na verdade, assim é. Não obstante, o n.° 1 determina que o auto (bem como a participação e o auto por infracção) é notificado ao arguido para permitir o pagamento voluntário, e o n.° 2 que o arguido pode proceder ao exercício do direito de defesa. De resto, também resulta do art. 50.° do DL 433/82 que "*não é permitida a aplicação de uma coima ou uma sanção acessória sem antes se ter assegurado ao arguido a possibilidade de, num prazo razoável, se pronunciar sobre a sanção ou sanções em que incorre*".

Ora, por esta razão, para permitir que o arguido possa exercer plena, cabal e conscientemente o seu direito, devem aqueles elementos constar do auto que constitui a acusação. Por isso: ou o auto já os contém, e pode sem mais ser notificado ao arguido[55]; ou não, caso em que deverá ser previamente instruído com tais elementos. Dando-se assim também cumprimento, ao disposto no Assento n.° 1/2003[56].

2 – A possibilidade de o arguido poder pagar voluntariamente a coima no prazo de 15 dias contados da notificação da acusação é um direito que lhe assiste

---

[54] Nota 3 ao art. 13.° e nota 3 ao art. 15.°.

[55] ANTÒNIO LEONES DANTAS, em *Considerações sobre o processo das contra-ordenações, Revista do M.°P.°, n.° 55 (1993), p. 104,* afirma que "*...ao auto de notícia segue-se por norma a entrada do processo da fase da acusação e defesa, dispensando-se a instrução propriamente dita.*"

[56] Publicado no D.R., n.° 21, de 25 de Janeiro de 2003, que decidiu: "*Quando, em cumprimento do disposto no artigo 50.° do regime geral das contra-ordenações, o órgão instrutor optar, no termo da instrução contra-ordenacional, pela audiência escrita do arguido, mas, na correspondente notificação, não lhe fornecer todos os elementos necessários para que este fique a conhecer todos os aspectos relevantes para a decisão, nas matérias de facto e de direito, o processo ficará doravante afectado de nulidade, dependente de arguição, pelo interessado/notificado, no prazo de 10 dias após a notificação, perante a própria administração, ou, judicialmente, no acto de impugnação da subsequente decisão/acusação administrativa*".

Tenha-se, porém, em conta que estará subjacente ao "assento" a instrução de processos tributários com instrução prévia, isto é, fora do flagrante delito que constitui o auto de notícia.

(n.º 2) e que a Administração não pode limitar. Por isso, qualquer acto ou diligência efectuados nesse prazo no processo não pode traduzir-se em encargos para o arguido, uma vez que, nos termos do art. 19.º/1/*a*), o pagamento, correspondente ao montante mínimo da coima na moldura da negligência, é efectuado sem custas processuais. Excedido esse prazo, apesar de o pagamento da coima poder continuar a ser feito no mesmo montante até à decisão final, dá lugar às custas.

3 – A partir da altura em que foi revogada a norma do DL 491/85 que determinava que as testemunhas indicadas pelo arguido deveriam por ele ser apresentadas[57], sempre foi fonte de dúvidas saber a quem incumbe esse dever: se ao arguido ou se será a instrução a convocá-las. E se oficiosamente ou se a solicitação daquele. A questão ficou agora resolvida no art. 21.º/1.

4 – A regra do n.º 3 foi aditada por esta Lei 107/2009. No regime anterior (art. 635.º) o limite máximo das testemunhas era de três por infracção. Se agora esse número foi reduzido a duas (n.º 2) acrescentou-se ainda mais um limite para a hipótese, aliás muito frequente no domínio laboral, de concurso de contra-ordenações que dá lugar à aplicação de uma só coima[58]. Encontra-se na fase judicial uma norma paralela de limitação do número de testemunhas (art. 47.º/3/4), certamente ditada por preocupações de celeridade processual.

5 – Apesar da epígrafe do artigo se referir às "infracções laborais", e de haver um preceito específico para as "infracções de segurança social" (artigo seguinte), a verdade é que o n.º 1 ao incluir a referência ao "auto de infracção", que é específico da SS, acaba também por ser aplicável às CO sob tutela do ISS, I.P..

6 – Se o arguido não apresentar defesa, a instrução torna-se mais simplificada, uma vez que a descrição dos factos que lhe são imputados, das provas e das circunstâncias da infracção é feita por simples remissão para o instrumento que originou o processo (art. 25.º/4), expoente máximo da simplificação e celeridade processuais.

ARTIGO 18.º
Notificação ao arguido das infracções de segurança social

1 – O arguido é notificado dos factos que lhe são imputados para, no prazo de 15 dias, proceder ao pagamento voluntário da coima, ou para contestar, querendo, devendo apresentar os documentos probatórios de

57 Norma constante do art. 52.º/2 que foi revogada pela L 116/99, de 04/08.

58 Veja-se sobre o concurso os arts. 19.º e 20.º do DL 433/82. Art. 19.º/1: "*Quem tiver praticado várias contra-ordenações é punido com uma coima cujo limite máximo resulta da soma das coimas concretamente aplicadas às infracções em concurso*".

que disponha e arrolar testemunhas, até ao máximo de duas por cada infracção.

2 – Quando tiver praticado três ou mais contra-ordenações a que seja aplicável uma coima única, o arguido pode arrolar até ao máximo de cinco testemunhas por todas as infracções.

Notas:

1 – Não vemos razão para a existência desta norma relativa à notificação específica das infracções de segurança social, uma vez que ela já se integra na do preceito antecedente. E nenhuma especificidade se detecta na análise das regras contidas neste art. 18.°, quando comparadas com as do anterior. No aqui em anotação, o arguido é notificado "dos factos" e no art. 17.° é notificado do auto de notícia (participação, ou auto de infracção). Mas quando destes factos notificado o arguido, factos esses que integram o elemento objectivo e também o subjectivo, deverá ser igualmente notificado das normas que prevêem e punem a infracção, bem como da moldura da coima e das circunstâncias agravantes ou atenuantes que influem na sua medida concreta (v. g., a reincidência) e da eventual sanção acessória. Ou seja, de todos os elementos que também devem integrar o auto de notícia (ou de infracção) com valor de acusação[59], sob pena de violação do direito de audiência e defesa com assento constitucional (art. 32.°/10 da CRP).

2 – Sobre a limitação do número de testemunhas, quer por cada infracção quer em caso de concurso, a disposição legal corresponde exactamente à da notificação das infracções laborais. Por isso, também aqui não haveria razão para a autonomização desta norma.

3 – Se o arguido não apresentar defesa, a instrução torna-se mais simplificada, uma vez que a descrição dos factos que lhe são imputados, das provas e das circunstâncias da infracção é feita por simples remissão para o instrumento que originou o processo (art. 25.°/4)[60].

ARTIGO 19.°
Pagamento voluntário da coima

1 – Em qualquer altura do processo, mas sempre antes da decisão da autoridade administrativa competente, nos casos em que a infracção seja qualificada como leve, grave ou muito grave praticada com negligência, o

[59] Cfr. nota 1 ao art. 17.°.

[60] Vd. nota 6 ao art. anterior.

arguido pode proceder ao pagamento voluntário da coima, nos termos seguintes:

a) Em caso de pagamento voluntário da coima efectuado no prazo de 15 dias estabelecido no n.° 1 dos artigos 17.° e 18.°, a coima é liquidada pelo valor mínimo que corresponda à contra-ordenação praticada com negligência, devendo ter em conta o agravamento a título de reincidência, sem custas processuais;

b) Em caso de pagamento voluntário da coima efectuado posteriormente ao decurso do prazo previsto na alínea anterior, mas antes da decisão da autoridade administrativa competente, a coima é liquidada pelo valor mínimo que corresponda à contra-ordenação praticada com negligência, devendo ter em conta o agravamento a título de reincidência, acrescido das devidas custas processuais.

2 – Se a contra-ordenação consistir na falta de entrega de mapas, relatórios ou outros documentos ou na omissão de comunicações obrigatórias, o pagamento voluntário da coima só é possível se o arguido sanar a falta no mesmo prazo.

3 – O pagamento voluntário da coima, nos termos do n.° 1, equivale a condenação e determina o arquivamento do processo, não podendo o mesmo ser reaberto, e não podendo os factos voltar a ser apreciados como contra-ordenação, salvo se à contra-ordenação for aplicável sanção acessória, caso em que prossegue restrito à aplicação da mesma.

4 – Se o infractor agir com desrespeito das medidas recomendadas no auto de advertência, a coima pode ser elevada até ao valor mínimo do grau que corresponda à infracção praticada com dolo.

Notas:

1 – Como se observa, o pagamento voluntário da coima é possível, não apenas durante os primeiros 15 dias (arts. 17.°/1 e 18.°/1), mas até à decisão final administrativa. Da redacção do n.° 1, porém, parece, por exclusão de partes, retirar-se a (aparente) conclusão de que, tal como no domínio do regime anterior[61], não seria legalmente admissível o pagamento voluntário da coima em caso de contra-ordenação praticada com dolo. Todavia, como vemos de seguida, esta é uma conclusão que pode não estar correcta.

[61] Cfr. art. 636.°/1 do CT/2003 ou art. 23.°/1 da lei 116/99, de 04/08.

2 – Há que dizer que só se pode falar em contra-ordenação praticada com negligência e, por maioria de razão, praticada com dolo, depois de uma decisão administrativa definitiva ou decisão judicial transitada em julgado (art. 79.° do DL 433/82). Pelo que, no domínio dos princípios, mesmo a contra-ordenação muito grave será à partida, i.é, antes de finda a instrução, meramente negligente.

Claro que o mesmo raciocínio se poderia fazer para a contra-ordenação leve ou grave. Todavia, nas contra-ordenações leves, há que ter em consideração os efeitos do auto de advertência. Se tiver sido levantado este auto, e o advertido não tiver cumprido as medidas aí recomendadas, pode no auto de notícia, na participação ou na instrução subsequentes a coima ser elevada até ao mínimo da moldura dolosa (n.°4). Mas este efeito é agora restrito às contra-ordenações leves, porque no regime implantado em 2009, só perante estas pode ser tal auto de advertência levantado (arts. 10.°/1/*d*) e 10.°/2/*b*). Não assim no regime anterior, onde esse tipo de auto podia ser levantado quando se tratasse de "irregularidade sanável"[62] que, em rigor, poderia abranger também as infracções graves, e até as muito graves.

O que daqui resulta no regime actual, é que o arguido duma contra-ordenação leve para pôr fim ao processo pode ter que pagar coima pelo montante (mínimo) do dolo, ao passo que ao arguido em contra-ordenação grave assiste o direito de pagar sempre pelo mínimo da negligência. E parece que o mesmo direito assiste também ao arguido em contra-ordenação muito grave. Ao limitar a "advertência" às contra-ordenações leves o legislador acabou por criar a incoerência no corpo do n.° 1 – de que, eventualmente, se não terá apercebido – de manter, na fase do pagamento voluntário, a hipótese de contra-ordenações graves com dolo.

Aliás, indo ao âmago da questão, dir-se-á que, tendo a coima uma finalidade admonitória[63], não há qualquer interesse em que o processo contra-ordenacional prossiga quando o arguido a deseje pagar. Muito mais quando tal pagamento contém o agravamento da coima por reincidência[64] e, sobretudo, porque o pagamento voluntário não inibe a prossecução do processo para aplicação de sanção acessória, se esse for o caso. Não há, por isso, nenhuma razão para não pôr fim a um pro-

---

[62] Cfr. art. 632.°/1 do CT/2003.

[63] Cfr. do Prof. Figueiredo Dias – *in O Movimento da Descriminalização e o Ilícito de Mera Ordenação Social – Jornadas de Direito Criminal – O Novo Código Penal Português e Legislação Complementar*, Fase I, CEJ, p, 331: A culpa na contra-ordenação consiste na *"imputação do facto à responsabilidade social do seu autor: dito de outro forma, da adscrição social de uma responsabilidade que se reconhece exercer ainda uma função positiva e adjuvante das finalidades admonitórias da coima"*.

[64] Vd. o segmento final das normas das alíneas *a*) e *b*) do n.° 1 do art. 19.°.

cesso que vai sempre terminar ... pelo pagamento de uma coima[65]. A não ser que fosse para aumentar o seu montante. Mas, nessa altura, então o que se deveria aumentar era o limite mínimo da moldura negligente.

3 – Faz-se notar que a faculdade de pagamento voluntário das coimas da SS não se encontrava expressamente prevista no regime anterior, embora seja de crer que fosse aplicada por força da remissão que ali era feita para o regime geral das CO (art. 1.°/1).

4 – O n.° 3 é uma simbiose de três disposições legais antecedentes.

A primeira parte do preceito resulta do que estava contido no art. 636.°/5 do CT/2003. Aí, porém, surgiu devido à necessidade de esclarecer que também o pagamento voluntário tinha efeitos na reincidência. Ou seja, não era apenas a condenação proferida no final do processo, mas também o pagamento feito por livre vontade do arguido no âmbito de uma contra-ordenação muito grave[66], que era tido como "cometimento de infracção" para determinar o agravamento da coima por reincidência. Na redacção actual é mais ampla a abrangência do efeito da equiparação do pagamento voluntário à condenação, pelo que dela se podem retirar outros efeitos para além do da reincidência[67].

A segunda parte tem por fonte a norma do art. 79.° da LG das CO, que prescreve o efeito da decisão administrativa definitiva ou do caso julgado judicial: a preclusão de novo conhecimento do facto infraccional, para obviar a que um arguido possa ser punido duas vezes pela mesma contra-ordenação, ou seja, levar à aplicação do princípio constitucional *non bis in idem* (art. 29.°/5 da CRP).

A parte final é a transposição para este regime das COL e das COSS da norma genérica do art. 50.°-A/2 da LG das CO[68]. Apesar de o processo, em princípio findar pelo pagamento da coima, tal não sucederá se à contra-ordenação for também aplicável uma das sanções acessórias previstas no art. 562.° do CT/2009, caso em que prosseguirá para esse efeito. Veja-se ainda a norma paralela do art. 31.°, integrada no processo especial, bem como a nota 2.

5 – A equivalência à condenação de que fala o n.° 3 – e que agora, ao contrário do que constava do art. 636.°/5 do CT/2003 não é restrita à reincidência –

---

[65] O processo por contra-ordenação não pode ter por objectivo estigmatizar o arguido. Aliás, nenhum processo, judicial ou não, o pode ter, sem prejuízo de em muitos casos, ao contrário do que sucede com aquele, o arguido não lhe poder pôr termo voluntariamente.

[66] O problema só se punha (art. 626.°/1 do CT/2003), e só se põe (art. 561.°/1 do CT/2009), relativamente às contra-ordenações muito graves, porque relativamente às graves tem de haver condenação em dolo para produzir agravação por reincidência.

[67] P. ex., para permissão do pagamento em prestações – vd. art. 27.°/1 e nota 1.

[68] Que dispõe: "*O pagamento voluntário da coima não exclui a possibilidade de aplicação de sanções acessórias*".

significa que o arguido que paga voluntariamente a coima aceita a verificação dos factos constitutivos da contra-ordenação constantes da acusação ou do auto de notícia.

Por isso, estando legalmente prevista sanção acessória, a defesa do arguido deverá ser restrita à inexistência dos pressupostos da sua aplicação ou ao tipo de sanção acessória aplicável (art. 562.°/1 e 2 do CT/ 2009).

6 – A propósito do n.° 4, defendendo-se que a aplicação do montante (mínimo) do dolo – e não da negligência – é agora restrita às contra-ordenações leves, veja-se a nota 6 ao art. 10.°.

Porém, se a Administração do Trabalho considerar que em todo e qualquer caso de preexistência de um auto de advertência, a que se sucede um auto de notícia por incumprimento das medidas naquele recomendadas há lugar à determinação da moldura da coima correspondente ao dolo, ou seja, se considerar a norma do n.° 4 de aplicação automática, então, estaremos possivelmente perante uma interpretação de sentido inconstitucional. A nosso ver, no n.° 4 continua a consagrar-se uma presunção legal de dolo. Mas uma presunção ilidível. É certo que, no caso de a Administração do Trabalho notificar o autuado pelo montante da coima correspondente ao grau de dolo, se o arguido a quiser pagar voluntariamente o terá de fazer por esse montante mínimo (do dolo e não da negligência). Mas não é menos verdade que também pode contestar a existência desse grau de culpa, podendo vir a ser condenado como meramente negligente, pese embora o "*desrespeito* (pelo cumprimento) *das medidas recomendadas no auto de advertência*" ou, mesmo, ser absolvido da prática de infracção.

De outro modo, isto é, a admitir-se a existência de presunção inilidível, e a concluir-se que sempre teria o arguido de ser condenado em dolo, estar-se-ia a violar o princípio da presunção de inocência do arguido (*in casu*, autuado) até ao trânsito em julgado de decisão condenatória[69], contido no n.° 2 do artigo 32.° da CRP, e que julgamos aplicável também no âmbito do ilícito de mera ordenação social.

ARTIGO 20.°
Responsabilidade solidária pelo pagamento da coima

O disposto nos artigos 17.°, 18.° e 19.° é aplicável, com as necessárias adaptações, ao sujeito solidariamente responsável pelo pagamento da coima.

---

[69] Ou até se formar decisão definitiva, no caso de ser da competência das autoridades administrativas.

Notas:

1 – Com este preceito se pretende dizer que em caso de contra-ordenação muito grave cometida por um subcontratante que execute obra ou serviço nas instalações do contratante, ou tão-só sob a sua responsabilidade (art. 551.°/4, do CT/2009, hipótese genérica de responsabilidade solidária prevista neste Código), este contratante deve não só ser notificado do auto que contenha a sua identificação como responsável solidário, como ainda lhe deve ser dada a possibilidade de proceder ao pagamento voluntário da coima (proveniente da contra-ordenação praticada pelo subcontratante) e de contestar. Esta contestação/excepção, todavia, não pode ser quanto à prática da contra-ordenação – que é da responsabilidade do subcontratante[70] – mas quanto à sua (do contratante) eventual falta de relação contratual com aquele e/ou quanto à verificação da devida diligência. É que o contratante tem o direito de demonstrar que, nos preliminares do contrato civil que estabeleceu com aquele a quem adjudicou parte da obra que anteriormente lhe fora a si empreitada, *agiu com a diligência devida*. Mas cabe-lhe o ónus dessa demonstração, como resulta do facto de o legislador (do CT/2003) ter substituído pela expressão "salvo se demonstrar que agiu com a diligência devida"[71] a que anteriormente dizia "se se demonstrar que agiu sem a diligência devida".

2 – Sobre outras modalidades de responsabilidade solidária, *maxime* responsabilidade solidária no cometimento da contra-ordenação, remete-se para o art. 551.° do CT/2009 e nota 9.

ARTIGO 21.°
Testemunhas

1 – As testemunhas indicadas pelo arguido na resposta escrita devem por ele ser apresentadas na data, na hora e no local indicados pela entidade instrutora do processo.

2 – Os depoimentos prestados nos termos do número anterior podem ser documentados em meios técnicos áudio-visuais.

3 – Os depoimentos ou esclarecimentos recolhidos nos termos do número anterior não são reduzidos a escrito, nem é necessária a sua transcrição para efeitos de recurso, devendo ser junta ao processo cópia das gravações.

---

[70] E, por isso, o contratante é parte ilegítima.

[71] Que agora consta do segmento final do art. 551.°/4 do CT/2009.

Notas:

1 – O preceito do n.° 1 constitui uma importante inovação do regime processual de 2009[72]. Fica agora claro que é ao arguido, e não à instrução, que compete o dever de apresentação das testemunhas, mesmo que o seu rol, contendo a sua identificação completa, conste dos autos. Mas também pode suceder que o arguido opte pura e simplesmente por as revelar na data designada para a sua inquirição. Veja-se a nota 3 ao art. 17.°.

2 – Há que atentar que as testemunhas de que aqui se cuida são as testemunhas de defesa. Outra é a solução no caso das testemunhas de acusação de que fala o art. 15.°/1, cuja comparência deve ser determinada pela instrução sob a cominação de sanção pecuniária compulsória, faltando ou recusando-se a depor (art. 52.° do DL 433/82).

3 – O conteúdo dos n.os 2 e 3 tem por objectivo a simplificação e celeridade processuais.

Sendo certo que no n.° 3 a lei fala em "recurso", estamos no quadro da secção I, relativa à fase administrativa (arts. 13.° a 31.°), pelo que é certo referir-se à instrução ocorrida perante a ACT ou o ISS, I.P., quando a decisão é objecto de impugnação. Ora, nos termos do art. 37.° desta Lei 107/2009, valendo a apresentação dos autos pelo M.°P.° ao juiz como mera acusação[73], isso significa que, em caso de impugnação da matéria de facto, a prova produzida nesta fase não tem grande relevo[74], pelo que, na prática, a bem pouco se resumirá o interesse da norma aqui contida. É que na fase judicial, antes se aplicam as normas que constam da tramitação do recurso em processo penal (art. 50.°/4).

4 – A propósito das testemunhas, que são um dos principais meios de defesa do arguido, pode aqui referir-se que não há nenhuma consequência negativa para o facto de o arguido prescindir em absoluto da defesa na fase administrativa do processo. Mesmo que não tenha oferecido qualquer resposta à acusação que lhe foi feita, nem oferecido qualquer meio de defesa, pode o arguido, apresentando impugnação judicial atempada, vir a fazer no tribunal a prova de que não cometeu a infracção em que foi condenado, sem que aquela sua atitude possa ter qualquer reflexo negativo na decisão judicial.

---

[72] Se bem que essa solução decorria já do 1.° regime das COL (DL 491/85, art. 52.°/2) sendo, contudo, abandonada pela Lei 116/99, de 04/08.

[73] Tal como consta do art. 62.°/1 do DL 433/82, de 27/10.

[74] Tem, aliás, o relevo que o decisor judicial lhe quiser dar (art. 47.°/2).

ARTIGO 22.º
Adiamento da diligência de inquirição de testemunhas

1 – A diligência de inquirição de testemunhas apenas pode ser adiada uma única vez, ainda que a falta à primeira marcação tenha sido considerada justificada.

2 – Considera-se justificada a falta motivada por facto não imputável ao faltoso que o impeça de comparecer no acto processual.

3 – A impossibilidade de comparecimento deve ser comunicada com cinco dias de antecedência, se for previsível, e no dia e hora designados para a prática do acto ou no prazo de vinte e quatro horas em caso de manifesta impossibilidade, se for imprevisível, constando da comunicação a indicação do respectivo motivo e da duração previsível do impedimento, sob pena de não justificação da falta.

4 – Os elementos de prova da impossibilidade de comparecimento devem ser apresentados com a comunicação referida no número anterior.

Notas:

1 – Merece aplauso a clarificação destas regras aplicáveis às diligências processuais na fase administrativa, uma vez que era muito questionável a transposição das que constam de qualquer dos processos judiciais (p. ex., art. 116.º do CPP).

2 – A falta de comparência regulada respeita apenas às testemunhas. Nada se diz quanto à falta de comparência dos advogados. Mas as regras do preceito em anotação não lhes são aplicáveis, devendo, à semelhança do que está prescrito nos arts. 116.º/3 e 117.º/8 do CPP, a falta de comparência ser comunicada à Ordem dos Advogados.

ARTIGO 23.º
Legitimidade das associações sindicais como assistentes

1 – Nos processos instaurados no âmbito da presente secção, podem constituir-se assistentes as associações sindicais representativas dos trabalhadores relativamente aos quais se verifique a contra.-ordenação.

2 – À constituição de assistente são aplicáveis, com as necessárias adaptações, as disposições do Código de Processo Penal.

3 – Pela constituição de assistente não são devidas quaisquer taxas.

Notas:

1 – A norma constante do n.° 1 teve a sua primeira aparição na ordem contra-ordenacional juslaboral com o regime das COL de 1999[75]. A sua leitura apressada poderia levar a concluir pela necessidade de se dar conhecimento ao sindicato ou sindicatos para efeito de se constituírem assistentes, querendo, sempre que se iniciasse um qualquer processo por contra-ordenação.

Pensamos não ser esta, porém, a melhor interpretação.

O que justifica o "interesse em agir" do sindicato é, não a aplicação duma qualquer sanção a uma entidade patronal, designadamente quando estejam em causa meros deveres para com a Administração do Trabalho, como acontecia com todas as contra-ordenações previstas no Dec.-Lei n.° 491/85[76], já que a pretensão punitiva aí pertence ao Estado, através da Administração, mas apenas e só quando estiverem em causa contra-ordenações por directa violação de direitos dos trabalhadores (v.g. falta de pagamento de salários) ou dos seus representantes (direito de greve ou obstáculo ao exercício da actividade sindical) pelo que há que fazer uma interpretação restritiva da norma em apreço.

2 – Há uma dificuldade com a aplicação prática desta prescrição legal e que pode resultar até do sigilo sobre a filiação sindical. É que, se pela natureza da contra-ordenação, algumas vezes se pode deduzir a existência da associação sindical interessada, noutras tal só é possível se ela ou o trabalhador afectado o vierem a revelar nos autos. A mera possibilidade de os trabalhadores poderem estar filiados numa de várias associações, ou não estarem em nenhuma, aumenta as dificuldades.

3 – As disposições do CPP sobre os assistentes constam dos arts. 68.° a 70.°.

Tal como resulta do art. 69.° do CPP, os assistentes têm a posição de colaboradores do instrutor do processo, a cuja actividade subordinam a sua posição. Podem, porém, oferecer provas e requerer diligências, bem como interpor recurso da decisão administrativa que arquive o processo.

Nos termos do art. 70.° do CPP, os assistentes são sempre representados por advogado. Havendo mais do que um são todos representados por um só advogado.

4 — Sobre a legitimidade dos sindicatos para intentar acções em representação dos interesses colectivos dos seus associados ou na defesa colectiva dos seus

[75] Cfr. art. 26.° da Lei n.° 114/99, de 04/08.

[76] Segundo o preâmbulo do DL 491/85, de 26/11, diploma que, pela primeira vez, consagrou o ilícito de mera ordenação social laboral em Portugal "*de par com disposições que consagram direitos fundamentais como o direito ao trabalho, ao salário ou à liberdade sindical, outras há cujo carácter preventivo é evidente. Estas normas limitam-se a estabelecer meros deveres para com a Administração; do seu incumprimento não resulta lesão de bens jurídicos fundamentais: Ora é este o domínio de eleição para o direito contra-ordenacional*".

interesses individuais , declarando inconstitucional uma interpretação das normas (do art. 46.°/1 do Regulamento do STA e do art. 821.°/2 do CA) que lhes negasse legitimidade activa para tanto, pode ler-se o Acórdão do Tribunal Constitucional n.° 103/2001[77], embora não diga directamente respeito à constituição daqueles como meros assistentes.

5 – Na doutrina, embora não propriamente a propósito da intervenção dos sindicatos como assistentes em processo COL/COSS, mas, antes, em processo judicial, vd., de João Reis, *A legitimidade do sindicato no processo,* in Estudos em Homenagem ao Professor Manuel Alonso Olea, Almedina 2004, pp. 357 a 396.

ARTIGO 24.°
Prazo para a instrução

1 – O prazo para a conclusão da instrução é de 60 dias.

2 – O prazo referido no número anterior pode ser sucessivamente prorrogado por iguais períodos em casos devidamente fundamentados.

3 – Para efeitos do n.° 1, a contagem do prazo inicia–se com a distribuição do processo ao respectivo instrutor.

Notas:

1 – Mantém-se o prazo de 60 dias que vem já do primeiro regime das COL[78]. Todavia, porque agora foram alteradas as regras da contagem dos prazos, que deixaram de excluir os sábados, domingos e feriados (art. 72.°/1/*b*) do CPA)[79], sucede que há um efectivo encurtamento do prazo para conclusão da instrução.

Por seu lado, um tanto estranhamente, é admitida agora uma prorrogação indefinida do prazo, quando, até aqui, apenas uma prorrogação por 60 dias era admissível[80]. A exigência de a prorrogação ser fundamentada implica que deva ser solicitada pelo instrutor ao dirigente, o que, se leva à possibilidade de um controlo rigoroso por parte daquele, acaba por aumentar a burocracia e a morosidade.

2 – O prazo de 60 dias é um prazo meramente aceleratório e disciplinar, pelo que o seu incumprimento acarretará, eventualmente, consequências disciplinares para os funcionários que, culposamente, deixaram de o cumprir. Não é pois um prazo peremptório, que tornaria nulos os actos praticados para além do seu termo.

---

[77] Publicado no DR, 2.ª s., de 06/06/2001, p. 9560 e ss.

[78] Cfr. art. 51.°/2 do DL 491/85, de 26/11.

[79] Cfr. art. 6.° e notas.

[80] Cfr. art. 639.°/4 do CT/2003.

3 – Em homenagem à verdade, a lei veio definir que o prazo do n.º 1 se não inicia na data que consta do auto de notícia ou participação que normalmente originam o processo, nem ainda apenas e só quando se verifica o não pagamento voluntário (após 15 dias)[81], mas na data de distribuição ao instrutor.

Todavia, há que notar que o prazo de instrução não correrá se houver necessidade de efectuar inquérito ou instrução prévios, e enquanto eles durarem. Tal ocorre sempre que, em lugar de auto de notícia contendo os elementos subjectivo e objectivo da infracção, haja mera participação ou denúncia (e, quanto a nós, também auto de infracção[82]) que terão de ser instruídos antes da formulação de acusação e com vista à verificação, ainda que por mera verosimilhança, dos indícios que a sustentem.

Jurisp.:

"1. O prazo estabelecido no art. 25.º n.º 3 e 4 do Regime geral das contra-ordenações laborais [referia-se à Lei 116/99, que já determinava o prazo de 60 dias para a instrução] *não é um prazo peremptório, tem natureza meramente aceleratória e disciplinar. O seu incumprimento pode implicar apenas e eventualmente responsabilidade disciplinar para os funcionários."*

(Ac do TRE de 09/11/2004, Proc. 1756/04-3, relatado por CHAMBEL MOURISCO).

ARTIGO 25.º
Decisão condenatória

1 – A decisão que aplica a coima e ou as sanções acessórias contém:

a) A identificação dos sujeitos responsáveis pela infracção;

b) A descrição dos factos imputados, com indicação das provas obtidas;

c) A indicação das normas segundo as quais se pune e a fundamentação da decisão;

d) A coima e as sanções acessórias.

2 – Da decisão consta também a informação de que:

a) A condenação se torna definitiva e exequível se não for judicialmente impugnada nos termos dos artigos 32.º a 35.º;

---

[81] Como propugnámos no regime anterior – cfr. o nosso *Contra-Ordenações*, cit., nota 4 ao art. 639.º, p. 274/5.

[82] Cfr. notas ao art. 14.º.

b) Em caso de impugnação judicial, o tribunal pode decidir mediante audiência ou, caso os sujeitos responsáveis pela infracção, o Ministério Público e o assistente, quando exista, não se oponham, mediante simples despacho.

3 – A decisão contém ainda a ordem de pagamento da coima no prazo máximo de 10 dias após o carácter definitivo ou o trânsito em julgado da decisão.

4 – Não tendo o arguido exercido o direito de defesa nos termos do n.º 2 do artigo 17.º e do n.º 1 do artigo 18.º, a descrição dos factos imputados, das provas, e das circunstâncias relevantes para a decisão é feita por simples remissão para o auto de notícia, para a participação ou para o auto de infracção.

5 – A fundamentação da decisão pode consistir em mera declaração de concordância com fundamentos de anteriores pareceres, informações ou propostas de decisão elaborados no âmbito do respectivo processo de contra-ordenação.

Notas:

1 – O teor dos n.os 1, 2 e 3 resulta da transposição, quase *ipsis verbis*, do art. 58.º da LG das CO. E dizemos quase, porque na alínea *a*), onde na LG se dizia *identificação dos arguidos* agora diz-se, quanto a nós sem vantagem[83], *identificação dos sujeitos responsáveis pela infracção*. Acresce que no resto do diploma continua a usar-se o termo "arguido" (n.º 4 deste art. 25.º; 27.º, etc.).

Parece-nos que o legislador não atentou devidamente na importantíssima alteração que constitui a atribuição de efeito meramente devolutivo pelo n.º 1 do art. 35.º à impugnação. Daí que possa suceder que a decisão – ainda que não definitiva, porque dependerá de nova apreciação pelo tribunal em resultado da impugnação apresentada pelo arguido – é, porém, desde logo exequível por aquele não ter depositado o valor da coima nem constituído garantia bancária. O que leva a considerar que o teor da redacção do n.º 2 deveria ter sido adaptado a essa nova realidade, e não foi. Na verdade, hoje pode suceder que a condenação seja judicialmente impugnada e, apesar disso (embora não definitiva), se torne logo exequível. Basta que o condenado na decisão administrativa não constitua caução ou garantia bancária.

---

[83] Na verdade, o art. 57.º/2 do CPP, aplicável supletivamente no processo contra-ordenacional (art. 60.º da L 107/2009 e art. 41.º/1 do DL 433/82) continua a dizer que a qualidade de arguido mantém-se durante todo o decurso do processo.

2 – A norma do n.° 4, conjuntamente com a norma paralela do art. 39.°/4 respeitante à fase judicial do processo contra-ordenacional, são uma tradução bem impressiva do desiderato de *simplificação,* de que falava a exposição de motivos da Proposta de Lei n.° 282/X/4.ª que originou a presente Lei. Em caso de revelia do arguido a decisão é feita por remissão para o auto. Todavia, porque nada obsta que o arguido ofereça defesa apenas e só na instância judicial, torna-se imprescindível que este auto contenha todos os elementos, designadamente os enumerados no n.° 1.

3 – Apesar do que consta do n.° 4 quanto à fundamentação da decisão em caso de revelia, e apesar de ter sido suprimido (quanto a nós, mal) pelo Regime das COL/99, continuamos a sustentar ser aplicável o princípio que determina que nesse caso se deve decidir "*conforme for de direito*"[84]. Revogada a norma que o exprimia, ele continua a ter validade precisamente porque decorre do facto de o processo contra-ordenacional ser, não um processo de partes dominado pelo ónus de alegar e contradizer, mas, antes, um processo em que a aplicação das sanções tem de ser fundada na acção e na culpa.

Bem pode suceder, por isso, que mesmo depois da acusação, ainda que o arguido não tenha comparecido para se defender, haja lugar à absolvição se essa for a *decisão de direito*. Isto é, se se revelar, por qualquer modo, que não cometeu a infracção, que o auto (ou acusação) enferma de vício substancial, que prescreveu o procedimento, em suma, que haja qualquer nulidade, excepção, ilegitimidade ou outra questão que obste ao conhecimento da infracção ou à aplicação de sanção.

4 – A norma do n.° 5 corresponde à que estava contida no art. 639.°/5 do CT/2003 e é a tradução da aplicabilidade na fase administrativa do processo por contra-ordenação da norma do art. 125.° do CPA[85], tornada imprescindível devido à circunstância de a instrução e decisão serem da competência de agentes trabalhadores em funções públicas, ou funcionários, integrados em pirâmide hierárquica[86].

---

[84] Que anteriormente estava contido na norma do art. 53.° do DL 491/85, de 26/11.

[85] Que diz: "1 – *A fundamentação deve ser expressa, através de sucinta exposição de facto e de direito da decisão, podendo consistir em mera declaração de concordância com fundamentos de anteriores pareceres, informações ou propostas, que constituirão neste caso parte integrante do respectivo acto*". Sobre a questão ver, i.a., o nosso trabalho – *Natureza da Decisão Administrativa em Processo de Contra – Ordenação* – Prontuário de Direito do Trabalho, CEJ, Actualização n.° 63, (Jan/Abr 2003), pp.99-112 ou Ana Paula Gama Araújo em "Contra-Ordenações Laborais: O problema da remissão fundamentadora" in Prontuário, n.° 62, pp. 81 e ss. ou ainda João Rato – Contra-Ordenações Laborais – Questões Laborais , n.° 21 (2003), pp. 112 a 115.

[86] O Tribunal Constitucional no Acórdão n.° 62/2003, DR, 2.ª s., de 23/05/2003, relatado pelo Conselheiro Artur Maurício, pronunciou-se sobre a eventual inconstitucio-

Jurisp.:

A – "*À decisão administrativa não é exigível o rigor formal que deve informar uma decisão criminal, havendo apenas que acatar o disposto no artigo 58.° do RGCO. Assim, as exigências de fundamentação da decisão da autoridade administrativa deverão ser menos profundas do que as exigidas para os processos criminais, bastando-se com a descrição do facto delituoso e a indicação da norma sancionatória, bem como a alusão às provas, mesmo que feita por remissão para outras peças processuais, e, necessariamente, a coima aplicada.*" (Ac. do TRE de 09/07/2009 – Proc. 2761/08-1, relatado por MARIA FERNANDA PALMA).

B – "*A decisão administrativa que aplica uma coima fundamentando-se no relatório do instrutor para que remete, o qual foi dado a conhecer ao arguido, em conjunto com a decisão, não está ferida de nulidade*". (Ac. do TRE de 23/02/2005 – Proc. 4668/2004-4, relatado por DURO MATEUS CARDOSO).

C – *A omissão do direito de audição e de defesa do arguido consignados no art. 32.°, n.° 10 da CRP constitui nulidade insanável (cfr. art. 41.°, n.° 1 e 50.° do DL 433/82). Assim, deve ser revogada a sentença que, por constatar a existência dessa nulidade insanável absolveu o acoimado e ser substituída por outra que determine a anulação da decisão da autoridade administrativa e reenvie os autos à autoridade administrativa para suprir essa omissão.* (Ac. do TRL de 27/01/2003 – Proc. 10583/2003-5, relatado por FILOMENA LIMA).

ARTIGO 26.°
Natureza de título executivo

A decisão condenatória de aplicação de coima que não se mostre liquidada no prazo legal tem a natureza de título executivo.

Notas:

1 – Trata-se de um preceito novo. Não contendo este regime processual das COL e das COSS disposições específicas, à execução das coimas continua a aplicar-se o disposto no capítulo VIII da LG das CO, designadamente o seu n.° 1, que diz: "*O não pagamento em conformidade com o disposto no artigo anterior dará lugar à execução, que será promovida perante o tribunal competente...*" e n.° 3,

---

nalidade da aplicação do artigo 125.° no processo de contra-ordenação, concluindo pela sua não declaração, como ainda pela não violação dos direitos de defesa do arguido com a remissão para a proposta de decisão (p. 7872, n.° 3, in fine).

que prescreve: "*Quando a execução tiver por base uma decisão da autoridade administrativa, esta remeterá os autos ao representante do Ministério Público competente para promover a execução*".

2 – O art. 21.° do CPT (redacção do DL 295/2009, de 13/10 e Declaração de Rectificação n.° 86/2009, publicada no DR, 1.as, n.° 227, de 23/11/2009) contempla na espécie 10.ª as "execuções não fundadas em sentença", onde se incluem as coimas aplicadas por decisão administrativa.

Por seu turno, afirma o art. 88.° do mesmo diploma, que podem servir de base à execução todos os títulos a que lei especial atribua força executiva, como é o caso do presente artigo.

3 – Sobre dedução de embargos à execução, ver nota 2 ao art. 35.°.

ARTIGO 27.°
Pagamento da coima em prestações

1 – Excepcionalmente, quando o arguido o requeira e desde que a sua situação económica o justifique, pode a autoridade administrativa competente, após decisão condenatória, autorizar o pagamento da coima em prestações, não podendo a última delas ir além de um ano subsequente ao carácter definitivo da decisão.

2 – A falta de pagamento de uma prestação implica o vencimento de todas as outras.

3 – Para efeitos de apreciação do pedido do pagamento da coima em prestações, o arguido tem de fazer prova da impossibilidade de pagamento imediato da coima.

4 – Nos casos em que seja autorizado o pagamento da coima em prestações, são pagos com a primeira prestação e pela seguinte ordem:

a) Créditos laborais em que o empregador tenha sido condenado;
b) Dívidas à segurança social e respectivas custas.

Notas:

1 – O n.° 1, se bem que com alterações a reforçar o carácter excepcional das prestações, tem por fontes próximas o art. 638.° do CT/2003 e o art. 88.°/5 da LG das CO. O prazo para o pagamento fraccionado, que no regime geral era de dois anos, foi encurtado para um ano. É evidente, pese embora a não referência expressa a tal possibilidade – e ao contrário do disposto na LG (art. 88.°/4) – que também deverá ser permitido o diferimento do pagamento, desde que contido nesse mesmo prazo.

A locução "após decisão condenatória" poderia significar a exclusão da possibilidade de pagamento em prestações quando a coima é paga voluntariamente. Mas a equiparação entre este pagamento e a condenação, que agora a lei faz sem quaisquer restrições, leva a outra conclusão[87].

2 – O n.° 2, que já resultava da parte final do n.° 5 do art. 88.° do DL 433/82, é a transposição do princípio geral da dívida liquidada em prestações constante do art. 781.° do CC.

3 – O n.° 3 é pleonástico em relação ao n.° 1, pelo que pretende reforçar a ideia de que não deve ser banalizada a faculdade do pagamento fraccionado. Mas a impossibilidade de pagamento imediato e integral da coima tem de ser equacionada em termos relativos. Não é exigível que para esse pagamento da coima o infractor tenha de cessar ou suspender os restantes compromissos.

4 – O pagamento dos créditos laborais de que fala o n.° 4/*a*) já estava contemplado no art. 638.° do CT/2003. Foi aditada agora, no n.° 4/*b*), a referência às dívidas da SS que, de resto, não estavam sequer contempladas no regime anterior das CO deste organismo. Curiosamente, porém, aqui, ao contrário do que sucede com as COL, no pagamento da primeira prestação são incluídas as custas. Isto, apesar de os processos das COL darem igualmente lugar a custas processuais, cuja regulamentação era (e continua a ser) a que consta do DL 433/82, enquanto as custas dos processos das COSS tinham expressão directa na lei (art. 32.° do DL 64/89).

5 – O pagamento em prestações da coima é uma das principais causas de suspensão do prazo de prescrição, conforme resulta do art. 56.°/*c*).

SUBSECÇÃO I
Processo especial

ARTIGO 28.°
Âmbito

1 – A infracção classificada como leve ou grave, com valor mínimo legal inferior ou igual ao valor de 10 UC, segue a forma de processo especial.

2 – O processo especial não é aplicável quando o infractor já tenha sido condenado por infracção anterior, sobre a qual ainda não decorreu um prazo superior ao da prescrição da respectiva coima, contado a partir da data da decisão condenatória.

---

[87] Vd. art. 19.°/3 e nota 3.

Notas:

1 – Este processo especial, aplicável às infracções pouco graves e às coimas menos elevadas, procurou a concretização de um objectivo de simplificação e celeridade processuais, desde sempre reclamado pelas autoridades administrativas que vêm criticando não só o excesso de garantismo legal dos infractores, como ainda a tendência dos tribunais para uma demasiada judicialização da justiça contra-ordenacional.

2 – O n.° 1, para além de excluir todas as infracções muito graves, afasta também as classificadas como leves ou graves cujo montante mínimo da moldura da negligência ultrapasse as 10 UC[88].

Poder-se-ia ser levado a pensar que também a infracção grave praticada com dolo, desde que contida no limite das 10 UC, seria abrangida por este tipo de processo. Todavia, porque, conforme dissemos na nota 3 ao art. 10.°, a advertência formal em auto foi restringida às infracções leves (art. 10.°/1/d) e 2/*b*)), e a notificação da moldura do dolo ao arguido só é possível em caso desse auto (art. 19.°4), segue-se que nas infracções graves, e para haver lugar a processo especial, é necessário que o montante mínimo da negligência se contenha naquele valor.

3 – O requisito constante do n.° 2, tendo em conta que a norma não admite excepção de nenhum tipo de infracção, podendo assim qualquer infracção leve ser obstáculo ao recurso a este processo especial, vai obviar a que muitos infractores dele beneficiem. Tanto mais quanto o prazo de prescrição, até aqui de um, três ou cinco anos, foi agora uniformizado aplicando-se este último prazo em todas as situações (art. 55.°).

Convém, no entanto, ter em conta que, por força da aplicação do princípio da lei mais favorável ao arguido, e considerando que os que praticaram infracções antes da entrada em vigor do actual regime não podiam contar com este efeito pernicioso que o legislador agora consagrou[89], deverão considerar-se primários não só os que não cometeram nunca nenhuma infracção, como os que as cometeram antes de 1 de Outubro de 2009, ainda que a decisão só mais tarde tiver sido proferida.

---

[88] Unidade de conta (Artigo 22.° do DL 34/2008, alterado pelo DL 181/2008, de 28/08): Na data de entrada em vigor do presente decreto-lei, a unidade de conta é fixada em um quarto do valor do indexante dos apoios sociais (IAS) vigente em Dezembro do ano anterior, arredondada à unidade Euro, sendo actualizada anualmente com base na taxa de actualização do IAS, devendo a primeira actualização ocorrer apenas em Janeiro de 2010, nos termos dos n.os 2 e 3 do artigo 5.° do Regulamento das Custas Processuais.

O IAS, criado pela Lei 53-B/2006, de 29/12, foi fixado para 2010 em 419,22 euros (art. 3.° do DL 323/2009, de 24/12.

[89] Vd. neste sentido A. Taipa de Carvalho – *Sucessão de leis penais, Coimbra Editora, Ld.ª, 1990,* p. 78 e ss..

4 – Apesar da norma do n.° 2 na parte final referir que o prazo de prescrição da coima se conta "a partir da data da decisão condenatória" não vemos razão para não considerar essa expressão senão como economia de linguagem. Verdadeiramente, o prazo da prescrição só começa a correr quando a decisão condenatória passa a definitiva ou transita em julgado.

ARTIGO 29.°
Procedimento

1 – A autoridade administrativa competente, antes da acusação, notifica o infractor da descrição sumária dos factos imputados, com menção das disposições legais violadas e indicação do valor da coima calculada.

2 – Na mesma notificação o infractor é informado da possibilidade de pagamento da coima, no prazo de cinco dias, com a redução prevista nos termos do artigo seguinte, desde que proceda simultaneamente ao cumprimento da obrigação devida.

3 – A ausência de resposta do infractor, recusa de pagamento no prazo referido no n.° 2 ou o não cumprimento da obrigação devida, determina o imediato prosseguimento do processo de acordo com as regras previstas nos artigos 17.° a 27.°, com as seguintes adaptações:

a) O prazo previsto no n.° 1 dos artigos 17.° e 18.° é reduzido para 10 dias;

b) O prazo previsto no n.° 1 do artigo 19.° é reduzido para 10 dias;

c) O prazo previsto no n.° 1 do artigo 24.° é reduzido para 30 dias.

Notas:

1 – Não se vê razão para o preciosismo do n.° 1 considerar que a notificação dos factos é feita "antes da acusação" quando o legislador sabe, ou deve saber, que a esmagadora maioria dos processos se inicia com um auto de notícia que precisamente constitui a acusação (art. 17.°/1 e 18.°/1) porque está instruído com todos os elementos necessários à defesa do arguido, os factos imputados, as disposições que prevêem e punem a infracção e a moldura da coima, ou seja o montante mínimo da negligência e o máximo do dolo. Não se vê nenhum mal, bem pelo contrário, que o mesmo suceda com todos os instrumentos (auto de notícia, participação, auto de infracção) que dão origem a este processo especial. E também não parece correcto que, perante um desses instrumentos sem valor probatório quanto aos factos que relata (uma participação), se notifique logo o infractor para pagamento voluntário da coima, ainda que com valor reduzido a 75%. Torna-

-se, nesse caso, necessária a instrução prévia mediante, pelo menos, a audição das testemunhas. E realizada esta, ainda que possa ser logo feita a notificação a que alude o n.° 1, será muito mais lógico fazer logo a acusação para permitir o que a seguir se descreve.

É que se os documentos que são remetidos ao arguido neste tipo de processo já contêm os elementos necessários para permitir o direito de defesa, então, o que deverá suceder é que a notificação contenha, desde logo, a faculdade do n.° 2 e a cominação do n.° 3. Isto é, na mesma notificação o arguido é informado que pode pagar a coima reduzida no prazo de 5 dias e que, caso contrário, o processo prosseguirá com as características de processo normal, embora com redução do prazo das diligências.

Só assim se obviará a que entre a possibilidade de o arguido pagar a coima reduzida e o prosseguimento do processo, caso o não faça, haja uma segunda notificação com os hiatos de tempo indispensáveis, e resultantes das normas legais (arts. 17.° a 19.°), mas que irão, se não impossibilitar, ao menos dificultar o cumprimento do prazo de 30 dias para conclusão da instrução (n.° 3/*c*)).

2 – Dissemos no final da nota 1 ao art. 16.°, que a redacção da parte final do corpo do n.° 3 do art. 29.°, poderia sugerir a inaplicabilidade neste processo especial do impedimento de o autuante poder funcionar como seu instrutor. Isso, na verdade, decorre directamente da letra deste preceito. Se o processo prossegue com as regras previstas nos arts. 17.° a 27.°, não se lhe aplica o art. 16.° que impede que o autuante seja simultaneamente instrutor.

Embora com dúvidas, pois que a simplificação deste processo e a menor gravidade da infracção e onerosidade da coima, podiam levar a essa solução, cremos, porém, que a intenção legislativa não terá sido essa. Mas, antes, a de, com a fórmula genérica utilizada, apenas enunciar os procedimentos a ser adoptados no caso de o processo simplificado ter de prosseguir por inércia ou revelia do arguido, sem prejuízo da aplicabilidade das outras regras gerais previstas no diploma (competência para o procedimento, para a decisão, territorial, forma dos actos, etc.) e também, naturalmente, das regras dos arts 13.° a 16.° que constituem a secção primeira deste capítulo da tramitação processual.

3 – O cumprimento da obrigação devida que constitui o segmento final do n.° 2, reporta-se à sanação da falta de que trata o art. 19.°/2, isto é, a entrega de mapas, relatórios, documentos ou a omissão de comunicações obrigatórias. Muitas destas omissões constituem, na verdade, contra-ordenações leves. A lei exige ainda que tal cumprimento seja simultâneo com o pagamento da coima, embora se possa também interpretar essa simultaneidade como dizendo respeito ao prazo de 5 dias. Se em tal prazo o arguido sanar a falta e efectuar o pagamento haverá condições para aplicação da coima reduzida em processo especial.

4 – A norma contida no n.° 3/*a*) significa que se o arguido não pagar a coima reduzida no prazo de 5 dias é notificado para a pagar, agora sem redução, no prazo

de 10 dias. Ora, como defendemos na nota 1, parece mais expedito e menos burocrático que a notificação inicial contenha, desde logo, as duas hipóteses, sob pena de haver duas notificações para pagamento voluntário, embora a segunda contenha também o prazo para o exercício do direito de defesa.

Mas isso não significa que este prazo de 10 dias integre o inicial de 5 dias. O que o legislador certamente quer é que ao prazo de 5 dias acresça o de 10 (5+10).

5 – Pelo n.° 3/*b*) se fica a conhecer que, coerentemente com o disposto quanto à notificação, também o prazo para beneficiar da isenção de custas é de 10 dias. Temos, por isso, neste processo especial que o arguido nos primeiros cinco dias pode pagar a coima com desconto, nos dez seguintes pode pagar sem custas a coima normal, e até ao envio da decisão pode pagar a coima pelo mínimo embora onerada com as custas.

6 – Com o n.° 3/*c*) se reduziu para metade dos processos normais (30 dias) o prazo de conclusão da instrução que, sabe-se agora (art. 24.°/3), se inicia com a distribuição do processo ao instrutor. Questão é a de saber se também aqui se aplica o art. 24.°/2 sobre a prorrogação sucessiva deste prazo. Não nos parece, contudo, defensável uma resposta negativa, uma vez que, pressupondo a diligência normal do instrutor, os obstáculos que ali se colocam à prossecução dos autos, designadamente entraves à notificação, se vão aqui igualmente verificar.

ARTIGO 30.°
Redução da coima

O valor da coima, calculado para os efeitos do n.° 2 do artigo anterior, corresponde a 75% do montante mínimo legal aplicável.

Notas:

1 – O oferecimento do pagamento da coima reduzida é, naturalmente, limitado ao período inicial de 5 dias. Se não for efectuado nesse período, ou sendo, não for entregue o mapa, relatório ou outro documento, ou não for efectuada a comunicação obrigatória, ainda será possível o pagamento voluntário nos dez dias subsequentes, ou mesmo durante todo o processo, mas pelo valor normal da coima.

2 – Na notificação inicial conjunta que propusemos na nota 1 ao art. anterior, deverão constar estas três possibilidades de pagamento voluntário devidamente discriminadas e com os quantitativos das coimas expressos na moeda corrente, e não em unidades de conta, referência monetária que a maioria dos arguidos não domina[90].

---

[90] Ver rodapé da nota 2 ao art. 28.

3 – O montante mínimo legal aplicável de que fala o preceito é, normalmente, o mínimo da moldura da coima praticada com negligência, a não ser nos casos de infracções leves em que tenha havido levantamento de auto de advertência, pois aí poderá ser aplicado o montante mínimo da moldura da coima praticada com dolo (art. 19.°/4).

ARTIGO 31.°
Efeitos do cumprimento

O cumprimento da obrigação devida e o respectivo pagamento da coima nos termos do n.° 2 do artigo 28.° equivale a decisão condenatória definitiva, não podendo o facto voltar a ser apreciado como contra-ordenação, nem o infractor impugnar judicialmente aquela decisão.

Notas:

1 – A redacção da norma contém um evidente lapso material, todavia não objecto de rectificação. Onde se escreveu "n.° 2 do artigo 28.°", deveria ter-se escrito "n.° 2 do artigo 29.°".

2 – Tal como sucede com o pagamento voluntário de que trata o art. 19.°/3, também aqui há a equiparação do pagamento voluntário do montante reduzido da coima à condenação definitiva, não restringindo a lei essa equiparação para certos efeitos como fazia o regime anterior[91]. Aqui, para lá de o pagamento ter como efeito a constituição de caso decidido, não podendo o facto voltar a ser apreciado sob pena da violação do princípio *ne bis in idem*, a lei atribui ainda o efeito de o infractor não poder impugnar judicialmente a decisão, efeito esse que também ali, no pagamento voluntário a que alude o art. 19.°/3, não deixa de se verificar quando comina o arquivamento do processo.

SECÇÃO II
Fase judicial

ARTIGO 32.°
Impugnação judicial das decisões de aplicação das coimas

A decisão da autoridade administrativa de aplicação de coima é susceptível de impugnação judicial.

---

[91] No art. 636.°/5 do CT/2003.

Notas:

1 – Apesar de a impugnação judicial estar aqui inserida na fase judicial (epígrafe desta Secção II) do processo COL e COSS, vem sendo entendimento pacífico que ela integra ainda a fase administrativa[92].

A jurisprudência vinha extraindo desta circunstância a conclusão de que à contagem do prazo para "recorrer" se aplicavam as normas do CPA. Tendo agora o legislador optado por estabelecer que às regras de contagem se aplicam as disposições da lei processual penal (art. 6.°), pareceria haver razão para alterar esta posição. Todavia, entendemos que se deve continuar a defendê-la. Não só porque a impugnação continua a ser apresentada perante a Administração, como porque esta continua a manter a faculdade de revogar a decisão até ao envio dos autos, o que significa que estes ainda não saíram do âmbito da sua competência.

Mais entendemos que, mesmo após o envio, pode o Ministério Público reexpedir os autos à autoridade administrativa para que esta os corrija, adite ou mesmo revogue a decisão que neles se contém. Apesar de essa possibilidade parecer arredada da letra do art. 37.°, que aditou ao teor da norma do regime geral (art. 62.°/1) o advérbio "sempre", ela resulta todavia inquestionável da faculdade que a lei dá àquele magistrado de retirar a acusação até à sentença, ainda que com o acordo da dita autoridade (art. 41.°). Se, à partida, tem reservas quanto à validade formal ou substancial da decisão administrativa, então mais vale que lhe sugira as alterações que entender.

Outrotanto, porém, já não defendemos para a aplicação pelo tribunal do n.° 2 do art. 122.° do CPP, como resulta da nota 3.

2 – A impugnação judicial da decisão não é um recurso em sentido técnico. Trata-se de permitir que um tribunal vá, pela primeira vez, tomar posição sobre a decisão administrativa.

A norma deveria, porém, incluir não apenas a decisão de aplicação de coima, como também a de sanção acessória. Tanto mais quanto é certo que bem pode suceder que a única decisão de que o arguido recorra seja a de aplicação desta. É o que decorre, designadamente, do facto de o arguido ter pago voluntariamente a coima e o processo, nos termos do previsto na parte final do n.° 3 do art. 19.°, ter prosseguido apenas para aplicação da sanção acessória.

3 – Decorrente do facto desta impugnação não constituir um verdadeiro recurso[93], segue-se que não pode o tribunal reenviar o processo à Administração

---

[92] Cfr. Ac do TRE de 28/10/2008 – Proc. 1441/08-1, relatado por João Gomes de Sousa.

[93] Como afirma Figueiredo Dias, "(*usada aqui a expressão «recurso» em sentido não técnico, pois que antes dele não existe qualquer apreciação judicial*)" – *Movimento da Descriminalização*, cit., p. 335.

para completar, corrigir ou alterar. Esta é uma orientação que tem vindo, porém, a ser contrariada pelo Tribunal da Relação de Évora, embora não relativamente a processos de contra-ordenações laborais[94].

Ao tribunal, quanto a nós, nos termos do que está disposto no art. 39.°/3, compete: (i) arquivar o processo; (ii) absolver o arguido; (iii) manter a decisão; (iv) alterar a decisão em sentido mais ou menos favorável ao arguido[95]. Não parece assim que também lhe assista a faculdade de – perante uma detectada nulidade, ainda que tida por sanável, da decisão administrativa – ordenar a sua correcção, tal como sucede normalmente com os recursos em sentido próprio. Além desta lei processual, assim como a LG das CO, não contemplarem essa hipótese[96], parece que a tanto obstará o próprio princípio constitucional da separação e interdependência dos poderes do Estado (art. 111.° da CRP). É que, sendo certo que o poder judicial é soberano quanto à interpretação e aplicação da lei, e que as decisões dos tribunais judiciais são obrigatórias para todas as entidades públicas e privadas e prevalecem sobre as de quaisquer outras autoridades (art. 9.°/1 da LOFTJ), parece excessivo que possa impor fora do seu círculo próprio, isto é, do âmbito jurisdicional, não as suas decisões, mas sim que possa ordenar ao poder executivo o sentido que devem tomar as que lhe competem.

4 – Sobre a remissão no CPT para o regime da impugnação judicial desta Lei 107/2009, ver a nota 4 ao art. 1.°.

---

[94] Assim, determinando o reenvio à Inspecção-Geral do Ambiente e do Ordenamento do Território, para correcção, de um processo contra-ordenacional, que aí fora tramitado, em que a Relação considerou nula a decisão nele contida por não conter todos os elementos a que alude o art. 58.° do DL 433/82, decidiu o Ac do TRE de 03/12/2009, Proc. 2768/08.7TBSTR.E1, relatado por CARLOS BERGUETE COELHO, ou ainda o Ac. do TRE de 28/10/2008, Proc.1441/08-1, relatado por JOÃO GOMES DE SOUSA, que ordenou a remessa à Comissão de Coordenação e Desenvolvimento Regional de Lisboa e Vale do Tejo, ambos disponíveis em *http://www.dgsi.pt*.

Em sentido contrário, não determinando tal reenvio, apesar de reconhecer que a decisão administrativa enfermava de falta de fundamentação de facto, vd. o Ac do TRL de 17/01/2007, Proc. 7888/2006-4, relatado por NATALINO BOTAS que sumariou: *No caso de a decisão ter sido proferida por despacho, nele se tendo incluído todos os factos constantes da decisão administrativa, e dela não constando os factos relativos à culpa do infractor, não é de reenviar o processo para "novo julgamento"*.

[95] Será que não pode alterar a decisão para pior por aplicação do art. 72.°-A do DL 433/82? Vd. nota 5 ao art. 45.° e nota 2 ao art. 46.°.

[96] Vd. o art. 51.°/2/*b*) que apenas permite ao Tribunal da Relação anular a decisão de 1.ª instância e devolver o processo ao tribunal recorrido, e não, também, à autoridade administrativa.

5 – O preceito, reproduzindo o art. 59.°/1 do DL 433/82, traduz a consagração no processo COL e COSS do princípio da tutela da jurisdição efectiva contido no art. 20.° da CRP.

6 – Com este novo regime processual, caiu a possibilidade de a decisão de impugnação judicial poder ser interposta directamente pelo arguido (art. 59.°/2 do DL 433/82).

7 – Pensamos ser possível aplicar aqui a norma do CPP (art. 403.°/1) segundo a qual é possível a limitação da impugnação a uma parte autónoma da decisão administrativa, designadamente quando o arguido é condenado em várias contra-ordenações e só quer impugnar alguma ou algumas delas.

8 – É impugnável a decisão administrativa de aplicação de coima. Para além dela, e se não considerarmos a decisão de revogação da coima (art. 36.°/2), só existe a decisão de arquivamento dos autos, uma vez que a lei em lado algum reconhece a possibilidade de a autoridade administrativa absolver o arguido, mesmo que considere inteiramente procedente a defesa por ele apresentada.

Jurisp.:

A –"*A fase judicial do processo contra-ordenacional só tem início com a apresentação ao Juiz, pelo Ministério Público, da acusação definitiva prevista no artigo 62.°, n.° 1 do RGCO, pelo que até essa altura o processo tem natureza exclusivamente administrativa, não se justificando, assim, que o regime de prazos inerentes à existência de férias judiciais se aplique às entidades administrativas que a esse regime não estão sujeitas*".

(Ac do TRE de 13/11/2007, Proc. 1984-07.1, relatado por FERNANDES MARTINS).

B – "*Ao prazo de recurso de uma decisão administrativa que aplicou uma coima não é aplicável o regime estabelecido no artigo 145.°, n.° 5, do Código de Processo Civil.*"

(Ac do TRE de 13/06/2006, Proc. 802-06-1, relatado por ALBERTO BORGES)

ARTIGO 33.°
Forma e prazo

1 – A impugnação judicial é dirigida ao tribunal de trabalho competente e deve conter alegações, conclusões e indicação dos meios de prova a produzir.

2 – A impugnação judicial é apresentada na autoridade administrativa que tenha proferido a decisão de aplicação da coima, no prazo de 20 dias após a sua notificação.

Notas:

1 – A competência material para os tribunais do trabalho conhecerem da impugnação das decisões de aplicação de coimas e outras sanções das autoridades administrativas encontra-se fixada no art. 119.° da LOFTJ que determina: "*Compete aos juízos do trabalho julgar os recursos das decisões das autoridades administrativas, em processos de contra-ordenação nos domínios laboral e da segurança social*"[97].

2 – A regra da apresentação da impugnação no prazo de 20 dias mantém-se do regime anterior. Todavia, agora face à nova regra de contagem do prazo (contínuo) há, de facto, um encurtamento desse período de tempo.

Era até hoje indubitável o entendimento de que se não aplicavam aqui as regras do art. 145.°/5 do CPC, ex vi art. 104.°/1 e 107.°/5 do CPP, ou seja, que não podia ser praticado o acto nos três dias após o termo do prazo mediante o pagamento de uma multa[98]. Face à redacção do art. 6.° a dúvida é agora, pelo menos, legítima e, no nosso modo de ver, a sua aplicação defensável[99].

3 – É no mesmo prazo de 20 dias que pode ser depositado o valor da coima ou constituída a garantia bancária a que se reporta o art. 35.°/ 2 e 3. O que vale por dizer que, se o arguido apresentar a impugnação antes de findar esse prazo, devem os autos aguardar que ele se conclua, incluindo o aditamento temporal a que se refere a nota antecedente, para não o privar da possibilidade da prática dessa faculdade.

Jurisp.:

A – Quanto à falta de conclusões, embora reportando-se a normas da LG das CO, mas que se podem transpor para esta Lei, pode ler-se o Acórdão do Tribunal Constitucional n.° 265/2001, de 19/06/2001, relatado por Bravo Serra:

"... *(O) Tribunal declara, com força obrigatória geral, a inconstitucionalidade, por violação do n.° 10 do artigo 32.°, em conjugação com o n.° 2 do artigo 18.°, um e outro da Constituição, da norma que resulta das disposições conjugadas constantes do n.° 3 do art. 59.° e do n.° 1 do art. 63.°, ambos do Decreto-Lei n.° 433/82, de 27 de Outubro, na dimensão interpretativa segundo a qual a falta de formulação de conclusões na motivação de recurso, por via do qual se intenta impugnar a decisão da autoridade administrativa que aplicou uma coima,*

---

[97] Lei 52/2008, de 28/08, com última alteração do DL 295/2009, de 13/10 e Rectif. n.° 86/2009, de 23/11.

[98] Cfr., p. ex., o Ac. do TRE de 10/1/2006, Proc. 2563/05-1, relatado por F. Ribeiro Cardoso ou o Ac do TRL de 10/10/2007, Proc. 6535/2007-3, relatado por Margarida Ramos de Almeida.

[99] Cfr. nota 2 ao art. 6.° e notas de rodapé contendo a transcrição das disposições legais.

implica a rejeição do recurso, sem que o recorrente seja previamente convidado a efectuar tal formulação".

B – "*Se, em processo contra-ordenacão, o recorrente apresenta conclusões que são a repetição da motivação e, convidado a apresentar verdadeiras conclusões, não o faz, o recurso deve ser rejeitado.*"

(Ac. do TRP de 28/03/2007, Proc. 0647053, relatado por LUÍS GOMINHO).

C – Assento n.° 1/2001 (in D.R. n.° 93, Série I-A de 2001-04-20) do Supremo Tribunal de Justiça:

"*Como em processo penal, também em processo contra-ordenacional vale como data da apresentação da impugnação judicial a da efectivação do registo postal da remessa do respectivo requerimento à autoridade administrativa que tiver aplicado a coima – artigos 41.°, n.° 1, do Decreto-Lei n.° 433/82 de 27 de Outubro, 4.° do Código de Processo Penal e 150.°, n.° 1, do Código de Processo Civil e Assento do Supremo Tribunal de Justiça n.° 2/2000, de 7 de Fevereiro*"[100].

ARTIGO 34.°
Tribunal competente

É competente para conhecer da impugnação judicial o tribunal de trabalho em cuja área territorial se tiver verificado a contra-ordenação.

Notas:

1 – Para saber o tribunal de trabalho competente torna-se necessária a consulta da Lei de Organização e Funcionamento dos Tribunais Judiciais (a Lei 3/99, com última alteração pelo DL 295/2009, de 13/10, e Lei 52/2008, de 28/08, alterada pelo mesmo DL 295/2009, de 13/10, e respectivos regulamentos: o DL 28/2009, de 28/01, que regulamenta com carácter experimental e provisório a Lei 52/2008, mas sobretudo o DL 250/2007, de 29/01 que contém a organização judiciária dos tribunais de competência especializada, alterando parcialmente o mapa VI anexo ao DL 186-A/99, na redacção que lhe foi dada pelos DLs 178/2000, de 09/08, 246-A/2001, de 14/09, 148/2004, de 21/06 e 219/2004, de 26/10).

2 – Quanto à polissemia da expressão "verificado a contra-ordenação" veja-se a nota 3 ao art. 4.°.

3 – Sobre a atribuição da competência aos tribunais comuns, e não aos tribunais administrativos, para conhecerem das decisões proferidas pelas autoridades administrativas, e sua constitucionalidade, vd., JOAQUIM PEDRO F. CARDOSO DA COSTA, *O Recurso para os Tribunais Judiciais da Aplicação das Coimas pelas*

[100] O Assento n.° 2/2000, decidiu que é aplicável em processo penal o art. 150.°/1 do CPC que permite a remessa à secretaria dos actos, sob registo do correio.

Autoridades Administrativas, in Ciência e Técnica Fiscal, n.° 366. Abr/Jun, 1992, pp. 43 e ss..

4 – Também o Ac. do Tribunal Constitucional n.° 632/2009, relatado por MARIA JOÃO ANTUNES, repetiu a orientação jurisprudencial de não ser inconstitucional a atribuição de competência aos tribunais comuns – e não aos Tribunais Administrativos – para conhecer e julgar a decisão das autoridades administrativas de aplicação de coimas (no caso o Tribunal do Comércio relativamente à decisão da Autoridade da Concorrência), essencialmente porque aqueles, mesmo após a reforma do contencioso administrativo, não possuem ainda uma rede nacional suficiente (vd. ainda o AC. do T. Constitucional n.° 522/2008).

5 – Na comparação do teor deste preceito com o do art. 61.° do RGCO se nota o cuidado do legislador em eliminar a utilização do termo "recurso" aqui usada. Na verdade, não se trata de um recurso em sentido técnico e, por isso, o juiz pode determinar o âmbito da prova a produzir, não deixando, naturalmente, de ponderar os argumentos apresentados na impugnação judicial pelo arguido.

Jurisp.:

Sobre a coima aplicada pela CNE de que há recurso para o STJ, pode verse o Ac. do T: Constitucional n.° 313/2007: ... *Note-se, contudo, que a utilização do termo "recurso" para o Supremo Tribunal de Justiça da decisão da Comissão Nacional de Eleições que aplicar uma coima, não confere a esta uma natureza jurisdicional, uma vez que a mesma, atenta a natureza do órgão que a profere, é puro direito sancionatório administrativo, constituindo a utilização do referido termo uma mera imprecisão técnica, donde não podem ser extraídas quaisquer consequências.*

ARTIGO 35.°
Efeitos da impugnação judicial

1 – A impugnação judicial tem efeito meramente devolutivo.

2 – A impugnação judicial tem efeito suspensivo se o recorrente depositar o valor da coima e das custas do processo, no prazo referido no n.° 2 do artigo 33.°, em instituição bancária aderente, a favor da autoridade administrativa competente que proferiu a decisão de aplicação da coima.

3 – O depósito referido no número anterior pode ser substituído por garantia bancária, na modalidade «à primeira solicitação».

Notas:

1 – A atribuição de efeito meramente devolutivo à impugnação da decisão administrativa é seguramente uma das inovações de grande relevo deste novo

regime processual das COL e COSS (vd. nota 1 ao art. 25.°), e terá por fonte a norma da alínea *a*) do n.° 2 do art. 408.° do CPP, segundo a qual "*suspendem os efeitos da decisão recorrida: ...Os recursos interpostos de decisões que condenarem ao pagamento de quaisquer importâncias, nos termos deste Código, se o recorrente depositar o seu valor*;"[101].

Significa que a ACT ou o ISS, I.P., podem, e talvez devam, quando a valor da coima constante da condenação não esteja à partida assegurado, mesmo que tenha havido "recurso" de impugnação judicial e, por isso, a decisão não seja definitiva[102], proceder às diligências para a execução, ou seja, enviar os autos ao tribunal competente para promoção da execução. Só que esse tribunal, em princípio, será o mesmo que é competente para a apreciação da decisão condenatória proferida (art. 89.°/1 do DL 433/82).

Uma vez que assim é, o que, a nosso ver, será de procedimentar é, ao mesmo tempo que se enviam os autos para reapreciação pelo tribunal solicitar a execução da coima que, embora a lei o não diga, deverá correr por apenso. A não ser assim, bem pode suceder que, por virtude das diligências de prova que normalmente ocorrem, a execução tenha lugar antes da apreciação daquela decisão e o tribunal a venha a revogar ou alterar, tendo, posteriormente, de repor ao arguido a situação patrimonial.

Bem vistas as coisas, e se o procedimento que sugerimos for praticado pela Administração, o que acabará por ocorrer é uma maior tendência do tribunal para a condenação dos arguidos que não tiverem garantido o pagamento da coima perante aquela.

2 – No caso de o impugnante não depositar ou garantir o valor da coima e a autoridade administrativa, não seguindo o procedimento descrito na nota antecedente, envie os autos para execução, só restará como solução a aplicação no âmbito deste processo, para além dos fundamentos de oposição à execução baseada em sentença (art. 814.° do CPC), daqueloutros que podem servir de oposição à execução baseada em noutro título[103] (nos termos do art. 816.° do CPC), isto é, dos que seria lícito deduzir como defesa no processo de declaração.

Antes da atribuição do efeito meramente devolutivo à impugnação judicial pelo n.° 1, considerado o teor do 79.°/1 do DL 433/82[104], era pacífica a orienta-

---

[101] Mas não foram devidamente acautelados, quanto a nós, os efeitos processuais que tal solução legal origina, sobretudo tendo em conta que, estando embora perante um mesmo processo, se está a passar duma fase administrativa para uma fase judicial com as vicissitudes que isso acarreta a nível de logística e de comunicação.

[102] Cfr. art. 79.°/1 do DL 433/82.

[103] Tendo em conta que a decisão administrativa de aplicação de coima constitui, nos termos do art. 26.°, um título executivo.

[104] Que diz: "*O carácter definitivo da decisão da autoridade administrativa ou o*

ção jurisprudencial (cfr. Jurisp. no final desta anotação) de não aplicabilidade na execução dos fundamentos que era lícito deduzir no processo de CO na fase administrativa[105].

3 – A modalidade de garantia bancária "on first demand" ou "à primeira solicitação" de que fala o n.° 3, tem subjacente o princípio de que fica assegurado o pagamento da importância garantida, independentemente das questões que possa suscitar a origem do crédito.

Jurisp.:

A – "*O trânsito em julgado da decisão da autoridade administrativa preclude a possibilidade de novo conhecimento do facto como contra-ordenação e, por isso, não se pode em oposição à execução invocar os fundamentos referidos no artigo 816.° do Código de Processo Civil*".

(Ac do TRL de 08/11/2007, Proc. 7403-2008-8, relatado por PEDRO LIMA GONÇALVES).

B – *A circunstância de o legislador atribuir efeitos executórios definitivos à decisão da autoridade administrativa que não foi objecto de atempada oposição não contende com aquele princípio constitucional. Na verdade, a decisão em causa poderia ter sido judicialmente impugnada pela agravante e não o foi. A entidade administrativa concedeu-lhe a faculdade de impugnar judicialmente a decisão de aplicação da coima, faculdade que de que ela entendeu não lançar mão. Tornando-se, pois, a decisão da entidade administrativa definitiva, por não ter sido atempadamente impugnada judicialmente, a mesma decisão fica, por força do citado art. 79.°, n.° 1,* com efeitos análogos ao de uma verdadeira decisão judicial, *pelo que o recurso aos meios de oposição amplamente concedidos pelo art. 815.° do C. de Proc. Civil para oposição à execução baseada noutro título não seria legítimo (vide, neste sentido, Leones Dantas, in Considerações sobre o processo das contra-ordenações: as fases do recurso e da execução, Revista do Ministério Público, ano 15.°, n.° 57, pág. 83, citado na douta contra-alegação).*

(Ac do TRP de 08/03/2005, N.° Conv. JTRP00037802, relatado por EMÍDIO COSTA).

---

trânsito em julgado da decisão judicial que aprecie o facto como contra-ordenação ou como crime precludem a possibilidade de reapreciação de tal facto como contra-ordenação".

[105] ANTÓNIO LEONES DANTAS, in *Considerações sobre o processo das contra-ordenações: as fases do recurso e da execução,* Revista do M.°P.° (Jan/Mar1994), p. 83, dá, contudo nota do Ac. do TRL, de 14/03/90, Col Jur. 1990, T.2, p. 174, que vai no sentido de permitir deduzir os factos que seria lícito deduzir no processo de aplicação de coima.

ARTIGO 36.°
Envio dos autos ao Ministério Público

1 – Recebida a impugnação judicial e, sendo caso disso, efectuado o depósito referido no artigo anterior, a autoridade administrativa competente envia os autos ao Ministério Público no prazo de 10 dias, podendo, caso o entenda, apresentar alegações.

2 – Até ao envio dos autos, pode a autoridade administrativa competente revogar, total ou parcialmente, a decisão de aplicação da coima ou sanção acessória.

Notas:

1 – Parece-nos que a Administração é incompetente para determinar a não recepção de impugnação judicial, mesmo que entenda que ela enferma dos vícios a que se reporta o art. 38.°/1, até porque aquela lhe não é dirigida[106], mas sim ao tribunal (art. 33.°/1). Em qualquer caso o que ela pode, e deve, fazer é enviar os autos ao M.°P.°, embora representando e ou suscitando ao tribunal a sua declaração mediante simples despacho.

2 – É inovadora a faculdade contida na parte final do n.° 1, no sentido de a autoridade administrativa poder apresentar alegações face ao teor da impugnação do arguido. Se tais alegações se contiverem sobre os vícios formais de que cuida o art. 38.°/1, parecerá, em princípio, que nenhuma questão de maior se porá.

Outrotanto já não diremos se as alegações elaboradas pela entidade administrativa contiverem uma espécie de contestação, de impugnação especificada ou de contradita sobre as alegações e conclusões do impugnante. É que, se assim for, em caso de manutenção da decisão administrativa pelo tribunal, bem pode vir o arguido a invocar, nos termos do disposto no n.° 3 do art. 3.° do CPC[107], o efeito surpresa da sentença ou mesmo a violação do princípio do contraditório e do direito de audiência e defesa.

Nestas circunstâncias, antes da designação da data de audiência, deverão aquelas "alegações" ser notificadas ao arguido para sobre elas dizer o que lhe aprouver, querendo. Poder-se-á, mesmo, invocar a aplicação do disposto no art. 417.°/2 do CPP quando, no recurso, o processo vai com vista do M.°P.° e este se

---

106 Assim, LEONES DANTAS, *Considerações sobre o processo das contra-ordenações: as fases do recurso e da execução, cit.*, p. 74.

107 Que diz: "3. *O juiz deve observar e fazer cumprir, ao longo de todo o processo, o princípio do contraditório, não lhe sendo lícito, salvo caso de manifesta desnecessidade, decidir questões de direito ou de facto, mesmo que de conhecimento oficioso, sem que as partes tenham tido a possibilidade de sobre elas se pronunciarem.*"

não limita a apor o visto, mas elabora o seu parecer, caso em que tem de ser dada a possibilidade do exercício do contraditório[108].

3 – O prazo de 10 dias, que agora consta do n.° 1, era até agora de apenas 5 dias (art. 62.°/1 do DL 433/82). Cremos que a razão para o alargamento desse prazo, num diploma perpassado pela preocupação de celeridade e consequente diminuição efectiva dos prazos para as diligências processuais[109], teve a ver com a possibilidade da elaboração das alegações a sustentar a decisão proferida.

4 – O facto de a Administração poder revogar a decisão depois de a ter proferido tem dois significados claros: (i) o primeiro é que, ao contrário do que sucede com o juiz, o decisor administrativo não esgota a sua capacidade decisória depois da prolação da decisão; (ii) o segundo é o de que ainda se está, e mesmo depois da apresentação e recepção da impugnação judicial, dentro da fase administrativa que só termina com o envio dos autos, sem prejuízo de, mesmo após esse acto, continuar a Administração a ter alguma intervenção no processo, designadamente mediante a actuação do M.°P.° (art. 45.°/2)[110].

5 – O texto do art. 62.°/2 do DL 433/82 apenas fala da possibilidade de a autoridade administrativa *revogar* a decisão. A especificação dessa revogação poder ser *total* ou *parcial* é inovação deste regime.

Se bem interpretamos a norma, a sua razão de ser surge da necessidade de a autoridade administrativa, perante o teor das alegações do recurso de impugnação, proceder a uma alteração parcial, designadamente, reduzindo o montante da coima. Esta possibilidade, que não encontrava até agora apoio directo na letra da lei, era, por isso, de muito duvidosa aplicação.

Se havia que argumentasse que quem pode o mais (revogar totalmente) pode o menos (revogar parcialmente), a jurisprudência não acolhia muito favoravelmente esta posição, como se pode inferir, i.a., do Acórdão que segue.

Jurisp.:

"Recebida a impugnação judicial, a autoridade administrativa apenas pode tomar uma de duas atitudes: ou envia os autos ao M.P., para que este os apresente ao juiz, ou revoga a decisão de aplicação da coima.

---

108 CPP – art. 417.°: "1 – *Colhido o visto do Ministério Público o processo é concluso ao relator para exame preliminar.*

2 – *Se, na vista a que se refere o artigo anterior, o Ministério Público não se limitar a apor o seu visto, o arguido e os demais sujeitos processuais afectados pela interposição do recurso são notificados para, querendo, responder no prazo de 10 dias.*"

109 Cfr. neste sentido a parte final da nota 1 ao art. 6.°.

110 Mas defendemos que não pode o tribunal ordenar à autoridade administrativa a reforma da decisão por ela tomada quando a considere nula (nota 3 ao art. 32.°).

A lei não lhe permite que produza nova decisão, nem que seja para corrigir ou completar a decisão já tomada e que fora judicialmente impugnada."

(Ac do TRL de 14/01/2004, Proc. 8504/2003-4, relatado por RAMALHO PINTO).

ARTIGO 37.°
Apresentação dos autos ao juiz

O Ministério Público torna sempre presentes os autos ao juiz, com indicação dos respectivos elementos de prova, valendo este acto como acusação.

Notas:

1 – É aqui, com a apresentação dos autos ao juiz que se inicia verdadeiramente a fase judicial. Alguma jurisprudência fala até, a propósito desta situação de os autos já enviados pela autoridade administrativa, mas ainda não presentes ao juiz, de uma fase intermédia a que chama "acusatória"[111].

Em correlação com o que dizemos na parte final da nota 1 ao art. 32.°, entendemos que, não podendo o Ministério Público decidir pela não apresentação dos autos ao juiz – uma vez que os tem que tornar "sempre presentes"[112] – poderá, porém, quando entenda que os mesmos são manifestamente inviáveis ou apresentam flagrantes insuficiências ou deficiências, reenviá-los à Administração propondo ou aconselhando esta sobre as medidas a tomar, que poderão mesmo ser as de revogação total ou parcial da decisão previstas no n.° 2 do art. 36.°[113]. Aliás, esta interpretação sai reforçada com as novas estatuições ao M.°P.° constantes do art. 45.°/2, quanto à obrigatoriedade de solicitar a pronúncia da Administração quando a sua decisão não é mantida pelo tribunal.

2 – De um modo geral a doutrina entende que a decisão administrativa submetida a recurso de impugnação se transmuta em acusação, falando, a propósito, em decisão/acusação. Tal decisão *só virtualmente constituirá uma «condenação»*,

---

[111] Cfr. Ac do TRE de 28/10/2008 – Proc. 1441/08.1, relatado por JOÃO GOMES DE SOUSA, disponível em *http://www.dgsi.pt*, e cujo sumário é transcrito na jurisp. desta anotação.

[112] O vocábulo "sempre" foi agora introduzido pelo legislador (cfr. art. 62.°/1 do DL 433/82).Considerando, porém, que o M.°P.° se pode recusar a apresentar os autos, vd. ANTÓNIO LEONES DANTAS, *Considerações sobre o processo...* cit., p. 74, que invoca a posição do Prof. CAVALEIRO DE FERREIRA, em Curso de Processo Penal, Danúbio, 1986, 2.° v., p. 188 e ss.

[113] Vd. nota 3 ao art. 41.°.

pois que, se impugnada «tudo se passa como se, desde o momento em que é proferida a decisão esta fosse uma acusação»[114].

3 – Os elementos de prova de que fala este preceito hão-de ser essencialmente os referidos no art. 21.°/3, ou seja, a cópia das gravações dos depoimentos ou esclarecimentos prestados perante a instrução administrativa.

Jurisp.:

I – A necessidade, prevista no artigo 62.°, n.° 1 do RGCO, de enviar os autos ao Ministério Público só se compagina com a possibilidade e necessidade de este exercer o controlo próprio de uma magistratura, designadamente o controle do princípio da legalidade. A fase judicial do processo contra-ordenacional só se inicia com o envio dos autos ao juiz e a fase administrativa termina com a possibilidade de revogação da decisão pela entidade administrativa.

II – Cria-se, assim, uma fase intermédia entre aquelas duas naturezas do processo – a administrativa e a judicial – em que o processo se encontra na disponibilidade do MP e que podemos designar por fase "acusatória". A tal fase só se podem entender aplicáveis, subsidiariamente, os artigos 277.° e 283.° do Código de Processo Penal, com as necessárias adaptações. Nesta fase acusatória o MP pode não deduzir acusação, o que corresponderá a uma revogação da decisão da entidade administrativa e à inutilidade superveniente da impugnação judicial.

III – O conceito de acusação em matéria penal contido no artigo 6.° da CEDH, conceito com autonomia e que deve ser interpretado no sentido da Convenção, é interpretado pelo TEDH como abrangendo o direito contra-ordenacional.

É lícito ao Juiz rejeitar a "acusação" por manifestamente infundada fazendo apelo ao disposto no artigo 311.°, n.° 2, al. a) e 3 do Código de Processo Penal.

IV. A declaração de nulidade da decisão administrativa implica a aplicação do disposto no artigo 122.° do Código de Processo Penal.

(Ac. do TRE de 28/10/2008, Proc. 1441/08-1, relatado por João Gomes de Sousa).

ARTIGO 38.°
Não aceitação da impugnação judicial

1 – O juiz rejeita, por meio de despacho, a impugnação judicial feita fora do prazo ou sem respeito pelas exigências de forma.

---

[114] Manuel Ferreira Antunes – Reflexões sobre o Direito Contra-Ordenacional, SPB Editores, 1997, p. 172.

2 – Deste despacho há recurso, que sobe imediatamente.

Notas:

1 – Entendemos que a disposição do n.° 1 é o campo, por excelência, da aplicação da norma inovadora contida na parte final do n.° 1 do art. 35.°. Ou seja, não vemos obstáculo a que a autoridade administrativa quando envia os autos ao M.°P.° faça sugerir a prolação de mero despacho por virtude de qualquer das irregularidades ali mencionadas: (i) extemporaneidade; (ii) erro ou vício de forma: Mas já quanto ao mais, ou seja, quando a autoridade administrativa impugna especificadamente todas ou algumas das alegações e conclusões da impugnação, se nos afigura, no mínimo, necessária a sua prévia notificação e envio, pelo tribunal, aos interessados.

2 – Além do recurso do despacho proferido no âmbito deste preceito, acrescem os que constam do elenco do art. 49.°/1.

ARTIGO 39.°
Decisão judicial

1 – O juiz decide do caso mediante audiência de julgamento ou através de simples despacho.

2 – O juiz decide por despacho quando não considere necessária a audiência de julgamento e o arguido ou o Ministério Público não se oponham.

3 – O despacho pode ordenar o arquivamento do processo, absolver o arguido ou manter ou alterar a condenação.

4 – O juiz fundamenta a sua decisão, tanto no que respeita aos factos como no que respeita ao direito aplicado e às circunstâncias que determinaram a medida da sanção, podendo basear-se em mera declaração de concordância com a decisão condenatória da autoridade administrativa.

5 – Em caso de absolvição, o juiz indica porque não considera provados os factos ou porque não constituem uma contra-ordenação.

Notas:

1 – Quando o juiz decide mediante audiência, isso significa que não fica vinculado à prova produzida na instrução que decorreu na fase administrativa. O tribunal realiza não apenas uma reapreciação da decisão proferida pela autoridade administrativa, mas também um verdadeiro julgamento dos factos imputados ao

arguido que motivaram a condenação[115]. Então, cumpre ao impugnante apresentar os meios de defesa que entender, assim como ao M.°P.° promover a prova de todos os factos relevantes (art. 47.°/1).

Simplesmente, em termos de prova, há aqui normalmente que ter em conta um documento importantíssimo que tem tanto valor na fase administrativa quanto na fase judicial: o auto de notícia. No respeitante à matéria de facto, quer na que fundamenta o elemento objectivo quer daquela de que se pode extrair o próprio elemento subjectivo da infracção, o especial valor probatório do "flagrante delito" presenciado por um agente dotado de especial fé pública, quando a tem[116], não pode deixar de ser tido na devida conta pelos tribunais.

Perante a prova oferecida pela defesa o juiz, enquanto deve obediência à lei, nunca pode deixar de considerar *provados os factos materiais constantes do auto de notícia enquanto a autenticidade do documento ou a veracidade do seu conteúdo não forem fundadamente postas em causa*. Ou seja, consideramos plenamente aplicável, também na fase judicial, o n.° 3 do art. 13.° que, erroneamente, está sistematicamente inserido apenas na fase administrativa[117].

2 – O referido na nota que antecede não significa, porém, que, em circunstância alguma, o auto de notícia prove, só por si, a existência da contra-ordenação. É óbvio que se assim fosse quando o inspector levanta o auto estaria, desde logo, a condenar o autuado como infractor. O que, para além do mais, seria inconstitucional por violação do princípio da presunção de inocência do arguido e do seu corolário *in dubio pro reo* (art. 32.°/2 da CRP).

O especial valor probatório do auto, que não é absoluto nem definitivo, uma vez que o juiz pode sempre proceder ou ordenar outras diligências probatórias, respeita unicamente aos factos materiais e não também à culpa ou à ilicitude. Todavia, se esta se extrai dos preceitos e princípios contidos no regime substantivo das CO, aquela, entendida como mera censura social ao agente por ter actuado em violação do direito de mera ordenação, não coenvolve uma demonstração tão rigorosa quanto a culpa do direito criminal, podendo extrair-se das regras da experiência comum ou ser provada em prova *prima facie* ou *de interim*.

3 – Se o arguido ou o M.°P.°, nos termos do n.° 2, se opuserem e, apesar disso, o juiz decidir por despacho, dele se pode interpor recurso para a Relação

---

[115] Neste sentido ANTÓNIO LEONES DANTAS, *Considerações sobre o processo das contra-ordenações: as fases do recurso e da execução* Revista do M.°P.° (Jan/Mar1994), p. 71.

[116] E, por isso, censurámos a norma contida no art. 14.°/3 ao atribuir relevo probatório ao auto de infracção que é levantado por "qualquer técnico" (notas 1 e 2).

[117] Lembre-se que, apesar do CPP ser direito subsidiário do regime geral das CO (art. 41.°/1), o auto de notícia ora aí previsto é restrito à matéria de crime de denúncia obrigatória e vale como mera denúncia (art. 243.°/3 do CPP).

(art. 49.°/1/*e*). O despacho a que se refere este preceito (n.ºs 1 a 3) não é, obviamente, o do artigo anterior (38.°) que é restrito à inobservância de exigências formais. O deste art. 39.°, ainda que também possa ordenar simplesmente o arquivamento do processo (e não também a absolvição ou a condenação), há-de ser por razões distintas das enumeradas no art. 38.°/1 (p. ex., porque entende, à partida, a manifesta inviabilidade da decisão administrativa ou da impugnação).

4 – Como referimos na nota 3 ao art. 32.° a propósito da inviabilidade do reenvio dos autos à autoridade administrativa, as únicas hipóteses que a lei considera como resultado final do despacho – e, acrescentamos nós porque não vemos qualquer razão para distinguir, igualmente como resultado da sentença – são as que constam do n.° 3, onde não cabe aquele reenvio.

5 – Importante inovação deste regime processual é a que consta da parte final do n.° 4 quando permite que a decisão judicial se pode bastar com a remissão para a decisão administrativa. Dela parece ressaltar, para além de um desiderato de simplificação do processo contra-ordenacional, uma vontade legislativa de aproximação de ambas as decisões que são tomadas num mesmo processo que todavia integra duas fases e duas autoridades distintas. Não sabemos se a circunstância de se tratar aqui de uma mera faculdade do juiz será suficiente para acautelar a inconstitucionalidade da norma.

6 – Ver nota 2 ao art. 25.°e nota 1 ao art. 28.°.

7 – Apesar da norma do n.° 5 ser a transcrição quase *ipsis verbis* da que consta do n.° 5 do art. 64.° do DL 433/82, continua, como aí, a padecer dum *lapsus calami* que consiste em não separar os dois vocábulos "por" e "que". O segmento da norma deveria ser assim redigido: "... por que não considera provados os factos ou por que não constituem uma contra-ordenação".

8 – Se o juiz não considera necessária a audiência, e toma posição sobre o mérito conhecendo do direito aplicado, isso só pode significar que deu por assente a matéria de facto apurada na decisão da autoridade administrativa.

Jurisp.:

A – "*I – Traduz oposição à decisão por despacho o facto de o arguido no recurso de impugnação da decisão da autoridade administrativa oferecer prova que deva ser produzida em audiência.*

II – Numa tal situação, se o arguido for notificado para dizer se se opõe à decisão, o seu silêncio não pode ser interpretado como não oposição.

III – A decisão por despacho, havendo oposição do arguido, manifestada implicitamente daquela forma, configura a nulidade prevista no art. 120.°, n.° 2, alínea d), do Código de Processo Penal.

IV – Essa nulidade pode ser arguida no recurso que se interponha da decisão judicial referida." (Ac. do TRP de 04/02/2009, Proc. 0816413, relatado por Maria Leonor Esteves).

B – "… *3 – Verificando-se a nulidade da decisão administrativa, os autos não deverão ser arquivados e muito menos, ser a arguida absolvida, por via dessa nulidade, mas sim determinar-se o suprimento das omissões que estão na origem dessa nulidade.*"

(Ac. do TRE de 03/12/2009, Proc. 27687.7TBSTR.E1, relatado por Carlos Berguete Coelho).

C – "… *2 – O recurso interposto da decisão da autoridade administrativa só pode ser decidido por simples despacho, nos termos do art. 64.°, n.os 1 e 2 do RGCO, nos casos em que o juiz, depois de examinar o processo administrativo, a decisão impugnada e a alegação da impugnação, considere desnecessária a audiência de julgamento, por o processo já conter todos os elementos de facto necessários para decidir.*

3. Havendo insuficiências, no âmbito da matéria de facto que se impunha suprir para determinar a moldura abstracta da coima aplicável e a medida concreta da coima (v.g. o grau de culpa, o volume de negócios, a situação económica da arguida e o benefício económico que esta retirou da prática da contra-ordenação), bem como para liquidar a quantia devida ao trabalhador a título de indemnização, o juiz não pode decidir o recurso interposto da decisão da autoridade administrativo por simples despacho.

4. A lei impõe ao juiz que indique as razões por que não considera provados os factos ou porque entende que não constituem uma contra-ordenação. Os objectivos de transparência da actividade jurisdicional e de ponderação das decisões judiciais que estão subjacentes à exigência da fundamentação destas não deixam de valer nos casos em que haja uma divergência entre a posição assumida pelo tribunal e a subjacente à decisão administrativa de condenação, pelo que se impõe que qualquer divergência seja sempre fundamentada.

(Ac. do TRL de 13/12/2007, Proc. 3734/2007-4, relatado por Ferreira Marques).

ARTIGO 40.°
Marcação da audiência

Ao aceitar a impugnação judicial o juiz marca a audiência, salvo no caso referido no n.° 2 do artigo anterior.

Notas:

A decisão por simples despacho implica que o juiz, não tendo razões formais para a não aceitação da impugnação, pois que, de contrário, tê-la-ia rejeitado nos termos do art. 38.°, acha-se suficientemente esclarecido e habilitado para a sua prolação. Esse conhecimento do tribunal tanto pode significar a inexistência de dúvidas sobre os factos tidos por assentes no processo que correu termos na fase administrativa ou a manifesta e indubitável ineptidão da impugnação, caso em que o despacho será de manutenção da decisão administrativa, como de certeza sobre a inviabilidade desta. Nesta hipótese, há que não perder de vista que a apresentação dos autos pelo M.° P.° vale como simples acusação. Por isso, a decisão judicial, só no caso extremo de absoluto desaproveitamento das diversas peças dos autos, é que deverá concluir pelo seu arquivamento.

Achamos, pois, que a decisão judicial não deverá ser de mera confirmação ou anulação da decisão administrativa. Mas, antes, deve procurar sempre ser de plena jurisdição. Ainda que o Tribunal entenda que há nulidades dessa decisão, sendo elas sanáveis, deverá saná-las e proceder ao julgamento da infracção.

Jurisp.:

"*Quando, em cumprimento do disposto no artigo 50.° do regime geral das contra-ordenações, o órgão instrutor optar, no termo da instrução contra-ordenacional, pela audiência escrita do arguido, mas, na correspondente notificação, não lhe fornecer todos os elementos necessários para que este fique a conhecer a totalidade dos aspectos relevantes para a decisão, nas matérias de facto e de direito, o processo ficará doravante afectado de nulidade, dependente de arguição, pelo interessado / notificado, no prazo de 10 dias após a notificação, perante a própria administração, ou, judicialmente, no acto de impugnação da subsequente decisão / acusação administrativa.*"

(Assento n.° 1/2003, de 25 de Janeiro de 2003 – Recurso n.° 467/2002).

ARTIGO 41.°
Retirada da acusação

A todo o tempo, e até à sentença em primeira instância ou até ser proferido o despacho previsto no n.° 2 do artigo 39.°, pode o Ministério Público, com o acordo do arguido e da autoridade administrativa, retirar a acusação.

Notas:

1 – A retirada da acusação implica a inutilidade superveniente da lide e o consequente arquivamento do processo. Todavia, o arguido, uma vez que está já introduzido o feito em juízo, pode não ficar satisfeito com o mero arquivamento, podendo ter interesse numa decisão judicial absolutória. Daí a razão para a necessidade de dar o seu acordo à retirada da acusação. Já a razão para o acordo da retirada da acusação pela autoridade administrativa se estriba numa razão diferente.

Aí poderá a Administração querer vincar a sua posição interpretativa quanto à questão em causa no processo, levando a que o tribunal tome uma decisão sobre o mérito, absolvendo ou condenando.

2 – Conforme vai dito na nota 1 ao art. 32.°, se mesmo após tornar os autos presentes ao juiz, e este ter aceite a impugnação, o M.° P.° pode ainda retirar a acusação com o acordo da autoridade administrativa, é porque ainda se não esgotou totalmente a fase administrativa, embora já se esteja em fase judicial. Daí alguns autores falarem, a propósito deste momento numa "fase intermédia"[118].

3 – A retirada da acusação pelo M.°P.°, tendo em conta os princípios enquadradores da sua intervenção plasmados no art. 53.° do CPP subordina-se aos critérios de legalidade e objectividade constantes do art. 2.°/2 da Lei n.° 47/86, redacção da Lei 37/2009, de 20/07, e não, também, aos de oportunidade. Mas não parece sustentável que, apesar do teor da norma do art. 37.°, o M.° P.° não retire a acusação se a acha manifestamente inviável.

ARTIGO 42.°
Participação do arguido na audiência

1 – O arguido não é obrigado a comparecer à audiência, salvo se o juiz considerar a sua presença como necessária ao esclarecimento dos factos.

2 – O arguido pode sempre fazer-se representar por defensor legal.

3 – Nos casos em que o juiz não ordenou a presença do arguido a audiência prossegue sem a presença deste.

Notas:

1 – A comparência do arguido na audiência, não sendo em princípio obrigatória, é todavia do seu próprio interesse, uma vez que correndo o processo contra si, terá maior probabilidade de contraditar os factos da acusação ou, ao menos, invocar as circunstâncias atenuantes da culpa com que actuou

2 – Enquanto o art. 67.°/2 do DL 433/82 diz que *nos casos em que o juiz não ordenou a presença do arguido este poderá fazer-se representar por advogado com procuração escrita*, a norma do n.° 2 permite que o arguido, na audiência, se faça sempre representar por defensor legal. Com tal faculdade, o preceito pretende significar que tanto pode o arguido comparecer sozinho sem o defensor, como podem não comparecer nem um nem outro, como resulta do artigo seguinte.

---

[118] Cfr. Ac. do TRE de 28/10/2008, in art. 37.° – Jurisp.

Independentemente da presença na audiência, já concluímos antes (nota 6 ao art. 32.°) que, ao contrário do que sucedia no regime anterior, agora o arguido não pode sozinho apresentar a impugnação.

3 – O defensor legal a que se reporta o n.° 2, tanto pode ser o mandatário constituído pelo arguido como o defensor nomeado nos termos da Lei do Acesso ao Direito e aos Tribunais (Lei 34/2004, de 29/07, na redacção da Lei 47/2007, de 28/08), designadamente nos termos do seu art. 17.°/2 sobre os processos de contra-ordenação.

ARTIGO 43.°
Ausência do arguido

Nos casos em que o arguido não comparece nem se faz representar por advogado, tomam-se em conta as declarações que tenham sido colhidas no âmbito do processo de contra-ordenação que correu termos na autoridade administrativa competente ou regista-se que ele nunca se pronunciou sobre a matéria dos autos, apesar de lhe ter sido concedida a oportunidade para o fazer, e procede–se a julgamento.

Nota:

Mesmo na hipótese de revelia absoluta do arguido de que cuida este artigo, a decisão do processo pode não lhe ser desfavorável. Não se tratando aqui de um processo de partes tal como ocorre no processo civil, a ausência do arguido não implica a condenação de preceito, mas, antes a decisão conforme for de direito, o que significa que, mesmo naquela circunstância, se os autos não fornecerem elementos suficientes para a condenação, ou houver dúvidas fundadas sobre a sua autenticidade ou a veracidade do que contêm, o arguido deverá ser absolvido.

ARTIGO 44.°
Participação do Ministério Público

O Ministério Público está presente na audiência de julgamento.

Nota:

Ao determinar a presença do M.°P.° na audiência de julgamento, o que, de resto, resultava já da execução dos seus normais deveres funcionais, o legislador pretende vincar a importância da sustentação e manutenção da decisão administrativa no âmbito dos processos de contra-ordenação. É que o preceito é a transposição do que consta do art. 69.° da LG das CO.

ARTIGO 45.°
Participação da autoridade administrativa competente

1 – O tribunal comunica à autoridade administrativa competente a data da audiência para, querendo, esta poder participar na audiência.

2 – O Ministério Público, após notificação da decisão de arquivamento do processo, absolvição ou alteração da condenação, solicita a pronúncia por escrito da autoridade administrativa competente, no prazo de cinco dias, a fim de ser equacionado um eventual recurso no processo.

3 – O tribunal comunica à autoridade administrativa competente, de imediato e antes do trânsito em julgado, a sentença, bem como as demais decisões finais.

Notas:

1 – A participação da ACT (tal, como anteriormente, da IGT) tem-se traduzido, normalmente, pela presença do inspector autuante[119]. Só que este não é, nem pode ser, o instrutor do processo (cfr. art. 16.°). Acresce que a participação do autuante é normalmente tida pelo Tribunal como mero depoimento testemunhal dos factos relatados no auto de notícia. Ora, estando estes cobertos pela presunção legal de veracidade (art. 13.°/3), tal intervenção, a não ser quando a defesa do arguido pretenda *fundadamente pô-los em causa*, é pouco mais que despicienda. Já o depoimento do instrutor, se bem que a proposta de decisão que elaborou traduza, ou deva traduzir, todo o desenrolar da investigação e instrução que produziu, poderá, apesar disso, revelar-se, por vezes, mais esclarecedora para o Tribunal da razão da condenação e da medida da coima e ou da sanção acessória aplicada.

Resta aditar que se a decisão é, nos termos legais, proferida pelo dirigente da unidade local respectiva, que é quem tem a competência delegada pelo IGT ou pelo conselho directivo do ISS, I.P. (art. 3.°), a verdade é que, salvo raras excepções, este se limita a apor nela (decisão) a sua assinatura, corroborando todo o *iter* investigatório e instrutório desenvolvido pelo instrutor do processo, assim como a proposta conclusiva.

2 – Os n.os 2 e 3 constituem inovações deste regime procedimental. Na verdade o seu conteúdo vai para lá do que está disposto no art. 70.° da LG das CO

119 Desconhece-se se outrotanto tem ocorrido com o ISS, I.P..

que se limita a prescrever a comunicação da data da audiência (que normalmente não é feita), assim como a sentença e demais decisões finais (que, por vezes, necessita de diligência suplementar junto do tribunal) que são, aliás, necessárias para produzir o encerramento do processo. Este, quando há impugnação, mantém-se, naturalmente, pendente da decisão do tribunal e só pode ser encerrado quando houver decisão transitada em julgado (art. 565.°/2 do CT/2009).

3 – O n.° 2 inovou no sentido de prescrever ao M.°P.° o dever de solicitar que a autoridade administrativa se pronuncie sempre que a decisão judicial não seja a de manutenção da decisão administrativa. Deverá fazê-lo no prazo de cinco dias após ser notificado dela. É a interpretação que fazemos da letra da norma, embora não se veja que esta Lei ou o próprio CPP em lado algum imponham a notificação da decisão ao M.°P.°. Tanto mais que ele está presente ao julgamento.

Também não cremos que, como parece decorrer da literalidade do n.° 2, o M.° P.° notifique a Administração da decisão de arquivamento, absolvição ou alteração e só então, no prazo de 5 dias, solicite essa pronúncia. Mas, se é correcta a interpretação que fazemos, a norma ficaria mais clara se dissesse que o M.°P.° notifica a decisão e solicita a pronúncia. A *ratio* da notificação da decisão em 5 dias, di-lo o segmento final da norma, é para ser equacionado um eventual recurso.

4 – Também o n.° 3, relativamente ao conteúdo do art. 70.°/4 da LG das CO, à obrigação de comunicação da sentença à autoridade administrativa, aditou a exigência " de imediato e antes do trânsito em julgado".

Sucede, assim, que a Administração vai receber duas comunicações do mesmo processo: uma do M.°P.°, e outra do tribunal. Para além, claro está, daquela a que se refere a nota 2, após o trânsito em julgado.

5 – Apesar de o M.° P.° ter de solicitar a pronúncia da autoridade administrativa no caso de a decisão meramente *alterar* a condenação (n.° 2), o que inculca a ideia de que essa alteração seria sempre no sentido mais favorável ao arguido e, por isso, se aplicaria o princípio da proibição da *reformatio in pejus*, a circunstância de não ter transitado para o texto desta Lei 107/2009 a norma do art. 72.°-A do DL 433/82 que, precisamente, a definia, leva a admitir a solução oposta (cfr. nota 3 ao art. 47.°).

ARTIGO 46.°
Retirada da impugnação judicial

1 – A impugnação judicial pode ser retirada pelo arguido até à sentença em primeira instância ou até ser proferido o despacho previsto no n.° 2 do artigo 39.°.

2 – Depois do início da audiência de julgamento, a impugnação judicial só pode ser retirada mediante o acordo do Ministério Público.

Notas:

1 – A retirada da impugnação pelo arguido corresponde, naturalmente, à manutenção da decisão administrativa, com a consequente aplicação das sanções que ela contenha.

Um problema pode, porém, aqui colocar-se respeitante à eventual necessidade de proceder à execução. Como é sabido, e resulta das regras que continuam a constar da LG das CO, designadamente o art. 89.°/3, *quando a execução tiver por base uma decisão da autoridade administrativa, esta remete os autos ao representante do Ministério Público competente para promover a execução*. Ora, neste caso de retirada da impugnação, apesar de a execução continuar a ter por base a decisão administrativa, não faz sentido a aplicação desta regra, uma vez que os autos já se encontram no tribunal competente para promover a execução. Pelo que, em vez da devolução dos autos, deverá o M.°P.° dar cumprimento ao n.° 2 do art. 89.°, logo que verificados os pressupostos do art. 88.°, ambos do DL 433/82.

2 – Quando se verifique a proibição da *reformatio in pejus* não faz grande sentido que o M.ª.°P.° não dê o seu acordo à retirada da impugnação, mesmo após o início da audiência de julgamento. Porém, uma vez que defendemos o desaparecimento dessa regra neste regime procedimental das COL e COSS, já o representante daquele órgão pode ter interesse em que a audiência prossiga para decisão final.

ARTIGO 47.°
Prova

1 – Compete ao Ministério Público promover a prova de todos os factos que considere relevantes para a decisão.

2 – Compete ao juiz determinar o âmbito da prova a produzir.

3 – O Ministério Público e o arguido podem arrolar até ao máximo de duas testemunhas por cada infracção.

4 – Quando se trate de três ou mais contra–ordenações a que seja aplicável uma coima única, o Ministério Público e o arguido podem arrolar até ao máximo de cinco testemunhas por todas as infracções.

Notas:

1 – Sobre a promoção da prova pelo M.°P.° que, em princípio, estará circunscrita à que foi carreada pela instrução na fase administrativa, tem cabimento o que se disse na nota 1 ao art. 45.° sobre a presença do instrutor do processo.

Sobre os inconvenientes da "duplicação da prova" no processo de CO – por via orgânica e por via judicial – pode ver-se FREDERICO COSTA PINTO que também entende não ser admissível nesta fase judicial a leitura dos autos de declarações que tenham depoimentos prestados na fase administrativa (art. 356.° do CPP). E daí reconhecer "*que o sistema actual consente que na fase judicial, sob a capa de um verdadeiro julgamento de duvidosa legitimidade, os pressupostos da decisão da autoridade administrativa sejam alterados por simples divergência de depoimentos, passíveis inclusivamente de manipulação*"[120].

2 – Os n.os 3 e 4 foram aditados às disposições que constam do art. 72.° do DL 433/82 e traduzem a preocupação do legislador de aceleramento da conclusão da instrução e do processo. Correspondentemente com o que já estava legislado para a fase administrativa (art. 17.°/2 e 3), também na fase judicial o limite das testemunhas é de duas por infracção e de cinco em caso de pluralidade de infracções a que corresponda uma só coima.

3 – Na sistematização do DL 433/82, a seguir ao art. 72.° sobre a prova, foi introduzido (pelo DL 244/95, de 14/09) um art. 72.°-A sobre a proibição da *reformatio in pejus*[121].

Ora, se nesta Lei 107/2009, nenhuma referência é feita a essa proibição designadamente em sede da primeira instância, isso só pode querer significar que ela desaparece. Esta conclusão, aliás, sai reforçada se tivermos em conta que também, ao contrário do que sucede no regime da LG das CO (art. 75.°/2/*a*), *in fine*[122]), a limitação que aí existia à alteração da decisão de 1.ª instância pelo tribunal da Relação deixa de existir (art. 51.°/2/*a*).

Acresce, a reforçar a conclusão de que aquele princípio deixou de existir, o facto de ter constado expressamente da alínea *c*) do n.° 2 do art. 31.° do regime das contra-ordenações da SS (DL 64/89), ora revogada (art. 64.°), uma norma que precisamente determinava que não vigorava aí a proibição da *reformatio in pejus*.

4 – É precisamente por competir ao juiz determinar, oficiosamente ou sob promoção do M.° P.°, o âmbito da prova a produzir (n.° 2) que não faz sentido que o tribunal devolva os autos à autoridade administrativa, designadamente para esta complementar, através de nova instrução, o apuramento de factos que aquele considera indispensáveis para a descoberta da verdade. Após a fase judicial, esse papel cabe precisamente ao tribunal de 1.ª instância, que não decide exactamente

---

[120] *O Ilícito de Mera Ordenação Social*... cit., p. 85/86.

[121] "*1. Impugnada a decisão da autoridade administrativa ou interposto recurso da decisão judicial somente pelo arguido, ou no seu exclusivo interesse, não pode a sanção aplicada ser modificada em prejuízo de qualquer dos arguidos, ainda que não recorrentes*".

[122] "*2. A decisão de recurso poderá: a) Alterar a decisão do tribunal recorrido sem qualquer vinculação aos termos e ao sentido da decisão recorrida,* salvo o disposto no artigo 72.°A".

como se julgasse em recurso de outra instância, mas, considerando inválida a prova produzida perante a autoridade administrativa, tem a possibilidade de a produzir em audiência de julgamento, na totalidade ou em parte.

ARTIGO 48.°
Admoestação judicial

Excepcionalmente, se a infracção consistir em contra-ordenação classificada como leve e a reduzida culpa do arguido o justifique, pode o juiz proferir uma admoestação.

Notas:

1 – Tal como sucede agora com o levantamento do auto de advertência (art. 19.°/1/*d*) e 2/*b*)), também a admoestação só é possível relativamente às contra-ordenações catalogadas de leves[123].

A origem desta admoestação pode estar na figura idêntica que consta do art. 51.° da LG das CO, mas que é aí privativa das autoridades administrativas. Apesar de até agora não estar legalmente consagrada, verificava-se já alguma tendência para os tribunais aplicarem supletivamente as penas mais leves previstas no CPP, como é o caso da admoestação prevista no art. 60.° do CP ou no art. 497.° ou a dispensa de pena prevista no art. 74.° do CP.

2 – Desenvolvendo o tema da admoestação, quer a advertência administrativa do art. 51.° do DL 433/82 quer a admoestação penal, concluindo que a admoestação contra-ordenacional tem maior afinidade com a figura penal da dispensa de pena à qual entende dever aproximar-se, pode ver-se FREDERICO DA COSTA PINTO[124]. Esclarece-se, contudo, que só agora foi introduzida a admoestação judicial no âmbito deste processo por COL e por COSS.

3 – Referindo a aplicação da admoestação pelo tribunal de 1.ª instância num processo contra-ordenacional cuja decisão administrativa foi objecto de impugnação, com base no art. 51.° do DL 433/82, pode ver-se o Ac. do TRP de 01/04/2009, Proc. 159/08.9TPPRT, relatado por ARTUR OLIVEIRA.

---

[123] Cfr. art. 553.° do CT/2009.

[124] *O Ilícito de Mera Ordenação Social*... cit., p. 87 a 94.

ARTIGO 49.°
Decisões judiciais que admitem recurso

1 – Admite-se recurso para o Tribunal da Relação da sentença ou do despacho judicial proferidos nos termos do artigo 39.°, quando:

a) For aplicada ao arguido uma coima superior a 25 UC ou valor equivalente;

b) A condenação do arguido abranger sanções acessórias;

c) O arguido for absolvido ou o processo for arquivado em casos em que a autoridade administrativa competente tenha aplicado uma coima superior a 25 UC ou valor equivalente, ou em que tal coima tenha sido reclamada pelo Ministério Público;

d) A impugnação judicial for rejeitada;

e) O tribunal decidir através de despacho não obstante o recorrente se ter oposto nos termos do disposto no n.° 2 do artigo 39.°.

2 – Para além dos casos enunciados no número anterior, pode o Tribunal da Relação, a requerimento do arguido ou do Ministério Público, aceitar o recurso da decisão quando tal se afigure manifestamente necessário à melhoria da aplicação do direito ou à promoção da uniformidade da jurisprudência.

3 – Se a sentença ou o despacho recorrido são relativos a várias infracções ou a vários arguidos e se apenas quanto a alguma das infracções ou a algum dos arguidos se verificam os pressupostos necessários, o recurso sobe com esses limites.

Notas:

1 – Embora o preceito seja decalcado no do art. 73.° da LG das CO, foram actualizados os valores das coimas que passaram a ser referenciados a UCs[125] e não, directamente, a euros.

2 – Como deixámos entendido na nota 3 ao art. 39.°, o despacho a que alude a alínea *d*) do n.° 1 é o proferido ao abrigo do art. 38.°, baseado em irregularidades formais (extemporaneidade ou falta de formalidades). Se, com base em ilegalidade substancial, o despacho, face à não oposição do arguido ou do M.°P.°[126], ordenar o arquivamento do processo, a sua espécie cabe na alínea *c*).

---

[125] Vd. sobre o valor da UC rodapé da nota 2 ao art. 28.°.

[126] Não se torna, pois, necessária expressa anuência de um ou outro.

3 – A expressão das alíneas *a*) e *c*) do n.° 1 "*coima superior a 25UC ou valor equivalente*" não é sinónima de coima igual ou superior a 25 UC. Significa que se a condenação for em coima de 25 UC (ou, precisamente, o seu contravalor em euros[127]) a decisão judicial não é recorrível.

4 – Uma vez que em matéria contra-ordenacional as Relações julgam em definitivo, não havendo, por isso, lugar a recurso ordinário dos seus acórdãos, segue-se que tem aqui cabimento o disposto no art. 437.°/2 do CPP segundo o qual, quando não for admissível recurso ordinário, é admissível recurso extraordinário sempre que um tribunal de Relação proferir acórdão que esteja em oposição com outro da mesma ou de diferente Relação.

5 – O disposto no n.° 3 tem por base as normas contidas nas alíneas *b*), *c*) e *d*) do n.° 2 do art. 403.° do CPP sobre a limitação do recurso[128].

ARTIGO 50.°
Regime do recurso

1 – O recurso é interposto no prazo de 20 dias a partir da sentença ou do despacho, ou da sua notificação ao arguido, caso a decisão tenha sido proferida sem a presença deste.

2 – Nos casos previstos no n.° 2 do artigo anterior, o requerimento segue junto ao recurso, antecedendo-o.

3 – Nestes casos, a decisão sobre o requerimento constitui questão prévia, que é resolvida por despacho fundamentado do tribunal, equivalendo o seu indeferimento à retirada do recurso.

4 – O recurso segue a tramitação do recurso em processo penal, tendo em conta as especialidades que resultem desta lei.

Notas:

1 – O prazo de interposição de recurso no DL 433/82 está fixado em 10 dias (art. 74.°). Mas essa norma foi já declarada inconstitucional com força obrigatória geral pelo Acórdão do Tribunal Constitucional n.° 27/2006, de 10 de Janeiro de 2006[129], "*... quando dela decorre que, em processo contra-ordenacional, o prazo para o recorrente motivar o recurso é mais curto do que o prazo da cor-*

[127] Vd. sobre o valor da UC rodapé da nota 2 ao art. 28.°.

[128] Para o lugar paralelo da impugnação parcelar da decisão da autoridade administrativa, vd. a nota 7 ao art. 32.°.

[129] De que foi relatora Maria dos Prazeres Pizarro Beleza.

respondente resposta, por violação do princípio da igualdade de armas, inerente ao princípio do processo equitativo, consagrado no n.° 4 do artigo 20.° da Constituição".

E o Ac. do STJ n.° 1/2009 (DR, n.° 11, Série I, de 2009/01/16) fixara como orientação: "*Em processo de contra-ordenação, é de 10 dias quer o prazo de interposição de recurso para a Relação quer o de apresentação da respectiva resposta, nos termos dos artigos 74.°, n.os 1 e 4, e 41.° do Regime Geral de Contra-Ordenações*".

Naturalmente que com a redacção ora dada por este preceito, quer o prazo de interposição quer o de resposta passará a ser de 20 dias[130].

2 – Porque, nos termos do n.° 4, o recurso segue a tramitação do processo penal (arts. 410.° e ss.), o requerimento que acompanha o recurso, antecedendo-o, tem de ser motivado, sob pena de não admissão (art. 411.°/1 do CPP)[131].

Jurisp.:

"*O requerimento a pedir à Relação que receba o recurso em processo de contra-ordenação " quando tal se afigure manifestamente necessário à melhoria da aplicação do direito ou à promoção da uniformidade da jurisprudência " tem de acompanhar o recurso, antecedendo-o, sem o que o juiz terá de proferir despacho de não admissão.*"

(Ac do TRP de 14/01/98, Proc. 9710984, relatado por MANUEL BRAZ).

ARTIGO 51.°
Âmbito e efeitos do recurso

1 – Se o contrário não resultar da presente lei, a segunda instância apenas conhece da matéria de direito, não cabendo recurso das suas decisões.

2 – A decisão do recurso pode:

a) Alterar a decisão do tribunal recorrido sem qualquer vinculação aos termos e ao sentido da decisão recorrida;

b) Anulá-la e devolver o processo ao tribunal recorrido.

Notas:

1 – Ao contrário do que sucede no âmbito penal, em que as Relações conhecem de facto e de direito (art. 428.° do CPP), no processo por contra-ordenação

[130] No âmbito do CPP (art. 413.°/1), o prazo de resposta é de 15 dias.

[131] Ver nota 3 ao art. 21.°.

só conhecem de direito e funcionam, normalmente, como última instância. Mas, mesmo conhecendo só de direito, poderá o recurso ter como fundamento a insuficiência para a decisão da matéria de facto aprovada, a contradição insanável da fundamentação ou entre a fundamentação e a decisão e erro notório na apreciação da prova (art. 410.°/2 do CPP)[132].

Segundo SIMAS SANTOS e JORGE LOPES de SOUSA, "*as únicas possibilidades de recurso relativas à matéria de facto que resultam deste diploma ocorrem nos casos de processamento das contra-ordenações juntamente com crimes, em que lhes é aplicável o regime de recursos que couber a estes (art. 78.° do R.G.C.O.)*"[133].

2 – Como se diz na nota 3 ao art. 47.°, da alínea *a*) do n.° 2 desapareceu, quando tomada por termo de comparação a norma paralela do art. 75.°/2/*a*) do DL 433/82, a restrição à proibição da *reformatio in pejus* pelo tribunal da Relação. Parece assim claro que, em face da impugnação judicial da decisão da autoridade administrativa, quer na 1.ª instância, quer na Relação, a sanção, designadamente a coima aplicada por aquela autoridade, poderá ser agravada.

De resto, a proibição dessa agravação constante da LG das CO, na redacção introduzida pelo DL 244/95 mereceu fortes críticas da doutrina, como é o caso de FREDERICO DA COSTA PINTO[134]que lhe aponta dois inconvenientes: (i) aumento dos recursos, independentemente da gravidade da sanção; (ii) torna os recursos financeiramente compensadores, funcionando o não pagamento imediato como uma forma de garantir liquidez[135].

3 – Retirámos[136] do teor da norma da alínea *b*) do n.° 2, por argumento *a contrario*, a conclusão de que, se a Relação pode fazer baixar o processo ao tribunal decorrido, já não pode, ela ou o tribunal de 1.ª instância, proceder ao seu reenvio à autoridade administrativa para correcção ou para completamento, por falta de previsão legal e tendo em conta as duas diferentes estruturas estaduais contendo de um lado o poder executivo e do outro o poder judicial.

---

[132] Sobre a não inconstitucionalidade do recurso no processo de contra-ordenação ser restrito à matéria de direito e à 2.ª instância, vd., por último, o Ac do Tribunal Constitucional n.° 632/2009, relatado por MARIA JOÃO ANTUNES.

[133] Cfr. *Contra-Ordenações – Anotações ao Regime Geral* – 2.ª edição, pág. 433

[134] FREDERICO DA COSTA PINTO – *O Ilícito de Mera Ordenação Social e a Erosão do Princípio da Subsidiariedade da Intervenção Penal* – *cit*., pp. 86/87.

[135] Embora este inconveniente saia, neste regime processual, atenuado com a atribuição ao recurso de efeito meramente devolutivo (art. 35.°/1).

[136] Na nota 3 ao art. 32.° e também na nota 4 ao art. 39.°.

CAPÍTULO V
Prescrição

ARTIGO 52.º
Prescrição do procedimento

Sem prejuízo das causas de suspensão e interrupção da prescrição previstas no regime geral das contra-ordenações, o procedimento extingue-se por efeito da prescrição logo que sobre a prática da contra-ordenação hajam decorrido cinco anos.

Notas:

1 – O prazo de prescrição está estabelecido no RGCO (art. 27.º) em 5, 3 ou 1 anos, de acordo com o montante maior ou menor da coima. A regra ora estabelecida de cinco anos para a prescrição do procedimento, qualquer que seja o montante da coima, se é vantajosa do ponto de vista da certeza do direito, é, por seu lado, bem mais gravosa para os pequenos infractores.

O que leva a considerar que, sempre que a infracção tenha tido contacto com a lei anterior, o arguido deve dela beneficiar[137], aplicando-se-lhe, por isso, o prazo mais curto da prescrição[138].

Neste sentido, para a questão da prescrição em processo criminal (e, correspondentemente, em processo contra-ordenacional), defendendo a aplicação da lei mais favorável quando há alteração do prazo, pode ver-se A. TAIPA DE CARVALHO[139].

2 – Uma vez que as causas da suspensão e da interrupção da prescrição foram transportas do regime geral das contra-ordenações para este regime processual[140], como se alcança da análise dos dois artigos subsequentes, não se compreende o segmento inicial da norma " *Sem prejuízo das causas de suspensão e interrupção da prescrição previstas no regime geral das contra-ordenações*" que invoca aquele regime como supletivamente aplicável. O que deveria estar referido era o número dos artigos desta Lei que à suspensão e interrupção se referem.

---

[137] Vd. também, Parte II, nota 1 ao art. 561.º.

[138] Diferente – como já em 1989 o afirmava o Prof. EDUARDO CORREIA a propósito do Assento publicado em 17/03/89 e por ele anotado na RLJ n.º 3560, pp 361 e ss. – é a solução para a prescrição do direito civil – art. 297.º/2 do CC.

[139] *Sucessão de Leis Penais*, (1990), pp. 211 e 213 a 223.

[140] Causas essas que passaram todas a constar deste regime da Lei n.º 107/2009, tendo-se até aditado algumas.

3 – Uma questão que, a este propósito, muitas vezes se coloca é a de saber a partir de que momento se inicia a prescrição do procedimento contra-ordenacional.

Na verdade, consistindo a infracção na falta de cumprimento dum dever em determinado prazo, findo este sem que o dever esteja cumprido, poderia pensar-se que, tal como se passa com a situação paralela do crime permanente (art. 119.°/2/*a*) do CP), a prescrição só se iniciaria com a cessação da consumação, ou seja, desde o momento em que o dever fosse cumprido.

Não é esta, porém, a melhor doutrina. Também no domínio penal há crimes permanentes (o cárcere privado, p. ex.) e crimes de efeitos permanentes (a injúria ou a difamação a ofensa ao bom nome constantes dum escrito enquanto não for retirado). Ora, naquele tipo de infracções estamos perante meras contra-ordenações de efeito permanente, pelo que a prescrição se inicia no momento da constituição da infracção (Acórdão do STJ n.° 5/96 *in* DR, 1.as de 24/05/96).

Jurisp.:

" – *A prescrição do procedimento contra-ordenacional não necessita de ser invocada por quem dela possa beneficiar, sendo de conhecimento oficioso*."

(Ac. do TRL de 16/06/2004, Proc. 4667/2004-7, relatado por RAMALHO PINTO).

ARTIGO 53.°
Suspensão da prescrição

1 – A prescrição do procedimento por contra–ordenação suspende-se, para além dos casos especialmente previstos na lei, durante o tempo em que o procedimento:

a) Não possa legalmente iniciar-se ou continuar por falta de autorização legal;

b) Não possa prosseguir por inviabilidade de notificar o arguido por carta registada com aviso de recepção;

c) Esteja pendente a partir do envio do processo ao Ministério Público até à sua devolução à autoridade administrativa competente, nos termos previstos no regime geral das contra-ordenações.

d) Esteja pendente a partir da notificação do despacho que procede ao exame preliminar do recurso da decisão da autoridade administrativa competente, até à decisão final do recurso.

2 – Nos casos previstos nas alíneas *b*), *c*) e *d*) do número anterior, a suspensão não pode ultrapassar seis meses.

Notas:

1 – Há suspensão da prescrição quando o tempo decorrido antes da verificação da causa da suspensão se soma ao tempo que decorreu depois de cessada essa causa.

2 – A situação da alínea *a)* é a única que não é limitada a um período de seis meses. É difícil exemplificar as circunstâncias de falta de autorização legal a que se refere, mas uma delas poderá ser a de falta de poderes da unidade orgânica por ausência de dirigente.

3 – A alínea *b)* não consta do regime geral das CO, tendo sido agora aditada e, por virtude do que vem sucedendo habitualmente, vai ter grande aplicação prática prorrogando o *terminus* do prazo da prescrição. Não se olvide, porém, que, neste caso, a suspensão não pode ultrapassar os seis meses.

4 – A redacção da alínea *c)* parece-nos manifestamente infeliz e de difícil entendimento sem a busca da sua origem. O que está em causa na norma paralela do regime geral das CO (art. 27-A/1/*b*), que remete para o art. 40.°, não é o envio dos autos ao M.°P.° quando há impugnação judicial da decisão de aplicação de coima ou sanção acessória (essa situação está contemplada na alínea *d)*). O que aqui se pretende acautelar é tão-somente a remessa dos autos ao M.°P.° pela Administração – ou quando entenda que se está perante um crime (art. 40.°/1 da LG das CO) ou por haver simultaneamente crime e contra-ordenação (art. 38.°/1). Casos em que a competência para a instrução do processo lhe não pertence, tendo, porém, o M.°P.° uma posição diversa quanto a essa competência, reenviando-os para a Administração. É durante esse lapso de tempo, que não pode ultrapassar seis meses, que a prescrição não corre.

5 – Decorre da alínea *d)* que, também no "recurso" de impugnação da decisão da autoridade administrativa para o Tribunal de 1.ª instância, há lugar ao "exame preliminar" que está previsto para o recurso deste para a Relação, nos termos do art. 417.° do CPP. Mas se o prazo de prescrição do procedimento está suspenso desde a notificação do despacho que procede ao exame preliminar até à "decisão final", que pode ser a do tribunal da Relação, já o mesmo não sucede se, e enquanto, o processo estiver pendente no M.°P.° sem ser presente ao juiz (art. 37.°).

Jurisp.:

A – A *"decisão final do recurso" constante da al. c) do n.° 1 do art. 27.° do RGCOC* [aqui constante do n.° 1, al. *d)*] *reporta-se à decisão jurisdicional que põe fim ao processo contra-ordenacional, não se esgotando com a decisão do tribunal de 1.ª instância que conhece da impugnação da decisão da autoridade administrativa.* (Ac. do TRC de 28/10/2009, Proc. 401/07.3TBSRE-A.C1, relatado por JOÃO TRINDADE)

ARTIGO 54.°
Interrupção da prescrição

1 – A prescrição do procedimento por contra–ordenação interrompe-se:

a) Com a comunicação ao arguido dos despachos, decisões ou medidas contra ele tomados ou com qualquer notificação;

b) Com a realização de quaisquer diligências de prova, designadamente exames e buscas, ou com o pedido de auxílio às autoridades policiais ou a qualquer autoridade administrativa;

c) Com a notificação ao arguido para exercício do direito de audição ou com as declarações por ele prestadas no exercício desse direito;

d) Com a decisão da autoridade administrativa competente que procede à aplicação da coima.

2 – Nos casos de concurso de infracções, a interrupção da prescrição do procedimento criminal determina a interrupção da prescrição do procedimento por contra-ordenação.

3 – A prescrição do procedimento tem sempre lugar quando, desde o seu início e ressalvado o tempo de suspensão, tenha decorrido o prazo da prescrição acrescido de metade.

Notas:

1 – Há interrupção da prescrição quando o tempo decorrido antes da verificação da causa dessa interrupção não se soma ao tempo que decorre depois de cessada essa causa.

2 – A interrupção da prescrição, com o consequente reinício da contagem do prazo sempre que ela ocorre, levaria a uma quase eternização do procedimento e à concomitante perda da segurança jurídica e da paz social, para mais numa matéria como a das contra-ordenações em que não estão em causa valores jurídicos fundamentais da comunidade.

Por isso, a norma do n.° 3, reproduzindo a do RGCO, que só foi introduzida pela Lei n.° 109/2001, de 24/12[141], institui, à semelhança do que sucede com o art. 121.°/3 do CP para a prescrição do procedimento criminal, a regra de que a prescrição ocorrerá sempre que tenha decorrido o prazo normal acrescido de metade.

---

[141] Trata-se do art. 28.°/3 do DL 433/82. Mas que, antes dessa alteração, sobretudo a jurisprudência vinha entendendo aplicável supletivamente. Contra, ver o nosso *Contra-Ordenações*... cit., p. 121.

ARTIGO 55.°
Prescrição da coima

Sem prejuízo das causas de suspensão e interrupção da prescrição previstas no regime geral das contra-ordenações, as coimas prescrevem no prazo de cinco anos, a partir do carácter definitivo ou do trânsito em julgado da decisão condenatória.

Notas:

1 – Aquilo que dissemos na nota 2 ao art. 52.° quanto à irrazoabilidade da remissão para o regime geral a propósito da prescrição do procedimento, vale *mutatis mutandis*, para a prescrição da coima de que cuida este artigo.

2 – Sobre os efeitos da (não) prescrição da coima no designado "processo especial" ver a nota 3 ao art. 28.°.

ARTIGO 56.°
Suspensão da prescrição da coima

A prescrição da coima suspende-se durante o tempo em que:

a) Por força da lei, a execução não pode começar ou não pode continuar a ter lugar;

b) A execução está interrompida;

c) Esteja em curso plano de pagamento em prestações.

Nota:

A causa de mais frequente suspensão da prescrição da coima é a faculdade do seu pagamento em prestações, ainda que a vontade legislativa deste regime processual tenha sido a de a circunscrever. É o que resulta não só da introdução do advérbio *excepcionalmente* a abrir a norma do art. 27.°/1, como ainda da referência expressa à necessidade de o arguido requerer o pagamento parcelar.

ARTIGO 57.°
Interrupção da prescrição da coima

1 – A prescrição da coima interrompe-se com a sua execução.

2 – A prescrição da coima ocorre quando, desde o seu início e ressalvado o tempo de suspensão, tenha decorrido o prazo normal da prescrição acrescido de metade.

Nota:

A execução é promovida pelo representante do M.°P.° junto do tribunal competente que é também o competente para conhecer a impugnação (art. 89.°/1 do DL 433/82). Se a coima foi aplicada por decisão da autoridade administrativa, esta envia os autos aquele representante.

ARTIGO 58.°
Prescrição das sanções acessórias

Aplica-se às sanções acessórias o regime previsto nos artigos anteriores para a prescrição da coima.

Nota:

O regime das sanções acessórias está previsto no art. 562.° do CT/2009 e, quando comparado com o regime do CT/2003 (art. 627.°), verifica-se que sofreu grandes alterações.

CAPÍTULO V
Custas

ARTIGO 59.°
Custas processuais

Sempre que o contrário não resulte da presente lei, são aplicáveis, com as devidas adaptações, as disposições do regulamento das custas processuais.

Notas:

1 – Não se conhece nenhuma disposição da presente lei que se refira, directa ou indirectamente, às custas processuais.

Estas encontram-se previstas no Dec.-Lei n.° 34/2008, de 04/02, que foi regulamentado pela Portaria n.° 419-A/2009, de 17/04.

2 – Nos termos do art. 92.° do DL 433/82:

"2. *As decisões das autoridades administrativas que decidam sobre a matéria do processo deverão fixar o montante das custas e determinar quem as deve suportar.*"

3. As custas abrangem, nos termos gerais, a taxa de justiça, os honorários dos defensores oficiosos, os emolumentos a pagar aos peritos e os demais encargos resultantes do processo."

Mas o art. 93.°, logo acrescenta:

"*1. O processo de contra-ordenação que corra perante as autoridades administrativas não dá lugar ao pagamento de taxa de justiça.*"

3 – Nos termos do n.° 4 do art. 8.° do Dec.-Lei n.° 34/2008, redacção da Lei n.° 64-A/2008, de 31/12:

"*4 – É devida taxa de justiça pela impugnação das decisões de autoridades administrativas no âmbito de processos contra-ordenacionais, quando a coima não tenha sido previamente liquidada, sendo a taxa autoliquidada nos 10 dias subsequentes ao recebimento da impugnação pelo tribunal, no montante de 1 UC, podendo ser corrigida, a final, pelo juiz, nos termos da tabela iii, que faz parte integrante do presente Regulamento, tendo em consideração a gravidade do ilícito.*"

CAPÍTULO VI
Disposições finais

ARTIGO 60.°
Direito subsidiário

Sempre que o contrário não resulte da presente lei, são aplicáveis, com as devidas adaptações, os preceitos reguladores do processo de contra-ordenação previstos no regime geral das contra-ordenações.

Notas:

1 – Como dissemos na nota 5 ao art. 45.°, nota 2 ao art. 46.°, nota 3 ao art. 47.° e nota 2 ao art. 51.° o afastamento da proibição da *reformatio in pejus* parece enquadrar-se no primeiro segmento desta norma. Se até aqui estava prevista essa regra da LG das CO, se foram praticamente transcritas as suas disposições e se nenhuma referência é feita àquela que a consagrava, é porque se quis pôr-lhe fim neste regime.

2 – Não é, porém, o RGCO o único diploma cujos preceitos são aqui aplicáveis como direito subsidiário.

É que nele se remete para os preceitos reguladores do processo criminal (no art. 41.°) que, por sua vez, também remete para o processo civil (no art. 4.°) que são, por isso, também de aplicação subsidiária.

ARTIGO 61.º
Cumprimento da obrigação devida

O pagamento da coima não dispensa o infractor do cumprimento da obrigação, se este ainda for possível.

Nota:

A presente norma, encontrava-se prevista no art. 618.º do CT/2003 sob a epígrafe "*Cumprimento do dever omitido*". Aí, porém, antepunha-se a expressão "*Sempre que a contra-ordenação laboral consista na omissão de um dever*" o que, sendo verdadeiro, terá sido considerado pleonástico pelo legislador da Lei 107/2009.

Como há um grande número de contra-ordenações, não só no domínio das condições do contrato, como no da prevenção de riscos profissionais, que resultam da falta de cumprimento de deveres, não só para com a administração mas também entre as partes da relação laboral (envio de comunicações, mapas, relatórios, elaboração e apresentação de documentos, entrega de salário, de recibos, de informação sobre os contratos, de escrituração de livros e registos), é importante para a tão reclamada e necessária efectivação do Direito Laboral que, após a verificação da infracção e até após o pagamento da coima, as condutas em causa sejam realmente realizadas.

Há, no entanto, alguns desses deveres de carácter periódico (v.g., anual) ou temporário cujo cumprimento ainda seria possível, mas que já deixaram de ter interesse para a Administração, pelo que só será exigível o cumprimento dos que ainda mantenham actualidade. Na verdade, não faria qualquer sentido exigir, por exemplo, a elaboração do mapa de férias após todos os trabalhadores as terem já gozado.

ARTIGO 62.º
Comunicações entre autoridades administrativas competentes

1 – Para efeitos do disposto no n.º 2 do artigo 2.º, as autoridades administrativas competentes comunicam entre si, trimestralmente, os procedimentos de contra-ordenação em curso e as coimas aplicadas.

2 – As autoridades administrativas competentes devem comunicar entre si, no prazo de 10 dias, a verificação de infracção a que corresponda uma contra-ordenação laboral ou de segurança social que não seja da sua competência.

Notas:

1 – O n.° 1 respeita apenas aos dois tipos legais constantes do art. 2.°: (i) simulada prestação de serviço quando na realidade se trata de um contrato de trabalho; (ii) não comunicação à SS da admissão de um trabalhador:

É para evitar que uma qualquer entidade empregadora seja perseguida pelo mesmo facto pela ACT e pelo ISS, I.P., que a lei determina a comunicação trimestral entre elas. Não só do procedimento a que há, ou houve, lugar, como também das coimas aplicadas.

Ora, como já deixámos dito na nota 4 ao art. 2.°, a comunicação trimestral pode ser tardiamente operante, podendo suceder que já tenha sido produzido dano efectivo ou, ao menos, tenha sido perturbada, sem necessidade, e por uma segunda vez, uma entidade empregadora que já fora perseguida ou até sancionada pelo mesmo facto pela outra autoridade administrativa.

Acresce que a sanção aplicada deve, logo que se torne definitiva, passar a integrar o cadastro individual do infractor para ser tomada em consideração na dosimetria das futuras sanções.

E isto dificilmente se alcança com a mera comunicação trimestral.

2 – O prazo de 10 dias do n.° 2 bem podia servir, com bem maior proveito, para os efeitos do n.° 1.

É que, se bem que até agora o envio à autoridade materialmente competente não estivesse sujeito a um prazo, o que está em questão neste n.° 2 é tão-só a verificação duma infracção contra-ordenacional para a qual não é materialmente competente o organismo a que pertence o inspector que a detectou. Nestes casos, como resulta do que está dito na nota 3 ao art. 2.°, fluía já do disposto no art. 48.°/1 e 3 do DL 433/82, o dever de enviar a notícia da infracção à autoridade competente para o procedimento.

É, aliás, hoje um procedimento comum no âmbito contra-ordenacional uma autoridade administrativa processar e procedimentar não só os próprios autos como outros que lhe são remetidos por outras autoridades, designadamente, mas não só, autoridades policiais.

3 – O problema que a aplicação do n.° 2 poderá vir a trazer será o de a ACT receber do ISS, I.P., um "auto de infracção" (art. 14.°) levantado por funcionários deste organismo sem a categoria de inspector.

Como resulta do que referimos nas notas a esse artigo, não poderá deixar de se lhe atribuir, não o valor que a norma do n.° 3 lhe empresta, mas apenas valor de mera participação que, para servir de acusação, terá de ser objecto de prévia instrução.

ARTIGO 63.°
Regiões Autónomas

Na aplicação da presente lei às Regiões Autónomas são tidas em conta as competências legais atribuídas aos respectivos órgãos e serviços regionais.

ARTIGO 64.°
Norma revogatória

São revogados os artigos 14.° a 32.° do Decreto-Lei n.° 64/89, de 25 de Fevereiro.

Nota:

A parte ora revogada do regime das contra-ordenações da SS é o capítulo que diz respeito ao processo, constituído por duas secções: a primeira relativa aos órgãos competentes e a segunda especificamente sobre o processo.

ARTIGO 65.°
Entrada em vigor

1 – A presente lei entra em vigor no 1.° dia do mês seguinte ao da sua publicação.

2 – As disposições da presente lei referentes aos meios áudio-visuais e informáticos só entram em vigor na data da sua implementação pelos competentes serviços do ministério responsável pela área laboral.

Notas:

1 – Não está nada isento de dúvidas o início de vigência desta Lei.

Aparentemente, de acordo com o comando do n.° 1, teria entrado em vigor em 1 de Outubro de 2009.

Só que há que ter em atenção o n.° 3 do art. 9.° do DL n.° 295/2009, de 13/10, diploma que procedeu a numerosas alterações do CPT.

Aí se diz que: "*O artigo 186.°-J entra em vigor em 1 de Janeiro de 2010, salvo se a data de início de vigência do diploma que regular o regime processual aplicável às contra-ordenações em matéria laboral e de segurança social for posterior, caso em que o artigo 186.°-J entra em vigor na data deste último diploma*".

Por sua vez, é do seguinte teor a norma do art. 186.°-J sob a epígrafe de "*Remissão*": "*A impugnação de decisões de autoridades administrativas que apliquem coimas em processo laboral segue os termos do regime processual das contra-ordenações laborais, que consta de lei específica*".

Ora, sendo certo que o diploma que estamos anotando foi publicado em 13 de Outubro, a última parte da norma do art. 9.°/3 acima transcrita não se aplica.

Agora, quanto à primeira parte: Será que esta Lei 107/2009, que já tinha entrado em vigor quando o DL 295/2009 foi publicado, suspendeu a sua vigência para cumprimento desta norma?

Parece que a resposta tem de ser negativa, uma vez que esse Dec.-Lei, apesar de publicado em 13/10/2009, como se disse, também só iniciou a sua vigência, nos termos do art. 9.°/1, em 1 de Janeiro de 2010.

Isto é, precisamente no dia em que ele, por força do teor da norma do art. 9.°/3, poderia suspender a vigência da Lei 107/2009, por força da mesma norma, dá-lhe o início de vigência.

2 – Apesar do que vai dito na nota antecedente, não será isento de problemas, o facto de a Lei 107/2009 ter tido, digamos, dois momentos de arranque.

O que acontecerá, para figurar apenas um exemplo, a uma impugnação judicial apresentada na ACT ou no ISS, I.P., entre 1 de Outubro e 31 de Dezembro de 2009?

Qual o regime que seguirá? O anterior, em que a impugnação tinha efeito suspensivo, ou o actual em que tem efeito meramente devolutivo, salvo se o arguido tiver constituído caução ou tiver prestado garantia (art. 35.°)?

E o que sucederá às solicitações de promoção de execução feitas pelas autoridades administrativas ao M.° P.° nesse mesmo período por os arguidos não caucionarem os valores das coimas aplicadas?

É que uma coisa parece certa. Para a ACT, assim como para o ISS, I.P., o novo regime processual das contra-ordenações está em vigor desde 1 de Outubro de 2009.

Aprovada em 23 de Julho de 2009.

O Presidente da Assembleia da República, *Jaime Gama*.

Promulgada em 31 de Agosto de 2009.

Publique-se.

O Presidente da República, ANÍBAL CAVACO SILVA.

Referendada em 31 de Agosto de 2009.

O Primeiro-Ministro, *José Sócrates Carvalho Pinto de Sousa*.

PARTE II

TIPOS LEGAIS DE CONTRA-ORDENAÇÕES E CRIMES PREVISTOS NO CÓDIGO DO TRABALHO E REGIME GERAL

LEI N.º 7/2009
de 12 de Fevereiro

(entrou em vigor em 17/02/2009)

NOTA: A razão para a publicação aqui da norma revogatória do art. 12.º da Lei 7/2009, prende-se com a necessidade de referir algumas das questões jurídicas que surgiram com os lapsos legislativos que se verificaram, muitas deles precisamente relacionadas com matéria de contra-ordenações.

ARTIGO 12.º
Norma revogatória

1 – São revogados:

a) A Lei n.º 99/2003, de 27 de Agosto, na redacção dada pela Lei n.º 9/2006, de 20 de Março, pela Lei n.º 59/2007, de 4 de Setembro, e pela Lei n.º 12-A/2008, de 27 de Fevereiro;

b) A Lei n.º 35/2004, de 29 de Julho, na redacção dada pela Lei n.º 9/2006, de 20 de Março, e pelo Decreto-Lei n.º 164/2007, de 3 de Maio;

c) As alíneas *d*) a *f*) do artigo 2.º, os n.ºs 2 e 9 do artigo 6.º, os n.ºs 2 e 3 do artigo 13.º, os artigos 7.º, 14.º a 40.º, 42.º, 44.º na parte relativa a contra-ordenações por violação de normas revogadas e o n.º 1 e as alíneas *d*) e *e*) do n.º 2 do artigo 45.º, todos da Lei n.º 19/2007, de 22 de Maio.

2 – O artigo 6.º do Código do Trabalho, aprovado pela Lei n.º 99/2003, de 27 de Agosto, sobre lei aplicável ao contrato de trabalho é revogado na medida em que seja aplicável o Regulamento CE/593/2008, do Parla-

mento Europeu e do Conselho, de 17 de Junho, sobre a lei aplicável às obrigações contratuais (Roma I).

3 – A revogação dos preceitos a seguir referidos do Código do Trabalho, aprovado pela Lei n.° 99/2003, de 27 de Agosto, produz efeitos a partir da entrada em vigor do diploma que regular a mesma matéria:

a) Artigos 272.° a 312.°, sobre segurança, higiene e saúde no trabalho, acidentes de trabalho e doenças profissionais, na parte não referida na actual redacção do Código;

b) Artigo 344.°, sobre comparticipação na compensação retributiva;

c) Artigos 471.° a 473.°, sobre conselhos de empresa europeus;

d) Artigos 569.° e 570.°, sobre designação de árbitros para arbitragem obrigatória e listas de árbitros;

e) Artigos 630.° a 640.°, sobre procedimento de contra-ordenações laborais.

4 – A revogação dos artigos 34.° a 43.° e 50.° do Código do Trabalho, aprovado pela Lei n.° 99/2003, de 27 de Agosto, e dos artigos 68.° a 77.° e 99.° a 106.° da Lei n.° 35/2004, de 29 de Julho, sobre protecção da maternidade e da paternidade produz efeitos a partir da entrada em vigor da legislação que regule o regime de protecção social na parentalidade.

5 – A revogação dos artigos 414.°, 418.°, 430.° e 435.°, do n.° 2 do artigo 436.° e do n.° 1 do artigo 438.° do Código do Trabalho, aprovado pela Lei n.° 99/2003, de 27 de Agosto, produz efeitos a partir da entrada em vigor da revisão do Código de Processo do Trabalho.

6 – A revogação dos preceitos a seguir referidos da Lei n.° 35/2004, de 29 de Julho, na redacção dada pela Lei n.° 9/2006, de 20 de Março, e pelo Decreto-Lei n.° 164/2007, de 3 de Maio, produz efeitos a partir da entrada em vigor do diploma que regular a mesma matéria:

a) Artigos 14.° a 26.°, sobre trabalho no domicílio;

b) Artigos 41.° a 65.°, sobre protecção do património genético;

c) Artigos 84.° a 95.°, sobre protecção de trabalhadora grávida, puérpera ou lactante;

d) Artigos 103.° a 106.°, sobre regime de segurança social em diversas licenças, faltas e dispensas;

e) Artigos 107.° a 113.°, sobre regimes aplicáveis à Administração Pública;

f) Artigos 115.° a 126.°, sobre protecção de menor no trabalho;

g) Artigos 139.° a 146.°, sobre participação de menor em espectáculo ou outra actividade de natureza cultural, artística ou publicitária;

h) Artigos 155.° e 156.°, sobre especificidades da frequência de estabelecimento de ensino por parte de trabalhador-estudante, incluindo quando aplicáveis a trabalhador por conta própria e a estudante que, estando abrangido pelo estatuto de trabalhador-estudante, se encontre em situação de desemprego involuntário, inscrito em centro de emprego;

i) Artigos 165.° a 167.° e 170.°, sobre formação profissional;

j) Artigo 176.°, sobre período de funcionamento;

l) Artigos 191.° a 201.° e 206.°, sobre verificação de situação de doença;

m) Artigos 212.° a 280.°, sobre segurança e saúde no trabalho;

n) Artigos 306.°, sobre direito a prestações de desemprego, e 310.° a 315.°, sobre suspensão de execuções;

o) Artigos 317.° a 326.°, sobre Fundo de Garantia Salarial;

p) Artigos 365.° a 395.°, sobre conselhos de empresa europeus;

q) Artigos 407.° a 449.°, sobre arbitragem obrigatória e arbitragem de serviços mínimos;

r) Artigos 452.° a 464.°, sobre mapa do quadro de pessoal e balanço social;

s) Artigos 494.° a 499.°, sobre a Comissão para a Igualdade no Trabalho e no Emprego, na parte não revogada pelo Decreto-Lei n.° 164/2007, de 3 de Maio.

7 – O regime sancionatório constante do Código do Trabalho não revoga qualquer disposição do Código Penal.

Notas:

1 – Como se observa do n.° 1, o legislador começa por declarar revogadas a lei que introduziu o CT/2003, o diploma que a regulamentou, e parte da lei do trabalho temporário. Mas logo após – deixando de lado o teor do n.° 2 – no n.° 3, utilizando uma técnica que poderíamos chamar de "revogação postcipada", afirma que a revogação de parte dessas leis só produzirá efeitos posteriormente: precisamente quando entrar em vigor legislação que venha a substituir a que, tendo sido declarada revogada, se mantém, apesar disso, em vigor.

A alínea *a*) do n.° 3 mantém em vigor, nas condições referidas, *os arts. 272.° a 312.° sobre segurança, higiene e saúde no trabalho, acidentes de trabalho e doenças profissionais, na parte não referida na actual redacção do Código*.

O que significa duas coisas: (i) que a norma que tipificava como contra--ordenações as condutas violadoras de shst (art. 671.°)[142], porque não excluída, foi revogada; (ii) que se "mantinha em vigor" a matéria dos acidentes de trabalho e doenças profissionais que – pasme-se! – nunca tinha iniciado a vigência por falta de regulamentação[143].

2 – Dando-se conta do lapso, *recte*, do erro grosseiro que cometera, o "legislador" (Assembleia da República) fez publicar a Declaração de Rectificação n.° 21/2009[144] onde, para além do mais, no caso que estamos descrevendo, declarou que onde se lia "artigos 272.° a 312.°" devia ler-se "artigos 272.° a 280.° e 671.°" tendo, do mesmo passo, retirado a referência aos acidentes de trabalho e doenças profissionais.

Mesmo que tal Declaração de Rectificação fosse válida, porque estamos no domínio de "direito sancionatório de carácter punitivo"[145], a revogação, ainda que temporária, e ainda que se conheça a capacidade da lei interpretativa se integrar na lei interpretada (art. 13.°/2 do CC), não deixaria de ser aproveitada pelos arguidos: o hiato na contra-ordenacionalização da shst teria sempre como consequência a impunibilidade das condutas até àquela declaração (art. 3.°/2 do CP, aplicável *ex vi* art. 32.° do DL 433/82)[146].

Mas logo todos notaram que não se terá verificado qualquer divergência entre o texto original enviado à Imprensa Nacional/Casa da Moeda para publicação, e o texto que veio a ser publicado nem, por outro lado, se verificavam os restantes pressupostos de que a lei[147] faz depender a admissibilidade de rectificações. O que acarretou que aquela Declaração de Rectificação fosse inválida, divergindo os autores sobre a natureza dessa invalidade: inexistência jurídica, inconstitucionalidade, ou ilegalidade.

Daí que a impunibilidade das condutas sobre shst, e outras, – *recte* a sua des-contra-ordenacionalização – perdurasse para além da data de publicação da aludida "rectificação".

3 – Em termos de shst, ou de sst, sigla da nova designação adoptada pelo legislador, a legalidade da punibilidade das condutas que a violam veio a ser reposta com a entrada em vigor do novo regime jurídico da promoção da segurança e saúde no trabalho contido na Lei n.° 102/2009, de 10/09.

---

142 Assim como sucedeu com as matérias das restantes alíneas do n.° 3, e também dos n.os 4 e 5 e de várias alíneas dos n.° 7, de que, todavia, não vamos aqui falar.

143 Cfr. n.° 2, al. *g)* do art. 21.° da Lei n.° 99/2003, que introduziu o CT/2003.

144 Publicada no DR, 1.ª série, n.° 54, de 18/03/2009.

145 Assim o Prof. Figueiredo Dias, *O Movimento da Descriminalização*, cit. p. 329.

146 Neste sentido A. Taipa de Carvalho, *Sucessão...*, cit., p. 117 e ss..

147 Trata-se do art. 5.° da Lei n.° 74/98, de 11/11, na redacção da Lei 42/2007, de 24/08, sobre a publicação, a identificação e o formulário dos diplomas.

Só os factos constitutivos de contra-ordenações à disciplina de sst praticados a partir de 1 de Outubro de 2009, data da entrada em vigor desta lei, passaram a poder ser sancionados. Todos os restantes, todos os que, anteriormente praticados, ainda não tinham sido objecto de decisão administrativa definitiva ou decisão judicial transitada em julgado (art. 88.°/1 do DL 433/82), desapareceram da ordem jurídica, pelo que os processos pendentes tiveram que ser arquivados por inexistência de norma sancionatória.

Igual juízo deve, naturalmente, ser formulado para as restantes matérias, cujas normas tipificadoras de contra-ordenações foram igualmente objecto de revogação, ainda que por erro do legislador, neste artigo 12.° em anotação.

Jurisp.:

A – O Tribunal Constitucional, no Acórdão 490/2009, de 28/09/2009, de que foi relator o Conselheiro JOÃO CURA MARIANO, decidiu:

"a) *Julgar inconstitucional, por violação do princípio da segurança jurídica, inerente ao modelo do Estado de direito democrático consagrado no artigo 2.°, da C.R.P., a norma constante da alínea a), do n.° 3, do artigo 12.°, do Código do Trabalho, na redacção conferida pela Declaração de Rectificação n.° 21/2009, de 18 de Março de 2009.*"

(Notar que também há nesta decisão do T. Const. um lapso: Onde se diz "*alínea a), do n.° 3, do artigo 12.°, do Código do Trabalho*" devia ter-se dito "*alínea a), do n.° 3, do artigo 12.°*, da Lei n.° 7/2009, de 12 de Fevereiro").

B – "*1. A revogação do Código de Trabalho de 2003, operada pelo art. 12.°, n.° 1, al. a), da Lei n.° 7/2009, de 12/2, implicou a eliminação do número das infracções das contra-ordenações tipificadas no art. 671.° do mesmo código, já que a manutenção em vigor desta disposição não foi ressalvada, designadamente pelo n.° 3, al. a), do referido art. 12.°.*

2. A Declaração de Rectificação n.° 21/2009, publicada no DR, 1.ª série, de 18/3/2009, pretendendo corrigir as 'inexactidões' existentes naquele mesmo art. 12.°, traduz sim uma alteração substancial do texto aprovado em sede parlamentar, e constante do Decreto da Assembleia da República n.° 262/X (publicado no Diário da AR, 2.ª série A, n.° 61/X/4, de 26/1/2009), representando por isso uma abusiva e ilegítima utilização do expediente legal da rectificação, previsto no art. 5.°, n.° 1, da Lei n.° 74/98, de 11/11, e apenas admitido para a correcção de lapsos gramaticais ou ortográficos, ou de erros materiais provenientes de divergências entre o texto original do diploma, e aquele que foi publicado na 1.ª série do DR.

3. Essa alteração substancial do texto original, na medida em que não foi objecto de promulgação pelo Presidente da República, implica para o acto rectificativo as mesmas consequências que as que resultam do art. 137.° da Constituição: a sua inexistência jurídica."

(Ac. do TRE de 05/05/2009, Proc. 2595/08-2-II, relatado por ALEXANDRE BAPTISTA COELHO).

CÓDIGO DO TRABALHO[148]
(Só se publicam as disposições que respeitam às CO)

Aplicação do direito do trabalho

ARTIGO 5.°
Forma e conteúdo de contrato com trabalhador estrangeiro ou apátrida

1 – O contrato de trabalho celebrado com trabalhador estrangeiro ou apátrida está sujeito a forma escrita e deve conter, sem prejuízo de outras exigíveis no caso de ser a termo, as seguintes indicações:

a) Identificação, assinaturas e domicílio ou sede das partes;

b) Referência ao visto de trabalho ou ao título de autorização de residência ou permanência do trabalhador em território português;

c) Actividade do empregador;

d) Actividade contratada e retribuição do trabalhador;

e) Local e período normal de trabalho;

f) Valor, periodicidade e forma de pagamento da retribuição;

g) Datas da celebração do contrato e do início da prestação de actividade.

....

3 – O contrato de trabalho deve ser elaborado em duplicado, entregando o empregador um exemplar ao trabalhador.

---

[148] O CT/2009 foi pela primeira vez alterado pela Lei n.° 105/2009, que deu nova redacção à al. *b*) do n.° 4 do art. 538.° (definição de serviços a assegurar durante a greve).

A não indicação da proveniência dos artigos significa que estes se encontram no CT sob anotação.

4 – O exemplar do contrato que ficar com o empregador deve ter apensos documentos comprovativos do cumprimento das obrigações legais relativas à entrada e à permanência ou residência do cidadão estrangeiro ou apátrida em Portugal, sendo apensas cópias dos mesmos documentos aos restantes exemplares.

5 – O empregador deve comunicar ao serviço com competência inspectiva do ministério responsável pela área laboral, mediante formulário electrónico:

a) A celebração de contrato de trabalho com trabalhador estrangeiro ou apátrida, antes do início da sua execução;

b) A cessação de contrato, nos 15 dias posteriores.

....

7 – Constitui contra-ordenação grave a violação do disposto nos n.os 1, 3, 4 ou 5.

Notas:

1 – Os requisitos específicos enumerados para a celebração de contratos de trabalho com trabalhadores estrangeiros e apátridas tendo em vista a actividade laboral no nosso território, apenas respeitam aos contratos celebrados com trabalhadores oriundos de países não comunitários e com trabalhadores apátridas. Quanto aos trabalhadores que sejam cidadãos de países membros da Comunidade Europeia ou de países que consagrem a igualdade de tratamento relativamente aos cidadãos nacionais, em matéria de exercício de actividades profissionais, a equiparação com os trabalhadores portugueses é plena (n.° 6).

2 – A forma escrita prevista no n.° 1 é uma formalidade *ad substantiam* que não pode, por isso, ser substituída por prova testemunhal. A sua falta, no momento em que é verificada a infracção, implica o preenchimento do elemento objectivo do tipo legal.

ARTIGO 8.°
Destacamento para outro Estado

2 – O empregador deve comunicar, com cinco dias de antecedência, ao serviço com competência inspectiva do ministério responsável pela área laboral a identidade dos trabalhadores a destacar para o estrangeiro, o utilizador, o local de trabalho, o início e o termo previsíveis da deslocação.

3 – Constitui contra–ordenação grave a violação do disposto no número anterior.

Notas:

1 – Dizendo a lei que a comunicação deve ser feita ao *serviço com competência inspectiva*, deverá entender-se que ela se considerará realizada se for feita a qualquer um dos centros locais referidos no n.° 4.2 da Portaria n.° 1294-D/2007, de 28 de Setembro que fixou a estrutura da ACT criada pelo Dec.-Lei n.° 326--B/2007, de 28/09.

2 – O preceito refere-se aos trabalhadores, nacionais ou estrangeiros, ligados por contrato a empresas com instalações (sede ou sucursais, delegações...) em Portugal e sujeitos, por isso, à lei portuguesa.

Relativamente a trabalhadores contratados por um empregador estabelecido noutro Estado que vêm trabalhar para Portugal, rege o art. 6.°.

3 – Se a colocação no estrangeiro é feita por agência privada de colocação, rege o art. 27.° do Dec.-Lei n.° 260/2009 – Parte IV.

Contrato de trabalho

ARTIGO 12.°
Presunção de contrato de trabalho

1 – Presume-se a existência de contrato de trabalho quando, na relação entre a pessoa que presta uma actividade e outra ou outras que dela beneficiam, se verifiquem algumas das seguintes características:

a) A actividade seja realizada em local pertencente ao seu beneficiário ou por ele determinado;

b) Os equipamentos e instrumentos de trabalho utilizados pertençam ao beneficiário da actividade;

c) O prestador de actividade observe horas de início e de termo da prestação, determinadas pelo beneficiário da mesma;

d) Seja paga, com determinada periodicidade, uma quantia certa ao prestador de actividade, como contrapartida da mesma;

e) O prestador de actividade desempenhe funções de direcção ou chefia na estrutura orgânica da empresa.

2 – Constitui contra-ordenação muito grave imputável ao empregador a prestação de actividade, por forma aparentemente autónoma, em

condições características de contrato de trabalho, que possa causar prejuízo ao trabalhador ou ao Estado.

3 – Em caso de reincidência, é aplicada a sanção acessória de privação do direito a subsídio ou benefício outorgado por entidade ou serviço público, por período até dois anos.

4 – Pelo pagamento da coima, são solidariamente responsáveis o empregador, as sociedades que com este se encontrem em relações de participações recíprocas, de domínio ou de grupo, bem como o gerente, administrador ou director, nas condições a que se referem o artigo 334.° e o n.° 2 do artigo 335.°.

Notas:

1 – Este preceito foi erigido como paradigmático pelo legislador do CT/2009, mesmo em termos sancionatórios. Como resulta da "exposição de motivos" que introduzia a Proposta de Lei n.° 216/X[149], "*... com o propósito de combater a precariedade e a segmentação dos mercados de trabalho, alteram-se os pressupostos que operam para a presunção da caracterização do contrato de trabalho e cria-se uma nova contra-ordenação, considerada muito grave, para cominar s situações de dissimulação de contrato de trabalho, com o desiderato de combater o recurso aos "falsos recibos verdes" e melhorar a eficácia da fiscalização neste domínio.*"

2 – A aposta do legislador na resolução dos problemas sociais criados pela precariedade do contrato de trabalho dissimulado foi tão grande, que o levou a atribuir a competência não só para a fiscalização, como ainda para o procedimento e para a própria decisão sobre a aplicação da coima, não apenas à ACT, como seria normal, mas também ao ISS, I.P. (art. 2.°/2 e 3.°/2 da Lei 107/2009).

3 – A necessidade de determinar a imputabilidade ao "empregador" (n.° 2) só se compreende se se tiver em consideração que, na aparência da realidade, não existe essa figura mas, antes, a de tomador do serviço, por um lado, e a de prestador do serviço, por outro.

4 – Os pressupostos objectivos deste tipo legal de contra-ordenação só se preenchem desde que: (i) haja uma relação contratual aparentemente autónoma; (ii) se verifiquem as características de uma relação de trabalho subordinado, designadamente algumas das que constam do n.° 1; (iii) a relação contratual existente possa causar (mesmo que não tenha ainda causado) prejuízo ao trabalhador ou ao Estado.

5 – A sanção acessória – só aplicável em situação de reincidência, que consideramos ter de ser homótropa mas limitada ao período de prescrição da primeira

---

[149] Que veio a originar a Lei n.° 7/2009, de 12/02.

infracção (aplicação subsidiária do art. 561.°/1, *in fine*) – não consta do elenco das sanções catalogadas no art. 562.°, o que desde logo revela deficiência legiferante daquele preceito.

6 – A responsabilidade solidária prevista no n.° 4 quanto ao pagamento da coima pressupõe as condições do art. 334.°, ou seja, que esteja vencida (por caso decidido ou trânsito em julgado) há mais de três meses, e do art. 335.°/2, ou seja, que para os gerentes ou directores tenha havido inobservância culposa de disposições legais e o património social se torne insuficiente ou danos directamente causados no exercício das funções (arts. 78.° e 79.° do Código das Sociedades Comerciais, para onde remete aquele art. 335.°/2). Com estas condicionantes dificilmente se almejará o pagamento da coima. Todavia, parece-nos que, independentemente destas situações específicas das relações societárias e dos corpos gestionários nelas envolvidos, continuará a ter aplicação a regra da responsabilidade solidária dos n.ºs 3 e 4 do art. 551.°.

7 – A infracção constante do n.° 2, conjuntamente com aquelas que pretendem obstar à violação de condutas que pela primeira vez são consagradas legislativamente neste novo Código (adaptabilidade grupal (art. 206.°) ou banco de horas (art. 208.°) etc.), são exemplos de novos tipos legais de contra-ordenações.

8 – Apesar de este artigo se dirigir essencialmente ao contrato de trabalho, é facto que também toca (n.° 2) no trabalho autónomo, tal como, de resto, sucede mais explicitamente com as normas dos arts. 3.° ou 4.°/2 da Lei n. 7/2009 ou do art. 3.°/1/*c*) da Lei n.° 102/2009.

Direitos de personalidade[150]

ARTIGO 17.°
Protecção de dados pessoais

1 – O empregador não pode exigir a candidato a emprego ou a trabalhador que preste informações relativas:

a) À sua vida privada, salvo quando estas sejam estritamente necessárias e relevantes para avaliar da respectiva aptidão no que respeita à exe-

[150] Sobre direitos de personalidade pode ver-se *O Impacto das Novas Tecnologias no Direito do Trabalho e a Tutela dos Direitos de Personalidade do Trabalhador*, por ANDRÉ PESTANA DO NASCIMENTO, in Prontuário do direito do Trabalho, n.° 79 a 81, pp. 215 a 262.

cução do contrato de trabalho e seja fornecida por escrito a respectiva fundamentação;

b) À sua saúde ou estado de gravidez, salvo quando particulares exigências inerentes à natureza da actividade profissional o justifiquem e seja fornecida por escrito a respectiva fundamentação.

2 – As informações previstas na alínea *b*) do número anterior são prestadas a médico, que só pode comunicar ao empregador se o trabalhador está ou não apto a desempenhar a actividade.

....

5 – Constitui contra-ordenação muito grave a violação do disposto nos n.os 1 ou 2.

Notas:

1 – Sobre protecção de dados pessoais, consultar a Lei n.° 67/98, de 26/10.

2 – A violação do n.° 2 parece ser um caso em que a CO deverá ser imputada ao médico que, em lugar de comunicar ao empregador se o trabalhador está ou não apto, o informou da sua situação clínica. Por isso, o art. 548.° determina que comete contra-ordenação "qualquer sujeito" a quem a norma imponha deveres e o 551.°/1, correspondentemente, os inclui na responsabilidade contra-ordenacional.

Neste caso, para além da CO, o médico terá igualmente violado normas de deontologia profissional.

ARTIGO 18.°
Dados biométricos

3 – Os dados biométricos são conservados durante o período necessário para a prossecução das finalidades do tratamento a que se destinam, devendo ser destruídos no momento da transferência do trabalhador para outro local de trabalho ou da cessação do contrato de trabalho.

....

5 – Constitui contra-ordenação grave a violação do disposto no n.° 3.

Nota:

Acerca de princípios sobre utilização de dados biométricos, ou seja, características físicas ou comportamentais utilizadas para a verificação de uma identidade, pode ver-se o Parecer da CNPD, de 20/09/2005, e o DL n.° 7/2004, de 07/01.

ARTIGO 19.º
Testes e exames médicos

1 – Para além das situações previstas em legislação relativa a segurança e saúde no trabalho, o empregador não pode, para efeitos de admissão ou permanência no emprego, exigir a candidato a emprego ou a trabalhador a realização ou apresentação de testes ou exames médicos, de qualquer natureza, para comprovação das condições físicas ou psíquicas, salvo quando estes tenham por finalidade a protecção e segurança do trabalhador ou de terceiros, ou quando particulares exigências inerentes à actividade o justifiquem, devendo em qualquer caso ser fornecida por escrito ao candidato a emprego ou trabalhador a respectiva fundamentação.

2 – O empregador não pode, em circunstância alguma, exigir a candidata a emprego ou a trabalhadora a realização ou apresentação de testes ou exames de gravidez.

....

4 – Constitui contra-ordenação muito grave a violação do disposto nos n.os 1 ou 2.

Notas:

1 – Sobre a legislação de sst, consultar a Lei n.º 102/2009, de 10/09, designadamente o art. 108.º e ss., sobre exames de saúde.

A propósito de *Exames médicos obrigatórios e Direitos de Personalidade – o Acórdão do Tribunal da Relação de Lisboa de 25/10/2000,* vd. João Palla Lizardo, Questões Laborais, n.º 24 (2004), p. 215 e ss.

2 – O Acórdão do Tribunal Constitucional n.º 368/02, relatado pelo Conselheiro Artur Maurício, considerou não haver inconstitucionalidade na legislação (na altura o DL 26/94, alterado pela Lei 7/95, de 29/03) que tornou obrigatória a realização de exames médicos dos trabalhadores por conta de outrem.

Esta orientação foi, porém, fortemente criticada pelo então Procurador-Geral Adjunto Dr. Carlos Lopes do Rego[151].

3 – De Catarina Sarmento e Castro, vd. "*A protecção de dados pessoais dos trabalhadores*" in Questões Laborais, ano IX, 2002, p. 58.

[151] In Revista do M.º P n.º 92.

ARTIGO 20.°
Meios de vigilância a distância

1 – O empregador não pode utilizar meios de vigilância a distância no local de trabalho, mediante o emprego de equipamento tecnológico, com a finalidade de controlar o desempenho profissional do trabalhador.

....

3 – Nos casos previstos no número anterior, o empregador informa o trabalhador sobre a existência e finalidade dos meios de vigilância utilizados, devendo nomeadamente afixar nos locais sujeitos os seguintes dizeres, consoante os casos: «Este local encontra-se sob vigilância de um circuito fechado de televisão» ou «Este local encontra-se sob vigilância de um circuito fechado de televisão, procedendo-se à gravação de imagem e som», seguido de símbolo identificativo.

4 – Constitui contra-ordenação muito grave a violação do disposto no n.° 1 e constitui contra-ordenação leve a violação do disposto no n.° 3.

Notas:

1 – A intrusão dos meios tecnológicos de vigilância à distância na reserva da intimidade da vida pessoal, designadamente dos trabalhadores, constitui um flagelo da actualidade que os legisladores, em todos os Estados, procuram combater. Por isso aqui, como noutros sectores, se pode aplicar o velho dito de Baudelaire, tão caro aos juslaboralistas, de que *só a lei liberta*.

Jurisp.:

1. *Embora a formulação literal do n.° 1 do artigo 20.° do Código do Trabalho não permita restringir o âmbito da previsão daquela norma à videovigilância, a verdade é que a expressão adoptada pela lei, «meios de vigilância a distância no local de trabalho, mediante o emprego de equipamento tecnológico, com a finalidade de controlar o desempenho profissional do trabalhador», por considerações sistemáticas e teleológicas, remete para formas de captação à distância de imagem, som ou imagem e som que permitam identificar pessoas e detectar o que fazem, quando e durante quanto tempo, de forma tendencialmente ininterrupta, que podem afectar direitos fundamentais pessoais, tais como o direito à reserva da vida privada e o direito à imagem.*

2. *Não se pode qualificar o dispositivo de GPS instalado no veículo automóvel atribuído a um técnico de vendas como meio de vigilância a distância no local de trabalho, já que esse sistema não permite captar as circunstâncias, a*

duração e os resultados das visitas efectuadas aos seus clientes, nem identificar os respectivos intervenientes.

(Ac. do STJ de 22/05/2007, Proc. 07S054, relatado pelo Conselheiro PINTO HESPANHOL).

ARTIGO 21.°
Utilização de meios de vigilância a distância

3 – Os dados pessoais recolhidos através dos meios de vigilância a distância são conservados durante o período necessário para a prossecução das finalidades da utilização a que se destinam, devendo ser destruídos no momento da transferência do trabalhador para outro local de trabalho ou da cessação do contrato de trabalho.

4 – Constitui contra-ordenação grave a violação do disposto no n.° 3.

Notas:

1 – É já de alguma dimensão a doutrina acerca do conteúdo deste preceito. De entre ela pode ver-se: JOSÉ JOÃO ABRANTES, *Contratos de Trabalho e Meios de Vigilância da Actividade do trabalhador* – in Estudos em Homenagem ao Prof. Doutor Raul Ventura, vol. II, pp. 809 a 818; TERESA COELHO MOREIRA – *Da Esfera Privada do trabalhador e Controlo do Empregador* – BFDUC, Abril 2004

2 – É vasta a jurisprudência relativa à videovigilância no local de trabalho e à reserva da intimidade da vida privada.

A – *"I – A instalação de sistemas de vídeovigilância nos locais de trabalho envolve a restrição do direito de reserva da vida privada e apenas poderá mostrar-se justificada quando for necessária à prossecução de interesses legítimos e dentro dos limites definidos pelo princípio da proporcionalidade.*

II – O empregador pode utilizar meios de vigilância à distância sempre que tenha por finalidade a protecção e segurança de pessoas e bens, devendo entender-se, contudo, que essa possibilidade se circunscreve a locais abertos ao público ou a espaços de acesso a pessoas estranhas à empresa, em que exista um razoável risco de ocorrência de delitos contra as pessoas ou contra o património.

III – Por outro lado, essa utilização deverá traduzir-se numa forma de vigilância genérica, destinada a detectar factos, situações ou acontecimentos incidentais, e não numa vigilância directamente dirigida aos postos de trabalho ou ao campo de acção dos trabalhadores.

IV – Os mesmos princípios têm aplicação mesmo que o fundamento da autorização para a recolha de gravação de imagens seja constituído por um potencial risco para a saúde pública que possa advir do desvio de medicamentos do interior de instalações de entidade que se dedica à actividade farmacêutica.

V – Nos termos das precedentes proposições, é ilícita, por violação do direito de reserva da vida privada, a captação de imagem através de câmaras de vídeo instaladas no local de trabalho e direccionadas para os trabalhadores, de tal modo que a actividade laboral se encontre sujeita a uma contínua e permanente observação".

(Ac do STJ de08/02/2006, Proc. 05S3139, relatado por FERNANDES CADILHA).

B – Pode ver-se também o Ac. do STJ de 21/02/2006, relatado pelo Conselheiro PINTO HESPANHOL com sumário e notas no Prontuário de Direito do Trabalho, 72, pp. 45 a 48.

"**3.** *Sendo ilícitas as filmagens utilizadas pelo empregador no processo disciplinar, daí não resulta a nulidade de todo o processo, antes determinando essa ilicitude que a sobredita recolha de imagens não possa ser considerada na indagação da justa causa de despedimento.*" – Ac. do STJ de 14/05/2008, Proc. 08S643 – relatado pelo Conselheiro PINTO HESPANHOL.

Igualdade e não discriminação

ARTIGO 24.º
Direito à igualdade no acesso a emprego e no trabalho

1 – O trabalhador ou candidato a emprego tem direito a igualdade de oportunidades e de tratamento no que se refere ao acesso ao emprego, à formação e promoção ou carreira profissionais e às condições de trabalho, não podendo ser privilegiado, beneficiado, prejudicado, privado de qualquer direito ou isento de qualquer dever em razão, nomeadamente, de ascendência, idade, sexo, orientação sexual, estado civil, situação familiar, situação económica, instrução, origem ou condição social, património genético, capacidade de trabalho reduzida, deficiência, doença crónica, nacionalidade, origem étnica ou raça, território de origem, língua, religião, convicções políticas ou ideológicas e filiação sindical, devendo o Estado promover a igualdade de acesso a tais direitos.

....

4 – O empregador deve afixar na empresa, em local apropriado, a informação relativa aos direitos e deveres do trabalhador em matéria de igualdade e não discriminação.

5 – Constitui contra-ordenação muito grave a violação do disposto no n.° 1 e constitui contra-ordenação leve a violação do disposto no n.° 4.

Notas:

1 – Uma das questões mais debatidas a propósito de direito à igualdade no trabalho é a que se relaciona com o facto de haver trabalhadores que são abrangidos por convenção colectiva e outros que, por não filiados nas associações sindicais outorgantes, o não são.

De um modo geral, os tribunais têm entendido que a diferença salarial assente nesse fundamento, não constitui violação do princípio da igualdade traduzida no corolário de que para trabalho igual salário igual. A não ser que o trabalhador interessado prove que exerce trabalho igual, em natureza, qualidade e quantidade ao dos que beneficiam das remunerações acordadas na referida convenção.

2 – Vd., de TERESA COELHO MOREIRA, *A conduta e a orientação sexuais do trabalhador, in* Estudos em Homenagem ao Professor Manuel Alonso Olea, Almedina 2004, pp. 613 a 645.

ARTIGO 25.°
Proibição de discriminação

1 – O empregador não pode praticar qualquer discriminação, directa ou indirecta, em razão nomeadamente dos factores referidos no n.° 1 do artigo anterior.

....

7 – É inválido o acto de retaliação que prejudique o trabalhador em consequência de rejeição ou submissão a acto discriminatório.

8 – Constitui contra-ordenação muito grave a violação do disposto nos n.os 1 ou 7.

Nota:

A discriminação aqui prevista representa a tradução concreta da violação dos direitos de igualdade do trabalhador ou do candidato a emprego quer no tocante às condições de trabalho quer, especificamente, quanto à formação profissional quer quanto à carreira.

Mas é preciso atentar que há determinadas situações, ditas de discriminação positiva, em que a diferenciação é a matriz do direito de igualdade.

Proibição de assédio

ARTIGO 29.°
Assédio

1 – Entende-se por assédio o comportamento indesejado, nomeadamente o baseado em factor de discriminação, praticado aquando do acesso ao emprego ou no próprio emprego, trabalho ou formação profissional, com o objectivo ou o efeito de perturbar ou constranger a pessoa, afectar a sua dignidade, ou de lhe criar um ambiente intimidativo, hostil, degradante, humilhante ou desestabilizador.

2 – Constitui assédio sexual o comportamento indesejado de carácter sexual, sob forma verbal, não verbal ou física, com o objectivo ou o efeito referido no número anterior.

3 – À prática de assédio aplica-se o disposto no artigo anterior.

4 – Constitui contra-ordenação muito grave a violação do disposto neste artigo.

Notas:

1 –Sobre o tema pode ver-se: De Maria Regina Redinha – *Assédio Moral ou Mobbing* – e de Isabel Ribeiro Parreira – *O Assédio Moral no Trabalho*, ambos os trabalhos em V Congresso de Direito do Trabalho, Memórias, Coordenação de António José Moreira; de Alexandra Marques Sequeira, *Assédio Moral no Trabalho*, em Questões Laborais, Ano XIII, 2006, n.° 28, pp. 241 a 258; de Domingos Morais, *Assédio sexual,* na revista Subjudice, (Jan/Mar, 2004), p. 183 e ss..

2 – Além da contra-ordenação, sujeita a aplicação de coima e sanção acessória de publicidade (art. 562.°/1), também a prática de assédio confere direito a indemnização por danos patrimoniais e não patrimoniais.

Jurisp.: ....

IV. Aquilo que caracteriza o mobbing ou assédio moral são "três facetas: a prática de determinados comportamentos hostis – nomeadamente qualquer conduta abusiva manifestada por palavras (designadamente graçolas), gestos ou escritos – , a sua duração – carácter repetitivo desses comportamentos – e as consequências destes, nomeadamente sobre a saúde física e psíquica da vítima e sobre o seu emprego.

(Ac do TRL de 09/05/2007, Proc. 1254/2007-4, relatado por Maria João Romba).

Igualdade e não discriminação

ARTIGO 30.°
Acesso ao emprego, actividade profissional ou formação

1 – A exclusão ou restrição de acesso de candidato a emprego ou trabalhador em razão do sexo a determinada actividade ou à formação profissional exigida para ter acesso a essa actividade constitui discriminação em função do sexo.

2 – O anúncio de oferta de emprego e outra forma de publicidade ligada à pré-selecção ou ao recrutamento não pode conter, directa ou indirectamente, qualquer restrição, especificação ou preferência baseada no sexo.

....

4 – Constitui contra-ordenação muito grave a violação do disposto nos n.os 1 ou 2.

Notas:

1 – A contra-ordenação tipificada no n.° 2 encontra-se muito frequentemente nas páginas de anúncios da imprensa escrita e deu, já nos finais do século passado, lugar a numeroso processos por contra-ordenação. Há que notar, todavia, que determinadas actividades são, por natureza, reservadas a um só dos géneros, sem que isso constitua discriminação em função do sexo.

2 – Vd. *Discriminação pela Conduta e Orientação Sexuais do Trabalhador*, de TERESA COELHO MOREIRA, *in* VIII Congresso de Direito do Trabalho, Memórias, Coordenação de António José Moreira, pp. 167-190.

ARTIGO 31.°
Igualdade de condições de trabalho

1 – Os trabalhadores têm direito à igualdade de condições de trabalho, em particular quanto à retribuição, devendo os elementos que a determinam não conter qualquer discriminação fundada no sexo.

....

5 – Os sistemas de descrição de tarefas e de avaliação de funções devem assentar em critérios objectivos comuns a homens e mulheres, de forma a excluir qualquer discriminação baseada no sexo.

6 – Constitui contra-ordenação muito grave a violação do disposto no n.° 1, e constitui contra-ordenação grave a violação do disposto no n.° 5.

Notas:

1 – O suporte onde, por vezes, ainda se encontram violações ao disposto neste artigo é constituído pelos instrumentos de regulamentação colectiva. Aí, sem motivo justificativo, encontram-se duas tabelas diferenciadas por género, sendo que as retribuições da mão-de-obra feminina é mais baixa.

2 – Vd., de Júlia Campos, *Igualdade e Não-Discriminação no Direito do Trabalho* – IV Congresso de Direito do Trabalho, Memórias, Coordenação de António José Moreira, pp. 267-321.

ARTIGO 32.°
Registo de processos de recrutamento

1 – Todas as entidades devem manter durante cinco anos o registo dos processos de recrutamento efectuados, devendo constar do mesmo, com desagregação por sexo, os seguintes elementos:

a) Convites para o preenchimento de lugares;
b) Anúncios de oferta de emprego;
c) Número de candidaturas para apreciação curricular;
d) Número de candidatos presentes em entrevistas de pré-selecção;
e) Número de candidatos aguardando ingresso;
f) Resultados de testes ou provas de admissão ou selecção;
g) Balanços sociais relativos a dados, que permitam analisar a existência de eventual discriminação de pessoas de um dos sexos no acesso ao emprego, formação e promoção profissionais e condições de trabalho.

2 – Constitui contra-ordenação leve a violação do disposto neste artigo.

Nota:

Assim como o presente artigo, outros há em que se encontra uma referência à conservação de registos e outros documentos pelo período de 5 anos, ou até períodos maiores no domínio específico de sectores da sst (conservação por 40 anos dos registos e arquivos sobre exposição a agentes ou processos prejudiciais ao património genético – art. 46.°/3 da Lei n.° 102/2009). Porém, não existe nenhuma norma geral a impor aos empregadores tal dever de conservação, sendo certo que alguns são conservados para prova de eventual cumprimento de deveres perante as autoridades administrativas ou judiciais. A ausência de norma de tal natureza pode dificultar o preenchimento do tipo legal de crime do art. 547.º[152].

Parentalidade

(Sobre o regime da protecção social na parentalidade do sistema previdencial e do subsistema de solidariedade, consultar o Dec.-Lei n.º 91/2009, de 09/04)

ARTIGO 37.º
Licença em situação de risco clínico durante a gravidez

1 – Em situação de risco clínico para a trabalhadora grávida ou para o nascituro, impeditivo do exercício de funções, independentemente do motivo que determine esse impedimento e esteja este ou não relacionado com as condições de prestação do trabalho, caso o empregador não lhe proporcione o exercício de actividade compatível com o seu estado e categoria profissional, a trabalhadora tem direito a licença, pelo período de tempo que por prescrição médica for considerado necessário para prevenir o risco, sem prejuízo da licença parental inicial.

....

3 – Constitui contra-ordenação muito grave a violação do disposto no n.º 1.

Notas:

1 – Em face das baixíssimas taxas que se verificam em todos os países mais desenvolvidas, a tutela de natalidade assume hoje uma preocupação constante e crescente dos respectivos Estados. A concessão de licença em caso de risco para a gravidez é, por isso, uma obrigação do empregador cuja violação integra o mais grave escalão das contra-ordenações laborais e implica, por consequência, pesadas sanções pecuniárias que pretendem promover a efectividade da norma legal.

---

[152] Cfr. sobre o tema o nosso *O Crime de não apresentação pelo empregador de registos e outros documentos* – IX e X Congresso Nacional de Direito do Trabalho (10/11 de Novembro de 2005 e 16/17 de Novembro de 2006) – Almedina, Novembro, 2007, (pp. 38-39).

2 – As ausências por esta licença, conforme n.° 1/*a*), não determinam perda de quaisquer direitos, salvo quanto à retribuição, além dos efeitos referidos no n.° 3, ambos do art. 65.°.

3 – Sobre o subsídio por risco clínico durante a gravidez, vd. art. 9.° do DL 91/2009.

ARTIGO 38.°
Licença por interrupção da gravidez

1 – Em caso de interrupção da gravidez, a trabalhadora tem direito a licença com duração entre 14 e 30 dias.

....

3 – Constitui contra-ordenação muito grave a violação do disposto no n.° 1.

Notas:

1 – Diferentemente do que consta da nota ao artigo anterior, o que se tutela com o presente é a saúde da mulher. E pensamos que, para os efeitos da lei, a partir do momento em que passou integrar os direitos da mulher, não há que fazer distinção entre a interrupção da gravidez acidental e a voluntária.

Sobre a interrupção voluntária da gravidez, consultar a Lei n.° 16/2007, de 17/04.

2 – As ausências por esta licença, conforme n.° 1/*b*), não determinam perda de quaisquer direitos, salvo quanto à retribuição, além dos efeitos referidos no n.° 3, ambos do art. 65.°.

3 – Sobre o subsídio por interrupção da gravidez, vd. art. 10.° do DL 91/2009.

ARTIGO 40.°
Licença parental inicial

1 – A mãe e o pai trabalhadores têm direito, por nascimento de filho, a licença parental inicial de 120 ou 150 dias consecutivos, cujo gozo podem partilhar após o parto, sem prejuízo dos direitos da mãe a que se refere o artigo seguinte.

2 – A licença referida no número anterior é acrescida em 30 dias, no caso de cada um dos progenitores gozar, em exclusivo, um período de 30 dias consecutivos, ou dois períodos de 15 dias consecutivos, após o

período de gozo obrigatório pela mãe a que se refere o n.° 2 do artigo seguinte.

3 – No caso de nascimentos múltiplos, o período de licença previsto nos números anteriores é acrescido de 30 dias por cada gémeo além do primeiro.

....

7 – Em caso de internamento hospitalar da criança ou do progenitor que estiver a gozar a licença prevista nos n.os 1, 2 ou 3 durante o período após o parto, o período de licença suspende-se, a pedido

8 – A suspensão da licença no caso previsto no número anterior é feita mediante comunicação ao empregador, acompanhada de declaração emitida pelo estabelecimento hospitalar.

9 – Constitui contra-ordenação muito grave a violação do disposto nos n.os 1, 2, 3, 7 ou 8.

Notas:

1 – A parentalidade constitui a nova categoria que o legislador de 2009 encontrou para aglutinar os direitos que anteriormente eram cobertos pela paternidade e maternidade, sendo reconhecidos por alguns autores, como é o caso do Prof. JORGE LEITE, como principal avanço em termos sociais que trouxe este Código do Trabalho de 2009.

A licença parental inicial é constituída pelos direitos a ausências da mãe e/ou do pai trabalhadores por ocasião do nascimento do filho, ou por ocasião da adopção de criança, situação que a lei equipara àquele. Direitos esses que constam do presente artigo e dos seguintes. As ausências após esse momento integram já a licença parental complementar.

2 – As ausências por esta licença, conforme n.° 1/*c*), não determinam perda de quaisquer direitos, salvo quanto à retribuição, além dos efeitos referidos nos n.os 3 e 4, todos do art. 65.°.

3 – Sobre a licença parental alargada, em que ao período da inicial podem acrescer três meses, vd. o art. 51.°/1/*a*).

4 – Sobre o subsídio parental inicial, vd. art. 12.° do DL 91/2009.

ARTIGO 41.°
Períodos de licença parental exclusiva da mãe

1 – A mãe pode gozar até 30 dias da licença parental inicial antes do parto.

2 – É obrigatório o gozo, por parte da mãe, de seis semanas de licença a seguir ao parto.

....

4 – Constitui contra-ordenação muito grave a violação do disposto nos n.os 1 ou 2.

Notas:

1 – As contra-ordenações aqui previstas, assim como em todos os preceitos relativos à parentalidade, são imputáveis, naturalmente, ao empregador. Apesar do n.° 1 instituir uma mera faculdade "*A mãe pode*" o que o legislador ao erigir a violação do preceito em contra-ordenação é sancionar o empregador que não permita que a mãe a use livremente.

2 – Mais paradoxal é ainda o n.° 2. Ao determinar à mãe o gozo obrigatório de seis semanas de licença a seguir ao parto sob a cominação de cometimento de contra-ordenação, parecia que esta se imputaria à mãe que incumprisse a determinação. Isto é assim por virtude da técnica legislativa adoptada em geral com a contra-ordenacionalização que, diferentemente do que sucede, também em geral com a técnica criminal, consiste em remeter para a norma da estatuição da conduta tipificando a sua violação como ilícito. O que pode levantar problemas de concretização do sujeito a quem a lei pretende imputar a contra-ordenação, tendo em conta que este nem sempre é o empregador (art. 548.°).

Repare-se que, mesmo neste CT/2009, é diferente a técnica utilizada pelo legislador quando tipifica alguns dos crimes laborais. Veja-se, os arts. 82.°, 83.°, 316.°, etc.[153].

Mais uma vez, tal como no n.° 1, a lei pretende com a tipificação desta infracção levar a que o empregador não crie obstáculo ao exercício deste direito-dever da mãe trabalhadora.

3 – As ausências por esta licença, conforme n.° 1/*c*), não determinam perda de quaisquer direitos, salvo quanto à retribuição, além dos efeitos referidos nos n.os 3 e 4, todos do art. 65.°.

4 – Sobre o subsídio parental inicial exclusivo da mãe, vd. art. 13.° do DL 91/2009.

---

[153] Vd. o elenco dos tipos legais de crimes previstos no CT na nota 1 ao art. 546.°.

ARTIGO 42.°
Licença parental inicial a gozar por um progenitor em caso de impossibilidade do outro

1 – O pai ou a mãe tem direito a licença, com a duração referida nos n.os 1, 2 ou 3 do artigo 40.°, ou do período remanescente da licença, nos casos seguintes:

a) Incapacidade física ou psíquica do progenitor que estiver a gozar a licença, enquanto esta se mantiver;
b) Morte do progenitor que estiver a gozar a licença.

2 – Apenas há lugar à duração total da licença referida no n.° 2 do artigo 40.° caso se verifiquem as condições aí previstas, à data dos factos referidos no número anterior.
3 – Em caso de morte ou incapacidade física ou psíquica da mãe, a licença parental inicial a gozar pelo pai tem a duração mínima de 30 dias.
4 – Em caso de morte ou incapacidade física ou psíquica de mãe não trabalhadora nos 120 dias a seguir ao parto, o pai tem direito a licença nos termos do n.° 1, com a necessária adaptação, ou do número anterior.

....

6 – Constitui contra-ordenação muito grave a violação do disposto nos n.os 1 a 4.

Notas:
1 – Sobre o sujeito a quem são imputáveis as CO aqui previstas remete-se para as notas ao art. antecedente.
2 – A morte de um dos progenitores dá também direito a faltas justificadas pelo sobrevivo (arts. 249.°/1/*b*) e 251.°). Todavia tal facto, se ocorrido no período da licença parental, não a faz suspender, assim como, naturalmente, também os dias por luto lhe não acrescem.
3 – As ausências por esta licença, conforme n.° 1/*c*), não determinam perda de quaisquer direitos, salvo quanto à retribuição[154], além dos efeitos referidos nos n.os 3 e 4, todos do art. 65.°.
4 – Sobre o subsídio parental inicial de um progenitor em caso de impossibilidade do outro, vd. art. 14.° do DL 91/2009.

[154] Embora a "modalidade" de licença parental da epígrafe do art. não coincida, rigorosamente, com a indicada no art. 39.°/*c*) – o que, por certo, se deverá a lapso legislativo.

ARTIGO 43.°
Licença parental exclusiva do pai

1 – É obrigatório o gozo pelo pai de uma licença parental de 10 dias úteis, seguidos ou interpolados, nos 30 dias seguintes ao nascimento do filho, cinco dos quais gozados de modo consecutivos imediatamente a seguir a este.

2 – Após o gozo da licença prevista no número anterior, o pai tem ainda direito a 10 dias úteis de licença, seguidos ou interpolados, desde que gozados em simultâneo com o gozo da licença parental inicial por parte da mãe.

3 – No caso de nascimentos múltiplos, à licença prevista nos números anteriores acrescem dois dias por cada gémeo além do primeiro.

....

5 – Constitui contra-ordenação muito grave a violação do disposto nos n.os 1, 2 ou 3.

Notas:

1 – Seguramente que têm sido poucos os autos levantados pela ACT por violação, pelo empregador, de autorização da licença obrigatória do pai trabalhador, durante dez dias, no prazo de um mês após o nascimento do filho. Mas seguramente pouco, também, tem sido o gozo deste direito-dever.

2 – As ausências por esta licença, conforme n.° 1/*c*), não determinam perda de quaisquer direitos, salvo quanto à retribuição, além dos efeitos referidos nos n.os 3 e 4, todos do art. 65.°.

3 – Sobre o subsídio ~~parental inicial~~ exclusivo do pai, vd. art. 14.° do DL 91/2009.

ARTIGO 44.°
Licença por adopção

1 – Em caso de adopção de menor de 15 anos, o candidato a adoptante tem direito à licença referida nos n.os 1 ou 2 do artigo 40.°.

2 – No caso de adopções múltiplas, o período de licença referido no número anterior é acrescido de 30 dias por cada adopção além da primeira.

3 – Havendo dois candidatos a adoptantes, a licença deve ser gozada nos termos dos n.os 1 e 2 do artigo 40.°.

....

5 – Em caso de incapacidade ou falecimento do candidato a adoptante durante a licença, o cônjuge sobrevivo, que não seja candidato a adoptante e com quem o adoptando viva em comunhão de mesa e habitação, tem direito a licença correspondente ao período não gozado ou a um mínimo de 14 dias.

....

7 – Quando a confiança administrativa consistir na confirmação da permanência do menor a cargo do adoptante, este tem direito a licença, pelo período remanescente, desde que a data em que o menor ficou de facto a seu cargo tenha ocorrido antes do termo da licença parental inicial.

8 – Em caso de internamento hospitalar do candidato a adoptante ou do adoptando, o período de licença é suspenso pelo tempo de duração do internamento, devendo aquele comunicar esse facto ao empregador, apresentando declaração comprovativa passada pelo estabelecimento hospitalar.

....

11 – Constitui contra-ordenação muito grave a violação do disposto nos n.os 1 a 3, 5, 7 ou 8.

Notas:

1 – A lei equipara a adopção ao nascimento de filho para efeito de atribuição de licença aos adoptantes.

2 – As ausências por esta licença, conforme n.° 1/*d*), não determinam perda de quaisquer direitos, salvo quanto à retribuição, além dos efeitos referidos nos n.os 3 e 4, todos do art. 65.°.

3 – Sobre o subsídio por adopção, vd. art. 17.° do DL 91/2009.

ARTIGO 46.°
Dispensa para consulta pré-natal

1 – A trabalhadora grávida tem direito a dispensa do trabalho para consultas pré-natais, pelo tempo e número de vezes necessários.

2 – A trabalhadora deve, sempre que possível, comparecer a consulta pré-natal fora do horário de trabalho.

3 – Sempre que a consulta pré-natal só seja possível durante o horário de trabalho, o empregador pode exigir à trabalhadora a apresentação de

prova desta circunstância e da realização da consulta ou declaração dos mesmos factos.

4 – Para efeito dos números anteriores, a preparação para o parto é equiparada a consulta pré-natal.

5 – O pai tem direito a três dispensas do trabalho para acompanhar a trabalhadora às consultas pré-natais.

6 – Constitui contra-ordenação grave a violação do disposto neste artigo.

Notas:

1 – Insere-se na política de apoio à natalidade e na promoção da crescente responsabilização do pai progenitor.

2 – As ausências por esta licença, conforme art. 65.°/2, não determinam perda de quaisquer direitos, incluindo a retribuição.

ARTIGO 47.°
Dispensa para amamentação ou aleitação

1 – A mãe que amamenta o filho tem direito a dispensa de trabalho para o efeito, durante o tempo que durar a amamentação.

2 – No caso de não haver amamentação, desde que ambos os progenitores exerçam actividade profissional, qualquer deles ou ambos, consoante decisão conjunta, têm direito a dispensa para aleitação, até o filho perfazer um ano.

3 – A dispensa diária para amamentação ou aleitação é gozada em dois períodos distintos, com a duração máxima de uma hora cada, salvo se outro regime for acordado com o empregador.

4 – No caso de nascimentos múltiplos, a dispensa referida no número anterior é acrescida de mais 30 minutos por cada gémeo além do primeiro.

5 – Se qualquer dos progenitores trabalhar a tempo parcial, a dispensa diária para amamentação ou aleitação é reduzida na proporção do respectivo período normal de trabalho, não podendo ser inferior a 30 minutos.

6 – Na situação referida no número anterior, a dispensa diária é gozada em período não superior a uma hora e, sendo caso disso, num segundo período com a duração remanescente, salvo se outro regime for acordado com o empregador.

7 – Constitui contra-ordenação grave a violação do disposto neste artigo.

Nota:

Uma vez que a amamentação, e o correspondente direito a dispensa, contrariamente à aleitação, não está sujeita a qualquer prazo, mas depende exclusivamente da duração do fenómeno natural, perfazendo a criança um ano, é legítimo que o empregador exija documento médico comprovativo.

ARTIGO 49.º

Falta para assistência a filho

1 – O trabalhador pode faltar ao trabalho para prestar assistência inadiável e imprescindível, em caso de doença ou acidente, a filho menor de 12 anos ou, independentemente da idade, a filho com deficiência ou doença crónica, até 30 dias por ano ou durante todo o período de eventual hospitalização.

2 – O trabalhador pode faltar ao trabalho até 15 dias por ano para prestar assistência inadiável e imprescindível em caso de doença ou acidente a filho com 12 ou mais anos de idade que, no caso de ser maior, faça parte do seu agregado familiar.

3 – Aos períodos de ausência previstos nos números anteriores acresce um dia por cada filho além do primeiro.

....

7 – Constitui contra-ordenação grave a violação do disposto nos n.os 1, 2 ou 3.

Notas:

1 – São as faltas por assistência as que maiores conflitos suscitam, uma vez que os empregadores podem exigir a prova do seu carácter imprescindível e inadiável. É que se este pode ser comprovado por médico, já a imprescindibilidade necessita, muitas vezes da intervenção do empregador do cônjuge.

2 – As ausências por esta licença, conforme art. 65.º/1/*f*), não determinam perda de quaisquer direitos, salvo quanto à retribuição.

3 – Sobre o subsídio para assistência a filho, vd. o art. 19.º do DL 91/2009.

ARTIGO 50.°
Falta para assistência a neto

1 – O trabalhador pode faltar até 30 dias consecutivos, a seguir ao nascimento de neto que consigo viva em comunhão de mesa e habitação e que seja filho de adolescente com idade inferior a 16 anos.

2 – Se houver dois titulares do direito, há apenas lugar a um período de faltas, a gozar por um deles, ou por ambos em tempo parcial ou em períodos sucessivos, conforme decisão conjunta.

3 – O trabalhador pode também faltar, em substituição dos progenitores, para prestar assistência inadiável e imprescindível, em caso de doença ou acidente, a neto menor ou, independentemente da idade, com deficiência ou doença crónica.

....

7 – Constitui contra-ordenação grave a violação do disposto nos n.os 1, 2 ou 3.

Notas:

1 – Uma vez que a assistência dos avós aos netos, menores ou com doença crónica, reveste igualmente as características de inadiabibilidade e imprescindibilidade – tal como a dos progenitores – também os empregadores lhes poderão exigir a respectiva prova.

2 – As ausências por esta licença, conforme art. 65.°/1/*g*), não determinam perda de quaisquer direitos, salvo quanto à retribuição.

3 – Sobre o subsídio para assistência a neto, vd. o art. 21.° do DL 91/2009.

ARTIGO 51.°
Licença parental complementar

1 – O pai e a mãe têm direito, para assistência a filho ou adoptado com idade não superior a seis anos, a licença parental complementar, em qualquer das seguintes modalidades:

a) Licença parental alargada, por três meses;

b) Trabalho a tempo parcial durante 12 meses, com um período normal de trabalho igual a metade do tempo completo;

c) Períodos intercalados de licença parental alargada e de trabalho a tempo parcial em que a duração total da ausência e da redução do tempo de trabalho seja igual aos períodos normais de trabalho de três meses;

d) Ausências interpoladas ao trabalho com duração igual aos períodos normais de trabalho de três meses, desde que previstas em instrumento de regulamentação colectiva de trabalho.

2 – O pai e a mãe podem gozar qualquer das modalidades referidas no número anterior de modo consecutivo ou até três períodos interpolados, não sendo permitida a cumulação por um dos progenitores do direito do outro.

3 – Se ambos os progenitores pretenderem gozar simultaneamente a licença e estiverem ao serviço do mesmo empregador, este pode adiar a licença de um deles com fundamento em exigências imperiosas ligadas ao funcionamento da empresa ou serviço, desde que seja fornecida por escrito a respectiva fundamentação.

....

6 – Constitui contra-ordenação grave a violação do disposto nos n.os 1, 2 ou 3.

Notas:

1 – Veja-se a nota 2 ao art. 40.°, uma vez que esta licença parental pode acrescer à inicial.

2 – As ausências por esta licença, conforme art. 65.°/1/*e*), não determinam perda de quaisquer direitos, salvo quanto à retribuição.

ARTIGO 52.°
Licença para assistência a filho

1 – Depois de esgotado o direito referido no artigo anterior, os progenitores têm direito a licença para assistência a filho, de modo consecutivo ou interpolado, até ao limite de dois anos.

2 – No caso de terceiro filho ou mais, a licença prevista no número anterior tem o limite de três anos.

....

9 – Constitui contra-ordenação grave a violação do disposto nos n.os 1 ou 2.

Notas:

1 – Acrescendo à licença parental inicial, que pode ir até aos 5 meses e à licença complementar, que pode ir até aos oito meses de idade do filho, ainda os

progenitores se podem valer desta possibilidade de licença até aos 2 anos, ou aos 3, no caso de terceiro filho.

2 – Sobre os efeitos desta licença, veja-se os n.os 4 a 6 do art. 65.°.

3 – Sobre o subsídio para assistência a filho, vd. o art. 19.° do DL 91/2009.

ARTIGO 53.°

Licença para assistência a filho com deficiência ou doença crónica

1 – Os progenitores têm direito a licença por período até seis meses, prorrogável até quatro anos, para assistência de filho com deficiência ou doença crónica.

....

4 – Constitui contra-ordenação grave a violação do disposto no n.° 1.

Notas:

1 – No caso de filho com doença ou deficiência, em lugar dos 3 anos a que se reporta o art. anterior, a licença pode ir até quatro anos.

2 – Sobre os efeitos desta licença, veja-se os n.os 4 a 6 do art. 65.°.

3 – Sobre o subsídio para assistência a filho com deficiência ou doença crónica, vd. o art. 20.° do DL 91/2009.

ARTIGO 54.°

Redução do tempo de trabalho para assistência a filho menor com deficiência ou doença crónica

1 – Os progenitores de menor com deficiência ou doença crónica, com idade não superior a um ano, têm direito a redução de cinco horas do período normal de trabalho semanal, ou outras condições de trabalho especiais, para assistência ao filho.

....

3 – Se ambos os progenitores forem titulares do direito, a redução do período normal de trabalho pode ser utilizada por qualquer deles ou por ambos em períodos sucessivos.

4 – O empregador deve adequar o horário de trabalho resultante da redução do período normal de trabalho tendo em conta a preferência do trabalhador, sem prejuízo de exigências imperiosas do funcionamento da empresa.

5 – A redução do período normal de trabalho semanal não implica diminuição de direitos consagrados na lei, salvo quanto à retribuição, que só é devida na medida em que a redução, em cada ano, exceda o número de faltas substituíveis por perda de gozo de dias de férias.

....

7 – Constitui contra-ordenação grave a violação do disposto nos n.os 1, 3, 4 ou 5.

Notas:

1 – A norma do n.° 5 sobre a redução da retribuição tem de ser conjugada com o disposto no art. 238.°/2 sobre a renúncia legítima ao gozo de dias de férias em cada ano.

2 – Sobre os efeitos deste regime de trabalho especial, veja-se o n.° 5 do art. 65.°.

ARTIGO 55.°
Trabalho a tempo parcial de trabalhador com responsabilidades familiares

1 – O trabalhador com filho menor de 12 anos ou, independentemente da idade, filho com deficiência ou doença crónica que com ele viva em comunhão de mesa e habitação tem direito a trabalhar a tempo parcial.

2 – O direito pode ser exercido por qualquer dos progenitores ou por ambos em períodos sucessivos, depois da licença parental complementar, em qualquer das suas modalidades.

3 – Salvo acordo em contrário, o período normal de trabalho a tempo parcial corresponde a metade do praticado a tempo completo numa situação comparável e, conforme o pedido do trabalhador, é prestado diariamente, de manhã ou de tarde, ou em três dias por semana.

4 – A prestação de trabalho a tempo parcial pode ser prorrogada até dois anos ou, no caso de terceiro filho ou mais, três anos, ou ainda, no caso de filho com deficiência ou doença crónica, quatro anos.

5 – Durante o período de trabalho em regime de tempo parcial, o trabalhador não pode exercer outra actividade incompatível com a respectiva finalidade, nomeadamente trabalho subordinado ou prestação continuada de serviços fora da sua residência habitual.

6 – A prestação de trabalho a tempo parcial cessa no termo do período para que foi concedida ou no da sua prorrogação, retomando o trabalhador a prestação de trabalho a tempo completo.

7-Constitui contra-ordenação grave a violação do disposto neste artigo.

Nota:
Sobre os efeitos deste regime de trabalho especial, veja-se o n.° 5 do art. 65.°.

ARTIGO 56.°
Horário flexível de trabalhador com responsabilidades familiares

1 – O trabalhador com filho menor de 12 anos ou, independentemente da idade, filho com deficiência ou doença crónica que com ele viva em comunhão de mesa e habitação tem direito a trabalhar em regime de horário de trabalho flexível, podendo o direito ser exercido por qualquer dos progenitores ou por ambos.

....

5 – Constitui contra-ordenação grave a violação do disposto no n.° 1.

Nota:
Sobre os efeitos deste regime de trabalho especial, veja-se o n.° 5 do art. 65.°.

ARTIGO 57.°
Autorização de trabalho a tempo parcial ou em regime de horário flexível

2 – O empregador apenas pode recusar o pedido com fundamento em exigências imperiosas do funcionamento da empresa, ou na impossibilidade de substituir o trabalhador se este for indispensável.

3 – No prazo de 20 dias contados a partir da recepção do pedido, o empregador comunica ao trabalhador, por escrito, a sua decisão.

....

5 – Nos cinco dias subsequentes ao fim do prazo para apreciação pelo trabalhador, o empregador envia o processo para apreciação pela entidade competente na área da igualdade de oportunidades entre homens e mulhe-

res, com cópia do pedido, do fundamento da intenção de o recusar e da apreciação do trabalhador.

....

7 – Se o parecer referido no número anterior for desfavorável, o empregador só pode recusar o pedido após decisão judicial que reconheça a existência de motivo justificativo.

....

10 – Constitui contra ordenação grave a violação do disposto nos n.ºs 2, 3, 5 ou 7.

Nota:
Sobre os efeitos deste regime de trabalho especial, veja-se o n.° 5 do art. 65.°.

ARTIGO 58.°
Dispensa de algumas formas de organização do tempo de trabalho

1 – A trabalhadora grávida, puérpera ou lactante tem direito a ser dispensada de prestar trabalho em horário de trabalho organizado de acordo com regime de adaptabilidade, de banco de horas ou de horário concentrado.

2 – O direito referido no número anterior aplica-se a qualquer dos progenitores em caso de aleitação, quando a prestação de trabalho nos regimes nele referidos afecte a sua regularidade.

3 – Constitui contra-ordenação grave a violação do disposto neste artigo.

ARTIGO 59.°
Dispensa de prestação de trabalho suplementar

1 – A trabalhadora grávida, bem como o trabalhador ou trabalhadora com filho de idade inferior a 12 meses, não está obrigada a prestar trabalho suplementar.

2 – A trabalhadora não está obrigada a prestar trabalho suplementar durante todo o tempo que durar a amamentação se for necessário para a sua saúde ou para a da criança.

3 – Constitui contra-ordenação grave a violação do disposto neste artigo.

ARTIGO 60.°
Dispensa de prestação de trabalho no período nocturno

1 – A trabalhadora tem direito a ser dispensada de prestar trabalho entre as 20 horas de um dia e as 7 horas do dia seguinte:

a) Durante um período de 112 dias antes e depois do parto, dos quais pelo menos metade antes da data previsível do mesmo;

b) Durante o restante período de gravidez, se for necessário para a sua saúde ou para a do nascituro;

c) Durante todo o tempo que durar a amamentação, se for necessário para a sua saúde ou para a da criança.

2 – À trabalhadora dispensada da prestação de trabalho nocturno deve ser atribuído, sempre que possível, um horário de trabalho diurno compatível.

3 – A trabalhadora é dispensada do trabalho sempre que não seja possível aplicar o disposto no número anterior.

....

7 – Constitui contra-ordenação grave a violação do disposto nos n.os 1, 2 ou 3.

Nota:
As "ausências" por esta licença, conforme art. 65.°/1/*h*), não determinam perda de quaisquer direitos, salvo quanto à retribuição.

ARTIGO 62.°
Protecção da segurança e saúde de trabalhadora grávida, puérpera ou lactante

1 – A trabalhadora grávida, puérpera ou lactante tem direito a especiais condições de segurança e saúde nos locais de trabalho, de modo a evitar a exposição a riscos para a sua segurança e saúde, nos termos dos números seguintes.

2 – Sem prejuízo de outras obrigações previstas em legislação especial, em actividade susceptível de apresentar um risco específico de exposição a agentes, processos ou condições de trabalho, o empregador deve proceder à avaliação da natureza, grau e duração da exposição de traba-

lhadora grávida, puérpera ou lactante, de modo a determinar qualquer risco para a sua segurança e saúde e as repercussões sobre a gravidez ou a amamentação, bem como as medidas a tomar.

3 – Nos casos referidos no número anterior, o empregador deve tomar a medida necessária para evitar a exposição da trabalhadora a esses riscos, nomeadamente:

a) Proceder à adaptação das condições de trabalho;

b) Se a adaptação referida na alínea anterior for impossível, excessivamente demorada ou demasiado onerosa, atribuir à trabalhadora outras tarefas compatíveis com o seu estado e categoria profissional;

c) Se as medidas referidas nas alíneas anteriores não forem viáveis, dispensar a trabalhadora de prestar trabalho durante o período necessário.

4 – Sem prejuízo dos direitos de informação e consulta previstos em legislação especial, a trabalhadora grávida, puérpera ou lactante tem direito a ser informada, por escrito, dos resultados da avaliação referida no n.° 2 e das medidas de protecção adoptadas.

5 – É vedado o exercício por trabalhadora grávida, puérpera ou lactante de actividades cuja avaliação tenha revelado riscos de exposição a agentes ou condições de trabalho que ponham em perigo a sua segurança ou saúde ou o desenvolvimento do nascituro.

....

8 – Constitui contra-ordenação muito grave a violação do disposto nos n.os 1, 2, 3 ou 5 e constitui contra-ordenação grave a violação do disposto no n.° 4.

Nota:

1 – Sobre agentes, processos ou condições de trabalho, veja-se os arts. 50.° a 60.° da Lei 102/2009, de 10/09 que institui o regime jurídico de promoção da segurança e saúde no trabalho. Aí se encontram as actividades proibidas (arts. 50.° a 56.°) e as actividades condicionadas (arts. 57.° a 60.°) às trabalhadoras grávida, puérperas ou lactantes.

2 – As "ausências" por esta licença, conforme art. 65.°/1/*i*), não determinam perda de quaisquer direitos, salvo quanto à retribuição.

3 – Sobre o subsídio por riscos específicos, vd. o art. 18.° do DL 91/2009.

ARTIGO 63.°
Protecção em caso de despedimento

1 – O despedimento de trabalhadora grávida, puérpera ou lactante ou de trabalhador no gozo de licença parental carece de parecer prévio da entidade competente na área da igualdade de oportunidades entre homens e mulheres.

....

6 – Se o parecer for desfavorável ao despedimento, o empregador só o pode efectuar após decisão judicial que reconheça a existência de motivo justificativo, devendo a acção ser intentada nos 30 dias subsequentes à notificação do parecer.

....

9 – Constitui contra-ordenação grave a violação do disposto nos n.os 1 ou 6.

Notas:

1 – Condição primeira para a verificação da contra-ordenação do n.° 1 é a existência de "despedimento" sem parecer prévio. Mas o despedimento, como se sabe, compete ao trabalhador/a demonstrá-lo. Verificada, porém, alguma das circunstâncias a que alude aquele normativo, e agora a gravidez, p. ex., não necessita de ser atestada por médico, já que pode resultar de facto "relevante" (art. 36.°/2), funciona, contra o empregador, o ónus da prova do pedido de parecer.

2 – Sendo desfavorável o parecer da Comissão da Igualdade, o empregador tem de intentar uma acção judicial de declaração de existência de justa causa. Nessa acção, porque a prova tem de ser realizada perante audiência de julgamento, não pode o tribunal decidi-la no despacho saneador com base nos elementos constantes do processo disciplinar.

3 – Apesar de ter sido decidida a aplicação de coima, por decisão da autoridade administrativa ou mesmo por decisão judicial, tal não implica necessariamente a inexistência de justa causa.

Jurisp.:

I – De acordo com o n.° 1 do artigo 51.° do Código do Trabalho de 2003, e tendo em vista a protecção da trabalhadora grávida, para que possa ser decretado o despedimento com justa causa, é necessário que o empregador, antes da decisão final a proferir no processo disciplinar, e concluídas as diligências de prova, solicite parecer à Comissão para a Igualdade no Trabalho e no Emprego a fim de esta, com base no exame do processo, emitir opinião sobre a existência de discriminação em função do sexo, e não sobre a existência de justa causa.

II – Sendo o parecer desfavorável ao despedimento, o empregador, caso entenda prosseguir com o processo disciplinar com vista ao despedimento, deve, nos termos do n.° 5 do referido artigo, solicitar ao tribunal, através de uma acção de simples apreciação, que declare a existência de justa causa, alegando e demonstrando os factos que constituem tal fundamento da cessação do contrato.

III – O juízo sobre a existência de justa causa, a formular em tal acção, não pode basear-se apenas na verificação de meros indícios resultantes do exame do processo disciplinar, que, podendo ser suficientes para se concluir pela probabilidade séria da existência de justa causa a que se refere o n.° 6 do mesmo artigo para efeito de não ser decretada a providência cautelar de suspensão de despedimento, não são suficientes para suportar a certeza da declaração judicial dessa mesma existência, certeza essa que só pode ser alcançada mediante a produção de prova em tribunal dos factos imputados à trabalhadora arguida na nota de culpa.

....

(Ac do STJ de 25/06/2009, Proc. 09S0090, relatado por VASQUES DINIS).

ARTIGO 65.°
Regime de licenças, faltas e dispensas

1 – Não determinam perda de quaisquer direitos, salvo quanto à retribuição, e são consideradas como prestação efectiva de trabalho as ausências ao trabalho resultantes de:

a) Licença em situação de risco clínico durante a gravidez;
b) Licença por interrupção de gravidez;
c) Licença parental, em qualquer das modalidades;
d) Licença por adopção;
e) Licença parental complementar em qualquer das modalidades;
f) Falta para assistência a filho;
g) Falta para assistência a neto;
h) Dispensa de prestação de trabalho no período nocturno;
i) Dispensa da prestação de trabalho por parte de trabalhadora grávida, puérpera ou lactante, por motivo de protecção da sua segurança e saúde;
j) Dispensa para avaliação para adopção.

2 – A dispensa para consulta pré-natal, amamentação ou aleitação não determina perda de quaisquer direitos e é considerada como prestação efectiva de trabalho.

3 – As licenças por situação de risco clínico durante a gravidez, por interrupção de gravidez, por adopção e licença parental em qualquer modalidade:

a) Suspendem o gozo das férias, devendo os dias remanescentes ser gozados após o seu termo, mesmo que tal se verifique no ano seguinte;

b) Não prejudicam o tempo já decorrido de estágio ou acção ou curso de formação, devendo o trabalhador cumprir apenas o período em falta para o completar;

c) Adiam a prestação de prova para progressão na carreira profissional, a qual deve ter lugar após o termo da licença.

4 – A licença parental e a licença parental complementar, em quaisquer das suas modalidades, por adopção, para assistência a filho e para assistência a filho com deficiência ou doença crónica:

a) Suspendem-se por doença do trabalhador, se este informar o empregador e apresentar atestado médico comprovativo, e prosseguem logo após a cessação desse impedimento;

b) Não podem ser suspensas por conveniência do empregador;

c) Não prejudicam o direito do trabalhador a aceder à informação periódica emitida pelo empregador para o conjunto dos trabalhadores;

d) Terminam com a cessação da situação que originou a respectiva licença que deve ser comunicada ao empregador no prazo de cinco dias.

....

7 – Constitui contra-ordenação grave a violação do disposto nos n.ºs 1, 2, 3 ou 4.

Trabalho de menores
(Sobre a participação de menor em actividade de natureza cultural, artística ou publicitária, consultar a Lei n.° 105/2009, de 14/09 – arts. 2.° a 11.°)

***

(Os trabalhos que, pela sua natureza ou pelas condições em que são prestados, são prejudiciais ao desenvolvimento físico, psíquico e moral dos menores, são proibidos ou condicionados nos termos dos arts. 61.° a 72.° da Lei n.° 102/2009, de 10/09 – promoção da sst – Parte IV).

ARTIGO 66.°
Princípios gerais relativos ao trabalho de menor

1 – O empregador deve proporcionar ao menor condições de trabalho adequadas à idade e ao desenvolvimento do mesmo e que protejam a segurança, a saúde, o desenvolvimento físico, psíquico e moral, a educação e a formação, prevenindo em especial qualquer risco resultante da sua falta de experiência ou da inconsciência dos riscos existentes ou potenciais.

2 – O empregador deve, em especial, avaliar os riscos relacionados com o trabalho, antes de o menor o iniciar ou antes de qualquer alteração importante das condições de trabalho, incidindo nomeadamente sobre:

a) Equipamento e organização do local e do posto de trabalho;

b) Natureza, grau e duração da exposição a agentes físicos, biológicos e químicos;

c) Escolha, adaptação e utilização de equipamento de trabalho, incluindo agentes, máquinas e aparelhos e a respectiva utilização;

d) Adaptação da organização do trabalho, dos processos de trabalho ou da sua execução;

e) Grau de conhecimento do menor no que se refere à execução do trabalho, aos riscos para a segurança e a saúde e às medidas de prevenção.

3 – O empregador deve informar o menor e os seus representantes legais dos riscos identificados e das medidas tomadas para a sua prevenção.

....

5 – Constitui contra-ordenação muito grave a violação do disposto nos n.os 1, 2 ou 3.

Notas:

1 – Sempre que a lei fala em menor tem subjacente o conceito que consta do art. 122.° do CC: "*É menor quem não tiver ainda completado dezoito anos de idade*".

Todavia, o legislador do trabalho considera que a idade mínima de admissão no mercado laboral, em princípio, é de 16 anos (art. 68.°/2). Em princípio, porque, excepcionalmente, podem ser admitidos a trabalhar menores que ainda não tenham 16 anos. E, por isso, este regime protectivo dos menores, geralmente estabelece a diferença entre "os menores", ou seja, dos 16 aos 17 anos, e os "menores que não tenham completado 16 anos", protegendo mais acentuadamente estes últimos.

2 – Sobre a protecção da sst dos menores, consultar os arts. 61.° a 72.° da Lei 102/2009, de 10/09, que institui o regime jurídico de promoção da segurança e saúde no trabalho. Aí se encontram as actividades, agentes, processos e condições de trabalho proibidos a menor (arts 61.° a 67.°) e o trabalho condicionado a menor com idade igual ou superior a 16 anos (arts. 68.° a 72.°).

ARTIGO 68.°
Admissão de menor ao trabalho

1 – Só pode ser admitido a prestar trabalho o menor que tenha completado a idade mínima de admissão, tenha concluído a escolaridade obrigatória e disponha de capacidades físicas e psíquicas adequadas ao posto de trabalho.

2 – A idade mínima de admissão para prestar trabalho é de 16 anos

3 – O menor com idade inferior a 16 anos que tenha concluído a escolaridade obrigatória pode prestar trabalhos leves que consistam em tarefas simples e definidas que, pela sua natureza, pelos esforços físicos ou mentais exigidos ou pelas condições específicas em que são realizadas, não sejam susceptíveis de o prejudicar no que respeita à integridade física, segurança e saúde, assiduidade escolar, participação em programas de orientação ou de formação, capacidade para beneficiar da instrução ministrada, ou ainda ao seu desenvolvimento físico, psíquico, moral, intelectual e cultural.

4 – Em empresa familiar, o menor com idade inferior a 16 anos deve trabalhar sob a vigilância e direcção de um membro do seu agregado familiar, maior de idade.

5 – O empregador comunica ao serviço com competência inspectiva do ministério responsável pela área laboral a admissão de menor efectuada ao abrigo do n.° 3, nos oito dias subsequentes.

6-Constitui contra-ordenação grave a violação do disposto nos n.os 3 ou 4 e constitui contra-ordenação leve a violação do disposto no número anterior.

Notas:

1 – O n.° 3 permite a admissão de "*menor com idade inferior a 16 anos que tenha concluído a escolaridade obrigatória*". Não se verifica, por isso, um limite legal mínimo absoluto para a admissão ao trabalho. Verificada que seja a condição de cumprimento da escolaridade obrigatória, pareceria não haver obstáculo legal à admissão de um menor com 14 anos de idade, por exemplo[155]. Todavia, quer o n.° 3 do art. 2.° da Convenção n.° 138 da OIT, que Portugal ratificou[156], quer o n.° 1 do art. 1.° da Directiva 94/33/CE, estabelecem que em nenhum caso a idade mínima de admissão pode ser inferior a 15 anos.

2 – Sobre o crime por violação do n.° 1, vd. notas ao art. 82.°, e, em geral sobre a admissão dos menores ao trabalho, pode ver-se, de VITOR MELO, *Trabalho de menores*, em Prontuário de Direito do Trabalho, 71, pp. 121 a 133.

ARTIGO 69.°
Admissão de menor sem escolaridade obrigatória ou sem qualificação profissional

3 – Na situação a que se refere o n.° 1, o menor beneficia do estatuto de trabalhador-estudante, tendo a dispensa de trabalho para frequência de aulas com duração em dobro da prevista no n.° 3 do artigo 90.°

4 – O empregador comunica ao serviço com competência inspectiva do ministério responsável pela área laboral a admissão de menor efectuada nos termos dos n.os 1 e 2, nos oito dias subsequentes.

5 – Constitui contra-ordenação muito grave a violação do disposto no n.° 1, contra-ordenação grave a violação do disposto no n.° 3 e contra-ordenação leve a falta de comunicação prevista no número anterior.

---

155 Pode, na realidade, suceder que aos 14 anos o menor já tenha concluído a escolaridade obrigatória. É o que ocorrerá se, completando os 6 anos entre 15 de Setembro e 31 de Dezembro, tiver sido admitido no ensino básico com 5 anos, nos termos do n.° 3 do art. 6.° da Lei n.° 46/86, de 14/10, na redacção da Lei n.° 115/97, de 15/09 (Lei de bases do Sistema Educativo).

156 Através do Decreto do Presidente da República n.° 11/98, de 19/03.

6 – Em caso de admissão de menor com idade inferior a 16 anos e sem escolaridade obrigatória, é aplicada a sanção acessória de privação do direito a subsídio ou benefício outorgado por entidade ou serviço público, por período até dois anos.

Notas:

1 – O n.° 1 para que remete o n.° 3 refere-se ao menor: (i) com idade inferior a 16 anos com escolaridade obrigatória, mas sem qualificação profissional; (ii) com 16 ou 17 anos mas sem escolaridade obrigatória ou sem qualificação profissional. É esse menor que tem dispensa de trabalho para a frequência de aulas pelo dobro do tempo dos outros trabalhadores-estudantes.

2 – Considerava-se que alguém possuía a escolaridade obrigatória quando concluísse com aproveitamento as metas escolares e não, apenas, quando frequentasse o número mínimo de nove anos de escolaridade.

Porém, com a entrada em vigor da Lei n.° 85/2009, de 27 de Agosto, que alterou a Lei de Bases do sistema educativo, a escolaridade obrigatória cessa, ou com a obtenção nível secundário de educação ou, independentemente da obtenção do diploma de qualquer ciclo ou nível de ensino, no momento do ano escolar em que o aluno perfaça 18 anos.

Este regime passou a vigorar, desde logo, para os alunos até ao 7.° ano de escolaridade, permanecendo os que em 2009/2010 se matricularam no 8.° ano no regime antigo.

3 – Como se dá conta na nota 5 ao art. 562.°, a sanção acessória prevista no n.° 6 do preceito anotando, não consta do elenco das sanções acessórias daquela norma genérica o que não significa, contudo, que não deva aplicar-se verificados que sejam os respectivos pressupostos.

ARTIGO 70.°

Capacidade do menor para celebrar contrato de trabalho e receber a retribuição

....

6 – Constitui contra-ordenação grave o pagamento de retribuição ao menor caso haja oposição escrita dos seus representantes legais.

Nota:

1 – O menor tem uma incapacidade geral de exercício de direitos (art. 123.° do CC). Mas, por razões de protecção do seu desenvolvimento fisio-psíquico, de educação e formação, o CT contém regras específicas para o menor trabalhador

no tocante à capacidade para celebrar e denunciar o contrato, assim como quanto à percepção da retribuição.

Esta pode ser recebida pelo menor, mesmo que tenha idade inferior a 16 anos, a não ser que haja oposição escrita dos pais. É esta situação de oposição dos pais, ou representantes legais, que origina contra-ordenação imputável ao empregador que, apesar de tal oposição, pague a retribuição ao menor. Entende o legislador que, em caso de conflito de interesses, durante a menoridade são aqueles que melhor podem zelar pela pessoa e pelos bens do menor.

ARTIGO 72.°
Protecção da segurança e saúde de menor

1 – Sem prejuízo das obrigações estabelecidas em disposições especiais, o empregador deve submeter o menor a exames de saúde, nomeadamente:

a) Exame de saúde que certifique a adequação da sua capacidade física e psíquica ao exercício das funções, a realizar antes do início da prestação do trabalho, ou nos 15 dias subsequentes à admissão se esta for urgente e com o consentimento dos representantes legais do menor;

b) Exame de saúde anual, para que do exercício da actividade profissional não resulte prejuízo para a sua saúde e para o seu desenvolvimento físico e psíquico.

2 – Os trabalhos que, pela sua natureza ou pelas condições em que são prestados, sejam prejudiciais ao desenvolvimento físico, psíquico e moral dos menores são proibidos ou condicionados por legislação específica.

3 – Constitui contra-ordenação grave a violação do disposto no n.° 1.

Notas:

1 – Além do referido nas duas alíneas do n.° 1, o empregador deve avaliar a natureza, o grau e a duração da exposição do menor a actividades ou trabalhos condicionados e tomar as medidas necessárias para evitar esse risco (art. 68.°/2 da Lei 102/2009).

2 – Os processos por esta grave contra-ordenação de falta de realização de exames de saúde prévios à admissão, e anuais após ela, são de verificação muito frequente na prática, significando que os empregadores não interiorizaram ainda

a vantagem social que consiste em ter uma população trabalhadora sadia e apta a desempenhar as tarefas laborais.

3 – Sobre o crime por violação do n.° 2, vd. art. 82.° e notas.

ARTIGO 73.°
Limites máximos do período normal de trabalho de menor

1 – O período normal de trabalho de menor não pode ser superior a oito horas em cada dia e a quarenta horas em cada semana.

....

3 – No caso de trabalhos leves efectuados por menor com idade inferior a 16 anos, o período normal de trabalho não pode ser superior a sete horas em cada dia e trinta e cinco horas em cada semana

4 – Constitui contra-ordenação grave a violação do disposto nos n.os 1 ou 3.

Nota:

Sobre o conceito de período normal de trabalho (pnt), veja-se o art. 198.° e também o art. 200.°/2. Só o pnt dos menores com idade inferior a 16 anos é diferente do dos trabalhadores adultos (art. 203.°), pois o dos restantes é semelhante (8h/dia e 40h/semana). Mas, considerando embora que isso já não será propriamente pnt, tenha-se em conta que o menor não pode realizar trabalho suplementar, a não ser de carácter excepcional (art. 75.°), assim como ser dispensado de outras formas de organização do tempo de trabalho, entre as quais a adaptabilidade, onde o limite diário pode ir até 10h/dia e 60h/semana (art. 204.°).

ARTIGO 74.°
Dispensa de algumas formas de organização do tempo de trabalho de menor

1 – O menor é dispensado de prestar trabalho em horário organizado de acordo com o regime de adaptabilidade, banco de horas ou horário concentrado quando o mesmo puder prejudicar a sua saúde ou segurança no trabalho.

2 – Para efeito do número anterior, o menor deve ser submetido a exame de saúde previamente ao início da aplicação do horário em causa.

3 – Constitui contra-ordenação grave a violação do disposto neste artigo.

Notas:

1 – A condição para a dispensa de qualquer das formas de organização referidas é a possibilidade ou previsibilidade de estas poderem prejudicar a sst do menor. Fora dessa circunstância o menor tem de cumprir o horário organizado pelo empregador, mesmo com adaptabilidade, banco de horas, ou se trate de horário concentrado. Todavia, para que tal cumprimento seja obrigatório, torna-se necessário que, antes de iniciar a sua prática, o menor seja submetido a um exame de saúde específico (e não o inicial ou anual a que se reportam as alíneas do n.° 3 do art. 108.° da Lei n.° 102/2009) que declare que ela o não prejudica.

É a interpretação que propugnamos em face da redacção actual, uma vez que a anterior parecia exigir ao menor, para que a dispensa fosse efectivada, a apresentação de atestado médico (art. 63.° do CT/2003).

Sobra, porém, a questão – que será a mais comum na prática das empresas – de saber se há violação do preceituado quando houver acordo entre o menor e o empregador sobre essa prática de horário de trabalho, ou mesmo se for o menor a querê-la, e não tiver sido realizado o exame prévio. Consideramos que, vistos os interesses do menor, que é necessário proteger até contra a sua vontade ou a vontade dos seus representantes legais, a resposta tem de ser positiva.

2 – Sobre adaptabilidade, banco de horas e horário concentrado, vd. arts. 204.° a 209.°.

ARTIGO 75.°
Trabalho suplementar de menor

1 – O trabalhador menor não pode prestar trabalho suplementar.

2 – O disposto no número anterior não é aplicável se a prestação de trabalho suplementar por parte de menor com idade igual ou superior a 16 anos for indispensável para prevenir ou reparar prejuízo grave para a empresa, devido a facto anormal e imprevisível ou a circunstância excepcional ainda que previsível, cujas consequências não podiam ser evitadas, desde que não haja outro trabalhador disponível e por um período não superior a cinco dias úteis.

3 – Na situação referida no número anterior, o menor tem direito a período equivalente de descanso compensatório, a gozar nas três semanas seguintes.

4 – Constitui contra-ordenação grave a violação do disposto neste artigo.

Notas:

1 – O conceito de trabalho suplementar é definido pelo art. 226.°. Se o conceito de "indispensabilidade" do trabalho suplementar parece coincidente com o delineado no art. 227.°/2 para o trabalhador adulto, já o de imprevisibilidade não o é, parecendo que neste n.° 2 anotando, além da "força maior" se inclui ainda o "caso fortuito" – *circunstância excepcional ainda que previsível*....

2 – A lei não diz qual a unidade de tempo a que se reporta o período de 5 dias úteis, limite do trabalho suplementar do menor. Mas, tendo como termo de comparação os limites do trabalho suplementar do art. 227.°, parece que só poderá ser o ano, o que, em geral (art. 73.°/1), corresponderá a 40 horas.

ARTIGO 76.°
Trabalho de menor no período nocturno

1 – É proibido o trabalho de menor com idade inferior a16 anos entre as 20 horas de um dia e as 7 horas do dia seguinte.

2 – O menor com idade igual ou superior a 16 anos não pode prestar trabalho entre as 22 horas de um dia e as 7 horas do dia seguinte, sem prejuízo do disposto nos números seguintes.

3 – O menor com idade igual ou superior a 16 anos pode prestar trabalho nocturno:

a) Em actividade prevista em instrumento de regulamentação colectiva de trabalho, excepto no período compreendido entre as 0 e as 5 horas;

b) Que se justifique por motivos objectivos, em actividade de natureza cultural, artística, desportiva ou publicitária, desde que tenha um período equivalente de descanso compensatório no dia seguinte ou no mais próximo possível.

4 – No caso do número anterior, a prestação de trabalho nocturno por menor deve ser vigiada por um adulto, se for necessário para protecção da sua segurança ou saúde.

....

6 – Constitui contra-ordenação grave a violação do disposto nos n.ºs 1, 2 ou 4.

Nota:

A proibição do menor trabalhar para além das 20 horas (se tiver menos de 16 anos), para além das 22 horas (se tiver 16 anos ou mais) ou mesmo das 0 às 5 horas, não se aplica no caso da indispensabilidade e imprevisibilidade a que se reporta o art. 75.°/2 (vd. nota 1 a esse artigo).

ARTIGO 77.°
Intervalo de descanso de menor

1 – O período de trabalho diário de menor deve ser interrompido por intervalo de duração entre uma e duas horas, por forma a não prestar mais de quatro horas de trabalho consecutivo se tiver idade inferior a 16 anos, ou quatro horas e trinta minutos se tiver idade igual ou superior a 16 anos.

....

3 – Constitui contra-ordenação grave a violação do disposto no n.° 1.

Nota:

Sobre o intervalo de descanso dos trabalhadores adultos, veja-se o art. 213.°/1. Porém, só os menores com idade inferior a 16 anos, é que não podem ver o intervalo de descanso reduzido a meia hora.

ARTIGO 78.°
Descanso diário de menor

1 – O menor tem direito a descanso diário, entre os períodos de trabalho de dois dias sucessivos, com a duração mínima de catorze horas consecutivas se tiver idade inferior a 16 anos, ou doze horas consecutivas se tiver idade igual ou superior a 16 anos.

2 – Em relação a menor com idade igual ou superior a 16 anos, o descanso diário previsto no número anterior pode ser reduzido por instrumento de regulamentação colectiva de trabalho se for justificado por motivo objectivo, desde que não afecte a sua segurança ou saúde e a redução seja compensada nos três dias seguintes, no sector da agricultura, turismo, hotelaria ou restauração, em embarcação da marinha do comércio, hospital ou outro estabelecimento de saúde ou em actividade caracterizada por períodos de trabalho fraccionados ao longo do dia.

....

4 – Constitui contra-ordenação grave a violação do disposto nos n.os 1 ou 2 deste artigo.

Nota:

O descanso diário normal dos trabalhadores adultos (descanso entre duas jornadas consecutivas de trabalho) é de 11 horas (art. 214.°/1). No entanto, para o preenchimento objectivo do tipo legal de CO do n.° 1 (descanso diário inferior a 12 horas) ainda é necessário considerar se a situação concreta não está abrangida pelas situações excepcionais do n.° 3.

ARTIGO 79.°
Descanso semanal de menor

1 – O descanso semanal de menor tem a duração de dois dias, se possível, consecutivos, em cada período de sete dias, salvo havendo razões técnicas ou de organização do trabalho, a definir por instrumento de regulamentação colectiva de trabalho, que justifiquem que o descanso semanal de menor com idade igual ou superior a 16 anos tenha a duração de trinta e seis horas consecutivas.

2 – O descanso semanal de menor com idade igual ou superior a 16 anos pode ser de um dia em situação a que se referem os n.os 2 ou 3 do artigo anterior, desde que a redução se justifique por motivo objectivo e, no primeiro caso, seja estabelecida em instrumento de regulamentação colectiva de trabalho, devendo em qualquer caso ser assegurado descanso adequado.

3 – Constitui contra-ordenação grave a violação do disposto neste artigo.

Nota:

A expressão *se possível* entre vírgulas – propositadamente alterada, quando comparada com a do CT/2003 (art. 68.°/1) – pretende significar que nem sempre o descanso semanal abrangerá os dois dias, mas, quando os abranja, eles serão consecutivos, tal como sucede com o dia e meio (36 horas).

A referência ao *menor com idade igual ou superior a 16 anos* pretende excluir aquele que ainda não perfez essa idade que, por isso, *a contrario*, não pode ver o descanso de dois dias reduzido.

ARTIGO 80.°
Descanso semanal e períodos de trabalho de menor em caso de pluriemprego

1 – Se o menor trabalhar para vários empregadores, os descansos semanais devem ser coincidentes e a soma dos períodos de trabalho não deve exceder os limites máximos do período normal de trabalho.

2 – Para efeitos do disposto no número anterior, o menor ou, se este tiver idade inferior a 16 anos, os seus representantes legais, devem informar por escrito:

a) Antes da admissão, o novo empregador, sobre a existência de outro emprego e a duração do trabalho e os descansos semanais correspondentes;

b) Aquando de uma admissão ou sempre que haja alteração das condições de trabalho em causa, os outros empregadores, sobre a duração do trabalho e os descansos semanais correspondentes.

3 – O empregador que, sendo informado nos termos do número anterior, celebre contrato de trabalho com o menor ou altere a duração do trabalho ou dos descansos semanais, é responsável pelo cumprimento do disposto no n.° 1.

4 – Constitui contra-ordenação grave a violação do disposto no n.° 1, pela qual é responsável o empregador que se encontre na situação referida no número anterior.

Nota:

Dispunha o CT/2003 (art. 644.°/3) que eram responsáveis pela infracção todos os empregadores para quem o menor trabalhasse. Era pois um caso nítido de responsabilidade solidária pela própria contra-ordenação, e não, apenas, pelo pagamento da coima, como sucede nos casos dos n.os 3 e 4 do art. 551.°.

Diferente foi a opção do legislador actual que imputa a responsabilidade contra-ordenacional apenas ao empregador que, previamente informado (pelo(s) outro(s) ou pelo menor), ainda assim, celebre o contrato ou altere os descansos semanais em violação do n.° 1. O que se justificará nos casos de celebração de contratos sucessivos, mas não quando são celebrados na mesma data, caso em que pode haver maiores hipóteses de invocação de falta de informação por cada um dos empregadores. E não se olvide que na maioria das situações também aqui se poderá verificar o fenómeno das empresas com participações recíprocas de domínio ou de grupo (art. 101.°/1).

ARTIGO 82.º
Crime por utilização indevida de trabalho de menor

1 – A utilização de trabalho de menor em violação do disposto no n.º 1 do artigo 68.º ou do n.º 2 do artigo 72.º é punida com pena de prisão até 2 anos ou com pena de multa até 240 dias, se pena mais grave não couber por força de outra disposição legal.

2 – No caso de o menor não ter completado a idade mínima de admissão ou não ter concluído a escolaridade obrigatória, os limites das penas são elevados para o dobro.

3 – Em caso de reincidência, os limites mínimos das penas previstas nos números anteriores são elevados para o triplo.

Notas:

1 – Preenche o elemento objectivo do tipo toda a conduta do agente/empregador que admita um menor em qualquer uma das situações: (i) sem a idade mínima de admissão; (ii) sem a escolaridade obrigatória; (iii) sem a capacidade física e psíquica; (iv) para trabalhos proibidos e condicionados. Todavia, cada uma destas situações, com excepção da referida em (iii), é constituída ainda por um complexo de pressupostos cuja detecção implica a análise dos n.os 2 e 3 do art. 68.º assim como os arts. 61.º a 72.º da Lei n.º 102/2009 quanto ao referido em (iv). Tenha-se em conta, quanto a esta última, por um lado, que os trabalhos condicionados a menor com idade igual ou superior a 16 anos são proibidos aos menores de idade inferior, como decorre da epígrafe da Subsecção II (antes do art. 68.º)[157] e, por outro, que não importa aqui (art. 68.º/1) saber se o concreto trabalho que o menor foi admitido a exercer faz ou não parte do elenco dos trabalhos proibidos ou condicionados a menores. Se na realidade fizer parte dele, então o empregador estará a violar, não o art. 68.º/1, mas, antes, o art. 72.º/2. Mas mesmo que não faça parte de tal elenco, haverá crime de admissão indevida de menor se o posto de trabalho não se adequar às suas capacidades físicas e psíquicas, uma vez que as três condições do 68.º/1 não são de preenchimento cumulativo.

2 – Um caso de aplicação do último segmento da norma do n.º 1, ou seja, de disposição legal que contém uma pena mais grave que a aí prevista é a do art. 152.º-A do CP, que pune com pena de prisão de 1 a 5 anos, quem tendo ao seu serviço ou a trabalhar pessoa menor, lhe infligir maus tratos físicos ou psíquicos, incluindo castigos corporais, privações da liberdade, a empregar em actividades perigosas, desumanas ou proibidas ou a sobrecarregar com trabalhos excessivos.

---

[157] Embora tenha desaparecido a norma do n.º 3 do art. 115.º da Lei 35/2004, que o dizia expressamente.

3 – A **conduta** só poderá configurar crime a partir do momento em que se verifique a prestação de trabalho pelo menor. Embora não seja, naturalmente, necessária a existência de qualquer documento escrito (aliás, o contrato de trabalho, apesar das suas numerosas excepções, continua a ser consensual[158]). Trata-se, por isso de um crime cuja comissão exige uma acção, quer na hipótese do art. 68.°/1, quer do 72.°/2.

4 – A disposição do n.° 2 é semelhante à do art. 608.°/2 do CT/2003. Só que em vez da conjunção copulativa "nem" a ligar as duas primeiras orações, aparece agora a disjuntiva "ou", o que modifica totalmente o tipo de crime. Até aqui, para os limites das penas do n.° 1 serem elevadas ao dobro, era preciso, compreensivelmente, a verificação conjunta de duas violações: (i) o menor não ter a idade mínima; (ii) não ter concluído a escolaridade obrigatória. Agora, em qualquer uma destas situações, isoladamente, a pena é elevada ao dobro, o que é incompreensível e merece a intervenção correctiva do intérprete. De facto, não merece qualquer apoio a interpretação que visse uma coima elevada ao dobro na admissão de um menor sem ter a escolaridade obrigatória, e uma coima singelo na admissão de menor sem ter capacidade física ou psíquica para o posto de trabalho.

5 – Sobre o **elemento subjectivo** remete-se para o que dissemos acima. Ou seja, é um crime que exige o dolo, isto é, o conhecimento da relação superioridade / subordinação, assim como da menoridade. Mas não um resultado, tratando-se, antes de um crime de mera conduta e de um **crime de perigo abstracto**, uma vez que a lei se basta com a admissão do menor ao serviço de empregador para presumir, *juris et de jure*, a existência do perigo[159] e portanto da possibilidade de ocorrência do crime. Ou, dizendo de outro modo, *não sendo a produção ou verificação do perigo elemento do tipo... tão-só motivação do legislador*[160].

Nenhum espaço aqui para as **causas de justificação** (art. 31.°), designadamente o **consentimento** do menor, que será irrelevante.

Já serão de maior susceptibilidade de aplicação as **causas de exclusão de culpa**, designadamente o erro sobre os elementos do facto, concretamente sobre a idade do menor (art. 16.°).

6 – A elevação da coima ao dobro ou ao triplo numa moldura de prisão até 2 anos ou de multa até 240 dias pressupõe que o mínimo da pena de prisão é de 1

---

[158] Cfr. art. 110.°.

[159] Cf. EDUARDO CORREIA, *Direito Criminal, vol. I,* Almedina, Coimbra 1971, pp. 287/288.

[160] Assim, RUI PATRÍCIO, *Apontamentos sobre um crime de perigo comum e concreto complexo* – Revista do M.° P.°, n.° 81, (Novembro, 1999), pp. 91 a 127 (p. 101), invocando FARIA COSTA – *O Perigo em Direito Penal* e também GERMANO MARQUES DA SILVA, *Crimes Rodoviários / Pena Acessória e Medidas de Segurança*

mês (art. 41.°/1 do CP) e que o mínimo da pena de multa é de 10 dias (art. 47.°/1 do CP, sendo esses valores que são multiplicados para encontrar a nova moldura.

ARTIGO 83.°
Crime de desobediência por não cessação da actividade de menor

Quando o serviço com competência inspectiva do ministério responsável pela área laboral verificar a violação do disposto no n.° 1 do artigo 68.° ou das normas relativas a trabalhos proibidos a que se refere o n.° 2 do artigo 72.°, notifica por escrito o infractor para que faça cessar de imediato a actividade do menor, com a cominação de que, se o não fizer, incorre em crime de desobediência qualificada.

Notas

1 – A redacção deste artigo, com excepção da substituição da expressão *Inspecção Geral do Trabalho* que constava do CT/2003 por *serviço com competência inspectiva do ministério responsável pela área laboral,* mantém-se idêntica

Na sua versão inicial, quando este crime foi introduzido pela Lei n.° 118/99, a utilização indevida do trabalho de menores ou a sua utilização em trabalhos proibidos os condicionados era mera contra-ordenação muito grave. Assim era à Administração (então IGT) que competia, na decisão de aplicação de coima, notificar o infractor para fazer cessar de imediato a actividade do menor, sob a cominação do crime de desobediência[161]. Essa notificação da decisão em processo contra-ordenacional constituía, por isso, um elemento do tipo objectivo.

Diferentemente sucede agora. Apesar de a notificação continuar a constituir elemento do tipo, ela não pode mais constar de processo contra-ordenacional precisamente porque agora aquelas condutas foram criminalizadas.

2 – A ***ratio* do preceito** do art. 83.° é obter-se em tempo útil o efeito pretendido com a criminalização da utilização de trabalho de menores sem idade mínima, sem escolaridade obrigatória, sem capacidade para o posto de trabalho ou com a utilização destes em trabalhos proibidos e condicionados. Trata-se, pois, de obter antecipadamente o efeito que se conseguirá com a penalização do infractor. Só que, atenta a morosidade própria da justiça, a decisão condenatória só virá a ocorrer mais tarde, numa altura, porventura, em que a vítima já adquiriu, quiçá com entorses, condições e capacidades para o trabalho.

---

[161] Cfr. art. 128.°/2 da LCT, na redacção da L 118/99, de 11/08.

O **bem jurídico**, mais do que o respeito pela ordem devida duma autoridade do mundo do trabalho é, continua a ser, como no crime do art. 82.°, **a saúde, o desenvolvimento físico e psíquico**. O evitar de pôr em perigo tais valores tidos como fundamentais para a comunidade.

3 – O tipo objectivo do ilícito é constituído pelo cruzamento dos elementos do art. 83.° com os do art. 348.° do CP[162], para onde aquele remete:

- Verificação da violação dos arts. 68.°/1 ou 72.°/2, verificação essa que tem de ser entendida como de facto, *prima facie* ou *de interim*. Não se pode tratar aqui duma comprovação jurídica, e muito menos duma decisão judicial. Mas terá, necessariamente, para ser participada pela Administração ao Ministério Público para efeitos de procedimento criminal, de ser instruída com os documentos básicos necessários à identificação do arguido, da vítima (menor) e, relativamente a esta, dos documentos comprovativos da idade, escolaridade ou do relato das condições em que se verificava a prestação de trabalhos proibidos ou condicionados,
- Indicações usuais sobre o dia, a hora, o local e as circunstâncias em que ocorreu a violação;
- Notificação escrita do arguido para a cessação imediata da actividade do menor; com:
- Conteúdo elaborado de modo claro e preciso em forma de ordem, e não de mera solicitação, sugestão ou conselho;
- Transmitida na forma legal, de preferência, pessoalmente[163];
- Apesar de a norma legal falar de notificação pelo "serviço", a lei orgânica aplicável à ACT atribui competência para o efeito aos inspectores do trabalho[164];
- A cominação de que se não fizer cessar de imediato a actividade do menor, incorre no crime de desobediência qualificada.

4 – A **conduta** é constituída pela continuação da utilização do menor após a recepção da notificação. Atento o bem jurídico em causa, não haverá aqui lugar a qualquer dilação, pelo que o acto de cessação da actividade do menor deve ser imediato.

Sobre o tipo subjectivo, causas de justificação ou de exclusão de culpa, medida da pena e agravação pelo resultado, valem as considerações que fizemos para o crime anterior.

---

[162] Sobre o tipo legal do crime de desobediência, vd., CRISTINA LÍBANO MONTEIRO – Comentário Conimbricense ao Código Penal – Tomo III – anotação ao art. 348.°, pp. 349 a 359.

[163] Vd. arts. 255.° e ss. do CPC.

[164] Cfr. art. 11.° do DL 102/2000, de 02/06.

Trabalhador com capacidade de trabalho reduzida

ARTIGO 84.°
Princípios gerais quanto ao emprego de trabalhador com capacidade de trabalho reduzida

1 – O empregador deve facilitar o emprego a trabalhador com capacidade de trabalho reduzida, proporcionando-lhe adequadas condições de trabalho, nomeadamente a adaptação do posto de trabalho, retribuição e promovendo ou auxiliando acções de formação e aperfeiçoamento profissional apropriadas.

....

5 – Constitui contra-ordenação muito grave a violação do disposto no n.° 1.

Nota:

Desde o CT/2003 que a lei vem fazendo distinção entre trabalhadores com capacidade de trabalho reduzida e trabalhadores com deficiência ou doença crónica, o que bem se justifica se tivermos em conta que estes últimos podem não ter nenhuma redução na sua capacidade laboral.

Se o primeiro segmento da norma, até pelo seu teor – o empregador *deve* – dificilmente propiciará a verificação de uma situação de contra-ordenação, já o segundo pode suscitar uma maior hipótese de infracção.

Admitido ao trabalho um trabalhador com estas características, constitui-se no direito, e o empregador no dever, de obter adequadas condições de trabalho, designadamente a adaptação do respectivo posto. Para além do mais, assim o impõe o princípio da igualdade (arts 13.° e 59.°/1/*a*) da CRP), na vertente de que deve ser tratado de modo diferente o que é desigual.

Trabalhador com deficiência ou doença crónica

ARTIGO 85.°
Princípios gerais quanto ao emprego de trabalhador com deficiência ou doença crónica

1 – O trabalhador com deficiência ou doença crónica é titular dos mesmos direitos e está adstrito aos mesmos deveres dos demais trabalhadores no acesso ao emprego, à formação, promoção ou carreira profissio-

nais e às condições de trabalho, sem prejuízo das especificidades inerentes à sua situação.

....

3 – Constitui contra-ordenação muito grave a violação do disposto no n.° 1.

Nota:

A regra geral aqui, diferentemente do que sucede com os trabalhadores com capacidade de trabalho reduzida, é a igualdade com os restantes trabalhadores. Embora seja admitida, na parte final do n.° 1, a ressalva das especificidades resultantes da deficiência ou doença crónica.

A contra-ordenação pode ocorrer aqui sempre que, nas situações referidas, a existência de tratamento desigual no contexto da empresa ou estabelecimento, não seja justificado pela particular situação do deficiente ou doente.

ARTIGO 87.°

Dispensa de algumas formas de organização do tempo de trabalho de trabalhador com deficiência ou doença crónica

1 – O trabalhador com deficiência ou doença crónica é dispensado da prestação de trabalho, se esta puder prejudicar a sua saúde ou segurança no trabalho:

a) Em horário organizado de acordo com o regime de adaptabilidade, de banco de horas ou horário concentrado;

b) Entre as 20 horas de um dia e as 7 horas do dia seguinte.

2 – Para efeito do disposto no número anterior, o trabalhador deve ser submetido a exame de saúde previamente ao início da aplicação do horário em causa.

3 – Constitui contra-ordenação grave a violação do disposto neste artigo.

Nota:

Sobre a adaptabilidade, banco de horas e horário concentrado, consultar os arts. 203.° a 209.°.

ARTIGO 88.°
Trabalho suplementar de trabalhador com deficiência ou doença crónica

1 – O trabalhador com deficiência ou doença crónica não é obrigado a prestar trabalho suplementar.

2-Constitui contra-ordenação grave a violação do disposto neste artigo.

Nota:

O trabalho suplementar encontra-se previsto no art. 226 e ss.. Diferentemente do que sucede com as modalidades de horário de trabalho a que se refere o artigo anterior, para o trabalhador com deficiência ou doença crónica realizar trabalho suplementar, não necessita de ser submetido a prévio exame de saúde.

A contra-ordenação só ocorrerá se, pelo empregador, for imposta a este trabalhador a realização daquele tipo de trabalho. E isto mesmo quando seja indispensável para prevenir ou reparar prejuízo grave para a empresa ou para a sua viabilidade (art. 227.°/2): Mas, por outro lado, já em qualquer das situações enumeradas no art. 226.°/3, porque não integram a noção de trabalho suplementar, parece não ser dispensado este trabalhador de o realizar. Pense-se, por exemplo, na situação descrita na sua alínea *b*) em que o trabalho é prestado para compensar uma suspensão de actividade resultante das designadas "pontes" de fim-de-semana.

Trabalhador-estudante

(Ter presente o art. 12.° da Lei n.° 105/2009, de 14/09, sobre as especificidades da frequência de estabelecimento de ensino por trabalhador-estudante)

ARTIGO 90.°
Organização do tempo de trabalho de trabalhador-estudante

1 – O horário de trabalho de trabalhador-estudante deve, sempre que possível, ser ajustado de modo a permitir a frequência das aulas e a deslocação para o estabelecimento de ensino.

2 – Quando não seja possível a aplicação do disposto no número anterior, o trabalhador-estudante tem direito a dispensa de trabalho para frequência de aulas, se assim o exigir o horário escolar, sem perda de direitos e que conta como prestação efectiva de trabalho.

3 – A dispensa de trabalho para frequência de aulas pode ser utilizada de uma só vez ou fraccionadamente, à escolha do trabalhador-estudante, e tem a seguinte duração máxima, dependendo do período normal de trabalho semanal:

a) Três horas semanais para período igual ou superior a vinte horas e inferior a trinta horas;

b) Quatro horas semanais para período igual ou superior a trinta horas e inferior a trinta e quatro horas;

c) Cinco horas semanais para período igual ou superior a trinta e quatro horas e inferior a trinta e oito horas;

d) Seis horas semanais para período igual ou superior a trinta e oito horas.

4 – O trabalhador-estudante cujo período de trabalho seja impossível ajustar, de acordo com os números anteriores, ao regime de turnos a que está afecto tem preferência na ocupação de posto de trabalho compatível com a sua qualificação profissional e com a frequência de aulas.

....

6 – O trabalhador-estudante não é obrigado a prestar trabalho suplementar, excepto por motivo de força maior, nem trabalho em regime de adaptabilidade, banco de horas ou horário concentrado quando o mesmo coincida com o horário escolar ou com prova de avaliação.

7 – Ao trabalhador-estudante que preste trabalho em regime de adaptabilidade, banco de horas ou horário concentrado é assegurado um dia por mês de dispensa, sem perda de direitos, contando como prestação efectiva de trabalho.

8 – O trabalhador-estudante que preste trabalho suplementar tem direito a descanso compensatório de igual número de horas.

9 – Constitui contra-ordenação grave a violação do disposto nos n.os 1 a 4 e 6 a 8.

Notas:

1 – Sobre a duração e organização do tempo de trabalho para os trabalhadores em geral, vejam-se os arts. 197.° e ss..

2 – A dispensa de trabalho de que falam os n.os 2, 3 e 7 não implica a perda de direitos, incluindo pois o direito à retribuição.

3 – Tenha-se em conta que, de acordo com o n.° 6 do art. 12.° da Lei n.° 105/2009 (artigo esse que regula especificidades da frequência de estabeleci-

mento de ensino por trabalhador-estudante), e ao contrário do que sucedia com o regime do CT/2003 (art. 17.° da L 99/2003), o regime que é estendido ao trabalhador-estudante por conta própria ou em situação de desemprego involuntário, não é o aqui (no CT/2009) consagrado, mas apenas as regalias específicas que daquela primeira disposição legal constam.

ARTIGO 91.°
Faltas para prestação de provas de avaliação

1 – O trabalhador-estudante pode faltar justificadamente por motivo de prestação de prova de avaliação, nos seguintes termos:

a) No dia da prova e no imediatamente anterior;

b) No caso de provas em dias consecutivos ou de mais de uma prova no mesmo dia, os dias imediatamente anteriores são tantos quantas as provas a prestar;

c) Os dias imediatamente anteriores referidos nas alíneas anteriores incluem dias de descanso semanal e feriados;

d) As faltas dadas ao abrigo das alíneas anteriores não podem exceder quatro dias por disciplina em cada ano lectivo.

....

3 – Consideram-se ainda justificadas as faltas dadas por trabalhador-estudante na estrita medida das deslocações necessárias para prestar provas de avaliação, sendo retribuídas até 10 faltas em cada ano lectivo, independentemente do número de disciplinas.

....

5 – Constitui contra-ordenação grave a violação do disposto nos n.os 1 ou 3.

Notas:

1 – As 10 faltas anuais retribuídas de que fala o n.° 3, não devem considerar-se apenas circunscritas às "deslocações necessárias", mas abrangem também as dadas por motivo de prestação de provas do n.° 1.

2 – Apesar de justificadas e retribuídas com o limite assinalado (10 faltas – e não 10 dias – em cada ano), essas faltas têm efeitos na majoração de férias (art. 238.°/4, *a contrario*).

ARTIGO 92.°
Férias e licenças de trabalhador-estudante

1 – O trabalhador-estudante tem direito a marcar o período de férias de acordo com as suas necessidades escolares, podendo gozar até 15 dias de férias interpoladas, na medida em que tal seja compatível com as exigências imperiosas do funcionamento da empresa.

2 – O trabalhador-estudante tem direito, em cada ano civil, a licença sem retribuição, com a duração de 10 dias úteis seguidos ou interpolados.

3-Constitui contra-ordenação grave a violação do disposto no n.° 1 e constitui contra-ordenação leve a violação do disposto no número anterior.

Notas:

1 – Quanto ao gozo interpolado das férias dos restantes trabalhadores, consultar o art. 241.°/8, segundo o qual é obrigatório o gozo de 10 dias úteis seguidos, podendo o restante período ser interpolado.

2 – Sobre as licenças, faltas e dispensas em geral, conferir o art. 65.°.

O empregador e a empresa

ARTIGO 99.°
Regulamento interno de empresa

....

2 – Na elaboração do regulamento interno de empresa é ouvida a comissão de trabalhadores ou, na sua falta, as comissões intersindicais, as comissões sindicais ou os delegados sindicais.

3 – O regulamento interno apenas produz efeitos após:

a) Publicitação do respectivo conteúdo, designadamente afixação na sede da empresa e nos locais de trabalho, de modo a possibilitar o seu pleno conhecimento, a todo o tempo, pelos trabalhadores;

b) Enviá-lo ao serviço com competência inspectiva do ministério responsável pela área laboral.

....

5 – Constitui contra-ordenação grave a violação do disposto no n.° 2 e da alínea *a*) do n.° 3, e leve a violação da alínea *b*) do n.° 3.

Nota:

Ao contrário do que sucedia no CT/2003, agora o regulamento interno tem de ser submetido às estruturas sindicais quando não haja na empresa comissão de trabalhadores. Assim o não envio a tais entidades é, tal como o não envio à comissão de trabalhadores, considerado contra-ordenação grave.

Também a lei deixou de falar na produção de efeitos apenas após o registo e depósito na Administração do Trabalho, para falar simplesmente em envio (cfr. art. 153.° do CT/2003).

ARTIGO 101.°
Pluralidade de empregadores

1 – O trabalhador pode obrigar-se a prestar trabalho a vários empregadores entre os quais exista uma relação societária de participações recíprocas, de domínio ou de grupo, ou que tenham estruturas organizativas comuns.

2 – O contrato de trabalho com pluralidade de empregadores está sujeito a forma escrita e deve conter:

a) Identificação, assinaturas e domicílio ou sede das partes;

b) Indicação da actividade do trabalhador, do local e do período normal de trabalho;

c) Indicação do empregador que representa os demais no cumprimento dos deveres e no exercício dos direitos emergentes do contrato de trabalho.

3 – Os empregadores são solidariamente responsáveis pelo cumprimento das obrigações decorrentes do contrato de trabalho, cujo credor seja o trabalhador ou terceiro.

4 – Cessando a situação referida no n.° 1, considera-se que o trabalhador fica apenas vinculado ao empregador a que se refere a alínea *c*) do n.° 2, salvo acordo em contrário.

5 – A violação de requisitos indicados nos n.os 1 ou 2 confere ao trabalhador o direito de optar pelo empregador ao qual fica vinculado.

6 – Constitui contra-ordenação grave a violação do disposto nos n.os 1 ou 2, sendo responsáveis pela mesma, todos os empregadores, os quais são representados para este efeito por aquele a que se refere a alínea *c*) do n.° 2.

Notas:

1 – Sempre considerámos, e continuamos a considerar infeliz e inconveniente o desenho normativo da pluralidade de empregadores.

Segundo o n.° 6, constitui contra-ordenação grave a violação do n.° 1. Ou seja, parece que seria ilícito um qualquer trabalhador vincular-se perante mais do que um empregador se entre eles não existisse a relação societária ali referida ou não tivessem estruturas comuns.

Ora, nada de mais falso. Nada impede, por virtude da liberdade contratual e até por força do princípio constitucional do direito ao trabalho (art. 58.° da CRP), que os trabalhadores se possam vincular a dois ou mais empregadores entre os quais não exista qualquer daquelas relações.

O que a lei pretende dizer é que, dentro do mesmo horário de trabalho, ou vinculando-se o trabalhador a prestar actividade simultaneamente perante várias entidades empregadores, então, sim, aí, nesse caso, deve haver entre elas essa ligação.

2 – Se a entorse referida na nota anterior vinha já do regime do CT/2003, a verdade é que o legislador de 2009 acrescentou-lhe outra ainda mais grave.

Lendo o n.° 6 somos levados a concluir que, se são responsáveis pela contra-ordenação "todos os empregadores", então estaremos perante uma situação de responsabilidade solidária pela contra-ordenação – não meramente perante solidariedade pelo pagamento da coima – que encontra guarida no n.° 2 do art. 556.°.

No CT/2003 havia, fora de qualquer dúvida, duas dessas situações jurídicas tipificadas nos arts. 644.°/3 (pluriemprego de menores) e 649.°/2 (pluralidade de empregadores). No Código actual a primeira destas situações desapareceu (art. 80.°/4). Pareceria que permaneceria a segunda.

Será assim?

Nos dizeres do segmento final da norma do n.° 6, [tais empregadores] *são representados para este efeito por aquele a que se refere a alínea c) do n.° 2*, isto é, pelo *empregador que representa os demais no cumprimento dos deveres e no exercício dos direitos emergentes do contrato de trabalho*.

Ora, se não estamos equivocados, o legislador misturou responsabilidade civil com responsabilidade contra-ordenacional e criou uma norma difícil de extricar.

Que quis dizer o legislador quando prescreve que os empregadores, todos os empregadores, são representados para *este efeito* (supõe-se que para efeito da contra-ordenação), por um deles? Será que é este que tem de ser arguido, ou serão todos arguidos? E se for só aquele, qual a dimensão da empresa a considerar para determinação da moldura da coima: a sua ou a de um outro com maior volume de negócios, para dar cumprimento ao art. 556.°/2? Recusamo-nos *a priori* a admitir uma interpretação segundo a qual todos os empregadores interviriam no processo como arguidos, mas um só deles, o *representante*, responderia. Ou seja, o representante interviria no processo como arguido, defendendo-se a si próprio e defendendo os restantes empregadores que também seriam arguidos. Isto traduzir-se-ia numa grosseira e flagrante violação dos direitos de audiência e defesa, sendo tal interpretação manifestamente inconstitucional, mesmo no específico domínio contra-ordenacional (art. 32.°/10 da CRP). A dúvida é pois avassaladora.

Em todo o caso, uma interpretação tem de ser adoptada. Perante tal inevitabilidade, a benefício de mais aturada reflexão, parece-nos que se deverá considerar a dimensão da empresa do representante externo dos empregadores para efeitos de determinação da moldura da coima[165], mas porque todos são responsáveis por contra-ordenação, não poderão deixar de ser todos arguidos e notificados para se defenderem nos autos. Ou seja, a "representação" só funcionará para o efeito de inviabilizar a regra geral contida no citado art. 556.°/2[166].

Claro está que tudo voltará à "normalidade" se, havendo pluriemprego, os empregadores não tiverem dado cumprimento aos requisitos deste contrato específico de trabalho, *maxime*, não designando um de entre eles para os representar (n.° 2).

3 – Versando o tema pluralidade de empregadores, na perspectiva comercial e juslaboralista, vd. CATARINA CARVALHO, *O equívoco jurisprudencial quanto à (in)admissibilidade do contrato de trabalho com pluralidade de empregadores antes do início de vigência do Código do Trabalho, in* QL, Ano XIV-2007 – n.° 30, pp. 223-244, ou *Cessação do contrato de trabalho promovida pelo empregador com justa causa objectiva no contexto dos grupos empresariais, in* Estudos em Homenagem ao Professor Manuel Alonso Olea, Almedina 2004, pp. 206 a 239.

Jurisp.:

I – Nos termos do art. 92.°, n.° 3 do Código do Trabalho, "Os empregadores beneficiários da prestação de trabalho são solidariamente responsáveis pelo cumprimento das obrigações que decorram do contrato de trabalho celebrado nos termos dos números anteriores cujo credor seja o trabalhador ou terceiros".

II – Impõe-se todavia uma interpretação extensiva deste preceito, de forma a alargar a responsabilidade solidária a outras situações presentes no espírito da lei, nas quais a pluralidade de empregadores foi constituída à revelia das injunções do art. 92.°, n.os 1 e 2 do C. Trabalho.

(Ac. do TRP de 15/10/2007, Proc. 0711034, N.° Conv. JTRP00040659, relatado por DOMINGOS MORAIS).

---

165 Tentando, assim, dar algum conteúdo útil á expressão legal *representados para este efeito*.

166 Mas, se for assim, para que servirá ela afinal?!... Só para os efeitos que se indicam logo a seguir no texto?!. Tudo dúvidas que nos sentimos incapazes de resolver.

Informação sobre aspectos relevantes na prestação de trabalho

ARTIGO 106.º
Dever de informação

....

3 – O empregador deve prestar ao trabalhador, pelo menos, as seguintes informações:

a) A respectiva identificação, nomeadamente, sendo sociedade, a existência de uma relação de coligação societária, de participações recíprocas, de domínio ou de grupo, bem como a sede ou domicílio;

b) O local de trabalho ou, não havendo um fixo ou predominante, a indicação de que o trabalho é prestado em várias localizações;

c) A categoria do trabalhador ou a descrição sumária das funções correspondentes;

d) A data de celebração do contrato e a do início dos seus efeitos;

e) A duração previsível do contrato, se este for celebrado a termo;

f) A duração das férias ou o critério para a sua determinação;

g) Os prazos de aviso prévio a observar pelo empregador e pelo trabalhador para a cessação do contrato, ou o critério para a sua determinação;

h) O valor e a periodicidade da retribuição;

i) O período normal de trabalho diário e semanal, especificando os casos em que é definido em termos médios;

j) O número da apólice de seguro de acidentes de trabalho e a identificação da entidade seguradora;

l) O instrumento de regulamentação colectiva de trabalho aplicável, se houver.

....

5 – Constitui contra-ordenação grave a violação do disposto em qualquer alínea do n.º 3.

Notas:

1 – Todas as exigências de informação descritas no n.º 3 faziam já parte do CT/2003 (art. 98.º). A única excepção é a da al. *j*) sobre o número da apólice de acidentes de trabalho e respectiva entidade seguradora, que foi agora aditada, e

bem se justifica dado o carácter obrigatório do seguro desde o primeiro momento da vida do contrato[167].

2 – Sobre a possibilidade de algumas das informações elencadas poderem ser substituídas pela remissão para irct, pode ver-se Bruno Mestre, "Cláusulas de remissão a CCT", *in* QL, n.° 30 (Jul/Dez 2007), pp. 139 a 171.

Veja-se também, em complemento deste dever de informação, e ajudando ao seu cumprimento, o disposto na alínea j) do n.° 1 do art. 127.°.

3 – O escalão de gravidade da contra-ordenação subiu de leve (art. 650.° do CT/2003) para grave.

ARTIGO 107.°
Meios de informação

1 – A informação prevista no artigo anterior deve ser prestada por escrito, podendo constar de um ou de vários documentos, assinados pelo empregador.

2 – Quando a informação seja prestada através de mais de um documento, um deles deve conter os elementos referidos nas alíneas *a*) a *d*), *h*) e *i*) do n.° 3 do artigo anterior.

....

4 – Os documentos referidos nos n.os 1 e 2 devem ser entregues ao trabalhador nos 60 dias subsequentes ao início da execução do contrato ou, se este cessar antes deste prazo, até ao respectivo termo.

5 – Constitui contra-ordenação grave a violação do disposto nos n.os 1, 2 ou 4.

Notas:

1 – A lei pretende que o trabalhador fique dotado com um documento que assegure de modo idóneo a sua pertença à empresa, assim como os elementos essenciais do vínculo. Mas não será necessário, mesmo quanto aos elementos

---

[167] No regime anterior a este CT/2009 discutia-se se a apólice de seguro de acidentes de trabalho deveria ou não integrar o recibo de retribuição. O CT/2003 (art. 267.°/5) não o exigia. Mas o art. 66.°/2 do DL 143/99 já tornava obrigatória a identificação da seguradora no referido documento.

Agora, essa exigência desapareceu do regime dos acidentes de trabalho (Lei 98/2009) e o Código resolveu integrá-la nos elementos do contrato que devem ser objecto de informação ao trabalhador.

referidos no n.° 2, a elaboração de um documento específico se eles se encontram devidamente descritos no contrato que empregador e trabalhador subscreveram no início da actividade laboral, e este ficou com um exemplar em seu poder.

2 – O escalão de gravidade da contra-ordenação subiu de leve (art. 650.° do CT/2003) para grave.

ARTIGO 108.°
Informação relativa a prestação de trabalho no estrangeiro

1 – Se o trabalhador cujo contrato de trabalho seja regulado pela lei portuguesa exercer a sua actividade no território de outro Estado por período superior a um mês, o empregador deve prestar-lhe, por escrito e até à sua partida, as seguintes informações complementares:

a) Duração previsível do período de trabalho a prestar no estrangeiro;
b) Moeda e lugar do pagamento das prestações pecuniárias;
c) Condições de repatriamento;
d) Acesso a cuidados de saúde.

2 – A informação referida na alínea *b*) ou *c*) do número anterior pode ser substituída por referência a disposições de lei, instrumento de regulamentação colectiva de trabalho ou regulamento interno de empresa que regulem a matéria nela referida.

3 – Constitui contra-ordenação grave a violação do disposto neste artigo.

Nota:
O escalão de gravidade da contra-ordenação subiu de leve (art. 650.° do CT/2003) para grave.

ARTIGO 109.°
Actualização da informação

1 – O empregador deve informar o trabalhador sobre alteração relativa a qualquer elemento referido no n.° 3 do artigo 106.° ou no n.° 1 do artigo anterior, por escrito e nos 30 dias subsequentes.

....

4 – Constitui contra-ordenação grave a violação do disposto no n.° 1.

Nota:

O escalão de gravidade da contra-ordenação subiu de leve (art. 650.° do CT/2003) para grave. E se tal se justifica plenamente no caso do art. anterior (prestação de trabalho no estrangeiro), já temos dúvidas sobre se a actualização da informação relativamente a cada uma das alíneas do art. 106.°/3 não acarretará uma hipertrofia contra-ordenacional, sendo certo, contudo, que nalguns casos, como o da actualização da retribuição (al. *h*), isso se operará de modo quase automático mediante a entrega do documento a que se refere o art. 276.°/3.

Actividade do trabalhador

ARTIGO 118.°
Funções desempenhadas pelo trabalhador

....

4 – Sempre que o exercício de funções acessórias exigir especial qualificação, o trabalhador tem direito a formação profissional não inferior a 10 horas anuais.

5 – Constitui contra-ordenação grave a violação do disposto no número anterior.

Notas:

1 – O preceito anotando insere-se na designada "polivalência" ou multiplicidade de funções.

A "especial qualificação" é mais um exemplo dos conceitos indeterminados utilizados pelo legislador. Poderá, porém, dizer-se que as funções acessórias exigirão especial qualificação sempre que o trabalhador as não possa exercer com eficiência com base na qualificação profissional que possui para o desempenho da actividade contratada. É essa circunstância que implica que o empregador tenha de conceder ao trabalhador 10 horas anuais para formação com vista à aquisição da respectiva competência.

2 – Sobre a formação profissional em geral, consultar os arts. 130.° a 134.°. E sobre a remuneração do exercício de funções afins, consultar o art. 267.°.

Jurisp.:

A – ....

III – O art. 151.° do Código do Trabalho [de 2003] *consagra um direito (faculdade) do empregador de impor ao trabalhador o exercício de funções afins ou funcionalmente ligadas à actividade contratada, não se vislumbrando possível extrair dele a consagração do dever do empregador de atribuir tais funções afins ou funcionalmente ligadas às contratadas, nem a obrigação de o empregador criar um posto de trabalho que não tenha a ver com a actividade contratada ou de que não precise – v.g., por ter trabalhador a exercer as respectivas funções – para ocupar o trabalhador que se incapacitou, em termos supervenientes e definitivos e por facto totalmente alheio à sua actividade profissional."*

(Ac. do STJ de 24/09/2008, Proc. 07S53793, relatado por Mário Pereira).

B – ....

II – Não é admissível a suspensão do exercício efectivo das funções do trabalhador decorrente da atribuição de funções distintas das acordadas e habitualmente exercidas, ou então de funções meramente residuais em relação a estas últimas, que o levam licitamente a recusar tal prática;

III – A não atribuição de funções compatíveis com as da categoria que o trabalhador vinha exercendo constitui uma violação do dever de ocupação efectiva.

(Ac. do TRL de 29/10/2008, Proc. 6010/2008-4, relatado por Leopoldo Soares).

ARTIGO 120.°
Mobilidade funcional

1 – O empregador pode, quando o interesse da empresa o exija, encarregar o trabalhador de exercer temporariamente funções não compreendidas na actividade contratada, desde que tal não implique modificação substancial da posição do trabalhador.

....

3 – A ordem de alteração deve ser justificada, mencionando se for caso disso o acordo a que se refere o número anterior, e indicar a duração previsível da mesma, que não deve ultrapassar dois anos.

4 – O disposto no n.° 1 não pode implicar diminuição da retribuição, tendo o trabalhador direito às condições de trabalho mais favoráveis que sejam inerentes às funções exercidas.

....

7 – Constitui contra-ordenação grave a violação do disposto nos n.os 1, 3 ou 4.

Nota:

1 – As funções a que se refere o n.° 1 não são as funções afins ou funcionalmente ligadas à actividade contratada pois que essas estão compreendidas no

artigo anterior. As que aqui se referem são para além dessas, e tanto podem ser mais como menos qualificadas, ou seja, implicando uma retribuição superior ou inferior. Mas, em qualquer caso, há uma barreira intransponível: não podem implicar modificação substancial da posição do trabalhador.

2 – Para que a ordem que determina a mobilidade funcional do trabalhador seja legítima, para lá da imodificação referida, torna-se necessário o cumprimento de mais três requisitos: (i) que o interesse da empresa (e não do empresário) o exija; (ii) que seja temporária, não podendo, em todo o caso, ultrapassar 2 anos; (iii) que não pode implicar diminuição, mas tem de ser garantido o aumento, da retribuição, quando for esse o caso.

Invalidade do contrato de trabalho

ARTIGO 124.°
Contrato com objecto ou fim contrário à lei ou à ordem pública

1 – Se o contrato de trabalho tiver por objecto ou fim uma actividade contrária à lei ou à ordem pública, a parte que conhecia a ilicitude perde a favor do serviço responsável pela gestão financeira do orçamento da segurança social as vantagens auferidas decorrentes do contrato.

....

3 – Constitui contra-ordenação grave a violação do disposto no n.° 1.

Nota:

A contra-ordenação aqui tipificada é o exemplo "de escola" sobre a susceptibilidade de o trabalhador – e não apenas o empregador – poder ser também, embora em casos contados, sujeito activo destas infracções.

Na realidade, se "a parte" que conhecia a ilicitude no momento da celebração de um contrato era o trabalhador, é este que, para além das sanções civis descritas no n.° 1, comete a contra-ordenação, e sofre a respectiva coima.

Direitos, deveres e garantias das partes

ARTIGO 127.°
Deveres do empregador

1 – O empregador deve, nomeadamente:

a) Respeitar e tratar o trabalhador com urbanidade e probidade;

b) Pagar pontualmente a retribuição, que deve ser justa e adequada ao trabalho;

c) Proporcionar boas condições de trabalho, do ponto de vista físico e moral;

d) Contribuir para a elevação da produtividade e empregabilidade do trabalhador, nomeadamente proporcionando-lhe formação profissional adequada a desenvolver a sua qualificação;

e) Respeitar a autonomia técnica do trabalhador que exerça actividade cuja regulamentação ou deontologia profissional a exija;

f) Possibilitar o exercício de cargos em estruturas representativas dos trabalhadores;

g) Prevenir riscos e doenças profissionais, tendo em conta a protecção da segurança e saúde do trabalhador, devendo indemnizá-lo dos pre juízos resultantes de acidentes de trabalho;

h) Adoptar, no que se refere a segurança e saúde no trabalho, as medidas que decorram de lei ou instrumento de regulamentação colectiva de trabalho;

i) Fornecer ao trabalhador a informação e a formação adequadas à prevenção de riscos de acidente ou doença;

j) Manter actualizado, em cada estabelecimento, o registo dos trabalhadores com indicação de nome, datas de nascimento e admissão, modalidade de contrato, categoria, promoções, retribuições, datas de início e termo das férias e faltas que impliquem perda da retribuição ou diminuição de dias de férias.

....

4 – O empregador deve comunicar ao serviço com competência inspectiva do ministério responsável pela área laboral, antes do início da actividade da empresa, a denominação, sector de actividade ou objecto social, endereço da sede e outros locais de trabalho, indicação da publicação oficial do respectivo pacto social, estatuto ou acto constitutivo, identificação e domicílio dos respectivos gerentes ou administradores, o número de trabalhadores ao serviço e a apólice de seguro de acidentes de trabalho.

5 – A alteração dos elementos referidos no número anterior deve ser comunicada no prazo de 30 dias.

6 – Constitui contra-ordenação leve a violação do disposto na alínea *j*) do n.º 1 ou nos n.ºs 4 ou 5.

Notas:

1 – O facto de estar aqui apenas contra-ordenacionalizado o dever de manter actualizado o registo de pessoal (n.º 1, al. *j*)), não significa que a violação dos restante deveres elencados em 1 não constitua contra-ordenação. A sua tipificação, porém, encontra-se dispersa pelas disposições do Código que os desenvolvem.

2 – Se há alguma contra-ordenação com cujo escalão de gravidade não concordamos, essa é a respeitante à violação do n.º 4. Anteriormente esta infracção encontrava-se prevista no estatuto da IGT[168] e, talvez por isso, aí fosse escalonada como leve.

A falta de comunicação prévia ao início da actividade, significa que a empresa é, para a administração do trabalho, clandestina. Por isso, quando é detectada pelos serviços de fiscalização, há a tendência destes para autuar não só por esta infracção, mas também por todas aquelas que resultam de omissões de registos ou comunicações (falta de afixação do mapa de HT, mapa de férias, falta de notificação da modalidade de serviços de sst, etc.), o que coloca o problema da unidade ou pluralidade de infracções (com a omissão de um mesmo acto de vontade violarem-se várias normas legais), ou seja, o concurso ideal heterogéneo, hoje, todavia, equiparado, para efeitos de punição, ao concurso real (art. 19.º/1 do DL 433/82).

3 – Relativamente à informação sobre a actividade social da empresa, que inclui a do quadro de pessoal, consultar o art. 32.º da Lei n.º 105/2009 e a Portaria n.º 55/2010, de 21/01, que determina que aquela informação deva ser remetida por meio informático à ACT ente 16 de Março e 15 de Abril de cada ano.

ARTIGO 129.º
Garantias do trabalhador

1 – É proibido ao empregador:

a) Opor-se, por qualquer forma, a que o trabalhador exerça os seus direitos, bem como despedi-lo, aplicar-lhe outra sanção, ou tratá-lo desfavoravelmente por causa desse exercício;

b) Obstar injustificadamente à prestação efectiva de trabalho;

c) Exercer pressão sobre o trabalhador para que actue no sentido de influir desfavoravelmente nas condições de trabalho dele ou dos companheiros;

---

168 Cfr. art. 25.º do DL 102/2000, de 02/06.

d) Diminuir a retribuição, salvo nos casos previstos neste Código ou em instrumento de regulamentação colectiva de trabalho;

e) Mudar o trabalhador para categoria inferior, salvo nos casos previstos neste Código;

f) Transferir o trabalhador para outro local de trabalho, salvo nos casos previstos neste Código ou em instrumento de regulamentação colectiva de trabalho, ou ainda quando haja acordo;

g) Ceder trabalhador para utilização de terceiro, salvo nos casos previstos neste Código ou em instrumento de regulamentação colectiva de trabalho;

h) Obrigar o trabalhador a adquirir bens ou serviços a ele próprio ou a pessoa por ele indicada;

i) Explorar, com fim lucrativo, cantina, refeitório, economato ou outro estabelecimento directamente relacionado com o trabalho, para fornecimento de bens ou prestação de serviços aos seus trabalhadores;

j) Fazer cessar o contrato e readmitir o trabalhador, mesmo com o seu acordo, com o propósito de o prejudicar em direito ou garantia decorrente da antiguidade.

2 – Constitui contra-ordenação muito grave a violação do disposto neste artigo.

Notas:

1 – Sobre o obstáculo injustificado da prestação efectiva do trabalho plasmado na al. *b*), pode ver-se de António Nunes de Carvalho, *Sobre o dever de ocupação efectiva*, RDES, 1991, n.os 3 e 4, p. 261 e ss..

Ao nível jurisprudencial, são raras as decisões judiciais que sancionam as de aplicação de coima pela autoridade administrativa, uma vez que aquelas invocam sempre a necessidade de provar que o acto de obstar é "injustificado". Mas veja-se aquela cujo sumário se transcreve abaixo.

2 – Um caso de diminuição da retribuição (al. *d*)) ocorre na hipótese de cessação da mobilidade funcional (art. 120.°/4), ou quando é dado por findo o exercício de funções afins a que correspondia retribuição mais elevada (267.°/1), outrotanto sucedendo em todas as situações em que há exercício transitório de actividade (trabalho por turnos (art. 220.° e ss., nocturno (223.° e ss.), suplementar (226.° e ss.), etc.).

3 – Sobre a mudança para categoria inferior (al. *e*)), que pode implicar também diminuição de retribuição, vd. art. 119.°.

4 – Sobre a transferência para outro local de trabalho (al. *f*)), regem os arts. 193.° a 196.°.

5 – Sobre a cedência para utilização de terceiro relativamente o empregador (al. *g*)), vd., arts. 288.° a 293.°.

Jurisp.:

A – *Do direito à ocupação efectiva do trabalhador decorre que à entidade empregadora não assiste apenas o direito de, naturalmente, exigir do trabalhador a actividade a que este se obrigou por via do contrato de trabalho, mas também o dever de lhe proporcionar a possibilidade do seu exercício, a menos que existam razões que, de forma justificada, impeçam esse exercício, impedimento que deverá ser determinado por razões objectivas e independentes de actuação culposa da entidade empregadora.*

(Ac. do TRP, de 20/04/2009, Proc. 0847279, N.° conv. JTRP00042472, relatado por Paula Leal de Carvalho).

B – *O princípio da irredutibilidade da retribuição, contido no art. 122.° al. d) do Código do Trabalho, respeita tão só à retribuição estrita, não incluindo as parcelas correspondentes a maior esforço ou penosidade do trabalho ou a situações de desempenho específicas (como é o caso da isenção do horário de trabalho), ou a maior trabalho (como ocorre quando se verifica a prestação de trabalho suplementar), ou à prestação de trabalho em condições mais onerosas, em quantidade ou esforço (caso do trabalho por turnos), o mesmo sucedendo com as prestações decorrentes de factos relacionados com a assiduidade do trabalhador, cujo pagamento não esteja antecipadamente garantido*

(Ac. do TRP, de 14/04/2008, Proc. 0746044, N.° conv. JTRP00041245, relatado por PAULA LEAL DE CARVALHO).

Formação profissional
(Sobre formação profissional, ver também arts. 13.° a 15.° da Lei n.° 105/2009 – Parte IV)

ARTIGO 131.°
Formação contínua

1 – No âmbito da formação contínua, o empregador deve:

a) Promover o desenvolvimento e a adequação da qualificação do trabalhador, tendo em vista melhorar a sua empregabilidade e aumentar a produtividade e a competitividade da empresa;

b) Assegurar a cada trabalhador o direito individual à formação, através de um número mínimo anual de horas de formação, mediante acções desenvolvidas na empresa ou a concessão de tempo para frequência de formação por iniciativa do trabalhador;

c) Organizar a formação na empresa, estruturando planos de formação anuais ou plurianuais e, relativamente a estes, assegurar o direito a informação e consulta dos trabalhadores e dos seus representantes;

d) Reconhecer e valorizar a qualificação adquirida pelo trabalhador.

2 – O trabalhador tem direito, em cada ano, a um número mínimo de trinta e cinco horas de formação contínua ou, sendo contratado a termo por período igual ou superior a três meses, um número mínimo de horas proporcional à duração do contrato nesse ano.

....

5 – O empregador deve assegurar, em cada ano, formação contínua a pelo menos 10% dos trabalhadores da empresa.

....

10 – Constitui contra-ordenação grave a violação do disposto nos n.os 1, 2 ou 5.

Notas:

1 – A formação profissional, entendida como um processo global e permanente através do qual jovens e adultos, a inserir ou inseridos na vida activa, se preparam para o exercício de uma actividade profissional, pode ser inserida no sistema educativo ou no mercado de emprego. Esta última, que é aquela a que o diploma se refere, pode ser inicial ou contínua.

A inicial destina-se a conferir uma qualificação profissional certificada, a contínua é a que se realiza ao longo da vida de cada indivíduo e pode ter por objectivos: (i) propiciar a adaptação a mutações tecnológicas, organizacionais ou outras; (ii) favorecer a promoção profissional; (iii) melhorar a qualidade do emprego; (iv) contribuir para o desenvolvimento cultural, económico e social[169].

No quadro legal actual também integram o Sistema Nacional de Qualificações as empresas que promovam a formação dos seus trabalhadores (art. 1.°/3 do DL 396/2007).

2 – Toda a formação profissional tem de ser certificada, sob pena de não se considerar como tal. São competentes para a certificação as entidades formadoras (arts. 7.° e 16.° do DL 396/2007, de 31/12).

---

[169] Cfr. o DL 396/2007, de 31/12, que estabelece o regime jurídico do Sistema Nacional de Qualificações.

3 – Consultar ainda sobre aspectos da formação profissional os arts. 13.° a 15.° da Lei 105/2009. Relativamente à informação sobre a actividade social da empresa, que inclui a formação profissional, consultar o art. 32.° da Lei n.° 105/2009 (Parte IV) e a Portaria n.° 55/2010, de 21/01, que determina que seja enviada entre 16 de Março e 15 de Abril de cada ano à ACT.

ARTIGO 133.°
Conteúdo da formação contínua

1 – A área da formação contínua é determinada por acordo ou, na falta deste, pelo empregador, caso em que deve coincidir ou ser afim com a actividade prestada pelo trabalhador.

....

3 – Constitui contra-ordenação grave a violação do disposto no n.° 1.

Nota:

Sobre o Catálogo Nacional de Qualificações consultar a Portaria n.° 781/2009, de 23/07, e sobre o Quadro Nacional de Qualificações a Portaria n.° 782/2009, da mesma data.

Contrato a termo resolutivo

ARTIGO 140.°
Admissibilidade de contrato de trabalho a termo resolutivo

1 – O contrato de trabalho a termo resolutivo só pode ser celebrado para satisfação de necessidade temporária da empresa e pelo período estritamente necessário à satisfação dessa necessidade.

2 – Considera-se, nomeadamente, necessidade temporária da empresa:

a) Substituição directa ou indirecta de trabalhador ausente ou que, por qualquer motivo, se encontre temporariamente impedido de trabalhar;

b) Substituição directa ou indirecta de trabalhador em relação ao qual esteja pendente em juízo acção de apreciação da licitude de despedimento;

c) Substituição directa ou indirecta de trabalhador em situação de licença sem retribuição;

d) Substituição de trabalhador a tempo completo que passe a prestar trabalho a tempo parcial por período determinado;

e) Actividade sazonal ou outra cujo ciclo anual de produção apresente irregularidades decorrentes da natureza estrutural do respectivo mercado, incluindo o abastecimento de matéria-prima;

f) Acréscimo excepcional de actividade da empresa;

g) Execução de tarefa ocasional ou serviço determinado precisamente definido e não duradouro;

h) Execução de obra, projecto ou outra actividade definida e temporária, incluindo a execução, direcção ou fiscalização de trabalhos de construção civil, obras públicas, montagens e reparações industriais, em regime de empreitada ou em administração directa, bem como os respectivos projectos ou outra actividade complementar de controlo e acompanhamento.

3 – Sem prejuízo do disposto no n.° 1, só pode ser celebrado contrato de trabalho a termo incerto em situação referida em qualquer das alíneas *a*) a *c*) ou *e*) a *h*) do número anterior.

6 – Constitui contra-ordenação muito grave a violação do disposto em qualquer dos n.os 1 a 4.

Notas:

1 – Sobre a admissibilidade de contratos a termo, e glosando o recurso sistemático do legislador a conceitos indeterminados e a cláusulas gerais, veja-se Maria Irene Gomes – *Jurisprudência e Requisitos Materiais do Contrato de trabalho a Termo Certo, in* Prontuário de Direito do Trabalho, n.os 79 a 81, pp. 157 a 169.

2 – Relativamente à informação sobre a actividade social da empresa, que inclui a contratação a termo, consultar o art. 32.° da Lei n.° 105/2009 e a Portaria aí indicada (Parte IV).

ARTIGO 141.°
Forma e conteúdo de contrato de trabalho a termo

1 – O contrato de trabalho a termo está sujeito a forma escrita e deve conter:

a) Identificação, assinaturas e domicílio ou sede das partes;

b) Actividade do trabalhador e correspondente retribuição;

c) Local e período normal de trabalho;

d) Data de início do trabalho;

e) Indicação do termo estipulado e do respectivo motivo justificativo;

f) Datas de celebração do contrato e, sendo a termo certo, da respectiva cessação.

....

3 – Para efeitos da alínea *e*) do n.° 1, a indicação do motivo justificativo do termo deve ser feita com menção expressa dos factos que o integram, devendo estabelecer-se a relação entre a justificação invocada e o termo estipulado.

4 – Constitui contra-ordenação grave a violação do disposto na alínea *e*) do n.° 1 ou no n.° 3.

Nota:

Tal como sucede com a dispensa de coima prevista neste CT/2009 para as situações de ilicitude do despedimento quando o empregador assegure ao trabalhador os direitos respectivos (art. 560.°), também neste caso, se o empregador aceitasse a conversão em contrato sem termo (art 147.°/1/*c*), *in fine*), essa medida se justificava. Todavia, não está prevista, e, por isso, a menos que haja outra causa de exclusão da ilicitude, ou da culpa, não poderá a sanção deixar de ser aplicada.

Jurisp.:

1. *A indicação do motivo justificativo da celebração de contrato de trabalho a termo constitui uma formalidade ad substantiam, pelo que a insuficiência de tal justificação não pode ser suprida por outros meios de prova, donde resulta que o contrato se considera celebrado sem termo, ainda que depois se viesse a provar que na sua génese estava uma daquelas situações em que a lei admite a celebração de contratos de trabalho a termo.*

2. *Isto significa que só podem ser considerados como motivo justificativo da estipulação do termo os factos constantes na pertinente cláusula contratual.*

3. *Referindo-se no contrato de trabalho a termo certo que o mesmo foi celebrado «devido ao acréscimo excepcional da actividade resultante da necessidade de satisfazer compromissos públicos da informação regional», sendo que a alusão ao acréscimo excepcional da actividade constitui uma mera transcrição da letra da lei e, por outro lado, a necessidade de satisfazer compromissos públicos da informação regional nada adianta relativamente à pretendida temporalidade ou excepcionalidade desses compromissos, configura-se a nulidade da estipulação do termo, que determina a conversão do contrato num contrato sem termo.*

(Ac do STJ de 22/04/2009, Proc. 08S3769, relatado por PINTO HESPANHOL).

ARTIGO 143.°
Sucessão de contrato de trabalho a termo

1 – A cessação de contrato de trabalho a termo, por motivo não imputável ao trabalhador, impede nova admissão ou afectação de trabalhador através de contrato de trabalho a termo ou de trabalho temporário cuja execução se concretize no mesmo posto de trabalho, ou ainda de contrato de prestação de serviços para o mesmo objecto, celebrado com o mesmo empregador ou sociedade que com este se encontre em relação de domínio ou de grupo, ou mantenha estruturas organizativas comuns, antes de decorrido um período de tempo equivalente a um terço da duração do contrato, incluindo renovações.

....

3 – Constitui contra-ordenação grave a violação do disposto no n.° 1.

Notas:

1 – A inclusão, na proibição da sucessão de contratos a termo, de contratos de trabalho temporário ou até de prestação de serviços, celebrados pelo mesmo empregador ou por sociedades do grupo, situações que não estavam previstos no CT/2003 (vd., art. 132.°), pretende reforçar, por esta via, o combate à precariedade de que este tipo de contratos constitui um expoente.

2 – Sobre a sucessão de contratos, veja-se, de Paula Quintas, *A precariedade dentro da precariedade ou a demanda dos trabalhadores à procura de primeiro emprego, in* QL, n.° 24, pp. 225 a 240.

ARTIGO 144.°
Informações relativas a contrato de trabalho a termo

1 – O empregador deve comunicar a celebração de contrato de trabalho a termo, com indicação do respectivo motivo justificativo, bem como a cessação do mesmo à comissão de trabalhadores e à associação sindical em que o trabalhador esteja filiado, no prazo de cinco dias úteis.

2 – O empregador deve comunicar, nos termos previstos em portaria do ministro responsável pela área laboral, ao serviço com competência inspectiva do ministério responsável pela área laboral os elementos a que se refere o número anterior.

3 – O empregador deve comunicar, no prazo de cinco dias úteis, à entidade com competência na área da igualdade de oportunidades entre

homens e mulheres o motivo da não renovação de contrato de trabalho a termo sempre que estiver em causa uma trabalhadora grávida, puérpera ou lactante.

4 – O empregador deve afixar informação relativa à existência de postos de trabalho permanentes que estejam disponíveis na empresa ou estabelecimento.

5 – Constitui contra-ordenação leve a violação do disposto neste artigo.

Notas:

1 – Sobre o teor do n.° 2, ver a Portaria n.° 55/2010, de 21/01, nos termos da qual a informação anual sobre a celebração e cessação de contratos de trabalho a termo deve ser enviada por meio informático, anualmente, de 16 de Maço a 15 de Abril.

2 – A redacção do preceito assim como o escalão de gravidade da coima são os que já existiam no CT/2003.

ARTIGO 145.°
Preferência na admissão

1 – Até 30 dias após a cessação do contrato, o trabalhador tem, em igualdade de condições, preferência na celebração de contrato sem termo, sempre que o empregador proceda a recrutamento externo para o exercício de funções idênticas àquelas para que foi contratado.

....

4 – Constitui contra-ordenação grave a violação do disposto no n.° 1.

Nota:

A violação do n.° 1 constitui um exemplo (entre vários) de normas cuja tutela é realizada pela responsabilidade civil (indemnização – cfr. n.° 2) e pela responsabilidade contra-ordenacional.

A dificuldade situar-se-á aqui, sempre que a nova contratação não seja para o mesmo posto de trabalho, na concretização do conceito de "funções idênticas".

Trabalho a tempo parcial

ARTIGO 152.°
Preferência na admissão para trabalho a tempo parcial

1 – Os instrumentos de regulamentação colectiva de trabalho devem estabelecer, para a admissão em regime de tempo parcial, preferências em favor de pessoa com responsabilidades familiares, com capacidade de trabalho reduzida, com deficiência ou doença crónica ou que frequente estabelecimento de ensino.

2 – Constitui contra-ordenação grave o desrespeito de preferência estabelecida nos termos do n.° 1.

Nota:

A contra-ordenação só ocorrerá se a preferência na admissão de qualquer destes grupos de trabalhadores estiver prevista no irct.

Ver, no entanto, para a situação de trabalho a tempo completo, os arts. 84.°/1 e 5, 85.°/1 e 3 e 90.°/4 e 9.

ARTIGO 154.°
Condições de trabalho a tempo parcial

1 – A trabalhador a tempo parcial é aplicável o regime previsto na lei e em instrumento de regulamentação colectiva de trabalho que, pela sua natureza, não implique a prestação de trabalho a tempo completo.

2 – O trabalhador a tempo parcial não pode ter tratamento menos favorável do que o trabalhador a tempo completo em situação comparável, a menos que um tratamento diferente seja justificado por razões objectivas, que podem ser definidas por instrumento de regulamentação colectiva de trabalho.

3 – O trabalhador a tempo parcial tem direito:

a) À retribuição base e outras prestações, com ou sem carácter retributivo, previstas na lei ou em instrumento de regulamentação colectiva de trabalho ou, caso sejam mais favoráveis, às auferidas por trabalhador a tempo completo em situação comparável, na proporção do respectivo período normal de trabalho semanal;

b) Ao subsídio de refeição, no montante previsto em instrumento de regulamentação colectiva de trabalho ou, caso seja mais favorável, ao praticado na empresa, excepto quando o período normal de trabalho diário seja inferior a cinco horas, caso em que é calculado em proporção do respectivo período normal de trabalho semanal.

4 – Constitui contra-ordenação grave a violação do disposto neste artigo.

Notas:

1 – Há vários autores que defendem que o trabalho a tempo parcial em Portugal não ocupa ainda a percentagem de empregabilidade que atinge noutros países da União Europeia, pelo que, sendo uma opção adequada a grupos de trabalhadores em situações específicas de responsabilidades familiares, deverá ser incentivado através dos irct.

2 – Sobre o tema, pode ver-se de JÚLIO GOMES, *Trabalho a tempo parcial, in* III Congresso Nacional de Direito do Trabalho, Memórias, Coordenação de António Moreira, Almedina, 2001.

ARTIGO 155.°
Alteração da duração do trabalho a tempo parcial

4 – Quando a passagem de trabalho a tempo completo para trabalho a tempo parcial, nos termos do n.° 1, se verifique por período determinado, decorrido este, o trabalhador tem direito a retomar a prestação de trabalho a tempo completo.

5 – Constitui contra-ordenação grave a violação do disposto no n.° 4.

Nota:

Confrontando a redacção do n.° 4 com a anterior (186.°/4 do CT/2003), verifica-se que desapareceu o limite temporal de três anos para a passagem de tempo completo a tempo parcial. Por isso, nada obsta que do acordo estabelecido conste um período mais longo, mas parece que já não um período de tempo indeterminado ou dependente de condição.

ARTIGO 156.°
Deveres do empregador em caso de trabalho a tempo parcial

2 – O empregador deve, ainda:

a) Fornecer aos trabalhadores, em tempo oportuno, informação sobre os postos de trabalho a tempo parcial e a tempo completo disponíveis no estabelecimento, de modo a facilitar as mudanças a que se referem as alíneas *a*) e *b*) do número anterior;

b) Fornecer às estruturas de representação colectiva dos trabalhadores da empresa informações adequadas sobre o trabalho a tempo parcial praticado na empresa.

3 – Constitui contra-ordenação leve a violação do disposto no número anterior.

Nota:

A tipificação como contra-ordenacional da conduta do empregador que não fornece informações sobre as vagas de postos de trabalho, quer a tempo completo, quer a tempo parcial, e quer aos trabalhadores quer às suas estruturas, tem por objectivo a dinamização desta modalidade contratual.

Trabalho intermitente

ARTIGO 159.°
Período de prestação de trabalho

1 – As partes estabelecem a duração da prestação de trabalho, de modo consecutivo ou interpolado, bem como o início e termo de cada período de trabalho, ou a antecedência com que o empregador deve informar o trabalhador do início daquele.

....

3 – A antecedência a que se refere o n.° 1 não deve ser inferior a 20 dias.

4 – Constitui contra-ordenação grave a violação do disposto no número anterior.

Nota:

A modalidade de trabalho intermitente foi regulada pela primeira vez neste CT/2009 e a unidade de tempo base para a sua duração é o ano, podendo ser estabelecida em horas ou em dias. Todavia, computadas as horas e os dias, se celebrado por tempo inferior, considera-se o contrato de trabalho intermitente por seis meses, dos quais quatro são consecutivos (período mínimo). A antecedência com que o empregador deve informar o trabalhador do início e termo de cada período de trabalho é, no mínimo, de 20 dias. Se o fizer com uma antecedência menor comete contra-ordenação grave, para além, naturalmente, de se considerar a ordem não legítima, com as suas naturais consequências.

ARTIGO 160.°
Direitos do trabalhador

1 – Durante o período de inactividade, o trabalhador tem direito a compensação retributiva em valor estabelecido em instrumento de regulamentação colectiva de trabalho ou, na sua falta, de 20% da retribuição base, a pagar pelo empregador com periodicidade igual à da retribuição.

2 – Os subsídios de férias e de Natal são calculados com base na média dos valores de retribuições e compensações retributivas auferidas nos últimos 12 meses, ou no período de duração do contrato se esta for inferior.

....

5 – Constitui contra-ordenação grave a violação do disposto nos n.ºs 1 ou 2.

Nota:
As contra-ordenações aqui previstas tanto resultam do facto de a compensação retributiva ser inferir à percentagem de 20% da retribuição base, como de a sua periodicidade não corresponder à periodicidade da retribuição (normalmente mensal, mas podendo ser quinzenal, semanal,...). Também os subsídios, por força do que está dito no n.° 1, deverão acompanhar a sua periodicidade normal, mesmo que ocorram durante o período de inactividade.

Comissão de serviço

ARTIGO 162.°
Regime de contrato de trabalho em comissão de serviço

....

3 – O contrato para exercício de cargo ou funções em comissão de serviço está sujeito a forma escrita e deve conter:

a) Identificação, assinaturas e domicílio ou sede das partes;

b) Indicação do cargo ou funções a desempenhar, com menção expressa do regime de comissão de serviço;

c) No caso de trabalhador da empresa, a actividade que exerce, bem como, sendo diversa, a que vai exercer após cessar a comissão;

d) No caso de trabalhador admitido em regime de comissão de serviço que se preveja permanecer na empresa, a actividade que vai exercer após cessar a comissão.

....

6 – Constitui contra-ordenação grave a falta da menção referida na alínea *b*) do n.° 3, salvo se o empregador reconhecer expressamente e por escrito que o cargo ou funções são exercidos com carácter permanente, e constitui contra-ordenação leve a falta de redução a escrito do contrato ou a violação da alínea *c*) do referido número.

Notas:

1 – A excepção à contra-ordenação, por o empregador expressamente reconhecer que as funções exercidas em comissão de serviço passam a permanentes, tem semelhanças com a "dispensa de coima" prevista no art. 560.° para as situações de violação de normas procedimentais no domínio da instrução e decisão disciplinares.

Todavia, aqui, mais do que essa "dispensa" trata-se de inexistência de contra-ordenação por falta de um dos seus pressupostos.

2 – Vd., de IRENE GOMES, *Principais aspectos do regime jurídico do trabalho exercido em comissão de serviço,* in Estudos em Homenagem ao Professor Manuel Alonso Olea, Almedina 2004, pp. 241 a 265 ou *A comissão de serviço, in* A Reforma do Código do Trabalho, Coimbra Editora, 2004, pp. 365 a 380.

ARTIGO 164.°
Efeitos da cessação da comissão de serviço

1 – Cessando a comissão de serviço, o trabalhador tem direito:

a) Caso se mantenha ao serviço da empresa, a exercer a actividade desempenhada antes da comissão de serviço, ou a correspondente à categoria a que tenha sido promovido ou, ainda, a actividade prevista no acordo a que se refere a alínea *c*) ou *d*) do n.° 3 do artigo 162.°;

b) A resolver o contrato de trabalho nos 30 dias seguintes à decisão do empregador que ponha termo à comissão de serviço, com direito a indemnização calculada nos termos do artigo 366.°;

c) Tendo sido admitido para trabalhar em comissão de serviço e esta cesse por iniciativa do empregador que não corresponda a despedimento por facto imputável ao trabalhador, a indemnização calculada nos termos do artigo 366.°.

....

3 – Constitui contra-ordenação grave a violação do disposto no n.° 1.

Notas:

1 – Apesar de só se encontrar prevista contra-ordenação para o desrespeito do dever do empregador satisfazer o direito do trabalhador continuar a exercer actividade finda a comissão, a verdade é que o não pagamento da indemnização referida nas alíneas *b*) e *c*) é igualmente contra-ordenação, por força do art. 366.°/6.

2 – Vd., de LUÍS MIGUEL MONTEIRO, *Regime jurídico do trabalho em comissão de serviço,* in Estudos em Homenagem ao Professor Manuel Alonso Olea, Almedina 2004, pp. 507 a 528, e especificamente sobre a cessação, pp. 526 e ss..

Teletrabalho

ARTIGO 166.°
Regime de contrato para prestação subordinada de teletrabalho

2 – Verificadas as condições previstas no n.° 1 do artigo 195.°, o trabalhador tem direito a passar a exercer a actividade em regime de teletrabalho, quando este seja compatível com a actividade desempenhada.

3 – O empregador não pode opor-se ao pedido do trabalhador nos termos do número anterior.

4 – O contrato está sujeito a forma escrita e deve conter:

a) Identificação, assinaturas e domicílio ou sede das partes;

b) Indicação da actividade a prestar pelo trabalhador, com menção expressa do regime de teletrabalho, e correspondente retribuição;

c) Indicação do período normal de trabalho;

d) Se o período previsto para a prestação de trabalho em regime de teletrabalho for inferior à duração previsível do contrato de trabalho, a actividade a exercer após o termo daquele período;

e) Propriedade dos instrumentos de trabalho bem como o responsável pela respectiva instalação e manutenção e pelo pagamento das inerentes despesas de consumo e de utilização;

f) Identificação do estabelecimento ou departamento da empresa em cuja dependência fica o trabalhador, bem como quem este deve contactar no âmbito da prestação de trabalho.

....

7 – Constitui contra-ordenação grave a violação do disposto no n.º 3 e constitui contra-ordenação leve a violação do disposto no n.º 4.

Notas:

1 – A contra-ordenação grave por violação do n.º 3 resulta de o empregador não facultar a passagem ao teletrabalho de trabalhador vítima de violência doméstica. A única oposição legítima do empregador resulta desta modalidade não ser compatível com a actividade desempenhada pelo trabalhador.

2 – Sobre teletrabalho, pode ver-se, de António Damasceno Correia, *Uma abordagem crítica ao Código do Trabalho: a estrutura, o regime do teletrabalho e os direitos de personalidade, in* Prontuário de Direito do Trabalho, n.º 66 (Set/Dez 2003), pp. 77 a 97.

ARTIGO 167.º
Regime no caso de trabalhador anteriormente vinculado ao empregador

....

3 – Cessando o contrato para prestação subordinada de teletrabalho, o trabalhador retoma a prestação de trabalho, nos termos acordados ou nos previstos em instrumento de regulamentação colectiva de trabalho.

4 – Constitui contra-ordenação grave a violação do disposto no número anterior.

Nota:

Parece que nem por acordo o período de exercício de teletrabalho por trabalhador anteriormente vinculado ao empregador poderá ultrapassar os três anos, salvo se o irct o previr.

ARTIGO 170.º
Privacidade de trabalhador em regime de teletrabalho

1 – O empregador deve respeitar a privacidade do trabalhador e os tempos de descanso e de repouso da família deste, bem como proporcionar-

-lhe boas condições de trabalho, tanto do ponto de vista físico como psíquico.

2 – Sempre que o teletrabalho seja realizado no domicílio do trabalhador, a visita ao local de trabalho só deve ter por objecto o controlo da actividade laboral, bem como dos instrumentos de trabalho e apenas pode ser efectuada entre as 9 e as 19 horas, com a assistência do trabalhador ou de pessoa por ele designada.

3 – Constitui contra-ordenação grave a violação do disposto neste artigo.

Notas:

1 – Uma das questões que as novas tecnologias de informação e comunicação levantam respeita à invasão da privacidade e da vida familiar do teletrabalhador, uma vez que o empregador pode controlar à distância todos os tempos da sua actividade e inactividade.

2 – Sobre o teor do preceito, veja-se, de GLÓRIA REBELO, *Reflexões sobre o teletrabalho: entra a vida privada e a vida profissional, in* QL, n.° 23 (2004), pp. 98 a 116 ou *Teletrabalho: Reflexões sobre uma nova forma de prestar trabalho subordinado, in* Prontuário de Direito do Trabalho, n.° 67 (Jan/Abr 2004), pp. 53 a 65.

ARTIGO 171.°
Participação e representação colectivas de trabalhador em regime de teletrabalho

....

2 – O trabalhador pode utilizar as tecnologias de informação e de comunicação afectas à prestação de trabalho para participar em reunião promovida no local de trabalho por estrutura de representação colectiva dos trabalhadores.

3 – Qualquer estrutura de representação colectiva dos trabalhadores pode utilizar as tecnologias referidas no número anterior para, no exercício da sua actividade, comunicar com o trabalhador em regime de teletrabalho, nomeadamente divulgando informações a que se refere o n.° 1 do artigo 465.°.

4 – Constitui contra-ordenação grave a violação do disposto nos n.os 2 ou 3.

Nota:

Em contrapartida da circunstância de o teletrabalhador não ter se deslocar da sua residência ou outro local por ele escolhido para prestar a actividade, evitando desse modo o estresse causado pelas filas de trânsito dos aglomerados urbanos, sucede que o isolamento a que fica votado pode trazer-lhe problemas psíquicos graves. O preceito, ao apontar o recurso às próprias tecnologias para a sua articulação com o colectivo dos restantes trabalhadores, pretende apontar uma via de constrição desses problemas.

Trabalho temporário

ARTIGO 173.°
Cedência ilícita de trabalhador

1 – É nulo o contrato de utilização, o contrato de trabalho temporário ou o contrato de trabalho por tempo indeterminado para cedência temporária celebrado por empresa de trabalho temporário não titular de licença para o exercício da respectiva actividade.

....

7 – Constitui contra-ordenação muito grave, imputável à empresa de trabalho temporário e ao utilizador, a celebração de contrato de utilização de trabalho temporário por parte de empresa não titular de licença.

Notas:

1 – O trabalho temporário foi agora pela primeira vez integrado no Código, uma vez que na vigência do anterior se encontrava inserido na Lei n.° 19/2007, de 22/05. Esta, porém, foi primeiro parcialmente revogada pela Lei n.° 7/2009 (art. 12.°/1/*c*)), que aprovou este Código do Trabalho e, após, foi revogada na parte restante pelo Dec.-Lei n.° 260/2009, de 25/09, que instituiu o regime jurídico das agências privadas de colocação e das empresas de trabalho temporário.

2 – A contra-ordenação por violação do n.° 1 é imputada em conjunto à ETT e ao UT, partindo a lei do pressuposto, correcto, de que conhece a ilegalidade da situação daquela. É que para a celebração do contrato de utilização, é fundamental a apresentação do título de licenciamento daquela para o exercício da actividade. Trata-se, por isso, de responsabilidade conjunta devendo as molduras das coimas correspondentes serem determinadas de acordo com o volume de negócios de cada qual.

3 – Ver de António Nunes de Carvalho, *Contrato de Trabalho a Tempo Parcial (Tópicos de reflexão), in* IX e X Congresso Nacional de Direito do Trabalho (Novembro de 2007) – Almedina, 2007, pp. 207 a 240.

ARTIGO 175.°
Admissibilidade de contrato de utilização de trabalho temporário

....

4 – Não é permitida a utilização de trabalhador temporário em posto de trabalho particularmente perigoso para a sua segurança ou saúde, salvo se for essa a sua qualificação profissional.

....

6 – Constitui contra-ordenação muito grave imputável ao utilizador a violação do disposto no n.° 4.

Nota:

A redacção inicial da norma do n.° 4 não continha a expressão final, *salvo se for essa a sua qualificação profissional*, o que suscitava fortes reservas na sua adequação à realidade. Dizia-se, por exemplo, que no sector da construção civil que, como se sabe, é um dos que mais utiliza a mão-de-obra de empresas de trabalho temporário, uma vez que praticamente todo o trabalho ali realizado é, por natureza particularmente perigoso ou de risco elevado (art. 79.°/*a*) da Lei n.° 102/2009, de 10/09), não poderia, a final utilizar-se o trabalho temporário. O aditamento daquela expressão foi feito pela Lei n.° 19/2007 que procedeu a alterações no regime jurídico desta modalidade do trabalho e, entre outras, clarificou esta situação.

Assim, para o preenchimento do tipo legal objectivo da contra-ordenação, necessário se torna que: (i) o posto de trabalho seja particularmente perigoso, sendo adequada para a compreensão do conceito, à falta de outra, a definição que a lei dá de risco elevado; (ii) que o trabalhador não tenha qualificação profissional adequada para lidar com esse trabalho perigoso, uma vez que tem de haver profissionais habilitados a lidar com ele.

E há empresas de trabalho temporário cuja actividade e escopo social é precisamente a de fornecer pessoal habilitado a realizar esse tipo de "serviços perigosos" para trabalhadores não habilitados.

Jurisp.:

Embora a lei não defina o que deve entender-se por trabalho particularmente perigoso para a segurança ou a saúde do trabalhador, devendo-se efectuar a concretização do conceito casuisticamente, um contributo importante para o efeito é-nos dado pela lista que constitui o anexo II do DL155/95, de 1/7[170] *(que transpôs a Directiva n.° 92/57/CEE do Conselho, de 24/7) – prescrições mínimas de segurança e saúde no trabalho a aplicar nos estaleiros ou móveis.*

(Ac. do TRL, de 10/12/2003, Proc. 8135/2003-4, relatado por SEARA PAIXÃO).

ARTIGO 177.°
Forma e conteúdo de contrato de utilização de trabalho temporário

1 – O contrato de utilização de trabalho temporário está sujeito a forma escrita, é celebrado em dois exemplares e deve conter:

a) Identificação, assinaturas, domicílio ou sede das partes, os respectivos números de contribuintes e do regime geral da segurança social, bem como, quanto à empresa de trabalho temporário, o número e a data do alvará da respectiva licença;

b) Motivo justificativo do recurso ao trabalho temporário por parte do utilizador;

c) Caracterização do posto de trabalho a preencher, dos respectivos riscos profissionais e, sendo caso disso, dos riscos elevados ou relativos a posto de trabalho particularmente perigoso, a qualificação profissional requerida, bem como a modalidade adoptada pelo utilizador para os serviços de segurança e saúde no trabalho e o respectivo contacto;

d) Local e período normal de trabalho;

e) Retribuição de trabalhador do utilizador que exerça as mesmas funções;

f) Pagamento devido pelo utilizador à empresa de trabalho temporário;

g) Início e duração, certa ou incerta, do contrato;

h) Data da celebração do contrato.

....

6 – Constitui contra-ordenação leve imputável à empresa de trabalho temporário e ao utilizador a violação do disposto nas alíneas *a*), *c*) ou *f*) do n.° 1.

Notas:

1 – Trata-se, neste tipo legal, de responsabilidade contra-ordenacional conjunta coenvolvendo ETT e UT que serão alvo de um processo onde deverão figu-

---

[170] Vd. agora a lista no anexo II ao DL 273/2003, de 29/10 – Parte III.

rar ambos como arguidos, podendo, a final, e de acordo com a prova produzida, vir a ter sortes diferentes.

2 – Na senda do que acontecia com a Lei n.° 19/2007, de 22/05 (art. 20.°/*f*) e 44.°/1/*c*)) também aqui se tipifica como contra-ordenação leve a falta de pagamento devido pelo UT à ETT (al. *f*) do n.° 1), o que não parece fazer qualquer sentido. Tanto mais que a infracção, que deveria relevar apenas ao nível das suas relações comerciais, é imputada quer ao devedor quer ao credor civis?!...

Jurisp.:

1. ... o contrato de utilização de trabalho temporário celebrado com empresas tem natureza formal, devendo ser obrigatoriamente reduzido a escrito, conter as menções aí especificadas e ser acompanhado de documento ulterior que contenha a identificação do trabalhador cedido.

2. Perante tal natureza, está vedado às instâncias considerar provada a existência de tal contrato através da livre valoração da prova testemunhal produzida em audiência, num caso em que tal contrato não estava documentado no processo, através da junção do documento que necessariamente o devia titular.

(Ac. do STJ de 26/11/2009, Proc. 4781/07.2TBALM.L1.S1 – 7.ª Sec., relatado por Lopes do Rego).

ARTIGO 179.°
Proibição de contratos sucessivos

1 – No caso de se ter completado a duração máxima de contrato de utilização de trabalho temporário, é proibida a sucessão no mesmo posto de trabalho de trabalhador temporário ou de trabalhador contratado a termo, antes de decorrer um período de tempo igual a um terço da duração do referido contrato, incluindo renovações.

....

3 – Constitui contra-ordenação grave a violação do disposto no n.° 1.

Nota:

Trata-se de uma norma paralela à do contrato de trabalho a termo (art. 143.°) e, como ela, destinada ao combate da precariedade laboral, já que cedo se descobriu que, quando a proibição de contratos sucessivos existia apenas no contrato a termo, os empregadores recorriam a esta modalidade para satisfazer as suas necessidades de mão-de-obra de carácter não transitório.

ARTIGO 181.º
Forma e conteúdo de contrato de trabalho temporário

1 – O contrato de trabalho temporário está sujeito a forma escrita, é celebrado em dois exemplares e deve conter:

a) Identificação, assinaturas, domicílio ou sede das partes e número e data do alvará da licença da empresa de trabalho temporário;
b) Motivos que justificam a celebração do contrato, com menção concreta dos factos que os integram;
c) Actividade contratada;
d) Local e período normal de trabalho;
e) Retribuição;
f) Data de início do trabalho;
g) Termo do contrato;
h) Data da celebração.

....

4 – Um exemplar do contrato fica com o trabalhador.

5 – Constitui contra-ordenação leve, imputável à empresa de trabalho temporário, a violação do disposto na alínea *a*) ou qualquer das alíneas *c*) a *f*) do n.º 1 ou no n.º 4.

Nota:
É mais detalhado agora o conteúdo do contrato de trabalho temporário quando comparado com o que constava do art. 14.º da Lei n.º 19/2007, mantendo-se, porém o escalão de gravidade da contra-ordenação.

ARTIGO 183.º
Forma e conteúdo de contrato de trabalho por tempo indeterminado para cedência temporária

1 – O contrato de trabalho por tempo indeterminado para cedência temporária está sujeito a forma escrita, é celebrado em dois exemplares e deve conter:

a) Identificação, assinaturas, domicílio ou sede das partes e número e data do alvará da licença da empresa de trabalho temporário;
b) Menção expressa de que o trabalhador aceita que a empresa de trabalho temporário o ceda temporariamente a utilizadores;

c) Actividade contratada ou descrição genérica das funções a exercer e da qualificação profissional adequada, bem como a área geográfica na qual o trabalhador está adstrito a exercer funções;

d) Retribuição mínima durante as cedências que ocorram, nos termos do artigo 185.°.

....

4 – Constitui contra-ordenação grave a violação do disposto na alínea *b*) do n.° 1.

Notas:

1 – Aqui, contrariamente ao que sucede com o art. 181.°, só a falta da menção expressa da aceitação to trabalhador constitui contra-ordenação, embora grave, mas já não a violação dos restantes elementos (identificação, actividade contratada, ...) ou a não entrega de um exemplar ao trabalhador, o que não deixa de ser revelador de deficiência na técnica legislativa.

Na redacção anterior as exigências de forma eram comuns a todas as modalidades de contratos (art. 14.° da Lei 19/2007).

2 – Na doutrina, de JÚLIO GOMES – *Algumas observações sobre o contrato de trabalho por tempo indeterminado para cedência temporária*, *in* Questões Laborais, n.° 17, Ano VIII, 2001, pp. 41 a 86.

ARTIGO 184.°
Período sem cedência temporária

1 – No período em que não se encontre em situação de cedência, o trabalhador contratado por tempo indeterminado pode prestar actividade à empresa de trabalho temporário.

2 – Durante o período referido no número anterior, o trabalhador tem direito:

a) Caso não exerça actividade, a compensação prevista em instrumento de regulamentação colectiva de trabalho, ou no valor de dois terços da última retribuição ou da retribuição mínima mensal garantida, consoante o que for mais favorável;

b) Caso exerça actividade à empresa de trabalho temporário, a retribuição correspondente à actividade desempenhada, sem prejuízo do valor referido no contrato de trabalho a que se refere o artigo anterior.

3 – Constitui contra-ordenação grave imputável à empresa de trabalho temporário a violação do disposto neste artigo.

Nota:

Apesar de vir do regime da Lei n.° 19/2007 (arts. 32.° e 44.°/2/*a*)), a verdade é que se não compreende a contra-ordenacionalização do n.° 1.

No limite, até se poderia defender que ela significaria que o sujeito activo da contra-ordenação seria o trabalhador que não se mostrasse disponível para prestar actividade à ETT, o que não parece ter sido querido pelo legislador, uma vez que ali se trata de uma mera faculdade, e não de um dever legal.

ARTIGO 185.°
Condições de trabalho de trabalhador temporário

....

3 – O utilizador deve elaborar o horário de trabalho do trabalhador e marcar o período das férias que sejam gozadas ao seu serviço.

4 – Durante a execução do contrato, o exercício do poder disciplinar cabe à empresa de trabalho temporário.

....

11 – O utilizador deve informar o trabalhador temporário dos postos de trabalho disponíveis na empresa ou estabelecimento para funções idênticas às exercidas por este, com vista à sua candidatura.

12 – Constitui contra-ordenação grave a violação do disposto no n.° 3 e o exercício de poder disciplinar por parte do utilizador ou a violação do disposto no número anterior.

Nota:

Este preceito retrata a fragmentação dos poderes patronais entre a ETT e o UT no caso do trabalho temporário.

Quanto ao poder disciplinar em geral, veja-se o art. 328.° e ss.. Apesar do que consta dos normativos do n.° 4 e n.° 12, e do próprio conteúdo do contrato que deve conter a descrição genérica das funções a exercer (art. 183.°/1/*c*)), certamente que ao UT será lícito concretizar o poder determinativo da função e conformativo da prestação sem que o trabalhador temporário possa invocar a falta naquele de poder disciplinar ou até eventual aplicação de repreensão simples (não registada).

ARTIGO 186.º
Segurança e saúde no trabalho temporário

....

2 – Antes da cedência do trabalhador temporário, o utilizador deve informar, por escrito, a empresa de trabalho temporário sobre:

a) Os resultados da avaliação dos riscos para a segurança e saúde do trabalhador temporário inerentes ao posto de trabalho a que vai ser afecto e, em caso de riscos elevados relativos a posto de trabalho particularmente perigoso, a necessidade de qualificação profissional adequada e de vigilância médica especial;

b) As instruções sobre as medidas a adoptar em caso de perigo grave e iminente;

c) As medidas de primeiros socorros, de combate a incêndios e de evacuação dos trabalhadores em caso de sinistro, assim como os trabalhadores ou serviços encarregados de as pôr em prática;

d) O modo de o médico do trabalho ou o técnico de higiene e segurança da empresa de trabalho temporário aceder a posto de trabalho a ocupar.

3 – A empresa de trabalho temporário deve comunicar ao trabalhador temporário a informação prevista no número anterior, por escrito e antes da sua cedência ao utilizador.

4 – Os exames de saúde de admissão, periódicos e ocasionais são da responsabilidade da empresa de trabalho temporário, incumbindo ao respectivo médico do trabalho a conservação das fichas clínicas.

5 – A empresa de trabalho temporário deve informar o utilizador de que o trabalhador está considerado apto em resultado do exame de saúde, dispõe das qualificações profissionais adequadas e tem a informação referida no n.º 2.

6 – O utilizador deve assegurar ao trabalhador temporário formação suficiente e adequada ao posto de trabalho, tendo em conta a sua qualificação profissional e experiência.

....

8 – O utilizador deve comunicar o início da actividade de trabalhador temporário, nos cinco dias úteis subsequentes, aos serviços de segurança e saúde no trabalho, aos representantes dos trabalhadores para a segurança e

saúde no trabalho, aos trabalhadores com funções específicas neste domínio e à comissão de trabalhadores.

9 – Constitui contra-ordenação muito grave a violação do disposto no n.º 7, constitui contra-ordenação grave a violação do disposto nos n.os 4, 5 ou 6 e constitui contra-ordenação leve a violação do disposto nos n.os 3 ou 8.

Notas:

1 – Sobre posto de trabalho particularmente perigoso, veja-se a nota ao art. 175.º.

2 – O legislador, em face dos riscos que correm os trabalhadores temporários quando ao serviço do UT, pretendeu clarificar a quem pertencem os principais deveres de criar as melhores condições de sst para a sua minimização. Conforme a obrigação seja da ETT ou do UT, assim deverá ser igualmente imputada a CO por sua violação.

ARTIGO 187.º
Formação profissional de trabalhador temporário

1 – A empresa de trabalho temporário deve assegurar a formação profissional de trabalhador temporário contratado a termo sempre que a duração do contrato, incluindo renovações, ou a soma de contratos de trabalho temporário sucessivos num ano civil seja superior a três meses.

2 – A formação profissional prevista no número anterior deve ter a duração mínima de oito horas, ou duração mais elevada de acordo com o n.º 2 do artigo 131.º.

3 – A empresa de trabalho temporário deve afectar à formação profissional dos trabalhadores temporários, pelo menos, 1% do seu volume anual de negócios nesta actividade.

4 – A empresa de trabalho temporário não pode exigir ao trabalhador temporário qualquer quantia, seja a que título for, nomeadamente por serviços de orientação ou formação profissional.

5 – Constitui contra-ordenação grave a violação do disposto neste artigo.

6 – Em caso de violação do n.º 4, pode ser aplicada a sanção acessória de suspensão temporária do exercício da actividade até dois anos, a qual é averbada no registo nacional das empresas de trabalho temporário.

Notas:

1 – O n.° 2 faz apelo à duração da formação profissional devida aos trabalhadores contratados a termo, que é proporcional à duração do contrato no ano civil, e tem por referente as 35 horas anuais.

2 – Apesar do n.° 6 falar em "suspensão temporária", esta sanção acessória é equivalente à que se encontra prevista no regime geral contido no art. 562.°/2/*a*) como "interdição do exercício da actividade".

ARTIGO 189.°
Enquadramento de trabalhador temporário

....

3 – O utilizador deve incluir a informação relativa a trabalhador temporário no balanço social e no relatório anual da actividade dos serviços de segurança e saúde no trabalho.

....

5 – Constitui contra-ordenação leve a violação do disposto no n.° 3.

Nota:

Sobre a prestação anual de informação sobre a actividade social da empresa consultar o art. 32.° da Lei n.° 105/2009.

ARTIGO 192.°
Sanções acessórias no âmbito de trabalho temporário

1 – Juntamente com a coima, pode ser punida com a sanção acessória de interdição do exercício da actividade até dois anos a empresa de trabalho temporário que admita trabalhador em violação das normas sobre a idade mínima ou a escolaridade obrigatória.

2 – A empresa de trabalho temporário pode ainda ser punida com a sanção acessória de interdição do exercício da actividade até dois anos em caso de reincidência na prática das seguintes infracções:

a) Não constituição de seguro de acidentes de trabalho de trabalhador temporário;

b) Atraso por período superior a 30 dias no pagamento da retribuição devida a trabalhadores temporários.

3 – A empresa de trabalho temporário, juntamente com a coima aplicável à contra-ordenação por celebração de contrato de utilização de trabalho temporário não sendo titular de licença, é ainda punível com ordem de encerramento do estabelecimento onde a actividade é exercida, até à regularização da situação.

4 – A sanção acessória referida nos números anteriores é averbada no registo nacional das empresas de trabalho temporário, previsto em legislação específica.

Notas:

1 – À semelhança do que até agora sucedia com a Lei 35/2004, também este artigo, no âmbito do trabalho temporário, contém uma sanção de "*encerramento do estabelecimento onde a actividade é exercida, até à regularização da situação*" (n. 3) que não é exactamente nenhuma das "clássicas" três a que se refere o art. 562.° do "regime geral", o que revela deficiência de técnica legislativa, já que ali devia constar o elenco de todas as sanções deste tipo. Pese embora, não encontramos razão para a sua inaplicação, uma vez preenchidos os pressupostos ali contidos.

2 – Aproveita-se para referir que, independentemente da bondade da solução – que não questionamos – não nos parece, todavia, muito curial a redacção do preceito quando diz que a empresa de trabalho temporário "*é ainda punível com **ordem** de encerramento...*". Punível será, sim, com encerramento; não apenas com «ordem» de encerramento... É que entendemos que a Administração pode, uma vez que a decisão passou a definitiva, executar a decisão de encerramento recorrendo para tanto, se necessário, à força pública. Não há aqui, somente, uma mera ordem cujo incumprimento gera um crime de desobediência qualificada (art. 348.° do CP) tal como ocorre, por exemplo, no crime previsto no art. 547.°.

Local de trabalho

ARTIGO 194.°
Transferência de local de trabalho

1 – O empregador pode transferir o trabalhador para outro local de trabalho, temporária ou definitivamente, nas seguintes situações:

a) Em caso de mudança ou extinção, total ou parcial, do estabelecimento onde aquele presta serviço;

b) Quando outro motivo do interesse da empresa o exija e a transferência não implique prejuízo sério para o trabalhador.

....

3 – A transferência temporária não pode exceder seis meses, salvo por exigências imperiosas do funcionamento da empresa.

4 – O empregador deve custear as despesas do trabalhador decorrentes do acréscimo dos custos de deslocação e da mudança de residência ou, em caso de transferência temporária, de alojamento.

....

7 – Constitui contra-ordenação grave a violação do disposto nos n.ºs 1 ou 4, no caso de transferência definitiva, e constitui contra-ordenação leve a violação do disposto no n.° 3.

Notas:

1 – Constitui inovação deste artigo o n.° 2, segundo o qual, as partes podem alargar ou restringir o conteúdo do n.° 1 sobre as condições em que é possível a transferência temporária ou definitiva do local de trabalho.

Embora não esteja expresso, parece que também as partes podem acordar em precisamente *manter* o teor do n.° 1.

2 – Não se deverá confundir o acordo sobre a transferência de que cuida o n.° 2 com a cláusula do contrato que identifique mais duas ou três áreas geográficas como o local de trabalho e que assim permanecerá mesmo que o trabalhador durante mais de 2 anos só desenvolva actividade numa delas.

3 – Ver, de ALBINO MENDES BAPTISTA, *Notas sobre a mobilidade geográfica dos trabalhadores*, de CATARINA CARVALHO, *A mobilidade geográfica dos trabalhadores no Código do Trabalho*, um e outro *in* VII Congresso Nacional de Direito do Trabalho (29/30 Janeiro de 2004) – Almedina, 2004, pp. 25 a 40 e 43 a 80, respectivamente, ou ainda, de JOANA NUNES VICENTE, *Cláusulas de mobilidade geográfica: vias de controlo possível in* QL, n.° 27 (Ano XIII, 2006) pp. 61 a 90.

ARTIGO 195.°
Transferência a pedido do trabalhador

1 – O trabalhador vítima de violência doméstica tem direito a ser transferido, temporária ou definitivamente, a seu pedido, para outro estabelecimento da empresa, verificadas as seguintes condições:

a) Apresentação de queixa-crime;

b) Saída da casa de morada de família no momento em que se efective a transferência.

2 – Em situação prevista no número anterior, o empregador apenas pode adiar a transferência com fundamento em exigências imperiosas ligadas ao funcionamento da empresa ou serviço, ou até que exista posto de trabalho compatível disponível.

....

5 – Constitui contra-ordenação grave a violação do disposto no n.° 2.

Nota:

Trata-se neste normativo duma inovação do legislador de 2009 que pretende com esta medida tutelar os interesses das vítimas de violência doméstica que sejam trabalhadores subordinados.

Pensamos que o corpo do n.° 1 tem de ser conjugado com o disposto em cada uma das alíneas, cuja verificação, apesar da letra da lei, não é cumulativa.

Assim, se relativamente à alínea a) não existem grandes dúvidas quanto à sua concretização, já quanto à alínea *b*) é de difícil entendimento a exigência da saída da casa de família "no momento em que se efective a transferência".

Não parece curial que se exija essa simultaneidade de actuação por parte do trabalhador. O que se pretendeu foi que também a saída da casa de morada de família verificada há pouco tempo, seja motivo para que o trabalhador solicite a transferência. E não uma situação dessas já há muito consolidada.

Duração e organização do tempo de trabalho

ARTIGO 197.°
Tempo de trabalho

....

2 – Consideram-se compreendidos no tempo de trabalho:

a) A interrupção de trabalho como tal considerada em instrumento de regulamentação colectiva de trabalho, em regulamento interno de empresa ou resultante de uso da empresa;

b) A interrupção ocasional do período de trabalho diário inerente à satisfação de necessidades pessoais inadiáveis do trabalhador ou resultante de consentimento do empregador;

c) A interrupção de trabalho por motivos técnicos, nomeadamente limpeza, manutenção ou afinação de equipamento, mudança de programa de produção, carga ou descarga de mercadorias, falta de matéria-prima ou energia, ou por factor climatérico que afecte a actividade da empresa, ou por motivos económicos, designadamente quebra de encomendas;

d) O intervalo para refeição em que o trabalhador tenha de permanecer no espaço habitual de trabalho ou próximo dele, para poder ser chamado a prestar trabalho normal em caso de necessidade;

e) A interrupção ou pausa no período de trabalho imposta por normas de segurança e saúde no trabalho.

3 – Constitui contra-ordenação grave a violação do disposto no número anterior.

Notas:

1 – Tal como sucedia com o CT/2003 (art. 10.° da Lei n.° 99/2003) também o art. 5.° da Lei n.° 7/2009, prevê que a alínea *a*) sobre a questão das "pausas" não entre em vigor enquanto a convenção colectiva não disponha sobre a matéria, o que, praticamente, inviabiliza a existência de contra-ordenações até esse momento.

2 – Vd., de Albino Mendes Baptista, *Tempo de trabalho efectivo, tempos de pausa e tempo de "terceiro tipo"*, in RDES, Jan-Mar / 2002, Ano XLII, n.° 1, pp. 29 a 53.

Sobre o tema vejam-se, ainda, de Maria de Fátima Ribeiro as *Breves notas críticas sobre a evolução de alguns aspectos da duração e organização do tempo de trabalho, in* QL, Ano XIII-2006-n,.° 28, pp 219-240.

ARTIGO 202.°
Registo de tempos de trabalho

1 – O empregador deve manter o registo dos tempos de trabalho, incluindo dos trabalhadores que estão isentos de horário de trabalho, em local acessível e por forma que permita a sua consulta imediata.

2 – O registo deve conter a indicação das horas de início e de termo do tempo de trabalho, bem como das interrupções ou intervalos que nele não se compreendam, por forma a permitir apurar o número de horas de trabalho prestadas por trabalhador, por dia e por semana, bem como as prestadas em situação referida na alínea *b*) do n.° 1 do artigo 257.°.

3 – O empregador deve assegurar que o trabalhador que preste trabalho no exterior da empresa vise o registo imediatamente após o seu regresso à empresa, ou envie o mesmo devidamente visado, de modo que a empresa disponha do registo devidamente visado no prazo de 15 dias a contar da prestação.

4 – O empregador deve manter o registo dos tempos de trabalho, bem como a declaração a que se refere o artigo 257.° e o acordo a que se refere a alínea *f*) do n.° 3 do artigo 226.°, durante cinco anos.

5 – Constitui contra-ordenação grave a violação do disposto neste artigo.

Notas:

1 – Comparativamente com a norma contida no art. 162.° do CT/2003, e que então constituiu inovação significativa, este artigo revela mais cuidado na sua redacção, de modo a ultrapassar as dúvidas que aqui se levantavam.

Desde logo, no n.° 1, houve a preocupação de esclarecer que a obrigatoriedade de registo abrange também os trabalhadores com isenção de HT (art. 218.°).

Depois, no n.° 2, refere-se que também o registo deve conter as interrupções ou intervalos que não integram o tempo de trabalho, designadamente o intervalo para almoço, que a norma anterior não contemplava, e cuja ausência, sobretudo para integrar a infracção contra ordenacional, era fonte das maiores dúvidas.

Finalmente, para além de se impor a conservação deste documento essencial para verificar os tempos de trabalho incluindo o trabalho suplementar, trabalho nocturno e outros, sobretudo após a introdução de HT com adaptabilidade, o legislador cuidou, logo aqui, de regular as situações frequentes de trabalho realizado no exterior da empresa.

2 – Na doutrina, sobre o tema da duração e organização do tempo de trabalho, veja-se, de Maria de Fátima Ribeiro, *Breves notas críticas sobre a evolução de alguns aspectos da duração e organização do tempo de trabalho, in* QL, n.° 28 (Ano XIII, 2006), pp. 219 a 240.

Jurisp.:

A existência de horário de trabalho e de isenção de horário de trabalho não suprem a omissão da elaboração do registo do trabalho diário e semanal a que se refere o art. 162.° do C. do Trabalho [2003], *uma vez que este preceito exige o registo do número de horas efectivamente trabalhadas em cada dia e em cada semana, sem necessidade de recorrer a outros mapas e sem necessidade de proceder a quaisquer cálculos.*

(Ac. do TRP, de 06/10/2008, Proc. 0843176, N.° Conv. JTRP 00041722, relatado por Ferreira da Costa).

ARTIGO 203.°
Limites máximos do período normal de trabalho

1 – O período normal de trabalho não pode exceder oito horas por dia e quarenta horas por semana.

2 – O período normal de trabalho diário de trabalhador que preste trabalho exclusivamente em dias de descanso semanal da generalidade dos trabalhadores da empresa ou estabelecimento pode ser aumentado até quatro horas diárias, sem prejuízo do disposto em instrumento de regulamentação colectiva de trabalho.

3 – Há tolerância de quinze minutos para transacções, operações ou outras tarefas começadas e não acabadas na hora estabelecida para o termo do período normal de trabalho diário, tendo tal tolerância carácter excepcional e devendo o acréscimo de trabalho ser pago ao perfazer quatro horas ou no termo do ano civil.

4 – Os limites máximos do período normal de trabalho podem ser reduzidos por instrumento de regulamentação colectiva de trabalho, não podendo daí resultar diminuição da retribuição dos trabalhadores.

5 – Constitui contra-ordenação grave a violação do disposto neste artigo.

Notas:

1 – É óbvio que o limite do n.° 1 pode ser ultrapassado em casos de adaptabilidade, assim como nas situações descritas nos arts. 210.° e 211.°, sem que isso constitua CO.

2 – As 12 horas de trabalho diário de que cuida o n.° 2 só podem ser reduzidas, e nunca aumentadas, por força do irct (n.° 4).

3 – A tolerância de 15 minutos de que fala o n.° 3, apesar de ser tempo de trabalho que deve ser pago, não constitui, porém, trabalho suplementar. Embora, como resulta do preceito, não deva assumir carácter de regularidade.

4 – Sobre o tema pode ver-se de António José Moreira, *Flexibilidade Temporal in* Estudos em Homenagem ao Professor Manuel Alonso Olea, Almedina 2004, pp. 105 a 121.

5 – Relativamente à informação sobre a actividade social da empresa, que inclui a duração do trabalho, consultar o art. 32.° da Lei n.° 105/2009 e a Portaria aí indicada.

ARTIGO 204.°
Adaptabilidade por regulamentação colectiva

1 – Por instrumento de regulamentação colectiva de trabalho, o período normal de trabalho pode ser definido em termos médios, caso em que o limite diário estabelecido no n.° 1 do artigo anterior pode ser aumentado até quatro horas e a duração do trabalho semanal pode atingir sessenta horas, só não se contando nestas o trabalho suplementar prestado por motivo de força maior.

2 – O período normal de trabalho definido nos termos previstos no número anterior não pode exceder cinquenta horas em média num período de dois meses.

3 – Constitui contra-ordenação grave a violação do disposto neste artigo.

Notas:

1 – A agora designada "adaptabilidade por regulamentação colectiva" era a "adaptabilidade" do art. 164.° do CT/2003, mantendo-se a exclusão do trabalho suplementar prestado por motivo de força maior assim como o período de referência de dois meses para definir a média do pnt.

2 – No actual regime jurídico da duração do trabalho, há que ter em conta também a designada adaptabilidade grupal (art. 206.°) que pode tornar obrigatória a adaptabilidade a trabalhadores que individualmente com ela não concordem, mas que ficaram vencidos no respectivo escrutínio.

3 – Na doutrina pode ver-se, de FRANCISCO LIBERAL FERNANDES, *O regime da adaptabilidade do tempo de trabalho, in* A Reforma do Código do Trabalho; Coimbra Editora, 2004, pp. 329 a 339.

ARTIGO 205.°
Adaptabilidade individual

1 – O empregador e o trabalhador podem, por acordo, definir o período normal de trabalho em termos médios.

2 – O acordo pode prever o aumento do período normal de trabalho diário até duas horas e que o trabalho semanal possa atingir cinquenta horas, só não se contando nestas o trabalho suplementar prestado por motivo de força maior.

3 – Em semana cuja duração do trabalho seja inferior a quarenta horas, a redução pode ser até duas horas diárias ou, sendo acordada, em dias ou meios dias, sem prejuízo do direito a subsídio de refeição.

4 – O acordo pode ser celebrado mediante proposta, por escrito, do empregador, presumindo-se a aceitação por parte de trabalhador que a ela não se oponha, por escrito, nos 14 dias seguintes ao conhecimento da mesma, aí incluídos os períodos a que se refere o n.° 2 do artigo 217.°.

5 – O regime jurídico previsto nos números anteriores mantém-se até ao termo do período de referência em execução à data da entrada em vigor de instrumento de regulamentação colectiva de trabalho que incida sobre a matéria.

6 – Constitui contra-ordenação grave a violação do disposto neste artigo.

Nota:

1 – Esta adaptabilidade individual constava do art. 165.° do CT/2007. Uma das questões que então aí se punham promanava do facto de saber se o acordo tácito do trabalhador (n.° 4) se sobrepunha à norma da inalterabilidade do HT quando individualmente acordado (vd. agora o art. 217.°/4). É que a adaptabilidade acaba também por se traduzir sempre numa alteração desse HT. Se o trabalhador nada disser, significará que o seu silêncio para a lei é motivo suficiente para a quebra da regra da inalterabilidade?

Uma coisa, pelo menos, parece certa. É que, nesse caso, dificilmente se poderá verificar a existência de CO.

2 – A questão com maior repercussão prática neste domínio da adaptabilidade tem a ver, porém, com o n.° 2 do art. seguinte que remete para o n.° 4 do que agora se anota. É que, se feita a proposta, o empregador obtiver da estrutura onde quer implantar a adaptabilidade (equipa, secção, estabelecimento...) pelo menos 75% de votos de não oposição, isto é, de votos favoráveis e votos tácitos, então poderá aplicá-la aos restantes trabalhadores.

ARTIGO 206.°
Adaptabilidade grupal

1 – O instrumento de regulamentação colectiva de trabalho que institua o regime de adaptabilidade previsto no artigo 204.° pode prever que:

a) O empregador possa aplicar o regime ao conjunto dos trabalhadores de uma equipa, secção ou unidade económica caso, pelo menos, 60%

dos trabalhadores dessa estrutura sejam por ele abrangidos, mediante filiação em associação sindical celebrante da convenção e por escolha dessa convenção como aplicável;

b) O disposto na alínea anterior se aplique enquanto os trabalhadores da equipa, secção ou unidade económica em causa abrangidos pelo regime de acordo com a parte final da alínea anterior forem em número igual ou superior ao correspondente à percentagem nele indicada.

2 – Caso a proposta a que se refere o n.° 4 do artigo anterior seja aceite por, pelo menos, 75% dos trabalhadores da equipa, secção ou unidade económica a quem for dirigida, o empregador pode aplicar o mesmo regime ao conjunto dos trabalhadores dessa estrutura.

3 – Ocorrendo alteração por entrada ou saída de trabalhadores na composição da equipa, secção ou unidade económica, o disposto no número anterior aplica-se enquanto dessa alteração não resultar percentagem inferior à nele indicada.

4 – O regime de adaptabilidade instituído nos termos dos n.os 1 ou 2 não se aplica a trabalhador abrangido por convenção colectiva que disponha de modo contrário a esse regime ou, relativamente a regime referido no n.° 1, a trabalhador representado por associação sindical que tenha deduzido oposição a portaria de extensão da convenção colectiva em causa.

5 – Constitui contra-ordenação grave a prática de horário de trabalho em violação do disposto neste artigo.

Notas:

1 – A inovação que constitui a adaptabilidade grupal consiste em tornar obrigatória essa adaptabilidade ao conjunto de trabalhadores duma certa unidade económica, desde que uma certa maioria esteja de acordo com a sua implantação. Condição *sine qua non* para que essa modalidade de organização do tempo de trabalho seja imperativa é, contudo, a sua previsão no irct.

2 – Sobre a escolha da convenção aplicável de que trata o n.° 1, consultar o art. 482.°/2.

3 – Sobre o n.° 2, veja-se a nota 2 ao art. anterior. É de notar que aqui, ao contrário do que sucede com o n.° 1, a adaptabilidade não necessita sequer estar prevista no irct. Só não são obrigados à adaptabilidade, quando 75% dos trabalhadores a ela se não oponham, aqueles a que se refere o n.° 4.

ARTIGO 207.°
Período de referência

....

3 – Sem prejuízo do disposto em instrumento de regulamentação colectiva de trabalho, o período de referência apenas pode ser alterado durante o seu decurso quando circunstâncias objectivas o justifiquem e o total de horas de trabalho prestadas não seja superior às que teriam sido realizadas caso não vigorasse o regime de adaptabilidade, aplicando-se com as necessárias adaptações o disposto no n.° 3 do artigo 205.°.

4 – Constitui contra-ordenação grave a violação do disposto no número anterior.

Nota:

A contra-ordenacionalização do n.° 3 tem por objectivo impedir que o empregador jogue com a alteração da duração do período de referência em prejuízo dos trabalhadores. É óbvio que isso não sucede se as horas entretanto prestadas corresponderem, ou forem até inferiores, às que o trabalhador faria sem a adaptabilidade.

ARTIGO 208.°
Banco de horas

1 – Por instrumento de regulamentação colectiva de trabalho, pode ser instituído um regime de banco de horas, em que a organização do tempo de trabalho obedeça ao disposto nos números seguintes.

2 – O período normal de trabalho pode ser aumentado até quatro horas diárias e pode atingir sessenta horas semanais, tendo o acréscimo por limite duzentas horas por ano.

3 – O limite anual referido no número anterior pode ser afastado por instrumento de regulamentação colectiva de trabalho caso a utilização do regime tenha por objectivo evitar a redução do número de trabalhadores, só podendo esse limite ser aplicado durante um período até 12 meses.

4 – O instrumento de regulamentação colectiva de trabalho deve regular:

a) A compensação do trabalho prestado em acréscimo, que pode ser feita mediante redução equivalente do tempo de trabalho, pagamento em dinheiro ou ambas as modalidades;

b) A antecedência com que o empregador deve comunicar ao trabalhador a necessidade de prestação de trabalho;

c) O período em que a redução do tempo de trabalho para compensar trabalho prestado em acréscimo deve ter lugar, por iniciativa do trabalhador ou, na sua falta, do empregador, bem como a antecedência com que qualquer deles deve informar o outro da utilização dessa redução.

5 – Constitui contra-ordenação grave a prática de horário de trabalho em violação do disposto neste artigo.

Notas:

1 – A principal salvaguarda para o abuso do "banco de horas" ora criado pelo legislador de 2009, é dada pelo facto de só poder ser instituído através de irct. E, por isso, se acredita que os negociadores tenham bom senso e capacidade negocial para obstar ao seu aproveitamento indevido.

2 – Parece óbvio que, tratando-se de horas que acrescem ao pnt, a sua retribuição, a ser essa a modalidade adoptada, não deverá nunca ser inferior ao valor mínimo estabelecido na lei (art. 268.°).

3 – O limite anual de 200 horas poderá ser aumentado (n.° 3) e poderá, em vez de anual, ser por um período inferior. Mas, em caso algum, poderá ser superior a um ano. A referência legal a 12 meses (n.° 3 *in fine*) inculca a ideia de que o período não tem que coincidir com o ano civil.

Horário de trabalho

ARTIGO 212.°
Elaboração de horário de trabalho

....

2 – Na elaboração do horário de trabalho, o empregador deve:

a) Ter em consideração prioritariamente as exigências de protecção da segurança e saúde do trabalhador;

b) Facilitar ao trabalhador a conciliação da actividade profissional com a vida familiar;

c) Facilitar ao trabalhador a frequência de curso escolar, bem como de formação técnica ou profissional.

3 – A comissão de trabalhadores ou, na sua falta, as comissões intersindicais, as comissões sindicais ou os delegados sindicais devem ser consultados previamente sobre a definição e a organização dos horários de trabalho.

4-Constitui contra-ordenação grave a violação do disposto nos n.os 2 ou 3.

Notas:

1 – Sobre a noção de HT, consultar o art. 200.°. A contra-ordenação ao n.° 3 passou de leve no regime anterior[171] para grave.

2 – Pelo seu carácter quase programático é de difícil concretização a CO ao art. 2.°. Mas, ainda assim, não deixa de ser importante a tipificação contra-ordenacional dessas condutas, designadamente a da conciliação da actividade profissional com a vida familiar.

ARTIGO 213.°
Intervalo de descanso

1 – O período de trabalho diário deve ser interrompido por um intervalo de descanso, de duração não inferior a uma hora nem superior a duas, de modo que o trabalhador não preste mais de cinco horas de trabalho consecutivo.

....

4 – Não é permitida a alteração de intervalo de descanso prevista nos números anteriores que implicar mais de seis horas de trabalho consecutivo, excepto quanto a actividades de pessoal operacional de vigilância, transporte e tratamento de sistemas electrónicos de segurança e indústrias em que o processo de laboração não possa ser interrompido por motivos técnicos e, bem assim, quanto a trabalhadores que ocupem cargos de administração e de direcção e outras pessoas com poder de decisão autónomo que estejam isentos de horário de trabalho.

5 – Constitui contra-ordenação grave a violação do disposto nos n.os 1 ou 4.

Nota:

É necessário ter em conta as excepções ao disposto no n.° 1 constantes dos n.os 2 a 4, o que obvia ao cometimento de CO nesses casos que são numerosos e

---

[171] Cfr. art. 659.°/ 2 e art. 170.°/2.

que permitem não só que não haja intervalo de descanso (n.ºs 2 e 3) como ainda que haja situações em que é permitido ultrapassar seis horas de trabalho consecutivo.

ARTIGO 214.°
Descanso diário

1 – O trabalhador tem direito a um período de descanso de, pelo menos, onze horas seguidas entre dois períodos diários de trabalho consecutivos.

2 – O disposto no número anterior não é aplicável:

a) A trabalhador que ocupe cargo de administração ou de direcção ou com poder de decisão autónomo, que esteja isento de horário de trabalho;

b) Quando seja necessária a prestação de trabalho suplementar, por motivo de força maior, ou por ser indispensável para reparar ou prevenir prejuízo grave para a empresa ou para a sua viabilidade devido a acidente ou a risco de acidente iminente;

c) Quando o período normal de trabalho seja fraccionado ao longo do dia com fundamento em característica da actividade, nomeadamente em serviços de limpeza;

d) Em actividade caracterizada pela necessidade de assegurar a continuidade do serviço ou da produção, nomeadamente a referida em qualquer das alíneas *d*) e *e*) do n.° 2 do artigo 207.°, com excepção da subalínea *viii*) da alínea *e*), e em caso de acréscimo previsível de actividade no turismo, desde que instrumento de regulamentação colectiva de trabalho assegure ao trabalhador um período equivalente de descanso compensatório e regule o período em que o mesmo deve ser gozado.

3 – Em caso previsto na alínea *a*) ou *b*) do número anterior, entre dois períodos diários de trabalho consecutivos deve ser observado um período de descanso que permita a recuperação do trabalhador.

4 – Constitui contra-ordenação grave a violação do disposto nos n.ºs 1 ou 3.

Notas:

1 – É claro que só as situações que não sejam excepcionadas da aplicação do n.° 1 pelo n.° 2, darão lugar a contra-ordenação por inobservância daquele.

Não é, pois, inteiramente correcto remeter apenas para o referido n.° 1. Mas também não é por serem excepcionadas as situações das alíneas *a*) ou *b*) pelo n.° 2 que as torna absolutamente impunes. Só que aqui, ao apontar-se para *um período de descanso que permita a recuperação do trabalhador*, utiliza-se uma norma em branco cujo preenchimento depende dum juízo valorativo do aplicador do direito. Quando – fora as situações limite – se poderá dizer que o período concedido ao trabalhador não lhe permitiu o descanso?!

2 – Para além das situações referidas no n.° 2, outras há em que legislação especial permite, em certos casos, a redução do período de onze horas de intervalo entre jornadas, como é o caso da actividade dos motoristas de viaturas pesadas (arts. 8.°/2 e 4 e 4.°/*g*) do Regulamento (CE) n.° 561/2006, de 15/03).

ARTIGO 215.°
Mapa de horário de trabalho

1 – O empregador elabora o mapa de horário de trabalho tendo em conta as disposições legais e o instrumento de regulamentação colectiva de trabalho aplicável, do qual devem constar:

a) Firma ou denominação do empregador;

b) Actividade exercida;

c) Sede e local de trabalho dos trabalhadores a que o horário respeita;

d) Início e termo do período de funcionamento e, se houver, dia de encerramento ou suspensão de funcionamento da empresa ou estabelecimento;

e) Horas de início e termo dos períodos normais de trabalho, com indicação de intervalos de descanso;

f) Dia de descanso semanal obrigatório e descanso semanal complementar, se este existir;

g) Instrumento de regulamentação colectiva de trabalho aplicável, se houver;

h) Regime resultante de acordo que institua horário de trabalho em regime de adaptabilidade, se houver.

2 – Quando as indicações referidas no número anterior não sejam comuns a todos os trabalhadores, o mapa de horário de trabalho deve conter a identificação dos trabalhadores cujo regime seja diferente do estabelecido para os restantes, sem prejuízo do disposto no n.° 4.

3 – Sempre que o horário de trabalho inclua turnos, o mapa deve ainda indicar o número de turnos e aqueles em que haja menores, bem como a escala de rotação, se existir.

4 – A composição dos turnos, de harmonia com a respectiva escala, se existir, é registada em livro próprio ou em suporte informático e faz parte integrante do mapa de horário de trabalho.

5 – Constitui contra-ordenação grave a violação do disposto neste artigo.

Notas:

1 – O presente artigo constitui uma inovação do legislador de 2009. E bem se compreende que a falta de elaboração do mapa de HT, ou da indicação dos seus elementos fundamentais, constitua contra-ordenação grave, ao passo que a mera falta de afixação ou envio à Administração do Trabalho, a que se reporta o art. seguinte, constitua mera contra-ordenação leve.

2 – De entre os elementos ora tornados obrigatórios no mapa de HT, destaca-se a indicação do irct aplicável e o regime de adaptabilidade (n.° 1/g) e *h*)).

ARTIGO 216.°

Afixação e envio de mapa de horário de trabalho

1 – O empregador afixa o mapa de horário de trabalho no local de trabalho a que respeita, em lugar bem visível.

2 – Quando várias empresas, estabelecimentos ou serviços desenvolvam, simultaneamente, actividades no mesmo local de trabalho, o titular das instalações deve consentir a afixação dos diferentes mapas de horário de trabalho.

3 – Na mesma data, o empregador deve apresentar cópia do mapa de horário de trabalho ao serviço com competência inspectiva do ministério responsável pela área laboral, nomeadamente através de correio electrónico, com a antecedência mínima de quarenta e oito horas relativamente à sua entrada em vigor.

....

5 – Constitui contra-ordenação leve a violação do disposto nos n.os 1, 2 ou 3.

Nota:

A norma que consta do n.° 2 viu a luz do dia com a Lei n.° 35/2004, que regulamentou o CT/2003 (art. 181.°), e justifica-a a frequência crescente com que trabalhadores de uma empresa prestam actividade noutra.

Sob o regime daqueles diplomas, a falta de envio do mapa à IGT deixou de constituir contra-ordenação[172].

Apesar de não ser totalmente claro, parece que agora se voltou a consagrá-la. Na verdade, a contra-ordenacionalização do n.° 3 implica que o legislador pretende que, através do correio electrónico o empregador faça chegar à ACT cópia do mapa "na mesma data". Embora aparentemente o n.° 3 se pudesse referir apenas ao n.° 2, a verdade é que não faria sentido que constituísse CO o não envio do mapa de HT quando várias empresas desenvolvem actividade num mesmo local, e já não quando se trate de empresa sem essa conjugação.

Daí concluirmos que a expressão "na mesma data" do n.° 3 se refere aos n.os 1 e 2.

ARTIGO 217.°
Alteração de horário de trabalho

1 – À alteração de horário de trabalho é aplicável o disposto sobre a sua elaboração, com as especificidades constantes dos números seguintes.

2 – A alteração de horário de trabalho deve ser precedida de consulta aos trabalhadores envolvidos e à comissão de trabalhadores ou, na sua falta, à comissão sindical ou intersindical ou aos delegados sindicais, bem como, ainda que vigore o regime de adaptabilidade, ser afixada na empresa com antecedência de sete dias relativamente ao início da sua aplicação, ou três dias em caso de microempresa.

3 – Exceptua-se do disposto no número anterior a alteração de horário de trabalho cuja duração não seja superior a uma semana, desde que seja registada em livro próprio, com a menção de que foi consultada a estrutura de representação colectiva dos trabalhadores referida no número anterior, e o empregador não recorra a este regime mais de três vezes por ano.

4 – Não pode ser unilateralmente alterado o horário individualmente acordado.

5 – A alteração que implique acréscimo de despesas para o trabalhador confere direito a compensação económica.

---

[172] Cfr. arts 659.°/2 do CT e 482.°/2 da L. 35/2004.

6 – Constitui contra-ordenação grave a violação do disposto neste artigo.

Nota:
Sobre a aplicação do n.º 4 quando está em questão a aceitação tácita pelo trabalhador da proposta do empregador adoptar a adaptabilidade individual, ver a nota ao art. 205.º.

Isenção de horário de trabalho

ARTIGO 218.º
Condições de isenção de horário de trabalho

1 – Por acordo escrito, pode ser isento de horário de trabalho o trabalhador que se encontre numa das seguintes situações:

a) Exercício de cargo de administração ou direcção, ou de funções de confiança, fiscalização ou apoio a titular desses cargos;
b) Execução de trabalhos preparatórios ou complementares que, pela sua natureza, só possam ser efectuados fora dos limites do horário de trabalho;
c) Teletrabalho e outros casos de exercício regular de actividade fora do estabelecimento, sem controlo imediato por superior hierárquico.

....
3 – O acordo referido no n.º 1 deve ser enviado ao serviço com competência inspectiva do ministério responsável pela área laboral.
4 – Constitui contra-ordenação leve a violação do disposto no número anterior.

Notas:
À semelhança do que acontecia com o CT/2003, também agora a lei não diz qual o momento em que o acordo de isenção deve ser enviado à ACT. Pelo que assim é, não tem grandes condições para a sua fiscalização. É que, detectado um trabalhador a trabalhar fora do HT, sempre o empregador pode alegar que o mesmo está isento e que vai posteriormente enviar o respectivo acordo.
Jurisp.:

....

4. Para se considerar que a isenção de horário de trabalho configura abuso de direito é necessário que se prove que a sua utilização visa desvirtuar o fim social e económico desse instituto, no fundo encapotar uma situação laboral em que o trabalho suplementar é exigido com regularidade, para além do tolerável, sem qualquer margem de flexibilidade por parte do trabalhador.

(Ac. do TRE, de 09/11/2004, Proc. 1677/04-2, relatado por CHAMBEL MOURISCO).

ARTIGO 219.°

Modalidades e efeitos de isenção de horário de trabalho

....

3 – A isenção não prejudica o direito a dia de descanso semanal, obrigatório ou complementar, a feriado ou a descanso diário.

4 – Constitui contra-ordenação grave a violação do disposto no número anterior.

Notas:

1 – Sobre o descanso diário, consultar o art. 214.° e nota 1.

2 – Embora respeitante ao regime que vigorava antes da entrada em vigor do CT/2003, vd., de ANTÓNIO MENEZES CORDEIRO – *Isenção do horário, subsídios para a dogmática actual do direito da duração do trabalho,* Coimbra, 2000.

Trabalho por turnos

ARTIGO 221.°

Organização de turnos

....

3 – A duração de trabalho de cada turno não pode ultrapassar os limites máximos dos períodos normais de trabalho.

4 – O trabalhador só pode mudar de turno após o dia de descanso semanal.

5 – Os turnos no regime de laboração contínua e os de trabalhadores que asseguram serviços que não podem ser interrompidos, nomeadamente nas situações a que se referem as alíneas *d*) e *e*) do n.° 2 do artigo 207.°,

devem ser organizados de modo que os trabalhadores de cada turno gozem, pelo menos, um dia de descanso em cada período de sete dias, sem prejuízo do período excedente de descanso a que tenham direito.

6 – O empregador deve ter registo separado dos trabalhadores incluídos em cada turno.

7 – Constitui contra-ordenação grave a violação do disposto nos n.os 3, 4, 5 ou 6.

Nota:

Sobre o tema, veja-se de Catarina Carvalho, *A regulamentação nacional do tempo de trabalho e o direito comunitário: omissões e incompatibilidades, in* QL, n.° 27 (Ano XIII, 2006), pp. 33 a 59.

ARTIGO 222.°
Protecção em matéria de segurança e saúde no trabalho

1 – O empregador deve organizar as actividades de segurança e saúde no trabalho de forma que os trabalhadores por turnos beneficiem de um nível de protecção em matéria de segurança e saúde adequado à natureza do trabalho que exercem.

2 – O empregador deve assegurar que os meios de protecção e prevenção em matéria de segurança e saúde dos trabalhadores por turnos sejam equivalentes aos aplicáveis aos restantes trabalhadores e se encontrem disponíveis a qualquer momento.

3 – Constitui contra-ordenação grave a violação do disposto neste artigo.

Nota:

Sobre a protecção da sst, consultar agora a Lei n.° 102/2009, de 10/09.

As normas dos n.os 1 e 2 cuja tutela a lei pretende com a sua tipificação como contra-ordenações, ao remeter para *um nível de protecção adequado* ou para *níveis de protecção equivalentes,* são verdadeiras normas em branco, ou tipos legais abertos, cujo preenchimento cumpre ao empregador concretizar e, por isso, levantam problemas quanto à sua fiscalização por parte dos serviços competentes.

Trabalho nocturno

ARTIGO 224.°
Duração do trabalho de trabalhador nocturno

....

2 – O período normal de trabalho diário de trabalhador nocturno, quando vigora regime de adaptabilidade, não deve ser superior a oito horas diárias, em média semanal, sem prejuízo do disposto em instrumento de regulamentação colectiva de trabalho.

....

4 – O trabalhador nocturno não deve prestar mais de oito horas de trabalho num período de vinte e quatro horas em que efectua trabalho nocturno, em qualquer das seguintes actividades, que implicam riscos especiais ou tensão física ou mental significativa:

a) Monótonas, repetitivas, cadenciadas ou isoladas;

b) Em obra de construção, demolição, escavação, movimentação de terras, ou intervenção em túnel, ferrovia ou rodovia sem interrupção de tráfego, ou com risco de queda de altura ou de soterramento;

c) Da indústria extractiva;

d) De fabrico, transporte ou utilização de explosivos e pirotecnia;

e) Que envolvam contacto com corrente eléctrica de média ou alta tensão;

f) De produção ou transporte de gases comprimidos, liquefeitos ou dissolvidos ou com utilização significativa dos mesmos;

g) Que, em função da avaliação dos riscos a ser efectuada pelo empregador, assumam particular penosidade, perigosidade, insalubridade ou toxicidade.

....

7 – Constitui contra-ordenação grave a violação do disposto nos n.os 2 ou 4.

Notas:

1 – Atente-se que, com a entrada em vigor deste CT/2009, caducou a vigência da norma transitória que constava do art. 11.° da Lei n.° 99/2003, segundo a qual a retribuição anteriormente auferida por trabalhador nocturno não podia ser reduzida por efeito da entrada em vigor do CT/2003 e mantinha, em certas cir-

cunstâncias, o direito ao acréscimo da retribuição por trabalho nocturno mesmo que o trabalhador realizasse actividade das 20 às 22 horas.

2 – Se o irct nada disser em sentido contrário, o trabalho nocturno, agora, é o realizado entre as 22 e as 7 horas do dia seguinte.

3 – Tenha-se em conta que o n.° 4, em que o legislador concretizou as actividades que implicam riscos especiais ou tensão significativa, não se aplica nas situações descritas nos n.os 5 e 6. É pois mais um caso em que os pressupostos objectivos do tipo legal de CO se não preenchem nessas circunstâncias.

ARTIGO 225.°
Protecção de trabalhador nocturno

1 – O empregador deve assegurar exames de saúde gratuitos e sigilosos ao trabalhador nocturno destinados a avaliar o seu estado de saúde, antes da sua colocação e posteriormente a intervalos regulares e no mínimo anualmente.

2 – O empregador deve avaliar os riscos inerentes à actividade do trabalhador, tendo presente, nomeadamente, a sua condição física e psíquica, antes do início da actividade e posteriormente, de seis em seis meses, bem como antes de alteração das condições de trabalho.

3 – O empregador deve conservar o registo da avaliação efectuada de acordo com o número anterior.

4 – Aplica-se ao trabalhador nocturno o disposto no artigo 222.°.

5 – Sempre que possível, o empregador deve assegurar a trabalhador que sofra de problema de saúde relacionado com a prestação de trabalho nocturno a afectação a trabalho diurno que esteja apto a desempenhar.

6 – O empregador deve consultar os representantes dos trabalhadores para a segurança e saúde no trabalho ou, na falta destes, o próprio trabalhador, sobre a afectação a trabalho nocturno, a organização deste que melhor se adapte ao trabalhador, bem como sobre as medidas de segurança e saúde a adoptar.

7 – Constitui contra-ordenação grave a violação do disposto neste artigo.

Nota:

Recorde-se que, apesar de o n.° 4 remeter para a protecção de sst do trabalho por turnos, a verdade é que este preceito concretiza algumas medidas em que essa protecção é superior à ali afirmada, como é o caso do exame médico anual (nos trabalhadores em regime normal é bienal – art. 108.°/1/*b*) da Lei 102/2009) ou a avaliação semestral dos riscos (vd., para os restantes o art. 98.°/1/*b*) da mesma Lei 102/2009).

Trabalho suplementar

ARTIGO 227.°
Condições de prestação de trabalho suplementar

1 – O trabalho suplementar só pode ser prestado quando a empresa tenha de fazer face a acréscimo eventual e transitório de trabalho e não se justifique para tal a admissão de trabalhador.

2 – O trabalho suplementar pode ainda ser prestado em caso de força maior ou quando seja indispensável para prevenir ou reparar prejuízo grave para a empresa ou para a sua viabilidade.

....

4 – Constitui contra-ordenação muito grave a violação do disposto nos n.os 1 ou 2.

Notas:

1 – Acréscimo eventual e transitório de trabalho é aquele que é não apenas casual ou contingente, como ainda passageiro ou efémero. É esse tipo de acréscimo que justifica o recurso ao trabalhador interno, já que a admissão de trabalhador externo não tem que ser por tempo indeterminado, bem podendo ser a termo.

2 – Caso de força maior é aquele cuja verificação, em circunstâncias normais, não poderia ser prevista ou cujos efeitos não poderiam ser evitados.

Jurisp.:

A – ....

3. Considera-se trabalho suplementar todo aquele que é prestado fora do horário de trabalho, não se considerando como tal o trabalho prestado por trabalhadores isentos de horário de trabalho em dia normal de trabalho.

(Ac. do TRE, de 09/11/2004, Proc. 1677/04-2, relatado por CHAMBEL MOURISCO).

B – ....

II – Tendo-se provado o recurso a trabalho suplementar com duração superior à permitida e não tendo a entidade patronal demonstrando qualquer acréscimo de trabalho, ou qualquer outro facto que impusesse a necessidade de trabalho suplementar, para além dos limites legais, verificam-se os elementos do tipo da contra-ordenação laboral, prevista e punida pelo art. 5.°, 1 al. b) do citado DL 421/83, de 2/12.

(Ac. do TRP, de 14/11/2005, Proc. 0540252, JTRP00038518, relatado por FERREIRA DA COSTA).

ARTIGO 228.°
Limites de duração do trabalho suplementar

1 – O trabalho suplementar previsto no n.° 1 do artigo anterior está sujeito, por trabalhador, aos seguintes limites:

a) No caso de microempresa ou pequena empresa, cento e setenta e cinco horas por ano;

b) No caso de média ou grande empresa, cento e cinquenta horas por ano;

c) No caso de trabalhador a tempo parcial, oitenta horas por ano ou o número de horas correspondente à proporção entre o respectivo período normal de trabalho e o de trabalhador a tempo completo em situação comparável, quando superior;

d) Em dia normal de trabalho, duas horas;

e) Em dia de descanso semanal, obrigatório ou complementar, ou feriado, um número de horas igual ao período normal de trabalho diário;

f) Em meio dia de descanso complementar, um número de horas igual a meio período normal de trabalho diário.

2 – O limite a que se refere a alínea *a*) ou *b*) do número anterior pode ser aumentado até duzentas horas por ano, por instrumento de regulamentação colectiva de trabalho.

....

5 – Constitui contra-ordenação muito grave a violação do disposto no n.° 1 e constitui contra-ordenação grave a violação do disposto no n.° 2.

Notas:

1 – O trabalho suplementar por motivo de força maior ou para prevenir prejuízo grave está apenas sujeito ao limite da média de 48 horas por semana no período de referência (4 meses ou o indicado em irct).

2 – A remissão que no n.° 5 é feita para o n.° 2 é de difícil interpretação. A uma primeira leitura ser-se-ia tentado a dizer que quem cometeria a contra-ordenação seriam as partes outorgantes do irct que, contrariando a norma aumen-

taram o limite para além das 200 horas. A ser assim, a CO teria de ser imputada em regime de solidariedade (art. 556.°/2) aos outorgantes.

Temos dúvidas, porém. A interpretação mais dentro da *mens legis* será a de aplicar a CO ao empregador que, permitindo-lhe o irct utilizar as 200 horas/ano de trabalho suplementar por trabalhador, o utilizou para além desse limite.

ARTIGO 229.°
Descanso compensatório de trabalho suplementar

1 – O trabalhador que presta trabalho suplementar em dia útil, em dia de descanso semanal complementar ou em feriado tem direito a descanso compensatório remunerado, correspondente a 25% das horas de trabalho suplementar realizadas, sem prejuízo do disposto no n.° 3.

....

3 – O trabalhador que presta trabalho suplementar impeditivo do gozo do descanso diário tem direito a descanso compensatório remunerado equivalente às horas de descanso em falta, a gozar num dos três dias úteis seguintes.

4 – O trabalhador que presta trabalho em dia de descanso semanal obrigatório tem direito a um dia de descanso compensatório remunerado, a gozar num dos três dias úteis seguintes.

....

7 – Constitui contra-ordenação muito grave a violação do disposto nos n.os 1, 3 ou 4.

Notas:

1 – A norma do n.° 3 constitui inovação deste CT/2009. Com ela pretende-se tutelar aquelas situações de trabalhadores que, por ausência, ou tardia apresentação, de colegas, muitas vezes ocupando o mesmo posto de trabalho, não efectuam o descanso diário mínimo entre duas jornadas de trabalho (art. 214.°).

Justifica-se, por isso, que também nesse caso, tal como sucede com o que tem de trabalhar no dia de descanso obrigatório, o trabalhador tenha direito a descanso compensatório. Só que neste caso, sendo a duração do trabalho no dia de descanso superior a duas horas, o trabalhador tem direito a um dia, ao passo que naquele, o descanso é sempre equivalente à duração do trabalho.

2 – Apesar de considerado como contra-ordenação muito grave (gravidade que talvez se não justifique), a verdade é que o irct pode pura e simplesmente permitir que o trabalho suplementar a que se reporta o n.° 1 seja pago em dinheiro.

ARTIGO 230.°
Regimes especiais de trabalho suplementar

1 – A prestação de trabalho suplementar, em dia de descanso semanal obrigatório, que não exceda duas horas por motivo de falta imprevista de trabalhador que devia ocupar o posto de trabalho no turno seguinte confere direito a descanso compensatório nos termos do n.° 3 do artigo anterior.

....

5 – Constitui contra-ordenação grave a violação do disposto no n.° 1.

Nota:

Ver nota 1 ao art. anterior. Justificar-se-ia mais aqui a contra-ordenação muito grave que a do n.° 7 por violação do descanso compensatório do trabalho suplementar em dia útil (art. 229.°/1).

ARTIGO 231.°
Registo de trabalho suplementar

1 – O empregador deve ter um registo de trabalho suplementar em que, antes do início da prestação de trabalho suplementar e logo após o seu termo, são anotadas as horas em que cada uma das situações ocorre.

2 – O trabalhador deve visar o registo a que se refere o número anterior, quando não seja por si efectuado, imediatamente a seguir à prestação de trabalho suplementar.

....

4 – Do registo devem constar a indicação expressa do fundamento da prestação de trabalho suplementar e os períodos de descanso compensatório gozados pelo trabalhador, além de outros elementos indicados no respectivo modelo, aprovado por portaria do ministro responsável pela área laboral.

....

7 – O empregador deve comunicar, nos termos previstos em portaria do ministro responsável pela área laboral, ao serviço com competência inspectiva do ministério responsável pela área laboral a relação nominal dos trabalhadores que prestaram trabalho suplementar durante o ano civil anterior, com discriminação do número de horas prestadas ao abrigo dos n.os 1 ou 2 do artigo 227.°, visada pela comissão de trabalha-

dores ou, na sua falta, em caso de trabalhador filiado, pelo respectivo sindicato.

8 – O empregador deve manter durante cinco anos relação nominal dos trabalhadores que efectuaram trabalho suplementar, com discriminação do número de horas prestadas ao abrigo dos n.os 1 e 2 do artigo 228.° e indicação dos dias de gozo dos correspondentes descansos compensatórios.

9 – Constitui contra-ordenação grave a violação do disposto nos n.os 1, 2, 4 ou 7 e constitui contra-ordenação leve a violação do disposto no n.° 8.

Notas:

1 – O registo do trabalho suplementar aqui previsto acresce ao registo dos tempos de trabalho constante do art. 202.°.

2 – Sobre a comunicação a que se refere o n.° 7, ver a Portaria n.° 55/2010, de 22/01, que contém o modelo de informação a enviar de 16 de Março a 15 de Abril de cada ano, com referência aos dados do ano anterior, à ACT. Nos termos do seu art. 3.°: "*O empregador deve, antes de entregar o relatório único, promover o visto da relação nominal dos trabalhadores que prestaram trabalho suplementar durante o ano civil anterior*".

Descanso semanal

ARTIGO 232.°
Descanso semanal

1 – O trabalhador tem direito a, pelo menos, um dia de descanso por semana.

....

5 – Constitui contra-ordenação grave a violação do disposto no n.° 1.

Nota:

O n.° 1 pode considerar-se como um direito absoluto e inalienável do trabalhador, independentemente do dia da semana onde ocorra o descanso a que o normativo se refere. Por isso, independentemente de isso vir já da lei anterior, não podemos deixar de discordar do grau de gravidade da CO estatuída, pois bem merecia ser catalogada como muito grave.

ARTIGO 233.º
Cumulação de descanso semanal e de descanso diário

1 – Devem ser gozados em continuidade o descanso semanal obrigatório e um período de onze horas correspondente ao descanso diário estabelecido no artigo 214.º.

....

4 – Constitui contra-ordenação grave a violação do disposto no n.º 1.

Nota:

Trata-se de um preceito inovador que se justificará sobretudo nas situações de mudança de turnos (art. 221.º/4) onde a inexistência de dia de descanso complementar, a acrescer ao dia de descanso obrigatório, pode implicar eventual incumprimento da regra ora estabelecida.

Férias

ARTIGO 238.º
Duração do período de férias

1 – O período anual de férias tem a duração mínima de 22 dias úteis.

....

3 – A duração do período de férias é aumentada no caso de o trabalhador não ter faltado ou ter apenas faltas justificadas no ano a que as férias se reportam, nos seguintes termos:

a) Três dias de férias, até uma falta ou dois meios dias;
b) Dois dias de férias, até duas faltas ou quatro meios dias;
c) Um dia de férias, até três faltas ou seis meios dias.

....

5 – O trabalhador pode renunciar ao gozo de dias de férias que excedam 20 dias úteis, ou a correspondente proporção no caso de férias no ano de admissão, sem redução da retribuição e do subsídio relativos ao período de férias vencido, que cumulam com a retribuição do trabalho prestado nesses dias.

6 – Constitui contra-ordenação grave a violação do disposto nos n.os 1, 3 ou 5.

Notas:

1 – A duração de férias que é aumentada por força do n.° 3 é a estabelecida no n.° 1 (22 dias) e não outra qualquer, mais favorável, que resulte de qualquer convenção colectiva aplicável.

2 – No caso de cessação do contrato e de o arguido proceder ao pagamento voluntário da coima por violação das normas dos n.os 1 ou 3 esta é liquidada pelo valor da contra-ordenação leve (art. 559.°/3).

3 – A violação do n.° 5 deverá entender-se como a redução da retribuição ou do subsídio quando o trabalhador renuncia ao período excedente de 20 dias de gozo de férias (ou o proporcional no ano da admissão) a que tem direito.

4 – Na doutrina, pode ver-se de António Damasceno Correia, *O regime jurídico das férias no novo Código do Trabalho, in* Prontuário de Direito do Trabalho, n.° 69 (Set/Dez, 2004), pp. 63 a 77).

Jurisp.:

A – ....

2. *Os mencionados normativos* [arts 213.° do CT/2003 e este 238.° do CT/2009] *pretendem disciplinar, globalmente, a duração do período de férias, conforme a expressão acolhida na respectiva epígrafe, sendo que o elemento sistemático de interpretação exige que o n.° 3 do artigo 213.° do Código do Trabalho de 2003 seja interpretado conjuntamente com o disposto no n.° 1 do mesmo preceito legal, pelo que a majoração do período de férias deve ser aferida relativamente ao período de 22 dias úteis e não ao fixado em CCT que disponha em sentido mais favorável ao trabalhador.*

3. *É manifesto que o referido aumento da duração das férias não se apresenta como uma figura autónoma do regime de férias, concretamente da duração do período de férias, antes integra o todo incindível do aludido complexo normativo.*

(Ac. do STJ de 20/05/2009, Proc. 09S0472, relatado por Pinto Hespanhol).

B – ....

II – De acordo com as disposições combinadas dos artigos 225.°, n.° 2, alíneas d), última parte, e h), e 213.°, n.° 3, do Código do Trabalho, não devem ser caracterizadas como faltas justificadas, para os efeitos do último citado preceito – "majoração" do período de férias –, as ausências dos trabalhadores no local de trabalho e durante os períodos em que deviam desempenhar o trabalho a que estavam adstritos, motivados pelo desenvolvimento de actividades ao abrigo dos artigos 8.° e 81.° da Lei Orgânica n.° 1/2001, de 14 de Agosto, e dos artigos 8.° e 48.°, n.° 5, da Lei n.° 14/79, de 16 de Maio, pois que só com uma interpretação daquelas disposições que conduza a essa não consideração se poderá obter, da forma mais adequada e proporcionada, o exercício de direitos e garantias em conflito e que se consubstanciam no desfrute do benefício de "majoração" das férias, no direito de acesso a cargos públicos e de carácter electivo e de partici-

pação na vida política e na direcção dos assuntos públicos do país e na garantia de não prejuízo pelo exercício dos direitos políticos.

(Ac. do STJ de 21/05/2008, Proc. 08S606, relatado por BRAVO SERRA).

ARTIGO 239.°
Casos especiais de duração do período de férias

1 – No ano da admissão, o trabalhador tem direito a dois dias úteis de férias por cada mês de duração do contrato, até 20 dias, cujo gozo pode ter lugar após seis meses completos de execução do contrato.

....

4 – No caso de a duração do contrato de trabalho ser inferior a seis meses, o trabalhador tem direito a dois dias úteis de férias por cada mês completo de duração do contrato, contando-se para o efeito todos os dias seguidos ou interpolados de prestação de trabalho.

5 – As férias referidas no número anterior são gozadas imediatamente antes da cessação do contrato, salvo acordo das partes.

6 – No ano de cessação de impedimento prolongado iniciado em ano anterior, o trabalhador tem direito a férias nos termos dos n.os 1 e 2.

7 – Constitui contra-ordenação grave a violação do disposto nos n.os 1, 4, 5 ou 6.

Notas:

1 – Faz-se notar a contra-ordenação resultante da não concessão do gozo de férias na circunstância de o contrato ser inferior a seis meses (n.° 5). Mas mais acertadamente teria sido legislado se se tivesse incluído no n.° 4 o contrato igual a seis meses por ser muito utilizado na prática e dar origem a muitas situações em que aquele gozo não é concedido mas apenas substituído pela remuneração correspondente. Veja-se, no entanto, a norma do n.° 5 do art. 241.°.

2 – Também neste caso, tal como no artigo anterior, havendo cessação do contrato, na hipótese de o arguido proceder ao pagamento voluntário da coima por violação das normas dos n.os 1, 4 ou 5, esta é liquidada pelo valor da contra-ordenação leve (art. 559.°/3).

ARTIGO 240.°
Ano do gozo das férias

1 – As férias são gozadas no ano civil em que se vencem, sem prejuízo do disposto nos números seguintes.

2 – As férias podem ser gozadas até 30 de Abril do ano civil seguinte, em cumulação ou não com férias vencidas no início deste, por acordo entre empregador e trabalhador ou sempre que este as pretenda gozar com familiar residente no estrangeiro.

3 – Pode ainda ser cumulado o gozo de metade do período de férias vencido no ano anterior com o vencido no ano em causa, mediante acordo entre empregador e trabalhador.

4 – Constitui contra-ordenação grave a violação do disposto neste artigo.

Notas:

1 – Dada a circunstância de o gozo de férias a que o preceito se refere depender muitas vezes do acordo entre o empregador e o trabalhador, pouco sobra para a contra-ordenação tipificada no n.º 4. Ainda assim, é de realçar que não depende de acordo, antes constituindo um direito do trabalhador cuja obstacularização ao seu exercício gera contra-ordenação, a pretensão deste trabalhador gozar as férias com familiar residente no estrangeiro.

Já não defendemos, porém, como resultaria de interpretação enviesada, o direito do trabalhador a gozar as férias até 30 de Abril do ano seguinte àquele em que se vencem, só dependendo de acordo do empregador a sua cumulação com as vencidas no início desse ano.

2 – Ver sobre o tema de PAULA FORJAZ DE SAMPAIO, *Férias, feriados e faltas* ou de FAUSTO LEITE *Férias, faltas e feriados, in* A Reforma do Código do Trabalho, Coimbra Editora, 2004, pp. 341 a 347 e 349 a 363, respectivamente.

Mas tenha-se em atenção que o instituto de férias foi alterado pelo legislador de 2009.

ARTIGO 241.º
Marcação do período de férias

1 – O período de férias é marcado por acordo entre empregador e trabalhador.

2 – Na falta de acordo, o empregador marca as férias, que não podem ter início em dia de descanso semanal do trabalhador, ouvindo para o efeito a comissão de trabalhadores ou, na sua falta, a comissão intersindical ou a comissão sindical representativa do trabalhador interessado.

3 – Em pequena, média ou grande empresa, o empregador só pode marcar o período de férias entre 1 de Maio e 31 de Outubro, a menos que

o instrumento de regulamentação colectiva de trabalho ou o parecer dos representantes dos trabalhadores admita época diferente.

4 – Na falta de acordo, o empregador que exerça actividade ligada ao turismo está obrigado a marcar 25% do período de férias a que os trabalhadores têm direito, ou percentagem superior que resulte de instrumento de regulamentação colectiva de trabalho, entre 1 de Maio e 31 de Outubro, que é gozado de forma consecutiva.

5 – Em caso de cessação do contrato de trabalho sujeita a aviso prévio, o empregador pode determinar que o gozo das férias tenha lugar imediatamente antes da cessação.

6 – Na marcação das férias, os períodos mais pretendidos devem ser rateados, sempre que possível, beneficiando alternadamente os trabalhadores em função dos períodos gozados nos dois anos anteriores.

7 – Os cônjuges, bem como as pessoas que vivam em união de facto ou economia comum nos termos previstos em legislação específica, que trabalham na mesma empresa ou estabelecimento têm direito a gozar férias em idêntico período, salvo se houver prejuízo grave para a empresa.

8 – O gozo do período de férias pode ser interpolado, por acordo entre empregador e trabalhador, desde que sejam gozados, no mínimo, 10 dias úteis consecutivos.

9 – O empregador elabora o mapa de férias, com indicação do início e do termo dos períodos de férias de cada trabalhador, até 15 de Abril de cada ano e mantém-no afixado nos locais de trabalho entre esta data e 31 de Outubro.

10 – Constitui contra-ordenação grave a violação do disposto nos n.os 2, 3 ou 4 e constitui contra-ordenação leve a violação do disposto em qualquer dos restantes números deste artigo.

Notas:

1 – Sobre pequena, média ou grande empresa, de que fala o n.° 3, consultar o art. 100.°. Fica assim de fora da obrigatoriedade de marcação das férias entre 1 de Maio e 1 de Outubro o universo das empresas até 9 trabalhadores que, segundo as estatísticas relativas ao tecido empresarial, representam o maior volume de mão-de-obra no nosso país.

2 – A contra-ordenação de longe mais detectada pelos serviços de inspecção é a do n.° 9 relativa à falta de elaboração e afixação na empresa do mapa de férias. Apesar de a sua inexistência constituir mera contra-ordenação leve, é de grande importância prática a sua exibição já que evita abusos de empregadores menos

escrupulosos que noutro tempo se aproveitavam da ausência dos trabalhadores a quem verbalmente concediam férias para os acusar, depois, de faltas injustificadas com as consequências que daí extraíam.

ARTIGO 243.°
Alteração do período de férias por motivo relativo à empresa

1 – O empregador pode alterar o período de férias já marcado ou interromper as já iniciadas por exigências imperiosas do funcionamento da empresa, tendo o trabalhador direito a indemnização pelos prejuízos sofridos por deixar de gozar as férias no período marcado.

2 – A interrupção das férias deve permitir o gozo seguido de metade do período a que o trabalhador tem direito.

....

4 – Constitui contra-ordenação leve a violação do disposto nos n.os 1 ou 2.

Notas:

1 – A contra-ordenação ao n.° 1 resulta da recusa de indemnização do trabalhador que teve de alterar as férias pelos prejuízos causados resultantes de contratos ou contratos-promessa de alojamento ou transporte já celebrados.

2 – Apesar de o limite mínimo do gozo consecutivo de férias ser de 10 dias úteis (art. 241.°/8), no caso de interrupção a lei pretende que, pese embora, sejam assegurados 11 dias ou mesmo 13 (no caso de majoração – art. 238.°/3) de gozo seguido. Está em causa, mais do que o repouso físico, a auto-disponibilidade do trabalhador.

ARTIGO 244.°
Alteração do período de férias por motivo relativo ao trabalhador

1 – O gozo das férias não se inicia ou suspende–se quando o trabalhador esteja temporariamente impedido por doença ou outro facto que não lhe seja imputável, desde que haja comunicação do mesmo ao empregador.

2 – Em caso referido no número anterior, o gozo das férias tem lugar após o termo do impedimento na medida do remanescente do período marcado, devendo o período correspondente aos dias não gozados ser marcado

por acordo ou, na falta deste, pelo empregador, sem sujeição ao disposto no n.° 3 do artigo 241.°.

3 – Em caso de impossibilidade total ou parcial do gozo de férias por motivo de impedimento do trabalhador, este tem direito à retribuição correspondente ao período de férias não gozado ou ao gozo do mesmo até 30 de Abril do ano seguinte e, em qualquer caso, ao respectivo subsídio.

....

6 – Constitui contra-ordenação grave a violação do disposto nos n.os 1, 2 ou 3.

Notas:

1 – Se o trabalhador não puder ter gozado as férias marcadas, por doença ou por outro impedimento, os dias em que tal sucedeu devem ser por ele gozados. Mas o empregador poderá remarcar esses dias de férias fora do período normal (1/05 a 31/10). E se, em todo o caso, não as puder gozar no ano civil em que se vencem, pode ou gozá-las até 30 de Abril do ano seguinte ou receber a retribuição correspondente, assim como o subsídio.

2 – Também no caso deste artigo, tal como nos arts. 238.° ou 239.°, havendo cessação do contrato, na hipótese de o arguido proceder ao pagamento voluntário da coima por violação das normas dos n.os 1, 2 ou 3, esta é liquidada pelo valor da contra-ordenação leve (art. 559.°/3).

ARTIGO 245.°
Efeitos da cessação do contrato de trabalho no direito a férias

1 – Cessando o contrato de trabalho, o trabalhador tem direito a receber a retribuição de férias e respectivo subsídio:

a) Correspondentes a férias vencidas e não gozadas;

b) Proporcionais ao tempo de serviço prestado no ano da cessação.

....

5 – Constitui contra-ordenação grave a violação do disposto no n.° 1.

Nota:

Havendo cessação do contrato, na hipótese de o arguido proceder ao pagamento voluntário da coima por violação do n.° 1, esta é liquidada pelo valor da contra-ordenação leve (art. 559.°/3).

ARTIGO 246.°
Violação do direito a férias

1 – Caso o empregador obste culposamente ao gozo das férias nos termos previstos nos artigos anteriores, o trabalhador tem direito a compensação no valor do triplo da retribuição correspondente ao período em falta, que deve ser gozado até 30 de Abril do ano civil subsequente.

2 – Constitui contra-ordenação grave a violação do disposto no número anterior.

Nota:

Este nos parece um caso nítido em que a técnica remissiva utilizada pelo legislador contra-ordenacional laboral não satisfaz, criando dificuldades na aplicação da CO.

A norma do n.° 1 é, ela própria, estatuidora duma sanção civil. Por isso faz pouco sentido que se remeta para o segmento que a ela se refere. Ter-se-á pois de "aproveitar" as partes que contêm matéria, digamos, substantiva, despindo-a da adjectivação violadora. Ou seja, será contra-ordenação o facto de o empregador: (i) obstar com culpa ao gozo de férias (mas não a "violação" disso); (ii) não permitir, após o pagamento do triplo da retribuição, o gozo dessas férias em falta até 30 de Abril do ano seguinte.

Faltas

ARTIGO 251.°
Faltas por motivo de falecimento de cônjuge, parente ou afim

1 – O trabalhador pode faltar justificadamente:

a) Até cinco dias consecutivos, por falecimento de cônjuge não separado de pessoas e bens ou de parente ou afim no 1.° grau na linha recta;

b) Até dois dias consecutivos, por falecimento de outro parente ou afim na linha recta ou no 2.° grau da linha colateral.

2 – Aplica-se o disposto na alínea *a*) do número anterior em caso de falecimento de pessoa que viva em união de facto ou economia comum com o trabalhador, nos termos previstos em legislação específica.

3 – Constitui contra-ordenação grave a violação do disposto neste artigo.

Notas:

1 – Sobre as faltas por doença e a respectiva verificação dessa situação de incapacidade temporária para o trabalho, consultar os arts 17.° a 31.° da Lei n.° 105/2009.

2 – Ver sobre o tema, de PAULA FORJAZ DE SAMPAIO, *Férias, feriados e faltas* ou de FAUSTO LEITE *Férias, faltas e feriados, in* A Reforma do Código do Trabalho, Coimbra Editora, 2004, pp. 341 a 347 e 349 a 363, respectivamente.

Ver ainda, de LEAL AMADO/JOÃO REIS, *Nótula sobre as faltas justificadas por motivo de falecimento de parentes ou afins (art. 227.° do Código do Trabalho), in* QL, n.° 27 (2006), pp. 129 a 134.

Retribuição

ARTIGO 263.°
Subsídio de Natal

1 – O trabalhador tem direito a subsídio de Natal de valor igual a um mês de retribuição, que deve ser pago até 15 de Dezembro de cada ano.

2 – O valor do subsídio de Natal é proporcional ao tempo de serviço prestado no ano civil, nas seguintes situações:

a) No ano de admissão do trabalhador;

b) No ano de cessação do contrato de trabalho;

c) Em caso de suspensão de contrato de trabalho por facto respeitante ao trabalhador.

3 – Constitui contra-ordenação muito grave a violação do disposto neste artigo.

Notas:

1 – Uma vez que o subsídio de Natal é equivalente a um mês de retribuição só a retribuição base e as prestações regulares e periódicas (art. 258.°/2) é que o integram.

Jurisp.:

A – ....

IX – *No âmbito do Código do Trabalho de 2003, a base de cálculo do subsídio de Natal – salvo disposição legal, convencional ou contratual em contrário*

– reconduz-se ao somatório da retribuição base e das diuturnidades, delas se excluindo os complementos salariais, ainda que auferidos regular e periodicamente, já que "o mês de retribuição" a que se refere o n.° 1 do artigo 254.° do Código do Trabalho terá de ser entendido de acordo com a regra supletiva constante no n.° 1 do artigo 250.° do mesmo Código, nos termos do qual a respectiva base de cálculo se circunscreve à retribuição base e diuturnidades.

(Ac. do STJ de 25/03/2010, Proc. 1052.2TTMTS.S1, relatado por VASQUES DINIS).

B – *I – Com a entrada em vigor do Código de Trabalho, em 01/12/2003, o Subsídio de Natal deixou de integrar quaisquer outras prestações retributivas que não a retribuição base e diuturnidades, designadamente o subsídio de agente único e o trabalho suplementar.*

II – Contudo, tais alterações não se aplicam aos efeitos dos factos totalmente ocorridos em data anterior à da entrada em vigor do Código – art. 8.°, 1, parte final – ou seja, não se aplicam aos subsídios de férias e de Natal vencidos em data anterior à da sua entrada em vigor.

(Ac. do TRP de 12/10/2009, Proc. 91/07.3TTBCL.P1, N.° Conv. JTRP00043030, relatado por PAULA LEAL DE CARVALHO).

ARTIGO 264.°
Retribuição do período de férias e subsídio

1 – A retribuição do período de férias corresponde à que o trabalhador receberia se estivesse em serviço efectivo.

2 – Além da retribuição mencionada no número anterior, o trabalhador tem direito a subsídio de férias, compreendendo a retribuição base e outras prestações retributivas que sejam contrapartida do modo específico da execução do trabalho, correspondentes à duração mínima das férias, não contando para este efeito o disposto no n.° 3 do artigo 238.°.

3 – Salvo acordo escrito em contrário, o subsídio de férias deve ser pago antes do início do período de férias e proporcionalmente em caso de gozo interpolado de férias.

4 – Constitui contra-ordenação muito grave a violação do disposto neste artigo.

Notas:

1 – Desde o CT/2003 que a equiparação da retribuição do período das férias ao respectivo subsídio deixou de ser absoluta. Neste, porque *contrapartida do modo específico da execução do trabalho*, são incluídos complementos retributi-

vos para compensar a penosidade, perigosidade, toxicidade, isolamento – como é o caso, entre outros, do trabalho por turnos (rotativos), suplementar, nocturno, abono para falhas – mas já não os prémios de assiduidade ou produtividade, subsídios de alimentação, de transporte, habitação, as comissões ou as gratificações de balanço.

2 – Na doutrina, veja-se, de JORGE COSTA, *A retribuição e outras prestações patrimoniais no Código do Trabalho,* e de MANUEL FERREIRA DA COSTA, *A retribuição e outras atribuições patrimoniais, in* A Reforma do Código do Trabalho; Coimbra Editora, 2004, pp. 381 a 400 e 401 a 412, respectivamente.

ARTIGO 265.°
Retribuição por isenção de horário de trabalho

1 – O trabalhador isento de horário de trabalho tem direito a retribuição específica, estabelecida por instrumento de regulamentação colectiva de trabalho ou, na falta deste, não inferior a:

a) Uma hora de trabalho suplementar por dia;

b) Duas horas de trabalho suplementar por semana, quando se trate de regime de isenção de horário com observância do período normal de trabalho.

3 – Constitui contra-ordenação grave a violação do disposto no n.° 1.

Notas:

1 – Sobre a isenção do horário de trabalho, consultar os arts. 218.° e 219.°. Relembre-se que, na falta de estipulação, aplica-se a modalidade de não sujeição aos limites máximos do pnt, pelo que o trabalhador isento terá direito ao acréscimo de uma hora de trabalho suplementar (50% – art. 268.°/1/*a*)) por dia de trabalho.

Jurisp.:

A – *Não sendo a atribuição do regime de isenção de horário de trabalho acordada no início do contrato de trabalho, mas apenas cerca de três anos após a respectiva vigência, não está a entidade empregadora impedida de a alterar unilateralmente, uma vez que se trata de uma matéria que cabe no âmbito das suas competências, integrando o poder de direcção que lhe é próprio.*

(Ac. do TRL de 09/04/2008, Proc. 318/2008-4, relatado por MARIA JOÃO ROMBA).

B – *Não é inconstitucional a norma constante do n.° 1 da Base XXI da PRT para a Agricultura, de 08/06/1979, segundo a qual os feitores, tratadores e guar-*

dadores de gado, bem como os trabalhadores cujas funções o exijam, poderão prestar trabalho sem obrigatoriedade de observância dos limites do período normal de trabalho, previstos na base XVI da mesma PRT.

(Ac. do TRP de 16/12/2009, Proc. 236-07.3IIBGC.P1, N.° Conv. JTRP00043289, relatado por FERREIRA DA COSTA).

ARTIGO 266.°
Pagamento de trabalho nocturno

1 – O trabalho nocturno é pago com acréscimo de 25% relativamente ao pagamento de trabalho equivalente prestado durante o dia.

....

4 – Constitui contra-ordenação muito grave a violação do disposto no n.° 1.

Nota:

Sobre trabalho nocturno consultar arts. 223.° a 225.°. Ver também a nota 1 ao art. 224.° acerca da manutenção da retribuição por trabalho nocturno realizado entre as 20 e s 22 horas, antes da entrada em vigor do CT/2003.

ARTIGO 267.°
Retribuição por exercício de funções afins ou funcionalmente ligadas

1 – O trabalhador que exerça funções a que se refere o n.° 2 do artigo 118.°, ainda que a título acessório, tem direito à retribuição mais elevada que lhes corresponda, enquanto tal exercício se mantiver.

2 – Constitui contra-ordenação grave a violação do disposto no número anterior.

Notas:

Ver a anotação ao art. 118.°.

Jurisp.:

....

II – De acordo com o princípio da invariabilidade da prestação, tal como se mostra consagrado no art. 151.° do Código do Trabalho, o objecto negocial compreende no seu âmbito dois núcleos de funções: as funções a que alude o n.° 1 (conteúdo nuclear da actividade laboral) e as funções afins ou funcionalmente ligadas a que aludem os n.os 2 a 4 (que antes se integravam na designada polivalência funcional, mas que agora integram o objecto do contrato de trabalho e podem ser exigidas pelo empregador sem limite temporal, embora a título acessório da actividade nuclear).

III – A promoção consiste numa alteração da categoria profissional a título definitivo, acordada expressa ou tacitamente entre as partes de um contrato de trabalho, e envolve uma modificação estável e profunda do conteúdo do negócio.

IV – Mas se o empregador comete ao trabalhador o exercício de funções de nível superior ao da sua categoria profissional em regime de comissão de serviço ou, temporariamente, ao abrigo do ius variandi ou mobilidade funcional, não pode falar-se em promoção, nada obstando a que o trabalhador reassuma as funções inerentes à actividade contratada, sem que tal implique qualquer afronta ao princípio da irreversibilidade da categoria profissional consagrado na al. e) do art. 122.° do Código do Trabalho.

V – A determinação do empregador no sentido da variação temporária da função encontra-se submetida ao princípio da consensualidade ou liberdade de forma, genericamente prescrito no art. 219.° do C. Civil, nada na lei impondo que a mesma seja formalizada por escrito.

(Ac. do STJ, de 22/10/2008, Proc. 07S3666, relatado por MÁRIO PEREIRA).

ARTIGO 268.°
Pagamento de trabalho suplementar

1 – O trabalho suplementar é pago pelo valor da retribuição horária com os seguintes acréscimos:

a) 50% pela primeira hora ou fracção desta e 75% por hora ou fracção subsequente, em dia útil;

b) 100% por cada hora ou fracção, em dia de descanso semanal, obrigatório ou complementar, ou em feriado.

....

4 – Constitui contra-ordenação grave a violação do disposto no n.° 1.

Nota:

O regime do trabalho suplementar encontra-se nos arts. 226.° a 231.°. Relativamente à informação sobre a actividade social da empresa, que inclui o trabalho suplementar, consultar o art. 32.° da Lei n.° 105/2009 e a Portaria aí indicada.

Jurisp.:

Para cálculo da retribuição por trabalho suplementar deve atender-se apenas ao valor da retribuição base, não sendo lícito recorrer aos demais acréscimos retributivos auferidos pelo trabalhador.

(Ac. do TRP de 31/01/2007, Proc. 0615787, N.º Conv. JTRP00040018, relatado por MACHADO DA SILVA).

ARTIGO 273.º
Determinação da retribuição mínima mensal garantida

1 – É garantida aos trabalhadores uma retribuição mínima mensal, seja qual for a modalidade praticada, cujo valor é determinado anualmente por legislação específica, ouvida a Comissão Permanente de Concertação Social.

....

3 – Constitui contra-ordenação muito grave a violação do disposto no n.º 1.

4 – A decisão que aplicar a coima deve conter a ordem de pagamento do quantitativo da retribuição em dívida ao trabalhador, a efectuar dentro do prazo estabelecido para pagamento da coima.

Notas:

1 – Como se alcança da consulta das disposições dos arts. 263.º a 268.º sobre a retribuição do subsídio de Natal, férias e subsídio, isenção de HT, trabalho nocturno, funções afins e trabalho suplementar, e ao contrário do que sucedia com o CT/2003 (art. 669.º/3), a lei não determina que a autoridade administrativa que aplica a coima ordene o pagamento dos quantitativos em dívida aos trabalhadores, uma vez que essa determinação, por retirar aos tribunais do trabalho competência que lhe é própria podia ser entendida como violadora da Constituição.

2 – A única excepção ao descrito na nota antecedente é a deste preceito sobre a remuneração mínima garantida. Mas aqui, em face dos interesses em presença, designadamente a garantia do mínimo de subsistência do trabalhador, a solução de ser a Administração a "condenar" no pagamento poderá, por razões de celeridade na tutela desses interesses, ter-se por adequada e respeitadora do princípio constitucional da proporcionalidade (vd. nota 2 ao art. 564.º).

ARTIGO 276.º
Forma de cumprimento

1 – A retribuição é satisfeita em dinheiro ou, estando acordado, em prestações não pecuniárias, nos termos do artigo 259.º.

2 – A parte pecuniária da retribuição pode ser paga por meio de cheque, vale postal ou depósito à ordem do trabalhador, devendo ser suportada pelo empregador a despesa feita com a conversão do título de crédito em dinheiro ou o levantamento, por uma só vez, da retribuição.

3 – Até ao pagamento da retribuição, o empregador deve entregar ao trabalhador documento do qual constem a identificação daquele, o nome completo, o número de inscrição na instituição de segurança social e a categoria profissional do trabalhador, a retribuição base e as demais prestações, bem como o período a que respeitam, os descontos ou deduções e o montante líquido a receber.

4 – Constitui contra-ordenação muito grave a violação do disposto no n.° 1, contra-ordenação grave a violação do disposto no n.° 2 e contra-ordenação leve a violação do disposto no n.° 3.

Nota:

Sobre o pagamento em espécie, o valor das prestações e o seu montante consultar o art. 259.°.

Jurisp.:

I – O "recibo de vencimento" apesar de ser um documento da autoria da entidade empregadora, faz prova do pagamento das retribuições nele indicadas, se dele constar e tiver sido subscrita pelo trabalhador a seguinte declaração: "Declaro que recebi a quantia constante deste recibo".

II – Tal declaração vale como quitação.

(Ac. do TRP de 24/05/2004, Proc. 0411714, N.° Conv. JTRP00036933, relatado por Sousa Peixoto).

ARTIGO 278.°
Tempo do cumprimento

....

4 – O montante da retribuição deve estar à disposição do trabalhador na data do vencimento ou em dia útil anterior.

....

6 – Constitui contra-ordenação grave a violação do disposto no n.° 4.

Notas:

1 – Quanto à protecção do trabalhador em caso de não pagamento pontual da retribuição, contendo medidas como prestações de desemprego, suspensão de

execução fiscal, de venda de bens penhorados, ou de sentença de despejo, conferir os arts. 25.° a 31.° da Lei n.° 105/2009, de 14/09 (Parte IV).

2 – Para além de constituir contra-ordenação grave, o não pagamento pontual da retribuição gera da parte do empregador obrigação de juros de mora (n.° 5).

ARTIGO 279.°
Compensações e descontos

1 – Na pendência de contrato de trabalho, o empregador não pode compensar a retribuição em dívida com crédito que tenha sobre o trabalhador, nem fazer desconto ou dedução no montante daquela.

....

4 – Constitui contra-ordenação muito grave a violação do disposto no n.° 1.

Notas:

1 – A remissão para o n.° 1, tipificando a violação deste com contra-ordenação muito grave, tem de ser conjugada com o disposto nos restantes números que constituem excepções, verificadas as quais, não existe qualquer infracção.

2 – Parece-nos que também deveria integrar as excepções à proibição de descontos a dedução da quota sindical que o empregador é obrigado a fazer nas circunstâncias do art. 458.°/1.

CAPÍTULO IV
Prevenção e reparação de acidentes de trabalho e doenças profissionais

ARTIGO 281.°
Princípios gerais em matéria de segurança e saúde no trabalho

ARTIGO 282.°
Informação, consulta e formação dos trabalhadores

ARTIGO 283.°
Acidentes de trabalho e doenças profissionais

ARTIGO 284.°
Regulamentação da prevenção e reparação

Notas:

1 – Os arts. 281.° a 284.° do CT encontram-se regulamentados na Lei n.° 98/2009, de 04/09 sobre o regime dos acidentes de trabalho e doenças profissionais, e na Lei n.° 102/2009, de 10/09, sobre a promoção da segurança e saúde no trabalho, publicadas *infra*, – Parte IV – quanto aos tipos legais de CO.

2 – Sobre circunstâncias especiais para a determinação da medida da coima por violação de normas de sst, veja-se a nota 2 ao art. 559.°.

3 – Relativamente à informação sobre a actividade social da empresa, que inclui a sst, consultar o art. 32.° da Lei n.° 105/2009 e a Portaria aí indicada (Parte IV).

Transmissão de empresa ou estabelecimento

ARTIGO 285.°
Efeitos de transmissão de empresa ou estabelecimento

1 – Em caso de transmissão, por qualquer título, da titularidade de empresa, ou estabelecimento ou ainda de parte de empresa ou estabelecimento que constitua uma unidade económica, transmitem-se para o adquirente a posição do empregador nos contratos de trabalho dos respectivos trabalhadores, bem como a responsabilidade pelo pagamento de coima aplicada pela prática de contra-ordenação laboral.

....

3 – O disposto nos números anteriores é igualmente aplicável à transmissão, cessão ou reversão da exploração de empresa, estabelecimento ou unidade económica, sendo solidariamente responsável, em caso de cessão ou reversão, quem imediatamente antes tenha exercido a exploração.

....

6 – Constitui contra-ordenação muito grave a violação do disposto no n.° 1 e na primeira parte do n.° 3.

Notas:

1 – As questões que o n.° 1 mais vezes suscita prendem-se com a delimitação do conceito de estabelecimento ou parte de estabelecimento que constitua uma unidade económica e têm a ver com a correcta transposição da Directiva 2001/23/CE do Conselho, de 12/03/2001, que sucedeu à Directiva 77/187/CEE do

Conselho, onde já se punha o problema da incorrecta transposição desse conceito para a ordem jurídica nacional [vd. a este propósito, de LUÍS GONÇAVES DA SILVA, *Nótula sobre os efeitos colectivos da transmissão da empresa, in* revista Subjudice, n.º 27 (Jan/Mar, 2004), pp. 127 a 135]

2 – A parte final do n.º 1 consagra (mais) uma situação em que quem comete a contra-ordenação (aqui o transmitente) é uma pessoa diferente (o adquirente) daquela que é responsável pelo pagamento da coima (vd. para outras situações o art. 551.º/ 3 e 4).

3 – Apesar de a parte final da norma do n.º 1 imputar a responsabilidade por pagar a coima ao adquirente, a verdade é que ela não resolve o problema de saber se o transmitente continua a ser responsável contra-ordenacional após a transmissão. É que, na letra da lei, o adquirente só responde pela *coima aplicada* e muitas vezes sucede que aquando daquele acto ao processo para aplicação da coima ainda não findou.

4 – Sobre a Directiva comunitária, ver na jurisprudência comunitária, de J.P. Puissochet, o Acórdão do Tribunal de Justiça de 20/11/2003, *in* revista Subjudice, n.º 27 (Jan/Mar, 2004), pp. 163 a 168 e na doutrina, de JOANA VASCONCELOS, ver ainda, *A transmissão da empresa no Código do Trabalho, in* Prontuário de Direito do trabalho, n.º 71 (Ago/ 2005), pp. 67 a 72.

ARTIGO 286.º
Informação e consulta de representantes dos trabalhadores

1 – O transmitente e o adquirente devem informar os representantes dos respectivos trabalhadores ou, caso não existam, os próprios trabalhadores, sobre data e motivos da transmissão, suas consequências jurídicas, económicas e sociais para os trabalhadores e medidas projectadas em relação a estes.

2 – A informação referida no número anterior deve ser prestada por escrito, antes da transmissão, em tempo útil, pelo menos 10 dias antes da consulta referida no número seguinte.

3 – O transmitente e o adquirente devem consultar os representantes dos respectivos trabalhadores, antes da transmissão, com vista à obtenção de um acordo sobre as medidas que pretendam aplicar aos trabalhadores na sequência da transmissão, sem prejuízo das disposições legais e convencionais aplicáveis a tais medidas.

....

5 – Constitui contra-ordenação leve a violação do disposto nos n.os 1, 2 ou 3.

Notas:

1 – Sendo transmitente e adquirente os sujeitos responsáveis pelo cumprimento dos deveres enunciados nos n.os 1 a 3, cuja violação é tida como CO, o problema que se põe é a quem a imputar. Aos dois, dir-se-á. Também me parece que sim. Mas a questão é a de saber se em responsabilidade conjunta, caso em que cada um pagará a coima que lhe é devida (de acordo com a dimensão da empresa de cada um) ou se em responsabilidade solidária, não da coima, mas da própria contra-ordenação. Tratando-se de agentes responsáveis por uma mesma contra-ordenação – violação do dever de informação que cabe aos dois – parece-nos de aplicar a norma do art. 556.°/2. A lei não distingue a quem, em concreto, cabe o dever de informar e consultar, pelo que só aos dois, solidariamente, deve a CO ser imputada.

2 – Sobre o dever de informação e consulta dos empregadores em geral em matéria de sst, consultar o art. 282.° e arts. 18.° e 19.° da Lei n.° 102/2009 (IV Parte).

Cedência ocasional de trabalhador

ARTIGO 289.°
Admissibilidade de cedência ocasional

1 – A cedência ocasional de trabalhador é lícita quando se verifiquem cumulativamente as seguintes condições:

a) O trabalhador esteja vinculado ao empregador cedente por contrato de trabalho sem termo;

b) A cedência ocorra entre sociedades coligadas, em relação societária de participações recíprocas, de domínio ou de grupo, ou entre empregadores que tenham estruturas organizativas comuns;

c) O trabalhador concorde com a cedência;

d) A duração da cedência não exceda um ano, renovável por iguais períodos até ao máximo de cinco anos.

....

3 – Constitui contra-ordenação grave a violação do disposto no n.° 1.

Notas:

1 – A questão que a remissão para o n.° 1 levanta é a de saber se, uma vez que a licitude da cedência depende da verificação cumulativa de todas as condições constantes das suas alíneas, inverificada apenas uma, ou algumas delas, se pode ter por verificada a CO. Parece-nos que sim, apesar de se ter como mais cor-

recta, uma redacção que apontasse para a *violação de alguma ou algumas das alíneas*. A dúvida, porém, sai reforçada com a redacção do art. 290.°/3.

2 – Se as condições de cedência ocasional constantes das alíneas do n.° 1 podem ser reguladas por irct, à excepção da concordância com a cedência por parte do trabalhador, então parece que as três restantes podem ser suprimidas ou alargadas. Assim, será legítimo que em tal instrumento se clausule a possibilidade de um trabalhador a termo poder ser cedido para uma qualquer empresa, mesmo que não pertença ao grupo nem tenha estrutura organizativa comum (art. 101.°/1).

3 – Sobre a cedência ocasional veja-se, de JOÃO ZENHA MARTINS, *Definição e condições gerais da cedência ocasional de trabalhadores no Código do Trabalho, in* QL, n.° 25 (2005), pp. 77 a 110.

ARTIGO 290.°
Acordo de cedência ocasional de trabalhador

1 – A cedência ocasional de trabalhador depende de acordo entre cedente e cessionário, sujeito a forma escrita, que deve conter:

a) Identificação, assinaturas e domicílio ou sede das partes;
b) Identificação do trabalhador cedido;
c) Indicação da actividade a prestar pelo trabalhador;
d) Indicação da data de início e da duração da cedência;
e) Declaração de concordância do trabalhador.

2 – Em caso de cessação do acordo de cedência ocasional, de extinção da entidade cessionária ou de cessação da actividade para que foi cedido, o trabalhador regressa ao serviço do cedente, mantendo os direitos que tinha antes da cedência, cuja duração conta para efeitos de antiguidade.

3 – Constitui contra-ordenação grave a violação do disposto na alínea *e*) do n.° 1 ou no n.° 2 e constitui contra-ordenação leve a violação de qualquer dos demais preceitos do n.° 1.

Nota:

Como dissemos na parte final da nota 1 ao art. anterior, não é despicienda uma interpretação do art. 289.°/3 que inclua no tipo legal objectivo a não verificação de todo o conjunto das circunstâncias enunciadas nas suas quatro alíneas.

É que, no artigo em anotação, ao contrário, basta para que a uma CO grave se verifique, a falta de concordância do trabalhador, a mais necessária das circunstâncias. Para além, é óbvio, das restantes do n.° 2 e n.° 1.

Jurisp.:

....

IV – O acordo entre a Ré e uma terceira empresa através do qual um trabalhador permanente desta empresa era cedido àquela para prestar trabalho nas suas instalações, podendo a Ré directamente ou através dos seus funcionários dar ordens e instruções quanto à forma de execução da sua actividade, continuando embora a retribuição a ser paga ao trabalhador através da terceira empresa que sobre ele continuava a deter o poder disciplinar, não pode ser caracterizado como sendo um contrato de prestação de serviços pois neste contrato não se verifica a cisão dos poderes patronais, nem se pode considerar uma cedência lícita de trabalhador uma vez que a empresa cedente não era uma empresa de trabalho temporário nem estava licenciada para tal actividade.

V – E não se podendo integrar essa situação nem no trabalho temporário nem na cedência de trabalhadores, tem de se considerar o trabalhador vinculado à Ré, desde o início da sua prestação de trabalho nesta empresa.

(Ac do TRL, de 19/11/2008, Proc. 4815/2008-4, relatado por SEARA PAIXÃO).

ARTIGO 291.°

Regime de prestação de trabalho de trabalhador cedido

....

2 – O cessionário deve informar o cedente e o trabalhador cedido sobre os riscos para a segurança e saúde inerentes ao posto de trabalho a que este é afecto.

3 – Não é permitida a afectação de trabalhador cedido a posto de trabalho particularmente perigoso para a sua segurança ou saúde, salvo quando corresponda à sua qualificação profissional específica.

4 – O cessionário deve elaborar o horário de trabalho de trabalhador cedido e marcar o período das férias que sejam gozadas ao seu serviço.

5 – O trabalhador cedido tem direito:

a) À retribuição mínima que, em instrumento de regulamentação colectiva de trabalho aplicável ao cedente ou ao cessionário, corresponda às suas funções, ou à praticada por este para as mesmas funções, ou à retribuição auferida no momento da cedência, consoante a que for mais elevada;

b) A férias, subsídios de férias e de Natal e outras prestações regulares e periódicas a que os trabalhadores do cessionário tenham direito por idêntica prestação de trabalho, em proporção da duração da cedência.

....

7 – Constitui contra-ordenação grave a violação do disposto nos n.os 2, 3, 4 ou 5.

Notas:

1 – A preocupação com a segurança dos trabalhadores adventícios, normalmente mais periclitante que a dos da própria empresa – como é o caso dos cedidos (dos temporários – art. 186.°/1 – ou dos de empresas de prestação de serviços) – leva o legislador a ter para com eles uma especial atenção na procura da igualdade com os restantes (vd. para estes, art. 5.° e ss. da lei n.° 102/2009).

2 – Sobre a afectação de trabalhador cedido a posto de trabalho perigoso (n.° 3), vd. art. 175.°/4 e nota. Também aqui, pelo mesmo motivo, se justifica que a admissão de trabalhador da empresa cedente para posto de trabalho perigoso se estribe em meras razões de qualificação profissional.

ARTIGO 293.°

Enquadramento de trabalhador cedido

....

2 – O cessionário deve comunicar à comissão de trabalhadores o início da utilização de trabalhador em regime de cedência ocasional, no prazo de cinco dias úteis.

3 – Constitui contra-ordenação leve a violação do disposto no número anterior.

Nota:

Parece que se não houver comissão de trabalhadores na empresa não se torna necessário o cumprimento do preceituado em 2. Para o concluir basta comparar a sua redacção com a do art. 299.°/1.

Redução da actividade e suspensão de contrato de trabalho

ARTIGO 295.°

Efeitos da redução ou da suspensão

1 – Durante a redução ou suspensão, mantêm-se os direitos, deveres e garantias das partes que não pressuponham a efectiva prestação de trabalho.

2 – O tempo de redução ou suspensão conta-se para efeitos de antiguidade.

3 – A redução ou suspensão não tem efeitos no decurso de prazo de caducidade, nem obsta a que qualquer das partes faça cessar o contrato nos termos gerais.

4 – Terminado o período de redução ou suspensão, são restabelecidos os direitos, deveres e garantias das partes decorrentes da efectiva prestação de trabalho.

5 – Constitui contra-ordenação grave o impedimento por parte do empregador a que o trabalhador retome a actividade normal após o termo do período de redução ou suspensão.

Nota:
Relativamente ao regime do CT/2003 foi aditado o n.° 4, cujo teor era ali apenas subentendido. É com base nele, isto é, com o restabelecimento dos direitos finda a redução ou suspensão, ou antes com o impedimento a essa retoma, que se consagra agora a contra-ordenação que antes era tida por violação dos n.os 1 e 2[173].

Situação de crise empresarial

ARTIGO 299.°
Comunicações em caso de redução ou suspensão

1 – O empregador comunica, por escrito, à comissão de trabalhadores ou, na sua falta, à comissão intersindical ou comissões sindicais da empresa representativas dos trabalhadores a abranger, a intenção de reduzir ou suspender a prestação do trabalho, informando-as simultaneamente sobre:

a) Fundamentos económicos, financeiros ou técnicos da medida;
b) Quadro de pessoal, discriminado por secções;
c) Critérios para selecção dos trabalhadores a abranger;
d) Número e categorias profissionais dos trabalhadores a abranger;
e) Prazo de aplicação da medida;
f) Áreas de formação a frequentar pelos trabalhadores durante o período de redução ou suspensão, sendo caso disso.

---

[173] Cfr. art. 677.°/1 do CT/2003.

2 – Na falta das entidades referidas no n.° 1, o empregador comunica, por escrito, a cada trabalhador a abranger, a intenção de reduzir ou suspender a prestação de trabalho, podendo estes, nos cinco dias posteriores à recepção da comunicação, designar de entre eles uma comissão representativa com o máximo de três ou cinco elementos, consoante a medida abranja até 20 ou mais trabalhadores.

3 – No caso previsto no número anterior, o empregador envia à comissão a informação referida no n.° 1.

4 – Constitui contra-ordenação grave a violação do disposto neste artigo.

Nota:
Diferentemente do que se passa com o art. 293.°/2, aqui a lei pretende que se efective um processo negocial com as estruturas representativas ou os próprios trabalhadores que virão a ser afectados com a redução ou suspensão. É a sua não efectivação que é contra-ordenacionalizada.

ARTIGO 300.°
Informações e negociação em caso de redução ou suspensão

1 – Nos cinco dias posteriores ao facto previsto no n.° 1 ou 3 do artigo anterior, o empregador promove uma fase de informações e negociação com a estrutura representativa dos trabalhadores, com vista a um acordo sobre a modalidade, âmbito e duração das medidas a adoptar.

2 – A acta das reuniões de negociação deve conter a matéria acordada e, bem assim, as posições divergentes das partes, com as opiniões, sugestões e propostas de cada uma.

3 – Celebrado o acordo ou, na falta deste, após terem decorrido 10 dias sobre o envio da informação previsto no n.° 1 ou 3 do artigo anterior ou, na falta desta, da comunicação referida no n.° 2 do mesmo artigo, o empregador comunica a cada trabalhador, por escrito, a medida que decidiu aplicar, com menção expressa do fundamento e das datas de início e termo da aplicação.

4 – Na data das comunicações referidas no número anterior, o empregador remete à estrutura representativa dos trabalhadores e ao serviço competente do ministério responsável pela área da segurança social a acta a que se refere o n.° 2, bem como relação de que conste o nome dos trabalhadores, morada, datas de nascimento e de admissão na empresa, situa-

ção perante a segurança social, profissão, categoria e retribuição e, ainda, a medida individualmente adoptada, com indicação das datas de início e termo da aplicação.

5 – Na falta de acta da negociação, o empregador envia às entidades referidas no número anterior um documento em que o justifique e descreva o acordo, ou as razões que obstaram ao mesmo e as posições finais das partes.

6 – Constitui contra-ordenação leve a violação do disposto neste artigo.

Nota:

Trata-se aqui de uma contra-ordenação, não propriamente por ausência de negociação, mas antes do incumprimento de algum ou alguns dos procedimentos no processo negocial o que acarreta mera CO leve.

ARTIGO 301.°
Duração de medida de redução ou suspensão

1 – A redução ou suspensão deve ter uma duração previamente definida, não superior a seis meses ou, em caso de catástrofe ou outra ocorrência que tenha afectado gravemente a actividade normal da empresa, um ano.

....

5 – Constitui contra-ordenação leve a violação do disposto no n.° 1.

Nota:

Tanto integra a contra-ordenação a não fixação prévia de duração da redução ou suspensão, como a ultrapassagem dos limites temporais fixados.

ARTIGO 302.°
Formação profissional durante a redução ou suspensão

....

2 – O empregador elabora o plano da formação, precedido de consulta aos trabalhadores abrangidos e de parecer da estrutura representativa dos trabalhadores.

3 – A resposta dos trabalhadores e o parecer referido no número anterior devem ser emitidos em prazo indicado pelo empregador, não inferior a cinco dias.

4 – Constitui contra-ordenação leve a violação do disposto nos n.os 2 e 3.

Nota:

A especificidade mais relevante deste artigo respeita à contra-ordenação ao n.° 3. É que, se quanto ao n.° 2 se compreende na infracção a não elaboração do plano de formação ou a sua elaboração sem a consulta dos trabalhadores e respectiva estrutura representativa, já quanto ao n.° 3 parece que a CO será a não elaboração da resposta por aqueles ou do parecer por esta, sendo, por isso, os seus sujeitos activos. Ou será que se quis, simplesmente penalizar o empregador que não lhes concede um prazo de, pelo menos, 5 dias?

É o resultado da utilização da técnica legislativa de consagração das contra-ordenações através da pura remissão para a norma determinativa da conduta.

ARTIGO 303.°
Deveres do empregador no período de redução ou suspensão

1 – Durante o período de redução ou suspensão, o empregador deve:

a) Efectuar pontualmente o pagamento da compensação retributiva;

b) Pagar pontualmente as contribuições para a segurança social sobre a retribuição auferida pelos trabalhadores;

c) Não distribuir lucros, sob qualquer forma, nomeadamente a título de levantamento por conta;

d) Não aumentar a retribuição ou outra prestação patrimonial atribuída a membro de corpos sociais, enquanto a segurança social comparticipar na compensação retributiva atribuída aos trabalhadores;

e) Não proceder a admissão ou renovação de contrato de trabalho para preenchimento de posto de trabalho susceptível de ser assegurado por trabalhador em situação de redução ou suspensão.

2 – Constitui contra-ordenação grave a violação do disposto no número anterior.

Nota:

Sobre a compensação retributiva (dois terços da retribuição ilíquida ou a remuneração mínima mensal garantida, consoante o valor mais elevado) consultar o art. 305.°/1.

ARTIGO 305.°
Direitos do trabalhador no período de redução ou suspensão

1 – Durante o período de redução ou suspensão, o trabalhador tem direito:

a) A auferir mensalmente um montante mínimo igual a dois terços da sua retribuição normal ilíquida, ou o valor da retribuição mínima mensal garantida correspondente ao seu período normal de trabalho, consoante o que for mais elevado;

b) A manter as regalias sociais ou prestações da segurança social a que tenha direito e a que a respectiva base de cálculo não seja alterada por efeito da redução ou suspensão;

c) A exercer outra actividade remunerada

6 – Constitui contra-ordenação grave a violação do disposto na alínea *a*) do n.° 1, ou na alínea *b*) do mesmo número na parte respeitante ao empregador.

Nota:
Verifica-se na última parte do n.° 6 ao referir *na parte respeitante ao empregador,* o cuidado que o legislador teve para que a CO não fosse imputável à segurança social. Cuidado esse que não se verificava no regime do CT/2003 (art. 677.°/1).

ARTIGO 306.°
Efeitos da redução ou suspensão em férias, subsídio de férias ou de Natal

1 – O tempo de redução ou suspensão não afecta o vencimento e a duração do período de férias.

2 – A redução ou suspensão não prejudica a marcação e o gozo de férias, nos termos gerais, tendo o trabalhador direito ao pagamento pelo empregador do subsídio de férias devido em condições normais de trabalho.

3 – O trabalhador tem direito a subsídio de Natal por inteiro, que é pago pela segurança social em montante correspondente a metade da compensação retributiva e pelo empregador no restante.

4 – Constitui contra-ordenação grave a violação do disposto nos n.os 1, 2 ou 3, este na parte respeitante ao empregador.

Nota:
Veja-se relativamente ao n.º 4 a nota ao artigo anterior.

ARTIGO 308.º
Direitos dos representantes dos trabalhadores durante a redução ou suspensão

1 – A medida de redução ou suspensão relativa a trabalhador que seja delegado sindical ou membro de estrutura de representação colectiva dos trabalhadores não prejudica o direito ao exercício das correspondentes funções na empresa.

2 – Constitui contra-ordenação grave a violação do disposto no número anterior.

Nota:
Sobre o exercício de funções de delegado sindical, veja-se os arts 460.º a 468.º e as de membro da comissão de trabalhadores, os arts. 415.º ss..

Encerramento e diminuição temporários de actividade

ARTIGO 309.º
Retribuição durante o encerramento ou a diminuição de actividade

1 – Em caso de encerramento temporário ou diminuição temporária de actividade de empresa ou estabelecimento que não respeite a situação de crise empresarial, o trabalhador tem direito a:

a) Sendo devido a caso fortuito ou de força maior, 75% da retribuição;

b) Sendo devido a facto imputável ao empregador ou por motivo de interesse deste, a totalidade da retribuição.

2 – Ao valor da retribuição deduz-se o que o trabalhador receba no período em causa por outra actividade que tenha passado a exercer por efeito do encerramento ou diminuição de actividade.

3 – Constitui contra-ordenação grave a violação do disposto no n.° 1.

Nota:

Mais uma vez, como tantas outras, não é possível verificar o preenchimento dos pressupostos objectivos da CO com a simples remissão que é feita na norma tipificadora, uma vez que tem de ser sopesada com as excepções que outras lhe consagram, como é aqui o caso do n.° 2.

ARTIGO 311.°

Procedimento em caso de encerramento temporário por facto imputável ao empregador

....

3 – O empregador informa os trabalhadores e a comissão de trabalhadores ou, na sua falta, a comissão intersindical ou as comissões sindicais da empresa, sobre fundamento, duração previsível e consequências de encerramento, com antecedência não inferior a 15 dias ou, sendo esta inviável, logo que possível.

....

5 – Constitui contra-ordenação muito grave a violação não dolosa do disposto no n.° 3.

Notas:

1 – A norma de tipificação de CO do n.° 5 é um curioso fenómeno de paralelismo legislativo entre o Direito Penal e o DMOS. O elemento objectivo do tipo de ilícito indicado no n.° 3 é exactamente o mesmo para os dois ramos. O que faz a diferença é o elemento subjectivo: Se houver dolo estaremos perante um crime. Se mera negligência perante uma CO, ainda que muito grave.

2 – Ver, além do crime tipificado no art. 316.°/1, as notas aí insertas.

ARTIGO 312.°

Caução em caso de encerramento temporário por facto imputável ao empregador

1 – Em situação prevista no artigo anterior, o empregador constitui a caução que garanta o pagamento de retribuições em mora, se existirem, de retribuições referentes ao período de encerramento e de compensações por despedimento, relativamente aos trabalhadores abrangidos.

....

4 – A caução deve ser reforçada proporcionalmente em caso de aumento de retribuições, da duração do encerramento ou da sua extensão a outro estabelecimento da empresa.

6 – Constitui contra-ordenação muito grave a violação não dolosa do disposto nos n.os 1 ou 4.

Notas:

Ver a nota 1 ao art. anterior assim como as do art. 316.°.

ARTIGO 313.°
Actos proibidos em caso de encerramento temporário

1 – Em caso de encerramento temporário de empresa ou estabelecimento a que se refere o n.° 1 do artigo 311.°, o empregador não pode:

a) Distribuir lucros ou dividendos, pagar suprimentos e respectivos juros ou amortizar quotas sob qualquer forma;

b) Remunerar membros dos corpos sociais por qualquer meio, em percentagem superior à paga aos respectivos trabalhadores;

c) Comprar ou vender acções ou quotas próprias a membros dos corpos sociais;

d) Efectuar pagamentos a credores não titulares de garantia ou privilégio com preferência em relação aos créditos dos trabalhadores, salvo se tais pagamentos se destinarem a permitir a actividade da empresa;

e) Efectuar pagamentos a trabalhadores que não correspondam ao rateio do montante disponível, na proporção das respectivas retribuições;

f) Efectuar liberalidades, qualquer que seja o título;

g) Renunciar a direitos com valor patrimonial;

h) Celebrar contratos de mútuo na qualidade de mutuante;

i) Proceder a levantamentos de tesouraria para fim alheio à actividade da empresa.

2 – A proibição a que se refere qualquer das alíneas *d*) a *g*) do número anterior cessa em caso de declaração expressa neste sentido, por escrito, de dois terços dos trabalhadores abrangidos.

Notas:

1 – As proibições elencadas respeitam todas a actos que importam diminuição do património ou correm o risco de o afectar e, por isso, numa situação de crise empresarial que levou a encerramento temporário, impõe-se acautelar em benefício dos trabalhadores.

2 – Ver notas ao art. 316.°.

ARTIGO 316.°
Responsabilidade penal em caso de encerramento de empresa ou estabelecimento

1 – O empregador que encerre, temporária ou definitivamente, empresa ou estabelecimento, em caso previsto no artigo 311.° ou no artigo anterior, sem ter dado cumprimento ao disposto nos artigos 311.° e 312.°, é punido com pena de prisão até 2 anos ou de multa até 240 dias.

2 – A violação do disposto no artigo 313.° é punida com pena de prisão até 3 anos, sem prejuízo de pena mais grave aplicável ao caso.

Notas:

1 – Os crimes de encerramento ilícito de empresa ou estabelecimento encontravam-se previstos nos 465.° a 467.° da Lei n.° 35/2004, de 29 de Julho. O legislador do CT/2009 aproveitou a oportunidade para uma aglutinação maior dos tipos ali descritos encerrando-os neste art. 316.°. Na realidade, porém, trata-se de dois tipos legais distintos.

2 – (Encerramento temporário ou definitivo por facto imputável ao empregador sem cumprimento das normas procedimentais)

Com este crime, que precisamente viu pela primeira vez a luz do dia em 2004, com a publicação da impropriamente chamada Lei Regulamentar do Código, pretende-se prevenir as frequentes situações de empregadores que inopinadamente deixam de exercer actividade, interditam o acesso ao local de trabalho ou recusam o fornecimento de condições e instrumentos de trabalho, assim provocando paralisação da empresa ou de estabelecimento. A redacção actual resulta de condensação da anterior, contendo, por isso, várias alterações.

Tal como sucede com o lock-out, também no encerramento temporário há uma paralisação da empresa, que pode ser total ou parcial, mas que o empregador pretende reiniciar. A diferença estará na intencionalidade do encerramento. Enquanto no tipo *sub judicio* o empregador pretenderia proceder a um despedimento colectivo, despedimento por extinção do posto de trabalho, redução do período normal de trabalho ou suspensão do contrato em situação de crise, mas não informou os trabalhadores nem constituiu caução[174], no lock-out a paralisação visa *atingir finalidades alheias à normal actividade da empresa* (art. 544.°/1), normalmente de natureza retaliatória.

3 – O **bem jurídico** em questão, em primeiro plano, é o **diálogo social**. Mas também a possibilidade de controlo daqueles actos de gestão que afectam particularmente os trabalhadores, pelas suas estruturas representativas[175].

Pela sua própria natureza, a **conduta** – trata-se de um crime de mera conduta, pelo que não é necessário que tenha provocado dano nos trabalhadores – é, ou pode ser, de fácil determinação material. Normalmente ocorre quando os trabalhadores são surpreendidos com os portões da fábrica encerrados, mas pode envolver outras condutas mais sofisticadas, como a ausência dos titulares da empresa em parte incerta ou a deliberada falta de matérias-primas.

4 – Como os restantes crimes previstos no Código do Trabalho, o **tipo subjectivo** exige dolo e, por isso, a prova dos elementos de facto donde se possa extrair. Aliás o preceito contém uma norma segundo a qual, se a falta de cumprimento dos procedimentos assinalados for devida a mera negligência, estar-se-á perante uma contra-ordenação muito grave (art. 311.°/5).

Em tese, quase todas as **causas de justificação** podem aqui ter lugar (exercício de um direito, cumprimento de um dever – art. 31.°/2 do CP[176]) mas a que assume maior relevo é o consentimento, uma vez que a caução pode, em certas circunstâncias, ser dispensada se dois terços dos trabalhadores o declararem por escrito.

Também pode assumir relevo como **causa de exculpação** o erro sobre as circunstâncias do facto (art. 16.°/1 do CP), designadamente sobre os elementos do tipo (obrigatoriedade de informação prévia dos trabalhadores) cujo conhecimento nos parece *razoavelmente indispensável* para que o empregador possa tomar consciência da ilicitude[177], assim como a falta de consciência da ilicitude não censurável (art. 17.°/1 do CP).

Por último a lei assimila às do encerramento temporário as consequências do encerramento definitivo (art. 315.°).

---

[174] Parece que basta o incumprimento do disposto num qualquer dos dois preceitos (falta de informação – 311.° ou falta de caução – 312.°) para o preenchimento do tipo objectivo.

[175] Vd. arts. 426.° e ss..

[176] Embora nos pareça dificilmente justificável a falta de informação dos trabalhadores com a existência de um qualquer outro dever. O mesmo já se não passará, porém, com a falta de constituição de caução.

[177] O que excluiria o dolo, mantendo-se a punição a título de negligência. Todavia, porque é sempre necessário o dolo neste tipo de crimes, a acção não seria punível.

5 – (Actos proibidos em caso de encerramento temporário).

Ainda em caso de encerramento temporário, por força do disposto no art. 316.°/2, são proibidos todos aqueles actos que possam afectar negativamente o património da empresa, tais como distribuir lucros ou dividendos, remunerar os membros dos corpos sociais em percentagem superior à paga aos trabalhadores – tendo em conta que estes podem ver o salário reduzido a 75% em situação de crise empresarial (art. 305.°/1) –, comprar ou vender acções, etc., sendo que alguns deles, como, por exemplo, efectuar pagamentos a credores ou a trabalhadores, podem ser realizados desde que nisso acordem dois terços dos trabalhadores abrangidos.

Trata-se, também aqui, de um **crime de mera conduta**, uma vez que o preenchimento do tipo objectivo não exige a prova do resultado danoso do acto do empregador.

Remete-se para o tipo legal anterior com reforço da nota que o legislador não alterou as molduras pelo que é até 3 anos a pena de prisão.

A circunstância de no n.° 2 apenas se prever pena de prisão, e não também multa, implicaria *a priori* que não fosse responsável a pessoa colectiva, mas tão-só a pessoa que com *posição de liderança* interveio na prática do facto. Todavia, há que atentar no disposto no n.° 2 do art. 90.°-B do CP segundo o qual *um mês de prisão corresponde, para as pessoas colectivas e entidades equiparadas, a 10 dias de multa.*

Licença sem retribuição

ARTIGO 317.°
Concessão e efeitos da licença sem retribuição

....

2 – O trabalhador tem direito a licença sem retribuição de duração superior a 60 dias para frequência de curso de formação ministrado sob responsabilidade de instituição de ensino ou de formação profissional, ou no âmbito de programa específico aprovado por autoridade competente e executado sob o seu controlo pedagógico, ou para frequência de curso ministrado em estabelecimento de ensino.

....

5 – Constitui contra-ordenação grave a violação do disposto no n.° 2.

Nota:

Por força do n.° 2, o trabalhador tem verdadeiramente direito a exigir que o empregador lhe conceda licença sem retribuição, designadamente para frequentar um curso de formação devidamente acreditado. Todavia tal direito é condicionado pelas circunstâncias do n.° 3, de entre as quais se salienta a sua abolição prática nas empresas com menos de 50 trabalhadores (alínea *d*)).

Incumprimento do contrato

ARTIGO 324.°
Efeitos para o empregador de falta de pagamento pontual da retribuição

1 – Ao empregador em situação de falta de pagamento pontual de retribuição é aplicável o disposto no artigo 313.°.

2 – O acto de disposição do património da empresa praticado em situação de falta de pagamento pontual de retribuições, ou nos seis meses anteriores, é anulável nos termos do artigo 314.°.

3 – A violação do n.° 1 é punida com pena de prisão até 3 anos, sem prejuízo de pena mais grave aplicável ao caso.

Nota:

Com origem na lei dos salários em atraso[178], se encontra este tipo legal de crime, cuja função é evitar a delapidação do património quando a empresa enfrenta problemas salariais, e que já então inibia a entidade patronal de certos actos que para tal podiam contribuir cominando-lhe pena de prisão.

O que se disse na nota 5 ao art. 316.° é, nos termos do prescrito neste art. 324.°, igualmente válido para a situação de falta de pagamento pontual da retribuição, cujo conceito e contornos se encontram disseminados pelos arts. 258.° a 280.° que, assim, se podem tornar imprescindíveis para a determinação do tipo objectivo. Também igualmente invocável é o dever do empregador fixado na al. *b*) do n.° 1 do art. 127.°. Com excepção da epígrafe – que no texto anterior aparecia como *actos proibidos em caso de incumprimento do contrato* – mantém-se o tipo assim como a dosimetria da pena.

---

[178] Cfr.art. 13.°/3 da L 17/86, de 14/06.

Suspensão do contrato de trabalho por não pagamento pontual da retribuição

ARTIGO 325.°
Requisitos da suspensão de contrato de trabalho

....

3 – A falta de pagamento pontual da retribuição por período de 15 dias é declarada, a pedido do trabalhador, pelo empregador ou, em caso de recusa, pelo serviço referido no n.° 1, no prazo de cinco ou 10 dias, respectivamente.

....

5 – Constitui contra-ordenação leve a violação do disposto no n.° 3.

Notas:

1 – Sobre as prestações de desemprego em caso de suspensão do contrato de trabalho pelo trabalhador com fundamento em não pagamento pontual da retribuição, ver os arts. 25.° a 31.° da Lei n.° 105/2009, de 14/09.

2 – Sobre o tema, na doutrina veja-se, de João Leal Amado, *O incumprimento da obrigação retributiva e o art. 364.°/2 do Código do Trabalho* [de 2003], *in* VIII Congresso Nacional de Direito do Trabalho, coordenação de António José Moreira, pp. 115 a 129.

Poder disciplinar

ARTIGO 328.°
Sanções disciplinares

....

3 – A aplicação das sanções deve respeitar os seguintes limites:

a) As sanções pecuniárias aplicadas a trabalhador por infracções praticadas no mesmo dia não podem exceder um terço da retribuição diária e, em cada ano civil, a retribuição correspondente a 30 dias;

b) A perda de dias de férias não pode pôr em causa o gozo de 20 dias úteis;

c) A suspensão do trabalho não pode exceder 30 dias por cada infracção e, em cada ano civil, o total de 90 dias.

4 – Sempre que o justifiquem as especiais condições de trabalho, os limites estabelecidos nas alíneas *a*) e *c*) do número anterior podem ser elevados até ao dobro por instrumento de regulamentação colectiva de trabalho.

....

6 – Constitui contra-ordenação grave a violação do disposto nos n.os 3 ou 4.

Notas:

1 – Assinale-se o desaparecimento do elenco de sanções disciplinares constantes do CT/2003 (art. 366.°) da "perda de dias de férias", que alguns autores criticavam por atentar contra o direito ao repouso e à saúde dos trabalhadores (v.g., Fausto Leite, – *A Reforma do Código do Trabalho,* Coimbra Editora, 2004, p. 345.

2 – A remissão do n.° 6 para o n.° 4 constitui um exemplo acabado da dificuldade que surge da imputação das CO por virtude da utilização desta técnica legislativa. Se quanto ao n.° 3 se compreende que a imputação seja feita ao empregador que aplica uma sanção que extravase os limites fixados, já o que parece mais directamente decorrer da letra da disposição normativa do n.° 4 é a de que a CO estatuída no n.° 6 seria de imputar aos subscritores do irct. Estes é que seriam os responsáveis pela elevação para mais que o dobro dos limites estabelecidos no 3/*a*) e 3/*c*). A ser assim estar-se-ia perante mais uma situação de responsabilidade solidária pela CO.

Todavia, esta não parece ser a melhor interpretação. O que o legislador terá querido foi imputar responsabilidade contra-ordenacional ao empregador que, mesmo num irct que permita o sancionamento pelo dobro dos tais limites, ainda assim os ultrapassa aplicando uma sanção ainda mais gravosa ao trabalhador.

3 – Na doutrina, de Maria Adelaide Domingos, veja-se *Poder e procedimento disciplinar no Código do Trabalho, in* A Reforma do Código do Trabalho, Coimbra Editora, 2004, pp. 475 a 493.

ARTIGO 329.°
Procedimento disciplinar e prescrição

....

6 – A sanção disciplinar não pode ser aplicada sem audiência prévia do trabalhador.

....

8 – Constitui contra-ordenação grave a violação do disposto no n.° 6.

Notas:

1 – Audiência prévia do trabalhador significa que o trabalhador há-de, pelo menos, ser acusado da infracção que, em concreto, isto é, com referência às circunstâncias de tempo, lugar e modo, houver praticado e também terá de se lhe assegurar a possibilidade de quanto a ela se defender. Mas não é obrigatória a realização das diligências que o trabalhador requerer no exercício do direito de defesa, a não ser em casos especiais. (art. 356.°).

2 – A jurisprudência tem acentuado que o n.° 6 é também aplicável quando estiver em causa a mera repreensão, isto é, repreensão que nem sequer é registada no cadastro disciplinar do trabalhador (art. 332.°).

Jurisp.:

....

IV – Para que uma sanção se considere abusiva é necessário que se prove, ou se presuma, uma relação directa de causa/efeito entre uma situação enquadrável numa das alíneas do n.° 1 do art. 32.° da LCT e a sanção.

V – É de considerar abusiva a sanção disciplinar de repreensão simples aplicada pela ré ao autor, delegado sindical, com fundamento no abandono do trabalho por este, se não provou não só a infracção que justificou a sanção, como ainda que a aplicação da sanção não se ficou a dever ao exercício pelo autor das funções sindicais ou à reclamação contra direitos e garantias.

....

(Ac do STJ de 13/02/2008, Proc. 06S4106, relatado por Mário Pereira).

ARTIGO 330.°
Critério de decisão e aplicação de sanção disciplinar

....

2 – A aplicação da sanção deve ter lugar nos três meses subsequentes à decisão, sob pena de caducidade.

3 – O empregador deve entregar ao serviço responsável pela gestão financeira do orçamento da segurança social o montante de sanção pecuniária aplicada.

4 – Constitui contra-ordenação grave a violação do disposto nos n.os 2 ou 3.

Notas:

1 – Para além de ter caducado o exercício da acção disciplinar três meses após a decisão, e a sanção ser, por isso, inválida, a lei comina ainda a sua aplicação com a coima de CO grave.

2 – Sendo admitido o desconto da sanção pecuniária na retribuição devida ao trabalhador (art. 279.°/2/*c*)), o empregador não pode reter para si a respectiva soma pecuniária, mas deve entregá-la ao IGFSS.

ARTIGO 331.°
Sanções abusivas

1 – Considera-se abusiva a sanção disciplinar motivada pelo facto de o trabalhador:

a) Ter reclamado legitimamente contra as condições de trabalho;
b) Se recusar a cumprir ordem a que não deva obediência, nos termos da alínea *e*) do n.° 1 e do n.° 2 do artigo 128.°;
c) Exercer ou candidatar-se ao exercício de funções em estrutura de representação colectiva dos trabalhadores;
d) Em geral, exercer, ter exercido, pretender exercer ou invocar os seus direitos ou garantias.

2 – Presume-se abusivo o despedimento ou outra sanção aplicada alegadamente para punir uma infracção, quando tenha lugar:

a) Até seis meses após qualquer dos factos mencionados no número anterior;
b) Até um ano após reclamação ou outra forma de exercício de direitos relativos a igualdade e não discriminação.

3 – O empregador que aplicar sanção abusiva deve indemnizar o trabalhador nos termos gerais, com as alterações constantes dos números seguintes.

....

7 – Constitui contra-ordenação grave a aplicação de sanção abusiva.

Jurisp.:

I – A lei [LCT, arts 32.° a 34.°] *faz uma enumeração das sanções que se devem considerar como abusivas e estabelece um critério geral para definir como abusiva qualquer sanção disciplinar cuja aplicação tenha sido motivada pelo facto de o trabalhador exercer ou pretender exercer direito ou invocar direitos ou garantias que lhe assistem.*

II – Será, assim, abusiva a sanção quando o empregador utiliza o poder disciplinar para fins diferentes dos previstos na lei, isto é, não com a finalidade da punição do trabalhador pela prática de uma infracção disciplinar, mas antes com a intenção de causar-lhe prejuízo pelo facto de este exercer, legitimamente, um direito que a lei lhe confere.

III – As sanções abusivas surgem como uma das formas típicas que pode assumir , no âmbito laboral, a figura do abuso do direito ou do exercício inadmissível de posições jurídicas, representando uma clara violação de princípio geral da boa fé.

IV – Não obstante as sanções abusivas constituírem um afloramento da aplicação do princípio geral do abuso direito, definido no art. 334.° do C. Civil, o legislador ao enunciá-las, mesmo que numa formulação com alguma generalidade, prescrevendo para as mesmas as consequências aludidas nos arts. 33.° e 34.° da L.C.T., faz uma enumeração taxativa.

V – Se se fosse a entender de outra maneira, teríamos que toda a sanção que fosse aplicada e considerada inadequada ao comportamento do trabalhador e, portanto mal aplicada, seria "abusiva" por ofender direitos do trabalhador. E, assim, não se compreenderia o motivo por que o legislador não havia de utilizar uma previsão de tal modo ampla que fosse capaz de abarcar toda e qualquer sanção aplicada ao trabalhador sem justificação bastante.

(Ac do TRL de 16/02/2000, Proc. 0073064, N.° Conv. JTRL00026229, relatado por Pereira Rodrigues).

ARTIGO 332.°
Registo de sanções disciplinares

1 – O empregador deve ter um registo actualizado das sanções disciplinares, feito por forma que permita facilmente a verificação do cumprimento das disposições aplicáveis, nomeadamente por parte das autoridades competentes que solicitem a sua consulta.

2 – Constitui contra-ordenação leve a violação do disposto no número anterior.

Nota:

Nenhuma infracção cometerá o empregador que não possua o registo a que se refere o preceito quanto aos trabalhadores que nunca sofreram qualquer sanção.

Cessação do contrato de trabalho

ARTIGO 341.°
Documentos a entregar ao trabalhador

1 – Cessando o contrato de trabalho, o empregador deve entregar ao trabalhador:

a) Um certificado de trabalho, indicando as datas de admissão e de cessação, bem como o cargo ou cargos desempenhados;

b) Outros documentos destinados a fins oficiais, designadamente os previstos na legislação de segurança social, que deva emitir mediante solicitação.

2 – O certificado de trabalho só pode conter outras referências a pedido do trabalhador.

3 – Constitui contra-ordenação leve a violação do disposto neste artigo.

Notas:

1 – O certificado de trabalho (n.° 1/*a*)) é um documento comprovativo das qualificações profissionais e da experiência adquirida ao longo da vida activa pelo trabalhador, e destina-se fundamentalmente a instruir o currículo profissional que será presente a uma nova entidade para uma eventual nova admissão. Por isso, salvo quando o trabalhador solicite o qualificativo da actividade desempenhada, só deve conter os elementos objectivos indicados sem referência, sequer ao motivo da cessação do contrato.

2 – A CO mais frequente no âmbito deste art. (n.° 1/*b*)) respeita ao não preenchimento e entrega ao trabalhador que o solicite, no prazo de 5 dias, do documento (ou do seu envio pela Internet) de confirmação pelo empregador da situação de desemprego, conforme prescrições constantes dos arts. 73.° e 74.° do Dec.-Lei n.° 220/2006, de 03/11, e que lhe dá acesso ao fundo de desemprego.

Caducidade de contrato de trabalho

ARTIGO 344.°
Caducidade de contrato de trabalho a termo certo

....

2 – Em caso de caducidade de contrato a termo certo decorrente de declaração do empregador, o trabalhador tem direito a compensação correspondente a três ou dois dias de retribuição base e diuturnidades por cada mês de duração do contrato, consoante esta não exceda ou seja superior a seis meses, respectivamente.

....

4 – Constitui contra-ordenação grave a violação do disposto no n.° 2.

Notas:

1 – A compensação é devida se for o empregador a declarar a caducidade do contrato, certo ou incerto ou se esta resultar da impossibilidade superveniente, absoluta e definitiva do empregador (art. 346.°/5). Aqui, porém, a compensação é semelhante à devida em caso de despedimento colectivo. Mas já não se verificará compensação se a impossibilidade é do trabalhador, se resulta da sua reforma ou de declaração de caducidade de sua iniciativa.

2 – A questão que aqui se levanta respeita a saber se, na hipótese de as partes acordarem logo na celebração do contrato em que este se não renova (para quem admita a legalidade de um tal acordo), há ou não lugar a compensação. Para uma resposta positiva, veja-se MIGUEL R. DOS SANTOS, *in* RDES (2005) p. 439.

ARTIGO 345.°
Caducidade de contrato de trabalho a termo incerto

....

4 – Em caso de caducidade de contrato a termo incerto, o trabalhador tem direito a compensação calculada nos termos dos n.os 2 e 3 do artigo anterior.

5 – Constitui contra-ordenação grave a violação do disposto no número anterior.

Nota:

Tal como sucede com a compensação no termo certo, também aqui, no termo incerto, há uma iniquidade resultante da passagem da compensação de 3 para 2 dias. Assim, num contrato de 5 meses a compensação será de (5x3) 15 dias de retribuição, enquanto num contrato de 7 meses ela será de apenas (7x2) 14 dias. Não se vê outra forma de a debelar senão a de, sempre que essa injustiça se verifique, considerar os primeiros seis meses pelo factor 3 e o tempo acima desse pelo factor 2.

ARTIGO 346.°
Morte de empregador, extinção de pessoa colectiva ou encerramento de empresa

....

5 – Verificando-se a caducidade do contrato em caso previsto num dos números anteriores, o trabalhador tem direito a compensação calculada nos termos do artigo 366.°, pela qual responde o património da empresa.

6 – Constitui contra-ordenação grave a violação do disposto no número anterior.

Nota:

Também é devida compensação por caducidade resultante da morte do empregador em nome individual, de extinção de pessoa colectiva, ou de encerramento total ou parcial de empresa, mesmo que de microempresa se trate. Esta compensação é coincidente com a devida em caso de despedimento colectivo (um mês por cada ano de antiguidade, no mínimo de 3 meses).

Revogação de contrato de trabalho

ARTIGO 349.°
Cessação de contrato de trabalho por acordo

2 – O acordo de revogação deve constar de documento assinado por ambas as partes, ficando cada uma com um exemplar.

3 – O documento deve mencionar expressamente a data de celebração do acordo e a de início da produção dos respectivos efeitos.

4 – Constitui contra-ordenação leve a violação do disposto nos n.os 2 ou 3.

Jurisp.:

III – Este tipo de declaração é normalmente emitido aquando do acerto de contas após a cessação do contrato: o empregador paga determinada importância, exigindo em troca a emissão daquela declaração, a fim de evitar futuros litígios e, por sua vez, o trabalhador aceita passar essa declaração em troca da quantia que recebe, evidenciando-se, assim, um verdadeiro acordo negocial, com interesse para ambas as partes.

IV – É entendimento deste Supremo Tribunal que o contrato de "remissão abdicativa" tem plena aplicação no domínio das relações laborais, designadamente quando as partes se dispõem a negociar a cessação do vínculo pois, nessa fase, já não colhe o princípio da indisponibilidade dos créditos laborais, que se circunscreve ao período de vigência do contrato de trabalho, o que não exclui que tal contrato não possa ser tido como inválido, sempre que concorra um vício na declaração da vontade, seja ele intrínseco ao agente ou motivado por terceiros.

(Ac do STJ de 25/11/2009, Proc. 274/07.6TTBRR.S1, relatado por Sousa Grandão).

Despedimento por facto imputável ao trabalhador

ARTIGO 353.°
Nota de culpa

1 – No caso em que se verifique algum comportamento susceptível de constituir justa causa de despedimento, o empregador comunica, por escrito, ao trabalhador que o tenha praticado a intenção de proceder ao seu despedimento, juntando nota de culpa com a descrição circunstanciada dos factos que lhe são imputados.

2 – Na mesma data, o empregador remete cópias da comunicação e da nota de culpa à comissão de trabalhadores e, caso o trabalhador seja representante sindical, à associação sindical respectiva.

....

4 – Constitui contra-ordenação grave, ou muito grave no caso de representante sindical, o despedimento de trabalhador com violação do disposto nos n.ºs 1 ou 2.

Nota:

Deve entender-se que no conceito de representante sindical são englobados os delegados sindicais (art. 463.°) assim como os membros da direcção de associação sindical (art. 468.°).

Jurisp.: ....

IV – Cabe ao empregador a imputação dos factos integrantes da justa causa do despedimento, a descrever na nota de culpa e a dar como assentes na decisão final do processo disciplinar, sendo esses os únicos que podem ser invocados na acção de impugnação do despedimento, pelo que tais factos são constitutivos do direito do empregador ao despedimento do trabalhador ou, na perspectiva pro-

cessual da dita acção de impugnação, impeditivos do direito à reintegração ou ao direito indemnizatório que o trabalhador nela acciona, com base numa alegada ilicitude do despedimento.

....

(Ac do STJ de 13/01/2010, Proc. 4583/06.3TTL.SB.S1, relatado por MÁRIO PEREIRA).

ARTIGO 355.°
Resposta à nota de culpa

1 – O trabalhador dispõe de 10 dias úteis para consultar o processo e responder à nota de culpa, deduzindo por escrito os elementos que considera relevantes para esclarecer os factos e a sua participação nos mesmos, podendo juntar documentos e solicitar as diligências probatórias que se mostrem pertinentes para o esclarecimento da verdade.

2 – Constitui contra-ordenação grave, ou muito grave no caso de representante sindical, o despedimento de trabalhador com violação do disposto no número anterior.

Nota:

Ver nota ao art. anterior. A CO aqui prevista terá por pressuposto a postergação do direito de resposta à nota de culpa, ou a concessão de prazo inferior aos 10 dias úteis assinalados.

ARTIGO 356.°
Instrução

....

2 – Se o despedimento respeitar a trabalhadora grávida, puérpera ou lactante ou a trabalhador no gozo de licença parental, o empregador, por si ou através de instrutor que tenha nomeado, deve realizar as diligências probatórias requeridas na resposta à nota de culpa, a menos que as considere patentemente dilatórias ou impertinentes, devendo neste caso alegá-lo fundamentadamente por escrito.

....

5 – Após a recepção da resposta à nota de culpa ou a conclusão das diligências probatórias, o empregador apresenta cópia integral do processo

à comissão de trabalhadores e, caso o trabalhador seja representante sindical, à associação sindical respectiva, que podem, no prazo de cinco dias úteis, fazer juntar ao processo o seu parecer fundamentado.

6 – Para efeito do número anterior, o trabalhador pode comunicar ao empregador, nos três dias úteis posteriores à recepção da nota de culpa, que o parecer sobre o processo é emitido por determinada associação sindical, não havendo neste caso lugar a apresentação de cópia do processo à comissão de trabalhadores.

7 – Constitui contra-ordenação grave, ou muito grave no caso de representante sindical, o despedimento de trabalhador com violação do disposto nos n.os 2, 5 ou 6.

Notas:

1 Sobre a protecção no despedimento de trabalhadora grávida, ver o art. 63.° e notas.

2 – Se o trabalhador, representante sindical, nada disser ao empregador nos termos do n.° 6, então este deve enviar cópia quer à comissão de trabalhadores quer à associação sindical.

3 – Ver nota 2 ao art. 553.°.

ARTIGO 357.°
Decisão de despedimento por facto imputável ao trabalhador

1 – Recebidos os pareceres referidos no n.° 5 do artigo anterior ou decorrido o prazo para o efeito, o empregador dispõe de 30 dias para proferir a decisão de despedimento, sob pena de caducidade do direito de aplicar a sanção.

2 – Quando não exista comissão de trabalhadores e o trabalhador não seja representante sindical, o prazo referido no número anterior conta-se a partir da data da conclusão da última diligência de instrução.

3 – Se o empregador optar por não realizar as diligências probatórias requeridas pelo trabalhador, a decisão só pode ser tomada depois de decorridos cinco dias úteis após a recepção dos pareceres dos representantes dos trabalhadores, ou o decurso do prazo para o efeito ou, caso não exista comissão de trabalhadores e o trabalhador não seja representante sindical, após a recepção da resposta à nota de culpa ou o decurso do prazo para este efeito.

....

5 – A decisão deve ser fundamentada e constar de documento escrito.

6 – A decisão é comunicada, por cópia ou transcrição, ao trabalhador, à comissão de trabalhadores, ou à associação sindical respectiva, caso aquele seja representante sindical ou na situação a que se refere o n.° 6 do artigo anterior.

7 – A decisão determina a cessação do contrato logo que chega ao poder do trabalhador ou é dele conhecida ou, ainda, quando só por culpa do trabalhador não foi por ele oportunamente recebida.

8 – Constitui contra-ordenação grave, ou muito grave no caso de representante sindical, o despedimento de trabalhador com violação do disposto nos n.os 1 a 3 e 5 a 7.

Notas:

1 – Sobre a confirmação judicial de um despedimento com justa causa de uma dirigente sindical, pode ver-se o Ac. do STJ de 10/12/2009, Proc. 08S3695, relatado por MÁRIO PEREIRA.

2 – Sobre a elevação do escalão de gravidade das contra-ordenações no que toca aos representantes sindicais ver nota 2 ao art. 553.°.

ARTIGO 358.°

Procedimento em caso de microempresa

....

3 – O empregador pode proferir a decisão dentro dos seguintes prazos:

a) Se o trabalhador não responder à nota de culpa, 30 dias a contar do termo do prazo para resposta à mesma;

b) Caso realize as diligências probatórias requeridas pelo trabalhador, 30 dias a contar da conclusão da última diligência;

c) Caso opte por não realizar as diligências probatórias requeridas pelo trabalhador, decorridos cinco dias úteis após a recepção da resposta à nota de culpa, e até 30 dias após esta data.

....

5 – A decisão é comunicada, por cópia ou transcrição, ao trabalhador.

6 – Constitui contra-ordenação grave a violação do disposto nos n.os 3 ou 5.

Nota:

Saliente-se que, tendo o trabalhador respondido à nota de culpa e requerendo diligências probatórias que o empregador optou por não realizar, a decisão não pode ser proferida de imediato pois a lei impõe um tempo mínimo de reflexão de cinco dias. Findo esse prazo de 5 dias, começa então a correr o prazo de 30 dias para a prolação da decisão.

Despedimento colectivo

ARTIGO 360.°
Comunicações em caso de despedimento colectivo

1 – O empregador que pretenda proceder a um despedimento colectivo comunica essa intenção, por escrito, à comissão de trabalhadores ou, na sua falta, à comissão intersindical ou às comissões sindicais da empresa representativas dos trabalhadores a abranger.

2 – Da comunicação a que se refere o número anterior devem constar:

a) Os motivos invocados para o despedimento colectivo;

b) O quadro de pessoal, discriminado por sectores organizacionais da empresa;

c) Os critérios para selecção dos trabalhadores a despedir;

d) O número de trabalhadores a despedir e as categorias profissionais abrangidas;

e) O período de tempo no decurso do qual se pretende efectuar o despedimento;

f) O método de cálculo de compensação a conceder genericamente aos trabalhadores a despedir, se for caso disso, sem prejuízo da compensação estabelecida no artigo 366.° ou em instrumento de regulamentação colectiva de trabalho.

3 – Na falta das entidades referidas no n.° 1, o empregador comunica a intenção de proceder ao despedimento, por escrito, a cada um dos trabalhadores que possam ser abrangidos, os quais podem designar, de entre eles, no prazo de cinco dias úteis a contar da recepção da comunicação, uma comissão representativa com o máximo de três ou cinco membros consoante o despedimento abranja até cinco ou mais trabalhadores.

4 – No caso previsto no número anterior, o empregador envia à comissão neste referida os elementos de informação discriminados no n.° 2.

5 – O empregador, na data em que procede à comunicação prevista no n.° 1 ou no número anterior, envia cópia da mesma ao serviço do minis-

tério responsável pela área laboral com competência para o acompanhamento e fomento da contratação colectiva.

6 – Constitui contra-ordenação grave o despedimento efectuado com violação do disposto nos n.os 1 a 4 e constitui contra-ordenação leve o efectuado com violação do disposto no n.° 5.

Notas:

1 – O envio da intenção de despedimento colectivo é dirigido às estruturas representativas e não directamente aos trabalhadores envolvidos nesse processo. E mesmo não havendo nenhuma dessas estruturas, caso em que a comunicação é efectuada a cada um deles, o legislador pretende que se constitua uma comissão *ad hoc*.

2 – A alínea *f*) do n.° 1 aponta para que a compensação aos trabalhadores a despedir seja superior ao montante de um mês por cada ano de antiguidade, no mínimo de três meses.

3 – Nos termos do disposto no art. 560.°, este será um dos casos em que é dispensada a coima caso o empregador assegure ao trabalhador os direitos indemnizatórios ou a sua reintegração (art. 389.°). Todavia, naquele artigo 560.° ter-se-á verificado um lapso. Onde se diz "n.° 5 do artigo 363.°", deve ter-se querido dizer "n.° 6 do artigo 363.°" que é o que contém a tipificação da CO.

ARTIGO 361.°
Informações e negociação em caso de despedimento colectivo

1 – Nos cinco dias posteriores à data do acto previsto nos n.os 1 ou 4 do artigo anterior, o empregador promove uma fase de informações e negociação com a estrutura representativa dos trabalhadores, com vista a um acordo sobre a dimensão e efeitos das medidas a aplicar e, bem assim, de outras medidas que reduzam o número de trabalhadores a despedir, designadamente:

a) Suspensão de contratos de trabalho;
b) Redução de períodos normais de trabalho;
c) Reconversão ou reclassificação profissional;
d) Reforma antecipada ou pré-reforma.

2 – A aplicação de medida prevista na alínea *a*) ou *b*) do número anterior a trabalhadores abrangidos por procedimento de despedimento colectivo não está sujeita ao disposto nos artigos 299.° e 300.°.

3 – A aplicação de medida prevista na alínea *c*) ou *d*) do n.° 1 depende de acordo do trabalhador.

....

6 – Constitui contra-ordenação grave o despedimento efectuado com violação do disposto nos n.os 1 ou 3.

Notas:

1 – Como se verifica do n.° 1, a lei não contempla sequer a hipótese de o empregador negociar com os trabalhadores abrangidos no processo de despedimento colectivo, mas tão-somente com a sua estrutura representativa.

2 – Uma vez que o que está em causa é o despedimento colectivo, embora possa vir a resultar numa mera suspensão dos contratos ou redução do pnt, justifica-se que se apliquem as regras procedimentais daquela medida, e não as destas previstas nos arts. 299.° e 300.°.

ARTIGO 362.°
Intervenção do ministério responsável pela área laboral

1 – O serviço competente do ministério responsável pela área laboral participa na negociação prevista no artigo anterior, com vista a promover a regularidade da sua instrução substantiva e procedimental e a conciliação dos interesses das partes.

....

4 – Constitui contra-ordenação leve o impedimento à participação do serviço competente na negociação referida no n.° 1.

Nota:

É a Direcção Geral do Emprego e das Relações de Trabalho (DGERT), o serviço de acompanhamento e fomento da contratação colectiva, que deve acompanhar as negociações do despedimento colectivo e a quem o empregador envia cópia da intenção de proceder a essa medida (art. 360.°/5).

ARTIGO 363.°
Decisão de despedimento colectivo

1 – Celebrado o acordo ou, na falta deste, após terem decorrido 15 dias sobre a prática do acto referido nos n.os 1 ou 4 do artigo 360.° ou, na

falta de representantes dos trabalhadores, da comunicação referida no n.° 3 do mesmo artigo, o empregador comunica a cada trabalhador abrangido a decisão de despedimento, com menção expressa do motivo e da data de cessação do contrato e indicação do montante, forma, momento e lugar de pagamento da compensação, dos créditos vencidos e dos exigíveis por efeito da cessação do contrato de trabalho, por escrito e com antecedência mínima, relativamente à data da cessação, de:

a) 15 dias, no caso de trabalhador com antiguidade inferior a um ano;

b) 30 dias, no caso de trabalhador com antiguidade igual ou superior a um ano e inferior a cinco anos;

c) 60 dias, no caso de trabalhador com antiguidade igual ou superior a cinco anos e inferior a 10 anos;

d) 75 dias, no caso de trabalhador com antiguidade igual ou superior a 10 anos.

2 – No caso de o despedimento abranger ambos os cônjuges ou pessoas que vivam em união de facto, a comunicação prevista no número anterior deverá ser feita com a antecedência mínima prevista no escalão imediatamente superior ao que seria aplicável se apenas um deles integrasse o despedimento.

3 – Na data em que envia a comunicação aos trabalhadores, o empregador remete:

a) Ao serviço competente do ministério responsável pela área laboral, a acta das reuniões de negociação ou, na sua falta, informação sobre a justificação de tal falta, as razões que obstaram ao acordo e as posições finais das partes, bem como relação de que conste o nome de cada trabalhador, morada, datas de nascimento e de admissão na empresa, situação perante a segurança social, profissão, categoria, retribuição, a medida decidida e a data prevista para a sua aplicação;

b) À estrutura representativa dos trabalhadores, cópia da relação referida na alínea anterior.

....

5 – O pagamento da compensação, dos créditos vencidos e dos exigíveis por efeito da cessação do contrato de trabalho deve ser efectuado até ao termo do prazo de aviso prévio, salvo em situação prevista no artigo 347.° ou regulada em legislação especial sobre recuperação de empresas e reestruturação de sectores económicos.

6 – Constitui contra-ordenação grave o despedimento efectuado com violação do disposto nos n.os 1, 2 ou 5 e constitui contra-ordenação leve a violação do disposto no n.° 3.

Nota:

1 – É este o momento, obtido o acordo ou esgotado o prazo de 15 dias, em que o empregador envia directamente a cada um dos trabalhadores a sua decisão que, todavia, também não pode produzir efeitos imediatos, dependendo o período de aviso prévio da antiguidade do trabalhador.

2 – Também aqui a coima é dispensada se o empregador pagar a indemnização a que o trabalhador tem direito ou se o reintegrar (art. 560.°).

ARTIGO 364.°
Crédito de horas durante o aviso prévio

1 – Durante o prazo de aviso prévio, o trabalhador tem direito a um crédito de horas correspondente a dois dias de trabalho por semana, sem prejuízo da retribuição.

2 – O crédito de horas pode ser dividido por alguns ou todos os dias da semana, por iniciativa do trabalhador.

3 – O trabalhador deve comunicar ao empregador a utilização do crédito de horas, com três dias de antecedência, salvo motivo atendível.

4 – Constitui contra-ordenação leve a violação do disposto neste artigo.

Notas:

1 – O aviso prévio tem, além do mais, por finalidade permitir que o trabalhador utilize dois dias de trabalho por semana para a procura de novo emprego.

2 – A violação do n.° 3, ou seja a comunicação ao empregador com um prazo inferior a 3 dias, parece ser mais um caso em que a CO é imputável ao trabalhador que assim procede.

ARTIGO 366.°
Compensação por despedimento colectivo

1 – Em caso de despedimento colectivo, o trabalhador tem direito a compensação correspondente a um mês de retribuição base e diuturnidades por cada ano completo de antiguidade.

2 – Em caso de fracção de ano, a compensação é calculada proporcionalmente.

....

6 – Constitui contra-ordenação grave a violação do disposto nos n.os 1 ou 2.

Nota:

Esta regra de um mês por ano de antiguidade, apesar de estar prevista para a compensação por despedimento colectivo, é porém tornada extensível a todas as outras modalidades de despedimento.

Despedimento por extinção de posto de trabalho

ARTIGO 368.°
Requisitos de despedimento por extinção de posto de trabalho

1 – O despedimento por extinção de posto de trabalho só pode ter lugar desde que se verifiquem os seguintes requisitos:

a) Os motivos indicados não sejam devidos a conduta culposa do empregador ou do trabalhador;
b) Seja praticamente impossível a subsistência da relação de trabalho;
c) Não existam, na empresa, contratos de trabalho a termo para tarefas correspondentes às do posto de trabalho extinto;
d) Não seja aplicável o despedimento colectivo.

2 – Havendo na secção ou estrutura equivalente uma pluralidade de postos de trabalho de conteúdo funcional idêntico, para concretização do posto de trabalho a extinguir, o empregador deve observar, por referência aos respectivos titulares, a seguinte ordem de critérios:

a) Menor antiguidade no posto de trabalho;
b) Menor antiguidade na categoria profissional;
c) Classe inferior da mesma categoria profissional;
d) Menor antiguidade na empresa.

3 – O trabalhador que, nos três meses anteriores ao início do procedimento para despedimento, tenha sido transferido para posto de trabalho

que venha a ser extinto, tem direito a ser reafectado ao posto de trabalho anterior caso ainda exista, com a mesma retribuição base.

....

6 – Constitui contra-ordenação grave o despedimento com violação do disposto nas alíneas *c*) e *d*) do n.° 1, no n.° 2 ou 3.

Notas:

1 – Comparativamente com o regime anterior, desapareceu dos requisitos do despedimento por extinção do posto de trabalho (n.° 1) a obrigatoriedade de pôr à disposição do trabalhador a compensação devida[179], que passou a integrar o preceito do n.° 5, mas sem que a sua violação constitua CO, tal como sucede com o despedimento por inadaptação (art. 374.°/4 e 5).

2 – Esta modalidade de despedimento, sob pena de CO, só pode ser aplicada se não houver contratados a termo para as tarefas do posto de trabalho a extinguir e não for aplicável o despedimento colectivo.

3 – Na doutrina ver de ALDA MARIA DE OLIVEIRA MARTINS, *Tutela procedimental e tutela jurisdicional no despedimento por extinção do posto de trabalho, in* Prontuário de Direito do Trabalho, n.ºs 79/80/81, pp. 172 a 196.

Jurisp.:

1. À suspensão do despedimento por extinção do posto de trabalho deve aplicar-se o procedimento cautelar previsto para o despedimento colectivo, atenta a similitude destas duas formas de cessação do contrato de trabalho, quer a nível de procedimentos impostos, quer a nível dos respectivos fundamentos.

2. Nesse procedimento cautelar pode invocar-se como fundamento tanto a falta de observância das formalidades legais como a não verificação dos motivos invocados.

3. As exigências formais que condicionam o despedimento por extinção do posto de trabalho visam assegurar o esclarecimento do trabalhador abrangido, garantir o exercício do contraditório e tutelar a segurança jurídica, bem como permitir o posterior controlo jurisdicional desses fundamentos.

(Ac do TRL de 10/10/2007, Proc. 6853/2007-4, relatado por FERREIRA MARQUES.

---

179 Cfr. art. 403.°/1/*e*).

ARTIGO 369.°
Comunicações em caso de despedimento por extinção de posto de trabalho

1 – No caso de despedimento por extinção de posto de trabalho, o empregador comunica, por escrito, à comissão de trabalhadores ou, na sua falta, à comissão intersindical ou comissão sindical, ao trabalhador envolvido e ainda, caso este seja representante sindical, à associação sindical respectiva:

a) A necessidade de extinguir o posto de trabalho, indicando os motivos justificativos e a secção ou unidade equivalente a que respeita;

b) A necessidade de despedir o trabalhador afecto ao posto de trabalho a extinguir e a sua categoria profissional.

2 – Constitui contra-ordenação grave o despedimento efectuado com violação do disposto no número anterior.

Nota:
Curiosa é a imposição da comunicação do conteúdo das duas alíneas do n.° 1 não só à comissão sindical, ou intersindical, como ainda à própria associação sindical, além da falta dessa comunicação constituir CO grave, e não leve como sucede geralmente com a falta de comunicação ou de informação ao serviço inspectivo do ministério da área laboral, v.g., art. 363.°/6; 359.°/5; 300.°/6, etc..

ARTIGO 371.°
Decisão de despedimento por extinção de posto de trabalho

1 – Decorridos cinco dias a contar do termo do prazo previsto no n.° 1 do artigo anterior, ou, sendo caso disso, a contar da recepção do relatório a que se refere o n.° 3 do mesmo artigo ou do termo do prazo para o seu envio, o empregador pode proceder ao despedimento.

2 – A decisão de despedimento é proferida por escrito, dela constando:

a) Motivo da extinção do posto de trabalho;

b) Confirmação dos requisitos previstos no n.° 1 do artigo 368.°, com menção, sendo caso disso, da recusa de alternativa proposta ao trabalhador;

c) Prova da aplicação do critério de prioridades, caso se tenha verificado oposição a esta;

d) Montante, forma, momento e lugar do pagamento da compensação e dos créditos vencidos e dos exigíveis por efeito da cessação do contrato de trabalho;

e) Data da cessação do contrato.

3 – O empregador comunica a decisão, por cópia ou transcrição, ao trabalhador, às entidades referidas no n.° 1 do artigo 369.° e, bem assim, ao serviço com competência inspectiva do ministério responsável pela área laboral, com antecedência mínima, relativamente à data da cessação, de:

a) 15 dias, no caso de trabalhador com antiguidade inferior a um ano;

b) 30 dias, no caso de trabalhador com antiguidade igual ou superior a um ano e inferior a cinco anos;

c) 60 dias, no caso de trabalhador com antiguidade igual ou superior a cinco anos e inferior a 10 anos;

d) 75 dias, no caso de trabalhador com antiguidade igual ou superior a 10 anos.

....

5 – Constitui contra-ordenação grave o despedimento efectuado com violação do disposto nos n.os 1 ou 2 ou do aviso prévio referido no n.° 3, e constitui contra-ordenação leve a violação do disposto no n.° 3.

Notas:

1 – A CO por violação do n.° 1 reporta-se à decisão de despedimento antes do decurso do prazo de 5 dias, prazo que o legislador considera necessário para o empregador proceder a ponderação e reflexão sobre a medida a tomar.

Relativamente ao n.° 3, o não cumprimento de qualquer aviso prévio de cada uma das suas alíneas é tido por CO grave, mas a simples não comunicação da decisão às estruturas representativas ou à ACT constitui CO leve.

2 – Este é também um dos casos em que é dispensada a coima se o empregador indemnizar o trabalhador ou o reintegrar nas suas funções (art. 560.°).

Jurisp.:

III – A decisão de extinção do posto de trabalho proferida 37 dias após a dedução da oposição do trabalhador não viola qualquer princípio constitucional, nomeadamente o princípio da segurança jurídica.

(Ac do TRL de 13/12/2007, Proc. 8362/2007-4, relatado por NATALINO BOLAS).

Despedimento por inadaptação

ARTIGO 375.°
Requisitos de despedimento por inadaptação

1 – O despedimento por inadaptação em situação referida no n.° 1 do artigo anterior só pode ter lugar desde que, cumulativamente, se verifiquem os seguintes requisitos:

a) Tenham sido introduzidas modificações no posto de trabalho resultantes de alterações nos processos de fabrico ou de comercialização, de novas tecnologias ou equipamentos baseados em diferente ou mais complexa tecnologia, nos seis meses anteriores ao início do procedimento;

b) Tenha sido ministrada formação profissional adequada às modificações do posto de trabalho, sob controlo pedagógico da autoridade competente ou de entidade formadora certificada;

c) Tenha sido facultado ao trabalhador, após a formação, um período de adaptação de, pelo menos, 30 dias, no posto de trabalho ou fora dele sempre que o exercício de funções naquele posto seja susceptível de causar prejuízos ou riscos para a segurança e saúde do trabalhador, de outros trabalhadores ou de terceiros;

d) Não exista na empresa outro posto de trabalho disponível e compatível com a qualificação profissional do trabalhador;

e) A situação de inadaptação não decorra de falta de condições de segurança e saúde no trabalho imputável ao empregador.

2 – O trabalhador que, nos três meses anteriores ao início do procedimento para despedimento, tenha sido transferido para posto de trabalho em relação ao qual se verifique a inadaptação tem direito a ser reafectado ao posto de trabalho anterior caso ainda exista, com a mesma retribuição base.

3 – O despedimento por inadaptação em situação referida no n.° 2 do artigo anterior só pode ter lugar desde que se verifique o requisito referido na alínea *e*) do n.° 1 e, ainda, tenha havido introdução de novos processos de fabrico, de novas tecnologias ou equipamentos baseados em diferente ou mais complexa tecnologia, que implique modificação das funções relativas ao posto de trabalho.

4 – O despedimento só pode ter lugar desde que seja posta à disposição do trabalhador a compensação devida.

5 – Constitui contra-ordenação grave a violação do disposto neste artigo.

Nota:

Relativamente à violação do n.° 4, vide a nota 1 ao art. 368.°, *in fine*. Este é também um dos casos em que é dispensada a coima se o empregador indemnizar o trabalhador ou o reintegrar nas suas funções (art. 560.°).

Jurisp.: ....

III – Ocorrendo um despedimento fundado na extinção de posto de trabalho ou um despedimento por inadaptação do trabalhador (despedimentos por iniciativa do empregador baseado em causas objectivas) – arts. 402.° e 403.° do Código do Trabalho – resta ao trabalhador recorrer ao procedimento cautelar comum, regulado nos arts. 32.° e segs. do C. Proc. Trabalho.

IV – O art. 32.°, n.° 1, do CPT determina que aos procedimentos cautelares se aplica o regime estabelecido no C.P.C. para o procedimento cautelar comum, com as especificidades que dele constam.

(Ac do TRC de 28/03/2007, Proc. 436/06. OTTCBR-A.C1, relatado por AZEVEDO MENDES).

ARTIGO 376.°
Comunicações em caso de despedimento por inadaptação

1 – No caso de despedimento por inadaptação, o empregador comunica, por escrito, à comissão de trabalhadores ou, na sua falta, à comissão intersindical ou comissão sindical, ao trabalhador e, caso este seja representante sindical, à associação sindical respectiva:

a) A necessidade de fazer cessar o contrato de trabalho, indicando os motivos justificativos;

b) As modificações introduzidas no posto de trabalho e os resultados da formação profissional e do período de adaptação, de acordo com as alíneas *a*) a *c*) do n.° 1 do artigo anterior;

c) A inexistência na empresa de outro posto de trabalho disponível e compatível com a qualificação profissional do trabalhador, de acordo com a alínea *d*) do n.° 1 do artigo anterior.

2 – Constitui contra-ordenação grave o despedimento efectuado com violação do disposto neste artigo.

Nota:
Ver a nota ao art. 369.°.

ARTIGO 378.°
Decisão de despedimento por inadaptação

1 – Decorridos cinco dias sobre o termo do prazo a que se refere o artigo anterior, o empregador pode proceder ao despedimento, mediante decisão fundamentada e por escrito de que constem:

a) Motivo da cessação do contrato de trabalho;
b) Confirmação dos requisitos previstos no artigo 375.°, com menção, sendo caso disso, da recusa de alternativa proposta ao trabalhador;
c) Montante, forma, momento e lugar do pagamento da compensação e dos créditos vencidos e dos exigíveis por efeito da cessação do contrato de trabalho;
d) Data da cessação do contrato.

2 – O empregador comunica a decisão, por cópia ou transcrição, ao trabalhador, às entidades referidas no n.° 1 do artigo 376.° e, bem assim, ao serviço com competência inspectiva do ministério responsável pela área laboral, com antecedência mínima, relativamente à data da cessação, de:

a) 15 dias, no caso de trabalhador com antiguidade inferior a um ano;
b) 30 dias, no caso de trabalhador com antiguidade igual ou superior a um ano e inferior a cinco anos;
c) 60 dias, no caso de trabalhador com antiguidade igual ou superior a cinco anos e inferior a 10 anos;
d) 75 dias, no caso de trabalhador com antiguidade igual ou superior a 10 anos.

3 – Constitui contra-ordenação grave o despedimento efectuado com violação do disposto no n.° 1 ou do aviso prévio referido no n.° 2, e cons-

titui contra-ordenação leve a violação do disposto no n.° 2, no que respeita à falta de comunicação às entidades e ao serviço nele referidos.

Nota:
Ver as notas ao art. 371.°.

ARTIGO 380.°
Manutenção do nível de emprego

1 – Nos 90 dias seguintes a despedimento por inadaptação, deve ser assegurada a manutenção do nível de emprego na empresa, por meio de admissão ou transferência de trabalhador no decurso de procedimento tendente a despedimento por facto que não lhe seja imputável.

2 – Em caso de incumprimento do disposto no número anterior, o serviço com competência inspectiva do ministério responsável pela área laboral notifica o empregador para que assegure a manutenção do nível de emprego, em prazo não superior a 30 dias.

3 – Constitui contra-ordenação grave o despedimento efectuado com violação do disposto nos n.os 1 ou 2, sendo a violação do n.° 2 punível com o dobro da coima.

Nota:
A manutenção do nível de emprego no caso de despedimento por inadaptação é um requisito importante e autores há que afirmam ser o responsável pela pouca utilização desta figura de despedimento. Mas é razoável a sua exigência, uma vez que não se trata aqui de um posto de trabalho que se extingue, mas, antes, de um trabalhador que se não adaptou ao seu preenchimento.

Ilicitude de despedimento

ARTIGO 389.°
Efeitos da ilicitude de despedimento

1 – Sendo o despedimento declarado ilícito, o empregador é condenado:

a) A indemnizar o trabalhador por todos os danos causados, patrimoniais e não patrimoniais;

b) Na reintegração do trabalhador no mesmo estabelecimento da empresa, sem prejuízo da sua categoria e antiguidade, salvo nos casos previstos nos artigos 391.° e 392.°.

....

3 – Constitui contra-ordenação grave a violação do disposto no n.° 1.

Nota:

1 – O legislador de 2009 resolveu alterar a redacção da norma (n.° 1/*b*)) sobre a reintegração. Onde até então se falava na reintegração *no posto de trabalho*, diz-se agora *no mesmo estabelecimento da empresa*, tendo-se excepcionado as situações de indemnização quer a pedido do trabalhador quer do empregador.

2 – Este é também um dos casos em que é dispensada a coima se o empregador indemnizar o trabalhador ou o reintegrar nas suas funções (art. 560.°).

Despedimento por iniciativa do empregador em caso de contrato a termo

ARTIGO 393.°
Regras especiais relativas a contrato de trabalho a termo

2 – Sendo o despedimento declarado ilícito, o empregador é condenado:

a) No pagamento de indemnização dos danos patrimoniais e não patrimoniais, que não deve ser inferior às retribuições que o trabalhador deixou de auferir desde o despedimento até ao termo certo ou incerto do contrato, ou até ao trânsito em julgado da decisão judicial, se aquele termo ocorrer posteriormente;

b) Caso o termo ocorra depois do trânsito em julgado da decisão judicial, na reintegração do trabalhador, sem prejuízo da sua categoria e antiguidade.

3 – Constitui contra-ordenação grave a violação do disposto no número anterior.

Notas:

1 – Também aqui no contrato a termo, como no contrato por tempo indeterminado (art. 390.°/1), a indemnização, por danos patrimoniais e não patrimoniais,

acresce à compensação constituída pelo valor das retribuições que o trabalhador deixou de auferir desde o despedimento.

2 – Relativamente à reintegração de que trata o n.° 1/*b*) defendemos, embora a lei o não diga expressamente, que, tal como sucede com o despedimento ilícito de trabalhador sem termo (391.°/1), também o contratado a termo cuja decisão judicial ocorra antes deste, pode optar por indemnização.

3 – Na doutrina, ver de JOÃO FERNANDO FERREIRA PINTO, *Cessação do contrato de trabalho por iniciativa do empregador, in* A Reforma do Código do Trabalho, Coimbra Editora, 2004, pp. 513 a 536.

Direito Colectivo
Estruturas de representação colectiva dos trabalhadores

ARTIGO 405.°
Autonomia e independência

1 – As estruturas de representação colectiva dos trabalhadores são independentes do Estado, de partidos políticos, de instituições religiosas ou associações de outra natureza, sendo proibidos qualquer ingerência destes na sua organização e gestão, bem como o seu recíproco financiamento.

2 – Sem prejuízo das formas de apoio previstas neste Código, os empregadores não podem, individualmente ou através das suas associações, promover a constituição, manter ou financiar o funcionamento, por quaisquer meios, de estruturas de representação colectiva dos trabalhadores ou, por qualquer modo, intervir na sua organização e gestão, assim como impedir ou dificultar o exercício dos seus direitos.

5 – Constitui contra-ordenação grave a violação do disposto nos n.os 1 ou 2.

Notas:

1 – Com a expressão do n.° 1 *associações de outra natureza* pretenderá o legislador por certo incluir não só as associações patronais ou empresariais, como outras associações de carácter mais ou menos secreto ligadas às religiões ou provenientes de correntes de pensamento filosóficas ou de intervenção cívica.

Não parece minimamente defensável entender que se trate naquele elenco de entidades públicas, natureza de que, aliás, só o Estado comunga[180]. Aliás, quanto

---

[180] Sobre a natureza dos partidos políticos, vd., L. 2/2003, de 22/08.

a estas, houve uma alteração profunda com a exclusão pela lei penal (L. 59/2007) da sua responsabilidade. Nos termos do art. 11.°/2 do CP, as pessoas colectivas são responsáveis pelos crimes, *com excepção do Estado, de outras pessoas colectivas públicas e de organizações internacionais de direito público*, e o art. 546.° do CT/2009 acrescenta que, para esse fim, as pessoas colectivas são responsáveis *nos termos gerais*. Se a este mandamento acrescentarmos que também as *pessoas colectivas de direito público, as entidades públicas empresariais, as entidades concessionárias de serviços públicos e demais pessoas colectivas que exerçam prerrogativas de poder público* são equiparadas a pessoas colectivas públicas e, por isso ficam excepcionadas de responsabilidade criminal, de concluir é que agora, ao contrário do que sucedia até à reforma penal de 2007, são poucas as entidades colectivas a poder ser responsabilizadas. E, em consequência, melhor seria, quiçá, retirar o Estado do elenco do n.° 1[181].

2 – Porque neste preceito se consagram crimes e contra-ordenações graves para as mesmas condutas, sem prejuízo da aplicação subsidiária do art. 20.° do Dec.-Lei n.° 433/82, de 27 de Outubro[182], será o **elemento subjectivo,** dolo ou mera culpa, a decidir a natureza da infracção. Por outras palavras, porque aqui, ao contrário do que se passa com o art. 311.°/1 sobre o procedimento em caso de encerramento temporário, não se refere a *violação não dolosa* como elemento do tipo objectivo da contra-ordenação, esta tanto pode resultar de dolo como de negligência. O que quisemos apenas dizer foi que, havendo dolo, poderemos estar perante um crime e uma contra-ordenação, ao passo que a negligência só produz a última.

3 – Trata-se de um **crime de mera conduta**, uma vez que não é necessário um resultado concreto da ingerência. Nenhuma referência merecem, por sua vez, quer as causas de justificação, quer as de exclusão da culpa.

4 – Ver as notas ao art. 407.°.

ARTIGO 406.°
Proibição de actos discriminatórios

1 – É proibido e considerado nulo o acordo ou outro acto que vise:

a) Subordinar o emprego de trabalhador à condição de este se filiar ou não se filiar numa associação sindical ou de se retirar daquela em que esteja inscrito;

---

[181] Apesar de a sua presença ali continuar a ser válida para a responsabilização contra-ordenacional.

[182] Que diz: *Se o mesmo facto constituir simultaneamente crime e contra-ordenação, será o agente sempre punido a título de crime, sem prejuízo da aplicação das sanções acessórias previstas para a contra-ordenação.*

b) Despedir, transferir ou, por qualquer modo, prejudicar trabalhador devido ao exercício dos direitos relativos à participação em estruturas de representação colectiva ou à sua filiação ou não filiação sindical.

2 – Constitui contra-ordenação grave a violação do disposto no número anterior.

Nota:
Ver as notas 2, 3 e 4 do artigo anterior.

ARTIGO 407.°
Crime por violação da autonomia ou independência sindical, ou por acto discriminatório

1 – A entidade que viole o disposto nos n.ºs 1 ou 2 do artigo 405.° ou no artigo anterior é punida com pena de multa até 120 dias.

2 – O administrador, director, gerente ou outro trabalhador que ocupe lugar de chefia que seja responsável por acto referido no número anterior é punido com pena de prisão até 1 ano.

3 – Perde os direitos específicos atribuídos por este Código o dirigente ou delegado sindical que seja condenado nos termos do número anterior.

Notas:

1 – Findo o Estado Corporativo onde os Sindicatos exerciam funções de carácter público, e com origem na lei sindical[183] surgida imediatamente após a Revolução de 25 de Abril de 1974, foram criadas normas consagradoras da autonomia e independência sindicais não só em relação às organizações patronais como também em relação ao Estado e aos partidos políticos cuja violação constituía crime punido com prisão[184], embora o mesmo se não passasse com as Comissões de Trabalhadores[185].

Foi com o CT/2003 que se institucionalizou a autonomia e independência, não apenas das associações sindicais, mas de todas as estruturas representativas de trabalhadores, assim como a proibição de actos discriminatórios relativamente

---

183 DL 215-B/75, de 30/04.

184 Cfr. arts. 6.° e 38.°/2 do DL 215-B/75.

185 Cfr. L 46/79, de 12/09 e seu art. 36.°.

aos trabalhadores nelas envolvidos, e se consagrou, de alguma forma[186], a criminalização da sua violação[187].

Foi esta matéria que transitou para os arts. 405 e 406.°, tendo o legislador tido o cuidado de eliminar da epígrafe do primeiro o termo "sindicais" para assim cobrir toda a realidade das estruturas representativas[188].

2 – São dois os **bens jurídicos** que a criminalização constante deste art. 407.° – tendo por base as classes em que se estrutura a actual sociedade, e o progresso e desenvolvimento social que a força da classe trabalhadora, se libertada das peias de outras associações públicas, pode propiciar – pretende tutelar: (i) autonomia e independência; (ii) prática de actos discriminatórios em relação aos trabalhadores das estruturas representativas.

Os conceitos de autonomia e independência são abstractos pelo que têm de ser integrados, caso a caso. Mas, também genericamente, se poderá dizer que a sua violação poderá ocorrer sempre que houver uma *ingerência*, ou seja, uma interferência ilegítima do Estado, dos partidos políticos, das instituições religiosas ou *associações de outra natureza*: (i) na organização; (ii) na gestão; (iii) no financiamento das estruturas representativas dos trabalhadores.

3 – A susceptibilidade de imputar o crime aqui previsto às pessoas colectivas ficou substancialmente diminuída com a aplicação do art. 11.° do CP, que excepciona o Estado, outras pessoas colectivas públicas e organizações internacionais de direito público (nota 1 ao art. 405.°).

ARTIGO 408.°
Crédito de horas de representantes dos trabalhadores

1 – Beneficiam de crédito de horas, nos termos previstos neste Código ou em legislação específica, os trabalhadores eleitos para as estruturas de representação colectiva dos trabalhadores.

....

5 – Constitui contra-ordenação grave a violação do disposto no n.° 1.

---

[186] *De alguma forma*, porque a epígrafe do art. 611.° falava da "violação da autonomia e independência" sindicais embora a norma tutelar (art. 452.°) se referisse de modo genérico às estruturas.

[187] Cfr. e 611.°.

[188] Sendo, até, de salientar que às três estruturas do CT/2003: (i) Comissões e Subcomissões de trabalhadores, (ii) Conselhos de Empresa Europeus, (III) Associações sindicais (art. 451.° do CT/32003), o CT/2009 acrescentou a dos representantes dos trabalhadores para a shst (art. 404.°).

Nota:

1 – São quatro as actuais estruturas representativas de trabalhadores (art. 404.°). Relativamente ao CT/2003 (art. 451.°) o legislador aditou na al. *c*) os *representantes dos trabalhadores para a sst* e na al. *d*) consagrou *outras estruturas previstas em legislação específica, designadamente conselhos de empresa europeus*.

2 – Crédito de horas mensais: (i) das comissões de trabalhadores – art. 422.°/1(8, 25 ou 20 horas); (ii) dos delegados sindicais – art. 467.°/1 (5 horas); (iii) dos membros das direcções das associações sindicais – 468.°/1 (4 dias).

3 – Acerca do crédito de horas e das faltas dos representantes dos trabalhadores, pode ver-se de LUÍS MIGUEL MONTEIRO, *Ausência ao serviço de membros de estruturas representativas dos trabalhadores,*

ARTIGO 409.°
Faltas de representantes dos trabalhadores

1 – A ausência de trabalhador por motivo do desempenho de funções em estrutura de representação colectiva dos trabalhadores de que seja membro, que exceda o crédito de horas, considera-se justificada e conta como tempo de serviço efectivo, salvo para efeito de retribuição.

....

5 – Constitui contra-ordenação grave a violação do disposto no n.° 1.

Jurisp.: ....

V – A protecção especial da segurança no emprego dos representantes eleitos dos trabalhadores, que a Constituição garante (artigo 55.°), não se limita ao campo das suas actuações no exercício de funções de representação, visando também obstar a que o empregador recorra ao despedimento como meio de atacar os representantes dos trabalhadores enquanto tais, mesmo que a pretexto de uma conduta alheia ao exercício de funções de representação.

VI – Neste sentido, deve entender-se que um trabalhador, dirigente sindical, pode faltar, justificadamente, para o exercício dessas funções, sem limite temporal, embora, naturalmente, considerando o interesse do empregador, com perda de remuneração.

....

(Ac. do STJ de 20/05/2009, Proc. 08S3258, relatado por Sousa GRANDÃO).

ARTIGO 411.°
Protecção em caso de transferência

1 – O trabalhador membro de estrutura de representação colectiva dos trabalhadores não pode ser transferido de local de trabalho sem o seu acordo, salvo quando tal resultar de extinção ou mudança total ou parcial do estabelecimento onde presta serviço.

2 – O empregador deve comunicar a transferência do trabalhador a que se refere o número anterior à estrutura a que este pertence, com antecedência igual à da comunicação feita ao trabalhador.

3 – Constitui contra-ordenação grave a violação do disposto neste artigo.

Nota:

1 – Sobre a mudança total ou parcial do estabelecimento, veja-se o art. 194.°, cujo n.° 2 contém a novidade de o acordo entre trabalhador e empregador relativo à transferência de local de trabalho caducar se não for exercido em prazo de 2 anos.

2 – Se o trabalhador tiver assinado um acordo nos termos do art. 194.°/2 e, entretanto, for eleito para uma estrutura representativa, tal acordo permanecerá válido enquanto não decorrer o prazo de caducidade, a não ser que o ora representante dos trabalhadores alegre e prove que o empregador agiu com o propósito de o "castigar" com essa transferência por virtude do cargo que passou a exercer.

Jurisp.:

I – A transferência do local de trabalho do trabalhador incumbido de funções sindicais está, à partida, dependente do seu acordo.

II – É irrelevante, para efeitos de se considerar como verificado o acordo para a transferência do local de trabalho, nos termos do art. 457.° do CT, a manifestação antecipada de aceitação dessa transferência, por parte do trabalhador, constante do contrato individual de trabalho reduzido a escrito, quando este é muito anterior ao início do exercício de funções sindicais do trabalhador.

(Ac do TRL de12/07/2006, Proc. 5104-2006-4, relatado por Ramalho Pinto).

Comissões de trabalhadores

ARTIGO 419.°

Reunião de trabalhadores no local de trabalho convocada por comissão de trabalhadores

1 – A comissão de trabalhadores pode convocar reuniões gerais de trabalhadores a realizar no local de trabalho:

a) Fora do horário de trabalho da generalidade dos trabalhadores, sem prejuízo do normal funcionamento de turnos ou de trabalho suplementar;

b) Durante o horário de trabalho da generalidade dos trabalhadores até um período máximo de quinze horas por ano, que conta como tempo de serviço efectivo, desde que seja assegurado o funcionamento de serviços de natureza urgente e essencial.

2 – O empregador que proíba reunião de trabalhadores no local de trabalho comete contra-ordenação muito grave.

Nota:

Salienta-se a alteração do escalão de gravidade da CO que passou de grave (art. 685.° do CT/2003) para muito grave.

ARTIGO 420.°

Procedimento para reunião de trabalhadores no local de trabalho

1 – A comissão de trabalhadores deve comunicar ao empregador, com a antecedência mínima de quarenta e oito horas, a data, a hora, o número previsível de participantes e o local em que pretende que a reunião de trabalhadores se efectue e afixar a respectiva convocatória.

....

3 – Após receber a comunicação referida no n.° 1 e, sendo caso disso, a proposta referida no número anterior, o empregador deve pôr à disposição da entidade promotora, desde que esta o requeira, um local no interior da empresa ou na sua proximidade apropriado à realização da reunião, tendo em conta os elementos da comunicação e da proposta, bem como a

necessidade de respeitar o disposto na parte final da alínea *a*) ou *b*) do n.° 1 do artigo anterior.

4 – Constitui contra-ordenação muito grave a violação do disposto no número anterior.

Notas:

1 – Com a nova redacção do n.° 3, o legislador tentou clarificar o conceito de *instalações adequadas* que constava do art. 469.° do CT anterior – e continua a figurar no art. 421.° –, e que neste em anotação designa de *local apropriado*, balanceando as exigências da comissão de trabalhadores com os interesses do funcionamento da empresa.

Verifica-se, assim, uma duplicação de regulação no tocante ao local das reuniões de trabalho das comissões (e subcomissões) de trabalhadores.

2 – Salienta-se a alteração do escalão de gravidade da CO que passou de grave (art. 685.° do CT/2003) para muito grave.

ARTIGO 421.°
Apoio à comissão de trabalhadores e difusão de informação

1 – O empregador deve pôr à disposição da comissão ou subcomissão de trabalhadores instalações adequadas, bem como os meios materiais e técnicos necessários ao exercício das suas funções.

2 – É aplicável à comissão e subcomissão de trabalhadores o disposto no artigo 465.°, com as necessárias adaptações.

3 – Constitui contra-ordenação grave a violação do disposto neste artigo.

Notas:

Ver a nota 1 ao art. anterior. A razão para a autonomização deste preceito parece prender-se com a regulação da distribuição de informação da comissão de trabalhadores (n.° 2).

ARTIGO 422.°
Crédito de horas de membros das comissões

1 – Para o exercício das suas funções, o membro das seguintes estruturas tem direito ao seguinte crédito mensal de horas:

a) Subcomissão de trabalhadores, oito horas;

b) Comissão de trabalhadores, vinte e cinco horas;
c) Comissão coordenadora, vinte horas.

2 – Em microempresa, os créditos de horas referidos no número anterior são reduzidos a metade.

3 – Em empresa com mais de 1000 trabalhadores, a comissão de trabalhadores pode deliberar por unanimidade redistribuir pelos seus membros um montante global correspondente à soma dos créditos de horas de todos eles, com o limite individual de quarenta horas mensais.

....

5 – Em empresa do sector empresarial do Estado com mais de 1000 trabalhadores, a comissão de trabalhadores pode deliberar por unanimidade que um dos membros tenha crédito de horas correspondente a metade do seu período normal de trabalho, não sendo neste caso aplicável o disposto no n.° 3.

6 – Constitui contra-ordenação grave a violação do disposto nos n.os 1, 2, 3 ou 5.

Jurisp.:

I – O crédito de horas de que legalmente beneficiam os membros eleitos das entidades representativas dos trabalhadores no seio das empresas ou fora delas constitui uma realidade jurídica bem distinta das faltas ao serviço dadas pelos mesmos, mormente para prática de actos necessários ou inadiáveis no exercício das respectivas funções de representação dos trabalhadores.

II – Assim, esses trabalhadores, enquanto membros da Comissão de Trabalhadores, não estão obrigados a justificar as ausências ao serviço, mediante comunicação dos motivos determinantes da mesma, no âmbito do crédito de horas para o exercício de funções dessa Comissão, sempre que essas funções tenham de ser desenvolvidas fora da empresa.

(Ac. do TRL de 24/01/2007, Proc. 8885-2006-4, relatado por José Feteira).

ARTIGO 423.°
Direitos da comissão e da subcomissão de trabalhadores

1 – A comissão de trabalhadores tem direito, nomeadamente, a:

a) Receber a informação necessária ao exercício da sua actividade;
b) Exercer o controlo da gestão da empresa;

c) Participar, entre outros, em processo de reestruturação da empresa, na elaboração dos planos e dos relatórios de formação profissional e em procedimentos relativos à alteração das condições de trabalho;

d) Participar na elaboração da legislação do trabalho, directamente ou por intermédio das respectivas comissões coordenadoras;

e) Gerir ou participar na gestão das obras sociais da empresa;

f) Promover a eleição de representantes dos trabalhadores para os órgãos sociais das entidades públicas empresariais;

g) Reunir, pelo menos uma vez por mês, com o órgão de gestão da empresa para apreciação de assuntos relacionados com o exercício dos seus direitos.

2 – Compete à subcomissão de trabalhadores, de acordo com orientação geral estabelecida pela comissão:

a) Exercer, mediante delegação pela comissão de trabalhadores, os direitos previstos nas alíneas *a*), *b*), *c*) e *e*) do número anterior;

b) Informar a comissão de trabalhadores sobre os assuntos de interesse para a actividade desta;

c) Fazer a ligação entre os trabalhadores do respectivo estabelecimento e a comissão de trabalhadores;

d) Reunir com o órgão de gestão do estabelecimento, nos termos da alínea *g*) do número anterior.

3 – O órgão de gestão da empresa ou do estabelecimento, consoante o caso, elabora a acta da reunião referida na alínea *g*) do n.° 1 ou na alínea *d*) do n.° 2, que deve ser assinada por todos os participantes.

4 – Constitui contra-ordenação grave a violação do disposto nas alíneas *e*) ou *g*) do n.° 1, na alínea *d*) do n.° 2 ou no número anterior.

Nota:
Na doutrina sobre direitos das comissões de trabalhadores ver, de Luís Gonçalves da Silva, *Sujeitos Colectivos*, 2003.

ARTIGO 424.°
Conteúdo do direito a informação

1 – A comissão de trabalhadores tem direito a informação sobre:

a) Planos gerais de actividade e orçamento;

b) Organização da produção e suas implicações no grau da utilização dos trabalhadores e do equipamento;

c) Situação do aprovisionamento;

d) Previsão, volume e administração de vendas;

e) Gestão de pessoal e estabelecimento dos seus critérios básicos, montante da massa salarial e sua distribuição por grupos profissionais, regalias sociais, produtividade e absentismo;

f) Situação contabilística, compreendendo o balanço, conta de resultados e balancetes;

2 – Constitui contra-ordenação grave a violação do disposto no número anterior.

ARTIGO 426.°
Finalidade e conteúdo do controlo de gestão

....

2 – No exercício do controlo de gestão, a comissão de trabalhadores pode:

a) Apreciar e emitir parecer sobre o orçamento da empresa e suas alterações, bem como acompanhar a respectiva execução;

b) Promover a adequada utilização dos recursos técnicos, humanos e financeiros;

c) Promover, junto dos órgãos de gestão e dos trabalhadores, medidas que contribuam para a melhoria da actividade da empresa, designadamente nos domínios dos equipamentos e da simplificação administrativa;

d) Apresentar à empresa sugestões, recomendações ou críticas tendentes à qualificação inicial e à formação contínua dos trabalhadores, à melhoria das condições de trabalho nomeadamente da segurança e saúde no trabalho;

e) Defender junto dos órgãos de gestão e fiscalização da empresa e das autoridades competentes os legítimos interesses dos trabalhadores.

....

4 – Constitui contra-ordenação grave o impedimento por parte do empregador ao exercício dos direitos previstos no n.° 2.

Nota:

Sobre o tema, pode ver-se, de Albino Mendes Baptista, *Que futuro para as comissões de trabalhadores, in* VI Congresso de Direito do Trabalho, Memórias, Coordenação de António José Moreira, pp. 205-224.

ARTIGO 427.°
Exercício do direito a informação e consulta

....

2 – A informação é prestada por escrito, no prazo de oito dias, ou de 15 dias se a sua complexidade o justificar.

....

4 – No caso de consulta, o empregador solicita por escrito o parecer da comissão de trabalhadores, que deve ser emitido no prazo de 10 dias a contar da recepção do pedido, ou em prazo superior que seja concedido atendendo à extensão ou complexidade da matéria.

....

8 – Constitui contra-ordenação grave a violação do disposto no n.° 2 ou na primeira parte do n.° 4.

Nota:

Qual o alcance da remissão do n.° 8 para a *primeira parte do n.° 4*? Estamos em crer que o legislador pretendeu consagrar como CO a não solicitação do empregador do parecer prévio da comissão de trabalhadores. Mas a interpretação que primeiro aflora a quem lê a norma é a de ser imputável à própria comissão de trabalhadores que não emita o parecer no prazo de 10 dias.

ARTIGO 429.°
Exercício do direito de participação nos processos de reestruturação

....

2 – No âmbito da participação na reestruturação da empresa, a comissão de trabalhadores ou a comissão coordenadora tem direito a:

a) Informação e consulta prévias sobre as formulações dos planos ou projectos de reestruturação;

b) Informação sobre a formulação final dos instrumentos de reestruturação e de se pronunciarem antes de estes serem aprovados;

c) Reunir com os órgãos encarregados de trabalhos preparatórios de reestruturação;

d) Apresentar sugestões, reclamações ou críticas aos órgãos competentes da empresa.

3 – Constitui contra-ordenação grave o impedimento por parte do empregador ao exercício dos direitos previstos no número anterior.

ARTIGO 431.°
Votação da constituição e aprovação dos estatutos de comissão de trabalhadores

1 – A identidade dos trabalhadores da empresa à data da convocação da votação deve constar de caderno eleitoral constituído por lista elaborada pelo empregador, discriminada, sendo caso disso, por estabelecimento.

2 – O empregador entrega o caderno eleitoral aos trabalhadores que convocaram a assembleia, no prazo de quarenta e oito horas após a recepção de cópia da convocatória, procedendo estes à sua imediata afixação nas instalações da empresa.

3 – A votação decorre de acordo com as seguintes regras:

a) Em cada estabelecimento com um mínimo de 10 trabalhadores deve haver, pelo menos, uma secção de voto;

b) Cada secção de voto não pode ter mais de 500 votantes;

c) A mesa da secção de voto dirige a respectiva votação e é composta por um presidente e dois vogais que são, para esse efeito, dispensados da respectiva prestação de trabalho.

....

5 – As urnas de voto são colocadas nos locais de trabalho, de modo a permitir que todos os trabalhadores possam votar, sem prejudicar o normal funcionamento da empresa ou estabelecimento.

6 – A votação inicia-se, pelo menos, trinta minutos antes do começo e termina, pelo menos, sessenta minutos depois do termo do período de funcionamento da empresa ou estabelecimento, podendo os trabalhadores dispor do tempo indispensável para votar durante o respectivo horário de trabalho.

....

8 – Constitui contra-ordenação muito grave a violação do disposto nos n.ºs 1 ou 2, na alínea *a*) do n.° 3, no n.° 5 ou na primeira parte do n.° 6, e constitui contra-ordenação grave a violação do disposto na parte final da alínea *c*) do n.° 3 ou na parte final do n.° 6.

Nota:
Do cuidado posto na redacção do n.° 8 se conclui da preocupação do legislador em apontar que as contra-ordenações aí previstas são sempre imputáveis ao empregador.

ARTIGO 432.°
Procedimento para apuramento do resultado

....

6 – A comissão eleitoral, no prazo de 15 dias a contar da data do apuramento, comunica o resultado da votação ao empregador e afixa-o, bem como cópia da respectiva acta, no local ou locais em que a votação teve lugar.

7 – Constitui contra-ordenação grave a oposição do empregador à afixação do resultado da votação, nos termos do número anterior.

Nota:
Este n.° 7 constitui um bom exemplo do cuidado que o legislador pode e deve ter na tipificação contra-ordenacional. Se, como é prática comum, o legislador se limitasse a dizer que constitui contra-ordenação a violação do n.° anterior, isso iria significar que o sujeito activo seria a comissão eleitoral.

Para dúvidas deste teor, podem ver-se os arts. 167.°/4, 328.°/4, 427.°/4, etc..

Quotização sindical

ARTIGO 458.°
Cobrança de quotas sindicais

1 – O empregador deve proceder à cobrança e entrega de quotas sindicais quando o instrumento de regulamentação colectiva de trabalho aplicável o preveja e o trabalhador o autorize, ou mediante opção expressa do trabalhador dirigida ao empregador.

....

8 – Constitui contra-ordenação muito grave a recusa ou falta de cobrança, pelo empregador, da quota sindical, através da dedução na retribuição do trabalhador que a haja autorizado ou decidido.

Nota:

Mesmo que a possibilidade de cobrança da quota sindical não esteja prevista no irct que abrange o trabalhador, pode este, independentemente do acordo do empregador, por documento escrito, determinar que este proceda à dedução do seu valor na retribuição que aufere. Mas após esse acto, parece que só por acordo quanto às despesas é que o empregador fica vinculado ao envio da quota à associação sindical.

ARTIGO 459.°
Crime de retenção de quota sindical

O empregador que retiver e não entregar à associação sindical a quota sindical cobrada é punido com a pena prevista para o crime de abuso de confiança.

Notas:

1 – Subjacentes ao crime de retenção e não entrega de quota sindical, estão os valores da **não ingerência nas estruturas representativas** e da **autonomia e sustentabilidade financeira** das associações sindicais.

É um crime de consagração recente no âmbito laboral, pois foi a Lei n.° 81/2001, de 28 de Julho, que regulou os sistemas de cobrança e entrega de quotas sindicais[189], que pela primeira vez determinou que: *A retenção e não entrega ao sindicato da quotização sindical, cobrada pela entidade empregadora, nos termos desta lei, configura o crime de abuso de confiança previsto e punido nos termos do Código Penal.*

Esta redacção, com a simples alteração da expressão *entidade empregadora* por *empregador*[190] passou para o CT/2003.

Outra, porém, foi a redacção adoptada pelo legislador deste CT/2009.

Ainda assim, pensamos que os pressupostos da punição se mantêm os essencialmente os mesmos. Eles são preenchidos, naturalmente com os elementos do

---

[189] E que revogou e substituiu a anterior L 57/77, de 05/08.

[190] Cfr. o nosso *Crimes e concurso de infracções no Código do Trabalho* – Minerva, Ano II, n.° 3, 2003, p. 51.

tipo referido, mas também, por virtude da remissão, para os que constam do art. 458.° do CT e do art. 205.° do CP. De assinalar, que não integra o tipo objectivo do crime a simples recusa de cobrança ou a falta de cobrança, quando ela é exigível ao empregador. Esses actos constituem contra-ordenação. O tipo objectivo só se preenche quando, após a cobrança do valor da quota, que deve ser feita através da dedução na retribuição e no momento do seu processamento, o empregador a retém ou, quiçá mais rigorosamente, a não entrega. Isto, porque a dedução no salário do trabalhador do valor da quota não equivale rigorosamente a *apropriação de coisa móvel entregue por título não translativo da propriedade*[191]. O empregador, em circunstâncias normais, limita-se a não pagar a totalidade do salário. O valor da quota é algo que não entrou, pelo menos de forma directa, na sua esfera patrimonial[192]. Por isso, rigorosamente, mais do que *reter* o elemento fundamental será *não entregar* à associação sindical o valor da quota já cobrada.

2 – Segundo a estrutura do crime do abuso de confiança previsto no artigo 205.° do Código Penal, trata-se de um **crime semi-público**[193], cujo procedimento depende de queixa. O que vale por dizer que só a associação sindical afectada pela não entrega da quotização tem legitimidade para a apresentar, uma vez que se não entende que o simples facto de o crime integrar a responsabilidade penal laboral, e de haver uma específica autoridade para fiscalizar o seu cumprimento, seja sinónimo de *disposição em contrário* (art. 113.° do CP). Isso vai obstar a que a ACT, por sua iniciativa, efectue directamente uma participação criminal ao Ministério Público competente, mesmo que tome conhecimento do *abuso,* no exercício e por causa do exercício das suas funções. Só o deverá fazer se estiver munida de um documento da associação ofendida em que esta lhe confira a necessária legitimação.

3 – A pena que corresponde ao abuso de confiança é a de prisão até 3 anos ou multa. Podendo, no entanto, ser mais elevada se a coisa móvel de que o abusador se aproprie for de valor elevado, ou consideravelmente elevado, caso em que a pena será exclusivamente de prisão de 1 a 8 anos.

Também esta mesma pena (1 a 8 anos de prisão) será aplicável "*se o agente tiver recebido a coisa em depósito imposto por lei em razão de ofício, emprego, ou profissão, ou na qualidade de tutor, curador ou depositário judicial*". Sendo certo que o empregador não recebe a coisa em depósito imposto por lei[194], apesar de ser a lei que lhe impõe a obrigação de entregar o produto das quotas ao sindi-

---

[191] Como consta do 205.°/1 do CP.

[192] Terá, eventualmente, entrado por forma indirecta, devido à "mais-valia" que para o empregador representa o valor da prestação da actividade do trabalhador.

[193] É mesmo, de entre os crimes previstos na legislação laboral ou que esta remete para o CP, o único crime semi-público, uma vez que todos os restantes são crimes públicos.

[194] Quando muito, imposto por convenção colectiva (art. 458/1.°).

cato, parece-nos também que ao cobrar, reter e não entregar ao sindicato as quotas sindicais, não age em razão de ofício, emprego ou profissão[195].

Concluiríamos, pois, que só em caso de retenção do produto de quotas de "*valor consideravelmente elevado*", isto é, superior a 200 UCs[196] (artigo 202.°/b do CP) poderia aplicar-se aquela pena de prisão de 1 a 8 anos.

4 – Como **causas de justificação** pode fazer-se apelo ao direito de necessidade, ao estado de necessidade desculpante ou ao conflito de deveres (arts. 34.° a 36.° do CP) quando seja justificável a *preservação de um interesse ou um valor mais valioso que aquele que a acção sacrifica*[197].

Actividade sindical na empresa

ARTIGO 461.°
Reunião de trabalhadores no local de trabalho

4 – O empregador que proíba reunião de trabalhadores no local de trabalho ou o acesso de membro de direcção de associação sindical a instalações de empresa onde decorra reunião de trabalhadores comete contra-ordenação muito grave.

Nota:

1 – O tipo objectivo da CO só será preenchido se a reunião for legalmente convocada nos termos do n.° 1 e se, além disso, for assegurada a actividade da empresa nas condições descritas nas suas duas alíneas.

2 – Lembre-se que a direcção da associação sindical deverá até 15 de Janeiro de cada ano, ou nos 15 dias posteriores a alteração, comunicar a identidade dos seus membros (art. 468.°/6).

---

[195] Não defendemos assim que a qualidade de empregador seja uma "profissão" para efeitos do art. 205.°/5 do CP. Só assim seria se o empregador *qua tale* estivesse por esse facto obrigado a proceder à cobrança e remessa das quotas.

[196] Sobre o valor da UC, vd. Parte II, 554.°/9 e nota 2.

[197] FIGUEIREDO DIAS – Sumários, 190, *apud* PAULA RIBEIRO DE FARIA, *Comentário Conimbricense ao Código Penal*, p. 929.

ARTIGO 464.°
Direito a instalações

1 – O empregador deve pôr à disposição dos delegados sindicais que o requeiram um local apropriado ao exercício das suas funções, no interior da empresa ou na sua proximidade, disponibilizado a título permanente em empresa ou estabelecimento com 150 ou mais trabalhadores.

2 – Constitui contra-ordenação grave a violação do disposto no número anterior.

Nota:

Os trabalhadores temporários (art. 189.°/2) e os cedidos ocasionalmente (art. 293.°/1) não contam para efeito do n.° 1. Já os contratados a termo são considerados com base na média dos existentes no final de cada mês do ano anterior (art. 146.°/2). Os teletrabalhadores são equiparados aos trabalhadores permanentes (art. 171.°/1).

ARTIGO 465.°
Afixação e distribuição de informação sindical

1 – O delegado sindical tem o direito de afixar, nas instalações da empresa e em local apropriado disponibilizado pelo empregador, convocatórias, comunicações, informações ou outros textos relativos à vida sindical e aos interesses sócio-profissionais dos trabalhadores, bem como proceder à sua distribuição, sem prejuízo do funcionamento normal da empresa.

2 – Constitui contra-ordenação grave a violação do disposto no número anterior.

Nota:

Deve entender-se que a CO respeita à violação pelo empregador do direito dos delegados sindicais de afixar e distribuir textos relativos à vida sindical ou aos interesses dos trabalhadores, e não ao último segmento da norma do n.° 1 quando impõe que essa actividade não pode prejudicar o normal funcionamento da empresa.

Jurisp.:

"I – O trabalhador que seja representante ou dirigente sindical, no exercício da sua actividade sindical no interior da empresa, não está isento do cumpri-

mento dos seus deveres profissionais, nem imune ao poder disciplinar da entidade patronal;

II – A circunstância de os actos disciplinarmente puníveis terem sido praticados no âmbito da actividade sindical do trabalhador apenas poderá relevar no quadro de valoração da ilicitude e da culpa, além de constituir um factor de ponderação na determinação da medida da pena;

III – Neste enquadramento, é desproporcionada a sanção de despedimento aplicada a um trabalhador, que, na qualidade de delegado e de dirigente sindical, subscreveu e afixou nas instalações da empresa um comunicado com dizeres que a entidade patronal considerou susceptíveis de ofenderem a honra e consideração de um seu gerente e a credibilidade e prestígio da empresa, e que, num outro momento, pediu a intervenção da PSP com a invocação de se encontrar impedido de proceder à distribuição de informação sindical".

(Ac. do STJ de 13/04/2005, Proc. 05S2834, relatado por FERNANDES CADILHA).

ARTIGO 467.°
Crédito de horas de delegado sindical

1 – O delegado sindical tem direito, para o exercício das suas funções, a um crédito de cinco horas por mês, ou oito horas por mês se fizer parte de comissão intersindical.

2 – Constitui contra-ordenação grave a violação do disposto no número anterior.

Jurisp.:

I – O tempo de ausência no posto de trabalho dos dirigentes e delegados sindicais, para o exercício das funções sindicais, dentro do crédito legal de horas, conta como tempo de ***serviço efectivo*** *para todos os efeitos, inclusive remuneratórios, tudo se passando como se esses trabalhadores tivessem estado, durante esse tempo, no seu posto de trabalho exercendo as suas funções para a entidade patronal.*

Assim, não pode o empregador efectuar quaisquer descontos referentes a esse tempo de ausência.

(Ac. do TRL, de 07/1072009, Proc. 4603-05.9TTLSB.L1-4, relatado por HERMÍNIA MARQUES).

ARTIGO 468.°
Crédito de horas e faltas de membro de direcção

1 – Para o exercício das suas funções, o membro de direcção de associação sindical tem direito a crédito de horas correspondente a quatro dias de trabalho por mês, e a faltas justificadas, nos termos dos números seguintes.

9 – Constitui contra-ordenação muito grave a violação do disposto no n.° 1.

Jurisp.:

A – *O trabalhador que desempenha funções como dirigente sindical, a tempo inteiro, estando, consequentemente, ausente do trabalho por períodos superiores a 30 dias, fica com o contrato de trabalho suspenso, não tendo, por isso, direito ao crédito de dias e horas estabelecido nos art. 22.° e 32.° da lei sindical.*

(Ac. do TRL de 29/09/2004, Proc. 2602/2002-4, relatado por PAULA SÁ FERNANDES).

B – *1. A expressão «membro da direcção» empregue nas normas contidas no n.° 2 do artigo 22.° da Lei Sindical, no n.° 1 do artigo 505.° do Código do Trabalho e no n.° 2 do 400.° da LECT, que estabelecem para o exercício das funções de cada membro da direcção do sindicato um crédito de horas mensal, mantendo a retribuição, pelo seu teor literal e pela sua inserção sistemática no complexo normativo a que pertence, deve ser interpretada como referindo-se ao membro do órgão colegial de administração e de representação da associação sindical.*

2. Trata-se de um regime excepcional, estabelecido apenas para os membros da direcção das associações sindicais, e que se justifica pela necessidade dos membros da direcção garantirem maior disponibilidade em relação à gestão e representação do sindicato, e à condução e execução da acção sindical.

3. Nesta conformidade, apenas os membros da direcção nacional do CESP – Sindicato dos Trabalhadores do Comércio, Escritórios e Serviços de Portugal beneficiam daquele crédito de horas por mês, não tendo esse direito os membros das direcções locais.

(Ac. do STJ de 14/02/2007, Proc. 06S2960, relatado por PINTO HESPANHOL).

C – ....

IV – As faltas dadas por membros da direcção das associações sindicais para o desempenho das suas funções consideram-se justificadas e, não sendo tais faltas remuneradas, se as mesmas se prologarem por mais de 30 dias, levam à aplicação do regime da suspensão do contrato de trabalho por impedimento prolongado.

(Ac. do STJ de 20/05/2009, Proc. 08S3258, relatado por SOUSA GRANDÃO).

D – *1. As faltas dadas pelos trabalhadores membros da direcção da associação sindical, para o desempenho das respectivas funções, são justificadas e não implicam a perda do direito à retribuição de férias nem aos subsídios de férias e de Natal.*

2. Configura, todavia, um caso de abuso do direito, a reclamação da retribuição de férias e dos subsídios de férias e de Natal feita por um trabalhador/dirigente sindical, relativamente a períodos em que só trabalhou na empresa um dia por mês e a períodos em que só trabalho cinco dias por mês, ocupando os restantes dias no exercício de funções sindicais.

....

(Ac. do STJ de 12/07/2007, Proc. 07S736, relatado por Sousa Peixoto).

Instrumentos de regulamentação colectiva de trabalho

ARTIGO 480.°
Publicidade de instrumento de regulamentação colectiva de trabalho aplicável

1 – O empregador deve afixar em local apropriado da empresa a indicação de instrumentos de regulamentação colectiva de trabalho aplicáveis.

2 – Constitui contra-ordenação leve a violação do disposto no número anterior.

Nota:

Foi o CT/2003 quem primeiro estabeleceu a obrigatoriedade de afixação do irct (art. 534.°), o que se revela de grande importância para os trabalhadores conhecerem os seus direitos aí plasmados. Desde logo, a retribuição mensal. Mas, todavia, a violação dessa conduta não estava ali contra-ordenacionalizada.

ARTIGO 487.°
Resposta à proposta

1 – A entidade destinatária da proposta deve responder, de forma escrita e fundamentada, nos 30 dias seguintes à recepção daquela, salvo se houver prazo convencionado ou prazo mais longo indicado pelo proponente.

....

3 – A resposta deve exprimir uma posição relativa a todas as cláusulas da proposta, aceitando, recusando ou contrapropondo.

....

5 – Constitui contra-ordenação grave a violação do disposto nos n.os 1 ou 3.

Notas:

1 – Este é um dos caos em que, teoricamente, a CO pode ser imputada a qualquer das partes negociadores, isto é, tanto à parte patronal, quanto à sindical, embora na esmagadora maioria dos casos a proposta de negociação promane dos representantes dos trabalhadores.

2 – Sobre a convenção colectiva, pode ver-se de ANTÓNIO MONTEIRO FERNANDES, *A Convenção Colectiva segundo o Código do Trabalho,* in Estudos em Homenagem ao Professor Manuel Alonso Olea, Almedina 2004, pp. 76 a 104.

ARTIGO 489.°
Boa fé na negociação

1 – As partes devem respeitar, no processo de negociação colectiva, o princípio de boa fé, nomeadamente respondendo com a brevidade possível a propostas e contrapropostas, observando o protocolo negocial, caso exista, e fazendo-se representar em reuniões e contactos destinados à prevenção ou resolução de conflitos.

....

5 – Comete contra-ordenação grave a associação sindical, a associação de empregadores ou o empregador que não se faça representar em reunião convocada nos termos do n.° 1.

Notas:

1 – Tal como sucede na formação dos contratos em geral, a boa fé negocial no processo de negociação colectiva impõe o cumprimento dos deveres de informação, lealdade e honestidade, sendo sancionável a conduta que seja manifestamente ofensiva do sentido ético-jurídico, em termos idênticos ao abuso do direito.

2 – Se da parte sindical, o sujeito activo da CO será sempre colectivo, do lado patronal poderá ser também singular.

Arbitragem

ARTIGO 507.°
Funcionamento da arbitragem voluntária

2 – A arbitragem é realizada por três árbitros, sendo dois nomeados, um por cada parte, e o terceiro escolhido por aqueles.

3 – As partes informam o serviço competente do ministério responsável pela área laboral do início e do termo do procedimento.

5 – Constitui contra-ordenação muito grave a não nomeação de árbitro nos termos do n.° 2 e constitui contra-ordenação leve a violação do disposto no n.° 3.

Nota:

Trata-se aqui de várias situações em que os sujeitos activos da CO não são os sujeitos da relação de trabalho (vd. arts. 548.° e 551.°/1, *in fine*).

Publicação, entrada em vigor e aplicação

ARTIGO 521.°
Violação de disposição de instrumento de regulamentação colectiva de trabalho

1 – A violação de disposição de instrumento de regulamentação colectiva de trabalho respeitante a uma generalidade de trabalhadores constitui contra-ordenação grave.

2 – A violação de disposição de instrumento de regulamentação colectiva de trabalho constitui, por cada trabalhador em relação ao qual se verifica a infracção, contra-ordenação leve.

3 – O disposto no n.° 1 não se aplica se, com base no n.° 2, forem aplicáveis ao empregador coimas em que o somatório dos valores mínimos seja igual ou superior ao quantitativo mínimo da coima aplicável de acordo com o n.° 1.

Notas:

1 – A norma paralela à anotanda constava do art. 687.° do CT/2003 integrada na secção sobre as *contra-ordenações em especial*, encontrando-se, por isso, aí mal inserida sistematicamente.

2 – O CT/2009 continua a consagrar como contra-ordenação a violação de disposições de instrumentos de regulamentação colectiva. Só que tal violação resulta, não de contra-ordenações criadas pelos negociadores das convenções ou sequer por decisões dos árbitros, mas, antes, e precisamente da lei que as determina, no exercício da função própria do Estado. É que, o direito das contra-ordenações, não sendo direito penal em sentido técnico é, de qualquer modo, direito sancionatório de carácter público. Não há, pois, aqui lugar para qualquer margem de autonomia, individual ou colectiva, sendo, antes, o campo por excelência da intervenção da heteronomia.

3 – Ver, além da nota 3 ao art. 558.°, o nosso *Violação dos Instrumentos de Regulamentação Colectiva (Breves apontamentos sobre a Interpretação e constitucionalidade do artigo 687.° do Código do Trabalho)* – Prontuário de Direito do Trabalho 69 (Set/Dez 2004, pp. 119 a 141).

Conflitos Colectivos de Trabalho

ARTIGO 524.°
Procedimento de conciliação

8 – Comete contra-ordenação grave a associação sindical, a associação de empregadores ou o empregador que não se faça representar em reunião para que tenha sido convocado.

ARTIGO 527.°
Procedimento de mediação

11 – Comete contra-ordenação grave a associação sindical, a associação de empregadores ou o empregador que não se faça representar em reunião convocada pelo mediador.

Greve e proibição de lock-out

ARTIGO 535.°
Proibição de substituição de grevistas

1 – O empregador não pode, durante a greve, substituir os grevistas por pessoas que, à data do aviso prévio, não trabalhavam no respectivo

estabelecimento ou serviço, nem pode, desde essa data, admitir trabalhadores para aquele fim.

2 – A tarefa a cargo de trabalhador em greve não pode, durante esta, ser realizada por empresa contratada para esse fim, salvo em caso de incumprimento dos serviços mínimos necessários à satisfação das necessidades sociais impreteríveis ou à segurança e manutenção de equipamento e instalações e na estrita medida necessária à prestação desses serviços.

3 – Constitui contra-ordenação muito grave a violação do disposto nos números anteriores.

ARTIGO 540.°
Proibição de coacção, prejuízo ou discriminação de trabalhador

1 – É nulo o acto que implique coacção, prejuízo ou discriminação de trabalhador por motivo de adesão ou não a greve.

2 – Constitui contra-ordenação muito grave o acto do empregador que implique coacção do trabalhador no sentido de não aderir a greve, ou que o prejudique ou discrimine por aderir ou não a greve.

ARTIGO 543.°
Responsabilidade penal em matéria de greve

A violação do disposto no n.° 1 ou 2 do artigo 535.° ou no n.° 1 do artigo 540.° é punida com pena de multa até 120 dias.

Notas:

1 – São dois os tipos legais de crime relativos à greve: (i) a substituição dos grevistas; (ii) a discriminação dos trabalhadores por terem aderido ou não à greve

Se o empregador durante a greve substituir os grevistas por pessoas que à data do aviso prévio (art. 534.°) não trabalhavam no estabelecimento, ou tão somente no serviço, ou contratar uma empresa para realizar as tarefas dos trabalhadores em greve, desde que não seja para assegurar os serviços mínimos, comete um crime que é punível com pena de multa até 120 dias.

Simultaneamente com o crime, e pelo mesmo facto, o empregador comete também uma contra-ordenação muito grave (art. 535.°/3). Verifica-se, por isso, uma situação de concurso de infracções, pois que, *se o mesmo facto constituir simultaneamente crime e contra-ordenação, será o agente sempre punido a título de crime, sem prejuízo da aplicação das sanções acessórias previstas para a contra-ordenação,* nos termos do art. 20.° do regime geral das CO.

Nesses casos, perante uma situação em que pelo mesmo facto o agente tem de responder a título de crime e contra-ordenação, a Administração terá de remeter "*o processo ao Ministério Público*"[198]. Incumbirá então ao representante daquela Magistratura a elaboração do respectivo inquérito, com o fim de apurar a existência duma e outra das infracções, sendo certo que, se concluir pela inexistência de CO, devolverá os autos à Administração a fim de que esta instrua os processos com vista ao respectivo apuramento e aplicação de coima, se for o caso.

2 – (Crime de discriminação dos grevistas ou dos não grevistas).

O acto do empregador que implique coacção, prejuízo ou discriminação sobre um trabalhador por ter aderido à greve ou mesmo discriminação, naturalmente positiva, por não ter aderido, além de ser um acto nulo, que por isso não produz efeitos, implica o cometimento de um crime que é igualmente punido com pena de multa até 120 dias E também aqui, tal como acontece com o crime de substituição dos grevistas, a conduta descrita constitui contra-ordenação, pelo que se processará nos mesmos moldes a situação de concurso.

3 – Nestes casos, o **bem jurídico** em causa é o livre exercício do direito à greve tendo em vista a procura de um equilíbrio de forças entre o poder económico e o poder laboral colectivamente organizado que se crê ser uma mola de desenvolvimento e progresso social.

ARTIGO 544.°
Conceito e proibição de *lock-out*

1 – Considera-se *lock-out* qualquer paralisação total ou parcial da empresa ou a interdição do acesso a locais de trabalho a alguns ou à totalidade dos trabalhadores e, ainda, a recusa em fornecer trabalho, condições e instrumentos de trabalho que determine ou possa determinar a paralisação de todos ou alguns sectores da empresa, desde que, em qualquer caso, vise atingir finalidades alheias à normal actividade da empresa, por decisão unilateral do empregador.

2 – É proibido o *lock-out*.

3 – Constitui contra-ordenação muito grave a violação do disposto no número anterior.

---

[198] Cfr. arts. 38.°, 39.° e 40.° do DL 433/82. Apesar de a Lei falar no envio do *processo*, pensamos que mais correcto teria sido a utilização da expressão *auto* ou *autos*, uma vez que aquele só deverá iniciar-se no Tribunal.

Nota:

Embora a norma legal contenha uma definição extremamente ampla, diz-se lock-out a decisão unilateral da entidade empregadora, normalmente tomada como medida de retaliação das lutas dos trabalhadores pela melhoria das condições de trabalho, que consiste em encerrar parte ou totalidade da empresa ou estabelecimento ou impedir o livre acesso dos trabalhadores às suas instalações.

Após o período da implantação da República, onde eram legítimos não só a greve como o *lock-out*, este passou a ser criminalizado, não mais deixando de o ser até aos nossos dias, apesar de o mesmo não ter sucedido com a greve após a Revolução do 25 de Abril de 1974.

ARTIGO 545.°
Responsabilidade penal em matéria de *lock-out*

A violação do disposto no n.° 2 do artigo 544.° é punida com pena de prisão até 2 anos ou com pena de multa até 240 dias.

Nota:

Tal como se verifica com os crimes de substituição ou discriminação de trabalhadores em greve, também o lock-out, para além do crime, constitui igualmente contra-ordenação muito grave a punir com coima conforme dimensão da empresa determinada pelo volume de negócios.

Pelo que assim é, seguirá a tramitação referida na nota 1 ao art. 543.°. O inspector do trabalho elaborará auto de notícia da CO e, simultaneamente, fará participação crime que remeterá, um e outro, ao representante do tribunal competente que não é, como poderia à primeira impressão supor-se, o tribunal do trabalho, que não tem competência criminal, mas, antes, o tribunal judicial comum, de acordo com a Lei n.° 52/2008, de 28 de Agosto, com última redacção (5.ª) da rectificação n.° 86/2009, de 23/11 – Lei da Organização e Funcionamento dos Tribunais Judicias.

LIVRO II
Responsabilidades penal e contra-ordenacional

CAPÍTULO I
Responsabilidade penal

ARTIGO 546.°
Responsabilidade de pessoas colectivas e equiparadas

As pessoas colectivas e entidades equiparadas são responsáveis, nos termos gerais, pelos crimes previstos no presente Código.

Notas:

1 – Os crimes previstos no Código são:

1. Crime por utilização indevida de trabalho de menor (art. 82.°);
2. Crime de desobediência por não cessação da actividade do menor (art. 83.°);
3. Crime por encerramento temporário ou definitivo de empresa sem prévio procedimento (art. 316.°/1);
4. Crime pela prática de actos proibidos em caso de encerramento temporário (art. 316.°/2);
5. Crime pela prática de actos proibidos em caso de incumprimento pontual da retribuição (art. 324.°/3);
6. Crime por violação da autonomia e/ou independência sindicais ou por acto discriminatório (art. 407.°);
7. Crime por retenção de quota sindical (art. 459.°);
8. Crime por substituição de grevistas (art. 540.° – 1.ª parte);
9. Crime por coacção, prejuízo ou discriminação de trabalhador por adesão ou não a greve (540.° – 2.ª parte);
10. Crime por prática de lock-out (545.°);
11. Crime de desobediência qualificada por sonegação, ocultação ou destruição de documento (art. 547.°).

2 – O facto de a norma legal se referir apenas às pessoas colectivas e equiparadas, – entendidas estas, nos termos do art. 551.°/2, como as associações sem personalidade jurídica e as comissões especiais ou, nos termos do art. 11.°/5 do CP, as sociedades civis e as associações de facto – não significa que também as pessoas singulares não possam ser responsabilizadas por alguns dos crimes previstos no Código. A referência da lei àquelas deve-se ao facto de, como flui do n.° 1 do mesmo artigo do CP[199], continuar a ser normal (e mais comum) a situa-

---

[199] Na redacção que lhe foi dada pela Lei n.° 59/2007, de 04/09. Pela sua importância para a aplicação dos crimes previstos no CT, a seguir se transcreve o art. 11.° do CP:

ARTIGO 11.°
Responsabilidade das pessoas singulares e colectivas

1 – Salvo o disposto no número seguinte e nos casos especialmente previstos na lei, só as pessoas singulares são susceptíveis de responsabilidade criminal.

2 – As pessoas colectivas e entidades equiparadas, com excepção do Estado, de outras pessoas colectivas públicas e de organizações internacionais de direito público, são responsáveis pelos crimes previstos nos artigos 152.°-A e 152.°-B, nos artigos 159.° e 160.°, nos artigos 163.° a 166.°, sendo a vítima menor, e nos artigos 168.°, 169.°, 171.° a 176.°, 217.° a 222.°, 240.°, 256.°, 258.°, 262.° a 283.°, 285.°, 299.°, 335.°, 348.°, 353.°, 363.°, 367.°, 368.°-A e 372.° a 374.°, quando cometidos:

a) Em seu nome e no interesse colectivo por pessoas que nelas ocupem uma posição de liderança; ou

b) Por quem aja sob a autoridade das pessoas referidas na alínea anterior em virtude de uma violação dos deveres de vigilância ou controlo que lhes incumbem.

3 – Para efeitos da lei penal a expressão pessoas colectivas públicas abrange:

a) Pessoas colectivas de direito público, nas quais se incluem as entidades públicas empresariais;

b) Entidades concessionárias de serviços públicos, independentemente da sua titularidade;

c) Demais pessoas colectivas que exerçam prerrogativas de poder público.

4 – Entende-se que ocupam uma posição de liderança os órgãos e representantes da pessoa colectiva e quem nela tiver autoridade para exercer o controlo da sua actividade.

5 – Para efeitos de responsabilidade criminal consideram-se entidades equiparadas a pessoas colectivas as sociedades civis e as associações de facto.

6 – A responsabilidade das pessoas colectivas e entidades equiparadas é excluída quando o agente tiver actuado contra ordens ou instruções expressas de quem de direito.

7 – A responsabilidade das pessoas colectivas e entidades equiparadas não exclui a responsabilidade individual dos respectivos agentes nem depende da responsabilização destes.

8 – A cisão e a fusão não determinam a extinção da responsabilidade criminal da pessoa colectiva ou entidade equiparada, respondendo pela prática do crime:

ção de os crimes serem cometidos por estas. A susceptibilidade de responsabilizar criminalmente as pessoas colectivas, essa sim, é que tem de estar expressamente prevista na lei.

3 – Hoje em dia são diferentes os critérios de imputação às pessoas colectivas dos crimes e das contra-ordenações laborais e da segurança social. Para estas rege o art. 551.° nos seus n.os 1 e 2.

Para os crimes, a invocação dos "termos gerais" feita neste preceito significa o recurso ao disposto nas duas alíneas do n.° 2 do art. 11.° do CP. Assim, imputam-se os crimes às pessoas colectivas quando forem cometidos: (i) em seu nome e no interesse colectivo por pessoas que nelas ocupem uma posição de liderança; (ii) por quem aja sob a autoridade das pessoas referidas na alínea anterior em virtude de uma violação dos deveres de vigilância ou controlo que lhes incumbem.

Do cotejo do critério de imputação dos crimes com o critério de imputação das contra-ordenações, pode retirar-se a conclusão de que, estranhamente, é mais estreito e apertado este que aquele, como resulta da definição que no CP é feita do conceito de "posição de liderança".

Ainda assim, por força do art. 32.° do DL 433/82, também neste domínio poderá haver necessidade de recorrer às normas do CP. É o que sucede, desde logo, com a norma do n.° 6 do art. 11.°: Se, também no domínio das COL e COSS, o agente – seja ele o titular de um órgão (art. 7.°/2 do DL 433/82) ou um trabalhador (art. 551.°/1) – tiver actuado contra ordens ou instruções expressas de

---

a) A pessoa colectiva ou entidade equiparada em que a fusão se tiver efectivado; e

b) As pessoas colectivas ou entidades equiparadas que resultaram da cisão.

9 – Sem prejuízo do direito de regresso, as pessoas que ocupem uma posição de liderança são subsidiariamente responsáveis pelo pagamento das multas e indemnizações em que a pessoa colectiva ou entidade equiparada for condenada, relativamente aos crimes:

a) Praticados no período de exercício do seu cargo, sem a sua oposição expressa;

b) Praticados anteriormente, quando tiver sido por culpa sua que o património da pessoa colectiva ou entidade equiparada se tornou insuficiente para o respectivo pagamento; ou

c) Praticados anteriormente, quando a decisão definitiva de as aplicar tiver sido notificada durante o período de exercício do seu cargo e lhes seja imputável a falta de pagamento.

10 – Sendo várias as pessoas responsáveis nos termos do número anterior, é solidária a sua responsabilidade.

11 – Se as multas ou indemnizações forem aplicadas a uma entidade sem personalidade jurídica, responde por elas o património comum e, na sua falta ou insuficiência, solidariamente, o património de cada um dos associados.

quem de direito da entidade colectiva, por força daquela norma, fica afastada a responsabilidade dessa entidade.

E também, pensamos nós, por aplicação subsidiária do último segmento da norma do art. 11.°/7 do CP, a responsabilidade contra-ordenacional da entidade colectiva não depende da responsabilização do respectivo agente.

Porém, pelo contrário, do primeiro segmento dessa norma (art. 11.°/7 do CP), por falta de previsão expressa, já não se aplica no ilícito contra-ordenacional laboral a regra da responsabilização individual do agente ao lado da responsabilização do ente colectivo. Como é sabido, essa regra esteve prevista em termos gerais no domínio do regime das COL de 1999[200], mas nunca foi concretizada.

4 – Uma outra consequência da aplicação dos "termos gerais" do CP aos crimes previstos no CT, é o afastamento da possibilidade de por eles responsabilizar o Estado, outras pessoas colectivas públicas, na definição que delas dá a norma do art. 11.°/3 do CP, e organizações internacionais de direito público.

ARTIGO 547.°
Desobediência qualificada

Incorre no crime de desobediência qualificada o empregador que:

a) Não apresentar ao serviço com competência inspectiva do ministério responsável pela área laboral documento ou outro registo por este requisitado que interesse ao esclarecimento de qualquer situação laboral;

b) Ocultar, destruir ou danificar documento ou outro registo que tenha sido requisitado pelo serviço referido na alínea anterior.

Notas:

1 – São muito semelhantes os tipos legais objectivos deste crime e o da contra-ordenação leve que consta do art. 552.° sob *apresentação de documentos*.

Para uma tentativa de destrinça dos seus elementos ver o nosso *O Crime de não apresentação pelo empregador de registos e outros documentos* – IX e X Congresso Nacional de Direito do Trabalho – Almedina, 2007, (pp. 33-53).

---

[200] Cujo art. 4.°/1/*c*) da Lei 116/99, de 04/08, precisamente determinava que seriam responsáveis pelas contra-ordenações laborais e pelo pagamento das coimas: "*O agente da entidade patronal, conjuntamente com esta, nos casos em que a lei especialmente o determine*". Mas nunca, que se saiba, a lei determinou em concreto essa dupla responsabilização.

2 – O crime de desobediência qualificada encontra-se previsto no art. 348.° do CP, e nos termos do seu n.° 2, é punível com pena de prisão até 2 anos ou com pena de multa até 240 dias.

3 – Também a não cessação imediata da actividade do menor admitido ilicitamente a trabalhar, constitui crime de desobediência qualificada, remetendo-se, por isso, para o art. 83.° e sua nota 3.

CAPÍTULO II
Responsabilidade contra-ordenacional

ARTIGO 548.°
Noção de contra-ordenação laboral

Constitui contra-ordenação laboral o facto típico, ilícito e censurável que consubstancie a violação de uma norma que consagre direitos ou imponha deveres a qualquer sujeito no âmbito de relação laboral e que seja punível com coima.

Notas:

1 – A redacção da norma que define o conceito de contra-ordenação é muito semelhante à que constava do art. 614.° do CT/2003, embora tenha sido suprimido o vocábulo "todo" na expressão "todo o facto típico", sendo certo ainda que a "relação laboral" aparecia anteriormente no plural.

Apesar de o facto ter de constar de um prévio[201] tipo legal, a verdade é que a tipicidade contra-ordencional não obedece aos rigorosos parâmetros da criminal, uma vez que "*os interesses que as leis salutistas visam prosseguir só frequentemente se podem descrever através de cláusulas gerais ou de normas em branco que cabe à Administração integrar*", conforme defendia, já em 1973, o Prof. Eduardo Correia[202].

A ilicitude do facto revela-se na sua contraditoriedade ao direito e, porque deve ser fundada numa concepção subjectivista, tem de resultar duma vontade esclarecida, consciente e livre. Embora no ilícito de mera ordenação seja razoável supor que o agente a conhece ou deva conhecer.

---

[201] Prévio, no sentido de constar duma lei em vigor para poder ser utilizado como pressuposto de eventual sanção.

[202] *Direito Penal e Direito de Mera Ordenação Social*, cit., p. 262.

2 – Relativamente ao carácter "censurável" do facto, recorde-se que da redacção do diploma que pela primeira vez instituiu em Portugal o ilícito de mera ordenação social – o Dec.-Lei n.° 232/79, de 24 de Julho – constava um preceito segundo o qual "*a lei determinará os casos em que uma contra-ordenação pode ser imputada independentemente do carácter censurável do facto*". Apesar de apontar para a possibilidade da responsabilidade objectiva no domínio contra-ordenacional, o certo é que nem a Comissão Constitucional[203] sancionou a sua inconstitucionalidade, nem a doutrina apontava para a sua verificação – de que é exemplo o Prof. Figueiredo Dias[204] – pelo que tal norma passou para o Decreto--Lei n.° 433/82 até que foi revogada pelo Decreto-Lei n.° 244/95, de 14 de Setembro, motivado, por certo, pelo "*efectivo reforço das garantias dos arguidos perante o crescente poder sancionatório da Administração*"[205].

Não sofre dúvidas, pelo menos a partir daí, a característica da censurabilidade, como conatural ao ilícito de mera ordenação social.

3 – O legislador continua a operar com um *índice conceitual-formal* para a definição de contra-ordenação laboral, descartando a distinção substantiva, certamente por se não terem revelado adequados, ou ao menos porque não vingaram doutrinariamente, os critérios avançados para a distinção qualitativa entre crime e contra-ordenação adoptados pelo Prof. Eduardo Correia, e constantes do preâmbulo do Decreto-Lei n.° 232/79, de 24 de Julho.

Hoje, porém, com o desaparecimento das contravenções da ordem jurídica nacional, provocado pela publicação da Lei n.° Lei n.° 30/2006, de 11 de Julho, na redacção da Lei n.° 4/2008, de 07/02, a distinção deixou de ser tão relevante. Ainda assim, é pela designação da sanção – a coima – que se descortina a existência de norma de natureza contra-ordenacional.

4 – A coima, nas palavras do Prof. COSTA ANDRADE[206], "*é concebida como um aviso dirigido ao cidadão que faltou ao seu dever de colaborar na prossecução dos interesses do Estado e como uma medida preventiva destituída de qualquer carácter infamante*".

---

[203] Parecer n.° 4/81 in *Pareceres da Comissão Constitucional*, 14.° vol., pp. 251 e 263.

[204] Que em *O Movimento da Descriminalização* ... cit., a p. 331/2 afirmava que "*... o artigo1.°-2 admite a possibilidade em que a imputação se faça «independentemente do carácter censurável do facto», sem que daqui possa concluir-se – como acertadamente notou a Comissão Constitucional, a propósito de norma idêntica do Decreto-Lei n.° 232/79 – por uma violação inconstitucional do princípio da culpa.*

[205] Do preâmbulo do DL 244/95, de 14/9.

[206] Citando, embora, MICHELS (nota 105) – *Contributo para o conceito de Contra-Ordenação*, *in* Revista de Direito e Economia, Anos VI/VII, p. 114.

5 – Como exemplo de disposições legais que consagram contra-ordenações imputáveis a sujeitos que não são exactamente os sujeitos da relação laboral, para além do dono da obra, do autor do projecto, do trabalhador independente ou do coordenador de segurança (arts. 25.° e 26.° do Dec.-Lei n.° 273/2003 – Parte III), podem ver-se as que são imputáveis ao Estado (art. 405.°/5) ou aos serviços da administração central, regional e local e aos institutos públicos (arts. 5.°/2 e 6.° do Dec.-Lei n.° 362/93, de 15/10 – Parte IV).

ARTIGO 549.°
Regime das contra-ordenações laborais

As contra-ordenações laborais são reguladas pelo disposto neste Código e, subsidiariamente, pelo regime geral das contra-ordenações.

Notas:

1 – O regime geral das contra-ordenações (RGCO) encontra-se no Dec.-Lei n.° 433/82, de 27/10, na redacção que sucessivamente lhe foi dada pelo DL 356/89, de 17/10, pelo DL 244/95, de14/09, pelo DL 323/2001, de 17/12 e pela Lei n.° 109/2001, de 24/12. A remissão que aqui agora é feita para o RGCO deve entender-se quanto à sua parte substantiva, já que relativamente à adjectiva rege agora a Lei n.° 107/2009 (art. 60.°).

O regime das CO, por sua vez, aponta o Código Penal na parte substantiva e o Código de Processo Penal na parte adjectiva como legislação subsidiária.

Mas terá o intérprete e o aplicador do direito de mera ordenação de valer-se frequentemente de normas ou princípios de outros códigos para onde aqueles remetem ou em resultado de situações lacunosas deste ramo de direito (Código Civil, Código de Processo Civil, Código das Custas Judiciais e até o Código do Procedimento Administrativo...[207]).

O que importa considerar e garantir é que as soluções aí encontradas não sejam incompatíveis, pela sua natureza, com a solução que se procura. E ainda que com elas não haja diminuição dos direitos ou garantias de defesa dos arguidos.

2 – Pensamos que o regime previsto neste Código deve abranger todas as contra-ordenações, quer as já existentes, e nele previstas ou não, quer as que no futuro se venham a criar, mesmo que as suas normas não remetam expressamente para esta lei, bastando apenas que com ela se não mostrem incompatíveis.

---

[207] Embora estes dois últimos sejam mais prestáveis para o regime processual ora regulado na Lei 107/2009.

Apesar do CT conter tendencialmente a maior parte das contra-ordenações laborais, muitos outros tipos legais, – de acordo, aliás, com a política legislativa do legislador da reforma laboral de 2009 – se encontram em leis avulsas que contêm por vezes normas de carácter substantivo ou procedimental, como será o caso de:

a) O regime das carteiras profissionais (Dec.-Lei n.° 358/84, de 13/11);

b) As regras de aplicação e o regime sancionatório das normas comunitárias sobre regulamentação social e aparelho de controlo no domínio dos transportes rodoviários (Dec.-Lei n.° 272/89. de 19/08);

c) O regime da informação estatística sobre acidentes de trabalho (Dec.-Lei n.° 362/93, de 15/10);

d) O regime aplicável à actividade profissional dos marítimos e à fixação da lotação das embarcações (Dec.-Lei n.° 280/2001, de 23/10);

e) A regulamentação das condições de segurança e de saúde no trabalho em estaleiros temporários ou móveis (Dec.-Lei n.° 273/2003, de 29/10);

f) O transporte colectivo de crianças (Lei n.° 13/2006, de 17/04);

g) A organização do tempo de trabalho das pessoas que exercem actividades móveis de transporte rodoviário (Dec.-Lei n.° 237/2007, de 19/06);

h) O regime de reparação de acidentes de trabalho e de doenças profissionais, incluindo a reabilitação e reintegração profissionais (Lei n.° 98/2009, de 04/09);

i) O regime do trabalho no domicílio (Lei n.° 101/2009, de 08/09);

j) O regime da promoção da segurança e saúde no trabalho (Lei n.° 102/2009, de 10/09).

l) O regulamento do Código do Trabalho (Lei n.° 105/2009, de 14/09) que inclui:

aa) Participação de menor em actividade de natureza cultural, artística ou publicitária;

bb) Especificidades da frequência de estabelecimento de ensino por trabalhador-estudante;

cc) Aspectos da formação profissional;

dd) Período de laboração, de acordo com o previsto no n.° 4 do artigo 201.° do Código do Trabalho;

ee) Verificação de situação de doença de trabalhador;

ff) Prestações de desemprego em caso de suspensão do contrato de trabalho pelo trabalhador com fundamento em não pagamento pontual da retribuição;

gg) Suspensão de execuções quando o executado seja trabalhador com retribuições em mora;

hh) Informação periódica sobre a actividade social da empresa.

ARTIGO 550.°
Punibilidade da negligência

A negligência nas contra-ordenações laborais é sempre punível.

Notas:

1 – Nos termos do art. 8.°/1 do regime geral das contra-ordenações (DL 433/82), tal como sucede, de resto, com o crime (art. 13.° do CP), a negligência só é punível se a lei especialmente o determinar. O que bem se compreende, se se considerar que, nestes casos, o agente apenas representa como possível a realização de um facto típico que constitui contra-ordenação, mas actua na convicção de que o não vai preencher (negligência consciente) ou nem sequer chega a representar como possível a realização do facto (negligência inconsciente).

O fundamento da punição da negligência é, conforme ensinava EDUARDO CORREIA,[208] "o facto de o agente *não ter querido, em face do conhecimento de que certos resultados são puníveis preparar-se para – sempre que uma conduta que projecta seja adequada para os produzir – representar esses resultados* (negligência inconsciente) *ou para os representar justamente* (negligência consciente)".

Por isso, não punir a negligência, devido à enorme panóplia de factos tipificados como contra-ordenações que muitos cidadãos mal conhecem ou mesmo desconhecem, significaria deixar impunes muitos comportamentos que importa à sociedade, organizada em Estado-de-Direito, ordenar, prevenir ou promover.

2 – Para a distinção entre o dolo e a negligência, confrontar os artigos 14.° e 15.° do Código Penal. Segundo este último:

"*Age com negligência quem, por não proceder com o cuidado a que, segundo as circunstâncias, está obrigado e de que é capaz:*

a) Representar como possível a realização de um facto que preenche um tipo de crime mas actuar sem se conformar com essa realização; ou

b) Não chegar sequer a representar a possibilidade da realização do facto."

3 – Haverá, nas contra-ordenações uma presunção de negligência?

Pensamos que não. A culpabilidade deve ser apreciada na instrução do processo de contra-ordenação, de acordo com os factos apurados, sendo certo que, na maioria dos casos, só poderá extrair-se das regras da experiência comum dos homens ou resultar de prova *prima facie* extraída desses factos. Essencial é fazê-la constar da decisão final.

---

[208] Direito Criminal, I, cit, p. 433.

E uma presunção de dolo?

No regime das COL de 1999 (Lei 116/99) foi criada uma tal presunção, quando a um auto de notícia preexistisse um auto de advertência, cujas medidas nele recomendadas, não tivessem sido cumpridas pelo advertido[209]. Em caso de pagamento voluntário o arguido deveria ser notificado para pagamento do montante mínimo do dolo, e não, como é normal, da negligência. Veja-se, porém, agora, a redacção do n.° 4 do artigo 19.° da Lei 107/2009, onde, em lugar da norma preceptiva "*a coima será liquidada pelo valor mínimo*" se optou por uma norma permissiva "*a coima pode ser elevada até ao valor mínimo do grau que corresponda à infracção praticada com dolo*".

Saber se a norma padecia ou não do vício da inconstitucionalidade foi questão que não chegou, ao que sabemos, a ser colocada ao Tribunal Constitucional.

Fosse por isso ou não, o certo é que o legislador resolveu "amenizar" a imposição da moldura da coima relativa ao grau de dolo, para agora apenas a permitir.

O que fica dito não implica, bem pelo contrário, que do auto não constem, para lá dos factos objectivos, os que traduzam a imputação subjectiva (dolo ou negligência) e os que forem determinantes na ponderação da intensidade da culpa na infracção. O que o auto não pode conter, sob pena de violação do princípio da presunção de inocência do arguido é, desde logo, a determinação do concreto grau de culpa do autuado.

ARTIGO 551.°
Sujeito responsável por contra-ordenação laboral

1 – O empregador é o responsável pelas contra-ordenações laborais, ainda que praticadas pelos seus trabalhadores no exercício das respectivas funções, sem prejuízo da responsabilidade cometida por lei a outros sujeitos.

2 – Quando um tipo contra-ordenacional tiver por agente o empregador abrange também a pessoa colectiva, a associação sem personalidade jurídica ou a comissão especial.

3 – Se o infractor for pessoa colectiva ou equiparada, respondem pelo pagamento da coima, solidariamente com aquela, os respectivos administradores, gerentes ou directores.

---

[209] Cf. art. 23.°/4 do RGCOL/99 que determinava: *Nos casos referidos no número anterior* (em casos de pagamento voluntário), *se o infractor agir com desrespeito das medidas recomendadas no auto de advertência, a coima será liquidada pelo valor mínimo do grau que corresponda à infracção praticada com dolo*".

4 – O contratante é responsável solidariamente pelo pagamento da coima aplicada ao subcontratante que execute toda ou parte do contrato nas instalações daquele ou sob responsabilidade do mesmo, pela violação de disposições a que corresponda uma infracção muito grave, salvo se demonstrar que agiu com a diligência devida.

Notas:

1 – A norma contida no n.° 1 é uma das mais importantes inovações deste CT/2009 e urgia a sua consagração, face ao extremamente lacunar critério de imputação da CO às pessoas colectivas do RGCO. Na verdade, segundo o art. 7.°/2 do DL 433/82, as pessoas colectivas só são responsáveis pelas contra-ordenações quando praticadas pelos seus órgãos no exercício das suas funções.

Ora um tal critério puramente orgânico, se levado à letra, não só criaria verdadeiras "lacunas de punibilidade" conforme observa FREDERICO DA COSTA PINTO[210], como poderia mesmo conflituar com os princípios constitucionais da universalidade, da igualdade e da proporcionalidade, segundo entende TERESA SERRA[211]. De resto, esta questão da responsabilidade contra-ordenacional, quer das pessoas colectivas em geral, quer especialmente as de direito público, vem de há muito a preocupar a doutrina e a criar dificuldades à aplicação prática do direito[212].

Por isso, os regimes contra-ordenacionais específicos têm vindo a consagrar o alargamento daquele critério introduzindo – para lá dos titulares dos órgaos – outros agentes cuja actuação faz imputar a responsabilidade ao ente colectivo.

No âmbito específico das contra-ordenações laborais, o sujeito responsável por excelência da CO é o empregador, normalmente uma sociedade comercial titular de uma empresa. No domínio das COL contidas na Lei n.° 116/99, havia quem visse na norma definidora dos sujeitos (art. 4.°[213]) uma imputação legal à

---

[210] Cfr. *O Ilícito de Mera Ordenação Social e a Erosão do Princípio da Subsidiariedade da Intervenção Penal*, cit., nota 79, p. 52: "Literalmente o preceito ... não abrange condutas de pessoas que não sejam *órgãos* (ou, no mesmo plano, titulares de órgão com poderes de representação) podendo por isso criar *lacunas de punibilidade*... Justifica-se, assim, uma revisão do disposto no art. 7.°, n.° 2..."

[211] Cfr. *Contra-ordenações: Responsabilidade de Entidades Colectivas* – RPCC (1999) p. 191.

[212] De que são exemplo o Parecer da PGR n.° 102/89, publicado no DR, 2.ª s., n.° 55, de 07/03/1991, ou o Processo n.° 10/94, da mesma PGR, publicado no DR, 2.ª s., n.° 99, de 28/04/1995.

[213] Cujo teor era o seguinte: "*São responsáveis pelas contra-ordenações laborais e pelo pagamento das coimas: a)A entidade patronal quer seja pessoa singular ou colectiva, associação sem personalidade jurídica ou comissão especial; b) A empresa de trabalho*

entidade patronal. Todavia, essa norma foi substituída no CT/2003 por uma outra[214] cujo teor não referia especificamente essa responsabilidade, pelo que a jurisprudência passou a considerar que só quando no acusação ou no auto de notícia houvesse factos materiais que provassem a imputação à entidade empregadora é que a responsabilidade lhe podia ser assacada.

Com a introdução da norma do n.° 1, atendendo a que, na realidade, o agente material da contra-ordenação é um trabalhador subordinado, fica mais aplanado o caminho para a imputação da responsabilidade à sua entidade empregadora.

2 – O que fica dito na nota anterior não significa, contudo, a resolução de todos os problemas de imputação.

Em primeiro lugar, o facto de estar agora claro que o empregador é responsável quando o facto é (também) praticado pelo trabalhador no exercício das suas funções, que é como quem diz quando actua em nome, por conta e no interesse colectivo, não significa que não fiquem a descoberto actuações de outros agentes. Desde logo, parece-nos, as dos titulares dos *órgãos sociais sem poderes de representação* – que o critério do art. 7.°/2 do Dec.-Lei 433/82[215] não cobre – assim como as dos *mandatários* igualmente sem poderes de representação ou os meros *representantes de facto*[216].

Em segundo lugar sempre que o tipo contra-ordenacional tiver por agente o empregador, porque, como se diz no último parágrafo da nota 3 ao art. 546.°, não está consagrada a responsabilidade conjunta do ente colectivo e do agente indivi-

---

temporário e o utilizador, nos casos de trabalho temporário, e as empresas cedente e cessionária nos casos de cedência ocasional de trabalhadores; c) O agente da entidade patronal, conjuntamente com esta, nos casos em que a lei especialmente o determine; d) O dono da obra, nos casos em que a lei especialmente o determine".

[214] O art. 617.°/1: "*Quando um tipo contra-ordenacional tiver por agente o empregador abrange também a pessoa colectiva, a associação sem personalidade jurídica, bem como a comissão especial*".

Também da definição do seu art. 614.°, constava que a COL podia ser imputada "a qualquer sujeito".

[215] Que continuará a ter de ser aplicado supletivamente, uma vez que o art. 551.°/1 só respeita à responsabilidade colectiva por via indirecta, por agente intermediário, e o RG das COL nada diz quanto à responsabilidade directa ou pessoal da própria entidade colectiva, isto é, quando actua através de um seu órgão representativo.

[216] Para dar um exemplo de proximidade material com o regime jurídico em análise – proximidade tal que levou o legislador da Lei 107/2009 a unir os procedimentos das COL e das COSS – mas com uma solução legislativa mais abrangente, veja-se que, nos termos do art. 226.°/2 do Código dos Regimes Contributivos da Segurança Social, anexo à Lei 110/2009, de 16/09, "as *pessoas colectivas são responsáveis pelas contra-ordenações praticadas, em seu nome ou por sua conta, pelos titulares dos órgãos sociais, mandatários, representantes ou trabalhadores.*"

dual, sempre que o trabalhador, ou outro qualquer agente, actue fora do exercício das suas funções, isto é, em seu nome pessoal e no seu próprio interesse, deixa de haver infracção punível.

Faltando ao agente a qualidade típica (qualidade de empregador), e não havendo lugar à extensão da ilicitude por comparticipação, nos termos do art. 16.°/1 do DL 433/82, a conclusão não pode ser outra.

3 – Vai o advérbio "*também*" que se encontra na expressão do n.° 1 "*abrange também*", naturalmente, ser fonte de dúvidas e quiçá de interpretações diversas.

Claro que é possível, com base nela, defender-se uma responsabilidade conjunta, isto é, responsabilidade contra-ordenacional do empregador, designadamente do representante legal (gerente, director, administrador, ou, agora, do próprio trabalhador) e simultaneamente da própria pessoa colectiva.

Não nos parece, porém, que seja esta a melhor interpretação.

Sempre entendemos que a prática de uma contra-ordenação, conquanto seja sempre executada por uma (ou mais) pessoa física, se repercute directa e originariamente na pessoa colectiva, não necessitando a responsabilização desta da intermediação dos diversos agentes concretos tal como parece defender COSTA PINTO[217] que retira esta posição do conceito extensivo da autoria e do mecanismo da comparticipação previsto no n.° 1 do artigo 16.° do Dec.-Lei n.° 433/82, para fazer estender a todos os comparticipantes a qualidade típica ou as relações especiais que, por vezes, o tipo legal só atribui a um deles.

Uma interpretação deste jaez, levada às últimas consequências, parecerá acarretar que em caso de "infracções de dever", que são a grande maioria no ilícito laboral, (quase) sempre com o empregador (e esta qualidade de "empregador" integra a maior parte dos tipos legais de contra-ordenação) se teria de responsabilizar também o titular do órgão, ou agora o trabalhador, enquanto agente material da conduta infractora.

Assim, não tendo sido, por hipótese, enviado o mapa do quadro de pessoal ao competente Centro local da ACT, apesar do dever de envio do documento competir ao empregador, porque quem disso estava incumbido era o trabalhador empregado de escritório, deveria este também ser responsabilizado. A sua conduta é que, material e objectivamente, constitui a infracção. Mas, porque o empregado de escritório não tem a qualidade típica de "empregador", é um "extraneus", a sua acção (ou, antes, omissão) não pode directamente repercutir-se na pessoa colectiva porque, nos termos do n.° 2 do artigo 7.° do Dec.-Lei n.° 433/82, de 27 de Outubro, "*as pessoas colectivas ou equiparadas serão responsáveis pelas con-*

---

217 Cf. FREDERICO DE LACERDA DA COSTA PINTO – *O Ilícito de Mera Ordenação Social e a Erosão* ... cit., pp. 21 e ss. e 50 a 54.

tra-ordenações praticadas pelos seus órgãos no exercício das suas funções". E o trabalhador, ainda que não sendo titular de nenhum órgão, também "pratica" a COL (n.° 1).

Como desatar este nó górdio? Respondia COSTA PINTO, fazendo intervir um outro agente da infracção. Na entidade empregadora haverá, por certo, alguém, pertencente ao órgão, com competência para actuar manifestando a vontade colectiva. É através dele – um sócio-gerente, um administrador ou um director – resultante do seu dever de vigilância e controlo que se faz a ligação entre o empregado de escritório e a pessoa colectiva. Àquele falta a qualidade típica e a esta falta a prática de infracção por um órgão como exige o preceito referido. Tudo se harmonizava se se fizesse intervir o tal responsável do ente colectivo que será o terceiro comparticipante na infracção. A conclusão que daqui se retirava é, pois, a de que nestas infracções de dever haveria uma comparticipação necessária entre estes três agentes, comparticipação tornada possível pelo amplo conceito de autoria que se extrai do n.° 1 do artigo 16.° do Dec.-Lei n.° 433/82, de 27 de Outubro.

Esta tese da responsabilidade conjunta, se bem que em teoria possa continuar a ser defensável, viu a sua lógica de aplicação mais dificultada com a introdução do n.° 1. Apesar de ser uma construção hábil, preferimos, com outros autores[218], considerar que a vontade da entidade colectiva é a vontade do agente que em seu nome e representação intervém. Que aquela entidade "age originariamente através dos seus órgãos".

Também, de resto, outra não parece ser a posição da PGR[219] quando, em sumário, afirma que " *as pessoas colectivas ou equiparadas actuam necessariamente através dos titulares dos seus órgãos ou dos seus representantes, pelo que os factos ilícitos que estes pratiquem, em seu nome e interesse, são tratados pelo direito com factos daquelas, nomeadamente quando deles advenha responsabilidade criminal, contra-ordenacional ou civil"* ou ainda[220] "*os titulares dos órgãos das pessoas colectivas que hajam cometido contra-ordenações de segurança social pelas quais essas pessoas sejam responsáveis só são corresponsáveis por elas a título individual se o tipo contra-ordenacional respectivo não incluir certas qualidades que só tais pessoas colectivas tenham"*.

4 – A expressão inicial do n.° 2: "*quando um tipo contra-ordenacional tiver por agente um empregador*" pretende dizer, por argumento *a contrario*, que há contra-ordenações cujo agente não é o empregador, mas um outro sujeito. Que pode ser o trabalhador, o autor do projecto, o trabalhador independente, o médico

---

218 Cf., designadamente, Teresa Serra – *Contra-Ordenações: Responsabilidade de Entidades Colectivas*, in RPCC 9 (1999) p. 130.

219 Cf. Parecer da PGR no Processo n.° 10/94, in DR, 2.ª s. de 28/04/95, pp. 4576 a 4584.

220 Cf. Parecer n.° 102/89, in DR, 2.ª s. de 07/03/91, p. 2684.

do trabalho, o director de estabelecimento hospitalar ou prisional, o dador de trabalho, a entidade promotora de um espectáculo ou outras entidades que nem sequer são sujeitos da relação de trabalho, mas que orbitam à sua volta.

Mas, para nós, o segundo segmento da norma do n.° 1, quando inclui como agente da contra-ordenação a *pessoa colectiva*, a *associação sem personalidade jurídica* ou a *comissão especial*, quer significar isso mesmo. Ou seja, que o agente não é o universo que constitui essas realidades, mas o ente referido. Se com a pessoa colectiva se não põem obstáculos, já o mesmo não sucede com as outras duas entidades. Assim, para dar um exemplo frequente na prática das COL, parece-nos que é o *consórcio*, realidade económica sem personalidade – e não cada uma das sociedades comerciais titulares de empresas que o compõem – que comete a contra-ordenação que a lei impute a pessoa colectiva ou equiparada[221].

5 – Uma das vantagens do direito de mera ordenação social é a sua perfeita adaptação à responsabilização das pessoas colectivas, ultrapassando definitivamente o princípio da individualização da culpa típico do direito penal (apesar do que, mesmo depois da reforma de 2007, dispõe o art. 11.° do respectivo Código) e do velho brocardo *societas delinquere non potest*.

Por isso o n.° 2, assim como de resto o DL 433/82 (art. 7.°/1), estabelecem a responsabilidade das pessoas colectivas de par com as associações sem personalidade jurídica, para cobrir, através destas, todas aquelas a quem a lei (art. 6.° do CPC) atribui personalidade judiciária, apesar de não terem personalidade jurídica: A herança jacente, as comissões especiais (comissões de festas, comissões fabriqueiras, etc., sujeitos frequentes de contra-ordenações), as sociedades civis, as sociedades comerciais até à data do registo definitivo, o condomínio, os navios. E determina o art. 87.°/1 do mesmo DL 433/82, que sejam representadas no processo por quem legal ou estatutariamente as deva representar.

6 – Os números 3 e 4 deste art. 551.° referem-se a uma realidade diferente da constante dos n.os 1 e 2, que é a responsabilidade pelo pagamento das coimas. Não já a responsabilidade pelo cometimento da contra-ordenação. E que a distinção a fazer, mesmo em termos práticos, é importantíssima prova-o o que diremos *infra* a propósito da reincidência[222].

Por isso, tendo em atenção não só determinadas ligações físicas e funcionais entre entidades que estão muito próximas no tocante ao cometimento de infracções contra-ordenacionais, como também a possibilidade de algumas dessas enti-

---

[221] Assim, se um consórcio é o dono de uma obra de construção civil, que permite que ela se inicie sem o respectivo plano de segurança e saúde, quem comete a CO prevista no art. 5.°/1, *ex vi* art. 25.°/3/*a*) do DL 273/2003, de 29/10 é o consórcio e não cada uma das empresas. Como se determina e quem paga a coima? Responde o art. 556.°/2. O mesmo se dirá, *mutatis mutandis*, para a comissão especial.

[222] Cfr. nota 4 ao art. 561.°.

dades, os subcontratantes, se eximirem ao cumprimento das suas obrigações, a lei (n.° 4) veio imputar a responsabilidade pelo pagamento da coima, em termos de solidariedade passiva, ao contratante e ao subcontratante desde que se verifiquem três pressupostos: (i) execução de todo ou parte do contrato nas instalações do contratante; (ii) execução do contrato sob responsabilidade do contratante; (iii) infracção muito grave.

Mas a responsabilidade contra-ordenacional, repete-se, é do subcontratante que é o único infractor. A questão de haver direito de regresso do contratante pelo montante pago é meramente civil e respeitando à esfera privada e comercial que entre os contratantes exista. Por isso, qualquer cláusula de imputação dessa responsabilidade a alguma das partes só tem efeitos civis, não podendo afastar a titularidade da responsabilidade pelo pagamento da coima pela lei atribuída a ambos.

Há que notar que da expressão " *salvo se demonstrar que agiu com a diligência devida*", do final da norma do n.° 4, resulta que é ao contratante que incumbe o ónus de demonstrar que essa sua conduta foi diligente, e não à Administração que cumpre demonstrar que a actuação dele, ao subcontratar com outrem, tenha sido negligente.

7 – Ao contrário do que sucede com a responsabilidade do contratante, a responsabilidade dos gerentes, directores, administradores, prevista no n.° 3 é objectiva[223]. Apesar de se tratar, também aqui, de mera solidariedade no pagamento da coima (e não na infracção), uma vez que esta responsabilidade é conatural ao seu estatuto de legais representantes da pessoa colectiva, não se tornará necessária, por isso, a sua notificação individual, sempre que continuem no exercício dessas funções. Deve, contudo, a decisão final conter a especificação da responsabilidade da pessoa colectiva e do gerente, director ou administrador (ex.: aplico a coima x a A, pessoa colectiva, ficando com ela solidariamente responsável pelo pagamento da coima B, seu gerente – ou director – ou administrador).

8 – A responsabilidade solidária pelo pagamento da coima implica, nos termos do art. 512.° do CC, que a Administração possa exigir indistintamente o pagamento de qualquer dessas entidades, sendo, porém, certo que o procedimento normal (não se tratando de responsabilidade subsidiária, que exigiria que se excutisse o património do primeiro responsável) haverá de ser que se exija em primeira mão à entidade que é responsável pela contra-ordenação (subcontratante) e não somente pelo pagamento da coima.

9 – Independentemente da solidariedade pelo pagamento das coimas, consagrada no CT, casos há em que, como deixámos entredito no último parágrafo da nota 4, é solidária a responsabilidade pela própria contra-ordenação.

---

[223] Vd. sobre a *Responsabilidade Civil dos Administradores da Sociedade: Os Deveres Gerais e a Corporate Governance*, o Dr. João Soares da Silva in ROA, Ano 57, Abril de 1997, pp. 605 e ss..

É o que sucede quando não se consegue individualizar a culpa e são várias as pessoas responsáveis pelos danos (art. 497.° do CC), como, por exemplo, com a execução de um projecto com opções arquitectónicas, técnicas e organizativas que não respeitem os princípios gerais de prevenção e a autoria do projecto seja de um consórcio (art. 25.°/3/b) e 18.°/1/*a*) do DL 273/2003, de 29/10) ou quando, sendo a contra-ordenação imputável ao dono da obra, ou ao empregador e este seja um consórcio de empresas que mantêm a sua individualidade jurídica.

Mas é também o que sucede agora sempre que haja uma pluralidade de agentes responsáveis pela mesma infracção (art. 556.°/2), como sucede no caso do n.° 6 do art. 101.° deste CT[224].

10 – A propósito do n.° 4, veja-se ainda a nota 1 ao art. 20.° da Lei 107/2009; e a propósito da determinação da moldura da coima no caso de responsabilidade solidária pela contra-ordenação, o art. 556.°/2 e a nota 2.

11 – Sobre a responsabilidade contra-ordenacional de outros sujeitos que não os sujeitos da relação laboral, veja-se a nota 5 ao art. 548.°. E sobre a do médico, veja-se, p. ex., a nota 2 ao art. 17.°.

ARTIGO 552.°
Apresentação de documentos

1 – As pessoas singulares, colectivas e entidades equiparadas, notificadas pelo serviço com competência inspectiva do ministério responsável pela área laboral para exibição, apresentação ou entrega de documentos ou outros registos ou de cópia dos mesmos, devem apresentá-los no prazo e local identificados para o efeito.

2 – Constitui contra-ordenação leve a violação do disposto no número anterior.

Notas:

1 – O tipo legal de CO aqui contido estava previsto no art. 13.°/2 do Estatuto da IGT constante do DL n.° 2/2000, de 2/06, o que não era o instrumento jurídico mais adequado para o levar ao conhecimento dos empregadores seus destinatários.

Este é um dos meios mais comummente utilizados pelos inspectores nas suas visitas às empresas, devido a que muitas vezes não encontram aí o responsá-

---

[224] Embora valha a verdade que é de difícil extricação a parte final da norma quando fala da "representação" dos vários empregadores.

vel, mas alguém que alega não conhecer, ou não ter acesso, aos documentos que interessam para a análise das situações e relações laborais objecto de fiscalização. Deixam então uma notificação com a indicação da identificação dos documentos que pretendem analisar, os quais tanto podem ser exibidos por alguém ligado à empresa visitada, como enviados a título devolutivo ou através das modernas tecnologias de informação e comunicação.

2 – Não se deve confundir com esta obrigação, cuja violação constitui contra-ordenação leve, com aquela que consta do art. 547.° e que pode dar origem ao crime de desobediência qualificada[225].

3 – A reincidência no comportamento de não exibição ou não envio dos documentos que ocorre com alguma frequência na prática, e não deixa de traduzir uma ostensiva falta de colaboração dos particulares para com a autoridade da Administração do Trabalho, desde que a notificação tenha sido feita de modo claro e inequívoco para não suscitar dúvidas, e tenha sido dado um prazo razoável para a organização pelo empregador dos documentos ou registos solicitados, deve configurar num primeiro momento conduta dolosa e num momento posterior, desde que a notificação contenha a cominação respectiva, pode constituir crime.

Como a contra-ordenação está catalogada de leve, a primeira vez que houver incumprimento pode dar lugar a auto de advertência (art. 10.° da lei 107/2009) que poderá ser ponderado para, no segundo incumprimento, o pagamento voluntário poder ser oferecido ao recalcitrante pelo montante mínimo doloso.

ARTIGO 553.°
Escalões de gravidade das contra-ordenações laborais

Para determinação da coima aplicável e tendo em conta a relevância dos interesses violados, as contra-ordenações laborais classificam-se em leves, graves e muito graves.

Notas:

1 – A catalogação das contra-ordenações laborais em leves, graves e muito graves surgiu, pela primeira vez, no regime da Lei n.° 116/99 (art. 6.°) e teve por

[225] Para uma tentativa de caracterização do ilícito criminal e sua distinção desta contra-ordenação leve, vd. o nosso trabalho: O Crime de não apresentação pelo empregador de registos e outros documentos – IX e X Congresso Nacional de Direito do Trabalho (10/11 de Novembro de 2005 e 16/17 de Novembro de 2006) – Almedina, Novembro, 2007, (pp. 33-53).

fonte igual classificação anteriormente feita pelo Código da Estrada relativamente às contra-ordenações dele constantes. Até então, a gravidade da contra-ordenação era aferida apenas pelo montante da coima que integrava o respectivo tipo legal, tal como sucede com os crimes cuja maior ou menor gravidade é avaliada pela maior ou menor severidade da pena.

2 – Em termos de gravidade das contra-ordenações o CT/2009 poucas alterações introduziu: Para lá de ter criado uma nova contra-ordenação muito grave por existência de um contrato de trabalho dissimulado em contrato de prestação de serviços (art. 12.°/3), apenas se verificou a alteração do escalão de gravidade das contra-ordenações por violação do dever de informação que eram leves[226] e passaram a graves (arts. 106.° a 110.°) ou das diligências do procedimento disciplinar, quando o trabalhador arguido é representante sindical, passando de graves (arts. 413.° e 415.° do CT/2003) para muito graves (arts. 356.°/7 e 357.°/8).

3 – São contra-ordenações muito graves as previstas nos arts.:

12.°/2 – presunção de contrato de trabalho; 17.°/5 – protecção de dados pessoais; 19.°/4 – realização de testes e exames médicos; 20.°/4 – meios de vigilância a distância; 24.°/7 – igualdade no acesso ao emprego e trabalho; 25.°/8 – discriminação; 29.ª/4 – assédio; 30.°/4 – acesso ao emprego ou formação; 31.°/6 – igualdade de condições de trabalho; 38.°/3 – licença por interrupção da gravidez; 40.°/8 – licença parental inicial; 41.°/4 – licença parental exclusiva da mãe; 42.°/6 – licença parental inicial de um progenitor na impossibilidade do outro; 43.°/5 – licença parental exclusiva do pai; 44.°/11 – licença por adopção; 62.°/8 – protecção de sst da grávida, puérpera ou lactante; 66.°/5 – princípios relativos a menor; 69.°/5 – menor sem escolaridade obrigatória ou qualificação profissional; 84.°/5 – trabalhador com capacidade de trabalho reduzida; 85.°/3 – trabalhador com deficiência crónica; 129.°/2 – garantias do trabalhador; 140.°/6 – contrato de trabalho a termo; 173.°/7 – cedência ilícita de trabalhador temporário; 175.°/6 – contrato de utilização de trabalho temporário; 186.°/9 – segurança e saúde no trabalho temporário; 227.°/4 – trabalho suplementar; 228.°/5 – limites do trabalho suplementar; 229.°/7 – descanso compensatório no trabalho suplementar; 263.°/3 – subsídio de Natal; 264.°/4 – férias e subsídio de férias; 266.°/4 – trabalho nocturno; 273.°/3 – retribuição mínima mensal garantida; 276.°/4 – meio de pagamento da retribuição; 279.°/5 – descontos na retribuição; 279.°/5 – tempo de cumprimento da retribuição; 285.°/6 – transmissão da empresa ou estabelecimento; 311.°/5 – encerramento temporário por facto imputável ao empregador; 312.°/6 – caução em caso de encerramento temporário; 353.°/4 – falta de nota de culpa ao representante sindical; 355.°/2 – falta de diligências de defesa do representante sindi-

[226] Cfr. arts. 97.° a 101.° do CT/2003.

cal; 356.°/7 – despedimento de representante sindical sem instrução do processo; 357.°/8 – despedimento de representante sindical sem diligências finais do processo; 419.°/2 – reuniões de trabalhadores no local de trabalho; 420.°/4 – dispor de instalações para reuniões; 431.°/8 – constituição de comissão de trabalhadores; 458.°/8 – recusa de cobrança de quota sindical; 461.°/4 – proibição de reuniões no local de trabalho; 468.°/9 – crédito de horas de dirigente sindical; 507.°/5 – arbitragem voluntária; 535.°/3 – substituição de grevistas; 540.°/2 – coacção para aderir ou não a greve; 544.°/3 – prática de lock-out.

Contra-ordenações leves, em geral, são as que se traduzem em mera violação de deveres de comunicação ou informação da ACT:

São contra-ordenações graves as restantes.

ARTIGO 554.°
Valores das coimas

1 – A cada escalão de gravidade das contra-ordenações laborais corresponde uma coima variável em função do volume de negócios da empresa e do grau da culpa do infractor, salvo o disposto no artigo seguinte.

2 – Os limites mínimo e máximo das coimas correspondentes a contra-ordenação leve são os seguintes:

a) Se praticada por empresa com volume de negócios inferior a (euro) 10 000 000, de 2 UC a 5 UC em caso de negligência e de 6 UC a 9 UC em caso de dolo;

b) Se praticada por empresa com volume de negócios igual ou superior a (euro) 10 000 000, de 6 UC a 9 UC em caso de negligência e de 10 UC a 15 UC em caso de dolo.

3 – Os limites mínimo e máximo das coimas correspondentes a contra-ordenação grave são os seguintes:

a) Se praticada por empresa com volume de negócios inferior a (euro) 500 000, de 6 UC a 12 UC em caso de negligência e de 13 UC a 26 UC em caso de dolo;

b) Se praticada por empresa com volume de negócios igual ou superior a (euro) 500 000 e inferior (euro) 2 500 000, de 7 UC a 14 UC em caso de negligência e de 15 UC a 40 UC em caso de dolo;

c) Se praticada por empresa com volume de negócios igual ou superior a (euro) 2 500 000 euros e inferior a (euro) 5 000 000, de 10 UC a 20 UC em caso de negligência e de 21 UC a 45 UC em caso de dolo;

d) Se praticada por empresa com volume de negócios igual ou superior a (euro) 5 000 000 e inferior a (euro) 10 000 000, de 12 UC a 25 UC em caso de negligência e de 26 UC a 50 UC em caso de dolo;

e) Se praticada por empresa com volume de negócios igual ou superior a (euro) 10 000 000, de 15 UC a 40 UC em caso de negligência e de 55 UC a 95 UC em caso de dolo.

4 – Os limites mínimo e máximo das coimas correspondentes a contra-ordenação muito grave são os seguintes:

a) Se praticada por empresa com volume de negócios inferior a (euro) 500 000, de 20 UC a 40 UC em caso de negligência e de 45 UC a 95 UC em caso de dolo;

b) Se praticada por empresa com volume de negócios igual ou superior a (euro) 500 000 e inferior (euro) 2 500 000, de 32 UC a 80 UC em caso de negligência e de 85 UC a 190 UC em caso de dolo;

c) Se praticada por empresa com volume de negócios igual ou superior a (euro) 2 500 000 e inferior a (euro) 5 000 000, de 42 UC a 120 UC em caso de negligência e de 120 UC a 280 UC em caso de dolo;

d) Se praticada por empresa com volume de negócios igual ou superior a (euro) 5 000 000 e inferior a (euro) 10 000 000, de 55 UC a 140 UC em caso de negligência e de 145 UC a 400 UC em caso de dolo;

e) Se praticada por empresa com volume de negócios igual ou superior a (euro) 10 000 000, de 90 UC a 300 UC em caso de negligência e de 300 UC a 600 UC em caso de dolo.

5 – O volume de negócios reporta-se ao ano civil anterior ao da prática da infracção.

6 – Caso a empresa não tenha actividade no ano civil anterior ao da prática da infracção, considera-se o volume de negócios do ano mais recente.

7 – No ano de início de actividade são aplicáveis os limites previstos para empresa com volume de negócios inferior a (euro) 500 000.

8 – Se o empregador não indicar o volume de negócios, aplicam-se os limites previstos para empresa com volume de negócios igual ou superior a (euro) 10 000 000.

9 – A sigla UC corresponde à unidade de conta processual.

Notas:

1 – A redacção do preceito sobre os valores das coimas manteve-se semelhante à do CT/2003. Os montantes em UCs foram mantidos em todos os esca-

lões, assim como a redacção dos restantes n.os com a excepção do n.° 9 sobre a decifração da sigla UC, que foi agora aditado.

2 – UC – unidade de conta (Artigo 22.° do DL 34/2008, alterado pelo DL 181/2008, de 28/08):

Na data de entrada em vigor do presente decreto-lei, a unidade de conta é fixada em um quarto do valor do indexante dos apoios sociais (IAS) vigente em Dezembro do ano anterior, arredondada à unidade Euro, sendo actualizada anualmente com base na taxa de actualização do IAS, devendo a primeira actualização ocorrer apenas em Janeiro de 2010, nos termos dos n.os 2 e 3 do artigo 5.° do Regulamento das Custas Processuais.

O IAS, criado pela Lei 53-B/2006, de 29/12, foi fixado para 2010 em 419,22 euros (art. 3.° do DL 323/2009,de 24/12), ou seja de valor igual ao de 2009.

A fixação das coimas em UC tem a vantagem de não obrigar constantemente à sua actualização por virtude da depreciação da moeda resultante da inflação, dado que é aquela unidade monetária que é anualmente actualizada.

3 – A dimensão das empresas determina-se, agora, apenas de acordo com o volume de negócios, e não, também, com o número de trabalhadores, o que permite juntar neste artigo a matéria relativa aos valores das coimas e à dimensão das empresas. Rigorosamente não se pode falar agora de micro, pequenas, médias ou grandes empresas para efeitos de aplicação de coimas. Tal denominação, no âmbito do Código do Trabalho, é restrita ao Livro I, isto é, só funciona para efeitos de actividade social e obrigações conexas (cf. artigo 100.°)[227].

4 – A consagração de duas molduras distintas, uma para a negligência, outra, maior, para o dolo surgiu com o Regime/99 das COL e foi mantida no CT/2003 e no actual.

Confessamos que não encontramos uma justificação técnico-jurídica suficientemente convincente para a manutenção desta solução, pelo que optaríamos sem hesitar pela que consta do regime geral das contra-ordenações e que, muito mais simplesmente, consiste em reduzir a metade o montante máximo da coima devida em caso de dolo sempre que não se prove a sua existência[228].

Na verdade, agora que deixaram de se poder aplicar prazos de prescrição diferentes caso se esteja perante uma situação dolosa ou negligente[229], uma vez que o prazo de prescrição é de 5 anos qualquer que seja o valor da coima (art. 52.° da Lei 107/2009), não se vê qualquer alcance prático daquela solução.

---

[227] Cfr. agora o art. 32.° da Lei 105/2009, que regulamentou o CT/2009.

[228] Cf. art. 17.°/4 do DL 433/82, de 27/10.

[229] Como sucedia no CT/2003 em que os prazos de prescrição do procedimento contra-ordenacional de 5, 3 ou 1 anos variam consoante o montante máximo da coima aplicável (art. 27.° do DL 433/82, de 27/10).

5 – É de assinalar que os limites máximos das coimas previstos no n.° 4 deste artigo são elevados ao dobro em caso de violação de normas sobre trabalho de menores, sobre sst e sobre direitos colectivos (art. 556.°/1).

6 – Tal como sucedeu com o Regime de 99 das COL e do CT/2003, também agora, no n.° 5, se reincide na imprecisão de referir ao "ano civil anterior" quando, na verdade se quer referir, antes, o ano civil "anterior ao anterior". É que basta reflectir um momento para concluir que, pelo menos no 1.° trimestre de cada ano, é impossível dar cumprimento ao preceito quando manda atender ao volume de negócios do *ano civil anterior ao da prática da infracção*. Nesse período, pelo menos, as empresas não têm ainda consolidadas as contas, pelo que não lhes é exigível que o forneçam.

A confusão continua a ser a de que o volume que a empresa indica em cada ano no mapa do quadro de pessoal é, de facto, do ano anterior, mas esse mapa só vai ser utilizado no ano subsequente. Por exemplo, o mapa do quadro de pessoal de 2010, que tem de ser entregue até 30 de Novembro de 2010, e cujos dados vão ser utilizados a partir de Janeiro de 2011, contém o volume de negócios do ano de 2009.

7 – Refira-se que nada no preceito indica que o volume de negócios a considerar seja o do mapa do quadro de pessoal. Mas, o simples facto de esse indicador dever constar obrigatoriamente dos elementos a inserir naquele documento, faz presumir que seja essa a fonte privilegiada para a recolha daquele elemento determinante da moldura da coima aplicável em caso de infracção.

A constatação acabada de fazer, porém, reforça a interpretação, que aliás já vínhamos a seguir, de que a não indicação desse elemento no mapa do quadro de pessoal não importa automaticamente a aplicação do n.° 8. Impõe-se que, previamente, tal elemento seja solicitado à empresa e só na hipótese de esta o não fornecer no prazo assinalado se poderá avançar para a cominação de a considerar com volume superior a € 10.000.000.

8 – As coimas aplicadas às contra-ordenações muito graves, ainda poderão ser agravadas para o dobro no caso de violação de trabalho de menores, sst, direitos das estruturas representativas, ou greve (art. 556.°/1).

Também em caso de reincidência os limites mínimo e máximo das coimas (em caso de CO grave com dolo, ou muito grave) são elevados em um terço (art. 561.°/2).

ARTIGO 555.°
Outros valores de coimas

1 – A cada escalão de gravidade das contra-ordenações, em caso em que o agente não tenha trabalhadores ao serviço ou, sendo pessoa singular,

não exerça uma actividade com fins lucrativos corresponde o valor de coimas previsto nos números seguintes.

2 – A contra-ordenação leve corresponde coima de 1 UC a 2 UC em caso de negligência ou de 2 UC a 3,5 UC em caso de dolo.

3 – A contra-ordenação grave corresponde coima de 3 UC a 7 UC em caso de negligência ou de 7 UC a 14 UC em caso de dolo.

4 – A contra-ordenação muito grave corresponde coima de 10 UC a 25 UC em caso de negligência ou de 25 UC a 50 UC em caso de dolo.

Notas:

1 – Foi alterada a redacção do n.º 1, já que se substitui a expressão "*nos casos em que o agente não é uma empresa*" pela actual de "*em caso em que o agente não tenha trabalhadores ao serviço ou…*" etc.. Fê-lo certamente para tornar mais clara a abrangência subjectiva da norma. Por isso, mesmo que se trate de "empresa", realidade económica cujo conceito não é juridicamente unívoco[230], desde que não tenha "trabalhadores", beneficia deste regime de coimas atenuadas. O substantivo "trabalhadores", no plural permite a conclusão de que igualmente dele beneficiará a empresa que tenha um só trabalhador.

Deverá também aplicar-se este regime menos gravoso de coimas aos trabalhadores "comuns", quando lhes sejam aplicáveis, assim como aos designados "trabalhadores independentes". O critério que melhor servirá para distinguir estes trabalhadores independentes do empregador, pessoa singular, será, naturalmente, o de não haver, ou haver, trabalhadores subordinados ao serviço.

A *pessoa singular que não exerça actividade com fins lucrativos*, que consta da segunda parte da norma, abrange inequivocamente os dadores de trabalho no âmbito do serviço doméstico. Mas exclui também, desde logo, as pessoas colectivas sem fins lucrativos, ou seja, na expressão legal, que não exerçam actividade com fins lucrativos. Daí que, contrariamente ao que defendíamos anterior-

---

[230] Sobre o tema pode ver-se Catarina Carvalho – *Algumas questões sobre a empresa e o direito do trabalho no novo Código do Trabalho" in* A Reforma do Código do Trabalho, Coimbra Editora, 2004, pp. 437 a 474.

Para Menezes Cordeiro, as empresas podem ser entendidas como *unidades produtoras de bens, através de uma particular junção entre bens produtivos, trabalho humano e organização(* "Manual de Direito do Trabalho" ed. 1994, p. 117) para Romano Martinez empresa é uma *organização de pessoas e bens para a prossecução de um determinado objectivo* e no *objectivo comum que as várias pessoas, organizadas na empresa prosseguem, engloba-se a produção de bens ou prestação de serviços, podendo até ser cumulativas*("Direito do Trabalho", pp. 124/5), para Monteiro Fernandes empresa é a *organização de meios (materiais e humanos) articulada ou montada por alguém para, através dela, exercer certa actividade económica* ("Direito do Trabalho", 11.ª edição, p. 224.)

mente[231], nem as estruturas representativas de trabalhadores ou empregadores, nem os partidos políticos, instituições religiosas ou associações de outra natureza beneficiem agora deste regime mais benévolo.

Da alteração havida, parece ressaltar a ideia de que, ao contrário do que defendíamos[232], se quis excluir do âmbito deste preceito, além do mais, o trabalho a bordo das embarcações de pesca, que estava abrangido por este regime no diploma das COL de 1999[233].

2 – Às coimas fixadas neste artigo não se aplica a agravação do artigo seguinte, apesar de também aqui se poderem, eventualmente, verificar violações a normas que consagram infracções muito graves, como é o caso, p. ex., do art. 17.°/1/b) da Lei n.° 102/2009 que instituiu o regime da promoção da sst. É que aquele agravamento é restrito às infracções previstas no n.° 4 do artigo 554.° , ou seja, às infracções praticadas por "empresas". O mesmo se não dirá, porém, do agravamento por reincidência, caso em que, por a lei a não excluir, se aplica o disposto no art. 561.°/2.

3 – Este regime, para além das situações referidas na nota 1, aplica-se, ainda, entre outras situações, às coimas imputáveis a: (i) médico (art. 17.°/2); (ii) trabalhador (124.°/3; 17.°/1/*b*) da Lei 102/2009); (iii) no regime das carteiras profissionais (art. 6.°/2 do DL 358/84, de 13/11); (iv) no regime da segurança e saúde dos trabalhadores independentes nos estaleiros da construção civil (art. 25.°/3/*e*), *f*) e n.° 4, *ex vi* art. 28.° do DL 273/2003); (v) no regime da condução de veículos pesados (art. 7.°/6 do DL 272/89, de 19/8).

ARTIGO 556.°
Critérios especiais de medida da coima

1 – Os valores máximos das coimas aplicáveis a contra-ordenações muito graves previstas no n.° 4 do artigo 554.° são elevados para o dobro em situação de violação de normas sobre trabalho de menores, segurança e saúde no trabalho, direitos de estruturas de representação colectiva dos trabalhadores e direito à greve.

2 – Em caso de pluralidade de agentes responsáveis pela mesma contra-ordenação é aplicável a coima correspondente à empresa com maior volume de negócios.

---

[231] Cfr. o nosso *Contra-Ordenações Laborais,* cit. (nota 3 ao art. 22.° p. 240).

[232] Cfr. o nosso *Contra-Ordenações Laborais,* cit. p. 239.

[233] Cfr. art. 8.° da Lei 116/99, de 04/08. Ver, agora, na Parte IV, o Dec.-Lei n.° 280/2001, de 23/10.

Notas:

1 – Tal como defendíamos para o regime anterior, continuamos a sustentar que o valor máximo que é elevado ao dobro por este preceito é o seu montante singelo (que é o que está previsto no artigo 554.°/4), e não esse montante acrescido de um terço (agravamento por reincidência – artigo 561.°/2).

2 – O número 2 consagra a solução para a hipótese de responsabilidade solidária de várias empresas pela mesma infracção, hipótese essa que já se podia verificar no regime anterior ao CT/2003 e para a qual não havia solução legal. Assim, nos termos do art. 551.°/2, se um consórcio constituído por três empresas (uma de grande, outra de média e outra de pequena dimensão) iniciasse a abertura de um estaleiro temporário sem ter elaborado o respectivo plano de segurança (o que constituiria uma só contra-ordenação a imputar, em regime de solidariedade passiva, às empresas o que constituem), não se saberia qual a coima aplicável, porque haveria que escolher entre o volume de negócios das diversas alíneas do art. 554.°/4 qual aquele que se aplicaria.

É este problema que a norma vem resolver, sendo certo que também poderá ter aptidão para se aplicar à situação de solidariedade da contra-ordenação em caso de pluralidade de empregadores (art. 101.°/6) ou de agentes da contra-ordenação (art. 328.°/6).

ARTIGO 557.°
Dolo

O desrespeito de medidas recomendadas em auto de advertência é ponderado pela autoridade administrativa competente, ou pelo julgador em caso de impugnação judicial, designadamente para efeitos de aferição da existência de conduta dolosa.

Notas:

1 – Mantém-se a redacção do art. 623.° do CT/2003. A existência desta norma específica sobre dolo, em caso de preexistência de auto de advertência, por um lado, não significa que não possa ser imputada a contra-ordenação a título doloso sempre que dos factos considerados provados se possa extrair a conclusão de conhecimento, vontade e intenção de a cometer[234] e, por outro, significa que,

---

[234] Nos termos do art. 14.° do CP: "*1 – Age com dolo quem, representando um facto que preenche um tipo de crime, actuar com intenção de o realizar.*

2 – Age ainda com dolo quem representar a realização de um facto que preenche um tipo de crime como consequência necessária da sua conduta.

3 – Quando a realização de um facto que preenche um tipo de crime for represen-

face à alteração dos pressupostos do levantamento daquele auto, nos termos do art. 10.°/1/d) e 10.°/2/b) da Lei n.° 107/2009 – o que leva a que agora só possa ter lugar perante contra-ordenações leves – é muito menor a susceptibilidade da sua aplicação[235].

2 – A expressão "*é ponderado pela autoridade administrativa competente*" pretende acentuar que a existência de dolo não é automática nem definitiva perante o desrespeito pelo auto de advertência. Bem pode suceder que, apesar dele, o arguido tenha actuado sem culpa, se tenha verificado alguma causa de exclusão de ilicitude ou agido com mera negligência. A transformação automática do auto de advertência desrespeitado em dolo significaria a violação flagrante do princípio constitucional (art. 32.°/2 da CRP) da presunção de inocência do arguido até à decisão transitada, bem como a manipulação arbitrária do princípio probatório "*in dubio pro reo*" (vd. *supra*, Parte I – art. 13.°, notas 2,3 e Jurisp.)[236] Por isso é que a culpa, nos termos gerais do processo penal aqui aplicáveis pelo comando do art. 41.°/1 do DL 433/82, e sem prejuízo, naturalmente, dos factos de onde essa culpa possa ser extraída – que devem obrigatoriamente constar do auto ou da acusação – não pode desde logo ser determinada pelo autuante, mas só pode ser apreciada em sede de instrução e constar da decisão final.

ARTIGO 558.°
Pluralidade de contra-ordenações

1 – Quando a violação da lei afectar uma pluralidade de trabalhadores individualmente considerados, o número de contra-ordenações corresponde ao número de trabalhadores concretamente afectados, nos termos dos números seguintes.

2 – Considera-se que a violação da lei afecta uma pluralidade de trabalhadores quando estes, no exercício da respectiva actividade, foram expostos a uma situação concreta de perigo ou sofreram dano resultante de conduta ilícita do infractor.

---

tada como consequência possível da conduta, há dolo se o agente actuar conformando-se com aquela realização".

[235] Vd. notas 3, 4 e 6 ao art. 10.° da L. 107/2009 – Parte I.

[236] Sobre a inconstitucionalidade da fé em juízo do auto de notícia, vd. Acórdão da Comissão Constitucional n.° 168, de 24/07/79, relatado pelo Prof. FIGUEIREDO DIAS – BMJ 291.°, p. 341 e ss..

3 – A pluralidade de infracções dá origem a um processo e as infracções são sancionadas com uma coima única que não pode exceder o dobro da coima máxima aplicável em concreto.

4 – Se, com a infracção praticada, o agente obteve um benefício económico, este deve ser tido em conta na determinação da medida da coima nos termos do disposto no artigo 18.° do Regime Geral das Contra-ordenações, na redacção dada pelo Decreto-Lei n.° 244/95, de 14 de Setembro.

Notas:

1 – O actual preceito resultou da junção do art. 624.° do C//2003 com o art. 451.° da Lei n.° 35/2004, de 29/07, não tendo havido alterações significativas no recorte da norma por virtude dessa justaposição.

Embora se reconheça a justeza da ideia e a preocupação subjacente à punição agravada quando são atingidos vários trabalhadores, com a qual se concorda em absoluto, o certo é que nos parece que a redacção do preceito não é feliz.

À semelhança do que sucede em direito penal, diríamos que, por não estarem directamente em causa valores fundamentais (vida, honra, liberdade), não se tratará, neste caso, tecnicamente de pluralidade de infracções, mas, antes de uma só infracção plúrima quando possa pôr em causa vários bens jurídicos constituídos pela segurança ou saúde de vários trabalhadores. E que, por isso, deve ser agravada.

E não é uma questão académica o tratar-se de uma ou várias infracções. Nesta última hipótese, como decorre, aliás, da regulamentação ora constante do n.° 2, ter-se-ão de aplicar as regras do concurso de infracções previstas no artigo 19.° do Decreto-Lei n.° 433/82, de 27 de Outubro, em que a moldura é fixada entre a mais elevada das coimas concretamente aplicadas (montante mínimo) e a soma de todas elas (montante máximo), não podendo, porém, exceder o dobro do limite máximo das contra-ordenações em concurso[237].

Na hipótese de informação plúrima que defendemos, a coima deveria pura e simplesmente ser multiplicada pelo número de trabalhadores afectados.

2 – A redacção do n.° 2 aponta especificamente para o conceito doutrinário do crime de perigo concreto em que, por oposição ao crime abstracto, há que fazer a prova dos elementos de facto donde se possa extrair esse perigo.

A outra situação para que aponta o segundo ramo da alternativa da norma é já a de verificação, não de um perigo concreto, mas, antes, a de um dano efectivo que, na maioria das vezes, se poderá traduzir num dano de carácter pessoal.

---

[237] Isto era o que dizíamos no nosso *Contra-Ordenações...*, cit., p. 243, e também no *Contra-ordenações no Código do Trabalho* – VII Congresso Nacional de Direito do Trabalho (29/30 Janeiro de 2004) – Almedina, 2004, pp. 111-112.

Antes da publicação da Lei 35/2004, que veio confirmar inteiramente o que afirmáramos. E é o que mantemos em face da norma do CT/2009.

3 – O desenho normativo deste preceito pode originar um outro efeito, porventura não querido pelo legislador.

Apesar de, supostamente, o escopo normativo ser o de prevenir e de acautelar situações concretas de falta de segurança, designadamente no domínio da construção civil ou da indústria com elevada utilização de mão-de-obra ou de perigo para a saúde, no sector da química e da construção ou reparação naval, a verdade é que a amplitude da expressão do n.° 2 "*conduta ilícita do infractor*"pode ser utilizada num contexto diverso.

Pense-se, p.ex., numa empresa que pratica salários inferiores aos devidos. Também aí se verifica uma "conduta ilícita" do empregador que pode ter traduzido um dano (de carácter económico) no conjunto dos trabalhadores, levando à aplicação do regime procedimental do preceito, com a correspondente limitação da sanção pecuniária prevista no n.° 3, a que mesmo o agravamento do n.° 4 não compensa, sobretudo se tivermos em consideração a sanção que resultaria da aplicação do disposto no art. 521.°.

4 – Também se não compreende inteiramente a razão por que se inicia o n.° 3 com a determinação de a pluralidade das infracções dar origem a um único processo, solução essa que resultava já das regras do concurso do art. 19.° do DL 433/82 supletivamente aplicáveis, mesmo após a vigência do regime específico das COL e das COSS contido na Lei n.° 107/2009 (art. 60.°).

5 – Dispõe o art. 18.°/2 do DL 433/82 que, no caso do infractor obter com a contra-ordenação um benefício económico calculável superior ao limite máximo da coima, não havendo outro meio de o eliminar, este pode ser elevada de um terço. É o que poderá ocorrer no exemplo que figurámos na parte final da nota 3.

Jurisp:

"1. Verificado o concurso efectivo de contra-ordenações, deve ser determinada a medida concreta da coima por cada uma delas, no quadro da moldura abstracta correspondente, e posteriormente a coima única que tem como limite abstracto mínimo a mais elevada das coimas concretamente aplicadas e como limite abstracto máximo a soma das penas concretamente aplicadas, com o limite do dobro do limite máximo (abstracto) mais elevado das contra-ordenações em concurso (artigo 19.° do Decreto-Lei n.° 433/82).

2. A fixação da coima única é obrigatória e exige uma decisão fundamentada, não estando na disponibilidade do julgador realizar ou não a operação do cúmulo jurídico das coimas concretamente aplicadas, a menos que o legislador, à semelhança do que determina no art. 134.° n.° 3 do CE imponha o cúmulo material das sanções aplicadas às contra-ordenações em concurso."

(Ac. do TRE de 11/11/2008, Proc. 2490/08-1, relatado por RIBEIRO CARDOSO).

ARTIGO 559.°
Determinação da medida da coima

1 – Na determinação da medida da coima, além do disposto no regime geral das contra-ordenações, são ainda atendíveis a medida do incumprimento das recomendações constantes de auto de advertência, a coacção, falsificação, simulação ou outro meio fraudulento usado pelo agente.

2 – No caso de violação de normas de segurança e saúde no trabalho, são também atendíveis os princípios gerais de prevenção a que devem obedecer as medidas de protecção, bem como a permanência ou transitoriedade da infracção, o número de trabalhadores potencialmente afectados e as medidas e instruções adoptadas pelo empregador para prevenir os riscos.

3 – Cessando o contrato de trabalho, no caso de o arguido cumprir o disposto no artigo 245.°, e proceder ao pagamento voluntário da coima por violação do disposto nos n.os 1 ou 5 do artigo 238.°, nos n.os 1, 4 ou 5 do artigo 239.° ou nos n.os 1, 2 ou 3 do artigo 244.°, esta é liquidada pelo valor correspondente à contra-ordenação leve.

Notas:

1 – O RGCO manda atender na determinação da medida da coima a: (i) gravidade da contra-ordenação; (ii) culpa; (iii) situação económica do agente; (iv) benefício económico que o agente retirou da prática da contra-ordenação.

Todavia, quer a gravidade da contra-ordenação laboral, a culpa ou a situação económica do agente, encontram-se já reflectidas nas molduras das coimas. Ao distinguir as contra-ordenações leves das graves e das muito graves, ao estabelecer uma moldura para a negligência e outra, mais grave, para o dolo, e ao escaloná-las de acordo com o volume de negócios das empresas – estrutura e lugar típicos da sua ocorrência – o art. 554.° estabeleceu, num primeiro momento, a medida da coima do tipo legal que vai depois ser mais concretizada na sua aplicação casuística, sobretudo tendo em consideração a graduação da culpa negligente (consciente ou inconsciente e, dentro daquela, geral ou grosseira) ou culpa dolosa (dolo directo, necessário ou eventual).

E também a excussão do benefício económico que o agente retira da prática da contra-ordenação, que só se encontra expressamente prevista para a hipótese da pluralidade de contra-ordenações (art. 558.°/4), além de perpassar a estrutura da coima laboral como acaba de se descrever, pode e deve ser aplicada no concreto sempre que seja calculável o benefício e o montante da coima o não elimine.

2 – Estabelece o n.° 2, porém, a adicionar às referidas na nota 1, circunstâncias especiais para a determinação da medida da coima por violação de normas

de sst: (i) grau de aplicação dos princípios de prevenção (art. 281.°); (ii) grau de transitoriedade da infracção; (iii) número de trabalhadores potencialmente afectados; (iv)medidas adoptadas pelo empregador.

Circunstâncias estas que, conjugadas com os critérios especiais da medida da coima do art. 556.°, propendem a que as coimas por violação de normas da sst sejam mais pesadas para os infractores.

3 – A insistência do legislador (vd., além do presente, o art. 557.° e o art. 19.°/4 da Lei 107/2009) sobre o incumprimento das medidas recomendadas no auto de advertência, pareceria querer acentuar a vertente pedagógica sobre a repressiva. Todavia, se tivermos em conta que a aplicação daquele instrumento pedagógico foi agora circunscrita à contra-ordenação leve (art. 10.°/1/*d*) e 2/*b*) da Lei 107/2009). concluímos que a bem pouco ela se reconduz

Mas esta atitude de cariz positivo poderá, porém, tornar-se um "alibi" para a defesa e essa poderá ter sido a razão para o legislador reduzir a sua esfera de aplicação. Na verdade, sempre que numa notícia de infracção, relatada em auto, não haja documento ou informação sobre uma prévia advertência, poderia ser-se levado a concluir que não foi seguida a tramitação própria da fiscalização do cumprimento das leis laborais (primeiro advertência e só depois auto de notícia) e daí a tendência para a absolvição ou até para a admoestação (art. 48.° da Lei 107/2009) se a infracção for leve e se não provar o dolo do agente.

Mas bem pode suceder que, em lugar de auto de advertência, tenha sido levantado ao arguido desde logo um auto de notícia e que o processo a que deu origem não esteja ainda findo. Será que não poderá também ele ser considerado para efeitos de determinação da medida da coima? Pensamos que sim, tanto mais que o levantamento do auto de notícia significa, em direitas contas, que a irregularidade detectada não era sanável ou já dela tinha resultado prejuízo grave (art. 10.°/1/*d*) e 2/*b*) da lei 107/2009). Além do mais os antecedentes infraccionais do arguido, mesmo que autonomamente não sejam punidos, devem ser tomadas em conta na fixação da medida concreta da coima.

4 – O legislador resolveu aditar o n.° 3 para incentivar o cumprimento dos direitos do trabalhador que se vencem com a cessação do contrato de trabalho, designadamente de férias vencidas e não gozadas, que são convertidas em crédito pecuniário, assim como férias, subsídio de férias e subsídio de Natal proporcionais ao tempo de serviço do ano da cessação.

Neste caso, se o empregador, simultaneamente com tal cumprimento, proceder ao pagamento voluntário da coima por violação do direito a férias e seu subsídio, a contra-ordenação, que era grave (arts. 238.°/6; 239.°/7; 244.°/6), convola-se em leve.

ARTIGO 560.°
Dispensa de coima

A coima prevista para as contra-ordenações referidas no n.° 4 do artigo 353.°, no n.° 2 do artigo 355.°, no n.° 7 do artigo 356.°, no n.° 8 do artigo 357.°, no n.° 6 do artigo 358.°, no n.° 6 do artigo 360.°, no n.° 6 do artigo 361.°, n.° 5 do artigo 363.°, n.° 6 do artigo 368.°, no n.° 2 do artigo 369.°, no n.° 5 do artigo 371.°, no n.° 5 do artigo 375.°, no n.° 2 do artigo 376.°, no n.° 3 do artigo 378.° ou no n.° 3 do artigo 380.° na parte em que se refere a violação do n.° 1 do mesmo artigo, não se aplica caso o empregador assegure ao trabalhador os direitos a que se refere o artigo 389.°.

Notas:

1 – Não são aplicadas as coimas relativas a contra-ordenações por ilicitude resultante de incumprimento de procedimentos do despedimento individual, colectivo, por extinção do posto de trabalho ou por inadaptação, incluindo, neste caso, a manutenção do nível de emprego, se o empregador assegurar ao trabalhador os direitos de indemnização ou de reintegração a que se refere o art. 389.°/1.

2 – Esta dispensa de coima, nos casos e nas circunstâncias a que se refere o preceito, vem comprovar a inaplicação da "dispensa de pena" a que se refere o art. 74.° do CP, no regime das COL e das COSS, nas restantes situações, ou seja, fora do seu âmbito. O que alguma jurisprudência vem fazendo, aplicando subsidiariamente o preceito penal, como ocorreu, p. ex., no Acórdão do Tribunal Constitucional n.° 628/99 sobre o contencioso eleitoral[238].

3 – Sobre a aplicação em processo de contra-ordenação de dispensa de coima, embora no âmbito do contencioso eleitoral, com invocação do lugar paralelo da dispensa de pena, pode ver-se, p. ex., o Acórdão do Tribunal Constitucional n.° 628/99, de que foi relator PAULO MOTA PINTO.

---

[238] De que foi relator PAULO DA MOTA PINTO e que decidiu: a) *Ponderado o disposto nos artigos 1.°, 8.°, n.° 1, 9.°, n.° 2 e 32.°, todos do Decreto-Lei n.° 433/82, de 27 de Outubro (com as alterações introduzidas pelos Decretos-Leis n.os 356/89, de 17 de Outubro, e 244/95, de 14 de Setembro) e no artigo 74.°, n.° 1, do Código Penal, conceder provimento parcial ao recurso, considerando o recorrente* J... *autor do ilícito previsto e punido nas disposições conjugadas dos artigos 19.°, n.° 1, 20.°, n.° 1 e 25.°, n.° 1, todos da Lei n.° 72/93, de 30 de Novembro, dispensando, todavia, a coima correspondente a tal ilícito;* b) *Condenar o recorrente em custas, com 1 unidade de conta de taxa de justiça.*

ARTIGO 561.°
Reincidência

1 – É sancionado como reincidente quem comete uma contra-ordenação grave praticada com dolo ou uma contra-ordenação muito grave, depois de ter sido condenado por outra contra-ordenação grave praticada com dolo ou contra-ordenação muito grave, se entre as duas infracções tiver decorrido um prazo não superior ao da prescrição da primeira.

2 – Em caso de reincidência, os limites mínimo e máximo da coima são elevados em um terço do respectivo valor, não podendo esta ser inferior ao valor da coima aplicada pela contra-ordenação anterior desde que os limites mínimo e máximo desta não sejam superiores aos daquela.

Notas:

1 – Substantivamente, a reincidência continua a operar apenas nas situações de infracções de maior gravidade: contra-ordenação grave com dolo ou contra-ordenação muito grave. Todavia, considerando o alargamento do prazo de prescrição constante do art. 52.° da Lei n.° 107/2009, haverá por certo lugar a situações mais frequentes de reincidência em COL ou COSS[239].

Esta conclusão leva a ter de considerar que, sempre que os factos tenham estado em contacto com a lei anterior (art. 27.° do DL 433/82) cujo prazo de prescrição era mais curto, é esse que se deve aplicar, por mais favorável ao arguido, conforme comando do art. 3.°/2 do RGCO.

2 – Apesar do cuidado posto pelo legislador na caracterização da reincidência, não deixa esta de ser um escolho na senda dos bons princípios do direito de mera ordenação, face à sua neutralidade ética. O que poderá, a prazo, vir a constituir, de par com outros atropelos, quiçá até mais graves, a derrocada deste novo ramo de direito sancionatório.

Entre tais atropelos contam-se:

- a aplicação das sanções por parte da Administração com desrespeito dos direitos de defesa dos arguidos, de que já o Prof. EDUARDO CORREIA em 1973[240] se fazia eco;
- a aplicação de sanções acessórias gravíssimas[241] (eufemisticamente chamadas acessórias) com desrespeito do princípio da subsidiariedade na sua aplicação;

---

[239] Cfr. Parte I, nota 1 ao art. 52.°.

[240] Vd. "Direito Penal e Direito de Mera Ordenação Social", ob. cit., p. 269/270.

[241] Vd. – Prof. FIGUEIREDO DIAS "O Movimento da Descriminalização...", ob. cit., p. 332.

– e, sobretudo, a invasão da esfera de competência própria dos Tribunais como sucedia, anteriormente quando a lei impunha, por sistema, à Administração do Trabalho que, simultaneamente com a coima, ordenasse à entidade patronal infractora o pagamento das quantias em dívida aos trabalhadores (cf. art. 669.°/3 do CT/2003 e as disposições para onde ele remetia). Nestes casos haveria, segundo cremos, um claro desrespeito pelo princípio constitucional da divisão de poderes, uma vez que, ao contrário do que se passa com as coimas, estamos já perante matéria "materialmente judicial": A Administração ao dar a "ordem de pagamento" daquelas quantias concretas que foram por ela apuradas estaria a definir e decidir o direito, a jurisdizer. E a "jurisdição" é da competência dos Tribunais[242], não da Administração.

Este último atropelo foi, porém, extraordinariamente suavizado no CT/2009, dado que, apesar de se manter genericamente essa possibilidade no art. 564.°/2, em termos de tipo legal específico, ela só consta do art. 273.°/4[243].

3 – Sendo conatural do Estado-de-direito a protecção do cidadão contra o exercício estadual abusivo do poder sancionatório, "*é preciso estar atento para impedir que o legislador se sirva da figura das contra-ordenações para conseguir, fraudulentamente, realizar objectivos que se concretizam – isto é, que têm como consequência as violações referidas, mesmo que este não seja o objectivo das decisões legislativas – em violações arbitrárias dos direitos e garantias individuais para cuja defesa e tutela se constituiu e afirma o princípio da legalidade penal*"[244].

4 – É reincidente quem, por si só, ou sob qualquer forma de comparticipação[245], cometer uma infracção dolosa grave ou muito grave, mesmo que só por negligência, antes de esgotado o prazo de prescrição de uma infracção anterior dessa mesma gravidade.

Por isso, é que é muito importante qualificar correctamente a responsabilidade solidária ou pela infracção ou tão-só pelo pagamento da coima[246]: Naquele caso, verificados os restantes pressupostos, há lugar a reincidência. No caso da mera responsabilidade pelo pagamento da coima, seja pelo contratante (quanto à

---

[242] Vd. o Prof. Figueiredo Dias – "O Movimento das Descriminalização..., ob. cit. p. 335).

[243] Vd. *infra*, nota 3 ao art. 564.°.

[244] Adverte Taipa de Carvalho na "Sucessão de Leis Penais, p. 82/3", embora a propósito da tentativa, ou expediente do legislador, de retroactivar a lei penal através das contra-ordenações.

[245] Cf. sobre a reincidência no CP o art. 75.°.

[246] Cf. as notas ao art. 551.°, *maxime* nota 9 e Parte I, art. 20.°, nota 2.

infracção muito grave praticada pelo subcontratante) seja pelo gerente, director ou administrador, porque não há responsabilidade contra-ordenacional, não há lugar a essa reincidência.

5 – Para haver reincidência não se torna necessário que seja praticada uma segunda contra-ordenação semelhante à primeira ou sequer de igual natureza. Não se deverá pois falar aqui de reincidência homótropa. Assim, será reincidente um empregador que violou dolosamente uma norma sobre segurança no trabalho depois de ter sido punido por violação do exercício da actividade sindical. Mas entendemos que se não forma reincidência relativamente a infracções cuja tutela pertence a serviços, organismos ou departamentos administrativos diferentes, com a excepção das contra-ordenações previstas no n.° 2 do art. 2.° da Lei n.° 107/2009, onde a competência pertence em comum à ACT e ao ISS, I.P.. Fora dessas duas situações, entendemos que não há reincidência das COL com as COSS, e vice versa.

6 – Sabido que há prescrição do procedimento contra-ordenacional e prescrição da coima e que uma e outra estavam até agora sujeitas a prazos diferentes[247], o problema que se coloca quanto à reincidência de que fala a parte final da norma do n.° 1, é o de saber a qual delas há que atender para a análise do elemento temporal que importa inaplicação desta forma de agravamento da coima.

Ora, sendo certo que só comete infracção contra-ordenacional quem for como tal condenado por decisão definitiva (ou sentença transitada em julgado), não pode a solução ser outra senão a de considerar aplicável no caso a prescrição da coima.

Concretizando melhor: Entre a data da decisão definitiva (transitada) da primeira contra-ordenação (grave com dolo ou muito grave) e a data da decisão definitiva da segunda não hão-de ter passado mais de 3 ou 1 anos, conforme a coima seja superior ou inferior a € 3.740,98.

Atente-se, porém, que a lei equipara a condenação o pagamento voluntário da coima (artigo 19.°/3 da Lei n.° 107/2009[248]).

7 – A parte final da redacção do n.° 2 é de difícil interpretação.

Com a frase "*não podendo esta ser inferior ao valor da coima aplicada pela infracção anterior desde que os limites mínimo e máximo desta não sejam superiores aos daquela*" parece ter-se querido dizer que:

Normalmente, a moldura da coima no caso de reincidência parte do montante mínimo acrescido de um terço. Se o montante mínimo for de 20 UC (coima de 20 UC a 95, UC p.ex. – infracção muito grave de uma empresa com volume de

---

[247] Cf. o art. 27.° do DL 433/82 para a prescrição do procedimento (5, 3, ou 1 anos) e o art. 29.° do mesmo diploma para a prescrição da coima (3 ou 1 anos).

[248] Cfr. nota 4 ao art. 19.° – Parte I.

negócios inferior a € 500.000[249]), em reincidência passará para (20+6,66 =26,66) 26,66 UC. Mas se o reincidente na primeira infracção tiver sido condenado com uma coima superior a esse montante (v.g. 30 UC), então será esse o montante mínimo. Só assim não será, todavia, se essa coima anteriormente aplicada (30 UC) não couber na moldura da contra-ordenação reincidente (v.g. de 6 UC a 26 UC[250]), caso em que se seguirá a regra geral, isto é, o agravamento de um terço.

ARTIGO 562.°
Sanções acessórias

1 – No caso de contra-ordenação muito grave ou reincidência em contra-ordenação grave, praticada com dolo ou negligência grosseira, é aplicada ao agente a sanção acessória de publicidade.

2 – No caso de reincidência em contra-ordenação prevista no número anterior, tendo em conta os efeitos gravosos para o trabalhador ou o benefício económico retirado pelo empregador com o incumprimento, podem ainda ser aplicadas as seguintes sanções acessórias:

a) Interdição do exercício de actividade no estabelecimento, unidade fabril ou estaleiro onde se verificar a infracção, por um período até dois anos;

b) Privação do direito de participar em arrematações ou concursos públicos, por um período até dois anos.

3 – A publicidade da decisão condenatória consiste na inclusão em registo público, disponibilizado na página electrónica do serviço com competência inspectiva do ministério responsável pela área laboral, de um extracto com a caracterização da contra-ordenação, a norma violada, a identificação do infractor, o sector de actividade, o lugar da prática da infracção e a sanção aplicada.

4 – A publicidade referida no número anterior é promovida pelo tribunal competente, em relação a contra-ordenação objecto de decisão judicial, ou pelo serviço referido no mesmo número, nos restantes casos.

---

[249] Al. *a*) do n.° 4 do art. 554.°.

[250] Al. *a*) do n.° 3 do art. 554.°.

Notas:

1 – Na exposição de motivos da Proposta de Lei n.° 216/X[251] apresentava-se já um quadro de reforço das sanções acessórias, embora a doutrina[252] venha chamando a atenção para a sua severidade e para os obstáculos que se colocam à sua aplicação pelas autoridades administrativas.

No domínio específico do ilícito de mera ordenação laboral, o primeiro diploma que o institucionalizou (DL 491/85) não se referia a esse tipo de sanções. Foi o art. 32.° do regime jurídico do trabalho temporário (DL 358/89, de 17/10) que, pela primeira vez as admitiu, na modalidade de cessação de autorização do exercício de actividade ou sua interdição temporária. De seguida, foi a Lei n.° 116/99 (art. 14.°) que as consagrou, ainda que só na modalidade da publicidade, e apenas em termos prospectivos (*a lei pode determinar*) uma vez que o regime geral nenhuma em concreto estabelecia[253].

Já a Lei n.° 118/99, de 11/08, que o desenvolve e concretiza, sujeitava à sanção acessória de publicidade, no seu art. 26.°, a falta de seguro de responsabilidade civil por acidente de trabalho. E fazia-o em termos tais que permitiam a interpretação segundo a qual a sua aplicação seria, não só possível, como mesmo necessária[254]. Sempre contraditámos tal interpretação[255].

---

[251] Proposta de Lei n.° 216/X, publicada na Separata n.° 81, DAR, de 19 de Julho de 2008, que deu origem ao CT/2009.

[252] Quem, na doutrina, primeiro chamou a atenção para este problema das sanções acessórias foram o Prof. EDUARDO CORREIA – *Direito Penal e Direito de Mera Ordenação Social*, cit., p. 273 e o Prof. FIGUEIREDO DIAS – *O Movimento* ... cit. p. 333/334.

Também Maria Fernanda Palma e Paulo Otero, a propósito da revisão da Lei-Quadro (proposta de alteração que deu origem ao Dec.-Lei n.° 244/95, de 14/9 – *Revisão do Regime Legal do Ilícito de Mera Ordenação Social,* in Rev. da Fac. Dir. Univ. Lisboa, vol. XXXVII, 1996, n.° 2, p. 577) escrevem "*a aplicação de sanções acessórias deve estar especialmente subordinada aos princípios da proporcionalidade e igualdade, sendo de salientar o dever de fundamentação da decisão sancionatória, tanto mais que a mesma comporta o exercício de uma certa margem de liberdade de decisão. Além disso, o dever de fundamentação, obrigando a Administração a indicar as razões de facto e de direito subjacentes à sanção acessória aplicada, constitui fonte instrumental para se aferir o respeito pelas próprias regras de proporcionalidade e igualdade de decisão*".

[253] Embora, em legislação avulsa, como é o caso de um diploma sobre a duração do trabalho dos trabalhadores de transportes rodoviários – o DL n.° 272/89, de 19/08 (art. 13.°), previsse a possibilidade de aplicação da interdição do exercício de actividade ou profissão em caso de infracções graves e repetidas. Veja-se também a redacção do art. 8.° da Lei 114/99, de 03/08, sobre este mesmo assunto.

[254] "*A falta de seguro de responsabilidade civil por acidente de trabalho constitui contra-ordenação muito grave sujeita também à sanção acessória de publicidade nos termos da lei do regime geral das contra-ordenações laborais*", rezava o art. 26.° da L 118/99.

[255] Cfr, o nosso *Contra-Ordenações Laborais*, cit. p. 249.

Foi, todavia, o CT/2003 que veio pôr cobro a esta interpretação quando, no art. 627.°, precisamente definia não só as modalidades admissíveis de sanções acessórias como estabelecia quais os pressupostos para a sua aplicação: (i) reincidência; (ii) contra-ordenação muito grave praticada com dolo ou negligência grosseira; (iii) ter tido efeitos gravosos para o trabalhador.

Se estavam ali previstas também as modalidades de "*interdição de exercício de actividade*" e de "*privação de participar em arrematações ou concursos*", o certo é que o CT/2003 só estatuía, em concreto, a sanção da "*publicidade*". E apenas em quatro situações concretas respeitantes à violação: (i) dos direitos de personalidade (641.°/3); (ii) dos direitos de igualdade e não discriminação (642.°/2); (iii) do trabalho de menores (644.°/5); (iv) do direito à retribuição, subsídios e prestações complementares (669.°/5)[256].

2 – No CT/2009 ressalta o facto de se ter alterado a ordem do elenco genérico destas sanções, quando a comparamos com a do CT/2003(art. 627.°/1).

Importa ter em atenção que poderão aparecer, por vezes, outras sanções desta natureza, que não as tipificadas no preceito em anotação. É o caso do art. 69.°/6, onde é determinada a sanção acessória de "*privação do direito a subsídio ou benefício outorgado por entidade ou serviço público*". É ainda o que acontece com o n.° 3 do art. 192.°: À semelhança do que até agora sucedia com a Lei 35/2004, também o Código revisto contém, no âmbito do trabalho temporário, uma sanção de "*encerramento do estabelecimento onde a actividade é exercida, até à regularização da situação*" que não é exactamente nenhuma das "clássicas" três a que se refere aquele art. 562.°.

3 – Nos termos do n.° 1, a sanção de "*publicidade*" deixa de fazer parte do tipo legal específico da contra-ordenação, para integrar o tipo legal genérico. Vale isto por dizer que esta sanção será sempre aplicada: (i) em caso de contra-ordenação muito grave; (ii) em caso de reincidência em contra-ordenação grave praticada com dolo ou negligência grosseira.

É a conclusão a extrair do facto de a norma referir que a sanção "*é aplicada*", e não *é aplicável,* como ainda do facto de no elenco dos preceitos que contêm contra-ordenações muito graves[257], não constar uma só em que a publicidade aí esteja expressamente prevista.

---

[256] Isto, quanto ao Código propriamente dito, uma vez que a sua regulamentação continha outras sanções.

[257] A saber, nos arts: 12.°/2; 17.°/4; 18.°/5;19.°/4; 20.°/4; 25.°/7; 29.°/4; 30.°/4; 31.°/6; 38.°/3; 40.°/8; 41.°/4; 42.°/6; 43.°/5; 44.°/11; 62.°/8; 66.°/5; 69.°/5; 84.°/5; 85.°/3; 129.°/2; 140.°/6; 173.°/7; 175.°/6; 186.°/9; 227.°/4; 228.°/7; 229.°/7; 263.°/3; 264.°/4; 266.°/4; 273.°/3; 276.°/4; 279.°/5; 285.°/6; 311.°/5; 312.°/6; 353.°/4; 355.°/2; 356.°/7; 357.°/8; 419.°/2; 420.°/4; 431.°/8; 458.°/8; 461.°/4; 468.°/9; 507.°/5; 535.°/3; 540.°/2; 544.°/3.

Constata-se assim que, ao contrário do que sucedia no regime do CT/2003, em que a aplicação de qualquer sanção acessória pressupunha a reincidência, esta, no CT/2009, deixou de ser pressuposto para a aplicação da publicidade. Basta que a contra-ordenação seja muito grave para, desde logo, dever a decisão ser publicitada.

Apesar das dúvidas da doutrina acerca do princípio da subsidiariedade da aplicação das sanções acessórias, e do carácter obrigatório da publicitação da decisão nos casos em que ela ocorre, estamos em crer que nenhum problema de ordem constitucional aqui se suscitará atenta a ausência de *pathos* ético desta sanção.

4 – Outra é a solução legal quanto aos outros dois tipos de sanções acessórias: a "*interdição do exercício da actividade no estabelecimento, unidade fabril ou estaleiro*", que está prevista nos arts. 187.°/6[258] e 192.°/2; e a "*privação do direito de participar em arrematações ou concursos públicos*" prevista nos art. 12.°/3. Aqui, porque a natureza das sanções é bem mais gravosa, estas integram o tipo legal específico e a sua aplicação depende dos pressupostos genéricos contidos no corpo do n.° 2 deste art. 562.°.

Ainda que aparentemente não divergindo substancialmente do regime anterior, há que salientar que até aqui a aplicação destes dois tipos de sanção acessória – com excepção da lei do trabalho temporário onde a interdição do exercício de actividade podia ser aplicada fora da reincidência[259] – pressupunha sempre a reincidência de contra-ordenações muito graves, com dolo ou negligência grosseira. Agora poderá verificar-se, não apenas a reincidência de uma contra-ordenação grave com outra grave, desde que ambas tenham sido praticadas no mínimo com negligência grosseira[260], como ainda se admite a aplicação dessas mesmas sanções em caso de reincidência de contra-ordenações muito graves praticadas com negligência simples.

5 – Este preceito, supostamente englobador de todas as sanções acessórias constantes dos tipos legais específicos, não inclui, todavia, nem a que consta dos arts. 12.°/ 3 e 69.°/6 – *privação do direito a subsídio ou benefício outorgado por entidade ou serviço público* (cfr. nota 5 desse art.) – nem a prevista no art. 192.°/3 – *ordem de encerramento do estabelecimento* – revelando, por isso, má técnica legislativa.

---

[258] Embora a norma aqui fale em "suspensão temporária" e não "interdição".

[259] Cfr. art. 45.°/1 da Lei 19/2007, de 22/05. Já no art. 45.°/2 era necessária a verificação da reincidência. Nestes dois casos a lei falava em "interdição ou suspensão do exercício da actividade" mas não definia o limite temporal a que se encontravam sujeitas. Para maiores esclarecimentos, veja-se o nosso *Notas Sobre o Regime do Trabalho Temporário de 2007* – Minerva, Série II, n.° 1, 2008, pp. 85 a 118 (116).

[260] Fica, por isso, afastada a contra-ordenação grave praticada com negligência inconsciente (art. 15.°/*b*) do CP) ou mesmo com negligência consciente mas não grosseira, além, obviamente, das contra-ordenações leves.

ARTIGO 563.°
Dispensa e eliminação da publicidade

1 – A sanção acessória de publicidade pode ser dispensada, tendo em conta as circunstâncias da infracção, se o agente tiver pago imediatamente a coima a que foi condenado e se não tiver praticado qualquer contra-ordenação grave ou muito grave nos cinco anos anteriores.

2 – Decorrido um ano desde a publicidade da decisão condenatória sem que o agente tenha sido novamente condenado por contra-ordenação grave ou muito grave, é a mesma eliminada do registo referido no artigo anterior.

Notas:

1 – São três os pressupostos da dispensa de publicidade: (i) as circunstâncias da infracção; (ii) ter o agente pago imediatamente a coima; (iii) não ter praticado contra-ordenação muito grave ou grave nos cinco anos anteriores.

Esta "dispensa" poderá vir a ser aproveitada por quem, tendo cometido uma contra-ordenação social ou laboral, não queira ver o seu nome, quiçá mais realisticamente, o nome da sua empresa, divulgado e negativamente publicitado[261]. Será, pois, a contrapartida da "obrigatoriedade" da aplicação da sanção acessória.

2 – O pressuposto "*circunstâncias da infracção*", porque a norma não aponta qualquer critério objectivo para a sua concretização, deve ser o de mais problemático enroupamento quando se pretenda utilizá-lo para fundamentar uma decisão de publicitação que os dois restantes dispensariam. Por isso, ou se permite a dispensa de publicidade quaisquer que sejam as circunstâncias ou, em alternativa, para evitar que a discricionariedade redunde na violação do princípio da igualdade da actuação administrativa (art. 266.°/2 da CRP) deverá haver orientações da direcção central administrativa que torne o critério aplicável no todo nacional[262]. Neste contexto, sendo certo que nenhuma objecção legal existe para que a "dispensa" possa ser extensível a qualquer dos escalões de gravidade das contra-ordenações, bem poderá suceder que, por exemplo, a direcção entenda excluí-la nos casos de contra-ordenação muito grave, ou, hipótese quiçá mais defensável, nos de actuação dolosa qualquer que seja o escalão de gravidade, ou apenas na muito grave.

---

[261] Publicidade negativa essa que não deixará de ter, por certo, um valor de mercado.

[262] Mas tenha-se em conta que a área de intervenção da ACT se circunscreva ao território do Continente (art. 2.°/1 do DL 326-B/2007, de 28/09).

Uma coisa, porém, é certa. É que, nos termos do disposto nos arts. 124.° e 125.° do CPA[263], a decisão de rejeitar a dispensa de publicidade quando resulte de terem sido tidas em conta as *circunstâncias da infracção*, terá de ser bem fundamentada

3 – Quando ao pressuposto "*ter o agente pago imediatamente a coima*", interrogar-se-á quando se poderá entender que tal ocorreu.

É óbvio que nenhuma dificuldade suscitará o facto de ela ter sido paga até à notificação da decisão administrativa. Se, mesmo após a elaboração desta, *recte* a sua notificação ao arguido, se vier a mostrar que a coima foi paga, a decisão que continha a determinação de publicidade deverá ser anulada. Não propendemos, assim, a considerar que o imediatamente se reporte ao pagamento no acto da autuação[264], assim como também nos parece que não deverá ser deferido requerimento no sentido da dispensa da publicidade após o arguido tomar conhecimento da decisão que a contenha.

Esta posição que defendemos, acaba por fazer coincidir esta dispensa da publicidade com a chamada *oblação voluntária*, ou seja, com o pagamento voluntário da coima pelo mínimo (art. 19.°/1 da Lei 107/2009). Mas há uma questão que se levanta. Nos termos do aí disposto, aquele pagamento voluntário, por argumento *a contrario* extraído da norma, não seria permitido no caso de contra-ordenações muito graves praticadas com dolo, mas tão-somente no caso em que essas infracções fossem realizadas com mera negligência. Sobre esta questão, remetemos para o que dissemos na Parte I, na nota 2 ao art. 19.° da Lei 107/2009. Uma vez que, como aí se diz, só se pode apurar a final, isto é, depois de finda a instrução do processo a existência de dolo, entendemos que também na contra-ordenação muito grave poderá ser dispensada a publicidade.

Contudo, a existência, no auto de notícia de elementos factuais que possam apontar para o dolo pode ser uma das tais "*circunstâncias da infracção*" que levem à conclusão de, mesmo aceite o pagamento voluntário, não ser dispensada a publicitação. Na realidade parece que tal solução, sendo permitida pelo n.° 1, não é incompatível com o n.° 3 do preceito.

4 – Relativamente ao último pressuposto – "*não ter sido praticada nenhuma contra-ordenação grave ou muito grave nos cinco anos anteriores* – é óbvio que o *dies a quo* para o início da contagem é o da passagem a definitiva da decisão

---

263 Continuamos a sustentar a necessidade de aplicação de princípios e preceitos do CPA na fase administrativa do processo COL, já que não vemos que a norma do art. 58.° do DL 433/82 seja adequada para a situação da dispensa de publicidade.

264 De resto, não foi ainda esta revisão de 2009 que institucionalizou no domínio laboral o procedimento administrativo do pagamento da coima "na hora", ou seja, acto contínuo à autuação, tal como sucede com as contra-ordenações do Código da Estrada (cfr. art. 173.° do CE, na redacção do DL 265-A/2001, de 28/09.

administrativa ou do trânsito em julgado da decisão judicial[265]. Simplesmente, importa não esquecer, que tratando-se duma norma que agrava a sanção do arguido, por força do princípio da legalidade contido nos arts. 2.° e 3.° do Dec.-Lei n.° 433/82 e no art. 1.° do Código Penal, e do corolário do princípio da aplicação da lei mais favorável com raízes na CRP (art. 29.°/4), este prazo só pode respeitar aos processos decididos a partir da entrada em vigor do CT/2009. Só a partir do momento em que o infractor sabe que pode ver a decisão publicitada é que ele está em condições de adequar a sua conduta de modo a evitar esse efeito[266]. O que significa que nos cinco anos (ou mesmo mais) subsequentes ao início de vigência do CT/2009, nenhuma contra-ordenação cometida antes deste – mesmo que já decidida após e conste do registo individual de infractores, ainda que possua virtualidades de fundamentar a punição por reincidência (art. 561.°) – pode ser invocada para impedir que a publicidade da decisão seja dispensada. Isto é, só as contra-ordenações graves ou muito graves cometidas no domínio do Código revisto contam para efeito deste pressuposto negativo.

5 – Rompendo com o passado, e constituindo um passo positivo no sentido da desburocratização, ao invés da necessidade de publicação de um extracto da decisão num jornal diário de âmbito nacional, num periódico local ou regional e no Diário da República[267], a lei, aproveitando as modernas tecnologias, basta-se agora com a sua inclusão na página electrónica da ACT (n.° 3). Isto, quer a decisão seja da Administração, quer mesmo quando seja judicial. Se, normalmente, esta decisão dos tribunais tem por base um processo que correu termos na Administração, caso em que o registo não trará quaisquer problemas, já na hipótese, excepcional, dessa decisão ser originada no próprio tribunal por resultar, por exemplo, da punição em concurso com um crime[268] se prevejam mais dificuldades para compatibilizar a numeração processual no sistema informático d Administração.

Será este mesmo sistema que vai accionar o desaparecimento ou a eliminação da referida publicidade quando, perfeito um ano desde a sua inclusão no registo público[269], não tenha passado a definitiva, ou transitado em julgado outra decisão que tenha condenado o mesmo agente por contra-ordenação grave ou muito grave.

---

[265] Cfr. art. 79.° do DL 433/82, de 27/10.

[266] Neste sentido, AMÉRICO A. TAIPA DE CARVALHO, op., cit., pp. 81 e ss..

[267] Cfr. art. 627.°/2 do CT/2003.

[268] Cfr. arts. 20.°, 21.°/3 e 38.° do DL 433/82, de 27/10.

[269] E não, pois, um ano sobre a decisão definitiva ou transitada.

ARTIGO 564.°
Cumprimento de dever omitido

1 – Sempre que a contra-ordenação laboral consista na omissão de um dever, o pagamento da coima não dispensa o infractor do seu cumprimento se este ainda for possível.

2 – A decisão que aplique a coima deve conter, sendo caso disso, a ordem de pagamento de quantitativos em dívida ao trabalhador, a efectuar dentro do prazo estabelecido para o pagamento da coima.

3 – Em caso de não pagamento, a decisão referida no número anterior serve de base à execução efectuada nos termos do artigo 89.° do Regime Geral das Contra-ordenações, na redacção dada pelo Decreto-Lei n.° 244/95, de 14 de Setembro, aplicando-se as normas do processo comum de execução para pagamento de quantia certa.

Notas:

1 – Enquanto o comando no n.° 1 é a transcrição do art. 618.°, integrado na secção do regime geral da responsabilidade contra-ordenacional do CT/2003, os n.os 2 e 3 têm por fonte os n.os 3 e 4 do art. 669.° do mesmo diploma, versando sobre a retribuição, e integrados na secção das contra-ordenações em especial.

Esta reinserção sistemática revela a preocupação do legislador em atribuir carácter de norma geral ao aqui preceituado. Razão por que a norma do n.° 2 não contém um comando de aplicação a toda e qualquer situação de quantitativos em dívida ao trabalhador, mas, tão-só um programa que necessita de ser concretizado no tipo legal específico.

2 – A primeira manifestação da obrigatoriedade de a Administração determinar o pagamento das diferenças em dívida sempre que a coima resultasse da prática de valores inferiores ao salário pago pelo empregador, resultou do teor do n.° 8 do artigo 10.° do DL 69-A/87, de 9/2, sobre a disciplina do então designado salário mínimo nacional .

Com o regime das COL/99 esta imposição foi alargada a todas as situações de prática de salários inferiores aos devidos por força de lei ou de irct. Era assim, então, com os salários em atraso (art. 29.°/3 da L 17/86), com o trabalho suplementar não remunerado (art. 11.°/2 do DL 421/83), com os pagamentos inferiores aos devidos por força de um irct (art. 44.°/5 do DL 519-C1/79).

Em todas estas situações o CT/2003 (artigo 669.°/4) mantinha que a decisão de aplicação da coima devia conter a "*ordem de pagamento dos quantitativos da retribuição em dívida a efectuar no prazo estabelecido para o pagamento da coima*".

Ora, apesar dos pruridos da lei – traduzidos em não falar abertamente em condenação pela autoridade administrativa – esta "ordem" constitui nem mais nem menos que uma condenação do empregador pela Administração e representa uma definição do direito do caso concreto obtida, normalmente, através de um mapa de reposição salarial elaborado pelo inspector autuante, constituindo, por isso, uma verdadeira jurisdição[270].

Apesar da bondade da solução legal, que representa um meio expedito de os trabalhadores obterem a satisfação dos seus créditos salariais, pensamos que ela poderia afrontar o princípio constitucional da separação de poderes dos órgãos de soberania e o da reserva de jurisdição aos tribunais (arts. 111.°/1 e 202.°/2 da CRP).

Diferentemente do que se passa com a coima, que se traduz na mera aplicação de uma sanção pecuniária, pensa-se que neste caso de condenação das prestações salariais em dívida, nas palavras do Prof. Figueiredo Dias, se está já no domínio da *"«administração da justiça» ou na «função materialmente judicial» que a Constituição atribui em exclusivo aos tribunais"*[271].

3 – Feito agora o cotejo de todas as disposições legais que implicam a verificação de quantitativos em dívida aos trabalhadores – art. 263.° (subsídio de Natal), art. 264.° (retribuição de férias e subsídio de férias), art. 265.° (retribuição por isenção de horário de trabalho), art. 266.° (pagamento de trabalho nocturno), art. 267.° (retribuição por funções afins), art. 268.° (pagamento de trabalho suplementar) e art. 273.° (retribuição mínima mensal garantida) – só neste último caso o tipo legal contém o comando de a decisão da autoridade administrativa determinar a ordem do seu pagamento. Ordem essa que constituirá título executivo se, naturalmente, não for impugnada nos termos e prazo legais ou, mesmo que impugnada, não for constituída caução ou prestada garantia bancária (arts. 32.°, 33.° e 35.° da Lei n.° 107/2009).

Mas, se até agora a opção legislativa era eventualmente passível de inconstitucionalidade, já se compreende a solução ora adoptada, dados os valores que estão em jogo, ou seja, garantir o mínimo necessário para a subsistência do trabalhador. E, por isso, se justifica que, nesse caso, por razões de celeridade, haja uma invasão da esfera materialmente judicial, respeitando-se com isso, ainda, os princípios constitucionais da adequação e da proporcionalidade (art. 18.°/2 da CRP)

---

270 Cfr. *supra*, nota 2 ao art. 561.°.

271 Cfr. Figueiredo Dias – O Movimento da Descriminalização... p. 335.

ARTIGO 565.°
Registo individual

1 – O serviço com competência inspectiva do ministério responsável pela área laboral organiza um registo individual dos sujeitos responsáveis pelas contra-ordenações laborais, de âmbito nacional, do qual constam as infracções praticadas, as datas em que foram cometidas, as coimas e as sanções acessórias aplicadas, assim como as datas em que as decisões condenatórias se tornaram irrecorríveis.

2 – Os tribunais e os departamentos das administrações regionais dos Açores e da Madeira com competência para a aplicação de coimas remetem ao serviço referido no número anterior os elementos neste indicados.

Notas:

1 – O registo individual é importante para determinar o passado infraccional que pode, e deve, influir na determinação concreta da medida da coima. E é fundamental para a reincidência (art. 561.°) que, como se sabe, só se verifica a partir da data em que a decisão, administrativa ou judicial, se tornou ordinariamente irrecorrível e até ao prazo de prescrição. Por isso, deverá o mesmo integrar os documentos que constituem a instrução do processo devendo, porém, ser sempre notificado ao arguido, conjuntamente com a acusação, para que este possa apresentar a defesa

Se a anterior redacção (art. 629.° do CT/2003) fazia referência específica só às infracções graves com dolo e muito graves, que são as que contribuem para o agravamento da coima, a actual inclui todas "*as infracções praticadas*". É óbvio agora que, para além das infracções leves, também fazem parte do registo as sanções acessórias, que não contam para efeitos da reincidência, mas apenas para determinação da medida da coima e para o agravamento doutra eventual sanção acessória aplicada a um mesmo infractor.

2 – Remete-se para o que se disse *supra* (nota 2 ao art. 561.°) quanto à violação dos bons princípios com que foi iniciada a vigência do direito de mera ordenação social.

"*Por sua vez, e enquanto tem um sentido de mera advertência social, a imposição das referidas reacções administrativas não poderá considerar-se para efeitos de reincidência, habitualidade, perigosidade ou fazer-se constar do registo criminal*" escrevia em 1973 o Prof. Eduardo Correia[272].

---

[272] Vd. ob. cit. *Direito Penal e Direito de Mera Ordenação Social...*, p. 272.

Se bem que a coima não se faça constar propriamente do registo criminal, o certo é que as coimas de âmbito laboral passam a integrar um registo para efeitos de cadastro e de reincidência, a fim serem tidas em consideração na determinação em concreto da coima aplicável.

Por isso, se a reincidência já está introduzida, e se consagrou a existência desse cadastro, embora autónomo do criminal, que mais faltará para se consagrar a figura do infractor de contra-ordenações habitual?...

3 – Englobando o registo individual, não apenas as sociedades comerciais titulares de empresas, como os outros sujeitos activos de contra-ordenações laborais onde estão em causa também pessoas singulares (v.g. o dono da obra não titular de empresa, o autor do projecto, o trabalhador independente[273] o trabalhador por conta de outrem), torna-se necessário dar guarida aos cuidados que a lei impõe sobre a protecção de dados de carácter informático, como é o caso dos arts. 26.°/2 e 35.° da CRP e da Lei n.° 67/98, de 26/10.

Porém, sustenta-se que o Registo Individual não é uma base de dados eminentemente pessoais, tal como o não é, p. ex., o Sistema de Gestão de Inquéritos da PGR, conforme decidiu o Acórdão do STJ de 12/03/2009, Proc. 08P3554, relatado pelo Conselheiro Soares Ramos.

4 – Tenha-se ainda em conta que a coima aplicada a um infractor pode ser tida como o montante mínimo numa reincidência, desde que ultrapasse o montante mínimo fixado no tipo legal de contra-ordenação acrescido de um terço (art. 561.°, n.° 2, parte final).

5 – Tanto os tribunais como os departamentos das administrações regionais dos Açores e Madeira, o que devem remeter à ACT, por força da norma do n.° 2, são as decisões definitivas ou transitadas em julgado[274].

Compreende-se o desiderato legal de fazer compreender no âmbito subjectivo da norma os departamentos das administrações regionais dos Açores e Madeira, uma vez que a unidade de determinação do volume de negócios não é o simples estabelecimento, mas, antes, a empresa com dimensão nacional.

Só que tal comando legal, essencialmente por razões que se prendem com questões logísticas, tem sido particularmente difícil de conseguir.

---

[273] Cfr., p.ex., art. 4.°/2 da Lei 7/2009, que remete para o art. 11.° do DL 159/99 e art. 23.° do DL 273/2003.

[274] Vd. nota 2 ao art. 45.° da Lei 107/2009 (Parte I).

ARTIGO 566.°
Destino das coimas

1 – Em processo cuja instrução esteja cometida ao serviço com competência inspectiva do ministério responsável pela área laboral, metade do produto da coima aplicada reverte para este, a título de compensação de custos de funcionamento e despesas processuais, tendo o remanescente o seguinte destino:

a) Fundo de Acidentes de Trabalho, no caso de coima aplicada em matéria de segurança e saúde no trabalho;

b) 35% para o serviço responsável pela gestão financeira do orçamento da Segurança Social e 15% para o Orçamento do Estado, relativamente a outra coima.

2 – O serviço referido no número anterior transfere trimestralmente para as entidades referidas no número anterior as importâncias a que têm direito.

Nota:

O facto de permanecer a redacção do regime das COL/99 (que, aliás, era semelhante à anterior redacção do Dec.-Lei n.° 491/85, de 26/11) não significa que a sua aplicação não suscite problemas.

Haja em vista a situação que se verifica com a execução das coimas que é promovida pelos Tribunais[275], devendo, para o efeito, os autos ser remetidos ao representante do Ministério Público competente.

Pois bem. No caso da execução ter sido efectivada, deverá o montante da coima (e custas) ser remetido pelos tribunais na íntegra à entidade promotora[276] (a ACT) como parecia lógico ou deverá, como vem sucedendo, remeter apenas a parte a que a IGT tem direito (50%)?

O comando normativo que era invocado pelos tribunais e pela Direcção Geral da Administração da Justiça, para concluir que relativamente ao produto das coimas cobradas em juízo apenas 50% devia reverter para a IGT, enquanto entidade autuante, era o do artigo 131.° do Código das Custas Judiciais. Veja-se, agora, porém, o Regulamento das Custas processuais aprovado pelo DL 34/2008, na redacção última da Lei 64-A/2008, de 31/12.

---

[275] Cf. art. 89.° do DL 433/82, de 27/10.

[276] Sem prejuízo, é óbvio, das custas devidas pela execução no Tribunal a suportar pelo executado.

PARTE III

RESPONSABILIDADE CONTRA-ORDENACIONAL NO PLANEAMENTO, ORGANIZAÇÃO E COORDENAÇÃO DA SEGURANÇA, HIGIENE E SAÚDE NO TRABALHO EM ESTALEIROS DA CONSTRUÇÃO

DECRETO-LEI N.º 273/2003
de 29 de Outubro

1 – As condições de segurança no trabalho desenvolvido em estaleiros temporários ou móveis são frequentemente muito deficientes e estão na origem de um número preocupante de acidentes de trabalho graves e mortais, provocados sobretudo por quedas em altura, esmagamentos e soterramentos.

Face à necessidade imperiosa de reduzir os riscos profissionais nos sectores com maior sinistralidade laboral, o acordo sobre condições de trabalho, higiene e segurança no trabalho e combate à sinistralidade, celebrado entre o Governo e os parceiros sociais em 9 de Fevereiro de 2001, previu a revisão e o aperfeiçoamento das normas específicas de segurança no trabalho no sector da construção civil e obras públicas, bem como o reforço dos meios e da actividade de fiscalização neste e noutros sectores mais afectados pela incidência de acidentes de trabalho e doenças profissionais.

O presente diploma procede à revisão da regulamentação das condições de segurança e de saúde no trabalho em estaleiros temporários ou móveis, constante do Decreto-Lei n.º 155/95, de 1 de Julho, continuando naturalmente a assegurar a transposição para o direito interno da Directiva n.º 92/57/CEE, do Conselho, de 24 de Junho, relativa às prescrições mínimas de segurança e saúde no trabalho a aplicar em estaleiros temporários ou móveis.

2 – O plano de segurança e saúde constitui um dos instrumentos fundamentais do planeamento e da organização da segurança no trabalho em estaleiros temporários ou móveis, ao dispor do sistema de coordenação de segurança, o que justifica a necessidade de aperfeiçoar a respectiva regulamentação.

As alterações relativas ao plano de segurança e saúde respeitam, em primeiro lugar, ao processo da sua elaboração.

O plano deve ser elaborado a partir da fase do projecto da obra, sendo posteriormente desenvolvido e especificado antes de se passar à execução da obra, com a abertura do estaleiro. Trata-se de um único plano de segurança e saúde para a obra, cuja elaboração acompanha a evolução da fase de projecto da obra para a da sua execução.

O desenvolvimento do plano da fase do projecto para a da execução da obra decorre sob o impulso da entidade executante, que será frequentemente o empreiteiro que se obriga a executar a obra, ou o dono da obra se a realizar por administração directa. A entidade executante fornece os equipamentos de trabalho, recruta e dirige os trabalhadores e decide sobre o recurso a subempreiteiros e a trabalhadores independentes. Ela tem o domínio da organização e da direcção globais do estaleiro e está, por isso, em posição adequada para promover o desenvolvimento do plano de segurança e saúde para a fase da execução da obra. Caberá, em seguida, ao coordenador de segurança em obra validar tecnicamente o desenvolvimento e as eventuais alterações do plano, cuja aprovação competirá ao dono da obra para que se possa iniciar a execução da obra. O regime assenta numa separação de responsabilidades, em que a entidade executante é responsável pela execução da obra e o planeamento da segurança no trabalho e a verificação do seu cumprimento são atribuídos ao coordenador de segurança, de modo a assegurar que as circunstâncias da execução não se sobreponham à segurança no trabalho.

O dono da obra, se não a realizar por administração directa, está associado ao desenvolvimento do plano através do coordenador de segurança em obra a quem cabe aprovar as especificações apresentadas pela entidade executante ou outros intervenientes. O dono da obra nomeará o coordenador de segurança em obra através de uma declaração escrita que o identifica perante todos os intervenientes no estaleiro. O dono da obra tem ainda a responsabilidade específica de impedir que a entidade executante inicie a implantação do estaleiro sem que esteja preparado o plano de segurança e saúde para a fase da execução da obra. A regulamentação do conteúdo do plano de segurança e saúde é também desenvolvida com a indicação dos aspectos que o mesmo deve prever, tanto na fase do projecto como na da execução da obra.

O regime de empreitada de obras públicas prevê que o projecto da obra que serve de base ao concurso será elaborado tendo em atenção as regras respeitantes à segurança, higiene e saúde no trabalho. Esta disposição tem correspondência substancial com a necessidade de se respeitar os princípios gerais da prevenção de riscos profissionais na elaboração do projecto. No desenvolvimento desses princípios e para que a empreitada de obras públicas tenha em consideração, na maior medida possível, a prevenção dos riscos profissionais, o plano de segurança e saúde em projecto deve ser incluído pelo dono da obra no conjunto dos elementos que servem de base ao concurso e, posteriormente, o plano deve ficar anexo ao contrato de empreitada de obras públicas.

Nas obras particulares, o dono da obra deve incluir o plano de segurança e saúde no conjunto dos elementos que servem de base à negociação para que a entidade executante o conheça ao contratar a empreitada.

3 – O coordenador de segurança em obra e o plano de segurança e saúde não são obrigatórios em obra de menor complexidade em que os riscos são normalmente mais reduzidos. Contudo, se houver que executar nessas obras determinados trabalhos que impliquem riscos especiais, a entidade executante deve dispor de fichas de procedimentos de segurança que indiquem as medidas de prevenção necessárias para executar esses trabalhos.

4 – Todos os intervenientes no estaleiro, nomeadamente os subempreiteiros e os trabalhadores independentes, devem cumprir o plano de segurança e saúde para a execução da obra. A entidade executante e o coordenador de segurança em obra devem acompanhar a actividade dos subempreiteiros e dos trabalhadores independentes de modo a assegurar o cumprimento do plano.

A entidade executante deve não apenas aplicar o plano de segurança e saúde nas actividades que desenvolve durante a execução da obra mas também assegurar que os subempreiteiros e os trabalhadores independentes o cumprem, além de outras obrigações respeitantes ao funcionamento do estaleiro. Esta obrigação da entidade executante articula-se com a responsabilidade solidária que sobre ela impende pelo pagamento de coimas aplicadas a um subcontratado que infrinja as regras relativas à segurança, higiene e saúde no trabalho, se a entidade executante não for diligente no controlo da actividade do subcontratado.

5 – A coordenação de segurança estrutura-se em função das actividades do coordenador de segurança em projecto e do coordenador de segurança em obra.

A legislação portuguesa é, nesta matéria, mais exigente do que a referida directiva comunitária porque impõe a coordenação de segurança em fase de projecto se este for elaborado por uma equipa de projecto. A nomeação dos coordenadores de segurança cabe ao dono da obra, de acordo com a directiva.

A coordenação e o acompanhamento das actividades da entidade executante, dos subempreiteiros e dos trabalhadores independentes são determinantes para a prevenção dos riscos profissionais na construção. O coordenador de segurança em obra tem especiais responsabilidades na coordenação e no acompanhamento do conjunto das actividades de segurança, higiene e saúde desenvolvidas no estaleiro. A função da coordenação de segurança passará por isso a ser reconhecida através de uma declaração escrita do dono da obra que identifica os coordenadores, as funções que devem exercer e indica a todos os intervenientes que devem cooperar com os coordenadores.

O desempenho da coordenação de segurança contribui tanto mais para a prevenção dos riscos profissionais quanto os coordenadores forem qualificados para essa função. A regulamentação da coordenação de segurança vai ser, por isso, sequencialmente completada por um quadro legal promotor da qualificação dos coordenadores que tenha em consideração as exigências da função e a respectiva acreditação para a qual serão determinantes a formação profissional específica, a experiência profissional e as habilitações académicas.

6 – O dono da obra deve proceder à comunicação prévia da abertura do estaleiro à Inspecção-Geral do

Trabalho, em determinadas situações definidas em função do tempo de trabalho total previsível para a execução da obra, em certos casos conjugado com o número de trabalhadores no estaleiro. Nesta matéria, corrige-se uma imprecisão da lei anterior determinando-se que a comunicação prévia deve ser feita nomeadamente quando for previsível, para a execução da obra, um total de mais de 500 dias de trabalho, correspondente ao somatório dos dias de trabalho prestado por cada um dos trabalhadores.

7 – Nas intervenções na obra posteriormente à sua conclusão, a prevenção dos riscos profissionais depende do conhecimento das características técnicas da obra, para que se possa identificar os riscos potenciais e adoptar processos de trabalho que os evitem ou minimizem, na medida do possível. A compilação técnica da obra é um instrumento muito importante porque colige os elementos que devem ser tomados em consideração nas intervenções posteriores à conclusão da obra, e que passam a estar enunciados na lei com maior precisão.

8 – No quadro das garantias da aplicação da legislação de segurança e saúde no trabalho na construção, são reforçados os meios e os poderes de intervenção da inspecção do trabalho. Nesse sentido, prevê-se um sistema de registos por parte da entidade executante e dos subempreiteiros, que incluirão, entre outros elementos, a identificação de todos os trabalhadores dos subempreiteiros e os trabalhadores independentes que trabalhem no estaleiro.

Estes registos serão determinantes para que seja mais eficaz o controlo e o acompanhamento da acção dos empregadores e dos trabalhadores independentes com actividade no estaleiro.

9 – O projecto correspondente ao presente diploma foi sujeito a apreciação pública, mediante publicação na separata n.° 4 do *Boletim do Trabalho e Emprego,* de 13 de Agosto de 2002, tendo sido aperfeiçoados diversos aspectos na sequência dos pareceres de associações sindicais e patronais.

Resulta, nomeadamente, da apreciação pública o esclarecimento das obras em que a existência do plano de segurança e saúde é obrigatória; precisa-se o conteúdo das fichas de procedimentos de segurança para obras de menor dimensão em que haja riscos especiais, por forma que satisfaçam as prescrições da directiva comunitária sobre o plano de segurança e saúde; protege-se a posição do empreiteiro que espera a aprovação do plano de segurança e saúde para iniciar a obra, uma vez que o prazo para a sua execução não começa a correr antes da aprovação do plano; o dono da obra deve transmitir aos representantes dos trabalhadores a declaração que identifica os coordenadores de segurança; dá-se mais saliência ao princípio de que a nomeação dos coordenadores de segurança em projecto e em obra não exonera o dono da obra, o autor do projecto, a entidade executante e o empregador das responsabilidades que lhes cabem em matéria de segurança e saúde no trabalho; o dono da obra poderá assegurar mais eficazmente a elaboração da compilação técnica através da recusa da recepção provisória da obra enquanto a entidade executante não proporcionar os elementos necessários; serão comunicados à Inspecção-Geral do Trabalho os acidentes de trabalho de que resulte, nomeadamente, lesão grave dos trabalhadores, evitando-se a ambiguidade que adviria da comunicação ligada ao internamento dos sinistrados, e preconiza-se que os elementos necessários ao inquérito sejam recolhidos com a maior brevidade para reduzir ao mínimo a interrupção dos trabalhos no estaleiro.

Foram ouvidos os órgãos de governo próprio das Regiões Autónomas.

Assim:

Nos termos da alínea *a*) do n.° 1 do artigo 198.° da Constituição, o Governo decreta o seguinte:

CAPÍTULO I
Princípios gerais

ARTIGO 1.°
Objecto

O presente diploma estabelece regras gerais de planeamento, organização e coordenação para promover a segurança, higiene e saúde no trabalho em estaleiros da construção e transpõe para a ordem jurídica interna a Directiva n.° 92/57/CEE, do Conselho, de 24 de Junho, relativa às prescrições mínimas de segurança e saúde no trabalho a aplicar em estaleiros temporários ou móveis.

Notas:

I – A primeira parte do preceito foi aditada pelo Dec.-Lei n.° 273/2003, uma vez que o art. 1.° do Dec.-Lei n.° 155/95 se limitava a referir a transposição da Directiva Comunitária sem concretizar, como agora, o estabelecimento das regras gerais de – (i) planeamento; (ii) organização; e (iii) coordenação – para promover a shst. O planeamento tem a ver essencialmente com a fase do projecto onde os principais actores são o dono da obra e o autor (ou a equipa) do projecto; a organização tem a ver com a fase da adjudicação e, por isso, da negociação e celebração do contrato de empreitada ou do concurso público, mas também da execução da obra, onde pontuam o executante (nova figura introduzida, que não constava do DL 155/95), os subempreiteiros e os trabalhadores independentes; finalmente, a coordenação atravessa transversalmente todas estas fases e prolonga-se ainda pela fase da utilização da edificação após a sua conclusão, sendo seu principal actor o coordenador de segurança, mas também o responsável pela direcção técnica (obras particulares) ou o director técnico da empreitada (obras públicas), assim como as próprias estruturas de segurança das empresas.

Note-se, porém, que a expressão "estaleiros de construção" constante daquela primeira parte é muito menos abrangente que a da segunda "estaleiros temporários ou móveis" cuja definição consta da alínea *j*) do n.° 1 do art. 3.°. E porque assim é, detecta-se no preceito que define o objecto do diploma, o que parece ser uma incorrecção de técnica legislativa. É que, segundo a letra da norma, a promoção da shst limitar-se-ia aos estaleiros de construção deixando, assim, de fora os de escavação, terraplenagem, montagem, demolição, etc. que seriam apenas abrangidos pela Directiva e não pela lei nacional...

Assinale-se que no texto constante das definições da Directiva[277] se refere *os estaleiros onde se efectuam trabalhos de construção de edifícios e de engenharia civil*, expressão esta («e de engenharia civil») que deveria também ter sido utilizada pelo legislador nacional.

Claro que não pode ter sido objectivo deste limitar a promoção ao subsector da construção, sob pena, aliás, além do mais, de violação do dever de transposição das directivas comunitárias pelo Estado Português, enquanto membro da União Europeia[278]. De resto, é o que consta do n.° 2 do artigo 2.° sobre o âmbito.

II – Assinale-se que o Código Penal quando tipifica o crime de infracção de regras de construção (art. 277.°/1/*a*)) refere as regras *que devam ser observadas no planeamento, direcção ou execução de construção, demolição ou instalação ou na sua modificação*.

Como anota PAULA RIBEIRO DE FARIA[279], para a doutrina e jurisprudência alemãs, construção é *toda a actividade relacionada com o ofício de construir... no desempenho da qual assumem uma importância vital as regras geralmente reconhecidas da arte de construir, de tal modo que a sua violação faz surgir um perigo para terceiros*", incluindo no conceito não só a construção em altura como a subterrânea, aquática, edificação de pontes ou abertura de estradas. Mas já não caberá no conceito a construção de barcos, aeronaves ou máquinas. Temos, pois, um conceito recortado pela ideia de edificação essencialmente ligada ao solo. Assim, será ainda disciplinada pelas regras da segurança da construção a actividade das empresas que se traduza na edificação de postes de suporte, seja de linhas de condução de electricidade, seja de esteio de plantas, árvores ou arbustos.

III – Apesar da abrangência do conceito de estaleiros, atente-se que a lei os qualifica como temporários ou móveis. Isto significa que afasta do regime os estaleiros fixos que normalmente possuem as empresas do sector da construção e obras públicas, assim como os estaleiros de construção naval ou outros e ainda as fábricas de betão ou produtos betuminosos que são normalmente pertença ou utilizadas por aquelas empresas.

---

[277] Cf. al. *a*) do art. 2.° da Directiva 92/57/CEE do Conselho de 24/06/92.

[278] Cf. art. 249.° (ex-art. 189.°) do Tratado de Roma. Sobre a transposição das Directivas (efeito directo vertical e horizontal) vd. de F. LIBERAL FERNANDES "Aspectos da interferência do direito social comunitário no direito laboral português" – Estudos em comemoração dos cinco anos (1995-2000) da Faculdade de Direito da Universidade do Porto – Coimbra Editora, 2001.

[279] Em anotação ao art. 277.° do Comentário Conimbricense ao Código Penal, T. II, p. 913.

Nestas unidades, para além do regime geral da shst, aplicam-se as prescrições técnicas normalmente resultantes da transposição das directivas específicas a que a Directiva- quadro se reporta no seu art. 23.°.

ARTIGO 2.°
Âmbito

1 – O presente diploma é aplicável a todos os ramos de actividade dos sectores privado, cooperativo e social, à administração pública central, regional e local, aos institutos públicos e demais pessoas colectivas de direito público, bem como a trabalhadores independentes, no que respeita aos trabalhos de construção de edifícios e de engenharia civil.

2 – O presente diploma é aplicável a trabalhos de construção de edifícios e a outros no domínio de engenharia civil que consistam, nomeadamente, em:

a) Escavação;

b) Terraplenagem;

c) Construção, ampliação, alteração, reparação, restauro, conservação e limpeza de edifícios;

d) Montagem e desmontagem de elementos prefabricados, andaimes, gruas e outros aparelhos elevatórios;

e) Demolição;

f) Construção, manutenção, conservação e alteração de vias de comunicação rodoviárias, ferroviárias e aeroportuárias e suas infra-estruturas, de obras fluviais ou marítimas, túneis e obras de arte, barragens, silos e chaminés industriais;

g) Trabalhos especializados no domínio da água, tais como sistemas de irrigação, de drenagem e de abastecimento de águas e de águas residuais, bem como redes de saneamento básico;

h) Intervenções nas infra-estruturas de transporte e distribuição de electricidade, gás e telecomunicações;

i) Montagem e desmontagem de instalações técnicas e de equipamentos diversos;

j) Isolamentos e impermeabilizações.

3 – O presente diploma não se aplica às actividades de perfuração e extracção que tenham lugar no âmbito das indústrias extractivas.

Notas:

I – Segundo a CAE (Classificação das Actividades Económicas por Ramos de Actividade, que segue a classificação internacional tipo por actividades e que é utilizada pelo INE) entende-se, normalmente, que são os seguintes os ramos de actividade: 1 – Agricultura, silvicultura pescas e pecuária; 2 – Indústrias extractivas[280]; (que formam o sector primário) 3 – Indústrias transformadoras; 4 – Electricidade, gás e águas; 5 – Construção e obras públicas; (que formam o sector secundário) 6 – Comércio por grosso e a retalho; 7 – Transportes, armazenagens e comunicações; 8 – Bancos, seguros e operações sobre imóveis, 9 – Outros serviços (que formam o sector terciário)[281].

II – A referência específica que o n.° 1 faz à administração central, regional e local para determinar que também se lhe aplica o regime deste diploma não constava do Decreto-Lei n.° 155/95, que se limitava a fazer coincidir o seu âmbito com o da Lei-Quadro de shst (DL 441/91). E embora desta constasse o sector público e os seus trabalhadores[282], no cumprimento, aliás, do prescrito na Directiva n.° 89/391/CEE, do Conselho, o certo é que a questão no âmbito interno levantava muitas dúvidas.

III – Sobre a possibilidade de as pessoas colectivas de direito público responderem contra-ordenacionalmente pode ver-se o Parecer do Conselho Consultivo da PGR n.° 102/89[283] onde, embora com dois votos de vencido, se conclui que – exceptuando o Estado, pessoa colectiva de direito interno que tem por órgão principal o Governo e as pessoas colectivas que têm a seu cargo precisamente a tutela de certos interesses cuja contra-ordenacionalização lhes compete verificar, instruindo os respectivos processos e aplicando as correspondentes coimas (para que possa funcionar o princípio da alteridade, isto é, que ninguém se possa acoimar a si próprio) – as pessoas colectivas públicas são susceptíveis de cometer contra-ordenações, sendo-lhes aplicáveis coimas.

Todavia, são várias as manifestações legais em sentido diverso, ou seja, em que a responsabilidade contra-ordenacional, pelo menos na fase sancionatória, como que se transmuta em mera responsabilidade disciplinar. Sendo a pessoa

---

[280] Note-se, porém, o que refere o n.° 3: não aplicação do regime deste diploma às actividades de perfuração e extracção.

[281] Vd., p.ex., *Manual Jurídico da Empresa* – IVA CARLA VIEIRA E MARIA MANUEL BUSTO – Ecla Editora, 1990, p. 18. Note-se, porém, que segundo a Convenção n.° 155 da OIT [arts. 2.°/2 e 3.°/a)] *a expressão «ramos de actividade económica» abrange todos os ramos em que estejam empregados trabalhadores, incluindo a função pública.*

[282] Cf. art. 2.°/1/*a*) e *b*).

[283] Publicado no DR, 2.ª s., de 7/3/91, pp. 2684 a 2694. Com interesse pode ver-se, igualmente o Parecer n.° 10/94, no DR, 2.ª s., de 28/04/95, embora não restrito às entidades públicas, mas a todas as pessoas colectivas.

pública autuada por eventual contra-ordenação a decisão é encaminhada para a hierarquia a fim de apurar da eventual responsabilidade disciplinar.

A questão coloca-se também no CT/2009 de onde, aliás, foram afastadas as pessoas colectivas públicas que agora têm um regime próprio que consta da Lei n.° 59/2008, de 11/09, e dos seus dois anexos: um sobre o "Regime" e outro sobre o "Regulamento". É neste que se encontra a disciplina da sst (cap. XIII – arts. 132.° a 204.°).

IV – Sobre a noção de obras públicas pode ver-se ainda hoje, com interesse, a que consta do § 1.° do art. 35.° do Decreto n.° 46.427:

"*Consideram-se obras públicas:*

a) Os trabalhos de construção, reconstrução, reparação ou adaptação de bens imóveis e outros a fazer por conta do Estado, das autarquias locais e dos institutos públicos, ou que pelo Estado sejam comparticipados;

b) As obras de empresas concessionárias do Estado."[284]

V – O ramo da Engenharia é classicamente dividido entre: civil, de minas, mecânica, electrotécnica e química. Todavia, a esta divisão, com a constante especialização de tarefas, se podem juntar hoje as subdivisões da engenharia agronómica, silvícola, geográfica, hidrográfica, de construção naval, militar e outras.

Engenharia civil é a especialidade que se ocupa do projecto e construção de infra-estruturas com ligação ao solo e compreende os ramos do urbanismo, construção e estruturas, estradas e aeroportos, hidráulica, sanitária, mecânica do solo e transportes e caminhos de ferro.

VI – Quanto à disciplina das actividades de perfuração e extracção a que se refere o n.° 3, rege o Dec.-Lei n.° 324/95, de 29 de Novembro[285], que transpôs as Directivas n.° 92/91/CEE, de 3 de Novembro e n.° 92/104/CEE, de 3 de Dezembro, sobre as prescrições mínimas de saúde e segurança a aplicar nas indústrias extractivas por perfuração a céu aberto ou subterrâneo[286].

Também as actividades que se prendam com a relação meramente comercial de fornecimento de materiais e equipamentos para os estaleiros de construção de edifícios e para outros trabalhos de engenharia civil se não submetem à disciplina deste diploma, sem prejuízo, naturalmente, da aplicação da legislação específica sobre shst.

---

[284] Cf., todavia, infra a nota IV ao art. 3.°.

[285] Regulamentado pelas Portarias n.° 197/96 e 198/96, de 4/6. Mantém-se em vigor o Regulamento Geral de Segurança e Higiene nas Minas e Pedreiras aprovado pelo Dec.-Lei n.° 162/90, de 22/5.

[286] Vd. também as Portarias n.ºs 197/96 e 198/96, de 4 de Junho, aquela sobre a perfuração e esta sobre a extracção a céu aberto ou subterrânea.

ARTIGO 3.º
Definições

1 – Para efeitos do presente diploma, entende-se por:

a) «Autor do projecto da obra», adiante designado por autor do projecto, a pessoa singular, reconhecida como projectista, que elabora ou participa na elaboração do projecto da obra;

b) «Coordenador em matéria de segurança e saúde durante a elaboração do projecto da obra», adiante designado por coordenador de segurança em projecto, a pessoa singular ou colectiva que executa, durante a elaboração do projecto, as tarefas de coordenação em matéria de segurança e saúde previstas no presente diploma, podendo também participar na preparação do processo de negociação da empreitada e de outros actos preparatórios da execução da obra, na parte respeitante à segurança e saúde no trabalho;

c) «Coordenador em matéria de segurança e saúde durante a execução da obra», adiante designado por coordenador de segurança em obra, a pessoa singular ou colectiva que executa, durante a realização da obra, as tarefas de coordenação em matéria de segurança e saúde previstas no presente diploma;

d) «Responsável pela direcção técnica da obra» o técnico designado pela entidade executante para assegurar a direcção efectiva do estaleiro;

e) «Director técnico da empreitada» o técnico designado pelo adjudicatário da obra pública e aceite pelo dono da obra, nos termos do regime jurídico das empreitadas de obras públicas, para assegurar a direcção técnica da empreitada;

f) «Dono da obra» a pessoa singular ou colectiva por conta de quem a obra é realizada, ou o concessionário relativamente a obra executada com base em contrato de concessão de obra pública;

g) «Empregador» a pessoa singular ou colectiva que, no estaleiro, tem trabalhadores ao seu serviço, incluindo trabalhadores temporários ou em cedência ocasional, para executar a totalidade ou parte da obra; pode ser o dono da obra, a entidade executante ou subempreiteiro;

h) «Entidade executante» a pessoa singular ou colectiva que executa a totalidade ou parte da obra, de acordo com o projecto aprovado e as disposições legais ou regulamentares aplicáveis; pode ser simultaneamente o dono da obra, ou outra pessoa autorizada a exercer a actividade de empreiteiro de obras públicas ou de industrial de construção civil, que esteja obrigada mediante contrato de empreitada com aquele a executar a totalidade ou parte da obra;

i) «Equipa de projecto» conjunto de pessoas reconhecidas como projectistas que intervêm nas definições de projecto da obra;

j) «Estaleiros temporários ou móveis», a seguir designados por estaleiros, os locais onde se efectuam trabalhos de construção de edifícios ou trabalhos referidos no n.° 2 do artigo 2.°, bem como os locais onde, durante a obra, se desenvolvem actividades de apoio directo aos mesmos;

l) «Fiscal da obra» a pessoa singular ou colectiva que exerce, por conta do dono da obra, a fiscalização da execução da obra, de acordo com o projecto aprovado, bem como do cumprimento das disposições legais e regulamentares aplicáveis; se a fiscalização for assegurada por dois ou mais representantes, o dono da obra designará um deles para chefiar;

m) «Representante dos trabalhadores» a pessoa, eleita pelos trabalhadores, que exerce as funções de representação dos trabalhadores nos domínios da segurança, higiene e saúde no trabalho;

n) «Subempreiteiro» a pessoa singular ou colectiva autorizada a exercer a actividade de empreiteiro de obras públicas ou de industrial de construção civil que executa parte da obra mediante contrato com a entidade executante;

o) «Trabalhador independente» a pessoa singular que efectua pessoalmente uma actividade profissional, não vinculada por contrato de trabalho, para realizar uma parte da obra a que se obrigou perante o dono da obra ou a entidade executante; pode ser empresário em nome individual.

2 – As referências aos princípios gerais da segurança, higiene e saúde no trabalho entendem-se como remissões para o regime aplicável em matéria de segurança, higiene e saúde no trabalho.

Notas:

I – Comparando o elenco deste artigo com o correspondente artigo 3.° do Dec.-Lei n.° 155/95, verifica-se que:

- O "responsável pela direcção técnica da obra" (al. *d*)) era o anterior "director da obra" (al. *h*) e é o responsável pelo estaleiro nas obras particulares;
- Foi criado *ex novo* o "director técnico da empreitada" para as obras públicas (al. *e*));
- Definiu-se, pela primeira vez o "empregador" (al. *g*));
- Foi consagrada a figura da "entidade executante" (al. *h*));

- Foi aditada a "equipa de projecto" (al. *i*)) para abranger o conjunto dos projectistas, sendo a designação de autor do projecto restrita à pessoa singular;
- Definiu-se "representante dos trabalhadores" (al. *m*));
- Foi consagrada a noção de "subempreiteiro" (al. *n*));
- Definiu-se "trabalhador independente" (al. *o*)).

Ao "coordenador em matéria de segurança e saúde durante a elaboração do projecto da obra" foram acrescentadas as funções constantes da parte final da alínea b): *podendo também participar na preparação do processo de negociação da empreitada e de outros actos preparatórios da execução da obra, na parte respeitante à segurança e saúde no trabalho.*

II – Atente-se que agora, ao contrário da definição que constava do Dec.-Lei n.° 155/95 (art. 3.°/*c*) "autor do projecto", nos termos da alínea *a*), é apenas a *pessoa singular* e não também a *colectiva*.

E, curiosamente, "equipa de projecto", nos termos da alínea *i*), é, não a pessoa colectiva mas, antes, o *conjunto de pessoas reconhecidas como projectistas.* Cremos que o objectivo legal será o de considerar aqui não apenas 1 sujeito, como seria se fosse uma (1) pessoa, mas tantos sujeitos quantos os projectistas envolvidos, o que terá efeitos designadamente para a necessidade de nomeação do coordenador[287]. E terá efeitos na aplicação das coimas? Veja-se o n.° 2 do art. 25.° quando fala dos *autores do projecto.*

III – Não nos parecem as mais felizes as definições de alguns dos intervenientes no estaleiro: (i) dono da obra (al. *f*); (ii) a *entidade executante.* (al. *h*)); (iii) o *subempreiteiro* (al. *n*)); (iv) o *trabalhador independente* (al. *o*)).

A mais infeliz, e com maior repercussão prática, respeita à segunda parte da definição de dono da obra (pública). Quando define como dono da obra "... *o concessionário relativamente a obra executada com base em contrato de concessão de obra pública,* vem resolver o problema de que é o dono da obra e a consequente imputação de responsabilidade nas grandes obras públicas. Mas parece esquecer o legislador que nem só por concessão são executadas as obras públicas. Elas podem igualmente ser realizadas por administração directa ou por empreitada (art. 1.°/2 do DL 59/99). Ora assim sendo, a definição deixa de fora as situações em que as pessoas colectivas públicas decidem executar as obras sob estas duas modalidades. Fica, por isso, por determinar se um Município quando executa, por exemplo, uma obra de saneamento por administração directa, ou um serviço não personalizado da Administração directa, central ou periférica empreita uma reparação de um edifício, contratando para o efeito trabalhadores por contrato indivi-

[287] Vd. art. 9.°/1/*a*).

dual de trabalho, são dono da obra. Por nós não temos dúvidas que o são[288]. Mas a lei veio levantar sérios problemas quanto a essa posição.

Quanto à *entidade executante,* primeiro ao incluir na definição o deôntico, em vez somente da ôntico[289]: se o executante não executa a obra *de acordo com o projecto aprovado* ou *as disposições legais ou regulamentares* ou a executa de acordo com um projecto não aprovado, deixa de caber na definição, deixa de ser executante para efeitos da lei. Então passará a ser o quê? Como sancionar essa entidade, se não é nenhuma daquelas a que a lei imputa responsabilidade (arts. 25.° e 26.°)? Segundo porque limita a figura do executante àquele que contratou directamente com o dono da obra. Podendo, por isso, haver várias entidades representantes, tanto assim que o legislador sentiu necessidade de determinar que o dono escolha aquela que ficará responsável por impedir o acesso da obra apenas a pessoas autorizadas.

Mas um subempreiteiro, na filosofia do diploma, não é, por isso, nunca entidade executante. Seja uma parte ou a totalidade da obra, é condição necessária e suficiente para ser *executante* ter um contrato de empreitada com o *dono da obra*. Ora sabe-se que a realidade é muito distinta e que há contratos sobre contratos, que a cadeia de subcontratação é mais extensa e complexa.

É o que se passa com o *subempreiteiro* que, segundo a definição, tem de ter um contrato com o executante. Mas se em vez desse contrato tiver um outro com uma entidade que não contratou (parte d)a obra com o dono dela mas, antes, com um subempreiteiro como tantas vezes sucede? Claro que poderá, nesse caso ficar abrangido pela figura de empregador. Mas se não tiver trabalhadores?

Essa é a questão também do *trabalhador independente*. Não poderá este vincular-se também – através dum contrato de prestação de serviços (empreitada) – com um subempreiteiro, e não apenas com o dono da obra e executante, como diz a lei? E sendo óbvio que o trabalhador independente pode ser *empresário em nome individual*, não se deveria aditar "sem trabalhadores na obra" para o distinguir da figura do empregador?

IV – Os princípios gerais de segurança, higiene e saúde encontram-se agora previstos no CT/2009 (arts. 281.° a 283.°) e ainda na Lei n.° 102/2009, de 10/09.

V – Se a noção do dono da obra nas obras particulares não suscita dúvida relevante, já outrotanto não sucede com o dono das obras públicas[290].

De facto, pareceria à primeira vista que o dono da obra nas obras públicas seria sempre o Estado.

---

[288] Cf. o nosso "*Responsabilidade pela Segurança...*", Parte I, n. 11.

[289] Solução que perpassa um pouco por todas as entidades definidas

[290] Sobre conceito de obras públicas cf. supra, nota IV ao art. 2.°.

E se assim fosse, então porque o Estado não responderia contra-ordenacionalmente nos termos do que vem sendo defendido pela doutrina[291], ficariam em termos contra-ordenacionais impunes as violações sobre shst na maior parte das obras do país, já que, como é sabido, o Estado é o maior dono de obra.

Todavia é preciso fazer uma precisão, já que a entidade que é inimputável contra-ordenacional é o Estado, enquanto pessoa colectiva territorial que tem por órgão o Governo. Mas já serão imputáveis os diversos departamentos e serviços, personalizados ou não, e os entes colectivos públicos que, sendo também Estado em sentido amplo, prosseguem, directa ou indirectamente, finalidades próprias no âmbito da Administração Central, Regional ou Local ou mesmo na designada Administração Indirecta.

De facto, pode dividir-se a Administração Pública em Administração Estadual, Administração Autónoma e Administração Local Autárquica.

A Administração Estadual pode ser Directa ou Indirecta. A Directa pode ser Central ou Periférica. A Indirecta engloba os Institutos Públicos e as Empresas Públicas. Os Institutos Públicos, por sua vez, costumam ser divididos em Serviços Personalizados, Fundações Públicas e Estabelecimentos Públicos.

A Administração Autónoma integra a Administração Regional dos Açores e da Madeira.

A Administração Local Autárquica, por seu turno, também pode ser Directa ou Indirecta.

A Directa integra os Municípios, as Freguesias e as Regiões Administrativas se vierem a ser criadas.

A Indirecta é constituída pelos Serviços Municipalizados, pelas Empresas Municipais e Empresas Intermunicipais.

Há ainda que integrar na Administração Pública as Associações Públicas e as Concessionárias.

Todas, ou a maior parte destas entidades, podem ser, por isso, responsabilizadas contra-ordenacionalmente, designadamente quando realizam obras de engenharia civil e de construção através de administração directa.

Para efeitos do regime do contrato administrativo de empreitada e de concessão são donos de obras públicas: o Estado; os institutos públicos; as associações públicas; as autarquias locais e suas associações ; as Regiões Autónomas; as empresas públicas e as sociedades anónimas de capitais maioritária ou exclusivamente públicos; as concessionárias de serviço público sempre que o valor da obra seja superior ao estabelecido para efeitos de aplicação das directivas da EU; por último, entidades financiadas geridas ou administradas maioritariamente por alguma das entidades referidas[292].

---

[291] Cf. supra nota III ao art. 2.°.

[292] Cf. arts. 2.° e 3.° do DL 59/99, de 2/3.

VI – Vejamos a noção de dono das obras públicas.

Para além da noção que foi dada na nota IV ao art. 2.°: "1. São *consideradas obras públicas quaisquer obras de construção, reconstrução, ampliação, alteração, reparação, conservação, limpeza, restauro, adaptação, beneficiação e demolição de bens imóveis destinadas a preencher, por si mesmas, uma função económica ou técnica, executadas por conta de um dono de obra pública;*

2 – As obras públicas podem ser executadas por empreitada, por concessão ou por administração directa."[293]

Ora, se bem que muitas obras públicas em curso sejam realizadas sob administração directa, a maioria delas, sobretudo as de maior dimensão física e económica, são realizadas por empresas concessionárias do Estado. Este, quando tem que realizar estradas, pontes, viadutos, auto-estradas, ferrovias etc., por motivos que se prendem também com as fontes de financiamento, cria, através de Dec.-Lei[294], sociedades anónimas que, normalmente associadas em consórcio, constituem a entidade que para além de planear, projectar, financiar, dirigir e realizar a obra fica, por um período longo (geralmente 30 anos) com o direito de exploração e o encargo de manutenção das obras realizadas.

Segundo dá conta ARMANDO TRIUNFANTE[295], em 2001 havia as seguintes concessionárias de auto-estradas: Brisa – Auto-Estradas de Portugal, SA, pelo DL n.° 467/72, de 24/10; Consórcio de Auto-Estradas do Atlântico, Concessões Rodoviárias de Portugal SA, pelo DL n.° 393-A/98, de 4/12; Consórcio AENOR, Auto-estradas do Norte, SA, pelo DL 2548-A/99, de 6/7; Consócio SCUTVIAS, Auto-estradas da Beira Interior, SA, pelo DL 335-A/99, de 20/8; Consórcio EUROSCUT, Concessionária da SCUT do Algarve, SA, pelo DL 55/2000, de 14/4; Sociedade LUSOSCUT, Auto-estradas da Costa de Prata, SA, pelo DL n.° 87-A/00, de 13/5. E, além das concessionárias das auto-estradas existem outras como a LUSOPONTE, criada pelo DL 168/94 e DL 76/94, de 7/03.

São estas concessionárias de obras públicas, e não directamente o Estado[296] que são tidas como o dono da obra e, por isso, são responsabilizadas pelas contra-ordenações nos termos legais.

---

[293] Cf. art. 1.° do DL 59/99, de 2/3.

[294] Vd., p. ex., o DL 9/97, de 10/1, sobre o regime de realização de concursos com vista à concessão de lanços de auto-estradas, nas zonas Norte e Oeste, ou o DL 266/97, de 2/10, sobre o regime dos concursos para concessão das SCUTs.

[295] *Responsabilidade Civil das Concessionárias das auto-estradas*, in Direito e Justiça (2001); vol. XV, T.I., pp. 45 e ss..

[296] Sucede até muitas vezes que por, virtude do modo de realização de algumas obras, há litígios entre o Estado, que detém poderes de direcção e fiscalização, e a própria concessionária, Vd. um exemplo no Acórdão do Tribunal Pleno nos Acórdãos Doutrinais, n.° 512-513, pp. 1294 a 1307.

Isto não invalida, contudo, ao contrário do que parece sugerir a redacção da segunda parte da alínea *f*) do n.° 1, que as entidades públicas quando realizam as obras por empreitada ou por administração directa sejam, elas próprias, também responsabilizáveis contra-ordenacionalmente. Só assim não será quando a lei especificamente afasta essa responsabilidade ou consagra um seu sucedâneo.

VII – Não se deve olvidar que constitui violação pelas empresas dos seus deveres no exercício da actividade de construção, o desrespeito por normas legais ou por prescrições mínimas relativas à segurança, higiene e saúde, como resulta do regime jurídico aplicável ao exercício da actividade de construção[297].

Também no regime do contrato administrativo de empreitada de obras públicas o dono da obra e o empreiteiro devem respeitar o disposto na legislação sobre segurança, higiene e saúde, nomeadamente no que respeita à coordenação de segurança e saúde, sob pena de aquele poder rescindir o contrato[298].

CAPÍTULO II
Desenvolvimento do projecto e execução da obra

SECÇÃO I
Projecto da obra

ARTIGO 4.°
Princípios gerais do projecto da obra

1 – A fim de garantir a segurança e a protecção da saúde de todos os intervenientes no estaleiro, bem como na utilização da obra e noutras intervenções posteriores, o autor do projecto ou a equipa de projecto deve ter em conta os princípios gerais de prevenção de riscos profissionais consagrados no regime aplicável em matéria de segurança, higiene e saúde no trabalho.

2 – Na integração dos princípios gerais de prevenção referidos no número anterior devem ser tidos em conta, designadamente, os seguintes domínios:

a) As opções arquitectónicas;

---

[297] Cfr. art. 24.° do DL 12/2004, de 9/1.

[298] Cfr. art. 149.° do DL n.° 59/99, de 2/3.

b) As escolhas técnicas desenvolvidas no projecto, incluindo as metodologias relativas aos processos e métodos construtivos, bem como os materiais e equipamentos a incorporar na edificação;

c) As definições relativas aos processos de execução do projecto, incluindo as relativas à estabilidade e às diversas especialidades, as condições de implantação da edificação e os condicionalismos envolventes da execução dos trabalhos;

d) As soluções organizativas que se destinem a planificar os trabalhos ou as suas fases, bem como a previsão do prazo da sua realização;

e) Os riscos especiais para a segurança e saúde enumerados no artigo 7.°, podendo nestes casos o autor do projecto apresentar soluções complementares das definições consagradas no projecto;

f) As definições relativas à utilização, manutenção e conservação da edificação.

Notas:

I – O projecto, traduzindo a concretização da vontade do empreendedor, dono da obra, é o elemento indispensável à correcta execução desta. Deve partir sempre da observação das condições concretas do local e, após os estudos prévios, concretiza-se num conjunto de peças, escritas umas e desenhadas em escala, outras.

De entre tais peças, passou a constar obrigatoriamente a partir de 1995 um plano de segurança e saúde também constituído por peças escritas e desenhadas dos projectos relevantes para a prevenção dos riscos profissionais (art.6.°/1/*a*)). Por isso, a razão de ser da lei trazer para o planeamento da shst a própria actividade dos projectistas, com vista à integração da prevenção nas próprias soluções construtivas, como primeiro nível de intervenção[299]. A um segundo nível situam-se os instrumentos de planeamento específico da prevenção: o plano de segurança e saúde, as fichas de procedimentos de segurança, a comunicação prévia e a compilação técnica.

II – Segundo a definição constante da Lei n.° 102/2009 (art. 4.°/1/*e*)) prevenção é *o conjunto de políticas e programas públicos, bem como disposições ou medidas tomadas ou previstas no licenciamento e em todas as fases de actividade da empresa, do estabelecimento ou do serviço, que visem eliminar ou diminuir os*

[299] É sabido que será muitas vezes difícil, se não impossível, obter boas soluções de shst se esta não foi prevista e planeada no projecto de construção. Pense-se, para dar apenas um dos exemplos mais flagrantes, nas instalações industriais sem condições de exaustão de fumos ou cheiros, de luminosidade, etc.

riscos profissionais a que estão potencialmente expostos os trabalhadores. Trata-se, contudo, de um conceito que deverá ser adequadamente adaptado à realidade dos estaleiros temporários.

Os princípios gerais de prevenção a que se reporta o n.° 2 do artigo 15.° da mesma Lei podem esquematicamente traduzir-se em:

a) *eliminar os riscos* (ao nível do projecto; ao nível da selecção materiais, equipamentos e produtos sem risco; mas também ao nível da organização do trabalho, seleccionando os métodos e processos mais seguros);

b) *avaliar os riscos* (que não puderam ser eliminados) no tocante à sua natureza, origem e consequências;

c) *combater os riscos na origem* (isto é, na sua fonte);

d) *adaptar o trabalho ao homem* (sobretudo ao nível dos equipamentos, ferramentas, mas também nos métodos, processos e espaços do trabalho);

e) *atender aos conhecimentos técnicos* (estar atento à evolução técnico-científica e às soluções mais seguras que, com o seu desenvolvimento, vão aparecendo);

e) *dar prioridade à protecção colectiva* (em relação à individual)[300];

f) *informar, formar, consultar e fazer participar*, não apenas os trabalhadores e representantes de shst, mas todos os intervenientes.

Importa realçar, porém, que a especial natureza desta actividade – temporária e móvel – e por isso mesmo precária, agudiza os problemas e exponencia os riscos, tornando mais instante a necessidade das medidas adequadas de prevenção integrada.

III – De entre as regras a observar relativamente aos princípios gerais do projecto de obras com específicos e adicionais problemas de shst, importa sublinhar as relativas ao exercício da actividade industrial, previstas no Dec.-Lei n.° 69/2003, de 10/4, que têm por objecto a prevenção de riscos e inconvenientes que resultam da exploração dos estabelecimentos industriais, visando a salvaguarda da saúde pública, dos trabalhadores, a segurança das pessoas e bens e a higiene e saúde nos locais de trabalho[301].

---

[300] Conforme ensina Sérgio Miguel, ob. cit., perante o binómio risco/homem a primeira atitude a tomar é eliminar o risco; se não for possível, deverá retirar-se o homem; não sendo possível deverá envolver-se o risco; e só se isso não for possível deverá, por fim, envolver-se o homem, através dos e.p.i.s.

[301] Sobre licenciamento industrial e higiene e segurança industrial, pode ver-se Rui Figueiredo Simões, Revista Segurança, n.° 103, 2.° trimestre 1991, pp. 10 a 14 e n.° 104, 3.° trimestre 1991, pp. 21 a 30.

ARTIGO 5.°
Planificação da segurança e saúde no trabalho

1 – O dono da obra deve elaborar ou mandar elaborar, durante a fase do projecto, o plano de segurança e saúde para garantir a segurança e a saúde de todos os intervenientes no estaleiro.

2 – Se a elaboração do projecto se desenvolver em diversas fases e em períodos sucessivos, o plano de segurança e saúde deve ser reformulado em função da evolução do projecto.

3 – O plano de segurança e saúde será posteriormente desenvolvido e especificado pela entidade executante para a fase da execução da obra.

4 – O plano de segurança e saúde é obrigatório em obras sujeitas a projecto e que envolvam trabalhos que impliquem riscos especiais previstos no artigo 7.° ou a comunicação prévia da abertura do estaleiro.

Notas:

I – Por certo uma das grandes inovações do diploma de 2003, relativamente ao de 1995, foi a alteração da concepção do plano de segurança e saúde que deixou de ser tido como um mero conjunto de fotocópias (diz-se à boca pequena que um mesmo pss terá servido para as obras da mais diversa natureza, desde a construção de um armazém ou um estábulo até uma casa de habitação...), um elemento estático, para se projectar, ao menos normativamente, como um documento dinâmico, sujeito a ser completado e ajustado à medida do desenvolvimento do projecto ou, ao menos, à medida que os trabalhos se desenvolvam na fase da execução. E deixou de incumbir exclusivamente ao dono de obra para ser também incumbência da entidade executante, sob patrocínio técnico do coordenador de segurança (art. 19.°/2/*b*). O pss tem que se reportar ao projecto de execução da obra e reflectir as sua particularidades consagrando para cada uma as melhores soluções para a prevenção dos riscos profissionais.

II – Resulta do n.° 4 que agora, ao contrário do que sucedia com o regime anterior, o pss não é sempre obrigatório. Saber quando não é obrigatório é a solução que resulta da interpretação da norma nele contida.

A primeira questão é saber se é obrigatório sempre que haja projecto ou apenas quando, para além do projecto, haja ainda trabalhos que impliquem riscos especiais ou que obriguem a comunicação prévia.

A melhor interpretação será a de considerar que, se a obra está sujeita a projecto mas não é obrigatória a comunicação prévia prevista no art. 15.°, nem os trabalhos implicam riscos especiais (art. 7.°), não é obrigatória a elaboração de pss nem sequer de fichas de segurança. A mesma conclusão se extrai se a obra não exige projecto, nem existam riscos especiais, mesmo que a comunicação prévia seja obrigatória (art. 15.°). Neste caso – que, na prática muito dificilmente ocorrerá, embora defendamos que, por exemplo, não é toda e qualquer queda em altura ou toda e qualquer escavação que implica o risco especial ali previsto – há apenas lugar à aplicação do regime geral de shst.

Se os trabalhos implicam riscos especiais (art. 7.°), mas não obrigatoriedade de comunicação prévia, não estando a obra sujeita a projecto, apenas haverá lugar à elaboração das fichas de segurança (art. 14.°).

Por fim, é obrigatório o pss sempre que a obra esteja sujeita a projecto e haja comunicação prévia e/ou riscos especiais.

Agora o problema é que a lei não caracteriza devidamente o que sejam riscos especiais, ficando essa determinação, designadamente quando nos limiares das normas técnicas regulamentares previstas para a actividade da construção, no âmbito da discricionariedade da acção fiscalizadora ou até dos intervenientes no estaleiro (art. 7.°/*j*)[302] sendo certo que para estes a única alternativa que têm é a de impor mais segurança que a legalmente prevista; mas nunca menos.

III – Quando é que é obrigatória a existência de projecto para a realização de uma obra?

Embora a lei o não diga de forma directa, parece poder concluir-se que, nos termos do Regulamento Geral das Edificações Urbanas, aprovado pelo Dec.-Lei n.° 38.382, de 7/8/1951 e do actual regime jurídico de urbanização e edificação, essa obrigatoriedade existe sempre que as obras estejam sujeitas a licença ou autorização administrativas – que são a sua esmagadora maioria. Só assim não acon tecerá com as obras de conservação ou as obras de alteração no interior de edifícios não classificados ou suas fracções que não impliquem modificações da estrutura resistente dos edifícios, cérceas, fachadas e forma dos telhados[303].

Por seu lado, também, em princípio, as obras públicas estão sujeitas a projecto, como determina, para o concurso público, o artigo 62.° do Dec.-Lei n.° 59/99, de 2/3,[304], embora possa haver situações em que isso não suceda, como ocorre com as operações urbanísticas e obras de edificação ou demolição de institutos públicos, entidades públicas ou concessionárias de obras ou serviços públicos previstas no art. 7.° do Dec.-Lei n.° 555/99, de 16/12[305].

Adita-se, contudo, que a realização de quaisquer operações urbanísticas está sujeita a fiscalização administrativa, independentemente da sua sujeição a prévio

---

[302] Cf. *infra*, notas III ao art. 7.° e IV ao art. 25.°.

[303] Cf. arts. 4.° e 6.°/1 da DL 555/99, de 16/12, republicado pelo DL 177/2001, de 4/6.

[304] Embora, para além do concurso público, também as obras possam ser realizadas por concurso limitado, concurso por negociação ou ajuste directo (art. 47.°).

[305] Republicado em anexo ao DL 177/2001, de 4/6.

licenciamento ou autorização. Fiscalização essa que se destina a assegurar a conformidade com as disposições legais e regulamentares e a prevenir os perigos que da sua realização possam resultar para a saúde e segurança das pessoas[306].

ARTIGO 6.°
Plano de segurança e saúde em projecto

1 – O plano de segurança e saúde em projecto deve ter como suporte as definições do projecto da obra e as demais condições estabelecidas para a execução da obra que sejam relevantes para o planeamento da prevenção dos riscos profissionais, nomeadamente:

a) O tipo da edificação, o uso previsto, as opções arquitectónicas, as definições estruturais e das demais especialidades, as soluções técnicas preconizadas, os produtos e materiais a utilizar, devendo ainda incluir as peças escritas e desenhadas dos projectos, relevantes para a prevenção de riscos profissionais;
b) As características geológicas, hidrológicas e geotécnicas do terreno, as redes técnicas aéreas ou subterrâneas, as actividades que eventualmente decorram no local ou na sua proximidade e outros elementos envolventes que possam ter implicações na execução dos trabalhos;
c) As especificações sobre a organização e programação da execução da obra a incluir no concurso da empreitada;
d) As especificações sobre o desenvolvimento do plano de segurança e saúde quando várias entidades executantes realizam partes da obra.

2 – O plano de segurança e saúde deve concretizar os riscos evidenciados e as medidas preventivas a adoptar, tendo nomeadamente em consideração os seguintes aspectos:

a) Os tipos de trabalho a executar;
b) A gestão da segurança e saúde no estaleiro, especificando os domínios da responsabilidade de cada interveniente;
c) As metodologias relativas aos processos construtivos, bem como os materiais e produtos que sejam definidos no projecto ou no caderno de encargos;

306 Cf. art. 93.° do DL 555/99, de 16/12.

d) Fases da obra e programação da execução dos diversos trabalhos;

e) Riscos especiais para a segurança e saúde dos trabalhadores, referidos no artigo seguinte;

f) Aspectos a observar na gestão e organização do estaleiro de apoio, de acordo com o anexo I.

3 – A Inspecção-Geral do Trabalho pode determinar ao dono da obra a apresentação do plano de segurança e saúde em projecto.

Notas:

I – É óbvio que, pelo menos nos empreendimentos construtivos de grande dimensão, se pode detectar, dentro da fase do projecto da obra, um conjunto de actividades prévias tais como: (i)o esboço ou pré-programa, que se inicia com a identificação do produto pretendido pelo dono da obra, o estudo da sua viabilidade técnico-económica, e os prazos de execução; (ii) o programa, em que os projectistas analisam a concretização da exequibilidade técnica; (iii) o primeiro esboço de projecto que integra as linhas básicas da arquitectura do empreendimento; e (iv) finalmente o projecto-base que é submetido a aprovação ao dono da obra.

Uma inovação do presente diploma, sem prejuízo da sua unicidade, foi a divisão em dois subplanos do pss: um para a fase do projecto e outro para a fase da obra (art. 11.°). Este é normativamente gizado como um mero desenvolvimento daquele.

O pss é apenas um dos instrumentos específicos de prevenção nesta actividade da construção civil e obras públicas e nesta fase do projecto, sendo os restantes a comunicação prévia e a compilação técnica.

II – Quanto ao conteúdo do pss em projecto, o Dec.-Lei n.° 155/95 nada dizia. Agora está definido no artigo em anotação, que remete para o Anexo I, cuja consulta é indispensável para a concretização dos aspectos de gestão e organização geral. O pss tem de partir da avaliação e previsão concreta dos riscos da obra e do seu meio envolvente (n.° 1) para, depois de eliminar, na medida do possível, os factores de risco, avaliar e concretizar os riscos detectados e sobretudo as medidas preventivas a adoptar para a eliminação ou redução da sinistralidade por cada um dos intervenientes, o dono da obra, a entidade executante (empreiteiro, subempreiteiro), o empregador e o coordenador de segurança.

Enquanto na fase de projecto o pss depende essencialmente do dono da obra e das suas opções em termos de localização, características do terreno, processo construtivo. ritmo de desenvolvimento da obra, escolha de equipamentos, materiais, recursos financeiros, humanos, organizacionais e técnicos, prazos de execução e da própria cadeia de contratação, já a sua concretização e execução é da responsabilidade do executante, embora, num caso e noutro sob a alçada do coordenador de segurança no que toca ao planeamento e verificação do cumprimento das medidas de shst.

Na verdade o dono da obra tem duas opções para a elaboração do pss na fase do projecto: ou o manda elaborar ao coordenador de segurança ou o elabora por si ou por um técnico por si designado sendo, então validado por aquele coordenador[307].

III – A contra-ordenação grave por violação do n.° 3 que a alínea *a*) do art. 26.° institui resulta apenas quando haja o pss mas o dono da obra o não apresente à ACT depois de lho ter sido determinado. Mas não quando não exista o documento, pois que, neste caso, a contra-ordenação resulta da violação dos n.os 1 e 2. Mas também pode existir um pss que não reúna as condições mínimas de especificidade, de suficiência e adequabilidade à obra que se projecta realizar, caso em que, por falta de previsão dos riscos que lhe são intrínsecos e das medidas necessárias para os evitar ou prevenir, haverá igualmente violação daqueles dispositivos legais.

Uma questão que aqui se põe é a de saber se, por falta de apresentação do pss, se poderá verificar a prática do crime de desobediência qualificada previsto no art. 547.° do CT/2009. A resposta não pode ser positiva porque aqui, no tipo legal de crime, o autor tem a qualidade de empregador, qualidade que o dono da obra não tem[308].

Mas quando a tenha – quando o dono da obra for simultaneamente empregador porque a realiza por administração directa – é duvidoso que o dono da obra/empregador possa cometer o referido crime mesmo que, obviamente, tenha actuado com dolo, elemento subjectivo que tem de integrar o tipo legal. Na realidade, defendemos que a finalidade última do pss, é a de prevenir os riscos laborais e, nos termos do preceito da Lei regulamentadora, os documentos têm de interessar para o esclarecimento de *situações laborais*. Ora o pss interessa sim para o esclarecimento de *condições* laborais. Assim, parece que a incriminação do dono da obra violaria o princípio da tipicidade.

Talvez que o resultado crime, porém, se possa obter por outra via. É que o tipo do crime de desobediência (não qualificada, mas simples) pode ser preenchido mesmo que inexista disposição legal que o comine, bastando, para tanto, que o funcionário (ou a autoridade) façam a respectiva cominação (art. 348.°/1/*b*) do CP).

---

[307] Cf. art. 19.°/1/*c*).

[308] Ou, pelo menos, não é nessa qualidade (de empregador) que a lei lhe imputa as obrigações pelo planeamento, organização, coordenação e concretização da segurança.

IV – A elaboração do pss em projecto, em princípio compete ao coordenador de segurança em projecto, mas se não houver coordenador, deverá ser feita pelo autor do projecto (art. 18.º/2).

O pss deve conter ou pelo menos reportar-se a um conjunto de outros elementos indispensáveis para a sua exequibilidade que constam fundamentalmente do Anexo II.

ARTIGO 7.º
Riscos especiais

O plano de segurança e saúde deve ainda prever medidas adequadas a prevenir os riscos especiais para a segurança e saúde dos trabalhadores decorrentes de trabalhos:

a) Que exponham os trabalhadores a risco de soterramento, de afundamento ou de queda em altura, particularmente agravados pela natureza da actividade ou dos meios utilizados, ou do meio envolvente do posto, ou da situação de trabalho, ou do estaleiro;

b) Que exponham os trabalhadores a riscos químicos ou biológicos susceptíveis de causar doenças profissionais;

c) Que exponham os trabalhadores a radiações ionizantes, quando for obrigatória a designação de zonas controladas ou vigiadas;

d) Efectuados na proximidade de linhas eléctricas de média e alta tensão;

e) Efectuados em vias ferroviárias ou rodoviárias que se encontrem em utilização, ou na sua proximidade;

f) De mergulho com aparelhagem ou que impliquem risco de afogamento;

g) Em poços, túneis, galerias ou caixões de ar comprimido;

h) Que envolvam a utilização de explosivos, ou susceptíveis de originarem riscos derivados de atmosferas explosivas;

i) De montagem e desmontagem de elementos prefabricados ou outros, cuja forma, dimensão ou peso exponham os trabalhadores a risco grave;

j) Que o dono da obra, o autor do projecto ou qualquer dos coordenadores de segurança fundamentadamente considere susceptíveis de constituir risco grave para a segurança e saúde dos trabalhadores.

Notas:

I – Para efeitos deste diploma podemos definir risco, como uma grande probabilidade de ocorrência de um perigo de lesão da vida, da saúde ou da integridade física de uma pessoa. São riscos especiais não só os relativos à construção do empreendimento, como à sua utilização ou exploração e ainda manutenção e conservação, que implicam para os diversos intervenientes no processo construtivo (donos da obra, projectistas, executantes e coordenadores de segurança) especiais obrigações de avaliação e controlo dos riscos. É por isso que para além enumerados, pode haver, e há[309], outros que aqueles intervenientes devam considerar de risco particularmente elevado atento o grau de probabilidade de ocorrência e a gravidade das consequências.

A previsão da verificação destes riscos especiais numa obra é condição suficiente para que haja lugar à obrigatoriedade de elaboração de um instrumento de coordenação. Só que pode não ser o pss (art. 5.°/4). Se, como refere a nota II ao art. 5.°, a obra não estiver sujeita a projecto, mas se verificarem previsivelmente estes riscos, há lugar á mera elaboração de fichas de segurança.

II – Da análise do elenco do preceito anotando, não consta o risco de esmagamento que é o segundo na escala de produção de sinistralidade mortal. Mas tal risco consta já da enumeração do n.° 4 do artigo 25.° para efeitos de conversão de uma contra-ordenação por violação de prescrições técnicas do Regulamento de Segurança no Trabalho da Construção Civil em contra-ordenação muito grave.

III – Não está tecnicamente definido quando é que se pode falar de risco de queda em altura ou antes de queda de nível que, apesar disso, são conceitos utilizados até para fins estatísticos. Na verdade, apesar da Directiva Comunitária n.° 92/57/CEE, apontar para a possibilidade de os Estados-membros poderem estabelecer índices numéricos para cada um dos riscos especiais[310], Portugal não o fez, pelo que só os valores indicados no Regulamento de Segurança no Trabalho da Construção Civil poderão ser tomados em conta mas apenas indiciariamente. Assim considerar-se-á queda em altura[311] aquela que ocorre a partir dos 4 metros do solo por ser essa a altura a que a lei impõe o emprego de andaimes, mas quanto ao risco de soterramento já a dificuldade é maior.

Os riscos de queda em altura, esmagamento e soterramento , mas não o de afundamento, de que trata a alínea *a*), são aqueles que nos termos do n.° 4 do art. 25.° dão lugar a que as contra-ordenações, por violação das prescrições técnicas do Regulamento de Segurança na Construção Civil, que normalmente seriam graves, passem automaticamente a contra-ordenações muito graves.

---

[309] Cf. nota seguinte.

[310] Cf. *infra*, Directiva, n.° 1 do Anexo II, e nota IV ao art. 25.°.

[311] Vd. o art. 11.° da Portaria n.° 101/96, de 03/04.

ARTIGO 8.°
Obras públicas e obras abrangidas pelo regime jurídico da urbanização e edificação

1 – No âmbito do contrato de empreitada de obras públicas, o plano de segurança e saúde em projecto deve:

a) Ser incluído pelo dono da obra no conjunto dos elementos que servem de base ao concurso;

b) Ficar anexo ao contrato de empreitada de obras públicas, qualquer que seja o tipo de procedimento adoptado no concurso.

2 – No caso de obra particular, o dono da obra deve incluir o plano de segurança e saúde em projecto no conjunto dos elementos que servem de base à negociação para que a entidade executante o conheça ao contratar a empreitada.

Notas:

I – São obras públicas[312], nos termos do respectivo regime jurídico do contrato administrativo de empreitada (Dec.-Lei n.° 59/99, de 2/3, alterado pela Lei n.° 163/99, de 14/9), aquelas que são executadas por conta de um dono de obra público, podendo sê-lo por empreitada, concessão ou administração directa.

Apesar daquela lei determinar que o projecto que serve de base ao concurso público *deve ser elaborado tendo em atenção as regras aplicáveis, nomeadamente as respeitantes à segurança da obra, bem como as respeitantes à matéria de higiene e segurança no trabalho*[313], o facto é que dela não constava uma norma expressa sobre a inclusão obrigatória do pss em projecto, pelo que, tal como acontece para as obras particulares (n.° 2 do artigo em anotação), foi necessária a inserção da norma do n.° 1.

II – São obras particulares as que não são públicas e a elas se refere essencialmente o regime jurídico de edificação e urbanização constante do Dec.-Lei n.° 555/99, republicado pelo Dec.-Lei n.°177/2001, de 4/6.

III – Do regime da empreitada das obras públicas consta uma norma segundo a qual *o dono da obra e o empreiteiro devem respeitar o disposto na legislação sobre segurança, higiene e saúde no trabalho, nomeadamente no que*

---

[312] Vd. também sobre obras públicas as notas IV ao art. 2.°, III e IV ao art, 3.° e nota III, 2.ª parte ao art. 5.°.

[313] Cf. art. 62.°/6 do DL 53/99, de 2/3.

respeita à coordenação em matéria de segurança e saúde e se o empreiteiro o não fizer o dono da obra pode rescindir o contrato e informar, para além da Inspecção-Geral das Obras Públicas e do IMOPPI , a ACT[314].

IV – Nos deveres de inclusão do pss no concurso de obras públicas ou no contrato de empreitada se analisa a obrigação de assegurar a divulgação daquele instrumento por parte do dono da obra (art. 17.°/*c*)).

SECÇÃO II
Coordenação da segurança

ARTIGO 9.°
Coordenadores de segurança

1 – O dono da obra deve nomear um coordenador de segurança em projecto:

a) Se o projecto da obra for elaborado por mais de um sujeito, desde que as suas opções arquitectónicas e escolhas técnicas impliquem complexidade técnica para a integração dos princípios gerais de prevenção de riscos profissionais ou os trabalhos a executar envolvam riscos especiais previstos no artigo 7.°;

b) Se for prevista a intervenção na execução da obra de duas ou mais empresas, incluindo a entidade executante e subempreiteiros.

2 – O dono da obra deve nomear um coordenador de segurança em obra se nela intervierem duas ou mais empresas, incluindo a entidade executante e subempreiteiros.

3 – A actividade de coordenação de segurança, em projecto ou em obra, deve ser exercida por pessoa qualificada, nos termos previstos em legislação especial, e ser objecto de declaração escrita do dono da obra, acompanhada de declaração de aceitação subscrita pelo coordenador ou coordenadores, com os seguintes elementos:

a) A identificação da obra, do coordenador de segurança em projecto e ou do coordenador de segurança em obra;

---

[314] Cf. art. 149.°/1 do DL 59/99, de 2/3.

b) Se a coordenação couber a uma pessoa colectiva, deve ser identificado quem assegura o exercício da mesma;

c) O objectivo da coordenação e as funções de cada um dos coordenadores;

d) Os recursos a afectar ao exercício da coordenação;

e) A referência à obrigatoriedade de todos os intervenientes cooperarem com os coordenadores durante a elaboração do projecto e a execução da obra.

4 – A coordenação de segurança em projecto e em obra pode ser objecto de uma declaração conjunta ou de declarações separadas.

5 – A declaração ou declarações referidas nos números anteriores devem ser comunicadas aos membros da equipa de projecto, ao fiscal da obra e à entidade executante, que as deve transmitir a subempreiteiros e a trabalhadores independentes, bem como afixá-las no estaleiro em local bem visível.

6 – O coordenador de segurança em obra não pode intervir na execução da obra como entidade executante, subempreiteiro, trabalhador independente na acepção do presente diploma ou trabalhador por conta de outrem, com excepção, neste último caso, da possibilidade de cumular com a função de fiscal da obra.

Notas:

I – Entendemos que as duas condições do n.° 1 que implicam a nomeação de coordenador em projecto não são cumulativas, mas meramente alternativas. Ou seja, basta que o projecto seja elaborado por uma empresa de projectistas ("equipa de projecto" na nomenclatura legal[315]) ou por dois projectistas, trabalhadores autónomos (autores de projecto) e que os trabalhos envolvam riscos especiais ou complexidade técnica para a necessidade de coordenador se justificar.

Mas também será obrigatória a nomeação de coordenador logo em projecto se na fase da execução da obra se previr a intervenção de mais de uma empresa.

II – A norma do n.° 2 respeita já ao coordenador de segurança em obra, mas tal não significa que não possa ser a mesma pessoa que era coordenador em projecto, salvo se houver a incompatibilidade prevista no n.° 6 relativa à adjudicação pela mesma empresa da concepção e execução da obra (nota V).

---

[315] Cf. art. 3.°/*i*).

Pareceria haver uma certa sobreposição entre a norma da al. *b*) do n.° 1 e a do n.° 2. De facto, se já resulta daquela a obrigatoriedade da nomeação de coordenador quando meramente se preveja a intervenção na execução da obra de duas ou mais empresas, por maioria de razão ela terá de ocorrer quando efectivamente intervenham. Atente-se, porém, que o coordenador em projecto tanto pode ser a mesma pessoa que vai ser o coordenador em obra como outra, sendo que nalguns casos terá mesmo de ser pessoa diferente (art. 9.°/6).

III – Ainda não existe nenhum diploma legal que regule o exercício da actividade de coordenador de segurança da construção civil e obras públicas e defina o respectivo perfil profissional[316], pelo que se não pode ainda aplicar o primeiro segmento da norma do corpo do n.° 3. Mas está em plena aplicação o segundo segmento, pelo que já é obrigatória a declaração escrita do dono da obra e a aceitação expressa do coordenador nomeado. A redacção desta segunda parte da norma poderia originar dúvidas sobre se os elementos constantes das diversas alíneas integravam a declaração do dono da obra ou a aceitação subscrita pelo coordenador. A lógica leva a considerar correcta a primeira hipótese, interpretação corroborada pelo teor da alínea *e*): a referência à obrigatoriedade de todos cooperarem com os coordenadores só faz sentido se se imputar à declaração do dono da obra.

IV – Como se alcança da leitura da alínea *b*) do n.° 3, a coordenação da segurança caberá normalmente a empresas cujo objecto social é precisamente o exercício dessas funções – caso em que terá de ser identificada a pessoa ou pessoas físicas que efectivamente a exercem – razão, a nosso ver, mais que suficiente para também lhes imputar responsabilidade contra-ordenacional, conjuntamente, ou não, com o dono da obra.

V – O n.° 6 regula as incompatibilidades do coordenador de segurança. Do seu elenco não consta o dono da obra, o que significa que o coordenador de segurança em obra pode ter essa qualidade ou, o que será mais normal, o dono da obra pode ser o coordenador de segurança: em obra ou, por maioria de razão, em projecto.

Mas se uma empresa adjudica a concepção e a realização de uma obra, um seu técnico/trabalhador (naturalmente habilitado, quando a lei o definir) pode ser coordenador de segurança em projecto, mas já não em obra, porque a tanto obsta a sua qualidade de trabalhador.

Sendo o fiscal da obra uma pessoa singular ou colectiva, como a sua actuação é *por conta do dono da obra* (art. 3.°/1/al. *l*)), nada obsta que seja simulta-

---

[316] Perspectivando-se como requisitos de habilitações literárias a posse de licenciatura em arquitectura ou engenharia, bacharelato em engenharia ou ainda, para o nível mais baixo, o curso de construtor civil ou agente técnico de arquitectura e engenharia.

neamente coordenador de segurança. Embora a letra da norma pareça apontar para a hipótese de só ser legal a acumulação de funções de *fiscal* e *coordenador* quando o fiscal da obra for trabalhador subordinado do dono da obra, tal não deve ser entendido. Na verdade, nada obsta que o fiscal da obra e simultaneamente coordenador de segurança em obra seja uma pessoa (singular ou colectiva) que tenha com o dono da obra, por exemplo, um contrato de mandato[317].

Mas se uma empresa se dedica à construção e venda de imóveis nada obsta a que um seu trabalhador exerça as funções de coordenador de segurança ou que as exerça o próprio dono da obra.

ARTIGO 10.°
Responsabilidade dos outros intervenientes

A nomeação dos coordenadores de segurança em projecto e em obra não exonera o dono da obra, o autor do projecto, a entidade executante e o empregador das responsabilidades que a cada um deles cabe, nos termos da legislação aplicável em matéria de segurança e saúde no trabalho.

Nota:

Se o coordenador de segurança, nos termos do art. 9.°, n.ºs 1 e 2, é nomeado pelo dono da obra, parece uma redundância a referência ao autor do projecto, executante ou empregador para os não considerar exonerados das suas responsabilidades por infracções típicas do direito de mera ordenação.

Bem pior era, contudo, a correspondente norma anterior (do art. 5.°/4 do DL 155/95) quando incluía no elenco o *técnico responsável da obra* entidade que, todavia, não tinha nenhuma responsabilidade atribuída pela lei. Agora, ao menos, todos os intervenientes invocados na norma são contra-ordenacionalmente responsáveis.

A referência do preceito à legislação (geral) de shst parece contudo ter um alcance superior ao que eventualmente se pretendeu, pois que na vastíssima panóplia de diplomas sobre esta temática, muitos deles limitam-se a consagrar responsabilidade da entidade patronal.

---

[317] Cf. art. 1157.° do CC.

SECÇÃO III
Execução da obra

ARTIGO 11.º
Desenvolvimento do plano de segurança e saúde para a execução da obra

1 – A entidade executante deve desenvolver e especificar o plano de segurança e saúde em projecto de modo a complementar as medidas previstas, tendo nomeadamente em conta:

a) As definições do projecto e outros elementos resultantes do contrato com a entidade executante que sejam relevantes para a segurança e saúde dos trabalhadores durante a execução da obra;

b) As actividades simultâneas ou incompatíveis que decorram no estaleiro ou na sua proximidade;

c) Os processos e métodos construtivos, incluindo os que exijam uma planificação detalhada das medidas de segurança;

d) Os equipamentos, materiais e produtos a utilizar;

e) A programação dos trabalhos, a intervenção de subempreiteiros e trabalhadores independentes, incluindo os respectivos prazos de execução;

f) As medidas específicas respeitantes a riscos especiais;

g) O projecto de estaleiro, incluindo os acessos, as circulações, a movimentação de cargas, o armazenamento de materiais, produtos e equipamentos, as instalações fixas e demais apoios à produção, as redes técnicas provisórias, a evacuação de resíduos, a sinalização e as instalações sociais;

h) A informação e formação dos trabalhadores;

i) O sistema de emergência, incluindo as medidas de prevenção, controlo e combate a incêndios, de socorro e evacuação de trabalhadores.

2 – O plano de segurança e saúde para a execução da obra deve corresponder à estrutura indicada no anexo II e ter juntos os elementos referidos no anexo III.

3 – O subempreiteiro pode sugerir e a entidade executante pode promover soluções alternativas às previstas no plano de segurança e saúde em projecto, desde que não diminuam os níveis de segurança e sejam devidamente justificadas.

Notas:

I – Este preceito representa uma das mais importantes inovações deste diploma quando comparado com o Dec.-Lei n. 155/95.

Na verdade, enquanto até aí era ao dono da obra que incumbia quase exclusivamente a responsabilidade pela elaboração do pss e, uma vez concluída, a lei parecia admitir que estavam resolvidos os problemas de segurança na obra, com o Dec.-Lei 273/2003, aquele instrumento de planeamento passou a ser de elaboração, adaptação e desenvolvimento sucessivos, cabendo também à entidade executante. Esta, que detém o domínio do terreno concreto da localização da obra e sua envolvente, dos equipamentos, das máquinas, dos trabalhadores e dos subempreiteiros, mas também dos prazos de execução, ou seja, a organização do estaleiro, estará na melhor situação para complementar as medidas propostas. O que terá de fazer, aliás, de acordo com a estrutura do Anexo II e elementos do Anexo III e na perspectiva de sempre acrescentar mais planeamento, mais coordenação, menos riscos e maior segurança (n.° 3).

II – Já o diploma de 1995 consagrava a possibilidade de os empregadores poderem propor alterações ao pss. Mas agora, com a destrinça entre o pss em projecto e o pss em obra, é mais nítida essa possibilidade e mais viável a sua execução, dado que não só a entidade executante tem, naturalmente, uma palavra a dizer sobre o desenvolvimento e concretização das medidas de segurança constantes do plano, como os subempreiteiros o deverão também fazer quando estejam já escolhidos para a realização de segmentos da obra.

É nesta altura que a entidade executante deve começar a realizar as *diligências devidas* para assegurar a aplicação do pss pelos seus trabalhadores, pelos subempreiteiros e pelos trabalhadores independentes, e para que estes, por sua vez, cumpram as suas próprias obrigações (arts. 22.° e 23.°). Tais diligências e medidas concretas (informação, formação, reuniões de coordenação, ensaios e simulações de acidentes) devem fazer-se constar do documento, sob pena de a sua falta poder implicar a responsabilidade da entidade executante por infracções daqueles intervenientes a montante no estaleiro.

III – Dentre as medidas que a entidade executante está obrigada a tomar assume relevância, atenta a sinistralidade daí resultante, a adequada planificação do estaleiro considerando os riscos de esmagamento decorrentes de trânsito no próprio local da obra ou nas proximidades (trânsito automóvel, ferroviário) a segurança dos veículos e máquinas estáticas ou móveis com verificação das condições de manutenção, inspecção periódica, assim como a formação e qualificação dos respectivos condutores e manobradores.

IV – Para cumprimento do n.° 2, ver os Anexos II e III.

ARTIGO 12.°
Aprovação do plano de segurança e saúde para a execução da obra

1 – O desenvolvimento e as alterações do plano de segurança e saúde referidos nos n.os 1 e 3 do artigo anterior devem ser validados tecnicamente pelo coordenador de segurança em obra e aprovados pelo dono da obra, passando a integrar o plano de segurança e saúde para a execução da obra.

2 – O plano de segurança e saúde pode ser objecto de aprovação parcial, nomeadamente se não estiverem disponíveis todas as informações necessárias à avaliação dos riscos e à identificação das correspondentes medidas preventivas, devendo o plano ser completado antes do início dos trabalhos em causa.

3 – O dono da obra deve dar conhecimento por escrito do plano de segurança e saúde aprovado à entidade executante, a qual deve dar conhecimento aos subempreiteiros e trabalhadores independentes por si contratados, antes da respectiva intervenção no estaleiro, da totalidade ou parte do plano que devam conhecer por razões de prevenção.

4 – O prazo fixado no contrato para a execução da obra não começa a correr antes que o dono da obra comunique à entidade executante a aprovação do plano de segurança e saúde.

5 – As alterações do plano de segurança e saúde devem ter em conta o disposto no artigo anterior e nos n.os 1 a 3 do presente artigo.

Notas:

I – Determinando o n.° 1 que não só o desenvolvimento do pss em projecto como as suas alterações devem ser validadas tecnicamente pelo coordenador de segurança em obra e aprovadas pelo dono da obra, suscitar-se-ia a questão de saber se a mera aprovação deste supriria a falta da validação técnica daquele.

Independentemente de a falta de validação, tal como a falta de aprovação, constituir contra-ordenação imputável ao dono da obra, cremos que sairia frustrado o desígnio legislativo de fazer intervir um especialista em questões de segurança se se concluísse pela possibilidade de o dono da obra cobrir aquela não validação.

II – Com o n.° 2 ter-se-á querido admitir que o pss pode também ser completado depois do início da obra, mas sempre antes do início dos trabalhos cuja execução suscitou a respectiva alteração ou aditamento, sob pena de, a não ser assim, estar-se a permitir adaptar o plano depois do trabalho realizado.

Pensamos que outra hipótese em que se justificará um aditamento ou alteração no documento tem a ver com a suspensão dos trabalhos, ou de alguma das suas frentes, por intervenção da ACT quando detecte falhas graves na sua elaboração ou inadequação com as obras que estão a ser realizadas.

III – A redacção da segunda parte do n.° 3 coloca a questão de saber se a entidade executante é responsável unicamente pelos subempreiteiros que contrata ou também por aqueles que são subcontratados por estes, parecendo a letra da norma apontar para a primeira solução, conforme posição que defendemos. Mas esta interpretação vai permitir que haja intervenientes no estaleiro que não conheçam o pss. De facto, se o executante só é obrigado a dar a conhecer o documento aos subempreiteiros por si contratados, e se o subempreiteiro não é um executante, (não contratou com o dono da obra) não sendo pois obrigado a dar o pss a conhecer àqueles com quem subcontrata (sub-subempreiteiros), então estes sub-subempreiteiros – só a lei do contrato de empreitada de obras públicas impede a subcontratação sem autorização do dono da obra[318] – podem intervir na obra sem conhecerem o pss e sem estarem vinculados às suas obrigações.

IV – Determinando o art. 151.°/1 do Dec.-Lei n.° 59/99 (empreitada de obras públicas) que *o prazo fixado no contrato para a execução da obra começa a contar-se da data da consignação*[319] é óbvio que nessa altura o dono da obra (ou seu representante) já tem que ter o pss aprovado, sendo que tal documento deve, a partir da vigência do diploma em anotação, integrar as peças escritas complementares do projecto.

ARTIGO 13.°
Aplicação do plano de segurança e saúde para a execução da obra

1 – A entidade executante só pode iniciar a implantação do estaleiro depois da aprovação pelo dono da obra do plano de segurança e saúde para a execução da obra.

2 – O dono da obra deve impedir que a entidade executante inicie a implantação do estaleiro sem estar aprovado o plano de segurança e saúde para a execução da obra.

3 – A entidade executante deve assegurar que o plano de segurança e saúde e as suas alterações estejam acessíveis, no estaleiro, aos subemprei-

[318] Cfr. art. 148.°/1 do DL 59/99, de 2/3.

[319] Consignação da obra é o acto pelo qual o representante do dono da obra faculta ao empreiteiro os locais onde hajam de ser executados os trabalhos e as peças escritas ou desenhadas complementares do projecto que sejam necessárias para que possa proceder-se a essa execução (art. 150.° do DL 59/99).

teiros, aos trabalhadores independentes e aos representantes dos trabalhadores para a segurança, higiene e saúde que nele trabalhem.

4 – Os subempreiteiros e os trabalhadores independentes devem cumprir o plano de segurança e saúde
para a execução da obra, devendo esta obrigação ser mencionada nos contratos celebrados com a entidade executante ou o dono da obra.

5 – A Inspecção-Geral do Trabalho pode determinar à entidade executante a apresentação do plano de segurança e saúde para execução da obra.

Notas:

I – Sendo distintas as infracções do n.° 1 e do n.° 2, nada obsta, antes é a todos os títulos vantajoso, que em caso da sua prática, às duas entidades – o dono da obra e a entidade executante – seja instaurado um só auto dando origem a um só processo incluindo ambos os infractores que serão, naturalmente punidos segundo a culpa de cada um, mas que assim terão conhecimento oficial que ambos estão a ser alvo de medidas sancionadoras e poderão mais facilmente defender-se, atribuindo-se mutuamente as responsabilidades, ou ser condenados.

Esta deve ser, aliás, uma prática a seguir na maioria das situações de infracções à disciplina deste diploma, pois que, embora se não recortando muitas vezes situações de verdadeira comparticipação infraccional, a existência de várias empresas a laborar no mesmo local (estaleiro) é um elemento de conexão suficiente para que a sua autuação conjunta potencie o efeito pedagógico e dissuasor de novas infracções.

Aliás, outra não parece ser a finalidade da primeira parte do n.° 1 do art. 16.° do Dec.-Lei n.° 433/82, quando estabelece um critério amplo de autoria que não exige sequer que todos os co-autores tenham comparticipado na totalidade dos factos infraccionais mas apenas numa parte.

II – O dever imposto à entidade executante de assegurar que o pss esteja acessível aos diversos intervenientes no estaleiro constitui uma verdadeira *obrigação de resultado*, diferentemente do que se passa com outros deveres, também impostos ao executante, de assegurar comportamentos de terceiros, como os previstos nas alíneas *d*), *e*) e *f*) do art. 20.°, em que não podem deixar de ser senão obrigações de meios.

III – Da redacção do n.° 4 ressalta a intenção legislativa de todos os contratos dos subempreiteiros ou trabalhadores independentes serem estabelecidos com a entidade executante ou o dono da obra. Mas a realidade, como se sabe, é bem diferente, sendo a cadeia de contratação muito mais longa. De facto, é frequente um qualquer subempreiteiro voltar a subcontratar parte (ou a totalidade!) do segmento da obra que lhe foi empreitada pelo executante, sendo esta realidade mais frequente ainda, e quiçá mais justificável, com empreitadas aos trabalhadores independentes.

Ora, estas hipóteses não são abarcadas pelo teor literal da norma contida no n.° 4, designadamente quanto à menção do cumprimento do pss para a execução da obra.

IV – Sobre a eleição dos representantes dos trabalhadores para a shst (n.° 3), pode ver-se, para além do disposto na alínea *m*) do art. 3.°, os arts. 26.° a 40.° da Lei n.° 102/2009, de 10 de Setembro.

V – À semelhança do que sucede com o dono da obra quanto à apresentação da fase do projecto do pss (art. 6.°/3), também pode ser imposta pela ACT, agora à entidade executante, a apresentação do pss na fase da execução da obra.

A falta de apresentação do documento pode constituir uma contra-ordenação leve (art. 552.°/2 do CT/2009) mas pode também constituir crime de desobediência qualificada nos termos do disposto no art. 547.° do mesmo diploma, desde que, como é óbvio, exista, para além dos pressupostos de facto, como elemento subjectivo, dolo do agente.

ARTIGO 14.°
Fichas de procedimentos de segurança

1 – Sempre que se trate de trabalhos em que não seja obrigatório o plano de segurança e saúde de acordo com o n.° 4 do artigo 5.° mas que impliquem riscos especiais previstos no artigo 7.°, a entidade executante deve elaborar fichas de procedimentos de segurança para os trabalhos que comportem tais riscos e assegurar que os trabalhadores intervenientes na obra tenham conhecimento das mesmas.

2 – As fichas de procedimentos de segurança devem conter os seguintes elementos:

a) A identificação, caracterização e duração da obra;

b) A identificação dos intervenientes no estaleiro que sejam relevantes para os trabalhos em causa;

c) As medidas de prevenção a adoptar tendo em conta os trabalhos a realizar e os respectivos riscos;

d) As informações sobre as condicionantes existentes no estaleiro e na área envolvente, nomeadamente as características geológicas, hidrológicas e geotécnicas do terreno, as redes técnicas aéreas ou subterrâneas e as actividades que eventualmente decorram no local que possam ter implicações na prevenção de riscos profissionais associados à execução dos trabalhos;

e) Os procedimentos a adoptar em situações de emergência.

3 – O coordenador de segurança em obra deve analisar a adequabilidade das fichas de procedimentos de segurança e propor à entidade executante as alterações adequadas.

4 – A entidade executante só pode iniciar a implantação do estaleiro quando dispuser das fichas de procedimentos de segurança, devendo o dono da obra assegurar o respeito desta prescrição.

5 – As fichas de procedimentos de segurança devem estar acessíveis, no estaleiro, a todos os subempreiteiros e trabalhadores independentes e aos representantes dos trabalhadores para a segurança, higiene e saúde que nele trabalhem.

6 – A Inspecção-Geral do Trabalho pode determinar à entidade executante a apresentação das fichas de procedimentos de segurança.

Notas:

I – A obrigação de elaboração das fichas de procedimentos de segurança foi a forma encontrada pelo legislador do Dec.-Lei n.° 273/2003 de adequar um documento complexo como é o pss às obras de menor dimensão e menor complexidade técnica, mas em que pode haver igualmente riscos especiais, graves para a segurança. Foi, pois, encontrado um documento sucedâneo do pss, cuja característica peculiar é a simplificação, como resulta do elenco dos elementos constantes das alíneas do n.° 2.

II – Condensam-se neste preceito as principais obrigações do dono da obra, coordenador de segurança e entidade executante. A nomeação do coordenador de segurança, porém, só é obrigatória desde que na obra intervenham pelo menos duas empresas mesmo que uma delas seja de um subempreiteiro (art. 9.°/2).

III – A norma do n.° 3, encontra-se repetida na alínea *c*) do n.° 3 do art. 19.°, preceito que aglutina as principais obrigações dos coordenadores de segurança. Mas não foi boa técnica legislativa o ter estatuído que a violação das duas normas constitui contra-ordenação grave imputável ao dono da obra[320].

IV – No n.° 4 comete-se ao dono da obra o dever de assegurar que as fichas de procedimentos de segurança estejam na posse da entidade executante no momento do início da implantação do estaleiro. No entanto, como resulta da norma da alínea *c*) do n.° 3 do art. 25.°, só a obrigação do executante é tipificada

---

[320] Cf. art. 26.°/*a*).

como contra-ordenação (muito grave). É óbvio que isto não é muito correcto e poderia ser utilizado como argumento para concluir que afinal também as obrigações do executante de assegurar o cumprimento pelos empregadores das suas obrigações, previstas nas alíneas *d*) e) e *f*) do art. 20.°, não seriam sancionáveis, ao contrário do que ali defendemos e resulta, aliás, claramente da lei.

ARTIGO 15.°
Comunicação prévia da abertura do estaleiro

1 – O dono da obra deve comunicar previamente a abertura do estaleiro à Inspecção-Geral do Trabalho quando for previsível que a execução da obra envolva uma das seguintes situações:

a) Um prazo total superior a 30 dias e, em qualquer momento, a utilização simultânea de mais de 20 trabalhadores;
b) Um total de mais de 500 dias de trabalho, correspondente ao somatório dos dias de trabalho prestado por cada um dos trabalhadores.

2 – A comunicação prévia referida no número anterior deve ser datada, assinada e indicar:

a) O endereço completo do estaleiro;
b) A natureza e a utilização previstas para a obra;
c) O dono da obra, o autor ou autores do projecto e a entidade executante, bem como os respectivos domicílios ou sedes;
d) O fiscal ou fiscais da obra, o coordenador de segurança em projecto e o coordenador de segurança em obra, bem como os respectivos domicílios;
e) O director técnico da empreitada e o representante da entidade executante, se for nomeado para permanecer no estaleiro durante a execução da obra, bem como os respectivos domicílios, no caso de empreitada de obra pública;
f) O responsável pela direcção técnica da obra e o respectivo domicílio, no caso de obra particular;
g) As datas previstas para início e termo dos trabalhos no estaleiro;
h) A estimativa do número máximo de trabalhadores por conta de outrem e independentes que estarão presentes em simultâneo no estaleiro, ou do somatório dos dias de trabalho prestado por cada um dos trabalha-

dores, consoante a comunicação prévia seja baseada nas alíneas *a*) ou *b*) do n.° 1;

i) A estimativa do número de empresas e de trabalhadores independentes a operar no estaleiro;

j) A identificação dos subempreiteiros já seleccionados.

3 – A comunicação prévia deve ser acompanhada de:

a) Declaração do autor ou autores do projecto e do coordenador de segurança em projecto, identificando a obra;

b) Declarações da entidade executante, do coordenador de segurança em obra, do fiscal ou fiscais da obra, do director técnico da empreitada, do representante da entidade executante e do responsável pela direcção técnica da obra, identificando o estaleiro e as datas previstas para início e termo dos trabalhos.

4 – O dono da obra deve comunicar à Inspecção-Geral do Trabalho qualquer alteração dos elementos da comunicação prévia referidos nas alíneas *a*) a *i*) nas quarenta e oito horas seguintes, e dar ao mesmo tempo conhecimento da mesma ao coordenador de segurança em obra e à entidade executante.

5 – O dono da obra deve comunicar mensalmente a actualização dos elementos referidos na alínea *j*) do n.° 2 à Inspecção-Geral do Trabalho.

6 – A entidade executante deve afixar cópias da comunicação prévia e das suas actualizações, no estaleiro, em local bem visível.

Notas:

I – A condição da alínea a) é preenchida desde que, durando a obra mais de 30 dias, num só deles se verifique a utilização no estaleiro de mais de 20 trabalhadores.

Mas pela alínea *b*) ainda não será obrigatória a comunicação se for previsível acabar a obra em 25 dias com uma média de 20 trabalhadores por dia (25 X 20 = 500 dias de trabalho).

II – Com a redacção da alínea *b*) se corrigiu um erro técnico de transposição da Directiva 92/57/CEE do Conselho, de 24 de Junho, para o Dec.-Lei n.° 155/95 que falava na obrigatoriedade da comunicação quando se previsse a *utilização média de mais de 500 trabalhadores por dia*[321], quando no diploma comunitário

[321] Cf. art. 7.°/1 do DL 155/95.

se estabelece aquela obrigatoriedade sempre que na obra se utilize mais de 500 dias de trabalho.

Para além dessa rectificação, aproveitou-se para especificar alguns dos elementos que constam do n.° 2 e aditar os do n.° 3 que não constavam do diploma anterior.

III – Não constando do diploma anterior o prazo de comunicação à ACT das alterações dos elementos da comunicação prévia, veio agora o legislador estabelecer para a maioria dos elementos um curto prazo de 48 horas.

Curiosamente, porém, a alteração dos subempreiteiros só necessita de ser feita no fim de cada mês, o que sublinha a ideia de que estes subempreiteiros vão sendo seleccionados á medida da evolução das diversas fases da obra e são muitas vezes contratados pelos próprios subempreiteiros não sendo necessária autorização do dono da obra, a não ser nas obras públicas.

IV – São fundamentalmente três as razões que fundamentam este dever de comunicação prévia de abertura do estaleiro: i) permitir coenvolver a ACT nas medidas de planeamento e coordenação da shst, propiciando e concretizando a sua função pedagógica e de aconselhamento; ii) aumentar o efeito reflexivo sobre segurança por parte dos donos das obras, públicas ou particulares, na medida em que sabem que, com a informação disponibilizada, a ACT está em condições de a todo o momento poder visitar os estaleiros verificando as situações e condições de trabalho; iii) dotar a ACT de um acervo de informações sobre os maiores estaleiros de obras, permitindo-lhe assim adoptar estratégias de intervenção potenciadoras de efeitos dissuasórios e, por outro lado, apresentar à opinião pública casos de boas práticas que podem ser tidos em conta por estaleiros de menor dimensão.

V – As obrigações de comunicação prévia de abertura e alterações impendem sobre o dono da obra, embora com a colaboração do coordenador de segurança em obra (art. 19.°/2/*a*)), mas é a entidade executante que tem o dever de afixar cópias no estaleiro. Para tanto devem-lhe ser fornecidas pelo autor da comunicação e, por isso, na alínea *f*) do art. 17.° se consagra o dever de o dono da obra as entregar ao executante.

VI – A violação dos n.os 5 e 6 constitui contra-ordenação leve. Ao contrário do que é habitual, porém, a lei não imputa directamente a contra-ordenação a nenhuma entidade em concreto. Não será difícil concluir que quanto ao n.° 5 o deve ser ao dono da obra e quanto ao n.° 6 à entidade executante. Mas note-se que para esta entidade dar cumprimento a este n.° 6, tem o dono da obra de cumprir, por sua vez, o dever consagrado na alínea *f*) do art. 17.° que, todavia, não é tipificado como contra-ordenação.

ARTIGO 16.º
Compilação técnica da obra

1 – O dono da obra deve elaborar ou mandar elaborar uma compilação técnica da obra que inclua os elementos úteis a ter em conta na sua utilização futura, bem como em trabalhos posteriores à sua conclusão, para preservar a segurança e saúde de quem os executar.

2 – A compilação técnica da obra deve incluir, nomeadamente, os seguintes elementos:

a) Identificação completa do dono da obra, do autor ou autores do projecto, dos coordenadores de segurança em projecto e em obra, da entidade executante, bem como de subempreiteiros ou trabalhadores independentes cujas intervenções sejam relevantes nas características da mesma;

b) Informações técnicas relativas ao projecto geral e aos projectos das diversas especialidades, incluindo as memórias descritivas, projecto de execução e telas finais, que refiram os aspectos estruturais, as redes técnicas e os sistemas e materiais utilizados que sejam relevantes para a prevenção de riscos profissionais;

c) Informações técnicas respeitantes aos equipamentos instalados que sejam relevantes para a prevenção dos riscos da sua utilização, conservação e manutenção;

d) Informações úteis para a planificação da segurança e saúde na realização de trabalhos em locais da obra edificada cujo acesso e circulação apresentem riscos.

3 – O dono da obra pode recusar a recepção provisória da obra enquanto a entidade executante não prestar os elementos necessários à elaboração da compilação técnica, de acordo com o número anterior.

4 – Em intervenções posteriores que não consistam na conservação, reparação, limpeza da obra, ou outras que afectem as suas características e as condições de execução de trabalhos ulteriores, o dono da obra deve assegurar que a compilação técnica seja actualizada com os elementos relevantes.

Notas:

I – A compilação técnica é o nome que recebeu na lei portuguesa o "*dossier" adaptado às características da obra, que incluirá os elementos úteis em matéria de segurança e saúde a ter em conta em eventuais trabalhos posteriores*" de que fala a Directiva Comunitária[322], cuja elaboração atribui aos coordenadores e que no diploma de 1995 constava apenas de uma simples alínea[323].

A compilação técnica é, tal como o pss, um documento dinâmico que se deve iniciar na fase do projecto e vai recebendo contributos e actualizações até á conclusão definitiva da obra. Constitui, por isso, um registo das informações que servirão de apoio às intervenções futuras na edificação, incluindo a sua própria demolição. Mas a lei vai mais longe quando impõe que ainda nas intervenções posteriores à conclusão da obra o dono deva assegurar a sua actualização, desde que obviamente aquelas não consistam em meras operações de conservação, reparação e limpeza.

II – Verdadeiramente inovadora é a norma que permite ao dono da obra recusar a sua recepção provisória enquanto a entidade executante não fornecer os elementos necessários à elaboração da compilação – mas não elaborá-la, pois que essa tarefa, que começa por incumbir ao coordenador de segurança em projecto (art. 19.°/1/*d*), cabe ao coordenador de segurança em obra (art. 19.°/2/*n*).

Mas, como ao coordenador incumbe a tarefa primordial de *verificar o cumprimento do pss, bem como das outras obrigações da entidade executante* (art. 19.°/e)), parece que a preocupação legislativa se centrará sobretudo na hipótese em que não há necessidade de nomeação de coordenador.

III – A redacção da norma do n.° 4 suscita alguma perplexidade pelo facto, segundo cremos, de ter uma formulação deficiente. Se, como julgamos ser correcto, o legislador quis que a compilação seja actualizada apenas e só quando houver intervenções posteriores que a descaracterizem, tornando perigosa uma intervenção futura, então deveria ter-se expressado do modo diverso, por exemplo: *Em intervenções posteriores que afectem as suas características e as condições de execução de trabalhos que não sejam de mera conservação, reparação ou limpeza, o dono da obra*, etc.[324].

---

[322] Cf. *infra* o art. 5.°/*c*) da Directiva 92/57/CEE do Conselho, de 24/7/1992.

[323] Cf. a alínea *c*) do n.° 1 do art. 9.° do DL 155/95.

[324] Em prejuízo, todavia, do disposto na parte final do n.° 3 do art. 9.° do CC.

SECÇÃO IV
Obrigações dos intervenientes no empreendimento

ARTIGO 17.°
Obrigações do dono da obra

O dono da obra deve:

a) Nomear os coordenadores de segurança em projecto e em obra, nas situações referidas nos n.os 1 e 2 do artigo 9.°;

b) Elaborar ou mandar elaborar o plano de segurança e saúde, de acordo com os artigos 5.° e 6.°;

c) Assegurar a divulgação do plano de segurança e saúde, de acordo com o disposto no artigo 8.°;

d) Aprovar o desenvolvimento e as alterações do plano de segurança e saúde para a execução da obra;

e) Comunicar previamente a abertura do estaleiro à Inspecção-Geral do Trabalho, nas situações referidas no n.° 1 do artigo 15.°;

f) Entregar à entidade executante cópia da comunicação prévia da abertura do estaleiro, bem como as respectivas actualizações;

g) Elaborar ou mandar elaborar a compilação técnica da obra;

h) Se intervierem em simultâneo no estaleiro duas ou mais entidades executantes, designar a que, nos termos da alínea *i*) do n.° 2 do artigo 19.°, tomar as medidas necessárias para que o acesso ao estaleiro seja reservado a pessoas autorizadas;

i) Assegurar o cumprimento das regras de gestão e organização geral do estaleiro a incluir no plano de segurança e saúde em projecto definidas no anexo I.

Notas:

I – As alíneas *a*) a *g*) não são tipificadas como infracções, e muito bem, porque já o estavam nos preceitos para que em geral remetem, assim se evitando repetições de contra-ordenações o que sucede, porém, com várias situações de deveres da entidade executante[325].

Diferentemente se passam as coisas com a conduta da alínea *h*) que, por ser própria (criada *ex novo*), a sua violação constitui ilícito de mera ordenação[326].

---

[325] Cf. infra nota II ao art. 20.°.

[326] Cf. art. 26.°/*a*).

Mas, nesta ordem de ideias, não se justificava ser a conduta da alínea *i*) de novo contra-ordenacionalizada porque já o era pelo art. 6.°/2/*f*).

II – Sobre a alínea *f*) veja-se a nota VI ao art. 15.°.

III – Ao contrário do que uma primeira leitura poderia sugerir, para além das obrigações e contra-ordenações aqui referidas directamente ao dono da obra, várias outras o diploma lhe imputa. Desde logo, todas as que constituem violação das obrigações dos coordenadores de segurança (art. 19.°) e algumas do autor do projecto, quando este seja seu trabalhador subordinado (art. 18.°), além de muitas outras constantes da alínea *a*) do n.° 3 do art. 25.° e da alínea *a*) do art. 26.°.

Feitas as contas, pode-se afirmar que este diploma imputa ao dono da obra para cima de quarenta tipos legais de contra-ordenação.

IV – Apesar da alínea *h*) se reportar apenas à situação de restrição do acesso ao estaleiro a pessoas autorizadas, em situação "normal", entendemos que igual solução se justifica, por maioria de razão nos casos em que ocorrer um acidente de trabalho havendo mais que uma entidade executante e importe impedir o acesso a pessoas, máquinas e materiais de modo a permitir a recolha de elementos necessários para a realização do inquérito (art. 24.°/5).

ARTIGO 18.°
Obrigações do autor do projecto

1 – O autor do projecto deve:

a) Elaborar o projecto da obra de acordo com os princípios definidos no artigo 4.° e as directivas do coordenador de segurança em projecto;

b) Colaborar com o dono da obra, ou com quem este indicar, na elaboração da compilação técnica da obra;

c) Colaborar com o coordenador de segurança em obra e a entidade executante, prestando informações sobre aspectos relevantes dos riscos associados à execução do projecto.

2 – Nas situações em que não haja coordenador de segurança em projecto, o autor do projecto deve elaborar o plano de segurança e saúde em projecto, iniciar a compilação técnica da obra e, se também não for nomeado coordenador de segurança em obra, recolher junto da entidade executante os elementos necessários para a completar.

Notas:

I – O autor do projecto só deve cumprir as directivas ou as "especificações" do dono da obra quando estas não ponham em causa as regras de segurança e os princípios gerais de prevenção, sob pena de ele próprio cometer uma contra-ordenação muito grave (art. 25.°/4).

II – O legislador, ao contrário do que vimos já suceder com os coordenadores de segurança, faz – e bem – uma destrinça entre o autor do projecto, trabalhador do dono da obra, trabalhador da entidade executante ou entidade/trabalhador autónomos. Neste caso, responde a entidade ou trabalhador autónomos, ou seja, o próprio autor ou autores do projecto. Nos outros casos respondem, naturalmente, os respectivos empregadores (art. 25.°/2).

III – Se não há coordenador de segurança em projecto, e não foi elaborado o pss em projecto, a quem imputar a responsabilidade contra-ordenacional quando o autor do projecto não é trabalhador do dono da obra? Ao próprio autor do projecto por violação do n.° 2 do preceito anotando (art. 25.°/2/*b*)), ou ao dono da obra por violação do arts. 5.° e 6.°? Ter-se-á que apurar se a falta se deve ao dono da obra, que, por hipótese, o não mandou elaborar ou ao autor do projecto que, recebida a ordem, descurou a sua elaboração?

Sendo uma questão não resolvida pelo legislador, parece-nos que, em caso de dúvida sobre a existência ou não de determinação para a realização do pss em projecto, ainda aqui deve funcionar o princípio do *respondeat superior*, sendo a contra-ordenação imputável ao dono da obra.

IV – Sendo inquestionável que pode haver obra sem coordenador de segurança em projecto e/ou sem coordenador de segurança em obra (art. 9.°/1/2, *a contrario*) parece que o legislador (n.° 2 do art. anotando) atira, nesse caso, as responsabilidades para cima do autor do projecto e correspectivamente para o seu empregador (dono da obra ou entidade executante – cf. art. 25.°/3, alíneas *a*), *b*) e *c*)). Mas também pode haver obra sem projecto e, portanto, sem autor dele, situação em que a responsabilidade terá de ser resolvida não por este diploma, mas pelas regras gerais da legislação sobre shst.

ARTIGO 19.°
Obrigações dos coordenadores de segurança

1 – O coordenador de segurança em projecto deve, no que respeita ao projecto da obra e à preparação e organização da sua execução:

a) Assegurar que os autores do projecto tenham em atenção os princípios gerais do projecto da obra, referidos no artigo 4.°;

b) Colaborar com o dono da obra na preparação do processo de negociação da empreitada e de outros actos preparatórios da execução da obra, na parte respeitante à segurança e saúde no trabalho;

c) Elaborar o plano de segurança e saúde em projecto ou, se o mesmo for elaborado por outra pessoa designada pelo dono da obra, proceder à sua validação técnica;

d) Iniciar a organização da compilação técnica da obra e completá-la nas situações em que não haja coordenador de segurança em obra;

e) Informar o dono da obra sobre as responsabilidades deste no âmbito do presente diploma.

2 – O coordenador de segurança em obra deve no que respeita à execução desta:

a) Apoiar o dono da obra na elaboração e actualização da comunicação prévia prevista no artigo 15.°;

b) Apreciar o desenvolvimento e as alterações do plano de segurança e saúde para a execução da obra e, sendo caso disso, propor à entidade executante as alterações adequadas com vista à sua validação técnica;

c) Analisar a adequabilidade das fichas de procedimentos de segurança e, sendo caso disso, propor à entidade executante as alterações adequadas;

d) Verificar a coordenação das actividades das empresas e dos trabalhadores independentes que intervêm no estaleiro, tendo em vista a prevenção dos riscos profissionais;

e) Promover e verificar o cumprimento do plano de segurança e saúde, bem como das outras obrigações da entidade executante, dos subempreiteiros e dos trabalhadores independentes, nomeadamente no que se refere à organização do estaleiro, ao sistema de emergência, às condicionantes existentes no estaleiro e na área envolvente, aos trabalhos que envolvam riscos especiais, aos processos construtivos especiais, às actividades que possam ser incompatíveis no tempo ou no espaço e ao sistema de comunicação entre os intervenientes na obra;

f) Coordenar o controlo da correcta aplicação dos métodos de trabalho, na medida em que tenham influência na segurança e saúde no trabalho;

g) Promover a divulgação recíproca entre todos os intervenientes no estaleiro de informações sobre riscos profissionais e a sua prevenção;

h) Registar as actividades de coordenação em matéria de segurança e saúde no livro de obra, nos termos do regime jurídico aplicável ou, na sua falta, de acordo com um sistema de registos apropriado que deve ser estabelecido para a obra;

i) Assegurar que a entidade executante tome as medidas necessárias para que o acesso ao estaleiro seja reservado a pessoas autorizadas;

j) Informar regularmente o dono da obra sobre o resultado da avaliação da segurança e saúde existente no estaleiro;

l) Informar o dono da obra sobre as responsabilidades deste no âmbito do presente diploma;

m) Analisar as causas de acidentes graves que ocorram no estaleiro;

n) Integrar na compilação técnica da obra os elementos decorrentes da execução dos trabalhos que dela não constem.

Notas:

I – Como se verifica pela simples enumeração das suas obrigações, a estruturação da segurança e saúde centra-se essencialmente na actividade dos coordenadores, embora a responsabilidade pelo seu incumprimento seja pela lei – que utiliza a técnica da actuação através de um agente – atribuída aos donos da obra. Por isso se têm de configurar os preceitos que lha atribuem (arts. 25.° e 26.°), como lei especial relativamente ao disposto no n.° 2 do art. 7.° do regime geral das contra-ordenações. Este apenas considera as pessoas colectivas ou equiparadas responsáveis pelas contra-ordenações praticadas pelos seus órgãos e no exercício das suas funções. Ora os coordenadores não são, nunca serão, titulares dos órgãos dos donos da obra, nem sequer, muitas vezes, seus agentes de direito, mas tão só de facto. A solução pode implicar questões de constitucionalidade, pois que o Dec.-Lei n.° 273/2003 foi emitido pelo Governo ao abrigo da alínea *a*) do art. 198.° da CRP[327] e o regime geral dos actos ilícitos de mera ordenação social é da reserva relativa da Assembleia da República[328]. Assim, parece que os regimes específicos de contra-ordenações deviam conformar-se com o geral. Ora, saindo a solução preconizada neste particular fora do regime geral, poderá eventualmente ser considerada organicamente inconstitucional.

II – Sobre a não atribuição de responsabilidade contra-ordenacional aos coordenadores de segurança admitidos como prestadores de serviço, ao contrário do que pode suceder com os vinculados ao dono da obra por contrato de trabalho, por força do que determina agora a alínea *b*) do n.° 1 do art. 17.° da Lei n.° 102/2009, é crítica a nossa posição relativamente a tal opção legislativa.

III – Apenas as alíneas *b*) e *e*) do n.° 1 e as alíneas *a*), *j*) e *l*) do n.° 2 não constituem contra-ordenações imputáveis ao dono da obra, precisamente porque

---

327 Competência do Governo para legislar em matérias não reservadas à Assembleia da República.

328 Neste sentido, e para maiores desenvolvimentos sobre o tema, vd. Teresa Serra, "*Contra-Ordenações: Responsabilidade de Entidades Colectivas*, RPCC 9 (1999), p. 193 e ss..

se trata aí de deveres do coordenador directamente reportados àquele responsável máximo pelas obras nos estaleiros.

IV – Sem prejuízo do reconhecimento do esforço legislativo em especificar as diversas componentes em que se deve desdobrar a coordenação da segurança e da prevenção dos riscos, parece-nos que é algo excessiva a elencagem.

A obrigação prevista na alínea *c*) é cópia da que consta do n.° 3 do art. 14.°, aí já consagrada como contra-ordenação.

A prevista na alínea *e*) sobrepõe-se à que está prevista na alínea *e*) do art. 20.° quando remete para o art. 22.°, designadamente as alíneas *b*) e *c*), assim como a da alínea *i*) se sobrepõe com a da a da alínea *i*) do art. 20.°, sendo que estas obrigações de assegurar comportamentos de terceiros, se bem que a intenção legislativa seja por certo a de responsabilizar a cadeia de intervenientes (coordenador de segurança e, por seu intermédio, o dono da obra; entidade executante; subempreiteiros) serão muito dificilmente demonstráveis, sobretudo quando, como defendemos, não são absolutas e se traduzem em meras obrigações de meios e não de resultados.

Acresce que estes deveres de alguns dos intervenientes no estaleiro assegurarem comportamentos de outros, podem conflituar com o *dever de coordenação* consagrado na Directiva-Quadro sobre shst, transposta para o n.° 4 do art. 8.° do Dec.-Lei n.° 441/91 e hoje constante também da alínea *d*) do n.° 2 do art. 16.° da Lei n.° 102/2009, em termos tais que, se bem que tecnicamente se possam descortinar diferenças entre eles, na prática a invocação de um deve afastar o outro, sob pena de grande risco de violação do princípio *ne bis in idem*[329].

V – Ao contrário do que sucede com o país vizinho, em Portugal não se encontra regulamentado o livro de obra a que se reporta a alínea *h*) do n.° 2.

ARTIGO 20.°
Obrigações da entidade executante

A entidade executante deve:

a) Avaliar os riscos associados à execução da obra e definir as medidas de prevenção adequadas e, se o plano de segurança e saúde for obrigatório nos termos do n.° 4 do artigo 5.°, propor ao dono da obra o desenvolvimento e as adaptações do mesmo;

b) Dar a conhecer o plano de segurança e saúde para a execução da obra e as suas alterações aos subempreiteiros e trabalhadores independen-

---

[329] Vd. nota I ao art. 20.°.

tes, ou pelo menos a parte que os mesmos necessitam de conhecer por razões de prevenção;

c) Elaborar fichas de procedimentos de segurança para os trabalhos que impliquem riscos especiais e assegurar que os subempreiteiros e trabalhadores independentes e os representantes dos trabalhadores para a segurança, higiene e saúde no trabalho que trabalhem no estaleiro tenham conhecimento das mesmas;

d) Assegurar a aplicação do plano de segurança e saúde e das fichas de procedimentos de segurança por parte dos seus trabalhadores, de subempreiteiros e trabalhadores independentes;

e) Assegurar que os subempreiteiros cumpram, na qualidade de empregadores, as obrigações previstas no artigo 22.°;

f) Assegurar que os trabalhadores independentes cumpram as obrigações previstas no artigo 23.°;

g) Colaborar com o coordenador de segurança em obra, bem como cumprir e fazer respeitar por parte de subempreiteiros e trabalhadores independentes as directivas daquele;

h) Tomar as medidas necessárias a uma adequada organização e gestão do estaleiro, incluindo a organização do sistema de emergência;

i) Tomar as medidas necessárias para que o acesso ao estaleiro seja reservado a pessoas autorizadas;

j) Organizar um registo actualizado dos subempreiteiros e trabalhadores independentes por si contratados com actividade no estaleiro, nos termos do artigo seguinte;

l) Fornecer ao dono da obra as informações necessárias à elaboração e actualização da comunicação prévia;

m) Fornecer ao autor do projecto, ao coordenador de segurança em projecto, ao coordenador de segurança em obra ou, na falta destes, ao dono da obra os elementos necessários à elaboração da compilação técnica da obra.

Notas:

I – Se é obrigação da entidade executante *assegurar que os subempreiteiros cumpram, na qualidade de empregadores as obrigações previstas no artigo 22.°* (al. *e*)) e entre estas, além das "obrigações gerais", consta a de *adoptar as prescrições mínimas de segurança e saúde* (p)*revistas*[330] *em regulamentação especí-*

[330] Pensa-se que há no texto original uma gralha (não corrigida) por falta da letra "p".

fica (al. *m*)) tal não deve ser entendido, porém, como uma transferência genérica da responsabilidade contra-ordenacional dos subempreiteiros para o executante por violação das prescrições técnicas constantes do Regulamento de Segurança na Construção Civil[331]. Se se justifica que o empreiteiro geral/executante – que é quem detém simultaneamente o poder económico e o controlo genérico da actividade técnica do estaleiro – assegure as ditas *obrigações gerais*, já não faria sentido, seria aliás contraproducente em termos de prevenção, que se transferisse a responsabilidade dos subempreiteiros/empregadores para com os seus trabalhadores, relativamente às concretas prescrições técnicas, para aquela entidade. O que contrariaria o disposto no n.° 4 do art. 25.° e faria perder sentido à responsabilidade solidária do contratante pelo pagamento da coima do subcontratante consagrada no n.° 4 do art. 551.° do Código.

Há, antes, que ter na devida conta que, conforme refere o preâmbulo[332], *esta obrigação* [de assegurar o cumprimento do pss e outras obrigações sobre o funcionamento do estaleiro] *da entidade executante articula se com a responsabilidade solidária que sobre ela impende pelo pagamento de coimas aplicadas a um subcontratado que infrinja as regras relativas à segurança, higiene e saúde no trabalho.*

Outrotanto se passa, *mutatis mutandis*, com a responsabilidade de assegurar que cumpram os seus deveres os trabalhadores independentes (al. *f*)).

Parece que o legislador não foi ao ponto de considerar uma responsabilidade conjunta do executante e do empregador: aquele por não ter assegurado o cumprimento e este por ter violado as prescrições técnicas. É preciso ter em atenção que esta responsabilidade nunca pode ser absoluta e deve ser afastada da esfera do executante, pelo menos, sempre que o empregador/subempreiteiro tenha actuado com dolo.

II – Apesar de aparentemente se querer condensar no artigo em anotação as obrigações gerais do executante, o certo é que, para além delas e das que constam do artigo seguinte, podem-se ainda enumerar como deveres do executante: *a*) transmitir aos subempreiteiros e trabalhadores independentes a declaração de nomeação e aceitação dos coordenadores e afixá-las no estaleiro (art. 9.°/5, 2.ª parte); *b*) desenvolver e especificar o pss em projecto e em obra (art. 11.°/1 e 2); *c*) só implantar o estaleiro após a aprovação do pss ou das fichas de segurança pelo dono da obra (arts. 13.°/1 e 14.°/4); *d*) incluir nos contratos com os subempreiteiros e trabalhadores independentes a menção de que vão cumprir o pss (art. 13.°/4); *e*) apresentar o pss ou as fichas de segurança à ACT se esta lho determinar (arts. 13.°/5 e 14.°/6); *f*) suspender os trabalhos susceptíveis de destruir ou alterar ves-

---

[331] Decreto n.° 41821, de 11/8/58.

[332] Cf. a 2.ª parte do parágrafo 2.° do n.° 4.

tígios de acidentes (art. 24.°/4); *g*) impedir o acesso de pessoas e máquinas em caso de acidente mortal ou grave (art. 24.°/5).

III – Ver sobre a obrigação da alínea *b*) a nota II ao art. 13.° e sobre as obrigações de asseguramento das alíneas *d*), *e*) e *f*) a nota IV ao art. 14.°. Não deixaremos de notar, contudo, relativamente à alínea *d*), que o dever da entidade executante assegurar a aplicação do pss e fichas de segurança pelos seus próprios trabalhadores é de cariz inteiramente diferente, pois que aí são os próprios poderes de direcção que estão em jogo, diferentemente do que sucede com os subempreiteiros, por exemplo.

ARTIGO 21.°
Registo de subempreiteiros e trabalhadores independentes

1 – A entidade executante deve organizar um registo que inclua, em relação a cada subempreiteiro ou trabalhador independente por si contratado que trabalhe no estaleiro durante um prazo superior a vinte e quatro horas:

a) A identificação completa, residência ou sede e número fiscal de contribuinte;

b) O número do registo ou da autorização para o exercício da actividade de empreiteiro de obras públicas ou de industrial da construção civil, bem como de certificação exigida por lei para o exercício de outra actividade realizada no estaleiro;

c) A actividade a efectuar no estaleiro e a sua calendarização;

d) A cópia do contrato em execução do qual conste que exerce actividade no estaleiro, quando for celebrado por escrito;

e) O responsável do subempreiteiro no estaleiro.

2 – Cada empregador deve organizar um registo que inclua, em relação aos seus trabalhadores e trabalhadores independentes por si contratados que trabalhem no estaleiro durante um prazo superior a vinte e quatro horas:

a) A identificação completa e a residência habitual;

b) O número fiscal de contribuinte;

c) O número de beneficiário da segurança social;

d) A categoria profissional ou profissão;

e) As datas do início e do termo previsível do trabalho no estaleiro;

f) As apólices de seguros de acidentes de trabalho relativos a todos os trabalhadores respectivos que trabalhem no estaleiro e a trabalhadores independentes por si contratados, bem como os recibos correspondentes.

3 – Os subempreiteiros devem comunicar o registo referido no número anterior, ou permitir o acesso ao mesmo por meio informático, à entidade executante.

4 – A entidade executante e os subempreiteiros devem conservar os registos referidos nos n.ºs 1 e 2 até um ano após o termo da actividade no estaleiro.

Notas:

I – Esta obrigação da entidade executante criada *ex novo* pelo Dec.-Lei n.° 273/2003, constitui uma boa opção legislativa na tentativa de reduzir a diluição de responsabilidades no estaleiro que começava, muitas vezes, por se não saber quantas e quais as empresas que ali trabalhavam nem, muito menos, quem era o empregador de cada um dos trabalhadores que por lá se encontravam.

O facto de os trabalhadores independentes só serem obrigatoriamente registados se forem contratados por mais do que um dia propiciará fácil fuga à obrigação, mas seria demasiado rígido impor a obrigatoriedade de registo também nesse caso.

II – Sobre a regras de acesso e permanência na actividade de construção civil rege o Dec.-Lei n.° 12/2004, de 9 de Janeiro, e as Portarias de 10 de Janeiro: n.° 15/2004, sobre as taxas dos encargos com os procedimentos de ingresso; n.° 16/2004, sobre as condições mínimas das empresas detentoras de alvará; n.° 17/2004, sobre as classes de habilitações consoante o valor das obras, n.° 18/2004, sobre os documentos necessários das empresas candidatas ao ingresso; 19/2004, sobre os tipos de trabalhos que os titulares de alvará estão habilitados a executar.

ARTIGO 22.°
Obrigações dos empregadores

1 – Durante a execução da obra, os empregadores devem observar as respectivas obrigações gerais previstas no regime aplicável em matéria de segurança, higiene e saúde no trabalho e em especial:

a) Comunicar, pela forma mais adequada, aos respectivos trabalhadores e aos trabalhadores independentes por si contratados o plano de segurança e saúde ou as fichas de procedimento de segurança, no que diz respeito aos trabalhos por si executados, e fazer cumprir as suas especificações;

b) Manter o estaleiro em boa ordem e em estado de salubridade adequado;

c) Garantir as condições de acesso, deslocação e circulação necessária à segurança em todos os postos de trabalho no estaleiro;

d) Garantir a correcta movimentação dos materiais e utilização dos equipamentos de trabalho;

e) Efectuar a manutenção e o controlo das instalações e dos equipamentos de trabalho antes da sua entrada em funcionamento e com intervalos regulares durante a laboração;

f) Delimitar e organizar as zonas de armazenagem de materiais, em especial de substâncias, preparações e materiais perigosos;

g) Recolher, em condições de segurança, os materiais perigosos utilizados;

h) Armazenar, eliminar, reciclar ou evacuar resíduos e escombros;

i) Determinar e adaptar, em função da evolução do estaleiro, o tempo efectivo a consagrar aos diferentes tipos de trabalho ou fases do trabalho;

j) Cooperar na articulação dos trabalhos por si desenvolvidos com outras actividades desenvolvidas no local ou no meio envolvente;

l) Cumprir as indicações do coordenador de segurança em obra e da entidade executante;

m) Adoptar as prescrições mínimas de segurança e saúde no trabalho revistas em regulamentação específica;

n) Informar e consultar os trabalhadores e os seus representantes para a segurança, higiene e saúde no trabalho sobre a aplicação das disposições do presente diploma.

2 – Quando exercer actividade profissional por conta própria no estaleiro, o empregador deve cumprir as obrigações gerais dos trabalhadores previstas no regime aplicável em matéria de segurança, higiene e saúde no trabalho.

Notas:

I – Quando o n.° 1 se refere às obrigações gerais previstas no regime aplicável em matéria de shst está, naturalmente, a reportar-se desde logo às previstas no art. 15.° da Lei n.° 102/2009, mas também àquelas que constam dos diversos diplomas sobre matérias específicas de shst, vários deles resultantes de transcrição das directivas oriundas da Directiva-Quadro, ditas também específicas[333].

Da análise da redacção da alínea *a*) do n.° 1 se nota, como noutros locais, a não consideração do legislador da possibilidade de os empregadores, entenda-se subempreiteiros, poderem, por sua vez, contratar outros para a realização de parte da sua subempreitada. Mas não estando essa possibilidade legal em lado algum afastada, ela será naturalmente lícita e permitida nas obras particulares.

II – Quando a alínea *e*) do art. 20.° comete à entidade executante a obrigação de assegurar que os subempreiteiros, enquanto empregadores, cumpram as obrigações do artigo em anotação, sob pena de contra-ordenação grave (art. 26.°/*c*)), certamente que não inclui a da alínea *m*) – *adoptar as prescrições mínimas de segurança e saúde no trabalho previstas em regulamentação específica*, – dado que até nem tem sanção, uma vez que esta está prevista na parte final da alínea *d*) do art. 26.° ou no n.° 4 do art. 25.°[334].

III – Por força do que determina a alínea *d*) do n.° 3 do art. 25.°, a violação das alíneas *a*) a *g*) do n.° 1 deste artigo constituiria contra-ordenação muito grave. Mas a alínea *d*) do art. 26.° considera, por sua vez, que a violação das alíneas *b*) a *e*) do n.° 1 deste mesmo artigo constitui contra-ordenação grave, pelo que há contradição insanável entre as duas normas tipificadoras de contra-ordenações. Independentemente de se saber qual delas constitui gralha, a única solução até que a alteração legal surja é a de considerar aplicável esta última por ser mais favorável ao arguido nos termos do n.° 2 do art. 3.° do Dec.-Lei n.° 433/82, aplicável por analogia ou por argumento *ad maiorem*.

IV – Para além das aqui elencadas, também são obrigações dos empregadores cumprir o pss em obra (art. 13.°/4), organizar o registo dos trabalhadores, comunicá-lo ao executante e conservá-lo por um ano (art. 21.°/2/3), comunicar os acidentes em 24h à ACT e suspender os trabalhos susceptíveis de destruir os seus vestígios (art. 24.°/4), assim como a violação das prescrições técnicas previstas no Regulamento de Segurança na Construção Civil (Dec. n.° 41.821 de 11/08/58).

ARTIGO 23.°
Obrigações dos trabalhadores independentes

Os trabalhadores independentes são obrigados a respeitar os princípios que visam promover a segurança e a saúde, devendo, no exercício da sua actividade:

---

[333] Cf. art. 23.°/2 do DL 441/91, de 14/11.

[334] Vd. nota I ao art. 20.°.

a) Cumprir, na medida em que lhes sejam aplicáveis, as obrigações estabelecidas no artigo 22.°;

b) Cooperar na aplicação das disposições específicas estabelecidas para o estaleiro, respeitando as indicações do coordenador de segurança em obra e da entidade executante.

Notas:

I – Na alínea *o*) do n.° 1 do art. 3.°, define-se trabalhador independente como "*a pessoa singular que efectua pessoalmente uma actividade profissional, não vinculada por contrato de trabalho, para realizar uma parte da obra a que se obrigou perante o dono da obra ou a entidade executante; pode ser empresário em nome individual*".

O que significa que, se o trabalhador independente só se pode obrigar contratualmente perante o dono da obra ou a entidade executante, o subempreiteiro não pode contratar um trabalhador independente. Mas isto parece-nos totalmente irrealista[335]. Se os acabamentos de carpintaria forem executados por um subempreiteiro do executante (ou até de outro subempreiteiro?) não pode ele contratar um taqueiro para proceder ao assentamento dos tacos ou um serralheiro para proceder à operação de colocação das dobradiças e fechaduras?!

II – O legislador, e aqui bem, entendeu que a violação da alínea *a*) não constitui contra-ordenação, na medida em que ela, *recte*, a violação das alíneas *b*) a *e*) para onde ela remete, já consta da tipificação prevista na alínea *e*) do n.° 3 e n.° 4 do art. 25.°.

ARTIGO 24.°
Acidentes graves e mortais

1 – Sem prejuízo de outras notificações legalmente previstas, o acidente de trabalho de que resulte a morte ou lesão grave do trabalhador, ou que assuma particular gravidade na perspectiva da segurança no trabalho, deve ser comunicado pelo respectivo empregador à Inspecção-Geral do Trabalho e ao coordenador de segurança em obra, no mais curto prazo possível, não podendo exceder vinte e quatro horas.

2 – A comunicação do acidente que envolva um trabalhador independente deve ser feita pela entidade que o tiver contratado.

[335] Vd. sobre a questão o que se diz *infra*, nota II ao art. 24.°.

3 – Se, na situação prevista em qualquer dos números anteriores, o acidente não for comunicado pela entidade referida, a entidade executante deve assegurar a comunicação dentro do mesmo prazo, findo o qual, não tendo havido comunicação, o dono da obra deve efectuar a comunicação nas vinte e quatro horas subsequentes.

4 – A entidade executante e todos os intervenientes no estaleiro devem suspender quaisquer trabalhos sob sua responsabilidade que sejam susceptíveis de destruir ou alterar os vestígios do acidente, sem prejuízo da assistência a prestar às vítimas.

5 – A entidade executante deve, de imediato e até à recolha dos elementos necessários para a realização do inquérito, impedir o acesso de pessoas, máquinas e materiais ao local do acidente, com excepção dos meios de socorro e assistência às vítimas.

6 – A Inspecção-Geral do Trabalho pode determinar a suspensão imediata de quaisquer trabalhos em curso que sejam susceptíveis de destruir ou alterar os vestígios do acidente, sem prejuízo da assistência a prestar às vítimas.

7 – Compete à Inspecção-Geral do Trabalho, sem prejuízo da competência atribuída a outras entidades, a realização do inquérito sobre as causas do acidente de trabalho, procedendo com a maior brevidade à recolha dos elementos necessários para a realização do inquérito preliminar.

8 – Compete à Inspecção-Geral do Trabalho autorizar a continuação dos trabalhos com a maior brevidade, desde que a entidade executante comprove estarem reunidas as condições técnicas ou organizativas necessárias à prevenção dos riscos profissionais.

Notas:

I – A obrigação de comunicação dos acidentes graves ou mortais à ACT no prazo de 24 horas consta também actualmente do art. 111.° da Lei n.° 102/2009, de 10 de Setembro.

Todavia, neste preceito foi acrescentada uma norma (n.° 2), que se aplica igualmente no âmbito da comunicação dos acidentes ocorridos nos estaleiros, segundo a qual "*a comunicação prevista no número anterior deve ser acompanhada de informação, e respectivos registos, sobre todos os tempos de trabalho prestado pelo trabalhador nos 30 dias que antecederam o acidente*"

II – Apesar da definição de trabalhador independente (art. 3.°/*o*)) sugerir que este só poderia ser contratado pelo dono da obra e executante (nota I ao art. 23.°), a violação do n.° 2 constitui contra-ordenação que, para além desses intervenientes, pode também ser imputada ao empregador (art. 26.°/*d*)), pelo que, por esta via, é a própria lei a admitir essa possibilidade.

III – Se relativamente ao n.° 5 for um subempreiteiro, e não a entidade executante, que esteja a executar a frente da obra onde se deu o acidente e aquele continuar os trabalhos, não impedindo assim o acesso de pessoas, máquinas e materiais, quem é o responsável pela contra-ordenação?

Inequivocamente, a lei diz que é a entidade executante (art. 25.°/3/*c*) e não o subempreiteiro[336]. E, note-se, para efeitos desta lei o subempreiteiro não é, ao contrário do que alguns pensam, entidade executante. Em lado algum ela fala da responsabilidade contra-ordenacional do subempreiteiro[337]. Mas não será a ele que é imputável a contra-ordenação enquanto autor material dela, independentemente da imputação legal? Esta é uma questão que a técnica da imputação da responsabilidade contra-ordenacional por determinação legal implica. Não nos parece razoável que o objectivo da lei seja tão amplo que queira estender a tutela do executante a todas as frentes da obra independentemente de estarem a ser desenvolvidas pelo executante ou por um subempreiteiro, pois que a realidade da construção não consente na maioria das obras aquele desiderato.

Por outro lado, é certo que o dever aqui imposto ao executante não consta dos que o art. 20.° enuncia. Pensamos, por isso, que mais avisada teria sido uma redacção semelhante à do n.° 4 em que a responsabilidade é imputável, para lá do executante, aos outros intervenientes no estaleiro. E que, mesmo com a redacção que consta do n.° 5, será aquela a solução correcta.

IV – É merecedora de crítica a não previsibilidade da suspensão dos trabalhos, fora do caso em que estes sejam susceptíveis de destruir ou alterar vestígios de acidente, previsto no n.° 6, embora agora tal medida cautelar, muito utilizada pelos inspectores da ACT esteja contida na alínea *c*) do n.° 1 do art. 10.° da Lei n.° 107/2009, de 14 de Setembro.

V – Nos termos do n.° 8 é à entidade executante que compete comprovar estarem reunidas as condições necessárias à prevenção dos riscos, mas a suspensão dos trabalhos susceptíveis de alterar vestígios incumbe a todos os intervenientes (n.° 4).

Porém, diferentemente do que sucede quanto ao acesso restrito a pessoas autorizadas ao estaleiro, em que o legislador sentiu necessidade de, havendo mais que uma entidade executante, impor ao dono da obra a obrigação de designar a entidade executante responsável, no caso dos acidentes nada é dito, embora aqui a solução se imponha por maioria de razão.

---

[336] No regime anterior era o dono da obra o responsável (cfr. art. 13.°/5 do DL 155/95).

[337] Sem prejuízo, é óbvio, da sua responsabilidade enquanto empregador.

CAPÍTULO III
Disposições finais e transitórias

ARTIGO 25.°
Contra-ordenações muito graves

1 – Constitui contra-ordenação muito grave a elaboração do projecto, ainda que para atender a especificações do dono da obra, com opções arquitectónicas, técnicas e organizativas aplicáveis na fase do projecto e que não respeitem as obrigações gerais dos empregadores previstas no regime aplicável em matéria de segurança, higiene e saúde no trabalho.

2 – A contra-ordenação referida no número anterior é imputável ao autor ou autores do projecto, ou ao dono da obra ou à entidade executante que seja empregador do autor do projecto, ou de um deles, sem prejuízo, neste último caso, da responsabilidade dos outros autores.

3 – Constitui contra-ordenação muito grave:

a) Imputável ao dono da obra, a violação dos n.os 1 e 2 conjugados com o n.° 4 do artigo 5.°, dos n.os 1 e 2 do artigo 6.°, do artigo 7.°, dos n.os 1 e 2 do artigo 9.°, do n.° 1 e da primeira parte do n.° 3 do artigo 12.°, do n.° 2 e da segunda parte do n.° 4 do artigo 13.°, dos n.os 1, 2 e 4 do artigo 16.°, da alínea *i*) do artigo 17.° e da alínea *a*) do n.° 1 e do n.° 2 do artigo 18.°, se o mesmo for empregador do autor do projecto, das alíneas *a*), *c*) e *d*) do n.° 1 e das alíneas *b*), *d*), *e*), *h*) e *n*) do n.° 2 do artigo 19.°;

b) Imputável ao autor do projecto que não seja trabalhador do dono da obra ou da entidade executante, a violação da alínea *a*) do n.° 1 e do n.° 2 do artigo 18.°;

c) Imputável à entidade executante, a violação dos n.os 1 e 2 do artigo 11.°, da segunda parte do n.° 3 do artigo 12.°, dos n.os 1 e 3 e da segunda parte do n.° 4 do artigo 13.°, dos n.os 1, 2, 4 e 5 do artigo 14.° e da alínea *a*) do n.° 1 e do n.° 2 do artigo 18.°, se a mesma for empregadora do autor do projecto, as alíneas *a*), *b*), *l*) e *m*) do artigo 20.°, do n.° 1 do artigo 21.° e dos n.° 4 e 5 do artigo 24.°;

d) Imputável ao empregador, a violação da primeira parte do n.° 4 do artigo 13.°, dos n.os 2 e 3 do artigo 21.°, das alíneas *a*) a *g*) do n.° 1 e do n.° 2 do artigo 22.° e do n.° 4 do artigo 24.°;

e) Imputável ao trabalhador independente, a violação da primeira parte do n.° 4 do artigo 13.°, das alíneas *b*) a *e*) do n.° 1 e do n.° 2 do artigo 22.° e do n.° 4 do artigo 24.°;

f) Imputável ao coordenador de segurança em obra, a violação do n.° 6 do artigo 9.°

4 – Constitui ainda contra-ordenação muito grave, imputável ao empregador ou a trabalhador independente, a violação por algum deles do Regulamento de Segurança no Trabalho da Construção Civil, aprovado pelo Decreto n.° 41 821, de 11 de Agosto de 1958, se a mesma provocar risco de queda em altura, de esmagamento ou de soterramento de trabalhadores.

Notas:

I – O montante das coimas correspondentes às contra-ordenações muito graves depende da dimensão da empresa em termos do volume de negócios respeitante ao ano anterior à infracção, conforme determina o art. 554.° do Código. Atente-se ainda que, nos termos do seu art. 556.°, os valores máximos das coimas são elevados para o dobro nas situações de violação (entre outras) das normas sobre shst.

II – A interpretação e aplicação do n.° 2 não se revelarão fáceis quando houver mais do que um autor do projecto. Na verdade, a contra-ordenação é imputável aos *autores do projecto*. Assim, sendo o projecto um só[338], embora nele intervenham vários projectistas, e relembra-se aqui a definição de equipa de projecto (art. 3.°/*i*)) e o que sobre ela se disse então[339], parece que só haverá uma infracção e, correspondentemente, uma só coima que deverá ser paga por todos e cada um. Ou seja, estaremos perante um caso de solidariedade na infracção, que todos e cada um praticou, e solidariedade no pagamento da coima, a procedimentar nos termos da responsabilidade solidária civil (art.512.° do CC).

Mas a lei ressalva, na parte final, a *responsabilidade dos outros autores*. Que quererá, com isso, significar? Pode ser uma de duas coisas: i) ou que admite que se trate em qualquer caso de responsabilidade conjunta de todos os autores; ii) ou que, hipótese que se quadra melhor com a letra do preceito, no caso de haver

[338] Embora em tese se possa admitir um projecto parcelado, sendo cada uma das sua parcelas ou fracções realizado por um projectista diferente, caso em que a responsabilidade seria imputável apenas àquele ou àqueles que tivesse(m) elaborado a sua parte com opções que não respeitassem as obrigações gerais dos empregadores.

[339] Cfr. nota II ao art. 3.°.

autor(es) do projecto enquanto profissional(is) liberal(is) e autor(es) do projecto enquanto trabalhador(es) subordinado(s) só aquele(s) é (são) responsável(is) porque quem responde por este(s) é o dono a obra ou a entidade executante, enquanto seu(s) empregador(es).

III – Note-se que já ao coordenador é imputável uma contra-ordenação (embora uma só), ao contrário do que sucedia como regime anterior, e apesar da crítica que fazemos ao sistema por não ter ido mais longe, criando até desigualdades injustificadas entre coordenadores de segurança trabalhadores subordinados do dono da obra e coordenadores pessoas colectivas ou trabalhadores autónomos.

IV – Não consta dos riscos que implicam a conversão automática em contra-ordenação muito grave, enumerados no n.° 4 a referência à electrocussão que é também uma importante causa de mortalidade, ultrapassando nalguns anos a cifra dos soterramentos.

Se se atentar na parte final do n.° 1 do Anexo II da Directiva 92/57/CEE, verificar-se-á que esta permite que os Estados-membros fixem índices numéricos para cada uma das situações de soterramento, afundamento ou quedas em altura. No entanto, o legislador nacional não fixou para qualquer delas nenhum valor numérico. Mas não seria razoável considerar risco especial de queda em altura a que resultasse de trabalhos praticados a 1m do solo ou de soterramento os que se desenvolvessem a 1m de profundidade. No mínimo, há a considerar o que sobre este aspecto dispõe o Regulamento de Segurança na Construção Civil[340]. Mas defendemos que nem todas as situações aí abrangidas devem ser consideradas para efeitos da agravação, pelo que o critério terá de ficar na discricionariedade do aplicador do direito.

V – Veja-se sobre a imputação da responsabilidade por violação das prescrições técnicas do Regulamento de Segurança na Construção Civil ao subempreiteiro/empregador, e não ao executante, o que se diz na nota I ao art. 20.°.

VI – A al. *d*) considera contra-ordenação muito grave imputável ao empregador a violação das alíneas *a*) a *g*) do n.° 1 do art. 22.° que a al. *d*) do art. 26.° acaba por considerar meramente grave. Há, por isso, uma incorrecção técnica que, enquanto não for corrigida, só pode ser resolvida pela aplicação da lei mais favorável ao arguido.

VII – Veja-se também sobre a imputação da responsabilidade a nota I ao art. 19.°.

---

[340] Cfr., p. ex., os arts. 1.° e 72.° do Dec. 41.821, de 11/8/58.

ARTIGO 26.°
Contra-ordenações graves

Constitui contra-ordenação grave:

a) Imputável ao dono da obra, a violação do n.° 3 do artigo 6.°, da alínea *b*) do n.° 1 e do n.° 2 do artigo 8.°, do n.° 3 e da primeira parte do n.° 5 do artigo 9.°, do n.° 3 do artigo 14.°, dos n.os 1 a 4 do artigo 15.°, da alínea *h*) do artigo 17.° e das alíneas *b*) e *c*) do n.° 1 do artigo 18.°, se o mesmo for empregador do autor do projecto, das alíneas *c*), *f*), *g*), *i*) e *m*) do n.° 2 do artigo 19.° e do n.° 2 do artigo 24.°, quando a comunicação do acidente competir àquele, e da segunda parte do n.° 3 do mesmo artigo;

b) Imputável ao autor do projecto que não seja trabalhador do dono da obra ou da entidade executante, a violação das alíneas *b*) e *c*) do n.° 1 do artigo 18.°;

c) Imputável à entidade executante, a violação da segunda parte do n.° 5 do artigo 9.°, do n.° 5 do artigo 13.°, do n.° 6 do artigo 14.°, da segunda parte da alínea *c*) e das alíneas *d*) a *j*) do artigo 20.°, do n.° 4 do artigo 21.° e do n.° 2 e da primeira parte do n.° 3 do artigo 24.°;

d) Imputável ao empregador, a violação do n.° 4 do artigo 21.°, das alíneas *b*) a *e*) e *h*) a *l*) do n.° 1 do artigo 22.°, dos n.os 1 e 2 do artigo 24.°, das prescrições previstas no Regulamento de Segurança no Trabalho da Construção Civil, aprovado pelo Decreto n.° 41 821, de 11 de Agosto de 1958, e na Portaria n.° 101/96, de 3 de Abril;

e) Imputável ao trabalhador independente, a violação da alínea *b*) do artigo 23.°, das prescrições previstas no Regulamento de Segurança no Trabalho da Construção Civil, aprovado pelo Decreto n.° 41 821, de 11 de Agosto de 1958, e na Portaria n.° 101/96, de 3 de Abril.

Notas:

I – O montante das coimas correspondentes às contra-ordenações graves depende da dimensão da empresa em termos do volume de negócios respeitante ao ano anterior à infracção, conforme determina o n.° 3 do art. 554.° do Código.

II – A al. *d*) considera contra-ordenação grave imputável ao empregador a violação das alíneas b) a e) do n.° 1 do art. 22.° que a al. *d*) do art. 25.° já considerava muito grave. Há, por isso, uma incorrecção técnica que, enquanto não for corrigida, só pode ser resolvida pela aplicação da lei mais favorável ao arguido.

III – Veja-se também sobre a imputação da responsabilidade a nota I ao art. 19.°.

IV – A imputação da responsabilidade pela violação das prescrições do Regulamento de Segurança no Trabalho na Construção Civil e da Portaria n.° 101/96, na alínea *d*) ao empregador e na alínea *e*) ao trabalhador independente, articulada com o facto de o dever de assegurar o cumprimento das obrigações previstas no artigo 22.° (alíneas *e*) e *f*) do art. 20.°) e ainda conjugada com a circunstância de a alínea m) do art. 22.° não ser tipificada como contra-ordenação, leva a considerar que apenas a violação pelos empregadores das restantes alíneas do art. 22.° (a) a *l*)) pode importar para a entidade executante violação desse dever de asseguramento, sem prejuízo do cumprimento de dever de coordenação que também lhe incumbe[341].

ARTIGO 27.°
Contra-ordenações leves

Constitui contra-ordenação leve a violação dos n.os 5 e 6 do artigo 15.°.

Notas:

I – O montante das coimas correspondentes às contra-ordenações leves depende da dimensão da empresa em termos do volume de negócios respeitante ao ano anterior à infracção, conforme determina o n.° 2 do art. 554.° do Código.

II – Este artigo é o único caso em todo o diploma em que a contra-ordenação não é expressamente imputada a uma qualquer das entidades intervenientes no estaleiro.

Mas aqui também não pode suscitar-se dúvidas de que a do n.° 5 é imputada ao dono da obra e a do n.° 6 à entidade executante.

ARTIGO 28.°
Critérios especiais de determinação do valor das coimas

1 – As coimas aplicáveis a trabalhador independente são as correspondentes às infracções aos regimes jurídicos do contrato de serviço doméstico e do contrato individual de trabalho a bordo de embarcações de pesca.

[341] Vd. também nota I ao art. 20.°.

2 – Ao dono da obra que não seja titular de empresa são aplicáveis as coimas dos escalões de dimensão da empresa determinados apenas com base no volume de negócios e fazendo corresponder a este o custo da obra.

Notas:

I – A redacção do n.º 1 só se compreende se se tiver presente que os trabalhos preparatórios do Dec.-Lei n.º 273/2003 tiveram subjacente o regime geral das contra-ordenações laborais, anexo à Lei n.º 116/99, que vigorou até 1 de Dezembro, sendo, então substituído pelo regime contido no CT/2003 e agora no CT/2009. Ao contrário deste, que se refere no artigo 555.º aos casos em que o agente não tenha trabalhadores ao serviço, no regime de 99 a coima aplicável aos trabalhadores era equiparada à estabelecida para o serviço doméstico[342]. Apesar do Dec.-Lei 273/2003 ter visto a luz do dia quando já tinha sido publicada a Lei que introduziu o CT/2003 há mais de dois meses, não houve oportunidade de se fazer a devida adaptação.

As coimas aplicáveis aos trabalhadores independentes são, por isso, as previstas no art. 555.º do CT/2009.

II – Subjacente ao trabalho independente não existe uma relação contratual laboral típica. Por isso o Código não transcreveu as normas da lei que transpusera a Directiva n.º 89/391/CEE – o Dec.-Lei n.º 441/91, de 14/11 – relativa aos trabalhadores independentes[343], sendo actualmente o artigo 3.º/1/*c*) da Lei n.º 102/2009, que torna aplicáveis aos trabalhadores por conta própria os princípios de promoção e prevenção da shst.

III – O que se disse na nota I relativamente ao disposto no n.º 1 do artigo sob análise, pode dizer-se agora, *mutatis mutandis*, no que toca ao n.º 2.

Também aqui se não fez a adaptação devida. É que, ao contrário do que sucedia no regime de 1999 em que também se utilizava como factor de determinação da dimensão da empresa o número de trabalhadores, no regime do Código a moldura das coimas depende somente do volume de negócios.

Isso não significa que neste caso, porque se trata de lei especial relativamente ao regime geral contido no art. 555.º do Código do Trabalho, se não aplique o n.º 2, nos seus termos, embora corrigidos da referência ao advérbio «apenas» indicador do regime de 1999 revogado pelo Código. Ou seja, que, quando o dono da obra é uma pessoa singular que se não dedica habitualmente à construção e comercialização de imóveis, se deve ter em conta para efeitos da determinação da moldura, não os valores dos n.ºs 2 a 4 do art. 554.º, mas, antes, os que correspondam aos do art. 555.º do CT/2009.

---

[342] Cfr. art. 8.º do regime anexo à L.116/99.

[343] Cotejar., p. ex., o art. 8.º/6 do DL 441/91 e o art. 273.º do Código.

IV – Trata-se no n.° 2 duma disposição compreensível se fizermos uma interpretação adequada, que deverá ter de ser restritiva quanto ao segmento da norma que se refere ao "titular de empresa"[344]. Ao que se crê, quando produziu a norma o legislador tinha em mente a empresa de construção ou, talvez mais abrangentemente, empresas do ramo do imobiliário.

É claro que o preceito abrange, porém, no seu âmbito subjectivo, desde logo, o cidadão que, não sendo empresário da construção, manda fazer um prédio para sua própria habitação. Mas não se queda por aí. Deve abarcar também não só os cidadãos, empresários da construção civil quando actuam fora do exercício dessas funções[345], como também os membros da administração das empresas de outros quaisquer ramos de actividade.

Na verdade, não nos parece que se a administração de uma qualquer empresa, não pertencente ao ramo da construção civil ou das obras públicas, resolve ampliar as suas instalações, construindo um novo pavilhão, ou procede a reparações no telhado das instalações fabris, e por esse facto, enquanto dono da obra, lhe vem a ser imputada uma contra-ordenação do âmbito da shst nos estaleiros temporários ou móveis[346], deva ser considerada, para efeitos de determinação da moldura sancionatória, a sua dimensão económica (volume de negócios) que não tem qualquer conexão com aquela actividade. Antes defendemos, nesses casos, a equiparação dessas empresas e empresários a "dono da obra não titular da empresa".

Problemática será a situação se uma dessas empresas tem, para além dos trabalhadores afectos à sua normal actividade (não construtiva), um grupo de pessoal adstrito à construção, reparação, ampliação, demolição, restauro ou conservação dos edifícios e o utiliza nessa actividade, situação em que também a consideração do volume de negócios total da empresa não é adequada, continuando nós a considerar que, apesar de a questão não estar contemplada na letra do preceito, se deverá ter em conta apenas o custo da obra.

---

344 São vários e de diferente abrangência os conceitos de "empresa", variando inclusivamente com o ramo do ordenamento jurídico: para um conceito amplíssimo de empresa, vd. art. 5.° do Código da Insolvência e da Recuperação de Empresas (DL 53/2004, de 18/3): *toda a organização de capital e de trabalho destinada ao exercício de qualquer actividade económica*".

345 Na verdade, nada obsta que um membro da administração duma empresa de construção se disponha a construir uma habitação para si, recorrendo aos serviços de uma outra empresa de construção.

346 Para mais com a amplíssimo âmbito resultante do Anexo I.

ARTIGO 28.°-A
Regiões Autónomas

O produto das coimas resultante da aplicação das contra-ordenações previstas no presente diploma e cobradas nas Regiões constitui receita própria destas.

ARTIGO 29.°
Regulamentação em vigor

Até à entrada em vigor do novo Regulamento de Segurança para os Estaleiros da Construção mantêm-se em vigor o Regulamento de Segurança no Trabalho da Construção Civil, aprovado pelo Decreto n.° 41 821, de 11 de Agosto de 1958, e a Portaria n.° 101/96, de 3 de Abril, sobre as prescrições mínimas de segurança e de saúde nos locais e postos de trabalho dos estaleiros temporários ou móveis.

ARTIGO 30.°
Revogação

É revogado o Decreto-Lei n.° 155/95, de 1 de Julho, na redacção dada pela Lei n.° 113/99, de 3 de Agosto.

ARTIGO 31.°
Entrada em vigor

O presente diploma entra em vigor 60 dias após a sua publicação.

Visto e aprovado em Conselho de Ministros de 24 de Julho de 2003. – *José Manuel Durão Barroso* — *António Manuel de Mendonça Martins da Cruz* – *Maria Celeste Ferreira Lopes Cardona* – *António José de Castro Bagão Félix* – *António Pedro de Nobre Carmona Rodrigues*.

Promulgado em 13 de Outubro de 2003.

Publique-se.

O Presidente da República, JORGE SAMPAIO.

Referendado em 15 de Outubro de 2003.

O Primeiro-Ministro, *José Manuel Durão Barroso*.

ANEXO I
Gestão e organização geral do estaleiro a incluir no plano de segurança e saúde em projecto, previstas na alínea *f)* do n.° 2 do artigo 6.°

1 – Identificação das situações susceptíveis de causar risco e que não puderam ser evitadas em projecto, bem como as respectivas medidas de prevenção.

2 – Instalação e funcionamento de redes técnicas provisórias, nomeadamente de electricidade, gás e comunicações, infra-estruturas de abastecimento de água e sistemas de evacuação de resíduos.

3 – Delimitação, acessos, circulações horizontais e verticais e permanência de veículos e pessoas.

4 – Movimentação mecânica e manual de cargas.

5 – Instalações e equipamentos de apoio à produção.

6 – Informações sobre os materiais, produtos, substâncias e preparações perigosas a utilizar em obra.

7 – Planificação das actividades que visem evitar riscos inerentes à sua sobreposição ou sucessão, no espaço e no tempo.

8 – Cronograma dos trabalhos a realizar em obra.

9 – Medidas de socorro e evacuação.

10 – Arrumação e limpeza do estaleiro.

11 – Medidas correntes de organização do estaleiro.

12 – Modalidades de cooperação entre a entidade executante, subempreiteiros e trabalhadores independentes.

13 – Difusão da informação aos diversos intervenientes, nomeadamente empreiteiros, subempreiteiros, técnicos de segurança e higiene do trabalho, trabalhadores por conta de outrem e trabalhadores independentes.

14 – Instalações sociais para o pessoal empregado na obra, nomeadamente dormitórios, balneários, vestiários, instalações sanitárias e refeitórios.

ANEXO II
Estrutura do plano de segurança e saúde para a execução da obra, prevista no n.° 2 do artigo 11.°

1 – Avaliação e hierarquização dos riscos reportados ao processo construtivo, abordado operação a operação de acordo com o cronograma, com a previsão dos riscos correspondentes a cada uma por referência à sua origem, e das adequadas técnicas de prevenção que devem ser objecto de representação gráfica sempre que se afigure necessário.

2 – Projecto do estaleiro e memória descritiva, contendo informações sobre sinalização, circulação, utilização e controlo dos equipamentos, movimentação de cargas, apoios à produção, redes técnicas, recolha e evacuação dos resíduos, armazenagem e controlo de acesso ao estaleiro.

3 – Requisitos de segurança e saúde segundo os quais devem decorrer os trabalhos.

4 – Cronograma detalhado dos trabalhos.

5 – Condicionantes à selecção de subempreiteiros, trabalhadores independentes, fornecedores de materiais e equipamentos de trabalho.

6 – Directrizes da entidade executante relativamente aos subempreiteiros e trabalhadores independentes com actividade no estaleiro em matéria de prevenção de riscos profissionais.

7 – Meios para assegurar a cooperação entre os vários intervenientes na obra, tendo presentes os requisitos de segurança e saúde estabelecidos.

8 – Sistema de gestão de informação e comunicação entre todos os intervenientes no estaleiro em matéria de prevenção de riscos profissionais.

9 – Sistemas de informação e de formação de todos os trabalhadores presentes no estaleiro, em matéria de prevenção de riscos profissionais.

10 – Procedimentos de emergência, incluindo medidas de socorro e evacuação.

11 – Sistema de comunicação da ocorrência de acidentes e incidentes no estaleiro.

12 – Sistema de transmissão de informação ao coordenador de segurança em obra para a elaboração da compilação técnica da obra.

13 – Instalações sociais para o pessoal empregado na obra, de acordo com as exigências legais, nomeadamente dormitórios, balneários, vestiários, instalações sanitárias e refeitórios.

ANEXO III
Elementos a juntar ao plano de segurança e saúde para a execução da obra, de acordo com o n.° 2 do artigo 11.°

1 – Peças de projecto com relevância para a prevenção de riscos profissionais.

2 – Pormenor e especificação relativos a trabalhos que apresentem riscos especiais.

3 – Organograma do estaleiro com definição de funções, tarefas e responsabilidades.

4 – Registo das actividades inerentes à prevenção de riscos profissionais, tais como fichas de controlo de equipamentos e instalações, modelos de relatórios

de avaliação das condições de segurança no estaleiro, fichas de inquérito de acidentes de trabalho e notificação de subempreiteiros e de trabalhadores independentes.

5 – Registo das actividades de coordenação, de que constem:

a) As actividades do coordenador de segurança em obra no que respeita a:

i) Promover e verificar o cumprimento do plano de segurança e saúde por parte da entidade executante, dos subempreiteiros e dos trabalhadores independentes que intervêm no estaleiro;

ii) Coordenar as actividades da entidade executante, dos subempreiteiros e dos trabalhadores independentes, tendo em vista a prevenção dos riscos profissionais;

iii) Promover a divulgação recíproca entre todos os intervenientes no estaleiro de informações sobre riscos profissionais e a sua prevenção.

b) As actividades da entidade executante no que respeita a:

i) Promover e verificar o cumprimento do plano de segurança e saúde, bem como das obrigações dos empregadores e dos trabalhadores independentes;

ii) Assegurar que os subempreiteiros cumpram, na qualidade de empregadores, as obrigações previstas no artigo 22.°;

iii) Assegurar que os trabalhadores independentes cumpram as obrigações previstas no artigo 23.°;

iv) Reuniões entre os intervenientes no estaleiro sobre a prevenção de riscos profissionais, com indicação de datas, participantes e assuntos tratados.

c) As auditorias de avaliação de riscos profissionais efectuadas no estaleiro, com indicação das datas, de quem as efectuou, dos trabalhos sobre que incidiram, dos riscos identificados e das medidas de prevenção preconizadas.

PARTE IV

LEIS AVULSAS

- Decreto-Lei n.° 358/84, de 13 de Novembro
- Regulamento (CEE) n.° 3821/85, de 20 de Dezembro
- Decreto-Lei n.° 362/93, de 15 de Outubro
- Lei n.° 15/97 de 31 de Maio
- Lei n.° 134/99, de 28 de Agosto
- Decreto-Lei n.° 111/2000, de 4 de Julho
- Decreto-Lei n.° 280/2001, de 23/10
- Regulamento (CE) n.° 561/2006, de 15 de Março
- Lei n.° 13/2006 de 17 de Abril
- Lei n.° 30/2006, de 11 de Julho,
- Decreto-Lei n.° 237/2007, de 19 de Junho
- Lei n.° 4/2008, de 7 de Fevereiro
- Decreto-Lei n.° 91/2009, de 9 de Abril
- Lei n.° 98/2009, de 4 de Setembro
- Lei n.° 101/2009, de 8 de Setembro
- Lei n.° 102/2009, de 10 de Setembro
- Lei n.° 105/2009, de 14 de Setembro
- Decreto-Lei n.° 260/2009, de 25 de Setembro
- Lei n.° 27/2010, de 30 de Agosto

DECRETO-LEI N.° 358/84
de 13 de Novembro

Aprova o regime jurídico das carteiras profissionais
(Só se publicam as disposições que respeitam às CO)

....

ARTIGO 6.°
(Efeitos da falta de carteira profissional ou certificado)

1 – É nulo o contrato pelo qual alguém se obrigue a exercer, mediante remuneração, profissões abrangidas por portarias emitidas ao abrigo deste diploma sem que possua carteira profissional ou certificado.

2 – O exercício das referidas profissões por quem não possua carteira profissional ou certificado constitui contra-ordenação grave.

3 – No caso do exercício por conta de outrem das referidas profissões, pratica contra-ordenação grave a entidade patronal que nele consentir.[347]

Notas:

1 – Em consonância com o n.° 1, dispõe o art. 113.°/1 do CT/2009 que a falta de carteira profissional em actividade legalmente condicionada à sua posse determina a nulidade do contrato. E acrescenta o n.° 2 que, após a celebração de contrato, a retirada da carteira por decisão definitiva faz caducar aquele logo que a decisão chegue ao conhecimento das partes.

2 – Para a obtenção de carteira profissional de cabeleireiro, barbeiro, manicuro, pedicuro, calista, esteticista, massagista de estética e fins, consultar a Portaria n.° 799/90, de 06/09.

---

[347] Os n.os 2 e 3 constam da redacção que lhes foi dada pela Lei n.° 118/99, de 11/08.

3 – Além dos cabeleireiros e afins, necessitam possuir carteira profissional os profissionais das áreas de:

3.1 – Cinema e espectáculos (Dec.-Lei n.° 43181, de 23/09/1960, na redacção do art. 18.° da Lei 30/2006, de 11/07;

3.2 – Electricidade (Dec.-Regulamentar n.° 31/83, de 18/04);

2.3 – Fogueiros (Decreto n.° 46989, de 20/04/1966, na redacção do art. 22.° da Lei 30/2006, de 11/07;

3.4 – Futebol (Regulamento de transferências aprovado a 18/19 de Dezembro de 2004 pelo Comité Internacional da FIFA);

3.5 – Hotelaria e similares (Regulamento das carteiras profissionais dos profissionais de hotelaria e restauração de 28/05/1947);

3.6 – Informação turística (Portaria 26-J2/80 de 9/1 e art. 9.° do Dec.-Lei 519-F/79, com a alteração do Dec.-Lei 493/85 de 26/11);

3.7 – Informação médica;

3.8 – Jornalismo (Dec.-Lei n.° 305/97, de 11 de Novembro).

4 – Quanto ao modelo de certificação profissional, consultar o Dec.-Regulamentar n.° 35/2002, de 23/04.

REGULAMENTO (CEE) N.° 3821/85 DO CONSELHO
de 20 de Dezembro de 1985 relativo à introdução de um aparelho de controlo no domínio dos transportes rodoviários

O CONSELHO DAS COMUNIDADES EUROPEIAS,

Tendo em conta o Tratado que institui a Comunidade Económica Europeia e, nomeadamente, o seu artigo 75.°, ...
Considerando
....

ADOPTOU O PRESENTE REGULAMENTO:

CAPÍTULO I
Princípios e âmbito de aplicação

ARTIGO 1.°

O aparelho de controlo para efeitos do disposto no presente regulamento deve, no que se refere às condições de construção, instalação, utilização e controlo, corresponder às normas do presente regulamento, assim como às dos seus Anexos I e II, que dele fazem parte integrante.

ARTIGO 2.°

Para efeitos do presente regulamento, são aplicáveis as definições constantes do artigo 4.° do Regulamento (CE) n.° 561/2006 do Parlamento Europeu e do Conselho, de 15 de Março de 2006, relativo à harmonização de determinadas disposições em matéria social no domínio dos transportes rodoviários e que altera os Regulamentos (CEE) n.° 3821/85 e (CE) n.° 2135/98 do Conselho [13].

(Redacção do REG (CE) 561/2006)

ARTIGO 3.°

"1 – O aparelho de controlo deve ser instalado e utilizado nos veículos afectos ao transporte rodoviário de passageiros ou de mercadorias matriculados num Estado-Membro, com excepção dos veículos referidos no artigo 3.° do Regulamento (CE) n.° 561/2006. Os veículos a que se refere o n.° 1 do artigo 16.° do Regulamento (CE) n.° 561/2006 e os veículos que tenham sido isentos da aplicação do Regulamento (CEE) n.° 3820/85, mas que já não estejam isentos nos termos do Regulamento (CE) n.° 561/2006, deverão cumprir este requisito até 31 de Dezembro de 2007.

2 – Os Estados-Membros podem isentar da aplicação do presente regulamento os veículos referidos nos n.os 1 e 3 do artigo 13.° do Regulamento (CE) n.° 561/2006.

3 – Os Estados-Membros podem, após autorização da Comissão, isentar da aplicação do presente regulamento os veículos afectos aos transportes referidos no artigo 14.° do Regulamento (CE) n.° 561/2006";

4 – Os Estados-membros podem, em conformidade com o presente regulamento, exigir para os transportes nacionais a instalação e a utilização de um aparelho de controlo em todos os veículos para os quais o n.° 1 não o exige.

(Os n.os 1, 2 e 3 têm a redacção dada pelo REG (CE) 561/2006)

CAPÍTULO II
Homologação

ARTIGO 4.°

Qualquer pedido de homologação CEE para um modelo de aparelho de controlo ou de folha de registo, acompanhado dos documentos descritivos apropriados, será apresentado pelo fabricante ou pelo seu mandatário a um Estado-membro. Para o mesmo modelo de aparelho de controlo ou folha de registo, esse pedido só pode ser apresentado a um único Estado-membro.

ARTIGO 5.°

Cada Estado-membro concederá a homologação CEE a um modelo de aparelho de controlo ou a um modelo de folha de registo, desde que estes estejam em conformidade com o disposto no Anexo I e desde que esse Estado-membro esteja em condições de verificar a conformidade da produção com o modelo homologado.

As alterações ou adjunções a realizar num modelo homologado devem ser objecto de uma homologação CEE complementar, por parte do Estado-membro que tiver concedido a primeira homologaçõa CEE.

ARTIGO 6.°

Os Estados-membros atribuirão ao requerente uma marca de homologação CEE, conforme ao modelo estabelecido no Anexo II, para cada modelo de aparelho de controlo ou de folha de registo que homologuem nos termos do artigo 5.°.

ARTIGO 7.°

As autoridades competentes do Estado-membro ao qual tenha sido apresentado um pedido de homologação, enviarão às autoridades competentes dos outros Estados-membros, no prazo de um mês, uma cópia da ficha de homologação acompanhada de uma cópia dos documentos descritivos necessários ou comunicar-lhes-ão a recusa dc homologação para cada modelo de aparelho de controlo ou de folha de registo que homologuem ou recusem homologar; em caso de recusa, comunicarão os motivos justificativos da decisão.

ARTIGO 8.°

1 – Se o Estado-membro que tiver procedido à homologação CEE, referida no artigo 5.°, verificar que aparelhos de controlo ou folhas de registo portadores da marca de homologação CEE, por ele atribuída, não estão em conformidade com o modelo que homologou, tomará as medidas necessárias para que seja assegurada a conformidade da produção com

esse modelo. Essas medidas podem ir, se for caso disso, até à revogação da homologação CEE.

2 – O Estado-membro que tiver concedido uma homologação CEE deve revogá-la se o aparelho de controlo ou a folha de registo que foram objecto de homologação forem considerados como não estando em conformidade com o presente regulamento e os seus anexos, ou apresentem, durante a utilização, um defeito de ordem geral que os torne impróprios para o fim a que se destinam.

3 – Se o Estado-membro que tiver concedido uma homologação CEE for informado por um outro Estado-membro da existência de algum dos casos referidos nos n.os 1 e 2, tomará igualmente, após consulta deste último, as medidas previstas nos referidos números, sob reserva da aplicação do n.° 5.

4 – O Estado-membro, que verificar a existência de algum dos casos previstos no n.° 2, pode suspender a introdução no mercado e a utilização dos aparelhos de controlo ou das folhas, até nova decisão. O mesmo aplica-se nos casos previstos no n.° 1, em relação aos aparelhos de controlo ou folhas dispensados da primeira verificação CEE, se o fabricante, após advertência, não os tiver posto em conformidade com o modelo aprovado ou com as exigências do presente regulamento.

Em qualquer caso, as autoridades competentes dos Estados-membros informar-se-ão mutuamente e a Comissão, no prazo de um mês, sobre a revogação de uma homologação CEE concedida e sobre outras medidas tomadas em conformidade com os n.os 1, 2, e 3 bem como dos motivos justificativos dessa medida.

5 – Se o Estado-membro que tiver procedido à homologação CEE contestar a existência de qualquer dos casos previstos nos n.os 1 e 2, de que tiver sido informado, os Estados-membros interessados esforçar-se-ão por resolver o diferendo. A Comissão será regularmente informada sobre este assunto.

Quando, no prazo de quatro meses a contar da data da informação referida no n.° 3, as conversações entre os Estados-membros não conduzirem a um acordo, a Comissão, após consulta dos peritos de todos os Estados-membros e exame de todos os factores relevantes, por exemplo, de carácter económico e técnico, tomará uma decisão no prazo de seis meses, a qual será comunicada aos Estados-membros interessados e simultaneamente aos outros Estados-membros. A Comissão fixará, consoante os casos, o prazo para o início da aplicação da sua decisão.

ARTIGO 9.°

1 – O requerente da homologação CEE para um modelo de folha de registo deve indicar, no seu requerimento, o(s) modelo(s) de aparelho(s) de controlo a que (aos quais) se destina essa folha e fornecer, para fins de ensaio da folha, um aparelho adequado do(s) tipo(s) apropriado(s).

2 – As autoridades competentes de cada Estado-membro devem indicar, no certificado de homologação do modelo da folha de registo, o(s) modelo(s) de aparelho(s) de controlo para o qual (para os quais) esse modelo de folha poderá ser utilizado.

ARTIGO 10.°

Os Estados-membros não podem recusar a matrícula ou proibir a circulação ou uso de veículos equipados com um aparelho de controlo por motivos relacionados com esse equipamento, se o aparelho apresentar a marca de homologação CEE, referida no artigo 6.°, e da chapa de instalação referida no artigo 12.°.

ARTIGO 11.°

Qualquer decisão que recuse ou revogue a homologação de um modelo de aparelho de controlo ou de folha de registo, tomada por força do disposto no presente regulamento, deve ser fundamentada de modo preciso. A decisão será comunicada ao interessado, com a indicação das vias de recurso admitidas pela legislação em vigor nos Estados-membros e dos prazos em que esses recursos podem ser interpostos.

CAPÍTULO III
Instalação e controlo

ARTIGO 12.°

1 – Só serão autorizados a efectuar operações de instalação e de reparação do aparelho de controlo os instaladores ou oficinas aprovados para

esse efeito pelas autoridades competentes dos Estados-membros, após ouvirem o parecer, se o desejarem, dos fabricantes interessados.

2 – O instalador ou oficina aprovados aplicarão uma marca especial sobre as selagens que efectuem. As autoridades competentes de cada Estado-membro organizarão um registo das marcas utilizadas.

3 – As autoridades competentes dos Estados-membros comunicar-se-ão mutuamente a relação dos instaladores ou oficinas aprovados e transmitir-se-ão mutuamente uma cópia das marcas utilizadas.

4 – A conformidade da instalação do aparelho de controlo com as normas do presente regulamento será certificada pela chapa da instalação aposta nas condições previstas no Anexo I.

CAPÍTULO IV
Normas de utilização

ARTIGO 13.°

O empregador e os condutores velarão pelo bom funcionamento e por uma utilização correcta do aparelho.

ARTIGO 14.°

1 – O empregador distribuirá aos condutores o número suficiente de folhas de registo, tendo em conta o carácter individual dessas folhas, a duração do serviço e a exigência de substituir, eventualmente, as folhas danificadas ou apreendidas por um agente encarregado do controlo. O empregador apenas entregará aos condutores folhas de um modelo homologado, adequadas ao aparelho instalado no veículo.

2 – A empresa deve conservar as folhas de registo e impressões, sempre que estas últimas tiverem sido feitas em cumprimento do n.° 1 do artigo 15.°, por ordem cronológica e de forma legível, durante um período de, pelo menos, um ano a partir da sua utilização e remeter uma cópia aos condutores interessados, caso estes o solicitem. A empresa deve também remeter aos condutores interessados que o solicitem cópias dos dados descarregados do cartão do condutor, bem como impressões dessas cópias. As

folhas de registo, impressões e dados descarregados devem ser apresentados ou entregues, a pedido, aos agentes encarregados do controlo."

(O n.° 2 tem a redacção dada pelo REG (CE) 561/2006)

ARTIGO 15.°

1 – Os condutores não podem utilizar folhas de registo sujas ou danificadas. Por conseguinte, devem ser protegidas de forma adequada.

No caso de se danificar uma folha que contenha registos, os condutores devem juntar a folha danificada à folha de reserva utilizada para a substituir.

"Quando um cartão de condutor estiver danificado, funcionar mal ou não estiver na posse do condutor, este deverá:

a) imprimir, no início do seu percurso, os dados relativos ao veículo que conduz e indicar nessa impressão:

i) os dados que permitem a sua identificação (nome, cartão de condutor ou número da carta de condução), incluindo a sua assinatura;

ii) os períodos referidos nas alíneas *b*), *c*) e *d*) do segundo travessão do n.° 3;

b) imprimir, no final do seu percurso, as informações relativas aos períodos de tempo registados pelo aparelho de controlo, registar quaisquer períodos de outro trabalho, de disponibilidade e de repouso desde a impressão feita no início do seu percurso, quando não registados pelo tacógrafo, e inscrever no documento dados que permitam a sua identificação (nome, cartão de condutor ou número da carta de condução do condutor), incluindo a sua assinatura;"

(O 2.° § foi aditado pelo REG (CE) 561/2006)

2 – Os condutores devem utilizar as folhas de registo sempre que conduzem, a partir do momento em que tomem o veículo a seu cargo. A folha de registo não pode ser retirada antes do fim do período de trabalho diário, a menos que esta operação seja autorizada de outra forma. Nenhuma folha de registo pode ser utilizada por um período mais longo do que aquele para o qual foi destinada.

Quando, em virtude do seu afastamento do veículo, os condutores não possam utilizar os elementos do aparelho instalado no veículo, os períodos de tempo referidos nas alíneas *b*), *c*) e *d*) do segundo travessão do n.° 3 devem:

a) ser inscritos na folha de registo por inscrição manual, registo automático ou qualquer outro processo, de forma legível e sem sujar a folha, se o veículo estiver equipado com um aparelho de controlo em conformidade com o anexo I; ou

b) ser inscritos no cartão de condutor, utilizando a possibilidade de introdução manual oferecida pelo aparelho de controlo, se o veículo estiver equipado com um aparelho de controlo em conformidade com o Anexo IB.

Quando houver mais do que um condutor a bordo de um veículo equipado com um aparelho de controlo em conformidade com o Anexo IB, os condutores devem certificar-se de que os seus cartões foram inseridos na ranhura certa do tacógrafo";

(O 2.° § tem a redacção dada pelo REG (CE) 561/2006)

3 – Os condutores devem: – certificar-se da concordância entre a marcação horária na folha e a hora legal do país onde o veículo foi matriculado,

– preocupar-se em accionar os dispositivos de comutação que permitem distinguir os seguintes grupos de tempo a registar: >PIC FILE= "T0028093"> >PIC FILE= "T0028094">

"*b*) Qualquer "outro trabalho", entendido como qualquer actividade distinta da condução, tal como definida na alínea a) do artigo 3.° da Directiva 2002/15/CE do Parlamento Europeu e do Conselho, de 11 de Março de 2002, relativa à organização do tempo de trabalho das pessoas que exercem actividades móveis de transporte rodoviário [14], bem como qualquer trabalho prestado ao mesmo ou a outro empregador dentro ou fora do sector dos transportes, deve ser registado sob o símbolo.

c) A "disponibilidade", definida na alínea *b*) do artigo 3.° da Directiva 2002/15/CE, deve ser registada sob o símbolo.

(As alíneas b) e c) têm a redacção dada pelo REG (CE) 561/2006)

4 – (Revogado pelo REG (CE) 56172006)

5 – O condutor deve anotar na folha de registo as seguintes indicações:

a) Nome e apelido, no início da utilização da folha;

b) A data e o lugar, no início e no fim da utilização da folha;

c) Número da placa de matrícula do veículo a que tiver estado afecto antes da primeira viagem registada na folha e em seguida, em caso de mudança de veículo, durante a utilização da folha;

d) Leitura do conta-quilómetros: – antes da primeira viagem registada na folha,

– no fim da última viagem anotada na folha,

– em caso de mudança de veículo durante o dia de trabalho (contador do veículo a que esteve afecto e contador do veículo a que vai estar afecto);

e) Se for caso disso, a hora de mudança de veículo.

6 – O aparelho deve ser concebido de forma a permitir que os agentes encarregados do controlo possam ler, após eventual abertura do aparelho, os registos relativos às nove horas anteriores à hora do controlo, sem deformar de forma permanente, danificar ou sujar a folha.

Por outro lado, o aparelho deve ser concebido de forma a permitir verificar, sem abertura da caixa, se os registos estão a ser efectuados.

7 – passa a ter a seguinte redacção:

"7. *a*) Sempre que o condutor conduza um veículo equipado com um aparelho de controlo em conformidade com o anexo I, deve poder apresentar, a pedido dos agentes encarregados do controlo:

i) as folhas de registo da semana em curso e as utilizadas pelo condutor nos 15 dias anteriores;

ii) o cartão de condutor, se o possuir; e

iii) qualquer registo manual e impressão efectuados durante a semana em curso e nos 15 dias anteriores, tal como previsto no presente regulamento e no Regulamento (CE) n.° 561/2006.

No entanto, após 1 de Janeiro de 2008, os períodos referidos nas subalíneas i) e iii) abrangerão o dia em curso e os 28 dias anteriores;

b) Sempre que o condutor conduza um veículo equipado com um aparelho de controlo de acordo com o anexo 1 B, deve poder apresentar, a pedido dos agentes encarregados do controlo:

i) o cartão de condutor de que for titular,

ii) qualquer registo manual e impressão efectuados durante a semana em curso e nos 15 dias anteriores, tal como previsto no presente regulamento e no Regulamento (CE) n.° 561/2006, e

iii) as folhas de registo correspondentes ao período referido na alínea anterior, no caso de ter conduzido um veículo equipado com um aparelho de controlo de acordo com o anexo I.

No entanto, após 1 de Janeiro de 2008, os períodos referidos na subalínea ii) devem abranger o dia em curso e os 28 dias anteriores;

c) Os agentes autorizados para o efeito podem verificar o cumprimento do Regulamento (CE) n.° 561/2006 através da análise das folhas de registo ou dos dados, visualizados ou impressos, registados pelo aparelho de controlo ou pelo cartão de condutor ou, na falta destes meios, através da análise de qualquer outro documento comprovativo que permita justificar o incumprimento de qualquer disposição, como as previstas nos n.os 2 e 3 do artigo 16.°".

"7. *a*) Sempre que o condutor conduza um veículo equipado com um aparelho de controlo em conformidade com o anexo I, deve poder apresentar, a pedido dos agentes encarregados do controlo:

i) as folhas de registo da semana em curso e as utilizadas pelo condutor nos 15 dias anteriores;

ii) o cartão de condutor, se o possuir; e

iii) qualquer registo manual e impressão efectuados durante a semana em curso e nos 15 dias anteriores, tal como previsto no presente regulamento e no Regulamento (CE) n.° 561/2006.

No entanto, após 1 de Janeiro de 2008, os períodos referidos nas subalíneas i) e iii) abrangerão o dia em curso e os 28 dias anteriores;

b) Sempre que o condutor conduza um veículo equipado com um aparelho de controlo de acordo com o anexo 1 B, deve poder apresentar, a pedido dos agentes encarregados do controlo:

i) o cartão de condutor de que for titular,

ii) qualquer registo manual e impressão efectuados durante a semana em curso e nos 15 dias anteriores, tal como previsto no presente regulamento e no Regulamento (CE) n.° 561/2006, e

iii) as folhas de registo correspondentes ao período referido na alínea anterior, no caso de ter conduzido um veículo equipado com um aparelho de controlo de acordo com o anexo I.

No entanto, após 1 de Janeiro de 2008, os períodos referidos na subalínea ii) devem abranger o dia em curso e os 28 dias anteriores;

c) Os agentes autorizados para o efeito podem verificar o cumprimento do Regulamento (CE) n.° 561/2006 através da análise das folhas de registo ou dos dados, visualizados ou impressos, registados pelo aparelho de controlo ou pelo cartão de condutor ou, na falta destes meios, através da análise de qualquer outro documento comprovativo que permita justificar o incumprimento de qualquer disposição, como as previstas nos n.os 2 e 3 do artigo 16.°".

(O n.° 7 tem a redacção dada pelo REG (CE) 561/2006)

ARTIGO 16.°

1 – Em caso de avaria ou de funcionamento defeituoso do aparelho, o empregador deve, assim que as circunstâncias o permitam, promover a sua reparação por instaladores ou oficinas aprovadas.

A reparação será efectuada no percurso, se o regresso às instalações de empresa só se puder efectuar decorrido um período superior a uma semana, a partir do dia da avaria ou da verificação do funcionamento defeituoso.

Os Estados-membros podem tomar medidas, no âmbito das disposições previstas no artigo 19.°, no sentido de atribuir às autoridades competentes a faculdade de proibirem o uso do veículo, nos casos em que a avaria ou o funcionamento defeituoso não sejam reparados nas condições acima fixadas.

2 – Durante o periodo da avaria ou de funcionamento defeituoso do aparelho, os condutores devem anotar as indicações relativas aos diferentes grupos de tempo, na medida em que estes não sejam registados de forma correcta pelo aparelho, na (ou nas) folha(s) de registo, ou numa folha «ad hoc» a juntar à folha de registo.

CAPÍTULO V
Disposições finais

ARTIGO 17.°

As alterações que forem necessárias para adaptar os anexos do presente regulamento ao progresso técnico serão adoptadas em conformidade com o processo previsto no artigo 18.°.

ARTIGO 18.°

1 – É instituído um Comité para a adaptação do presente regulamento ao progresso técnico, a seguir denominado «Comité», composto por representantes dos Estados-membros e presidido por um representante da Comissão.

2 – O Comité estabelecerá o seu regulamento interno.

3 – No caso de ser feita referência ao processo definido no presente artigo, o Comité será convocado pelo seu presidente, que por sua própria iniciativa, quer a pedido do representante de um Estado-membro.

4 – O representante da Comissão submeterá ao Comité um projecto das disposições a tomar. O Comité emitirá o seu parecer sobre o projecto no prazo que o presidente pode fixar em função da urgência da questão em causa. O Comité pronuncia-se por maioria qualificada em conformidade com o disposto no n.° 2 do artigo 148.° do Tratado CEE. O presidente não participa na votação.

5 – *a*) A Comissão adoptará as disposições preconizadas quando estiverem em conformidade com o parecer do Comité;

b) Quando as disposições preconizadas não estiverem em conformidade com o parecer do Comité, ou na falta de parecer, a Comissão submeterá sem demora ao Conselho uma proposta sobre as disposições a tomar. O Conselho delibera por maioria qualificada.

c) Se, findo o prazo de três meses a contar da apresentação da proposta ao Conselho, este não tiver deliberado, as disposições propostas serão adoptadas pela Comissão.

ARTIGO 19.°

1 – Os Estados-membros adoptarão, atempadamente, e após consulta da Comissão, as disposições legislativas, regulamentares e administrativas necessárias à execução do presente regulamento.

Essas disposições incidirão, entre outras matérias, sobre a organização, o processo e os instrumentos de controlo, assim como sobre as sanções aplicáveis em caso de infracção.

2 – Os Estados-membros prestar-se-ão assistência mútua tendo em vista a aplicação das disposições do presente regulamento e do seu controlo.

3 – No âmbito desta assistência mútua, as autoridades competentes dos Estados-membros comunicar-se-ão mutuamente com regularidade todas as informações disponiveis que dizem respeito a: – infracções ao presente regulamento cometidas por não residentes e a qualquer sanção aplicada por força de tais infracções,

– sanções aplicadas por um Estado-membro aos seus residentes por força de tais infracções cometidas noutros Estados-membros.

ARTIGO 20.°

O Regulamento (CEE) n.° 1463/70 é revogado.

Não obstante, no n.° 1 do artigo 3.° do referido regulamento continua a ser aplicável, até 31 de Dezembro 1989, aos veículos e aos condutores afectos aos transportes internacionais regulares de passageiros, na medida em que os veículos que efectuam estes serviços não estão equipados com um aparelho de controlo utilizado em conformidade com o presente regulamento.

ARTIGO 21.°

O presente regulamento entra em vigor em 29 de Setembro de 1986.

O presente regulamento é obrigatório em todos os seus elementos e directamente aplicável em todos os Estados-membros.

Feito em Bruxelas em 20 de Dezembro de 1985.

Pelo Conselho
O Presidente
R. KRIEPS

……

DECRETO-LEI N.º 362/93
de 15 de Outubro

Regime da informação estatística sobre acidentes de trabalho
(Só se publicam as disposições que respeitam às CO)

....

ARTIGO 5.º
Participação de acidentes de trabalho

1 – As entidades seguradoras devem remeter ao Departamento de Estatística do Ministério do Emprego e da Segurança Social, até ao dia 15 de cada mês, um exemplar de cada uma das participações de acidentes de trabalho que lhes tenham sido dirigidas no decurso do mês anterior.

2 – O disposto no número anterior é igualmente aplicável aos serviços da administração pública central, regional e local, aos institutos públicos e às demais entidades públicas ou privadas a eu seja reconhecida, nos termos legais, capacidade económica para, por conta própria, cobrir os riscos de acidentes de trabalho.

Notas:

1 – É com base nestes exemplares de participações que mensalmente são enviadas ao Departamento de Estatística pelas seguradoras, e também pela Administração e pelas entidades com grande capacidade económica a quem é reconhecida a capacidade para cobrir os riscos – e que, por isso, estão dispensadas da transferência da responsabilidade – que as estatísticas de acidentes de trabalho, quer acidentes mortais quer a totalidade de acidentes, são elaboradas.

2 – Sucede que nem todos os acidentes são participados. Alguns não são comunicados ao empregador pelas vítimas ou pelos seus familiares (art. 86.º da Lei 98/2009). Outros não são comunicados pelo empregador às companhias de

seguros (art. 87.° da Lei 98/2009). Outros não são comunicados pelo empregador que não transferiu a responsabilidade aos tribunais (art. 88.° da Lei 98/2009).

E, por isso, se crê que as estatísticas pequem sempre por defeito, embora alguns destes acidentes venham mais tarde, designadamente quando o respectivo processo chega aos tribunais, a ser conhecidos, desconhecendo-se se serão então incluídos nas estatísticas. É por isso que consideramos mais fiável o método que contava da anterior legislação (DL 360/71, de 21/08) segundo o qual as estatísticas eram feitas com base nos mapas que os tribunais de trabalho elaboravam mensalmente com base nos mapas das seguradoras, e que remetiam àquele departamento. É que todos os acidentes que não fossem incluídos no mapa mensal da seguradora davam origem a CO da competência dos serviços inspectivos do trabalho e eram dados então a conhecer ao Departamento de Estatística. E só na região do Porto sucedia uma média de cerca de uma centena de acidentes nessas condições.

3 – É contra-ordenação grave a violação do artigo em anotação (art. 12.°), mas não se conhecem as estatísticas das contra-ordenações que cifrariam o grau de desrespeito dos seus comandos.

Por outro lado, também se não descortina qual a fonte que o referido departamento pode utilizar para verificar do incumprimento da remessa do exemplar da participação. A não ser que mantenha algum intercâmbio com os tribunais do trabalho.

4 – A violação do n.° 2 constitui um exemplo de contra-ordenações que são imputáveis aos serviços da administração central, regional e local e aos institutos públicos, sujeitos colectivos que não são sujeitos de relação laboral.

ARTIGO 6.°
Participação de doenças profissionais

1 – A Caixa Nacional de Seguros de Doenças Profissionais deve remeter ao Departamento de Estatística do Ministério do Emprego e da Segurança Social, no primeiro mês de cada trimestre, o mapa das doenças profissionais que lhes tenham sido participadas ou de que tenham tomado conhecimento directo no decurso do trimestre anterior.

2 – O disposto no número anterior é igualmente aplicável aos serviços da administração pública central. Regional e local e aos institutos públicos.

....

Nota:

O que dissemos na nota 4 do artigo anterior sobre sujeitos colectivos de CO vale igualmente quanto à responsabilidade contra-ordenacional da Caixa Nacional de Seguros de Doenças Profissionais, ora designada de Centro Nacional de Reabilitação contra os Riscos Profissionais.

ARTIGO 8.°
Mapas

1 – As entidades referidas no artigo 5.° devem enviar ao Departamento de Estatística do Ministério do Emprego e da Segurança Social um mapa relativo ao resultado dos acidentes de trabalho, até ao dia 15 do mês seguinte àquele em que os respectivos processos sejam dados por encerrados ou em que se tenha completado um ano sobre a sua verificação.

2 – As entidades referidas no artigo 6.° devem enviar ao Departamento de Estatística do Ministério do Emprego e da Segurança Social no primeiro mês de cada trimestre, um mapa das doenças profissionais com indicação das pensões atribuídas no trimestre anterior discriminando as que tenham sido iniciadas nesse período ou nos anteriores.

....

Nota:
A informação aqui referida destina-se à estatística da avaliação dos resultados das doenças ou acidentes. Sobre a participação pelas seguradoras ao tribunal dos casos de morte, incapacidade permanente e incapacidade temporária que ultrapasse 12 meses, consultar o art. 90.° da Lei n.° 98/2009.

ARTIGO 12.°

1 – A violação do disposto nos artigos 5.°, 6.° e 8.° constitui contra-ordenação punível com coima de (euros) 249, 40 a (euros) 997,60.

....

Nota:
Estando o montante da coima expresso em escudos a conversão para euros efectuou-se ao abrigo do disposto no art. 1.° do Dec.-Lei n.° 323/2001, de 17/12.

LEI N.º 15/97
de 31 de Maio

Com as alterações introduzidas pela Lei n.º 114/99 de 3 de Agosto
Estabelece o regime jurídico do contrato individual de trabalho a bordo das embarcações de pesca

ARTIGO 1.º
Princípio geral

1 – É aprovado o regime jurídico do contrato individual de trabalho a bordo das embarcações de pesca como tal registadas nos portos nacionais.

2 – As embarcações de pesca estrangeiras afretadas por pessoas singulares ou colectivas nacionais, para tal autorizadas nos termos da lei, ficam igualmente sujeitas ao regime jurídico referido no número anterior.

3 – O presente regime não prejudica a prevalência de disposições mais favoráveis constantes de instrumento de regulamentação colectiva de trabalho ou de contrato individual de trabalho.

4 – Na ausência de regulamentação colectiva de trabalho e desde que não contrariem a lei ou o contrato individual de trabalho, serão atendíveis os usos da profissão ou da empresa.

5 – O regime da presente lei é aplicável quer aos contratos celebrados depois da sua entrada em vigor quer aos celebrados antes, salvo quanto aos efeitos de factos ou situações totalmente passados relativamente àquele momento.

ARTIGO 2.º
Excepção ao âmbito

É excluído do âmbito de aplicação do presente diploma o pessoal das embarcações do Estado ou de outras pessoas colectivas de direito público

ARTIGO 3.º
Noção

1 – O contrato individual de trabalho a bordo das embarcações de pesca é aquele pelo qual o inscrito marítimo, titular de cédula marítima válida, abreviadamente designado por marítimo, se obriga, mediante retribuição, a prestar a sua actividade profissional a um armador de pesca, sob a autoridade e direcção deste ou do seu representante legal.

2 – Considera-se que a prestação de trabalho do marítimo ocorre a bordo de embarcações de pesca e em terra, na execução de tarefas específicas da actividade da pesca ou relacionadas com a embarcação.

ARTIGO 5.º
Duração

1 – O contrato de trabalho pode ser celebrado sem termo, ou a termo, certo ou incerto.

2 – A celebração de contrato a termo certo apenas pode ocorrer quando se verifique a natureza transitória ou temporária do trabalho a prestar, ou nos casos de início de laboração de uma empresa armadora ou de contratação de marítimos à procura de primeiro emprego, ou de desempregados de longa duração.

3 – A celebração de contrato de trabalho a termo incerto a bordo das embarcações de pesca como tal só pode ter lugar nos seguintes casos:

a) Substituição temporária de um marítimo;

b) Pesca sazonal;

c) Pesca por campanha, cuja actividade esteja condicionada à obtenção de quotas nacionais ou comunitárias ou licenças de pesca que não dependam do armador.

....

Nota:
Constitui contra-ordenação grave a violação dos n.os 2 e 3.

ARTIGO 6.°
Forma

1 – O contrato de trabalho está sujeito à forma escrita, devendo ser assinado por ambas as partes e conter, pelo menos, as seguintes indicações:

a) Nome ou denominação e residência dos contraentes;

b) Categoria profissional e retribuição do marítimo;

c) A data de celebração do contrato e do início dos seus efeitos;

d) A duração do contrato ou, no caso de contrato a termo incerto, o nome do marítimo substituído ou a indicação da actividade da pesca sazonal para que o marítimo foi contratado e, no caso de campanha, o local de pesca;

e) O instrumento de regulamentação colectiva de trabalho aplicável, quando seja o caso.

2 – Encontra-se igualmente sujeita à observância da forma escrita a prorrogação do contrato a termo.

3 – O não cumprimento da exigência de forma escrita, prevista nos números anteriores, é imputável ao armador e a respectiva nulidade só é invocável pelo marítimo.

Nota:
Constitui contra-ordenação leve a violação do disposto neste artigo.

ARTIGO 7.°
Deveres do armador

São deveres do armador, nomeadamente:

a) Respeitar e tratar com lealdade o marítimo e pagar-lhe pontualmente a retribuição que lhe é devida;

Nota:
Constitui contra-ordenação grave a violação da alínea *a*).

ARTIGO 10.º
Garantias do marítimo

É proibido ao armador:

a) Opor-se, por qualquer forma, a que o marítimo exerça os seus direitos, bem como despedi-lo ou aplicar-lhe sanções por causa desse exercício;

b) Diminuir a retribuição fixa do marítimo, caso a haja, ou alterar, em prejuízo deste, o critério de cálculo das remunerações variáveis e das respectivas percentagens ou partes, salvo no caso de transferência, por razões objectivas, para tipo de embarcação que determine remuneração diferente, ou no caso de existência de disposição em contrário constante de regulamentação colectiva;

c) Obrigar o marítimo a adquirir bens ou utilizar serviços fornecidos pelo armador ou por pessoa por ele indicada.

Nota:
Constitui contra-ordenação grave a violação do disposto neste artigo.

ARTIGO 12.º
Transmissão da empresa armadora ou da embarcação

1 – A posição que dos contratos de trabalho decorre para o armador transmite-se ao armador adquirente, por qualquer título, da empresa armadora ou da embarcação transmitida, salvo se tiver havido acordo entre o transmitente e o adquirente no sentido de os trabalhadores continuarem ao serviço daquele.

2 – O adquirente da empresa armadora ou da embarcação é solidariamente responsável pelas obrigações do transmitente vencidas nos seis meses anteriores à transmissão, ainda que respeitem a marítimos cujos contratos hajam cessado, desde que reclamadas pelos interessados até ao momento da transmissão.

3 – Para efeitos do número anterior, deverá o adquirente, durante os 15 dias anteriores à transacção, fazer afixar um aviso nos locais de trabalho, no qual se dê conhecimento aos trabalhadores que devem reclamar os seus créditos.

Notas:
1 – A violação do n.° 1 constitui contra-ordenação muito grave;
2 – Constitui contra-ordenação grave a violação do n.° 3.

ARTIGO 18.°
Período normal de trabalho

....

2 – Os limites máximos dos períodos normais de trabalho, diário e semanal, em terra, em porto de armamento ou em porto usual de descarga, são os fixados na lei geral.

Nota:
Constitui contra-ordenação grave a violação do n.° 2.

ARTIGO 20.°
Descanso mínimo diário

1 – Na faina da pesca, o descanso diário não pode ser inferior a oito horas, sendo seis horas consecutivas.

2 – O descanso diário a navegar não pode ser inferior a doze horas, sendo oito horas consecutivas.

Nota:
Constitui contra-ordenação grave a violação do disposto neste artigo.

ARTIGO 21.°
Trabalho suplementar

2 – O trabalho suplementar deve ser remunerado com acréscimos sobre a retribuição de acordo com o convencionado pelas partes para os diferentes tipos de pesca, em regulamentação colectiva de trabalho ou em contrato individual de trabalho.

Nota:
Constitui contra-ordenação leve a violação do disposto no n.° 2.

ARTIGO 22.°
Descanso semanal

1 – Todo o marítimo tem direito, no mínimo, a um dia de descanso por semana, que coincidirá, em princípio, com o domingo.

2 – Por cada dia de descanso passado no mar, o marítimo terá direito a gozar um dia de folga, após a chegada ao porto de armamento, ou acrescido ao período de férias a que tiver direito.

Nota:
Constitui contra-ordenação grave a violação dos n.os 1 e 2.

ARTIGO 23.°
Feriados

2 – A prestação de trabalho em dia feriado é compensada conforme acordado em regulamentação colectiva de trabalho ou em contrato individual de trabalho.

Nota:
Constitui contra-ordenação leve a violação do disposto no n.° 2.

ARTIGO 24.°
Direito a férias

1 – O marítimo tem direito em cada ano civil a um período de férias de 22 dias úteis, com direito a remuneração, cujo montante será fixado por instrumento de regulamentação colectiva de trabalho ou contrato individual de trabalho.

2 – O direito a férias vence-se no dia 1 de Janeiro e reporta-se ao trabalho prestado no ano civil anterior.

3 – Quando o início da prestação de trabalho ocorra no 2.° semestre do ano civil, o direito a férias só se vence após o decurso de seis meses completos de serviço efectivo.

4 – O período de férias é proporcional ao tempo de serviço prestado em cada ano e não poderá ser inferior a 11 dias úteis.

5 – O marítimo contratado a termo cuja duração, inicial ou renovada, não atinja um ano tem direito a um período de férias equivalente a dois dias úteis por cada mês completo de serviço.

6 – O direito a férias é irrenunciável e não pode ser substituído, fora dos casos expressamente previstos no regime geral do contrato individual de trabalho, por qualquer compensação económica ou outra, ainda que com o acordo do marítimo.

7 – Ao cessar o contrato de trabalho, o marítimo tem direito à remuneração das férias vencidas e não gozadas.

Nota:
Constitui contra-ordenação grave a violação do disposto neste artigo.

ARTIGO 28.°
Subsídio de Natal

O marítimo tem direito a subsídio de Natal, cujo montante será fixado por instrumento de regulamentação colectiva de trabalho ou contrato individual de trabalho, não podendo ser inferior ao salário mínimo nacional.

Nota:
Constitui contra-ordenação grave a violação do disposto neste artigo.

ARTIGO 29.°
Documento a entregar ao marítimo

No acto do pagamento da retribuição deve ser entregue ao marítimo documento, donde constem o seu nome completo, números de inscrição marítima, de beneficiário da segurança social e de contribuinte, o período a que a retribuição corresponde, discriminação das importâncias recebidas, descontos e deduções efectuados, bem como o montante líquido a receber.

Nota:
Constitui contra-ordenação leve a violação do disposto neste artigo.

ARTIGO 32.°
Falecimento do tripulante

4 – As despesas com o funeral serão de conta do armador, obrigando-se o mesmo à trasladação do corpo para a localidade, dentro do território nacional, a designar pelo cônjuge sobrevivo ou, na falta deste, pelos parentes do tripulante ou de quem com ele vivia em comunhão de mesa e habitação.

Nota:
Constitui contra-ordenação grave a violação do disposto no n.° 4.

ARTIGO 33.°
Seguro por incapacidade permanente absoluta ou morte

1 – Sem prejuízo do seguro por acidentes de trabalho, obrigatório por lei, o armador é obrigado a efectuar um seguro para os casos de morte ou desaparecimento no mar ou incapacidade absoluta permanente em favor do tripulante, que será pago ao próprio ou seus herdeiros, salvo se o tripulante tiver indicado outros beneficiários.

2 – O montante do seguro a que se refere o n.° 1 não poderá ser inferior a 10 000 contos à data da entrada em vigor do presente diploma, sendo actualizável no seu valor mínimo, por portaria, pelo menos de cinco em cinco anos.

Nota:
Constitui contra-ordenação grave a violação do disposto neste artigo.

ARTIGO 34.°
Repatriamento

1 – Todo o marítimo tem direito a ser repatriado em qualquer das seguintes circunstâncias:

a) Quando possui um contrato a termo certo ou para uma viagem específica que termine num país estrangeiro;

b) Quando acabe o período de pré-aviso dado de acordo com as disposições do contrato-matrícula ou do contrato de trabalho do marítimo;

c) Em caso de doença ou acidente ou de qualquer outra razão médica que exija o seu repatriamento, condicionado à correspondente autorização médica para poder viajar;

d) Em caso de naufrágio;

e) Quando o armador não puder continuar cumprindo as suas obrigações legais ou contratuais como empregador do marítimo, em caso de falência, venda de navio, mudança de registo do navio ou qualquer outro motivo análogo;

f) Quando um navio se dirija para uma zona de guerra, tal como a defina a legislação nacional, a contratação colectiva ou as seguradoras, para a qual o marítimo não consinta em ir;

g) Em caso de termo ou interrupção de emprego do marítimo como consequência de decisão judicial transitada em julgado ou situação prevista em convenção colectiva, ou em caso de o emprego ter terminado, ou ainda por qualquer outro motivo similar.

2 – Para além do previsto no número anterior, o marítimo tem ainda direito ao repatriamento no final de um período de seis meses de viagem.

3 – O repatriamento será efectuado para a localidade de residência do marítimo, ou porto de recrutamento, ou local previsto no contrato individual de trabalho ou no contrato colectivo de trabalho.

4 – O marítimo tem direito a escolher, de entre os diferentes locais de destino previstos, aquele para que deseja ser repatriado.

5 – Incumbe ao armador ou seu representante a responsabilidade de organizar o repatriamento por meios apropriados e rápidos. O meio de transporte normal será a via aérea.

6 – O repatriamento é custeado pelo armador e compreenderá:

a) A passagem até ao destino escolhido para o repatriamento, em conformidade com o n.° 3 deste artigo;

b) O alojamento e a alimentação desde o momento em que o marítimo abandona o navio até à sua chegada ao porto de destino escolhido para o repatriamento;

c) A retribuição e demais prestações a que teria direito se estivesse embarcado, desde o momento em que o marítimo abandona o navio até à sua chegada ao porto de destino escolhido para o repatriamento;

d) Transporte de 30 kg de bagagem pessoal do marítimo até ao ponto de destino escolhido para o repatriamento;

e) O tratamento médico, se for necessário, até que o estado do marítimo lhe permita viajar até ao ponto escolhido para o repatriamento.

7 – Quando o repatriamento tenha lugar por razão imputável ao marítimo, como causa de infracção grave às obrigações, poderá o armador recuperar total ou parcialmente o custo do repatriamento, através de acção judicial accionada para o efeito.

8 – Caso o armador não tome as necessárias disposições para o repatriamento a que o marítimo tenha direito ou não pague o custo respectivo, deverão as autoridades portuguesas mais próximas organizar o repatriamento do marítimo, assumindo os respectivos custos, apresentando posteriormente ao armador os gastos efectuados para que este reembolse aquelas autoridades.

9 – O passaporte ou qualquer outro documento de identidade necessário para o repatriamento fará parte do custo do repatriamento.

10 – O tempo de espera para o repatriamento e o tempo de viagem de repatriamento não serão descontados nas férias ou folgas.

11 – O repatriamento será considerado efectuado quando o marítimo chegue ao local de destino, em conformidade com o disposto no n.° 3 deste artigo, ou quando o marítimo não reivindique o seu direito ao repatriamento no prazo de 60 dias após o período previsto no n.° 2 deste artigo, salvo se prazo maior for para o efeito estabelecido na respectiva contratação colectiva.

Nota:
Constitui contra-ordenação grave a violação do disposto neste artigo.

Menores

ARTIGO 35.°
Trabalho nocturno

1 – O marítimo com idade inferior a 18 anos não poderá trabalhar entre as 0 e as 4 horas, excepto em caso de preparação da embarcação para a actividade, embarque, faina da pesca, descarga do pescado, chegada ao porto e por razões de segurança da embarcação.

2 – Nestes casos deverá ser concedido um descanso compensatório em número de horas correspondente, a gozar no dia seguinte ou no mais próximo possível.

3 – Para avaliação do seu estado de saúde e das suas capacidades, o marítimo menor de 18 anos que seja afecto ao trabalho nocturno entre as 23 e as 7 horas deverá ser submetido previamente pelo armador a exame de saúde, o qual deve ser repetido anualmente.

Nota:
Constitui contra-ordenação grave a violação do disposto neste artigo.

ARTIGO 36.°
Períodos de descanso

1 – Os menores terão direito a um período mínimo de descanso de doze horas consecutivas por cada período de vinte e quatro horas, podendo, na faina de pesca, descarga de pescado, chegada ao porto e por razões de segurança da embarcação, ser tal período reduzido a oito horas consecutivas.

2 – Nos casos previstos na parte final do número anterior, deverá ser concedido um descanso compensatório em número de horas correspondente, a gozar no dia seguinte ou no mais próximo possível.

3 – Por cada período de sete dias, os menores beneficiarão de um período mínimo de descanso de dois dias, se possível consecutivos e compreendendo, em princípio, o domingo.

4 – Por cada dia de descanso previsto no número anterior passado no mar, o menor terá direito a gozar um dia de folga após a chegada ao porto de armamento.

Nota:
Constitui contra-ordenação grave a violação do disposto neste artigo.

Violação da lei

ARTIGO 37.º
Contra-ordenações

1 – Constitui contra-ordenação muito grave a violação do n.º 1 do artigo 12.º

2 – Constitui contra-ordenação grave a violação dos n.os 2 e 3 do artigo 5.º, da alínea *a*) do artigo 7.º, do artigo 10.º, do n.º 3 do artigo 12.º, do n.º 2 do artigo 18.º, do artigo 20.º, dos n.os 1 e 2 do artigo 22.º, dos artigos 24.º e 28.º, do n.º 4 do artigo 32.º e dos artigos 33.º, 34.º, 35.º e 36.º

3 – Constitui contra-ordenação leve a violação do artigo 6.º, do n.º 2 do artigo 21.º, do n.º 2 do artigo 23.º e do artigo 29.º

LEI N.° 134/99
de 28 de Agosto

Proíbe as discriminações no exercício de direitos por motivos baseados na raça, cor, nacionalidade ou origem étnica[348]

A Assembleia da República decreta, nos termos da alínea *c*) do artigo 161.° da Constituição, para valer como lei geral da República, o seguinte:

CAPÍTULO I
Princípios gerais

ARTIGO 1.°
Objecto

A presente lei tem por objecto prevenir e proibir a discriminação racial sob todas as suas formas e sancionar a prática de actos que se traduzam na violação de quaisquer direitos fundamentais, ou na recusa ou condicionamento do exercício de quaisquer direitos económicos, sociais ou culturais, por quaisquer pessoas, em razão da sua pertença a determinada raça, cor, nacionalidade ou origem étnica.

ARTIGO 2.°
Âmbito

A presente lei vincula todas as pessoas singulares e colectivas, públicas ou privadas.

---

[348] Ainda que se publique a Lei n.° 134/99, a verdade é que o regime sancionatório encontra acolhimento no Dec.-Lei n.° 11/2000, de 04/07 que a regulamenta.

ARTIGO 3.°
Discriminação racial

1 – Entende-se por discriminação racial qualquer distinção, exclusão, restrição ou preferência em função da raça, cor, ascendência, origem nacional ou étnica, que tenha por objectivo ou produza como resultado a anulação ou restrição do reconhecimento, fruição ou exercício, em condições de igualdade, de direitos, liberdades e garantias ou de direitos económicos, sociais e culturais.

2 – O disposto na presente lei não prejudica a vigência e aplicação das disposições de natureza legislativa, regulamentar ou administrativa, que beneficiem certos grupos desfavorecidos com o objectivo de garantir o exercício, em condições de igualdade, dos direitos nele referidos.

3 – O disposto na presente lei não prejudica igualmente a vigência e aplicação das disposições que restrinjam o reconhecimento de certos direitos a determinadas pessoas, com fundamento na Constituição, na lei ou em convenções internacionais regularmente ratificadas pelo Estado Português.

CAPÍTULO II
Práticas discriminatórias

ARTIGO 4.°
Práticas discriminatórias

1 – Consideram-se práticas discriminatórias as acções ou omissões que, em razão da pertença de qualquer pessoa a determinada raça, cor, nacionalidade ou origem étnica, violem o princípio da igualdade, designadamente:

a) A adopção de procedimento, medida ou critério, directamente pela entidade empregadora ou através de instruções dadas aos seus trabalhadores ou a agência de emprego, que subordine a factores de natureza racial a oferta de emprego, a cessação de contrato de trabalho ou a recusa de contratação;

b) A produção ou difusão de anúncios de ofertas de emprego, ou outras formas de publicidade ligada à pré-selecção ou ao recrutamento, que contenham, directa ou indirectamente, qualquer especificação ou preferência baseada em factores de discriminação racial;

c) A recusa de fornecimento ou impedimento de fruição de bens ou serviços, por parte de qualquer pessoa singular ou colectiva;

d) O impedimento ou limitação ao acesso e exercício normal de uma actividade económica por qualquer pessoa singular ou colectiva;

e) A recusa ou condicionamento de venda, arrendamento ou subarrendamento de imóveis;

f) A recusa de acesso a locais públicos ou abertos ao público;

g) A recusa ou limitação de acesso aos cuidados de saúde prestados em estabelecimentos de saúde públicos ou privados;

h) A recusa ou limitação de acesso a estabelecimento de ensino público ou privado;

i) A constituição de turmas ou a adopção de outras medidas de organização interna nos estabelecimentos de ensino público ou privado, segundo critérios de discriminação racial, salvo se tais critérios forem justificados pelos objectivos referidos no n.° 2 do artigo 3.°;

j) A adopção de prática ou medida por parte de qualquer órgão, funcionário ou agente da administração directa ou indirecta do Estado, das Regiões Autónomas ou das autarquias locais, que condicione ou limite a prática do exercício de qualquer direito;

l) A adopção por entidade empregadora de prática que no âmbito da relação laboral discrimine um trabalhador ao seu serviço;

m) A adopção de acto em que, publicamente ou com intenção de ampla divulgação, pessoa singular ou colectiva emita uma declaração ou transmita uma informação em virtude da qual um grupo de pessoas seja ameaçado, insultado ou aviltado por motivos de discriminação racial.

2 – É proibido despedir, aplicar sanções ou prejudicar por qualquer outro meio o trabalhador por motivo do exercício de direito ou de acção judicial contra prática discriminatória.

....

CAPÍTULO IV
Regime sancionatório

ARTIGO 9.°
Regime sancionatório

1 – A prática de qualquer acto discriminatório referido no capítulo II da presente lei por pessoa singular constitui contra-ordenação punível com coima graduada entre uma e cinco vezes o valor mais elevado do salário mínimo nacional mensal, sem prejuízo da eventual responsabilidade civil ou da aplicação de outra sanção que ao caso couber.

2 – A prática de qualquer acto discriminatório referido no capítulo II da presente lei por pessoa colectiva de direito privado constitui contra-ordenação punível com coima graduada entre duas e dez vezes o valor mais elevado do salário mínimo nacional mensal, sem prejuízo da eventual responsabilidade civil ou da aplicação de outra sanção que ao caso couber.

3 – Em caso de reincidência, os limites mínimo e máximo são elevados para o dobro.

ARTIGO 10.°
Pena acessória

Sem prejuízo das demais sanções que ao caso couberem, relativamente aos actos discriminatórios previstos na presente lei, o juiz pode, com carácter acessório, aplicar ainda as seguintes penas:

a) A publicidade da decisão;

b) A advertência ou censura públicas dos autores da prática discriminatória.

ARTIGO 11.°
Concurso de infracções

1 – Se o mesmo facto constituir, simultaneamente, ilícito penal e contra-ordenação, o agente é punido sempre a título penal.

2 – As sanções aplicadas às contra-ordenações em concurso são sempre cumuladas materialmente.

ARTIGO 12.°
Omissão de dever

Sempre que a contra-ordenação resulte da omissão de um dever, a aplicação da sanção e o pagamento da coima não dispensam o infractor do seu cumprimento, se este ainda for possível.

....

DECRETO-LEI N.° 111/2000
de 4 de Julho

Regulamenta a Lei n.° 134/99 que visa prevenir e proibir as discriminações

ARTIGO 3.°
Regime sancionatório

1 – A prática de qualquer acto discriminatório por pessoa singular constitui contra-ordenação punível com coima graduada entre uma e cinco vezes o valor mais elevado do salário mínimo nacional mensal, sem prejuízo da eventual responsabilidade civil ou da aplicação de outra sanção que ao caso couber.

2 – A prática de qualquer acto discriminatório referido no artigo anterior por pessoa colectiva de direito público ou privado constitui contra-ordenação punível com coima graduada entre 2 e 10 vezes o valor mais elevado do salário mínimo nacional mensal, sem prejuízo da responsabilidade civil ou da aplicação de outra sanção que ao caso couber.

3 – Em caso de reincidência, os limites mínimo e máximo são elevados para o dobro.

4 – A tentativa e a negligência são puníveis.

5 – Sempre que a contra-ordenação resulte da omissão de um dever, a aplicação da sanção e o pagamento da coima não dispensam o infractor do seu cumprimento, se este ainda for possível.

Nota:

O que há aqui de específico comparativamente com o regime geral das contra-ordenações (Dec.-Lei n.° 433/82) e mesmo com o regime das contra-ordenações laborais, de onde a tentativa não consta, é o facto de ela aqui ser punível, razão por que se tem de buscar os seus elementos constitutivos e a dosimetria da sua punibilidade nos arts. 12.° e 13.° daquele diploma legal.

ARTIGO 4.°
Sanções acessórias

1 – Sem prejuízo do disposto no artigo 10.° da Lei n.° 134/99, de 28 de Agosto, podem ainda ser determinadas as seguintes sanções acessórias, em função da gravidade da infracção e da culpa do agente:

a) Perda de objectos pertencentes ao agente;

b) Interdição do exercício de profissões ou actividades cujo exercício dependa de título público ou de autorização ou homologação de autoridade pública;

c) Privação do direito a subsídio ou benefício outorgado por entidades ou serviços públicos;

d) Proibição do direito de participar em feiras ou mercados;

e) Proibição do direito de participar em arrematações ou concursos públicos que tenham por objecto a empreitada ou a concessão de obras públicas, o fornecimento de bens e serviços públicos e a atribuição de licenças ou alvarás;

f) Encerramento de estabelecimento cujo funcionamento esteja sujeito a autorização ou licença de autoridade administrativa;

g) Suspensão de autorizações, licenças e alvarás.

2 – As sanções referidas nas alíneas *b*) a *g*) do número anterior têm a duração máxima de dois anos, contados a partir da decisão condenatória definitiva.

Nota:
Sobre as sanções acessórias que têm vindo a sofrer uma contínua modificação à medida que se vai alterando o regime das contra-ordenações laborais, consultar o art. 562.° do CT/2009.

ARTIGO 5.°
Competência

1 – Qualquer pessoa singular ou colectiva que tenha conhecimento de situação susceptível de ser considerada contra-ordenação deve comunicá-la a uma das seguintes entidades:

a) Membro do Governo que tenha a seu cargo a área da igualdade;

b) Alto-comissário para a Imigração e Minorias Étnicas;
c) Comissão para a Igualdade e contra a Discriminação Racial;
d) Inspecção-geral competente em razão da matéria.

2 – As entidades mencionadas nas alíneas *a*), *b*) e *c*) do número anterior que tomem conhecimento de contra-ordenação enviam o processo para a inspecção-geral competente, que procederá à sua instrução nos termos do artigo seguinte.

ARTIGO 6.°
Instrução do processo

A instrução do processo de contra-ordenação pelas condutas ou omissões a que se refere o artigo 3.° compete à inspecção-geral cujas atribuições incidam sobre a matéria objecto de infracção.

Nota:
A inspecção-geral de que fala esta norma, no caso de discriminação baseada em actividade laboral, é actualmente a ACT.

ARTIGO 7.°
Aplicação das coimas

1 – Instruído o processo, o mesmo é enviado à Comissão para a Igualdade e contra a Discriminação Racial, acompanhado do respectivo relatório final.
2 – A definição da medida das sanções e a aplicação das coimas e das sanções acessórias correspondentes é da competência do alto-comissário para a Imigração e Minorias Étnicas, ouvida a comissão permanente mencionada no n.° 2 do artigo 7.° da Lei n.° 134/99, de 28 de Agosto.

Nota:
O que é específico neste diploma sobre contra-ordenações por violação das normas da tutela da não discriminação racial, ou afim, é o facto de autuação, a instrução e a investigação poder ser feita por uma autoridade administrativa (competente em razão da matéria – art. 6.°) e o processo, após instrução e contendo a proposta de decisão, ser remetido para a Comissão para a Igualdade e contra a Discriminação Racial a fim de ser proferida a decisão final pelo alto-comissário para a Imigração e Minorias Étnicas.

DECRETO-LEI N.° 280/2001
de 23 de Outubro

Actividade profissional dos marítimos a bordo das embarcações
(Só se publicam as disposições que respeitam às CO)

....

Responsabilidade contra-ordenacional

ARTIGO 75.°
Contra-ordenações laborais

1 – Constitui contra-ordenação laboral muito grave a ocupação de menores com idade inferior a 16 anos no exercício de funções próprias da profissão de marítimo.

2 – Constitui contra-ordenação laboral grave:

a) O exercício da profissão de marítimo por quem não seja inscrito marítimo;

b) O exercício por inscritos marítimos de funções para as quais não estejam autorizados.

3 – Constitui contra-ordenação laboral leve:

a) A inscrição marítima simultânea em mais de um órgão local do SAM;

b) O exercício de actividade por inscrito marítimo sem estar munido dos certificados legalmente exigíveis ou de cédula actualizada.

4 – Quando ocorram as contra-ordenações previstas no n.° 2 e na alínea *b*) do número anterior, para além do respectivo autor material, serão

punidos o armador da embarcação e o marítimo que detenha o seu comando, salvo se a conduta tiver sido praticada contra instruções expressas destes.

5 – As coimas aplicáveis ao autor material e ao marítimo que comanda a embarcação nos termos do número anterior são as correspondentes às infracções aos regimes jurídicos do serviço doméstico e do contrato individual de trabalho a bordo das embarcações de pesca.

6 – A negligência é sempre punível.

Notas:

1 – Sobre o trabalho de menores no Código ver as arts. 66.° e ss., designadamente os arts. 68.° a 70.°, que têm de ser conjugados com o disposto no n.° 1.

2 – O n.° 4 configura um exemplo de responsabilidade conjunta do armador e do normalmente designado arrais. Também é punível com coima o autor material, isto é, o marítimo não inscrito como tal, a exercer funções para que não esteja autorizado ou sem os documentos exigíveis.

3 – As coimas a que se reporta o n.° 5, correspondem actualmente às previstas no art. 555.° do CT/2009.

ARTIGO 76.°
Regime aplicável

Às contra-ordenações referidas no artigo anterior é aplicável o regime geral das contra-ordenações laborais, as normas da legislação do trabalho que as prevejam e, subsidiariamente, o regime geral das contra-ordenações.

Nota:

Ver arts. 548.° a 566.° do Código e o regime processual contido na Lei n.° 107/2009.

ARTIGO 77.°
Destino das coimas

O montante das coimas resultantes de contra-ordenações laborais reverte a favor das entidades previstas no artigo 15.° da Lei n.° 116/99, de 4 de Agosto.

Nota:
Ver agora o art. 566.° do CT/2009.

ARTIGO 78.°
Processamento das contra-ordenações laborais e aplicação das coimas

1 – O processamento das contra-ordenações laborais, previstas no artigo 75.° deste diploma, compete ao Instituto de Desenvolvimento e Inspecção das Condições de Trabalho (IDICT).

2 – Tem competência para aplicação das coimas correspondentes às contra-ordenações laborais previstas neste diploma o inspector-geral do Trabalho, que poderá delegá-la nos delegados ou subdelegados do IDICT.

Nota:
Apesar do diploma em análise conter também contra-ordenações em matéria de lotação das embarcações, para cuja instrução e decisão são competentes os órgãos locais do Sistema da Autoridade Marítima (SAM), para as aqui transcritas a competência é da ACT, embora o conhecimento delas seja, normalmente, feito através de autos de notícia elaborados pela polícia marítima.

Tais autos, desde que elaborados por uma autoridade ou agente de autoridade dotados de especial fé pública, têm um especial valor probatório quanto aos factos presenciados que consiste em se terem eles como verdadeiros enquanto não forem fundadamente postos em causa ou for suscitado o incidente de falsidade do documento (art. 13.°/3 da Lei 107/2009).

REGULAMENTO (CE) N.° 561/2006 DO PARLAMENTO EUROPEU
e do Conselho de 15 de Março de 2006
relativo à harmonização de determinadas disposições
em matéria social no domínio dos transportes rodoviários, que altera
os Regulamentos (CEE) n.° 3821/85 e (CEE) n.° 2135/98 do Conselho
e revoga o Regulamento (CEE) n.° 3820/85 do Conselho

ADOPTARAM O PRESENTE REGULAMENTO:

CAPÍTULO I
Disposições introdutórias

ARTIGO 1.°

O presente regulamento estabelece regras em matéria de tempos de condução, pausas e períodos de repouso para os condutores envolvidos no transporte rodoviário de mercadorias e de passageiros, visando harmonizar as condições de concorrência entre modos de transporte terrestre, especialmente no sector rodoviário, e melhorar as condições de trabalho e a segurança rodoviária. O presente regulamento pretende igualmente promover uma melhoria das práticas de controlo e aplicação da lei pelos Estados-Membros e das práticas laborais no sector dos transportes rodoviários.

ARTIGO 2.°

1 – O presente regulamento aplica-se ao transporte rodoviário:

a) De mercadorias, em que a massa máxima autorizada dos veículos, incluindo reboques ou semi-reboques, seja superior a 3,5 toneladas, ou *b*) De passageiros, em veículos construídos ou adaptados de forma permanente para transportar mais de nove pessoas, incluindo o condutor, e destinados a essa finalidade.

2 – Independentemente do país de matrícula do veículo, o presente regulamento aplica-se aos transportes rodoviários efectuados:

a) Exclusivamente no interior da Comunidade; e

b) Entre a Comunidade, a Suíça e os países signatários do Acordo sobre o Espaço Económico Europeu.

3 – O AETR aplica-se, em substituição do presente regulamento, nos transportes rodoviários internacionais efectuados em parte fora das áreas referidas no n.° 2, a:

a) Veículos matriculados na Comunidade ou em países signatários do AETR, para a totalidade do trajecto;

b) Veículos matriculados em países terceiros não signatários do AETR, somente para a parte do trajecto efectuada no território da Comunidade ou de países signatários do AETR.

As disposições do AETR devem ser conciliadas com as do presente regulamento, por forma a que as disposições essenciais do presente regulamento sejam aplicadas, através do AETR, aos veículos acima referidos, para qualquer parte do trajecto efectuada no território da Comunidade.

Notas:

1 – O AETR foi aprovado para ratificação pelo Decreto n.° 324/73, de 30 de Junho.

2 – Relativamente ao n.° 1, alínea *a*), veja-se a excepção constante do art. 3.°, alínea *h*).

ARTIGO 3.°

O presente regulamento não se aplica aos transportes rodoviários efectuados por meio de:

a) Veículos afectos ao serviço regular de transporte de passageiros, cujo percurso de linha não ultrapasse 50 quilómetros;

b) Veículos cuja velocidade máxima autorizada não ultrapasse 40 km/hora;

c) Veículos que sejam propriedade das forças armadas, da protecção civil, dos bombeiros ou das forças policiais ou alugados sem condutor por estes serviços, quando o transporte for efectuado em resultado das funções atribuídas a estes serviços e estiver sob o controlo destes;

d) Veículos, incluindo aqueles utilizados em operações não comerciais de transporte de ajuda humanitária, utilizados em situações de emergência ou operações de salvamento;

e) Veículos especializados afectos a serviços médicos;

f) Veículos especializados de pronto-socorro circulando num raio de 100 km a partir do local de afectação;

g) Veículos que estejam a ser submetidos a ensaios rodoviários para fins de aperfeiçoamento técnico, reparação ou manutenção, e veículos novos ou transformados que ainda não tenham sido postos em circulação;

h) Veículos ou conjuntos de veículos com massa máxima autorizada não superior a 7,5 toneladas, utilizados em transportes não comerciais de mercadorias;

i) Veículos comerciais com estatuto histórico de acordo com a legislação do Estado-Membro em que são conduzidos, que sejam utilizados para o transporte não comercial de passageiros ou de mercadorias.

Nota: Os condutores dos veículos dispensados da aplicação das regras aqui estabelecidas ficam abrangidos pelas contidas no Dec.-Lei n.° 237/2007, uma vez que, apesar desta dispensa, não deixam de ser "trabalhadores móveis" – cfr. art. 4.°/1.

Ver, também, o art. 16.°/1 deste Regulamento.

ARTIGO 4.°

Para efeitos do presente regulamento, entende-se por:

a) "Transporte rodoviário": qualquer deslocação de um veículo utilizado para o transporte de passageiros ou de mercadorias efectuada total ou parcialmente por estradas abertas ao público, em vazio ou em carga;

b) "Veículos": veículos automóveis, tractores, reboques e semi-reboques, ou conjuntos desses veículos, conforme as seguintes definições:

– "veículo automóvel": veículo provido de um dispositivo de propulsão, que circule na estrada pelos seus próprios meios, que não se desloque permanentemente sobre carris e que sirva normalmente para o transporte de passageiros ou de mercadorias;

– "tractor": veículo provido de um dispositivo de propulsão, que circule na estrada pelos seus próprios meios, que não se desloque permanentemente sobre carris e que esteja especialmente concebido para puxar, empurrar ou accionar reboques, semi-reboques, alfaias ou máquinas;
– "reboque": veículo de transporte destinado a ser atrelado a um veículo automóvel ou a um tractor;
– "semi-reboque": reboque sem eixo dianteiro, acoplado de tal modo que uma parte considerável do seu peso e da sua carga seja suportada pelo tractor ou pelo veículo automóvel;

c) "Condutor": qualquer pessoa que conduza o veículo, mesmo durante um curto período, ou que, no contexto da actividade que exerce, esteja a bordo de um veículo para poder eventualmente conduzir;

d) "Pausa": período durante o qual o condutor não pode efectuar nenhum trabalho de condução ou outro e que é exclusivamente utilizado para recuperação;

e) "Outro trabalho": todas as actividades definidas como tempo de trabalho na alínea a) do artigo 3.° da Directiva 2002/15/CE, com excepção da "condução", bem como qualquer trabalho prestado ao mesmo ou a outro empregador dentro ou fora do sector dos transportes;

f) "Repouso": período ininterrupto durante o qual o condutor pode dispor livremente do seu tempo;

g) "Período de repouso diário": período diário durante o qual o condutor pode dispor livremente do seu tempo e que compreende um "período de repouso diário regular" ou um "período de repouso diário reduzido":

– "período de repouso diário regular": período de repouso de, pelo menos, 11 horas. Em alternativa, este período de repouso diário regular pode ser gozado em dois períodos, o primeiro dos quais deve ser um período ininterrupto de, pelo menos, 3 horas e o segundo um período ininterrupto de, pelo menos, 9 horas;
– "período de repouso diário reduzido": período de repouso de, pelo menos, 9 horas, mas menos de 11 horas;

h) "Período de repouso semanal": período semanal durante o qual o condutor pode dispor livremente do seu tempo e que compreende um "período de repouso semanal regular" ou um "período de repouso semanal reduzido":

- "período de repouso semanal regular": período de repouso de, pelo menos, 45 horas;
- "período de repouso semanal reduzido": período de repouso de menos de 45 horas, que pode, nas condições previstas no n.° 6 do artigo 8.°, ser reduzido para um mínimo de 24 horas consecutivas;

i) "Semana": período entre as 00h00 de segunda-feira e as 24h00 de domingo;

j) "Tempo de condução": tempo de condução registado:

- de forma automática ou semiautomática pelo aparelho de controlo a que se referem os anexos I e IB do Regulamento (CEE) n.° 3821/85; ou
- manualmente, nos termos do n.° 2 do artigo 16.° do Regulamento (CEE) n.° 3821/85.

k) "Tempo diário de condução": total acumulado dos períodos de condução entre o final de um período de repouso diário e o início do período de repouso diário seguinte ou entre um período de repouso diário e um período de repouso semanal;

l) "Tempo semanal de condução": total acumulado dos períodos de condução durante uma semana;

m) "Massa máxima autorizada": massa máxima admissível do veículo carregado, em ordem de marcha;

n) "Serviços regulares de passageiros": os transportes nacionais e internacionais, definidos no artigo 2.° do Regulamento (CEE) n.° 684/92 do Conselho, de 16 de Março de 1992, que estabelece regras comuns para os transportes internacionais de passageiros em autocarro [10];

o) "Tripulação múltipla": a situação que se verifica quando, durante qualquer período de condução efectuado entre dois períodos consecutivos de repouso diário ou entre um período de repouso diário e um período de repouso semanal, há pelo menos dois condutores no veículo para conduzir. A presença de outro ou outros condutores é facultativa durante a primeira hora de tripulação múltipla, mas obrigatória no resto do período;

p) "Empresa transportadora" ou "empresa de transportes": entidade que se dedica ao transporte rodoviário e que pode ser uma pessoa singular ou colectiva, uma associação ou um grupo de pessoas sem personalidade jurídica, com ou sem fins lucrativos, ou um organismo oficial, com personalidade jurídica própria ou dependente de uma autoridade com personalidade jurídica, que age por conta de outrem ou por conta própria;

q) "Período de condução": o período de condução acumulado a partir do momento em que o condutor começa a conduzir após um período de repouso ou uma pausa, até gozar um período de repouso ou uma pausa. O período de condução pode ser contínuo ou não.

CAPÍTULO II
Tripulações, tempos de condução, pausas e períodos de repouso

ARTIGO 5.°

1 – A idade mínima dos condutores é de 18 anos completos.

2 – A idade mínima dos ajudantes de condutor é de 18 anos completos. No entanto, os Estados-Membros podem reduzir esta idade mínima para 16 anos, desde que:

a) O transporte rodoviário seja efectuado dentro de um Estado-Membro, num raio de 50 quilómetros em redor do local de afectação do veículo, incluindo as áreas administrativas locais cujo centro esteja situado nesse raio;

b) A redução seja para efeitos de formação profissional; e

c) Sejam respeitados os limites impostos pelas disposições nacionais em matéria de emprego.

Nota:
Nos termos do art. 5.° do AETR a idade mínima dos condutores é de 18 anos no caso de viaturas até 7,5t e de 21 anos se superior.

ARTIGO 6.°

1 – O tempo diário de condução não deve exceder 9 horas.

No entanto, não mais de duas vezes por semana, o tempo diário de condução pode ser alargado até um máximo de 10 horas.

2 – O tempo semanal de condução não pode exceder 56 horas e não pode implicar que seja excedido o tempo de trabalho semanal máximo previsto na Directiva 2002/15/CE.

3 – O tempo de condução total acumulado por cada período de duas semanas consecutivas não deve exceder 90 horas.

4 – Os tempos de condução diários e semanais devem incluir a totalidade dos tempos de condução no território da Comunidade ou de países terceiros.

5 – O condutor deve registar como "outro trabalho" qualquer tempo descrito na alínea *e*) do artigo 4.°, bem como qualquer tempo passado a conduzir um veículo utilizado para operações comerciais fora do âmbito do presente regulamento; deve ainda registar quaisquer períodos de "disponibilidade", tal como definidos na alínea *c*) do n.° 3 do artigo 15.° do Regulamento (CEE) n.° 3821/85, desde o seu último período de repouso diário ou semanal. Este registo deve ser feito manualmente numa folha de registo, através de um impresso ou utilizando as possibilidades de introdução manual de dados no aparelho de controlo.

ARTIGO 7.°

Após um período de condução de quatro horas e meia, o condutor gozará uma pausa ininterrupta de pelo menos 45 minutos, a não ser que goze um período de repouso.

Esta pausa pode ser substituída por uma pausa de pelo menos 15 minutos seguida de uma pausa de pelo menos 30 minutos repartidos pelo período de modo a dar cumprimento ao disposto no primeiro parágrafo.

ARTIGO 8.°

1 – O condutor deve gozar períodos de repouso diários e semanais.

2 – O condutor deve gozar um novo período de repouso diário dentro de cada período de 24 horas após o final do período de repouso diário ou semanal precedente.

Se a parte do período de repouso diário abrangida pelo período de 24 horas tiver pelo menos 9 horas mas menos de 11 horas, o período de repouso diário em questão será considerado como um período de repouso diário reduzido.

3 – O período de repouso diário pode ser alargado para perfazer um período de repouso semanal regular ou um período de repouso semanal reduzido.

4 – O condutor pode fazer, no máximo, três períodos de repouso diário reduzido entre cada dois períodos de repouso semanal.

5 – Não obstante o disposto no n.° 2, o condutor de um veículo com tripulação múltipla deve gozar um novo período de repouso diário de pelo menos 9 horas nas 30 horas que se sigam ao termo de um período de repouso diário ou semanal.

6 – Em cada período de duas semanas consecutivas, o condutor deve gozar pelo menos:

– dois períodos de repouso semanal regular, ou
– um período de repouso semanal regular e um período de repouso semanal reduzido de, no mínimo, 24 horas – todavia, a redução deve ser compensada mediante um período de repouso equivalente, gozado de uma só vez, antes do final da terceira semana a contar da semana em questão.

O período de repouso semanal deve começar o mais tardar no fim de seis períodos de 24 horas a contar do fim do período de repouso semanal anterior.

7 – Qualquer período de repouso gozado a título de compensação de um período de repouso semanal reduzido deve ser ligado a outro período de repouso de, pelo menos, 9 horas.

8 – Caso o condutor assim o deseje, os períodos de repouso diário e os períodos de repouso semanal reduzido fora do local de afectação podem ser gozados no veículo, desde que este esteja equipado com instalações de dormida adequadas para cada condutor e não se encontre em andamento.

9 – Um período de repouso semanal que recaia sobre duas semanas pode ser contabilizado em qualquer uma delas, mas não em ambas.

Nota:
Os comandos dos n.os 1,2,4,5,6, assim como o do n.° 5 do art. 6.°, têm como directo destinatário o condutor, pelo que, na falta de lei em sentido contrário, seria ele o responsável pela sua violação.
Ver, no entanto, o art. 10.°/3.

ARTIGO 9.°

1 – Em derrogação do artigo 8.°, no caso de o condutor acompanhar um veículo transportado em transbordador (ferry) ou em comboio e gozar

um período de repouso diário regular, este período pode ser interrompido, no máximo duas vezes, por outras actividades que, no total, não ultrapassem uma hora. Durante o referido período de repouso diário regular, o condutor deve dispor de uma cama ou beliche.

2 – O tempo gasto pelo condutor para se deslocar para ou de um veículo abrangido pelo presente regulamento que não esteja junto à residência do condutor ou junto à empresa onde o condutor está normalmente baseado não será contado como repouso nem como pausa, a menos que o condutor se encontre num transbordador (ferry) ou comboio e tenha acesso a um beliche ou cama.

3 – O tempo gasto por um condutor que viaje como condutor de um veículo não abrangido pelo presente regulamento para se deslocar para ou de um veículo abrangido pelo presente regulamento que não esteja junto à residência do condutor ou junto à empresa onde o condutor está normalmente baseado será contado como "outro trabalho".

CAPÍTULO III
Responsabilidade das empresas de transportes

ARTIGO 10.°

1 – É proibido remunerar os condutores assalariados, mesmo sob a forma de concessão de prémios ou de suplementos de salário, em função das distâncias percorridas e/ou do volume das mercadorias transportadas, se essa remuneração for de natureza tal que comprometa a segurança rodoviária e/ou favoreça a violação do presente regulamento.

2 – As empresas de transportes devem organizar o trabalho dos condutores a que se refere o n.° 1 de modo a que estes possam cumprir o disposto no Regulamento (CEE) n.° 3821/85 e no capítulo II do presente regulamento. As empresas transportadoras devem dar instruções adequadas aos condutores e efectuar controlos regulares, para assegurar o cumprimento quer do Regulamento (CEE) n.° 3821/85, quer do capítulo II do presente regulamento.

3 – As empresas de transportes são responsáveis por qualquer infracção cometida pelos condutores da empresa, ainda que essa infracção tenha sido cometida no território de outro Estado-Membro ou de um país terceiro.

Sem prejuízo do direito que lhes assiste de responsabilizarem plenamente as empresas de transportes, os Estados-Membros podem tornar esta responsabilidade dependente da infracção aos n.os 1 e 2 por parte da empresa de transportes. Os Estados-Membros podem tomar em consideração quaisquer provas susceptíveis de demonstrar que não existem fundados motivos para imputar à empresa de transportes a responsabilidade pela infracção cometida.

4 – As empresas de transportes, os expedidores, transitários, operadores turísticos, contratantes principais, subcontratantes e agências de emprego de condutores garantirão que os calendários aprovados contratualmente em matéria de tempo de transporte obedecem ao presente regulamento.

5 – *a*) Uma empresa de transportes que utilize veículos dotados de aparelhos de controlo conforme com o anexo IB do Regulamento (CEE) n.° 3821/85 e esteja abrangida pelo capítulo II do presente regulamento deve:

i) garantir que todos os dados sejam descarregados da unidade instalada no veículo e do cartão de condutor com a regularidade prevista pelo Estado-Membro. A empresa de transportes deve, se necessário, descarregar os dados relevantes com maior frequência, por forma a assegurar que todos os dados relativos às actividades realizadas por ou para essa empresa sejam descarregados;

ii) garantir que todos os dados descarregados da unidade instalada no veículo e do cartão de condutor sejam conservados durante pelo menos doze meses após o registo e, caso um agente encarregado do controlo o exija, sejam acessíveis, directamente ou à distância, a partir das suas instalações.

b) Para efeitos do presente número, "descarregamento" deve ser interpretado de acordo com a definição constante da alínea *s*) do capítulo I do anexo IB do Regulamento (CEE) n.° 3821/85;

c) O prazo máximo dentro do qual os dados pertinentes devem ser descarregados nos termos da subalínea *i*) da alínea *a*) será fixado pela Comissão nos termos do n.° 2 do artigo 24.°

Notas:

1 – A norma contida no primeiro parágrafo do n.° 3 deu origem a uma forte controvérsia jurisprudencial, com os Tribunais das Relações de Lisboa e Porto a

considerarem constar dela uma prescrição de responsabilidade objectiva das empresas de transporte pelos actos dos seus trabalhadores e o Tribunal da Relação do Porto a entender que a norma necessitava de legislação complementar para ser aplicável na ordem jurídica nacional.

Consultar agora o art. 13.° da Lei n.° 27/2010, bem como as respectivas notas. O preceituado neste art. 13.° veio confirmar a orientação do TRP.

2 – A referência dos n.os 2, 3, 4 a «empresas de transportes» já suscitou a questão de saber se estas regras eram apenas para as empresa cujo objecto social fosse a actividade de transportes e não também todas as outras que se dedicando genericamente à produção de bens (ou de outros serviços) incluem o transporte no desenvolvimento da sua actividade.

Sobre a questão pode ver-se o Acórdão do Tribunal da Relação de Lisboa de 24/06/2009 – Proc. 102/09.8TTTVD, relatado por José Feiteira, que concluiu, quanto a nós bem, pela sua aplicação a todas as empresas.

3 – Apesar da redacção do 1.° § do n.° 3, parece não se estar perante uma consagradora de responsabilidade objectiva, independente da culpa do empregado. Ver, no entanto, a norma do art. 10.°/2 do Dec.-Lei n.° 237/2007.

CAPÍTULO IV
Excepções

ARTIGO 11.°

Os Estados Membros podem aplicar mínimos de pausas e períodos de repouso mais elevados ou máximos de tempo de condução menos elevados do que os estabelecidos nos artigos 6.° a 9.° aos transportes rodoviários efectuados inteiramente no seu território. Nesse caso, os Estados-Membros terão em conta as convenções colectivas ou outros acordos entre os parceiros sociais. As disposições do presente regulamento permanecerão todavia aplicáveis aos condutores que efectuem operações de transporte internacionais.

ARTIGO 12.°

Desde que tal não comprometa a segurança rodoviária e com o objectivo de atingir um ponto de paragem adequado, o condutor pode não observar o disposto nos artigos 6.° a 9.°, na medida do necessário para garantir a segurança das pessoas, do veículo ou da carga. O condutor deve mencionar manualmente na folha de registo do aparelho de controlo, numa impressão dos dados do aparelho de controlo ou no seu registo de serviço, o mais tardar à chegada ao ponto de paragem adequado, o motivo de tal inobservância.

ARTIGO 13.°

1 – Na condição de não prejudicarem os objectivos estabelecidos no artigo 1.°, os Estados-Membros podem conceder isenções aos artigos 5.° a 9.° e submetê-las a condições especiais no seu território ou, com o acordo do Estado interessado, no território de outro Estado-Membro, no caso de transportes efectuados por:

a) Veículos propriedade de entidades públicas ou por elas alugados sem condutor, para serviços de transporte rodoviário que não concorram com as empresas transportadoras privadas;

b) Veículos utilizados ou alugados sem condutor por empresas agrícolas, hortícolas, florestais, pecuárias ou de pesca, para o transporte de mercadorias, como parte da sua própria actividade empresarial, num raio máximo de 100 quilómetros a partir da base da empresa;

c) Tractores agrícolas e florestais utilizados em actividades agrícolas e florestais, num raio máximo de 100 quilómetros a partir da base da empresa que detém o veículo em regime de propriedade, aluguer ou locação;

d) Veículos ou conjuntos de veículos com massa máxima autorizada não superior a 7,5 toneladas, utilizados:

- por prestadores de serviços universais na acepção do n.° 13 do artigo 2.° da Directiva 97/67/CE do Parlamento Europeu e do Conselho, de 15 de Dezembro de 1997, relativa às regras comuns para o desenvolvimento do mercado interno dos serviços postais comunitários e a melhoria da qualidade de serviço [11], para distribuir bens como parte do serviço universal ou
- que transportem materiais, equipamento ou máquinas a utilizar pelo condutor no exercício da sua profissão.

Estes veículos apenas poderão ser usados num raio de 50 quilómetros a partir da base da empresa e na condição de a actividade principal do condutor não ser a condução dos veículos;

e) Veículos que circulem exclusivamente em ilhas cuja superfície não exceda 2300 quilómetros quadrados e que não comuniquem com o restante território nacional por ponte, vau ou túnel abertos à circulação automóvel;

f) Veículos afectos ao transporte de mercadorias, com propulsão a gás natural ou liquefeito ou a electricidade, cuja massa máxima autorizada, incluindo reboques ou semi-reboques, não exceda 7,5 toneladas, utilizados num raio de 50 km a partir da base da empresa;

g) Veículos afectos à instrução e a exames de condução automóvel tendo em vista a obtenção de carta de condução ou de um certificado de habilitação profissional, na condição de não serem utilizados para transporte comercial de mercadorias ou passageiros;

h) Veículos afectos aos serviços de esgotos, de protecção contra inundações, de manutenção de instalações de fornecimento de água, gás e electricidade, de manutenção e controlo da rede viária, de recolha e tratamento de lixo doméstico, de telégrafo e telefone, de radiodifusão e teledifusão e de detecção de postos emissores ou receptores de rádio ou de televisão;

i) Veículos que possuam entre 10 e 17 lugares utilizados exclusivamente para o transporte não comercial de passageiros;

j) Veículos especializados que transportem material de circo ou de feira de diversões;

k) Veículos especialmente equipados para projectos móveis, cujo objectivo principal seja a utilização para fins educativos quando estacionados;

l) Veículos utilizados na recolha de leite nas quintas ou na devolução às quintas de contentores para leite ou lacticínios destinados à alimentação do gado;

m) Veículos especiais utilizados no transporte de fundos e/ou valores;

n) Veículos utilizados para transporte de desperdícios ou carcaças de animais não destinados ao consumo humano;

o) Veículos utilizados exclusivamente nas redes viárias existentes no interior de instalações como, por exemplo, portos, interfaces e terminais ferroviários;

p) Veículos utilizados para o transporte de animais vivos de explorações agrícolas para os mercados locais e vice-versa, ou dos mercados para os matadouros locais num raio de 50 km, no máximo.

2 – Os Estados-Membros informarão a Comissão das isenções que concederem nos termos do n.° 1. A Comissão notificará delas os outros Estados-Membros.

3 – Na condição de não prejudicarem os objectivos estabelecidos no artigo 1.° e de que seja prevista uma protecção adequada dos condutores, os Estados-Membros podem, após aprovação da Comissão, conceder, no seu território, isenções de menor alcance ao disposto no presente regulamento para veículos utilizados em zonas pré definidas, com uma densidade populacional inferior a 5 pessoas por quilómetro-quadrado, nos seguintes casos:

- para serviços nacionais regulares de transporte de passageiros, se o seu horário for confirmado pelas autoridades (em cujo caso apenas podem ser permitidas excepções relativas às pausas), e
- para operações de transporte rodoviário nacional por conta própria ou por conta de outrém que não tenham impacto no mercado interno e sejam necessárias para manter determinados segmentos do sector no território em questão, desde que as disposições derrogatórias do presente regulamento imponham um raio limite até 100 km.

O transporte rodoviário efectuado ao abrigo desta isenção pode incluir uma viagem para uma zona com uma densidade populacional de 5 pessoas ou mais por quilómetro-quadrado, apenas para concluir ou dar início ao percurso. Estas medidas deverão ser proporcionadas quanto ao seu carácter e âmbito de aplicação.

Nota:
Em concretização do disposto neste artigo, consultar a Portaria n.° 222/2008, de 5 de Março, que redefine o regime de dispensa e isenção de uso de tacógrafos em vários transportes.

ARTIGO 14.°

1 – Na condição de não prejudicarem os objectivos estabelecidos no artigo 1.°, os Estados-Membros podem, após autorização da Comissão, conceder derrogações à aplicação do disposto nos artigos 6.° a 9.° no caso de transportes efectuados em circunstâncias excepcionais.

2 – Em caso de urgência, os Estados-Membros podem conceder uma derrogação temporária até ao limite de 30 dias, que devem imediatamente notificar à Comissão.

3 – A Comissão informará os outros Estados-Membros de quaisquer derrogações concedidas nos termos do presente artigo.

ARTIGO 15.°

Os Estados-Membros devem garantir que os condutores dos veículos referidos na alínea *a*) do artigo 3.° sejam regidos por regras nacionais que proporcionem protecção adequada em matéria de tempo de condução autorizado e de pausas e períodos de repouso obrigatórios.

CAPÍTULO V
Controlo e sanções

ARTIGO 16.°

1 – No caso de o veículo não estar equipado com um aparelho de controlo de acordo com o Regulamento (CEE) n.° 3821/85, os n.os 2 e 3 do presente artigo aplicam-se aos seguintes serviços:

a) Serviços de transporte nacional regular de passageiros; e

b) Serviços de transporte internacional regular de passageiros cujos terminais se situem a uma distância não superior a 50 km, em linha recta, da fronteira entre dois Estados-Membros e cuja extensão total não exceda 100 quilómetros.

2 – As empresas de transportes devem estabelecer um horário e uma escala de serviço, indicando, para cada condutor, o nome, o local a que está afecto e o horário previamente fixado para os diferentes períodos de condução, outros tipos de trabalho, pausas e disponibilidade.

Cada condutor afecto a um serviço referido no n.° 1 deve ser portador de um extracto da escala de serviço e de uma cópia do horário de serviço.

3 – A escala de serviço deve:

a) Incluir todos os dados referidos no n.° 2 relativamente a um período mínimo que abranja os 28 dias anteriores; estes dados devem ser regularmente actualizados, com uma periodicidade máxima de um mês;

b) Ser assinada pelo chefe da empresa de transportes ou por uma pessoa com poderes para o representar;

c) Ser conservada pela empresa de transportes durante um ano após o termo do período abrangido. A empresa fornecerá um extracto da escala aos condutores interessados que o solicitarem; e

d) Ser apresentada e entregue, a pedido, aos agentes encarregados do controlo.

ARTIGO 17.°

1 – Utilizando o modelo de resumo-tipo estabelecido na Decisão 93/173/CEE [12], os Estados-Membros devem fornecer à Comissão as informações necessárias à elaboração, de dois em dois anos, de um relatório sobre a aplicação do presente regulamento e do Regulamento (CEE) n.° 3821/85 e a evolução registada nos domínios em questão.

2 – Estas informações devem ser comunicadas à Comissão até 30 de Setembro do ano seguinte ao termo do período de dois anos em questão.

3 – O relatório deve indicar o uso dado às isenções previstas no artigo 13.°.

4 – A Comissão enviará o relatório ao Parlamento Europeu e ao Conselho no prazo de treze meses a contar do termo do período de dois anos por ele abrangido.

ARTIGO 18.°

Os Estados-Membros adoptarão as disposições necessárias à aplicação do presente regulamento.

ARTIGO 19.°

1 – Os Estados-Membros devem determinar o regime de sanções aplicável às violações do disposto no presente regulamento e no Regulamento (CEE) n.° 3821/85 e tomar todas as medidas necessárias para assegurar a sua aplicação. Essas sanções devem ser eficazes, proporcionadas, dissuasivas e não discriminatórias. Nenhuma infracção ao presente regu-

lamento e ao Regulamento (CEE) n.° 3821/85 será sujeita a mais de uma sanção ou processo. Os Estados-Membros devem notificar à Comissão as referidas medidas e as regras sobre sanções até à data fixada no segundo parágrafo do artigo 29.° A Comissão informará os Estados-Membros em conformidade.

2 – Os Estados-Membros devem dotar as autoridades competentes da capacidade de aplicar sanções às empresas e/ou aos condutores por infracções ao presente regulamento detectadas no seu território que ainda não tenham sido sujeitas a sanções, ainda que tais infracções tenham sido cometidas no território de outro Estado-Membro ou de um país terceiro. A título de derrogação, sempre que seja detectada uma infracção:

– que não tenha sido cometida no território do Estado-Membro em questão, e
– que tenha sido cometida por uma empresa estabelecida noutro Estado-Membro ou num país terceiro, ou por um condutor cujo local de afectação se situe noutro Estado-Membro ou num país terceiro, em vez de impor uma sanção, os Estados-Membros podem, até 1 de Janeiro de 2009, notificar dos factos relativos à infracção a autoridade competente do Estado-Membro ou do país terceiro em que esteja sediada a empresa ou em que o condutor tenha o seu local de afectação.

3 – Sempre que um Estado-Membro intente uma acção ou imponha uma sanção por uma infracção específica, deverá fornecer ao condutor o respectivo comprovativo por escrito.

4 – Os Estados-Membros devem assegurar a vigência de um sistema de sanções proporcionadas, que podem incluir sanções financeiras, por infracção ao presente regulamento ou ao Regulamento (CEE) n.° 3821/85 por parte de empresas de transportes ou de expedidores associados, transitários, operadores turísticos, contratantes principais, subcontratantes e agências de emprego de condutores.

ARTIGO 20.°

1 – O condutor deve conservar todos os comprovativos fornecidos por um Estado-Membro relativamente a sanções impostas ou à instauração de uma acção durante o tempo necessário para que a mesma infracção ao

presente regulamento já não possa dar origem a uma segunda acção ou sanção por força do presente regulamento.

2 – O condutor deve apresentar as provas a que se refere o n.° 1, se lhe forem solicitadas.

3 – Se efectuar trabalho de condução ou de outro tipo para mais de uma empresa de transportes, o condutor deve fornecer, a cada uma delas, elementos informativos suficientes para que possam cumprir o disposto no capítulo II.

ARTIGO 21.°

Para reagir aos casos em que um Estado-Membro considere que uma infracção ao presente regulamento é claramente susceptível de pôr em perigo a segurança rodoviária, deve tal Estado-Membro habilitar a autoridade competente a proceder à imobilização do veículo em questão até ser corrigida a causa da infracção. Os Estados-Membros podem obrigar o condutor a gozar um período de repouso diário. Os Estados-Membros devem também, se for caso disso, retirar, suspender ou restringir a licença da empresa de transportes, se a mesma estiver estabelecida nesse Estado-Membro, ou retirar, suspender ou restringir a carta de condução do condutor. A Comissão elaborará, nos termos do n.° 2 do artigo 24.°, orientações destinadas a promover uma aplicação harmonizada do presente artigo.

ARTIGO 22.°

1 – Os Estados-Membros devem assistir-se mutuamente na aplicação do presente regulamento e no controlo do seu cumprimento.

2 – As autoridades competentes dos Estados-Membros devem intercambiar regularmente todas as informações disponíveis sobre:

a) Infracções às regras estabelecidas no capítulo II cometidas por não residentes, bem como qualquer sanção aplicada por tais infracções;

b) Sanções aplicadas por um Estado-Membro aos seus residentes por tais infracções, cometidas noutros Estados-Membros.

3 – Os Estados-Membros devem enviar regularmente informações relevantes sobre a interpretação e aplicação a nível nacional do presente

regulamento à Comissão, que as disponibilizará aos outros Estados-Membros, em formato electrónico.

4 – A Comissão promoverá o diálogo entre os Estados-Membros sobre a interpretação e a aplicação a nível nacional do presente regulamento, através do comité referido no n.° 1 do artigo 24.°

ARTIGO 23.°

A Comunidade procederá às negociações com países terceiros que se afigurem necessárias à aplicação do presente regulamento.

ARTIGO 24.°

1 – A Comissão é assistida pelo comité criado pelo n.° 1 do artigo 18.° do Regulamento (CEE) n.° 3821/85.

2 – Sempre que se faça referência ao presente número, são aplicáveis os artigos 3.° e 7.° da Decisão 1999/468/CE, tendo-se em conta o disposto no seu artigo 8.°.

3 – O Comité aprovará o seu regulamento interno.

ARTIGO 25.°

1 – A pedido de um dos Estados-Membros, ou por sua própria iniciativa, a Comissão:

a) Procederá à análise dos casos em que ocorram diferenças na aplicação e execução de quaisquer disposições do presente regulamento, nomeadamente em matéria de tempos de condução, pausas e períodos de repouso;

b) Clarificará as disposições do presente regulamento, a fim de promover uma abordagem comum.

2 – Nos casos referidos no n.° 1, a Comissão decidirá sobre uma abordagem recomendada, nos termos do n.° 2 do artigo 24.° A Comissão comunicará a sua decisão ao Parlamento Europeu, ao Conselho e aos Estados-Membros.

Disposições finais

ARTIGO 26.°

O Regulamento (CEE) n.° 3821/85 é alterado do seguinte modo:

1 – O artigo 2.° passa a ter a seguinte redacção:

"Artigo 2.°

Para efeitos do presente regulamento, são aplicáveis as definições constantes do artigo 4.° do Regulamento (CE) n.° 561/2006 do Parlamento Europeu e do Conselho, de 15 de Março de 2006, relativo à harmonização de determinadas disposições em matéria social no domínio dos transportes rodoviários e que altera os Regulamentos (CEE) n.° 3821/85 e (CE) n.° 2135/98 do Conselho [13].

2 – Os n.os 1, 2 e 3 do artigo 3.° passam a ter a seguinte redacção:

"1. O aparelho de controlo deve ser instalado e utilizado nos veículos afectos ao transporte rodoviário de passageiros ou de mercadorias matriculados num Estado-Membro, com excepção dos veículos referidos no artigo 3.° do Regulamento (CE) n.° 561/2006. Os veículos a que se refere o n.° 1 do artigo 16.° do Regulamento (CE) n.° 561/2006 e os veículos que tenham sido isentos da aplicação do Regulamento (CEE) n.° 3820/85, mas que já não estejam isentos nos termos do Regulamento (CE) n.° 561/2006, deverão cumprir este requisito até 31 de Dezembro de 2007.

2. Os Estados-Membros podem isentar da aplicação do presente regulamento os veículos referidos nos n.os 1 e 3 do artigo 13.° do Regulamento (CE) n.° 561/2006.

3. Os Estados-Membros podem, após autorização da Comissão, isentar da aplicação do presente regulamento os veículos afectos aos transportes referidos no artigo 14.° do Regulamento (CE) n.° 561/2006";

3 – O n.° 2 do artigo 14.° passa a ter a seguinte redacção:

"2. A empresa deve conservar as folhas de registo e impressões, sempre que estas últimas tiverem sido feitas em cumprimento do n.° 1 do artigo 15.°, por ordem cronológica e de forma legível, durante um período de, pelo menos, um ano a partir da sua utilização e remeter uma cópia aos condutores interessados, caso estes o solicitem. A empresa deve também remeter aos condutores interessados que o solicitem cópias dos dados descarregados do cartão do condutor, bem como impressões dessas cópias. As folhas de registo, impressões e dados descarregados devem ser apresentados ou entregues, a pedido, aos agentes encarregados do controlo";

4 – O artigo 15.° é alterado do seguinte modo:

– Ao n.° 1 é aditado o seguinte parágrafo:

"Quando um cartão de condutor estiver danificado, funcionar mal ou não estiver na posse do condutor, este deverá:

a) imprimir, no início do seu percurso, os dados relativos ao veículo que conduz e indicar nessa impressão:

i) os dados que permitem a sua identificação (nome, cartão de condutor ou número da carta de condução), incluindo a sua assinatura;

ii) os períodos referidos nas alíneas *b*), *c*) e *d*) do segundo travessão do n.° 3;

b) imprimir, no final do seu percurso, as informações relativas aos períodos de tempo registados pelo aparelho de controlo, registar quaisquer períodos de outro trabalho, de disponibilidade e de repouso desde a impressão feita no início do seu percurso, quando não registados pelo tacógrafo, e inscrever no documento dados que permitam a sua identificação (nome, cartão de condutor ou número da carta de condução do condutor), incluindo a sua assinatura";

– O segundo parágrafo do n.° 2 passa a ter a seguinte redacção:

"Quando, em virtude do seu afastamento do veículo, os condutores não possam utilizar os elementos do aparelho instalado no veículo, os períodos de tempo referidos nas alíneas *b*), *c*) e *d*) do segundo travessão do n.° 3 devem:

a) ser inscritos na folha de registo por inscrição manual, registo automático ou qualquer outro processo, de forma legível e sem sujar a folha, se o veículo estiver equipado com um aparelho de controlo em conformidade com o anexo I; ou

b) ser inscritos no cartão de condutor, utilizando a possibilidade de introdução manual oferecida pelo aparelho de controlo, se o veículo estiver equipado com um aparelho de controlo em conformidade com o Anexo IB.

Quando houver mais do que um condutor a bordo de um veículo equipado com um aparelho de controlo em conformidade com o Anexo IB, os condutores devem certificar-se de que os seus cartões foram inseridos na ranhura certa do tacógrafo.";

– As alíneas *b*) e *c*) do n.° 3 passam a ter a seguinte redacção:

+++++ TIFF +++++

"*b*) Qualquer "outro trabalho", entendido como qualquer actividade distinta da condução, tal como definida na alínea a) do artigo 3.° da Directiva 2002/15/CE do Parlamento Europeu e do Conselho, de 11 de Março de 2002, relativa à organização do tempo de trabalho das pessoas que exercem actividades móveis de transporte rodoviário [14], bem como qualquer trabalho prestado ao mesmo ou a outro empregador dentro ou fora do sector dos transportes, deve ser registado sob o símbolo.

+++++ TIFF +++++

c) A "disponibilidade", definida na alínea *b*) do artigo 3.° da Directiva 2002/15/CE, deve ser registada sob o símbolo.

– É revogado o n.° 4;

– O n.° 7 passa a ter a seguinte redacção:

"7. *a*) Sempre que o condutor conduza um veículo equipado com um aparelho de controlo em conformidade com o anexo I, deve poder apresentar, a pedido dos agentes encarregados do controlo:

i) as folhas de registo da semana em curso e as utilizadas pelo condutor nos 15 dias anteriores;

ii) o cartão de condutor, se o possuir; e

iii) qualquer registo manual e impressão efectuados durante a semana em curso e nos 15 dias anteriores, tal como previsto no presente regulamento e no Regulamento (CE) n.° 561/2006.

No entanto, após 1 de Janeiro de 2008, os períodos referidos nas subalíneas i) e iii) abrangerão o dia em curso e os 28 dias anteriores;

b) Sempre que o condutor conduza um veículo equipado com um aparelho de controlo de acordo com o anexo 1 B, deve poder apresentar, a pedido dos agentes encarregados do controlo:

i) o cartão de condutor de que for titular,

ii) qualquer registo manual e impressão efectuados durante a semana em curso e nos 15 dias anteriores, tal como previsto no presente regulamento e no Regulamento (CE) n.° 561/2006, e

iii) as folhas de registo correspondentes ao período referido na alínea anterior, no caso de ter conduzido um veículo equipado com um aparelho de controlo de acordo com o anexo I.

No entanto, após 1 de Janeiro de 2008, os períodos referidos na subalínea ii) devem abranger o dia em curso e os 28 dias anteriores;

c) Os agentes autorizados para o efeito podem verificar o cumprimento do Regulamento (CE) n.° 561/2006 através da análise das folhas de registo ou dos dados, visualizados ou impressos, registados pelo aparelho de controlo ou pelo cartão de condutor ou, na falta destes meios, através da análise de qualquer outro documento comprovativo que permita justificar o incumprimento de qualquer disposição, como as previstas nos n.ºs 2 e 3 do artigo 16.°".

ARTIGO 27.°

O Regulamento (CE) n.° 2135/98 é alterado do seguinte modo:

1 – A alínea *a*) do n.° 1 do artigo 2.° passa a ter a seguinte redacção:

"1. *a*) A partir do vigésimo dia após a publicação do Regulamento (CE) n.° 561/2006 do Parlamento Europeu e do Conselho, de 15 de Março de 2006, relativo à harmonização de determinadas disposições em matéria social no domínio dos transportes rodoviários e que altera os Regulamentos (CEE) n.° 3821/85 e (CE) n.° 2135/98 do Conselho [15], os veículos colocados em circulação pela primeira vez deverão estar equipados com um aparelho de controlo conforme com as prescrições do anexo I B do Regulamento (CEE) n.° 3821/85.

2 – O n.° 2 do artigo 2.° passa a ter a seguinte redacção:

"2. Os Estados-Membros deverão tomar as medidas necessárias para poderem emitir cartões de condutor até ao vigésimo dia após a publicação do Regulamento (CE) n.° 561/2006".

ARTIGO 28.°

O Regulamento (CEE) n.° 3820/85 é revogado e substituído pelo presente regulamento.

Não obstante, os n.os 1, 2 e 4 do artigo 5.° do Regulamento (CEE) n.° 3820/85 continuarão a ser aplicáveis até às datas fixadas no n.° 1 do artigo 15.° da Directiva 2003/59/CE.

ARTIGO 29.°

O presente regulamento entra em vigor em 11 de Abril de 2007, com excepção do n.° 5 do artigo 10.°, dos n.os 3 e 4 do artigo 26.° e do artigo 27.°, que entram em vigor em 1 de Maio de 2006.

O presente regulamento é obrigatório em todos os seus elementos e directamente aplicável em todos os Estados-Membros.

Feito em Estrasburgo, em 15 de Março de 2006.

Pelo Parlamento Europeu
O Presidente
J. Borrell Fontelles

LEI N.º 13/2006
de 17 de Abril

Transporte colectivo de crianças
(Só se publicam as disposições que respeitam às CO)

....

ARTIGO 13.º
Tacógrafo

Os automóveis utilizados no transporte de crianças devem estar equipados com tacógrafo devidamente homologado.

....

ARTIGO 18.º
Fiscalização

São competentes para a fiscalização do cumprimento do disposto na presente lei as seguintes entidades:

a) Guarda Nacional Republicana;
b) Polícia de Segurança Pública;
c) Inspecção-Geral do Trabalho;
d) Inspecção-Geral de Obras Públicas e Transportes;
e) Direcção-Geral de Viação;
f) Direcção-Geral de Transportes Terrestres.

....

ARTIGO 19.°
Contra-ordenações

....

3 – Para os efeitos do disposto na presente lei, constitui contra-ordenação:

....

m) A falta de tacógrafo ou a sua utilização ilegal, nos termos do artigo 13.°;

....

ARTIGO 24.°
Processamento e aplicação das coimas

....

3 – O processamento das contra-ordenações fundadas na alínea *m*) do n.° 3 do artigo 19.° compete à Inspecção-Geral do Trabalho (IGT), e a aplicação das coimas é da competência do inspector-geral do Trabalho.

Nota:

Apesar de se tratar de um diploma cujas contra-ordenações são, na sua esmagadora maioria, da competência da Direcção Geral de Transportes Terrestres, é de âmbito laboral, e da competência da ACT o processamento e decisão das contra-ordenações por falta de tacógrafo nas viaturas que transportam as crianças.

Note-se, porém, que se até agora, por essa mesma infracção nas viaturas em geral obrigadas ao aparelho de controlo, e nos termos do que dispunha o Dec.-Lei n.° 272/89, de 19/08, a competência material para conhecer das contra-ordenações e punir com coimas era da autoridade administrativa laboral, agora, a partir do Dec.-Lei n.° 169/2009, de 31/07, conforme seu art. 6.°, passou para o Instituto da Mobilidade e dos Transportes Terrestres (IMTT, I.P.).

Mas, ao que se crê por esquecimento legislativo, mantém-se a competência no diploma em anotação.

LEI N.º 30/2006
de 11 de Julho

Redacção da Lei n.º 4/2008, de 07/02
Procede à conversão em contra-ordenações de contravenções e transgressões em vigor no ordenamento jurídico nacional
(Só se publicam as disposições que respeitam às CO)

....

Regulamento da Profissão de Fogueiro para a Condução de Geradores de Vapor

ARTIGO 22.º
Alteração ao regulamento aprovado pelo Decreto n.º 46 989, de 30 de Abril de 1966

1 – O capítulo VI do Regulamento da Profissão de Fogueiro para a Condução de Geradores de Vapor, aprovado pelo Decreto n.º 46 989, de 30 de Abril de 1966, e alterado pelo Decreto n.º 574/71, de 21 de Dezembro, passa a denominar-se «Contra-ordenações».

2 – Os artigos 49.º a 52.º do Regulamento da Profissão de Fogueiro para a Condução de Geradores de Vapor passam a ter a seguinte redacção:

«Artigo 49.º

1 – Constitui contra-ordenação grave a condução de geradores de vapor ou a conduta dos seus proprietários ou utilizadores que permita a condução dos mesmos por:

a) Indivíduos não titulares de carteira profissional de fogueiro;

b) Fogueiros titulares de carteiras profissionais não revalidadas ou não entregues nos termos do artigo 42.°.

2 – Constitui contra-ordenação leve o desempenho da actividade de fogueiro sem que a respectiva carteira profissional contenha o averbamento das entidades ao serviço das quais o titular se encontra.

Artigo 50.°

Constitui contra-ordenação grave:

a) A conduta de proprietário ou utilizador de gerador de vapor que determine ou permita a aprendizagem ou instrução da condução de gerador em violação do disposto nos artigos 14.° a 16.° ou a condução por fogueiro de classe inferior à exigida em função da categoria do gerador;

b) A violação do disposto no § único do artigo 1.°, nos artigos 7.° a 9.°, bem como a falta de licença referida no § 4.° do artigo 32.°;

c) A conduta do empregador que dificulte ou impeça o fogueiro de cumprir o disposto nos artigos 11.° a 13.°

Artigo 51.°

Constitui contra-ordenação grave a violação do disposto nos artigos 11.° a 13.°, caso o fogueiro esteja a realizar uma actividade remunerada prestada com autonomia.

Artigo 52.°

É aplicável às contra-ordenações a que se referem os artigos 49.° a 51.° o regime geral previsto nos artigos 614.° a 640.° do Código do Trabalho.»

Notas:

1 – A Lei n.° 30/2006 procedeu à conversão em contra-ordenações das contravenções ainda então existentes, desde que em 1979 o Prof. Eduardo Correia lançou os alicerces do dmos com a publicação do Dec.-Lei n.° 232/79, de 24/07. Em cujo art. 1.° inseriu uma norma (n.3) segundo a qual *são equiparáveis às contra-ordenações as contravenções ou transgressões previstas pela lei vigente a que sejam aplicadas sanções pecuniárias*.

Mas porque esta conversão foi paralisada logo de seguida pelo Dec.-Lei n.° 411-A/79, de 01/10, estas duas modalidades de infracções coexistiram até à Lei em anotação.

Esta, porém, não se limitou à mera conversão abstracta das *contravenções em contra-ordenações*. Certamente com a preocupação de não provocar hiatos na punibilidade das condutas já tipificadas como contravencionais, fez uma recolha delas, e transformou-as em ilícito de mera ordenação social.

É isso que sucede com o Regulamento da Profissão de Fogueiro.

2 – Da estrutura das contra-ordenações extrai-se que, se a maioria delas é imputável ao empregador, outras existem em que a imputação é feita ao fogueiro que exerça a actividade com autonomia, ou seja, como trabalhador independente.

3 – Como resulta do que se disse a propósito das carteiras profissionais[349], o exercício da actividade de fogueiro é das que se encontra legalmente condicionada à posse desse documento habilitador.

4 – A remissão que no art. 52.° era feita para os arts. 614.° a 640.° do CT/2003, deve agora ter-se por feita para os arts. 548.° a 566.° do CT/2009 (regime geral) e, quanto ao regime processual, para a Lei n.° 107/2009.

---

[349] Vd, *infra*, Parte IV, o Dec.-Lei n.° 358/84.

DECRETO-LEI N.° 237/2007
de 19 de Junho[350]

Organização do tempo de trabalho das pessoas que exercem actividades móveis de transporte rodoviário
(Só se publicam as disposições sobre CO)

Disposições gerais

ARTIGO 1.°
Âmbito e objecto

1 – O presente decreto-lei regula determinados aspectos da organização do tempo de trabalho dos trabalhadores móveis em actividades de transporte rodoviário efectuadas em território nacional e abrangidas pelo Regulamento (CE) n.° 561/2006, do Parlamento Europeu e do Conselho, de 15 de Março, relativo à harmonização de determinadas disposições em matéria social no domínio dos transportes rodoviários, adiante referido como regulamento, ou pelo Acordo Europeu Relativo ao Trabalho das Tripulações dos Veículos Que Efectuam Transportes Internacionais Rodoviários (AETR), aprovado, para ratificação, pelo Decreto n.° 324/73, de 30 de Junho.

2 – O presente decreto-lei transpõe para a ordem jurídica interna a Directiva n.° 2002/15/CE, do Parlamento Europeu e do Conselho, de 11 de Março, relativa à organização do tempo de trabalho das pessoas que exercem actividades móveis de transporte rodoviário.

3 – O disposto nos artigos 3.° a 9.° prevalece sobre as disposições correspondentes do Código do Trabalho.

....

---

[350] Ver também a Portaria n.° 983/2007, de 27/08.

Notas:

1 – O conceito de *trabalhadores móveis* está contido na Directiva 2002/15/CE que deu origem ao presente diploma. É o trabalhador, incluindo o formando e o aprendiz, que faz parte do *pessoal viajante* de empregador que exerça actividade de transportes rodoviários abrangida pelo Regulamento (CE) 561/2006 ou pelo AETR que integra os países europeus que não integram a Comunidade Europeia.

Nesse conceito cabem, por isso, não só os condutores como outros profissionais que acompanham estes nas suas viagens tais como os ajudantes, distribuidores ou funções similares.

Mas, por outro lado, dele não fazem parte aqueloutros profissionais que utilizam, mesmo que diariamente, um veículo como meio de deslocação meramente instrumental da sua actividade tal como sucede, por exemplo, com o viajante, o vendedor ou o angariador que visitam empresas ou particulares exibindo os produtos da empresa a fim de contratualizarem negócios e obterem clientes.

2 – A respeito do Dec.-Lei 237/2007, pode ver-se o nosso trabalho *Elemento subjectivo da contra-ordenação: A propósito da responsabilidade do empregador nos transportes rodoviários* – Maia Jurídica, Ano V, n.° 2 – Jul/Dez 2007 (pp. 17-26).

ARTIGO 3.°
Informação

Sem prejuízo do disposto nos artigos 97.° a 101.° do Código do Trabalho, o dever de informação do empregador inclui ainda os limites à duração do trabalho, os intervalos de descanso e os descansos diário e semanal.

Notas:

1 – O dever de informação encontra-se agora previsto nos arts. 106.° a 109.° do CT/2009.

A inclusão nesse dever das informações aqui referidas justifica-se pela particularidade destes contratos de trabalho onde os tempos de descanso e repouso, conjuntamente com os limites da duração do trabalho, além de poderem pôr em causa a saúde destes trabalhadores, como sucede com os trabalhadores em geral, constituem um factor acrescido de risco para os utilizadores das vias rodoviárias.

2 – A sua violação, contudo, constitui CO leve (art. 13.°), ao passo que a violação dos restantes deveres constitui agora CO grave (art. 106.°/5 do CT).

ARTIGO 4.°
Registo

1 – No caso de trabalhador móvel não sujeito ao aparelho de controlo previsto no Regulamento (CEE) n.° 3821/85, de 20 de Dezembro, alterado pelo Regulamento (CE) n.° 561/2006, do Parlamento Europeu e do Conselho, de 15 de Março, ou previsto no AETR, o registo do número de horas de trabalho prestadas a que se refere o artigo 162.° do Código do Trabalho indica também os intervalos de descanso e descansos diários e semanais e, se houver prestação de trabalho a vários empregadores, de modo a permitir apurar o número de horas de trabalho prestadas a todos eles.

2 – A forma do registo referido no número anterior é estabelecida em portaria conjunta dos membros do Governo responsáveis pela área laboral e pela área dos transportes.

3 – O empregador deve:

a) Manter os suportes do registo referido nos números anteriores em condições que permitam a sua leitura, durante cinco anos, à disposição das entidades com competência fiscalizadora;

b) Entregar ao trabalhador, a pedido deste e no prazo de oito dias úteis, cópia dos registos.

Notas:

1 – O registo a que se reporta o n.° 1 encontra-se agora previsto no art. 202.°/2 e, ao contrário do que sucedia até agora, já inclui a obrigatoriedade de inclusão das interrupções ou intervalos que não contem como tempo de trabalho. Aliás, a situação destes trabalhadores é abrangida também pelo n.° 3 uma vez que prestam normalmente trabalho no exterior da empresa.

2 – O *trabalhador móvel não sujeito ao aparelho de controlo* de que trata o n.° 1 é precisamente constituído pelos ajudantes, distribuidores ou profissionais afins e não inclui os condutores, uma vez que esses estão sujeitos a tal aparelho. Mas, para além deles, também aqui se incluem os trabalhadores móveis (condutores) de viaturas pesadas isentas da obrigatoriedade da utilização de tacógrafo, assim como os das viaturas ligeiras que têm nelas o seu local de trabalho.

3 – Relativamente ao n.° 2, consultar a Portaria n.° 983/2007, de 27/08, designadamente os seus arts. 3.° e 4.° que tratam do registo do tempo de trabalho em livrete individual de controlo.

4 – A violação da alínea *a*) do n.° 3 constitui CO muito grave (art. 14.°/3/*a*) e *b*)), enquanto que a violação da alínea *b*) é CO grave (art. 14.°/2/*d*)).

ARTIGO 5.°
Tempo de disponibilidade

O tempo de disponibilidade previsto na alínea *c*) do artigo 2.° não é considerado tempo de trabalho.

Duração e organização do tempo de trabalho

ARTIGO 6.°
Limites da duração do trabalho

1 – A duração do trabalho semanal dos trabalhadores móveis, incluindo trabalho suplementar, não pode exceder sessenta horas, nem quarenta e oito horas em média num período de quatro meses.

2 – Por instrumento de regulamentação colectiva de trabalho, o período de referência previsto no número anterior pode ser aumentado até seis meses.

3 – Se o trabalhador móvel trabalhar para vários empregadores, a duração do trabalho semanal para efeitos do n.° 1 corresponde à soma dos períodos de trabalho efectuados.

4 – Para efeitos do disposto no número anterior:

a) O empregador que exerça a actividade de transportes rodoviários abrangida pelo regulamento ou pelo AETR solicita ao trabalhador aquando da admissão, por escrito, a indicação dos períodos de trabalho prestados a qualquer outro empregador;

b) O trabalhador informa, por escrito, o empregador referido na alínea anterior do seu período normal de trabalho ao serviço de qualquer outro empregador e das horas de trabalho prestadas para além deste, aquando da admissão, bem como sempre que haja alteração do seu período normal de trabalho, preste horas de trabalho para além deste ou passe a trabalhar para vários empregadores.

5 – A duração do trabalho, incluindo trabalho suplementar, no caso de abranger, no todo ou em parte, o intervalo entre as 0 e as 5 horas, não pode exceder dez horas por dia.

Notas:

1 – Este artigo é de aplicação geral aos trabalhadores móveis, isto é, condutores e não condutores, incluindo os que trabalham para mais do que um empre-

gador. Para a situação paralela dos trabalhadores em geral, com uma regulamentação completamente distinta, ver o art. 101.° do CT/2009.

2 – A violação das prescrições deste normativo é tipificada como CO grave, à excepção da alínea *b)* do n.° 3 respeitante ao dever do trabalhador informar o empregador do seu pnt, que, deste modo, não é punível.

ARTIGO 7.°
Excepções aos limites da duração do trabalho

Por motivos objectivos, nomeadamente razões técnicas ou de organização do trabalho, o disposto no artigo anterior pode ser afastado por convenção colectiva, incluindo quando aplicável à situação prevista no n.° 3 do mesmo artigo.

ARTIGO 8.°
Intervalo de descanso

1 – O período de trabalho diário dos trabalhadores móveis é interrompido por um intervalo de descanso de duração não inferior a trinta minutos, se o número de horas de trabalho estiver compreendido entre seis e nove, ou a quarenta e cinco minutos, se o número de horas for superior a nove.

2 – Os trabalhadores móveis não podem prestar mais de seis horas de trabalho consecutivo.

3 – O intervalo de descanso referido no n.° 1 pode ser dividido em períodos com a duração mínima de quinze minutos.

4 – O disposto nos números anteriores não prejudica a aplicação aos condutores do regime de interrupções de condução previsto no artigo 7.° do regulamento ou do AETR.

Notas:

1 – A leitura deste artigo exige alguma atenção. Aparentemente, os seus n.os 1 a 3 aplicar-se-iam a todos os trabalhadores móveis. Mas não é assim. O n.° 4 excepciona dessa aplicação precisamente os *condutores*, pelo que só são abrangidos os *trabalhadores móveis não condutores*. Significa isso que os condutores continuam sujeitos aos limites dos intervalos de descanso ou pausas do Reg. (CE) n.° 561/2006 ou do AETR. Ou seja, após um período de condução de quatro horas

e meia – e não seis horas como pode suceder com os outros trabalhadores móveis – os condutores gozarão de uma pausa ininterrupta de pelo menos 45 minutos ou de duas (30 + 15 minutos).

2 – A violação do aqui preceituado constitui CO grave (art. 16.°).

ARTIGO 9.°
Descanso diário e descanso semanal

Os regimes de descanso diário e descanso semanal previstos no regulamento ou no AETR são extensivos aos demais trabalhadores móveis.

Contra-ordenações

SECÇÃO I
Regime geral

ARTIGO 10.°
Disposições gerais

1 – O regime geral previsto nos artigos 614.° a 640.° do Código do Trabalho aplica-se às contra-ordenações por violação do presente decreto-lei, sem prejuízo do disposto nos artigos 11.° e 12.°

2 – O empregador é responsável pelas infracções ao disposto no presente decreto-lei.

3 – Na aplicação do presente decreto-lei às Regiões Autónomas são tidas em conta as competências legais atribuídas aos respectivos órgãos e serviços regionais.

Notas:

1 – A remissão que no n.° 1 era feita para os arts. 614.° a 640.° do CT/2003, deve agora ter-se feita para os arts. 548.° a 566.° do CT/2009, mas também para o disposto na Lei n.° 107/2009, sobre o regime processual das contra-ordenações laborais e da segurança social.

2 – A norma contida no n.° 2 é, como consta do que dissemos na nota 4 ao art. 7.° do Dec.-Lei n.° 272/89, uma tentativa de alteração da corrente jurisprudencial formada com a entrada em vigor do CT/2003 segundo a qual, nestes casos

de violação da disciplina da duração do horário de condução de viaturas pesadas de mercadorias ou de passageiros, só quando houver nos autos factos materiais que comprovem a existência de culpa da entidade empregadora, a CO lhe pode ser imputada.

Mas a consequência que mais imediatamente acarreta é a de criar lacunas de punibilidade.

Na verdade, dizendo a norma que só o empregador é responsável pelas infracções deste diploma, inequivocamente afasta a responsabilidade dos trabalhadores. Mas não aumenta em grande medida a responsabilidade dos empregadores. É que não se pode defender a sua responsabilidade objectiva, isto é, independente de culpa[351]. Por isso, quando o trabalhador age em nome, no interesse e em representação do empregador, obviamente a culpa daquele é a culpa do empregador. Isto porque se não defende que possa haver responsabilidade do empregador, normalmente responsabilidade colectiva, sem ter havido culpa do agente material da infracção[352]. Mas se, pelo contrário, o empregador alega e prova que o trabalhador actuou contra ordens ou instruções por si transmitidas, então o que se passa é que o empregador não responde, porque não tem culpa, e o trabalhador também não responde porque, nos termos legais, não é sujeito activo da CO.

Uma última nota para acentuar que esta regra só se aplica às infracções previstas neste diploma e não às constantes do Dec.-Lei n.° 272/89 que continuam a seguir os termos gerais da responsabilidade contra-ordenacional.

ARTIGO 11.°
Fiscalização

A fiscalização do cumprimento das disposições do presente decreto-lei e da portaria prevista no n.° 2 do artigo 4.° é assegurada, no âmbito das respectivas competências, pelas entidades competentes para fiscalizar o cumprimento da regulamentação comunitária sobre matéria social e aparelho de controlo no domínio dos transportes rodoviários e do AETR.

....

---

[351] Nesse sentido, o nosso já citado *Elemento subjectivo da contra-ordenação: A propósito da responsabilidade do empregador nos transportes rodoviários,* Maia Jurídica, Ano V, n.° 2 – Jul/Dez 2007 (pp. 17-26).

[352] Embora se tenha presente a norma do art. 11.°/7 segundo *a qual a responsabilidade das pessoas colectivas e entidades equiparadas não exclui a responsabilidade individual dos respectivos agentes, nem depende da responsabilização destes.* É que aqui, ao contrário, afasta-se, à partida, a responsabilidade individual do agente.

Contra-ordenações em especial

ARTIGO 13.°
Dever de informação

Constitui contra-ordenação leve a violação do disposto no artigo 3.°

ARTIGO 14.°
Registo

1 – Constitui contra-ordenação leve a utilização do suporte de registo referido nos n.os 1 e 2 do artigo 4.° por período superior àquele para o qual foi concebido, quando não inviabilize a leitura dos registos efectuados.

2 – Constitui contra-ordenação grave:

a) A utilização de suporte de registo não autenticado;

b) O registo incompleto ou não discriminado dos períodos de tempo sujeitos a registo, nos termos previstos na portaria referida no n.° 2 do artigo 4.°;

c) A falta de anotação ou a anotação incompleta das indicações a incluir na folha de registo, no fim do período a que respeita;

d) A violação do disposto na alínea *b*) do n.° 3 do artigo 4.°.

3 – Constitui contra-ordenação muito grave:

a) A não utilização de suporte de registo;

b) A utilização de suporte de registo por período superior àquele para o qual foi concebido, quando inviabilize a leitura dos registos efectuados;

c) A alteração das indicações ou registos;

d)vA não apresentação, quando solicitada pelas entidades com competência fiscalizadora, do suporte de registo correspondente à semana em curso e aos 15 dias anteriores em que o trabalhador prestou actividade;

e) A violação do disposto na alínea *a*) do n.° 3 do artigo 4.°.

Nota:

1 – Às contra-ordenações aqui tipificadas pela técnica da remissão, já nos referimos quando analisámos os preceitos para onde o legislador remete. Elas são

em tudo semelhantes às que resultam da disciplina do aparelho de controlo (tacógrafo) constante do Dec.-Lei n.° 272/89).

2 – Lembra-se que o registo a que se reporta este artigo é o feito através dos livretes individuais de controlo (LICs) cujas cadernetas devem ser presentes nas unidades locais respectivas da ACT para autenticação pelo respectivo dirigente (art. 4.° da Portaria n.° 983/2007, de 27/08). Daí a CO prevista no n.° 2/*a*).

ARTIGO 15.°

Duração do trabalho

Constitui contra-ordenação grave a violação do disposto nos n.os 1 e 3, na alínea *a*) do n.° 4 e no n.° 5 do artigo 6.°.

ARTIGO 16.°

Horário de trabalho e descanso semanal

Constitui contra-ordenação grave a violação do disposto nos artigos 8.° e 9.°.

....

LEI N.º 4/2008
de 7 de Fevereiro[353]

Aprova o regime dos contratos de trabalho dos profissionais de espectáculos[354]
(Só se publicam as disposições sobre CO)

ARTIGO 8.º
Exercício intermitente da prestação de trabalho

....

7 – Durante os períodos de inactividade o empregador fica obrigado a:

a) Pagar pontualmente a compensação retributiva;

b) Não admitir novos trabalhadores ou renovar contratos para actividades artísticas susceptíveis de poderem ser desempenhadas pelo trabalhador em situação de inactividade.

....

Nota:
Sobre trabalho intermitente dos trabalhadores em geral, regulado pela primeira vez no CT/2009, consultar os arts. 157.º a 160.º.

---

353 À Lei 4/2008 foi aditado o art. 10.º-A pela Lei n.º 105/2009, de 14/09, *sobre casos especiais de contratos de muito curta duração* em que a comunicação à segurança social é feita por formulário electrónico. Todavia, não se consagrou para a sua violação CO mas a conversão em contrato por 6 meses.

354 Quanto à participação de menor em actividades de natureza cultural, artística ou publicitária, consultar adiante, nesta Parte IV, a Lei n.º 105/2009 (arts. 2.º a 11.º).

ARTIGO 15.°
Trabalho nocturno

O trabalho nocturno dos trabalhadores de espectáculos é o prestado no intervalo entre as 0 e as 5 horas, sem prejuízo do estabelecimento de regime mais favorável por instrumento de regulamentação colectiva de trabalho.

Nota:
Nos termos do disposto no art. 223.°/1 do CT/2009, O período das 0 às 5 horas é o estabelecido como sendo obrigatoriamente nocturno não podendo ser alterado por irct.

ARTIGO 16.°
Trabalho em dia feriado

1 – As actividades de espectáculos públicos, bem como as actividades inerentes à sua preparação ou realização, podem ser prestadas em dia feriado.

2 – Salvo convenção em contrário, o trabalhador que realiza a prestação em dia feriado tem direito a um descanso compensatório de igual duração, a ser gozado nos termos do previsto no n.° 3 do artigo 13.°, ou ao acréscimo de 100% da retribuição pelo trabalho prestado nesse dia, cabendo a escolha ao empregador.

....

Nota:
O direito a descanso compensatório por trabalho prestado em dia feriado não pode ser retirado, mesmo que com acordo do trabalhador. Apenas a convenção colectiva pode dispor de modo diferente.

A contra-ordenação tipificada no art. 20.° para esta situação resulta da conduta do empregador que nem concede o descanso compensatório nem o remunera com o acréscimo de 100%.

ARTIGO 20.°
Contra-ordenações

Constitui contra-ordenação grave a violação do disposto no n.° 7 do artigo 8.° e nos artigos 15.° e 16.° da presente lei.

DECRETO-LEI N.º 91/2009
de 9 de Abril

Estabelece o regime jurídico de protecção social na parentalidade no âmbito do sistema previdencial e no subsistema de solidariedade
(Só se publicam as disposições sobre CO, embora, neste caso respeitem à Segurança Social)

ARTIGO 24.º
Condições comuns

1 – Constituem condições comuns do reconhecimento do direito:

a) O gozo das respectivas licenças, faltas e dispensas não retribuídas nos termos do Código do Trabalho ou de períodos equivalentes;

....

ARTIGO 46.º
Âmbito material

A protecção regulada no presente capítulo concretiza-se na concessão dos seguintes subsídios:

a) Subsídio social por risco clínico durante a gravidez;
b) Subsídio social por interrupção da gravidez;
c) Subsídio social parental;
d) Subsídio social por adopção;
e) Subsídio social por riscos específicos.

....

ARTIGO 51.°
Condições comuns

Constituem condições comuns de atribuição dos subsídios sociais previstos no presente capítulo:

a) A residência em território nacional;
b) O preenchimento de condição de recursos

....

SECÇÃO I
Regime sancionatório

ARTIGO 64.°
Regime sancionatório

1 – Constitui contra-ordenação punível com coima de € 100 a € 700 o incumprimento, por acção ou omissão, do dever de comunicação às instituições gestoras dos factos determinantes da cessação do direito aos subsídios, relativamente às situações previstas na alínea *a*) do n.° 1 do artigo 24.°, no artigo 51.° e nas alíneas *a*) e *b*) do n.° 1 do artigo 78.°, no prazo de cinco dias úteis subsequentes à data da verificação dos mesmos, bem como a utilização de qualquer meio fraudulento de que resulte a concessão indevida dos subsídios.

2 – Em tudo o que não esteja especialmente previsto no presente decreto-lei é aplicável o disposto no Decreto-Lei n.° 64/89, de 25 de Fevereiro.

Notas:

1 – As contra-ordenações aqui referidas são imputáveis aos beneficiários que: (i) não cumpram o dever de informação dos factos que produzem a extinção ou alteração dos subsídios que lhes eram devidos; (ii) utilizem meios fraudulentos para a sua obtenção.

2- A remissão que no n.° 2 era feita para o DL 64/89, diploma que foi revogado, na parte do regime contra-ordenacional, pela Lei n.° 107/2009, de 14 de Setembro (art. 64.°) deve entender-se agora feita para esta.

....

ARTIGO 78.º
Meios de prova dos subsídios sociais

1 – Para além dos meios de prova exigidos para os correspondentes subsídios do sistema previdencial a atribuição dos subsídios sociais depende, ainda, dos seguintes elementos obtidos oficiosamente:

a) Composição do agregado familiar e respectivos rendimentos;
b) Comprovação de residência em território nacional.

LEI N.º 98/2009
de 4 de Setembro

Regime de reparação de acidentes de trabalho e de doenças profissionais, incluindo a reabilitação e reintegração profissionais[355]

(Só se publicam as disposições sobre CO)

Objecto e âmbito

ARTIGO 1.º
Objecto da lei

1 – A presente lei regulamenta o regime de reparação de acidentes de trabalho e de doenças profissionais, incluindo a reabilitação e reintegração profissionais, nos termos do artigo 284.º do Código do Trabalho, aprovado pela Lei n.º 7/2009, de 12 de Fevereiro.

2 – Sem prejuízo do disposto no capítulo III, às doenças profissionais aplicam-se, com as devidas adaptações, as normas relativas aos acidentes de trabalho constantes da presente lei e, subsidiariamente, o regime geral da segurança social.

....

[355] Esta Lei contém as contra-ordenações no final e, apesar de ser regulamentar do art. 284.º do CT/2009, está estruturada de acordo com a sistematização que era própria do CT/2003.

ARTIGO 13.°
Proibição de descontos na retribuição

O empregador não pode descontar qualquer quantia na retribuição do trabalhador ao seu serviço a título de compensação pelos encargos resultantes do regime estabelecido na presente lei, sendo nulos os acordos realizados com esse objectivo.

Nota:
A violação da proibição constante deste preceito constitui contra-ordenação grave (art. 171.°/2/*c*)). Sobre a proibição em geral de compensações e descontos na retribuição dos trabalhadores, consultar o art. 279.° do CT/2009.

....

Agravamento da responsabilidade

ARTIGO 18.°
Actuação culposa do empregador

1 – Quando o acidente tiver sido provocado pelo empregador, seu representante ou entidade por aquele contratada e por empresa utilizadora de mão-de-obra, ou resultar de falta de observação, por aqueles, das regras sobre segurança e saúde no trabalho, a responsabilidade individual ou solidária pela indemnização abrange a totalidade dos prejuízos, patrimoniais e não patrimoniais, sofridos pelo trabalhador e seus familiares, nos termos gerais.

2 – O disposto no número anterior não prejudica a responsabilidade criminal em que os responsáveis aí previstos tenham incorrido.

3 – Se, nas condições previstas neste artigo, o acidente tiver sido provocado pelo representante do empregador, este terá direito de regresso contra aquele.

4 – No caso previsto no presente artigo, e sem prejuízo do ressarcimento dos prejuízos patrimoniais e dos prejuízos não patrimoniais, bem como das demais prestações devidas por actuação não culposa, é devida uma pensão anual ou indemnização diária, destinada a reparar a redução na capacidade de trabalho ou de ganho ou a morte, fixada segundo as regras seguintes:

a) Nos casos de incapacidade permanente absoluta para todo e qualquer trabalho, ou incapacidade temporária absoluta, e de morte, igual à retribuição;

b) Nos casos de incapacidade permanente absoluta para o trabalho habitual, compreendida entre 70% e 100% da retribuição, conforme a maior ou menor capacidade funcional residual para o exercício de outra profissão compatível;

c) Nos casos de incapacidade parcial, permanente ou temporária, tendo por base a redução da capacidade resultante do acidente.

5 – No caso de morte, a pensão prevista no número anterior é repartida pelos beneficiários do sinistrado, de acordo com as proporções previstas nos artigos 59.° a 61.°

6 – No caso de se verificar uma alteração na situação dos beneficiários, a pensão é modificada, de acordo com as regras previstas no número anterior.

Nota:

1 – A violação dos actos referidos neste artigo, além da sanção civil de que tratam os n.os 1 e 4, constitui contra-ordenação grave (art. 171.°/2/*c*)).

2 – A doutrina e jurisprudência vêm entendendo uniformemente que o agravamento da responsabilidade não resulta da mera falta de observação das regras de sst, mas tem de haver relação de causalidade adequada entre ela e o acidente

Jurisp.:

I – A responsabilização, principal e agravada, do empregador pressupõe, para além da violação, por este, das regras de segurança no trabalho, a existência de um nexo causal entre essa violação e o acidente.

....

(Ac do STJ de 13/02/2010, Proc. 162/2001.L1.S1, relatado por MÁRIO PEREIRA).

ARTIGO 26.°
Primeiros socorros

1 – A verificação das circunstâncias previstas nos artigos 15.° e 16.° não dispensa o empregador da prestação dos primeiros socorros ao trabalhador e do seu transporte para o local onde possa ser clinicamente socorrido.

2 – O empregador ou quem o represente na direcção ou fiscalização do trabalho deve, logo que tenha conhecimento do acidente, assegurar os imediatos e indispensáveis socorros médicos e farmacêuticos ao sinistrado, bem como o transporte mais adequado para tais efeitos.

3 – O transporte e socorros referidos no número anterior são prestados independentemente de qualquer apreciação das condições legais da reparação.

Nota:

Sobre a obrigatoriedade de o empregador constituir uma equipa de trabalhadores encarregados de prestar os primeiros socorros, consultar o art. 20.°/3 da Lei n.° 102/2009 (nesta Parte IV). A violação do disposto neste artigo constitui contra-ordenação muito grave (art. 171.°/1).

....

ARTIGO 30.°
Observância de prescrições clínicas e cirúrgicas

1 – O sinistrado em acidente deve submeter-se ao tratamento e observar as prescrições clínicas e cirúrgicas do médico designado pela entidade responsável, necessárias à cura da lesão ou doença e à recuperação da capacidade de trabalho, sem prejuízo do direito a solicitar o exame pericial do tribunal.

2 – Sendo a incapacidade ou o agravamento do dano consequência de injustificada recusa ou falta de observância das prescrições clínicas ou cirúrgicas, a indemnização pode ser reduzida ou excluída nos termos gerais.

3 – Considera-se sempre justificada a recusa de intervenção cirúrgica quando, pela sua natureza ou pelo estado do sinistrado, ponha em risco a vida deste.

Nota:

Uma vez que a violação do disposto neste artigo constitui contra-ordenação grave (art. 171.°/3), esta não pode deixar de ser imputável ao sinistrado que não se submeta às prescrições do médico da seguradora.

....

ARTIGO 35.°
Boletins de exame e alta

1 – No começo do tratamento do sinistrado, o médico assistente emite um boletim de exame, em que descreve as doenças ou lesões que lhe encontrar e a sintomatologia apresentada com descrição pormenorizada das lesões referidas pelo mesmo como resultantes do acidente.

2 – No final do tratamento do sinistrado, quer por este se encontrar curado ou em condições de trabalhar quer por qualquer outro motivo, o médico assistente emite um boletim de alta clínica, em que declare a causa da cessação do tratamento e o grau de incapacidade permanente ou temporária, bem como as razões justificativas das suas conclusões.

3 – Entende-se por alta clínica a situação em que a lesão desapareceu totalmente ou se apresenta como insusceptível de modificação com terapêutica adequada.

4 – O boletim de exame é emitido em triplicado e o de alta em duplicado.

5 – No prazo de 30 dias após a realização dos actos é entregue um exemplar do boletim ao sinistrado e outro remetido ao tribunal, se for caso disso, bem como enviado o terceiro exemplar do boletim de exame à entidade responsável

....

Nota:
A infracção ao disposto no n.° 5 deste artigo constitui contra-ordenação leve (art. 171.°/4) que tanto pode resultar da não entrega do boletim ao sinistrado, como ao tribunal ou ainda, quando seja o caso, à entidade responsável. Esta tanto pode ser a seguradora, o empregador que não tenha a responsabilidade transferida, como o serviço da Administração pública ou empresa com capacidade para cobertura dos riscos de acidentes de trabalho.

....

ARTIGO 38.°
Estabelecimento de saúde

1 – O internamento e os tratamentos previstos na alínea *a*) do artigo 23.° devem ser feitos em estabelecimento de saúde adequado ao restabelecimento e reabilitação do sinistrado.

2 – O recurso, quando necessário, a estabelecimento de saúde fora do território nacional será feito após parecer de junta médica comprovando a impossibilidade de tratamento em hospital no território nacional.

3 – A entidade responsável deve assinar termo de responsabilidade para garantia do pagamento das despesas com o internamento e os tratamentos previstos na alínea *a*) do artigo 23.°.

4 – Se aquela entidade se recusar a assinar o termo de responsabilidade, não pode, com esse fundamento, ser negado o tratamento ou o internamento do sinistrado sempre que a gravidade do seu estado o imponha.

....

Nota:

Sobre a entidade responsável ver a parte final da nota ao art. 35.°. A violação do disposto nos n.os 3 e 4 deste artigo constitui contra-ordenação grave (art. 171.°/3). No caso do n.° 3, comete a contra-ordenação a entidade responsável que não assine o termo de responsabilidade. No caso do n.° 4 o sujeito activo é a entidade que negar o tratamento ou internamento em caso de gravidade para a saúde do sinistrado.

....

ARTIGO 39.°
Transporte e estada

1 – O sinistrado tem direito ao fornecimento ou ao pagamento de transporte e estada, que devem obedecer às condições de comodidade impostas pela natureza da lesão ou da doença.

....

Nota:

A violação do disposto no n.° 1 deste artigo constitui contra-ordenação grave (art. 171.°/3). Todavia, como sucede muitas vezes, para se verificar o preenchimento dos pressupostos do tipo legal torna-se necessária a conjugação das disposições dos restantes números.

....

ARTIGO 79.°
Sistema e unidade de seguro

1 – O empregador é obrigado a transferir a responsabilidade pela reparação prevista na presente lei para entidades legalmente autorizadas a realizar este seguro.

2 – A obrigação prevista no número anterior vale igualmente em relação ao empregador que contrate trabalhadores exclusivamente para prestar trabalho noutras empresas.

3 – Verificando-se alguma das situações referidas no artigo 18.°, a seguradora do responsável satisfaz o pagamento das prestações que seriam devidas caso não houvesse actuação culposa, sem prejuízo do direito de regresso.

4 – Quando a retribuição declarada para efeito do prémio de seguro for inferior à real, a seguradora só é responsável em relação àquela retribuição, que não pode ser inferior à retribuição mínima mensal garantida.

5 – No caso previsto no número anterior, o empregador responde pela diferença relativa às indemnizações por incapacidade temporária e pensões devidas, bem como pelas despesas efectuadas com a hospitalização e assistência clínica, na respectiva proporção.

Notas:

1 – A violação do disposto nos n.os 1 e 2 deste artigo constitui contra-ordenação muito grave (art. 171.°/1). A violação do n.° 1 é uma das contra-ordenações mais frequentemente detectadas pelos serviços de inspecção da ACT. O facto de agora ser obrigatório incluir, nos documentos que devem ser entregues ao trabalhador nos primeiros 60 dias de execução do contrato, o n.° da apólice e a identificação da seguradora (art. 106.°/3/*j*)), poderão vir a atenuar este incumprimento.

2 – Ver ainda, quanto à contra-ordenação por omissão ou insuficiência na declaração à seguradora dos dados sobre o pessoal ou sobre as remunerações que aufere, o disposto na alínea *a*) do n.° 2 do art. 171.°.

....

ARTIGO 84.°
Obrigação de caucionamento

1 – O empregador é obrigado a caucionar o pagamento de pensões por acidente de trabalho em que tenha sido condenado, ou a que se tenha

obrigado por acordo homologado, quando não haja ou seja insuficiente o seguro, salvo se celebrar com uma seguradora um contrato específico de seguro de pensões.

....

Nota:

A violação do disposto no n.° 1 deste artigo constitui contra-ordenação grave (art. 171.°/3). O empregador pode ser condenado a pagar pensões por acidente de trabalho não só quando não tiver transferido a responsabilidade infortunística ou a tiver transferido por valor inferior ao real, como quando tenha actuado culposamente na ocorrência do acidente, designadamente por falta de observância das regras de sst (art. 18.°).

....

ARTIGO 87.°
Empregador com responsabilidade transferida

1 – O empregador que tenha transferido a responsabilidade deve, sob pena de responder por perdas e danos, participar à seguradora a ocorrência do acidente, no prazo de vinte e quatro horas, a partir da data do conhecimento.

2 – A participação deve ser remetida à seguradora por meio informático, nomeadamente em suporte digital ou correio electrónico, salvo o disposto no número seguinte.

3 – No caso de microempresa, o empregador pode remeter a participação em suporte de papel.

Nota:

A violação do disposto neste artigo constitui contra-ordenação grave (art. 171.°/3). Sobre a participação dos acidentes, veja-se a nota 2 ao art. 5.° do Dec.-Lei n.° 362/93 (nesta Parte IV).

ARTIGO 88.°
Empregador sem responsabilidade transferida

1 – O empregador cuja responsabilidade não esteja transferida deve participar o acidente ao tribunal competente, por escrito, independentemente de qualquer apreciação das condições legais da reparação.

2 – O prazo para a participação é de oito dias a partir da data do acidente ou do seu conhecimento.

3 – No caso de morte, o acidente é participado de imediato ao tribunal competente, por correio electrónico ou por telecópia, sem prejuízo do disposto nos números anteriores.

Nota:
A violação do disposto neste artigo constitui contra-ordenação grave (art. 171.°/3). Apesar de agora, a partir do Dec.-Lei n.° 362/93, de 15 de Outubro (sobre o regime da informação estatística sobre acidentes de trabalho), a CO por não participação atempada da seguradora ao tribunal ser instruída e decidida pelo ISP (art. 90.°), no caso de o empregador não ter transferido a responsabilidade, a competência para o processamento da CO é da ACT.

ARTIGO 89.°
Trabalho a bordo

1 – Sendo o sinistrado inscrito marítimo, a participação é feita ao órgão local do sistema de autoridade marítima do porto do território nacional onde o acidente ocorreu, sem prejuízo de outras notificações previstas em legislação especial.

2 – Se o acidente ocorrer a bordo de navio português, no alto mar ou no estrangeiro, a participação é feita ao órgão local do sistema de autoridade marítima do primeiro porto nacional escalado após o acidente.

3 – As participações previstas nos números anteriores devem ser efectuadas no prazo de dois dias a contar da data do acidente ou da chegada do navio e remetidas imediatamente ao tribunal competente pelo órgão local do sistema de autoridade marítima, se a responsabilidade não estiver transferida ou se do acidente tiver resultado a morte, e à seguradora nos restantes casos.

Nota:
A violação do disposto neste artigo constitui contra-ordenação grave (art. 171.°/3). Sobre o que seja um inscrito marítimo e o SAM (sistema de autoridade marítima) consultar o Dec.-Lei n.° 280/2001, de 23 de Outubro – Regime aplicável à actividade profissional dos marítimos e à fixação da lotação das embarcações (nesta Parte IV).

ARTIGO 90.°
Seguradora

1 – A seguradora participa ao tribunal competente, por escrito, no prazo de oito dias a contar da alta clínica, o acidente de que tenha resultado incapacidade permanente e, imediatamente após o seu conhecimento, por correio electrónico, telecópia ou outra via com o mesmo efeito de registo escrito de mensagens, o acidente de que tenha resultado a morte.

2 – A participação por correio electrónico, telecópia ou outra via com o mesmo efeito de registo de mensagens não dispensa a participação formal, que deve ser feita no prazo de oito dias contados do falecimento ou do seu conhecimento.

3 – A seguradora participa ainda ao tribunal competente, por escrito, no prazo de oito dias a contar da sua verificação, todos os casos de incapacidade temporária que, consecutiva ou conjuntamente, ultrapassem 12 meses.

Nota:

1 – A violação do disposto neste artigo constitui contra-ordenação grave (art. 171.°/3), para cuja instrução e decisão, todavia, é competente o Instituto de Seguros de Portugal (art. 168.°). Ver nota ao art. 88.°.

2 – Determina o n.° 1 do art. 5.° do Dec.-Lei n.° 362/93 que: "*As entidades seguradoras devem remeter ao Departamento de Estatística do Ministério do Emprego e da Segurança Social, até ao dia 15 de cada mês, um exemplar de cada uma das participações de acidentes de trabalho que lhes tenham sido dirigidas no decurso do mês anterior.*"

Sobre eventuais faltas de envio das participações que poderão originar défice nos números das estatísticas, ver nota 2 ao art. 5.° do Dec.-Lei n.° 362/93.

ARTIGO 142.°
Participação obrigatória

1 – O médico participa ao serviço com competências na área da protecção contra os riscos profissionais todos os casos clínicos em que seja de presumir a existência de doença profissional.

2 – O diagnóstico presuntivo de doença profissional pelos serviços a que se refere o n.° 3 do artigo 138.° e o eventual reconhecimento de incapacidade temporária por doença profissional não dispensam os médicos

dos respectivos serviços da participação obrigatória prevista no presente artigo.

3 – A participação deve ser remetida no prazo de oito dias a contar da data do diagnóstico ou de presunção da existência de doença profissional.

Notas:

1 – O médico que está obrigado a fazer a participação, não é só o médico do trabalho ou o médico afecto ao serviço de saúde, mas todo e qualquer médico que diagnostique presuntiva doença profissional (cfr. art. 1.° do Dec.-Lei n.° 2/82, de 05/01, e art. 84.° do Dec.-Lei n.° 248/99, de 02/07).

2 – A CO grave (art. 172.°) é imputável ao médico que, depois de feito o diagnóstico de doença profissional a não participe ao Centro Nacional de Protecção contra os Riscos Profissionais, no prazo de oito dias.

ARTIGO 153.°
Deveres

1 – O titular de pensão bonificada que exerça actividade sujeita ao risco de doença ou doenças profissionais determinantes da sua situação de pensionista é obrigado a dar, do facto, conhecimento ao serviço com competências na área da protecção contra os riscos profissionais, no prazo de 10 dias subsequentes ao respectivo início.

2 – O pensionista por morte que celebre casamento ou inicie união de facto é obrigado a dar conhecimento ao serviço com competências na área da protecção contra os riscos profissionais, nos 30 dias subsequentes à respectiva verificação.

3 – Os familiares são obrigados a comunicar o óbito do beneficiário ao serviço com competência na área da protecção contra os riscos profissionais, no prazo de 60 dias, após a ocorrência.

Notas:

1 – Os deveres aqui enunciados têm em comum alertar os serviços de protecção dos riscos para a eventualidade de fazer cessar as prestações de que o beneficiário vinha a usufruir por alteração das circunstâncias em que se fundavam.

2 – A CO grave (art. 172.°) é imputável, consoante o caso, ou ao titular de pensão bonificada (n.° 1), ao pensionista por morte (n.° 2), ou aos familiares do beneficiário falecido (n.° 3).

Reabilitação e reintegração profissional

ARTIGO 155.°
Ocupação e reabilitação

1 – O empregador é obrigado a ocupar o trabalhador que, ao seu serviço, ainda que a título de contrato a termo, sofreu acidente de trabalho ou contraiu doença profissional de que tenha resultado qualquer das incapacidades previstas no artigo anterior, em funções e condições de trabalho compatíveis com o respectivo estado, nos termos previstos na presente lei.

....

Notas:

1 – É a primeira vez que é regulamentada a reabilitação profissional, embora no que às contra-ordenações diga respeito, só a violação do dever de ocupação, ou seja, a reintegração esteja como tal prevista. A reabilitação encontra-se regulada no n.° 2 do artigo em anotação e nos artigos seguintes.

2 – As incapacidades previstas são todas as possíveis à excepção da incapacidade absoluta para todo o tipo de trabalho. Assim, se é óbvio, e resultava já do regime anterior para as empresas com 10 ou mais trabalhadores (art. 54.° do Dec.-Lei n.° 143/99), que o empregador deve ocupar em funções compatíveis os trabalhadores com incapacidade temporária parcial (no regime anterior só se o coeficiente fosse inferior a 50%), e o mesmo deva suceder com os que sofreram incapacidade permanente parcial, também são obrigatoriamente ocupados os que sofreram incapacidade absoluta para o trabalho habitual. O que significa que o empregador vai ter que lhes arranjar um outro posto de trabalho.

A violação destes deveres constitui contra-ordenação grave.

ARTIGO 156.°
Ocupação obrigatória

1 – A obrigação prevista no n.° 1 do artigo anterior cessa se, injustificadamente, o trabalhador não se apresentar ao empregador no prazo de 10 dias após a comunicação da incapacidade fixada.

....

Nota:

O facto de a violação deste n.° 1 constituir CO grave (art. 173.°) significa que o trabalhador é obrigado a apresentar-se, no prazo de 10 dias a partir da comunicação da incapacidade, sob pena de perder o direito à ocupação, o que é razoável, mas também sob pena de cometer contra-ordenação, o que parece excessivo e desajutado.

ARTIGO 158.°
Trabalho a tempo parcial e licença para formação ou novo emprego

1 – O trabalhador que exerça funções compatíveis de acordo com a sua incapacidade permanente, tem direito a trabalhar a tempo parcial e a licença para formação ou novo emprego, nos termos dos números seguintes.

....

Nota:
Sobre trabalho a tempo parcial consultar os arts. 150.° e ss. e sobre a licença para formação o art. 317.°, todos do CT/2009.
A violação deste n.° 1 constitui CO grave (art. 173.°).

Responsabilidade contra-ordenacional

SECÇÃO I
Regime geral

ARTIGO 167.°
Regime geral

O regime geral previsto nos artigos 548.° a 565.° do Código do Trabalho aplica-se às infracções decorrentes da violação dos artigos previstos na presente lei.

Nota:
Apesar de o art. 566.° sobre o destino das coimas ser o último do capítulo da responsabilidade contra-ordenacional do Código, ele não é aqui incluído, uma vez que o destino das coimas em matéria de acidentes de trabalho é diferente do regime geral (art. 169.°).

ARTIGO 168.°

Competência para o procedimento e aplicação das coimas

1 – Sem prejuízo do disposto no número seguinte, o procedimento das contra-ordenações previstas nesta lei, bem como a aplicação das respectivas coimas, compete ao serviço com competência para a fiscalização das condições de trabalho.

2 – O procedimento das contra-ordenações e a aplicação das correspondentes coimas competem ao Instituto de Seguros de Portugal, no caso de o agente da infracção ser uma entidade sujeita à sua supervisão.

Nota:

É a ACT quem, de um modo geral, é competente para a instrução dos processos e para aplicação das coimas respeitantes às contra-ordenações previstas neste diploma.

Todavia, as contra-ordenações previstas no art. 90.° são da competência do ISP.

ARTIGO 169.°

Produto das coimas

1 – O produto das coimas resultante de violação das normas de acidente de trabalho reverte em 60% para os cofres do Estado e em 40% para o Fundo de Acidentes de Trabalho.

2 – Aplica-se o disposto no artigo 566.° do Código do Trabalho ao produto das restantes coimas aplicadas.

Nota:

Ver a nota ao art. 167.°.

ARTIGO 170.°

Cumulação de responsabilidades

A responsabilidade contra-ordenacional não prejudica a eventual responsabilidade civil ou criminal.

SECÇÃO II
Contra-ordenações em especial

ARTIGO 171.°
Acidente de trabalho

1 – Constitui contra-ordenação muito grave a violação do disposto no artigo 26.° e nos n.os 1 e 2 do artigo 79.°

2 – Constitui contra-ordenação grave:

a) A omissão ou insuficiências nas declarações quanto ao pessoal e às retribuições com vista ao não cumprimento do disposto no artigo 79.°;

b) Fazer tratar ou internar um sinistrado sem declarar a situação deste, para efeitos de se eximir ao pagamento das respectivas despesas;

c) A prática dos actos referidos nos artigos 13.° e 18.°.

3 – Constitui ainda contra-ordenação grave, a infracção ao disposto no artigo 30.°, nos n.os 3 e 4 do artigo 38.°, no n.° 1 do artigo 39.°, no n.° 1 do artigo 84.°, nos artigos 87.° a 90.° e no artigo 177.°.

4 – Constitui contra-ordenação leve a infracção ao disposto no n.° 5 do artigo 35.°

Nota:

Quanto às remissões para a violação das disposições legais elas já constam das notas elaboradas para cada uma das respectivas contra-ordenações.

Todavia, há que notar que o disposto no al. *b*) do n.° 2 constitui um tipo legal de CO não enquadrado sistematicamente em nenhum artigo. É uma contra-ordenação cujo processo deverá ser despoletado pela unidade de saúde, ou estabelecimento similar, onde o sinistrado foi deixado ou aonde foi enviado sem a indicação do presumível responsável pelo acidente.

ARTIGO 172.°
Doença profissional

Constitui contra-ordenação grave o incumprimento dos deveres previstos no n.° 3 do artigo 142.° e no artigo 153.°, as falsas declarações e a utilização de qualquer outro meio de que resulte concessão indevida de prestações ou do respectivo montante.

Nota:
Ver as notas aos artigos referidos.
A utilização de falsas declarações ou outro meio fraudulento para obtenção indevida de prestações por doença profissional constitui um novo tipo legal que, todavia só se preenche com o resultado, ou seja, quando o agente obtenha efectivamente um montante pecuniário a título de doença profissional.

ARTIGO 173.°
Ocupação compatível

Constitui contra-ordenação grave a violação do disposto no n.° 1 do artigo 155.°, no n.° 1 do artigo 156.° e no n.° 1 do artigo 158.°.

....

Nota:
Ver as notas aos artigos referidos.

ARTIGO 177.°
Afixação e informação obrigatórias

1 – A empresa deve afixar, nos respectivos estabelecimentos e em lugar bem visível, as disposições do Código do Trabalho e da presente lei referentes aos direitos e obrigações do sinistrado e dos responsáveis.
2 – Os recibos de retribuição devem identificar a seguradora para a qual o risco se encontra transferido à data da sua emissão.

Nota:
A violação do disposto neste artigo constitui contra-ordenação grave (art. 171.°/3).

....

ARTIGO 188.°
Entrada em vigor

Sem prejuízo do referido no artigo anterior, a presente lei entra em vigor no dia 1 de Janeiro de 2010.

Aprovada em 23 de Julho de 2009.
O Presidente da Assembleia da República, *Jaime Gama*.

Promulgada em 26 de Agosto de 2009.
Publique-se.
O Presidente da República, ANÍBAL CAVACO SILVA.

Referendada em 26 de Agosto de 2009.
O Primeiro-Ministro, *José Sócrates Carvalho Pinto de Sousa*.

LEI N.º 101/2009
de 8 de Setembro

Estabelece o regime jurídico do trabalho no domicílio
(Só se publicam as disposições que respeitam às CO)

ARTIGO 2.º
Proibição de trabalho no domicílio

1 – O beneficiário da actividade não pode contratar trabalhador no domicílio para produção de bens ou serviços na qual participe trabalhador abrangido pelas seguintes situações:

a) Redução temporária do período normal de trabalho ou suspensão do contrato de trabalho por facto respeitante ao empregador, desde o início do respectivo procedimento e até três meses após o termo da situação;
b) Procedimento para despedimento colectivo ou por extinção do posto de trabalho e até três meses após a cessação dos contratos de trabalho.

2 – O beneficiário da actividade não pode renovar a atribuição de trabalho a trabalhador no domicílio contratado nos 60 dias anteriores ao início de qualquer dos procedimentos referidos no número anterior.
3 – Constitui contra-ordenação grave a violação do disposto neste artigo.

Nota:
A razão de ser das condutas aqui tipificadas é evitar que o empregador em situação de crise empresarial, substitua trabalhadores contratados por tempo indeterminado, ou mesmo com contrato a termo, por trabalhadores no domicílio para desempenharem as mesmas tarefas, assim promovendo a precariezação da mão-de-obra.

ARTIGO 4.°
Direitos e deveres das partes

1 – O beneficiário da actividade deve respeitar a privacidade do trabalhador no domicílio e os tempos de descanso e de repouso do agregado familiar.

2 – O beneficiário da actividade apenas pode visitar o local de trabalho para controlo da actividade laboral do trabalhador e do respeito das regras de segurança e saúde, nomeadamente no que se refere à utilização e funcionamento dos equipamentos, em dia normal de trabalho, entre as 9 e as 19 horas, no espaço físico onde é exercida a actividade e com a assistência do trabalhador ou de pessoa por ele designada, com idade igual ou superior a 16 anos.

3 – Para efeitos do número anterior, o beneficiário da actividade deve informar o trabalhador da visita ao local de trabalho com antecedência mínima de vinte e quatro horas.

....

6 – Constitui contra-ordenação grave a violação do disposto no n.° 2 e contra-ordenação leve a violação do disposto no n.° 3.

Nota:

Podendo a prestação de trabalho realizar-se no domicílio do trabalhador sendo esse, aliás, o local típico da realização desta actividade – embora também possa ser realizada em instalações do trabalhador – uma das mais sérias questões que suscita, tem a ver com a invasão da privacidade do trabalhador e da sua família. Por tal motivo se justificam restrições em termos de tempo, de aviso prévio, de acompanhantes, e não só da parte do beneficiário da actividade como até da própria fiscalização (art. 13.°).

ARTIGO 5.°
Segurança e saúde no trabalho

....

2 – No trabalho realizado no domicílio ou instalação do trabalhador é proibida a utilização de:

a) Substâncias nocivas ou perigosas para a saúde do trabalhador ou do agregado familiar;

b) Equipamentos ou utensílios que não obedeçam às normas em vigor ou apresentem risco especial para o trabalhador, membros do seu agregado familiar ou terceiros.

3 – Constitui contra-ordenação grave a violação do disposto no n.° 2.

Nota:

Consultar o regime jurídico da sst para os trabalhadores em geral na Lei n.° 102/2009, de 10/09 (Parte IV). Sobre substâncias perigosas ver especialmente o seu art. 41.°, mas também as actividades proibidas ou condicionadas a grávidas ou lactantes ou a menores (arts. 50.° 72.°).

ARTIGO 6.°
Formação profissional

1 – O beneficiário da actividade deve assegurar ao trabalhador no domicílio formação adequada à sua prestação, que não deve ser inferior à proporcionada a trabalhador que realize idêntico trabalho em estabelecimento em cujo processo produtivo se insere a actividade por aquele prestada.

2 – Constitui contra-ordenação grave a violação do disposto no número anterior.

Nota:

A formação profissional em geral encontra-se nos arts. 130.° a 134.° do CT/2009 e nos arts. 13.° a 15.° da Lei 105/2009 (Parte IV).

ARTIGO 7.°
Remuneração

1 – Na determinação da remuneração do trabalho no domicílio, deve atender-se:

a) Ao tempo médio de execução do bem ou serviço e retribuição estabelecida em instrumento de regulamentação colectiva de trabalho aplicável a idêntico trabalho prestado em estabelecimento em cujo processo produtivo se insere a actividade realizada ou, na sua falta, à retribuição mínima mensal garantida;

b) Aos encargos do trabalhador inerentes ao exercício da actividade, nomeadamente relativos a energia, água, comunicações, aquisição e manutenção de equipamentos.

2 – Qualquer alteração do montante da remuneração devida a defeito na execução da actividade ou a danificação de matéria-prima pertencente ao beneficiário da actividade só pode ser feita com base em critérios previamente acordados por escrito.

....

4 – Salvo acordo ou uso diverso, o crédito à remuneração vence-se com a apresentação pelo trabalhador dos bens ou serviços devidos.

5 – No acto de pagamento da remuneração, o beneficiário da actividade deve entregar ao trabalhador no domicílio documento do qual conste a identificação daquele, o nome completo deste, o número de beneficiário da segurança social, a quantidade, a natureza e o período da prestação do trabalho, os descontos ou deduções e o montante líquido a receber.

6 – Constitui contra-ordenação grave a violação do disposto nos n.os 1, 2 ou 4 e contra-ordenação leve a violação do disposto no n.° 5.

Notas:

1 – Sobre a retribuição dos trabalhadores em geral, consultar os arts. 258.° e ss. do CT/2009. Claro está que a remuneração dos trabalhadores no domicílio obedece a critérios completamente diferentes, previstos no n.° 1, e cuja determinação, na falta de existência de irct, tornará muito difícil a verificação de contra-ordenação.

2 – Têm-se por aplicáveis, com respeito aos n.os 1 e 2, e com a óbvia excepção do que este último permite, as regras da proibição da compensação contidas no art. 279.° do CT/2009.

3 – A retribuição mínima mensal garantida, por sua vez, encontra-se nos arts. 273.° a 275.°.

ARTIGO 8.°
Subsídio anual

1 – O trabalhador no domicílio tem direito a um subsídio igual ao duodécimo da soma das remunerações auferidas em cada ano civil, que se vence em 31 de Dezembro de cada ano ou na data da cessação do contrato se anterior.

2 – Constitui contra-ordenação grave a violação do disposto no número anterior.

Nota:
Encontra-se, assim, consagrado para os trabalhadores no domicílio o direito a um décimo terceiro mês que, todavia, só é devido, em regra, depois da passagem da época natalícia.

ARTIGO 9.°
Compensação durante a suspensão ou redução da actividade

1 – A suspensão ou redução da actividade por facto imputável ao beneficiário desta, não recuperada nos três meses seguintes, confere ao trabalhador no domicílio o direito a compensação pecuniária por forma a perfazer, em relação ao período em causa, metade da remuneração que lhe corresponda ou, não sendo possível o seu apuramento, metade da remuneração média dos últimos 12 meses, ou dos meses de execução de contrato de duração inferior.
2 – Constitui contra-ordenação grave a violação do disposto no número anterior.

Nota:
O preceituado destina-se a evitar a perda inopinada da fonte de rendimento do trabalhador no domicílio por facto imputável ao beneficiário da actividade que terá, por isso, de ponderar, uma eventual substituição do seu fornecedor habitual de produtos ou serviços.

ARTIGO 12.°
Registo de trabalhador no domicílio

1 – O beneficiário da actividade deve manter no estabelecimento em cujo processo produtivo se insere a actividade realizada um registo actualizado de trabalhadores no domicílio, do qual conste:

a) Nome, morada e local do exercício da actividade do trabalhador;
b) Número de beneficiário da segurança social;
c) Número da apólice de seguro de acidentes de trabalho;

d) Data de início da actividade;

e) Actividade exercida, as incumbências de execução de bens ou serviços e as respectivas datas de entrega;

f) Remunerações pagas.

2 – Constitui contra-ordenação grave a violação do disposto no número anterior.

3 – O beneficiário da actividade deve comunicar, nos termos previstos em portaria do ministro responsável pela área laboral, ao serviço com competência inspectiva do ministério responsável pela área laboral os elementos a que se refere o n.° 1.

Nota:

Relativamente à informação sobre a actividade social da empresa, que inclui a contratação a termo, consultar o art. 32.° da Lei n.° 105/2009 (nesta Parte IV) e a Portaria aí indicada

ARTIGO 13.°
Fiscalização do trabalho no domicílio

1 – O serviço com competência inspectiva do ministério responsável pela área laboral só pode efectuar visitas aos locais de trabalho no domicílio:

a) No espaço físico onde é exercida a actividade;

b) Entre as 9 e as 19 horas;

c) Na presença do trabalhador ou de pessoa por ele designada com idade igual ou superior a 16 anos.

2 – Quando a actividade seja exercida em instalação do trabalhador, não é aplicável o disposto na alínea *b*) do número anterior.

3 – Da diligência é lavrado o respectivo auto, que deve ser assinado pelo agente de fiscalização e pela pessoa que tenha assistido ao acto.

4 – Quando a actividade seja exercida em instalação do trabalhador, o serviço referido no n.° 1 deve, no mais curto prazo possível, averiguar as condições em que o trabalho é prestado e, se for caso disso, determinar as medidas que se justifiquem por razões de segurança e saúde do trabalhador.

Nota:

Remete-se para a nota ao art. 4.°. Claro que, sendo a actividade realizada no domicílio do trabalhador, está em causa a sua inviolabilidade (art. 190.° do CP). Esta situação, porém, nada tem a ver com uma outra, frequente e fraudulenta, em que "empresários" utilizam as instalações anexas da sua residência, designadamente garagens, normalmente vedadas ao olhar público através de grandes portões para aí, clandestinamente, exercerem uma actividade com recurso a vários trabalhadores, tentando valer-se ilicitamente da protecção da introdução em lugar vedado ao público (art. 191.° do CP).

A lei orgânica da ACT (Dec.-Lei n.° 326-B/2007, de 28/09), porém, no seu n.° 3 do art. 3.° permite que esta prossiga as sua atribuições *em quaisquer locais em que se verifique a prestação de trabalho ou em relação aos quais haja indícios fundamentados dessa prestação*.

ARTIGO 14.°
Regime das contra-ordenações

São aplicáveis às contra-ordenações decorrentes da violação da presente lei o regime do processo das contra-ordenações laborais constante de diploma específico, bem como o disposto no Código do Trabalho sobre responsabilidade contra-ordenacional.

Nota:

O diploma específico a que alude este artigo é a Lei n.° 107/2009. Quanto ao CT ver os arts. 548.° a 566.°.

LEI N.° 102/2009
de 10 de Setembro

Regime jurídico da promoção da segurança e saúde no trabalho[356]
(Só se publicam as disposições que respeitam às CO)

CAPÍTULO II
Obrigações gerais do empregador e do trabalhador

ARTIGO 15.°
Obrigações gerais do empregador

1 – O empregador deve assegurar ao trabalhador condições de segurança e de saúde em todos os aspectos do seu trabalho.

2 – O empregador deve zelar, de forma continuada e permanente, pelo exercício da actividade em condições de segurança e de saúde para o trabalhador, tendo em conta os seguintes princípios gerais de prevenção:

a) Identificação dos riscos previsíveis em todas as actividades da empresa, estabelecimento ou serviço, na concepção ou construção de instalações, de locais e processos de trabalho, assim como na selecção de equipamentos, substâncias e produtos, com vista à eliminação dos mesmos ou, quando esta seja inviável, à redução dos seus efeitos;

---

[356] No domínio da sst, existem outras normas consagradoras de contra-ordenações laborais, mormente as que constam das designadas Directivas específicas que foram sendo publicadas em sequência da Directiva Quadro inicial e que foram sendo transportas para a ordem jurídica nacional. Ver o art. 23.° do Dec.-Lei n.° 441/91, sobre *legislação complementar*, (exposição ao ruído, a agentes químicos físicos, biológicos, utilização de substâncias e preparações perigosas, radiações ionizantes e não ionizantes, máquinas e equipamentos, equipamentos de trabalho, etc.).

b) Integração da avaliação dos riscos para a segurança e a saúde do trabalhador no conjunto das actividades da empresa, estabelecimento ou serviço, devendo adoptar as medidas adequadas de protecção;

c) Combate aos riscos na origem, por forma a eliminar ou reduzir a exposição e aumentar os níveis de protecção;

d) Assegurar, nos locais de trabalho, que as exposições aos agentes químicos, físicos e biológicos e aos factores de risco psicossociais não constituem risco para a segurança e saúde do trabalhador;

e) Adaptação do trabalho ao homem, especialmente no que se refere à concepção dos postos de trabalho, à escolha de equipamentos de trabalho e aos métodos de trabalho e produção, com vista a, nomeadamente, atenuar o trabalho monótono e o trabalho repetitivo e reduzir os riscos psicossociais;

f) Adaptação ao estado de evolução da técnica, bem como a novas formas de organização do trabalho;

g) Substituição do que é perigoso pelo que é isento de perigo ou menos perigoso;

h) Priorização das medidas de protecção colectiva em relação às medidas de protecção individual;

i) Elaboração e divulgação de instruções compreensíveis e adequadas à actividade desenvolvida pelo trabalhador.

3 – Sem prejuízo das demais obrigações do empregador, as medidas de prevenção implementadas devem ser antecedidas e corresponder ao resultado das avaliações dos riscos associados às várias fases do processo produtivo, incluindo as actividades preparatórias, de manutenção e reparação, de modo a obter como resultado níveis eficazes de protecção da segurança e saúde do trabalhador.

4 – Sempre que confiadas tarefas a um trabalhador, devem ser considerados os seus conhecimentos e as suas aptidões em matéria de segurança e de saúde no trabalho, cabendo ao empregador fornecer as informações e a formação necessárias ao desenvolvimento da actividade em condições de segurança e de saúde.

5 – Sempre que seja necessário aceder a zonas de risco elevado, o empregador deve permitir o acesso apenas ao trabalhador com aptidão e formação adequadas, pelo tempo mínimo necessário.

6 – O empregador deve adoptar medidas e dar instruções que permitam ao trabalhador, em caso de perigo grave e iminente que não possa ser

tecnicamente evitado, cessar a sua actividade ou afastar-se imediatamente do local de trabalho, sem que possa retomar a actividade enquanto persistir esse perigo, salvo em casos excepcionais e desde que assegurada a protecção adequada.

7 – O empregador deve ter em conta, na organização dos meios de prevenção, não só o trabalhador como também terceiros susceptíveis de serem abrangidos pelos riscos da realização dos trabalhos, quer nas instalações quer no exterior.

8 – O empregador deve assegurar a vigilância da saúde do trabalhador em função dos riscos a que estiver potencialmente exposto no local de trabalho.

9 – O empregador deve estabelecer em matéria de primeiros socorros, de combate a incêndios e de evacuação as medidas que devem ser adoptadas e a identificação dos trabalhadores responsáveis pela sua aplicação, bem como assegurar os contactos necessários com as entidades externas competentes para realizar aquelas operações e as de emergência médica.

10 – Na aplicação das medidas de prevenção, o empregador deve organizar os serviços adequados, internos ou externos à empresa, estabelecimento ou serviço, mobilizando os meios necessários, nomeadamente nos domínios das actividades técnicas de prevenção, da formação e da informação, bem como o equipamento de protecção que se torne necessário utilizar.

11 – As prescrições legais ou convencionais de segurança e de saúde no trabalho estabelecidas para serem aplicadas na empresa, estabelecimento ou serviço devem ser observadas pelo próprio empregador.

12 – O empregador suporta os encargos com a organização e o funcionamento do serviço de segurança e de saúde no trabalho e demais medidas de prevenção, incluindo exames, avaliações de exposições, testes e outras acções dos riscos profissionais e vigilância da saúde, sem impor aos trabalhadores quaisquer encargos financeiros.

13 – Para efeitos do disposto no presente artigo, e salvaguardando as devidas adaptações, o trabalhador independente é equiparado a empregador.

14 – Constitui contra-ordenação muito grave a violação do disposto nos n.ºs 1 a 12.

15 – Sem prejuízo do disposto no número anterior, o empregador cuja conduta tiver contribuído para originar uma situação de perigo incorre em responsabilidade civil.

Notas:

1 – Os princípios gerais em matéria de sst encontram-se previstos no art. 281.° do CT/2009.

2 – O domínio da sst é, de entre todos os domínios laborais, aquele que mais preocupa os Estados e os organismos internacionais com preocupações sociais, por causa das consequências que das suas falhas ou deficiências podem advir para os trabalhadores e suas famílias.

Embora por natureza no âmbito das contra-ordenações não estejam directamente sob tutela valores ou bens jurídicos fundamentais como a vida, a integridade física, ou a saúde, a verdade é que o estão de forma muito actuante na sst embora sob forma mediata.

De resto, é frequente neste domínio a intervenção do próprio direito penal para acautelar aquele "mínimo ético" necessário à existência humana e ao seu livre e são desenvolvimento.

3 – Face ao contexto descrito na nota antecedente, tem plena justificação a determinação do escalão de gravidade mais elevado para a violação dos princípios gerais de prevenção por parte do empregador a quem a lei incumbe o dever de *zelar de forma continuada e permanente, pelo exercício da actividade em condições de segurança e de saúde para o trabalhador*.

Note-se, no entanto, que onde na redacção anterior (art. 273.°/1 do CT/2003) se dizia que *o empregador é obrigado a assegurar,* agora diz-se (n.° 1) que *o empregador deve assegurar*.

4 – Sobre esta importantíssima temática e sobre a natureza deste dever do trabalhador, veja-se, de Milena Silva Rouxinol, *A obrigação de segurança e saúde do empregador,* Coimbra Editora, 2008, onde a Autora defende tratar-se duma obrigação de resultado.

ARTIGO 16.°
Actividades simultâneas ou sucessivas no mesmo local de trabalho

1 – Quando várias empresas, estabelecimentos ou serviços desenvolvam, simultaneamente, actividades com os seus trabalhadores no mesmo local de trabalho, devem os respectivos empregadores, tendo em conta a natureza das actividades que cada um desenvolve, cooperar no sentido da protecção da segurança e da saúde.

2 – Não obstante a responsabilidade de cada empregador, devem assegurar a segurança e a saúde, quanto a todos os trabalhadores a que se refere o número anterior, as seguintes entidades:

a) A empresa utilizadora, no caso de trabalhadores em regime de trabalho temporário;

b) A empresa cessionária, no caso de trabalhadores em regime de cedência ocasional;

c) A empresa em cujas instalações outros trabalhadores prestam serviço ao abrigo de contratos de prestação de serviços;

d) Nos restantes casos, a empresa adjudicatária da obra ou do serviço, para o que deve assegurar a coordenação dos demais empregadores através da organização das actividades de segurança e saúde no trabalho.

3 – A empresa utilizadora ou adjudicatária da obra ou do serviço deve assegurar que o exercício sucessivo de actividades por terceiros nas suas instalações ou com os equipamentos utilizados não constituem um risco para a segurança e saúde dos seus trabalhadores ou dos trabalhadores temporários, cedidos ocasionalmente ou de trabalhadores ao serviço de empresas prestadoras de serviços.

4 – Constitui contra-ordenação muito grave a violação do disposto nos n.os 2 e 3, sem prejuízo da responsabilidade do empregador.

Notas:

1 – Os normativos sobre actividades simultâneas ou sucessivas no mesmo local de trabalho encontravam-se, no domínio do CT/2003, no n.º 4 do art. 281.º. Encontravam-se pois no próprio Código e não na lei regulamentar.

Apesar de se encontrarem inseridos num só número, o certo é que todo ele se encontrava contra-ordenacionalizado.

Outra foi a opção do legislador de 2009. A norma do n.º 1 deste artigo em anotação praticamente repete a que consta do n.º 4 do art. 273.º. Simplesmente, ao contrário do que sucedia até aqui, a sua violação não constitui CO. Como se observa da leitura do n.º 4, só os n.os 2 e 3 estão tipificados e não também o n.º 1.

Porque assim é, o *dever de cooperação na protecção da sst*, que incumbe a todos os empregadores que desenvolvem actividade num mesmo local de trabalho, é meramente programático. A sua violação não constitui infracção. Mas apenas a violação, por parte daquele a quem incumbe, do dever de assegurar a sst de todos os trabalhadores.

2 – Pensamos que a alteração apontada no número anterior representa um passo atrás na prevenção dos riscos. O dever de cooperação obrigava, a nosso ver, a que todos os empregadores, naturalmente através dos seus representantes, devessem estar presentes no local da actividade. E, para além disso, implicava que no processo respectivo todos ficassem envolvidos, o que era muito mais desincentivador da infracção.

Claro está que, mesmo com a redacção actual, devido à expressão inicial do n.° 2, *não obstante a responsabilidade de cada empregador*, continua a haver a possibilidade de implicar no processo não só o obrigado a assegurar a sst, de acordo com as situações descritas nas suas quatro alíneas (utilizador, cessionário, credor do serviço ou adjudicatário da obra) como o empregador. Solução esta que sai reforçada com o segmento final da norma do n.° 4. Trata-se de casos de responsabilidade conjunta, pelo que a moldura das coimas aplicáveis depende da dimensão da empresa de cada um dos arguidos a quem se impute a CO.

2 – O n.° 3 é uma inovação do regime de sst desta Lei 102/2009. Com ela se pretende assegurar uma protecção de sst específica para os designados *trabalhadores adventícios* que se considera estarem numa situação de risco mais elevada que os restantes trabalhadores essencialmente por dois motivos: (i) não conhecerem devidamente o local, os processos ou os equipamentos de trabalho; (ii) haver possibilidade de receberem orientações ou ordens de uma entidade que não é a sua empregadora.

Por isso, esta disposição constitui um caso de discriminação positiva deste grupo de trabalhadores tentando colocá-los, em termos de sst, numa posição igual à dos restantes trabalhadores.

3 – Sobre este tema pode ver-se o nosso *Comparticipação e Responsabilidade Contra-Ordenacional de Empresas com Trabalhadores no Mesmo Local* – Minerva, Ano V, n.° 9 (Setembro 2006, pp. 75 a 114).

ARTIGO 17.°
Obrigações do trabalhador

1 – Constituem obrigações do trabalhador:

a) Cumprir as prescrições de segurança e de saúde no trabalho estabelecidas nas disposições legais e em instrumentos de regulamentação colectiva de trabalho, bem como as instruções determinadas com esse fim pelo empregador;

b) Zelar pela sua segurança e pela sua saúde, bem como pela segurança e pela saúde das outras pessoas que possam ser afectadas pelas suas acções ou omissões no trabalho, sobretudo quando exerça funções de chefia ou coordenação, em relação aos serviços sob o seu enquadramento hierárquico e técnico;

c) Utilizar correctamente e de acordo com as instruções transmitidas pelo empregador, máquinas, aparelhos, instrumentos, substâncias perigosas e outros equipamentos e meios postos à sua disposição, designadamente os equipamentos de protecção colectiva e individual, bem como cumprir os procedimentos de trabalho estabelecidos;

d) Cooperar activamente na empresa, no estabelecimento ou no serviço para a melhoria do sistema de segurança e de saúde no trabalho, tomando conhecimento da informação prestada pelo empregador e comparecendo às consultas e aos exames determinados pelo médico do trabalho;

e) Comunicar imediatamente ao superior hierárquico ou, não sendo possível, ao trabalhador designado para o desempenho de funções específicas nos domínios da segurança e saúde no local de trabalho as avarias e deficiências por si detectadas que se lhe afigurem susceptíveis de originarem perigo grave e iminente, assim como qualquer defeito verificado nos sistemas de protecção;

f) Em caso de perigo grave e iminente, adoptar as medidas e instruções previamente estabelecidas para tal situação, sem prejuízo do dever de contactar, logo que possível, com o superior hierárquico ou com os trabalhadores que desempenham funções específicas nos domínios da segurança e saúde no local de trabalho.

2 – O trabalhador não pode ser prejudicado em virtude de se ter afastado do seu posto de trabalho ou de uma área perigosa em caso de perigo grave e iminente nem por ter adoptado medidas para a sua própria segurança ou para a segurança de outrem.

3 – As obrigações do trabalhador no domínio da segurança e saúde nos locais de trabalho não excluem as obrigações gerais do empregador, tal como se encontram definidas no artigo 15.°.

4 – Constitui contra-ordenação muito grave a violação do disposto na alínea *b*) do n.° 1.

5 – Sem prejuízo do disposto no número anterior, o trabalhador que viole culposamente os deveres referidos no n.° 1 ou o trabalhador cuja conduta tiver contribuído para originar uma situação de perigo incorre em responsabilidade disciplinar e civil.

Notas:

1 – As obrigações do trabalhador a que se refere este artigo encontravam-se inicialmente previstas no primeiro diploma (Dec.-Lei n.° 441/91 – art. 15.°) que transpôs para a ordem jurídica nacional a Directiva-Quadro (do Conselho n.° 89/391/CEE, de 12/06) sobre shst, tendo daí transitado com a mesma redacção, para o CT/2003, apenas com o aditamento a que se refere a nota seguinte.

2 – A contra-ordenacionalização da violação pelo trabalhador do dever de zelo, previsto no 1.°/*b*), foi introduzida pelo CT/2003 (art. 671.°/1 que remete para o art. 274.°/1/*b*)) e foi entendida como uma resposta a uma crítica por parte dos empregadores que vinha sendo feita nos *fora* que sobre esta matéria se vêm realizando, com o argumento de que, por vezes, são os próprios trabalhadores que violam elementares regras de sst contribuindo, eles próprios, para a sinistralidade.

Com uma referência crítica a esta disposição normativa, pode ver-se de JOÃO PALLA LIZARDO, *Exames médicos obrigatórios e Direitos de Personalidade – o Acórdão do Tribunal da Relação de Lisboa de 25/10/2000, in* QL, n.° 24 (2004), p. 221, onde afirma que "*se* [o art. 274.°/1/b)] *fosse interpretado à letra, levaria também à conclusão de que a saúde do trabalhador é um "bem" que pertence à empresa, cuja conservação e melhoramento constituem obrigações de quem trabalha por conta de outrem*".

3 – O legislador actual, porém, acrescentou à redacção inicial da norma o segmento final "*sobretudo quando exerça funções de chefia ou coordenação em relação aos serviços sob o seu enquadramento hierárquico e técnico*", assim clarificando a ideia da responsabilização do trabalhador subordinado, que já decorria da interpretação da norma anterior. Todavia, como também decorre da utilização do vocábulo "sobretudo", nada impede que a mesma responsabilidade por violação do dever de zelo possa ser em casos específicos, imputada ao trabalhador do último escalão da hierarquia.

4 – Sobre a responsabilidade contra-ordenacional de outros sujeitos além do empregador, ver nota 3 ao art. 555.° do CT/2009.

Consulta, informação e formação dos trabalhadores

ARTIGO 18.°
Consulta dos trabalhadores

1 – O empregador, com vista à obtenção de parecer, deve consultar por escrito e, pelo menos, duas vezes por ano, previamente ou em tempo útil, os representantes dos trabalhadores para a segurança e saúde ou, na sua falta, os próprios trabalhadores sobre:

a) A avaliação dos riscos para a segurança e a saúde no trabalho, incluindo os respeitantes aos grupos de trabalhadores sujeitos a riscos especiais;

b) As medidas de segurança e saúde antes de serem postas em prática ou, logo que possível, em caso de aplicação urgente das mesmas;

c) As medidas que, pelo seu impacte nas tecnologias e nas funções, tenham repercussão sobre a segurança e saúde no trabalho;

d) O programa e a organização da formação no domínio da segurança e saúde no trabalho;

e) A designação do representante do empregador que acompanha a actividade da modalidade de serviço adoptada;

f) A designação e a exoneração dos trabalhadores que desempenham funções específicas nos domínios da segurança e saúde no local de trabalho;

g) A designação dos trabalhadores responsáveis pela aplicação das medidas previstas no n.° 9 do artigo 15.°;

h) A modalidade de serviços a adoptar, bem como o recurso a serviços exteriores à empresa ou a técnicos qualificados para assegurar a realização de todas ou parte das actividades de segurança e de saúde no trabalho;

i) O equipamento de protecção que seja necessário utilizar;

j) Os riscos para a segurança e saúde, bem como as medidas de protecção e de prevenção e a forma como se aplicam, quer em relação à actividade desenvolvida quer em relação à empresa, estabelecimento ou serviço;

l) A lista anual dos acidentes de trabalho mortais e dos que ocasionem incapacidade para o trabalho superior a três dias úteis, elaborada até ao final de Março do ano subsequente;

m) Os relatórios dos acidentes de trabalho referidos na alínea anterior.

2 – Para efeitos do disposto no número anterior, deve ser facultado o acesso às informações técnicas objecto de registo e aos dados médicos colectivos, não individualizados, assim como às informações técnicas provenientes de serviços de inspecção e outros organismos competentes no domínio da segurança e da saúde no trabalho.

....

4 – A não aceitação do parecer previsto no n.° 1 quanto às matérias referidas nas alíneas *e*), *f*), *g*) e *h*) do mesmo número deve ser fundamentada por escrito.

....

6 – As consultas, respectivas respostas e propostas previstas nos n.os 1 e 4 devem constar de registo em livro próprio organizado pela empresa.

8 – Constitui contra-ordenação muito grave a violação do disposto no n.° 1.

9 – Constitui contra-ordenação leve a violação do disposto nos n.os 2, 4 e 6.

Notas:

1 – Convém ter presente a norma do art. 282.°/2 do Código segundo a qual: *O empregador deve consultar em tempo útil os representantes dos trabalhadores ou os próprios trabalhadores, sobre a preparação e aplicação das medidas de prevenção.*

2 – A consagração do dever do empregador consultar, pelo menos duas vezes por ano, os representantes dos trabalhadores ou na sua falta os próprios trabalhadores, sobre sst, foi introduzido pelo legislador do CT/2003 (art. 275.°/3) e já aí constituía também CO muito grave.

3 – De notar que, se o empregador é obrigado a consultar os representantes (ou os próprios) dos trabalhadores sobre o programa e a organização da formação em sst, todavia não necessita sequer de fundamentar a não aceitação do parecer que estes eventualmente apresentem (n.° 4, *a contrario*).

ARTIGO 19.°
Informação dos trabalhadores

1 – O trabalhador, assim como os seus representantes para a segurança e para a saúde na empresa, estabelecimento ou serviço, deve dispor de informação actualizada sobre:

a) As matérias referidas na alínea *j*) do n.° 1 do artigo anterior;

b) As medidas e as instruções a adoptar em caso de perigo grave e iminente;

c) As medidas de primeiros socorros, de combate a incêndios e de evacuação dos trabalhadores em caso de sinistro, bem como os trabalhadores ou serviços encarregues de as pôr em prática.

2 – Sem prejuízo da formação adequada, a informação a que se refere o número anterior deve ser sempre disponibilizada ao trabalhador nos seguintes casos:

a) Admissão na empresa;

b) Mudança de posto de trabalho ou de funções;

c) Introdução de novos equipamentos de trabalho ou alteração dos existentes;

d) Adopção de uma nova tecnologia;
e) Actividades que envolvam trabalhadores de diversas empresas.

3 – O empregador deve informar os trabalhadores com funções específicas no domínio da segurança e da saúde no trabalho sobre as matérias referidas nas alíneas *a*), *b*), *i*) e *l*) do n.° 1 e no n.° 2 do artigo anterior.

4 – O empregador deve informar os serviços e os técnicos qualificados exteriores à empresa que exerçam actividades de segurança e de saúde no trabalho sobre os factores que presumível ou reconhecidamente afectem a segurança e a saúde dos trabalhadores e as matérias referidas nas alíneas *a*) e *g*) do n.° 1 do artigo 18.°.

5 – A empresa em cujas instalações é prestado um serviço deve informar os respectivos empregadores e trabalhadores sobre as matérias identificadas no número anterior.

6 – O empregador deve, ainda, comunicar a admissão de trabalhadores com contratos de duração determinada, em comissão de serviço ou em cedência ocasional, ao serviço de segurança e de saúde no trabalho mencionado no n.° 4 e aos trabalhadores com funções específicas no domínio da segurança e da saúde no trabalho.

7 – Constitui contra-ordenação muito grave a violação do disposto nos n.os 1 e 2.

8 – Constitui contra-ordenação leve a violação do disposto nos n.os 3, 4, 5 e 6.

Notas:

1 – Este preceito é a concretização da norma do art. 282.°/1 do CT: *O empregador deve informar os trabalhadores sobre os aspectos relevantes para a protecção da sua segurança e saúde e a de terceiros.*

2 Sobre o conceito de trabalhadores com funções específicas (n.° 3) ver o art. seguinte e nota 1.

Jurisp.:

1. *O incumprimento pela empregadora dos deveres de informação e de formação dos trabalhadores sobre os riscos profissionais e de sinalização do equipamento, face ao circunstancialismo apurado e no contexto de um juízo de probabilidade ex post, não se configura como causa adequada do acidente, pois este poderia ter ocorrido mesmo que a empregadora tivesse cumprido os sobreditos deveres.*

(Ac do STJ de 14/04/2010, Proc. 35/05.7TBSRQ.L1.S1, relatado por Pinto Hespanhol).

ARTIGO 20.°
Formação dos trabalhadores

1 – O trabalhador deve receber uma formação adequada no domínio da segurança e saúde no trabalho, tendo em atenção o posto de trabalho e o exercício de actividades de risco elevado.

2 – Aos trabalhadores designados para se ocuparem de todas ou algumas das actividades de segurança e de saúde no trabalho deve ser assegurada, pelo empregador, a formação permanente para o exercício das respectivas funções.

3 – Sem prejuízo do disposto no n.° 1, o empregador deve formar, em número suficiente, tendo em conta a dimensão da empresa e os riscos existentes, os trabalhadores responsáveis pela aplicação das medidas de primeiros socorros, de combate a incêndios e de evacuação de trabalhadores, bem como facultar-lhes material adequado.

4 – A formação dos trabalhadores da empresa sobre segurança e saúde no trabalho deve ser assegurada de modo a que não possa resultar prejuízo para os mesmos.

....

6 – Constitui contra-ordenação grave a violação do disposto nos n.os 1 a 4.

Notas:

1 – Prescreve o art. 282.°/3 do Código que *O empregador deve assegurar formação adequada que habilite os trabalhadores a prevenir os riscos associados à respectiva actividade e os representantes dos trabalhadores a exercer de modo competente as respectivas funções.*

2 – Apesar de do teor da nota anterior se extrair uma divisão entre representantes dos trabalhadores e os trabalhadores, pode entender-se que, no domínio da sst, há fundamentalmente quatro grupos de trabalhadores cujas funções implicam um cuidado legislativo especial, designadamente quanto a formação, por estarem em situação especial de risco: (i) os representantes dos trabalhadores para a sst (art. 21.° e ss); (ii) os trabalhadores incumbidos das medidas de primeiros socorros, de combate a incêndios e de evacuação dos trabalhadores em caso de sinistro (art. 75.°); (iii) os trabalhadores designados pelo empregador para se ocuparem de todas ou algumas das actividades de sst (art. 77.°) ; (iv) os trabalhadores cujos postos de trabalho sejam considerados de risco elevado (art. 79.°).

Representantes dos trabalhadores para a segurança e saúde no trabalho

ARTIGO 22.°

Formação dos representantes dos trabalhadores

1 – Aos representantes dos trabalhadores para a segurança e saúde no trabalho deve ser assegurada formação permanente para o exercício das respectivas funções, nos termos dos números seguintes.

2 – O empregador deve proporcionar condições para que os representantes dos trabalhadores para a segurança e a saúde no trabalho recebam formação concedendo, se necessário, licença com retribuição, ou sem retribuição se outra entidade atribuir subsídio específico.

....

4 – Constitui contra-ordenação grave a violação do disposto nos n.os 1 e 2.

Notas:

1 – A formação dos representantes dos trabalhadores para a sst, assim como a dos grupos de trabalhadores com actividades específicas nesta área, deverá ser inserida na formação em geral contida nos arts. 130.° a 134.° do Código e 13.° a 15.° da Lei n.° 105/2009.

2 – Na realidade, não parece que, se a formação destes trabalhadores integrar o plano de formação a que se reporta o art. 13.° desta última lei, se justifique que ela se não tome em consideração para efeitos do direito ao mínimo anual de 35 horas que qualquer trabalhador possui (art. 131.°/2 do CT/2009).

ARTIGO 25.°

Reuniões com os órgãos de gestão da empresa

1 – Os representantes dos trabalhadores para a segurança e a saúde no trabalho têm o direito de reunir com o órgão de gestão da empresa, pelo menos uma vez por mês, para discussão e análise dos assuntos relacionados com a segurança e a saúde no trabalho.

2 – Da reunião referida no número anterior é lavrada acta, que deve ser assinada por todos os presentes.

....

4 – Constitui contra-ordenação grave a violação do disposto nos n.os 1 e 2.

Notas:

1 – À semelhança do que sucede com as comissões de trabalhadores (art. 423.°/1/*g*) do CT), também esta nova estrutura representativa para a sst tem direito a reunir uma vez por mês com o órgão de gestão da empresa. Aliás, o legislador de 2009 entendeu dispor que se esta não estiver criada, funcionará a comissão de trabalhadores como promotora da sst na empresa (art. 282.°/4).

2 – Quanto à CO por violação do n.° 2, tanto pode abranger a não elaboração da acta como o não ser assinada por todos os presentes. Se é certo que a *ratio* da norma infraccional deve estar na primeira hipótese, o facto é que, não determinando a lei a quem cumpre o dever de lavrar a acta, na falta desta, parecerá de imputar a CO em regime de solidariedade (art. 556.°/2 do CT/2009) aos presentes na reunião.

3 – Uma nota que também aqui queremos deixar prende-se com o facto de o legislador de 2009 ter deixado "cair" o exercício abusivo de direitos por parte dos representantes da sst, que constava do art. 286.° da Lei n.° 35/2004, e que não foi transposto para esta Lei 102/2009.

Eleição dos representantes dos trabalhadores para a segurança e a saúde no trabalho[357]

ARTIGO 28.°
Publicidade

1 – Após a recepção da comunicação prevista no artigo anterior:

a) O organismo competente do ministério responsável pela área laboral procede de imediato à publicação da comunicação no *Boletim do Trabalho e Emprego (BTE);*

b) O empregador deve afixá-la de imediato em local apropriado na empresa e no estabelecimento, devendo juntar uma referência à obrigatoriedade de publicação no *BTE*.

2 – Constitui contra-ordenação grave a violação do disposto na alínea *b*) do número anterior.

---

[357] Porque se trata de matéria com reduzida repercussão prática, apenas reproduzimos, sem comentários, as disposições legais sobre esta eleição.

ARTIGO 31.º
Caderno eleitoral

1 – O empregador deve entregar à comissão eleitoral, no prazo de quarenta e oito horas após a recepção da comunicação que identifica o presidente e o secretário, o caderno eleitoral, procedendo aquela à imediata afixação na empresa e no estabelecimento.

2 – O caderno eleitoral deve conter o nome dos trabalhadores da empresa e, sendo caso disso, identificados por estabelecimento, à data da marcação do acto eleitoral.

3 – Constitui contra-ordenação muito grave a violação do disposto no presente artigo.

ARTIGO 35.º
Secções de voto

1 – Em cada estabelecimento com um mínimo de 10 trabalhadores deve existir, pelo menos, uma secção de voto.

....

3 – Cada mesa de voto é composta por um presidente, que dirige a respectiva votação, e um secretário, escolhidos pelo presidente da comissão eleitoral nos termos do artigo 29.º, e por um representante de cada lista, ficando, para esse efeito, dispensados da respectiva prestação de trabalho.

4 – Constitui contra-ordenação muito grave a violação do disposto no n.º 1 e contra-ordenação grave a violação do disposto na parte final do número anterior.

ARTIGO 36.º
Acto eleitoral

1 – As urnas de voto são colocadas nos locais de trabalho, de modo a permitir que todos os trabalhadores possam votar sem prejudicar o normal funcionamento da empresa ou estabelecimento.

....

5 – Os trabalhadores podem votar durante o seu horário de trabalho, para o que cada um dispõe do tempo para tanto indispensável.

....

9 – Constitui contra-ordenação muito grave a violação do disposto no n.° 1 e contra-ordenação grave a violação do disposto no n.° 5.

ARTIGO 39.°
Publicidade do resultado da eleição

1 – A comissão eleitoral deve proceder à afixação dos elementos de identificação dos representantes eleitos, bem como da cópia da acta da respectiva eleição, durante 15 dias a contar da data do apuramento, no local ou locais em que a eleição teve lugar e remeter, dentro do mesmo prazo, ao organismo competente do ministério responsável pela área laboral, bem como aos órgãos de gestão da empresa.

....

3 – Constitui contra-ordenação grave a oposição do empregador à afixação dos resultados da votação nos termos do n.° 1.

Protecção do património genético

ARTIGO 42.°
Avaliação de riscos susceptíveis de efeitos prejudiciais no património genético

1 – O empregador deve verificar a existência de agentes ou factores que possam ter efeitos prejudiciais para o património genético e avaliar os correspondentes riscos.

2 – A avaliação de riscos deve ter em conta todas as informações disponíveis, nomeadamente:

a) A recolha de informação sobre os agentes ou factores;

b) O estudo dos postos de trabalho para determinar as condições reais de exposição, designadamente a natureza do trabalho, as características dos agentes ou factores, os períodos de exposição e a interacção com outros riscos;

c) As recomendações dos organismos competentes no domínio da segurança e da saúde no trabalho.

3 – A avaliação de riscos deve ser feita trimestralmente, bem como quando haja alteração das condições de trabalho susceptível de afectar a exposição dos trabalhadores, os resultados da vigilância da saúde o justifiquem ou se verifique desenvolvimento da investigação científica nesta matéria.

4 – A avaliação de riscos deve identificar os trabalhadores expostos e aqueles que, sendo particularmente sensíveis, podem necessitar de medidas de protecção especial.

5 – Constitui contra-ordenação muito grave a violação do disposto nos números anteriores.

Notas:

1 – A tutela legal do património genético por riscos profissionais laborais integra as grávidas, puérperas ou lactantes e os menores.

2 – Não se sabe por que é que no n.º 5 deste preceito se reporta a contra-ordenação para o disposto nos números anteriores (o mesmo sucedendo com os arts. 44.º/4, 45.º/4 e 46.º/6) quando, a serem abrangidos todos os números, o normal seria o preceito referir-se ao "artigo" (cfr. p. ex., o n.º 4 do art. seguinte). Será que se quis individualizar cada uma, ou alguma das normas? Neste aspecto chama-se neste artigo, a atenção para a avaliação dos riscos ser de periodicidade trimestral (n.º 3).

ARTIGO 43.º
Deveres de informação específica

1 – Sem prejuízo das obrigações gerais em matéria de informação e consulta, o empregador deve disponibilizar informação actualizada aos trabalhadores e aos seus representantes para a segurança e saúde no trabalho sobre:

a) As substâncias e preparações químicas perigosas, os equipamentos de trabalho e os materiais ou matérias-primas presentes nos locais de trabalho que possam representar perigo de agressão ao património genético;
b) Os resultados da avaliação dos riscos;
c) A identificação dos trabalhadores expostos.

2 – A informação referida no número anterior deve ser colocada à disposição do médico do trabalho ou da entidade pública responsável pela vigilância da saúde dos trabalhadores.

3 – O empregador deve transmitir a informação referida nas alíneas *a*) e *b*) do n.° 1 aos trabalhadores independentes e às empresas que, nas mesmas instalações, desenvolvam actividades em simultâneo com os seus trabalhadores, a qualquer título.

4 – Constitui contra-ordenação grave a violação do disposto neste artigo.

Notas:

1 – O que está aqui em causa é o dever de informação que, devendo ser prestado aos representantes dos trabalhadores para a sst, envolve também os trabalhadores. Só que, embora o normativo aqui o não especifique, deverá ser restrito aos trabalhadores em situação de risco, ou seja, grávidas ou lactantes e menores. Não nos parece de incluir as puérperas porque normalmente não estarão nessa fase em actividade laboral.

2 – As substâncias e a informação que abranja outros factores de risco encontram-se à frente discriminados para as grávidas (arts. 50.° a 60.°) e para os menores (arts. 61.° a 72.°).

ARTIGO 44.°
Vigilância da saúde

1 – Sem prejuízo das obrigações gerais em matéria de saúde no trabalho, o empregador deve assegurar a vigilância adequada da saúde dos trabalhadores em relação aos quais o resultado da avaliação revele a existência de riscos para o património genético, através de exames de saúde, devendo ser realizado um exame antes da primeira exposição.

2 – A vigilância da saúde referida no número anterior deve permitir a aplicação dos conhecimentos de medicina do trabalho mais recentes, ser baseada nas condições ou circunstâncias em que cada trabalhador tenha sido ou possa ser sujeito à exposição a agentes ou factores de risco e incluir, no mínimo, os seguintes procedimentos:

a) Registo da história clínica e profissional de cada trabalhador;
b) Entrevista pessoal com o trabalhador;
c) Avaliação individual do seu estado de saúde;
d) Vigilância biológica sempre que necessária;
e) Rastreio de efeitos precoces e reversíveis.

3 – Os exames de saúde são realizados com base no conhecimento de que a exposição aos agentes ou factores de risco do património genético pode provocar as seguintes afecções:

a) Alterações do comportamento sexual;

b) Redução da fertilidade, designadamente nos diversos aspectos da espermatogénese e da ovogénese;

c) Resultados adversos na actividade hormonal;

d) Modificações de outras funções que dependam da integridade do sistema reprodutor.

4 – Constitui contra-ordenação grave a violação do disposto nos números anteriores.

Nota:
Trata-se aqui de um dever de vigilância da saúde específico para os trabalhadores com tutela mais acentuada por causa do risco para o património genético: grávidas ou lactantes e menores. Para os exames de saúde dos trabalhadores em geral, consultar os arts. 107.° e 108.°.

ARTIGO 45.°
Resultado da vigilância da saúde

1 – Em resultado da vigilância da saúde o médico do trabalho:

a) Informa o trabalhador do resultado;

b) Dá indicações sobre a eventual necessidade de continuar a vigilância da saúde, mesmo depois de terminada a exposição;

c) Comunica ao empregador o resultado da vigilância da saúde com interesse para a prevenção de riscos, sem prejuízo do sigilo profissional a que se encontra vinculado.

2 – O empregador, tendo em conta o referido na alínea *c*) do número anterior:

a) Repete a avaliação dos riscos;

b) Com base no parecer do médico do trabalho, adopta eventuais medidas individuais de protecção ou de prevenção e atribui, se necessário, ao trabalhador em causa outra tarefa compatível em que não haja risco de exposição;

c) Promove a vigilância prolongada da saúde do trabalhador;

d) Assegura a qualquer trabalhador que tenha estado exposto a agentes ou factores de risco para o património genético um exame de saúde incluindo, se necessário, a realização de exames complementares.

3 – O trabalhador tem acesso, a seu pedido, ao registo de saúde que lhe diga respeito, podendo solicitar a revisão desse resultado.

4 – Constitui contra-ordenação grave a violação do disposto nos números anteriores.

Nota:

A violação do n.° 1 é manifestamente uma CO grave imputável ao médico do trabalho. A do n.° 2 é imputável ao empregador. E a do n.° 3? Parece que também ao médico do trabalho, pois que, embora ao empregador cumpra o dever de organizar e conservar arquivos sobre a saúde (art. 46.°/1) é ao médico do trabalho que incumbe a responsabilidade de conservação das fichas médicas onde, por certo, estará a informação sobre a saúde que interessa ao trabalhador conhecer (art. 46.°/1/*c*) e 2).

ARTIGO 46.°
Registo, arquivo e conservação de documentos

1 – Sem prejuízo das obrigações gerais do serviço de segurança e de saúde no trabalho, em matéria de registos de dados e conservação de documentos, o empregador deve organizar e conservar arquivos actualizados, nomeadamente por via electrónica, sobre:

a) Os critérios, procedimentos e resultados da avaliação de riscos;

b) A identificação dos trabalhadores expostos com a indicação da natureza e, se possível, do agente e do grau de exposição a que cada trabalhador esteve sujeito;

c) Os resultados da vigilância da saúde de cada trabalhador com referência ao respectivo posto de trabalho ou função;

d) Os registos de acidentes ou incidentes;

e) Identificação do médico responsável pela vigilância da saúde.

2 – Os registos a que se refere a alínea *c*) do número anterior devem constar de ficha médica individual de cada trabalhador, colocada sob a responsabilidade do médico do trabalho.

3 – Os registos e arquivos referidos nos números anteriores são conservados durante, pelo menos, 40 anos após ter terminado a exposição dos trabalhadores a que digam respeito.

4 – Se a empresa cessar a actividade, os registos e arquivos devem ser transferidos para o organismo competente do ministério responsável pela área laboral que assegura a sua confidencialidade.

5 – Todos os tratamentos de dados pessoais referidos no n.° 1 deverão respeitar a legislação disciplinadora da protecção de dados pessoais.

6 – Constitui contra-ordenação grave a violação do disposto nos números anteriores.

Notas:

1 – As obrigações gerais do serviço de segurança e de saúde no trabalho encontram-se plasmadas no art. 98.°.

Sobre a imputação da CO por violação do n.° 2, ver a nota ao artigo anterior.

2 – Quanto à protecção de dados pessoais consultar a Lei 67/98, de 26/10. Ver também a Lei n.° 41/2004, de 18/08, que transpôs a Directiva n.° 2002/58/CE, do Parlamento e do Conselho, relativa ao tratamento de dados pessoais e à protecção da privacidade no sector das comunicações electrónicas.

Actividades proibidas ou condicionadas a trabalhadoras grávidas, puérperas ou lactantes

ARTIGO 50.°
Remissão legal

Para efeitos do exercício dos direitos conferidos na presente secção, consideram-se aplicáveis os conceitos definidos no n.° 1 do artigo 36.° do Código do Trabalho.

Nota:

São os conceitos de trabalhadora grávida, puérpera ou lactante os que constam da disposição legal referida.

De salientar que agora, ao contrário do que sucedia no regime do CT/2003, não se torna absolutamente necessário para os conceitos operarem que a situação da trabalhadora seja comprovada com atestado médico, uma vez que também operam se o empregador dela tiver conhecimento ou conhecer "facto relevante" (art. 36.°/2).

SUBSECÇÃO I
Actividades proibidas a trabalhadora grávida e lactante

ARTIGO 51.º
Agentes físicos

É proibida à trabalhadora grávida a realização de actividades em que esteja ou possa estar exposta aos seguintes agentes físicos:

a) Radiações ionizantes;

b) Atmosferas com sobrepressão elevada, nomeadamente câmaras hiperbáricas ou de mergulho submarino.

ARTIGO 52.º
Agentes biológicos

É proibida à trabalhadora grávida a realização de qualquer actividade em que possa estar em contacto com vectores de transmissão do toxoplasma e com o vírus da rubéola, salvo se existirem provas de que a trabalhadora grávida possui anticorpos ou imunidade a esses agentes e se encontra suficientemente protegida.

ARTIGO 53.º
Agentes químicos

É proibida à trabalhadora grávida a realização de qualquer actividade em que possa estar em contacto com:

a) As substâncias químicas perigosas qualificadas com uma ou mais advertências de risco seguintes:

«R 46 – pode causar alterações genéticas hereditárias»;

«R 61 – risco durante a gravidez com efeitos adversos na descendência»;

«R 64 – pode causar dano nas crianças alimentadas com leite materno», nos termos da legislação sobre a classificação, embalagem e rotulagem das substâncias e preparações perigosas;

b) O chumbo e seus compostos na medida em que esses agentes podem ser absorvidos pelo organismo humano.

ARTIGO 54.°
Agentes proibidos a trabalhadora lactante

É proibida à trabalhadora lactante a realização de qualquer actividade que envolva a exposição aos seguintes agentes físicos e químicos:

a) Radiações ionizantes;

b) Substâncias químicas qualificadas com a advertência de risco «R 64 – pode causar dano nas crianças alimentadas com leite materno», nos termos da legislação sobre a classificação, embalagem e rotulagem das substâncias e preparações perigosas;

c) Chumbo e seus compostos na medida em que esses agentes podem ser absorvidos pelo organismo humano.

ARTIGO 55.°
Condições de trabalho

É proibida à trabalhadora grávida e lactante a prestação de trabalho subterrâneo em minas.

ARTIGO 56.°
Exercício de actividades proibidas

Constitui contra-ordenação muito grave, imputável ao empregador, o exercício de actividades com exposição a agentes e condições de trabalho proibidos nos termos da presente subsecção.

Nota:

Apesar desta secção respeitar a "actividades proibidas a trabalhadora grávida e lactante", não teria ficado mal se o legislador, depois da descrição dos agentes, condições e actividades, nesta norma tipificadora da CO tivesse referido concretamente que é o exercício da actividade por estas trabalhadoras que quer prevenir e punir. Tal como o faz no art. 67.° relativamente ao menor.

Actividades proibidas ou condicionadas a menor

SUBSECÇÃO I
Actividades, agentes, processos e condições de trabalho proibidos a menor

ARTIGO 61.º
Actividades

São proibidas ao menor as seguintes actividades:

a) Fabrico de auramina;
b) Abate industrial de animais.

ARTIGO 62.º
Agentes físicos

São proibidas ao menor as actividades em que haja risco de exposição aos seguintes agentes físicos:

a) Radiações ionizantes;
b) Atmosferas de sobrepressão elevada, nomeadamente em câmaras hiperbáricas e de mergulho submarino;
c) Contacto com energia eléctrica de alta tensão.

ARTIGO 63.º
Agentes biológicos

São proibidas ao menor as actividades em que haja risco de exposição a agentes biológicos classificados nos grupos de risco 3 e 4, de acordo com a legislação relativa às prescrições mínimas de protecção da segurança e da saúde dos trabalhadores contra os riscos da exposição a agentes biológicos durante o trabalho.

ARTIGO 64.°
Agentes, substâncias e preparações químicos

1 – São proibidas ao menor as actividades em que haja risco de exposição aos seguintes agentes químicos:

a) Amianto;

b) Chumbo e seus compostos iónicos, na medida em que estes agentes sejam susceptíveis de ser absorvidos pelo organismo humano;

c) Cloropromazina;

d) Tolueno e xileno;

e) Hidrocarbonetos policíclicos aromáticos presentes na fuligem, no alcatrão ou no pez da hulha;

f) Poeiras, fumos ou névoas produzidos durante a calcinação e electrorrefinação de mates de níquel.

2 – São proibidas ao menor as actividades em que haja risco de exposição a substâncias e preparações que, nos termos da legislação aplicável sobre classificação, embalagem e rotulagem das substâncias e preparações perigosas, sejam classificadas como tóxicas (T), muito tóxicas (T+), corrosivas (C) ou explosivas (E).

3 – São proibidas ao menor as actividades em que haja risco de exposição a substâncias e preparações que, nos termos da legislação aplicável sobre classificação, embalagem e rotulagem das substâncias e preparações perigosas, sejam classificadas como nocivas (Xn) e qualificadas por uma ou mais das seguintes advertências de risco:

a) «R 39 – perigo de efeitos irreversíveis muito graves»;

b) «R 40 – possibilidade de efeitos irreversíveis»;

c) «R 42 – pode causar sensibilização por inalação»;

d) «R 43 – pode causar sensibilização por contacto com a pele»;

e) «R 45 – pode causar cancro»;

f) «R 46 – pode causar alterações genéticas hereditárias»;

g) «R 48 – riscos de efeitos graves para a saúde em caso de exposição prolongada»;

h) «R 60 – pode comprometer a fertilidade»;

i) «R 61 – risco durante a gravidez, com efeitos adversos na descendência».

4 – São proibidas ao menor as actividades em que haja risco de exposição a substâncias e preparações que, nos termos da legislação aplicável sobre classificação, embalagem e rotulagem das substâncias e preparações perigosas, sejam classificadas como irritantes (Xi) e qualificadas por uma ou mais das seguintes advertências de risco:

a) «R 12 – extremamente inflamável»;
b) «R 42 – pode causar sensibilização por inalação»;
c) «R 43 – pode causar sensibilização em contacto com a pele».

ARTIGO 65.°
Processos

São proibidas ao menor as actividades em que haja risco de exposição aos seguintes processos:

a) Processo do ácido forte durante o fabrico do álcool isopropílico;
b) Fabrico e manipulação de engenhos, artifícios ou objectos que contenham explosivos.

ARTIGO 66.°
Condições de trabalho

1 – São proibidas ao menor as actividades cuja realização esteja sujeita às seguintes condições de trabalho:

a) Risco de desabamento;
b) Manipulação de aparelhos de produção, de armazenamento ou de utilização de gases comprimidos, liquefeitos ou dissolvidos;
c) Utilização de cubas, tanques, reservatórios, garrafas ou botijas que contenham agentes, substâncias ou preparações químicos referidos no artigo 64.°;
d) Condução ou operação de veículos de transporte, tractores, empilhadores e máquinas de terraplanagem;
e) Libertação de poeiras de sílica livre, nomeadamente na projecção de jactos de areia;
f) Vazamento de metais em fusão;
g) Operações de sopro de vidro;

h) Locais de criação ou conservação de animais ferozes ou venenosos;

i) Realizadas no subsolo;

j) Realizadas em sistemas de drenagem de águas residuais;

l) Realizadas em pistas de aeroportos;

m) Realizadas em actividades que decorram em clubes nocturnos e similares;

n) Cuja cadência seja condicionada por máquinas e a retribuição determinada em função do resultado.

2 – São, ainda, proibidas a menor com idade inferior a 16 anos as actividades que sejam realizadas em discotecas e similares.

ARTIGO 67.°
Exercício de actividades proibidas

Constitui contra-ordenação muito grave, imputável ao empregador, o exercício por menor de qualquer das actividades proibidas nos termos da presente subsecção.

Nota:

1 – O menor de que trata esta subsecção é todo e qualquer indivíduo com menos de 18 anos.

Apesar de o exercício de actividades proibidas por um menor ser, nos termos deste artigo, uma CO muito grave, tal não obsta a que o empregador, simultaneamente e pelo mesmo facto (art. 20.° do Dec.-Lei n.° 433/82) cometa o crime de utilização indevida de trabalho de menor (art. 82.° do CT/2009).

2 – Ou pode até cometer o crime de maus tratos. De facto, dispõe o Código Penal:

Artigo 152.°-A
Maus tratos

1 – Quem, tendo ao seu cuidado, à sua guarda, sob a responsabilidade da sua direcção ou educação ou a trabalhar ao seu serviço, pessoa menor ou particularmente indefesa, em razão de idade, deficiência, doença ou gravidez, e:

a) Lhe infligir, de modo reiterado ou não, maus tratos físicos ou psíquicos, incluindo castigos corporais, privações da liberdade e ofensas sexuais, ou a tratar cruelmente;

b) A empregar em actividades perigosas, desumanas ou proibidas; ou

c) A sobrecarregar com trabalhos excessivos; mais grave lhe não couber por força de outra disposição legal.

2 – Se dos factos previstos nos números anteriores resultar:

a) Ofensa à integridade física grave, o agente é punido com pena de prisão de dois a oito anos;

b) A morte, o agente é punido com pena de prisão de três a dez anos.

Por isso, o emprego do menor em actividades proibidas, tal como as descritas nesta subsecção, pode preencher o tipo legal objectivo da alínea *b*) do n.° 1 deste crime.

Trabalho condicionado a menor com idade igual ou superior a 16 anos

ARTIGO 68.°
Actividades, processos e condições de trabalho condicionados

1 – O menor com idade igual ou superior a 16 anos só pode realizar as actividades, processos e condições de trabalho sujeitas a exposição dos agentes físicos, biológicos e químicos referidos na presente subsecção.

2 – Para efeitos do número anterior, para além do disposto nas alíneas *a*) e *b*) do n.° 1 do artigo 72.° do Código do Trabalho, o empregador deve avaliar a natureza, o grau e a duração da exposição do menor a actividades ou trabalhos condicionados e tomar as medidas necessárias para evitar esse risco.

3 – Constitui contra-ordenação grave aplicável ao empregador a violação do disposto nos números anteriores.

Nota:

1 – Se as actividades a que se reporta este artigo são condicionadas a menor com idade igual ou superior a 16 anos, então é porque ao menor com menos de 16 anos são proibidas.

Isto, que agora se infere, estava explícito no art. 115.°/3 da Lei n.° 35/2004, que regulamentou o CT/2003, e assim deveria ter permanecido.

2 – As alíneas *a*) e *b*) do art. 72.° do CT, a que se refere a primeira parte do n.° 2 do artigo em anotação, referem-se ao exame de saúde inicial e exame de saúde anual, respectivamente.

ARTIGO 72.°
Condições de trabalho

1 – Podem ser realizadas por menor com idade igual ou superior a 16 anos, desde que o empregador cumpra o disposto no n.° 2 do artigo 68.°, as actividades sujeitas às seguintes condições de trabalho que impliquem:

a) A utilização de equipamentos de trabalho que, nos termos do artigo 5.° do Decreto-Lei n.° 50/2005, de 25 de Fevereiro, apresentem riscos específicos para a segurança ou saúde dos trabalhadores;

b) Demolições;

c) A execução de manobras perigosas;

d) Trabalhos de desmantelamento;

e) A colheita, manipulação ou acondicionamento de sangue, órgãos ou quaisquer outros despojos de animais, manipulação, lavagem e esterilização de materiais usados nas referidas operações;

f) A remoção e manipulação de resíduos provenientes de lixeiras e similares;

g) A movimentação manual de cargas com peso superior a 15 kg;

h) Esforços físicos excessivos, nomeadamente executados em posição ajoelhada ou em posições e movimentos que determinem compressão de nervos e plexos nervosos;

i) A realização em silos;

j) A realização em instalações frigoríficas em que possa existir risco de fuga do fluido de refrigeração;

l) A realização em matadouros, talhos, peixarias, aviários, fábricas de enchidos ou conservas de carne ou de peixe, depósitos de distribuição de leite e queijarias.

2 – Nos casos de violação do disposto nas alíneas *b*) a *d*) do número anterior são solidariamente responsáveis pelo pagamento da coima as entidades executantes.

Nota:

1 – O n.° 2 refere-se à responsabilidade solidária pelo pagamento da coima por violação das alíneas *b*) a *d*) do n.° 1, mas a verdade é que não está aqui dito que a sua violação constitua contra-ordenação. E porque não cremos possível que o legislador subentendesse que a CO estaria já consagrada no art. 68.°/1, opinamos que se trata de um lapso legislativo.

2 – Por outro lado, no caso de demolições, manobras perigosas ou desmantelamentos sem que o empregador avalie a natureza, o grau e a duração da exposição do menor, e tome as medidas necessárias, parece que há CO. Mas quem a comete? Naturalmente o empregador. Mas então não é este empregador o executante? Quem é que se quer responsabilizar solidariamente pelo pagamento da coima? Estar-se-á porventura a pensar que o empregador é o dono da obra?!...

Organização dos serviços da segurança e da saúde no trabalho

ARTIGO 73.°
Disposições gerais

1 – O empregador deve organizar o serviço de segurança e saúde no trabalho de acordo com as modalidades previstas no presente capítulo.

2 – Constitui contra-ordenação muito grave a violação do disposto no número anterior.

Nota:

Esta é por certo uma contra-ordenação que se verifica em muitas empresas. A organização dos serviços ainda está por fazer em muitas delas, uma vez que todas são obrigadas a ter tal serviço, embora nalguns casos pontuais nas de dimensão mais reduzida (até 9 trabalhadores – art. 76.°/*f*)) e sem risco elevado, não só a promoção e vigilância da saúde possa ser feita pelo Serviço Nacional de Saúde, como o próprio empregador ou o trabalhador por ele designado, possa exercer a actividade de segurança (art. 81.°).

ARTIGO 74.°
Modalidades dos serviços

1 – Na organização do serviço de segurança e saúde no trabalho, o empregador pode adoptar, sem prejuízo do disposto no número seguinte, uma das seguintes modalidades:

a) Serviço interno;
b) Serviço comum;
c) Serviço externo.

....

5 – Os serviços organizados em qualquer das modalidades referidas no n.° 1 devem ter os meios suficientes que lhes permitam exercer as actividades principais de segurança e de saúde no trabalho.

....

7 – O empregador notifica o respectivo organismo competente da modalidade adoptada para a organização do serviço de segurança e de saúde no trabalho, bem como da sua alteração, nos 30 dias seguintes à verificação de qualquer dos factos.

8 – Constitui contra-ordenação muito grave a violação do disposto no n.° 5 e contra-ordenação leve a violação do disposto no número anterior.

Notas:

1 – O agora designado serviço comum era apelidado de serviço interempresas (art. 228.° da Lei n.° 35/2004), precisamente porque era (e continua a ser) organizado por várias empresas ou estabelecimentos da mesma empresa num raio de 50Km).

2 – A CO por violação do n.° 5, isto é, serviços sem meios suficientes, é imputável ao "serviço" o que significa que, sendo este externo, não há problema algum – serviço e empresa confundem-se. Sendo interno e se abranger uma só empresa, também se não põe qualquer dificuldade de imputação. Mas o mesmo já não sucede se for comum ou, sendo interno, envolva as empresas do grupo. Neste caso, parece-nos, a CO deve abranger as diversas pessoas jurídicas que, todavia, serão responsáveis por uma só coima (art. 562.°/2 do CT/2009).

ARTIGO 75.°
Primeiros socorros, combate a incêndios e evacuação de trabalhadores

1 – A empresa ou o estabelecimento, qualquer que seja a modalidade do serviço de segurança e saúde no trabalho, deve ter uma estrutura interna que assegure as actividades de primeiros socorros, de combate a incêndios e de evacuação de instalações a que se refere o n.° 9 do artigo 15.°.

2 – Constitui contra-ordenação muito grave a violação do disposto no número anterior.

Nota:

Parece que a simples existência numa empresa do representante do empregador a que se reporta o artigo seguinte não será suficiente para preencher o conceito de "estrutura interna" deste preceito. Mas a dimensão dessa estrutura dependerá da dimensão da empresa.

ARTIGO 77.°
Representante do empregador

1 – Se a empresa ou estabelecimento adoptar serviço comum ou serviço externo, o empregador deve designar em cada estabelecimento ou conjunto de estabelecimentos distanciados até 50 km daquele que ocupa maior número de trabalhadores e com limite total de 400 trabalhadores um trabalhador com formação adequada, nos termos do disposto no número seguinte, que o represente para acompanhar e coadjuvar a execução das actividades de prevenção.

2 – Para efeitos do número anterior, entende-se por formação adequada a que permita a aquisição de competências básicas em matéria de segurança, saúde, ergonomia, ambiente e organização do trabalho, que seja validada pelo serviço com competência para a promoção da segurança e saúde no trabalho do ministério responsável pela área laboral ou inserida em sistema educativo, no SNQ ou ainda promovida por entidades da Administração Pública com responsabilidade no desenvolvimento de formação profissional.

3 – Constitui contra-ordenação grave a violação do disposto no número anterior.

Nota:

Nos termos da norma consagradora da contra-ordenação esta só ocorre se o trabalhador designado não tiver a formação adequada. E não também se não houver sequer trabalhador designado. O n.° 2 resultou da fusão, neste CT/2009, de dois artigos do anterior[358], e talvez esteja aí a razão para a referência ao "número anterior", o que não deixará de constituir um lapso, todavia com implicação na ausência de sanção (princípio da legalidade – art. 2.° do Dec.-Lei n.° 433/82) para a violação do n.° 1.

---

358 Arts. 222 e 223.° da Lei n.° 35/2004.

SECÇÃO II
Serviço interno

ARTIGO 78.º
Âmbito e obrigatoriedade de serviço interno da segurança e saúde no trabalho

....

3 – O empregador deve instituir serviço interno que abranja:

a) O estabelecimento que tenha pelo menos 400 trabalhadores;

b) O conjunto de estabelecimentos distanciados até 50 km daquele que ocupa maior número de trabalhadores e que, com este, tenham pelo menos 400 trabalhadores;

c) O estabelecimento ou conjunto de estabelecimentos que desenvolvam actividades de risco elevado, nos termos do disposto no artigo seguinte, a que estejam expostos pelo menos 30 trabalhadores.

4 – Para efeitos do número anterior, considera-se serviço interno o serviço prestado por uma empresa a outras empresas do grupo desde que aquela e estas pertençam a sociedades que se encontrem em relação de domínio ou de grupo.

5 – Constitui contra-ordenação muito grave a violação do disposto no n.º 3.

Notas:

1 – Não houve qualquer alteração no número de trabalhadores da empresa ou dos estabelecimentos que impliquem a obrigatoriedade de instituir serviço interno. Todavia, há que considerar que a CO não ocorrerá se tiver havido dispensa de serviço interno, pelo que é necessário conjugar o aqui disposto com o disposto no art. 80.º.

2 – Apesar da CO se referir só ao conteúdo do n.º 3, deveria também abranger o n.º 4, disposição aditada por este CT/2009. Não o tendo feito o legislador exclui do sancionamento as sociedades em relação de domínio ou de grupo que tenham serviço interno de sst.

ARTIGO 79.°
Actividades ou trabalhos de risco elevado

Para efeitos da presente lei, são considerados de risco elevado:

a) Trabalhos em obras de construção, escavação, movimentação de terras, de túneis, com riscos de quedas de altura ou de soterramento, demolições e intervenção em ferrovias e rodovias sem interrupção de tráfego;

b) Actividades de indústrias extractivas;

c) Trabalho hiperbárico;

d) Actividades que envolvam a utilização ou armazenagem de produtos químicos perigosos susceptíveis de provocar acidentes graves;

e) Fabrico, transporte e utilização de explosivos e pirotecnia;

f) Actividades de indústria siderúrgica e construção naval;

g) Actividades que envolvam contacto com correntes eléctricas de média e alta tensões;

h) Produção e transporte de gases comprimidos, liquefeitos ou dissolvidos ou a utilização significativa dos mesmos;

i) Actividades que impliquem a exposição a radiações ionizantes;

j) Actividades que impliquem a exposição a agentes cancerígenos, mutagénicos ou tóxicos para a reprodução;

l) Actividades que impliquem a exposição a agentes biológicos do grupo 3 ou 4;

m) Trabalhos que envolvam exposição a sílica.

Nota:

Apesar de este artigo não conter nenhuma norma tipificadora de CO, reproduziu-se nesta obra sobre contra-ordenações laborais, em virtude da sua grande importância no contexto da actividade de prevenção dos riscos profissionais.

A referência às actividades de risco elevado, doutro modo, ficaria incompreensível.

ARTIGO 81.°
Actividades exercidas pelo empregador ou por trabalhador designado

1 – Na empresa, estabelecimento ou conjunto de estabelecimentos distanciados até 50 km do de maior dimensão que empregue no máximo

nove trabalhadores e cuja actividade não seja de risco elevado as actividades de segurança no trabalho podem ser exercidas directamente pelo próprio empregador se possuir formação adequada e permanecer habitualmente nos estabelecimentos.

2 – Nas situações referidas no número anterior, o empregador pode designar um ou mais trabalhadores para se ocuparem de todas ou algumas das actividades de segurança no trabalho desde que possuam formação adequada e disponham do tempo e dos meios necessários.

....

11 – Constitui contra-ordenação muito grave o exercício das actividades referidas nos n.os 1 e 2 sem autorização ou com a autorização caducada.

Nota:

O legislador quer controlar o desempenha das actividades de segurança, não já as da saúde porque dessas se ocupa o Serviço Nacional de Saúde, e por isso instituiu a obrigatoriedade de autorização pelo serviço da ACT responsável pela promoção da sst que é coordenado por um Coordenador executivo (art. 6.° do Dec.-Lei n.° 326-B/2007). Autorização essa caduca ao fim de 5 anos se não for renovada.

Serviço comum

ARTIGO 82.°
Autorização de serviço comum

1 – O serviço comum é instituído por acordo entre várias empresas ou estabelecimentos pertencentes a sociedades que não se encontrem em relação de grupo nem sejam abrangidas pelo disposto no n.° 3 do artigo 78.°, contemplando exclusivamente os trabalhadores por cuja segurança e saúde aqueles são responsáveis.

....

3 – O requerimento de autorização deve ser acompanhado, para além do acordo referido no número anterior, de parecer fundamentado dos representantes dos trabalhadores para a segurança e saúde no trabalho ou, na sua falta, dos próprios trabalhadores e é apresentado, nomeadamente através de correio electrónico, de acordo com modelo aprovado por portaria dos ministros responsáveis pelas áreas laboral e da saúde.

....

5 – Constitui contra-ordenação muito grave aplicável a cada empresa abrangida pelos serviços comuns a violação do disposto nos n.os 1 e 3.

Nota:
Note-se aqui o cuidado tido pelo legislador no sentido de especificar que há uma CO por cada uma das empresas que integrem o serviço comum. Trata-se, por isso, de responsabilidade conjunta.

Autorização de serviço externo

ARTIGO 84.°
Autorização

1 – Os serviços previstos na alínea *c*) do n.° 1 do artigo 74.° estão sujeitos a autorização.

2 – A autorização prevista no número anterior pode ser concedida para actividades de uma ou ambas as áreas da segurança e da saúde, para todos ou alguns sectores de actividade, bem como para determinadas actividades de risco elevado.

3 – A autorização compete:

a) Ao organismo competente para a promoção da segurança e saúde no trabalho do ministério responsável pela área laboral, no caso de exercício de actividade no domínio da segurança;

b) Ao organismo competente do ministério responsável pela área da saúde, no caso de exercício de actividade no domínio da saúde.

4 – À alteração da autorização, no que respeita a domínios de segurança e de saúde, sectores de actividade e actividades de risco elevado, é aplicável o disposto na presente subsecção.

5 – Não obstante a autonomia prevista no n.° 3, o organismo com competência para instruir o procedimento deve comunicar ao outro, mensalmente, os pedidos de autorização para o exercício da actividade de serviço externo.

6 – Constitui contra-ordenação muito grave o exercício da actividade por serviço externo sem autorização, nomeadamente para a área, o sector ou a actividade de risco elevado em causa, imputável ao serviço externo.

7 – É solidariamente responsável pelo pagamento da coima o empregador que contrate serviço não autorizado.

Nota:

1 – Quanto ao serviço competente para a autorização de serviço de segurança, veja-se a nota ao artigo 81.°.

2 – A ACT fornece no seu sítio na Internet listagem das empresas autorizadas a desempenhar as actividades de sst.

Acompanhamento e auditorias

ARTIGO 94.°
Acompanhamento

1 – O serviço externo deve comunicar ao organismo competente que emitiu a respectiva autorização, no prazo de 30 dias após a ocorrência, a interrupção ou a cessação do seu funcionamento, bem como quaisquer alterações que afectem a natureza jurídica e o objecto social, a localização da sede ou dos seus estabelecimentos e ainda as relativas aos requisitos referidos no n.° 1 do artigo 85.°.

2 – Os organismos competentes nos termos da presente lei devem trocar entre si informação sobre as comunicações recebidas nos termos do n.° 1.

3 – Constitui contra-ordenação grave a violação do disposto no n.° 1.

ARTIGO 98.°
Actividades principais do serviço de segurança e de saúde no trabalho

1 – O serviço de segurança e de saúde no trabalho deve tomar as medidas necessárias para prevenir os riscos profissionais e promover a segurança e a saúde dos trabalhadores, nomeadamente:

a) Planear a prevenção, integrando a todos os níveis e, para o conjunto das actividades da empresa, a avaliação dos riscos e as respectivas medidas de prevenção;

b) Proceder a avaliação dos riscos, elaborando os respectivos relatórios;

c) Elaborar o plano de prevenção de riscos profissionais, bem como planos detalhados de prevenção e protecção exigidos por legislação específica;

d) Participar na elaboração do plano de emergência interno, incluindo os planos específicos de combate a incêndios, evacuação de instalações e primeiros socorros;

e) Colaborar na concepção de locais, métodos e organização do trabalho, bem como na escolha e na manutenção de equipamentos de trabalho;

f) Supervisionar o aprovisionamento, a validade e a conservação dos equipamentos de protecção individual, bem como a instalação e a manutenção da sinalização de segurança;

g) Realizar exames de vigilância da saúde, elaborando os relatórios e as fichas, bem como organizar e manter actualizados os registos clínicos e outros elementos informativos relativos ao trabalhador;

h) Desenvolver actividades de promoção da saúde;

i) Coordenar as medidas a adoptar em caso de perigo grave e iminente;

j) Vigiar as condições de trabalho de trabalhadores em situações mais vulneráveis;

l) Conceber e desenvolver o programa de informação para a promoção da segurança e saúde no trabalho, promovendo a integração das medidas de prevenção nos sistemas de informação e comunicação da empresa;

m) Conceber e desenvolver o programa de formação para a promoção da segurança e saúde no trabalho;

n) Apoiar as actividades de informação e consulta dos representantes dos trabalhadores para a segurança e saúde no trabalho ou, na sua falta, dos próprios trabalhadores;

o) Assegurar ou acompanhar a execução das medidas de prevenção, promovendo a sua eficiência e operacionalidade;

p) Organizar os elementos necessários às notificações obrigatórias;

q) Elaborar as participações obrigatórias em caso de acidente de trabalho ou doença profissional;

r) Coordenar ou acompanhar auditorias e inspecções internas;

s) Analisar as causas de acidentes de trabalho ou da ocorrência de doenças profissionais, elaborando os respectivos relatórios;

t) Recolher e organizar elementos estatísticos relativos à segurança e à saúde no trabalho.

2 – O serviço de segurança e de saúde no trabalho deve manter actualizados, para efeitos de consulta, os seguintes elementos:

a) Resultados das avaliações de riscos profissionais;
b) Lista de acidentes de trabalho que tenham ocasionado ausência por incapacidade para o trabalho, bem como acidentes ou incidentes que assumam particular gravidade na perspectiva da segurança no trabalho;
c) Relatórios sobre acidentes de trabalho que originem ausência por incapacidade para o trabalho ou que revelem indícios de particular gravidade na perspectiva da segurança no trabalho;
d) Lista das situações de baixa por doença e do número de dias de ausência ao trabalho, a ser remetida pelo serviço de pessoal e, no caso de doenças profissionais, a relação das doenças participadas;
e) Lista das medidas, propostas ou recomendações formuladas pelo serviço de segurança e de saúde no trabalho.

3 – Quando as actividades referidas nos números anteriores implicarem a adopção de medidas cuja concretização dependa essencialmente de outros responsáveis da empresa, o serviço de segurança e de saúde no trabalho deve informá-los sobre as mesmas e cooperar na sua execução.
4 – O empregador deve respeitar a legislação disciplinadora da protecção de dados pessoais.
5 – O empregador deve manter a documentação relativa à realização das actividades a que se referem os números anteriores à disposição das entidades com competência inspectiva durante cinco anos.
6 – Constitui contra-ordenação grave a violação do disposto no presente artigo.

Notas:
1 – Apesar de os n.ºs 1 e 2 referirem especificamente os serviços de sst, a verdade é que é o empregador quem deve responder pela violação dos deveres que as normas aí lhes incumbem, para além, naturalmente, dos constantes dos n.ºs 4 e 5, onde o empregador já aparece referido. Isto não invalida que, tal como sucede noutros locais, o legislador deveria tê-lo aqui também especificado. É que, para além do mais, a CO pode ser imputada também a comissões especiais mesmo sem personalidade jurídica (art. 551.°/2, *in fine*).
2 – É a Lei n.° 67/98, de 26 de Outubro, que trata da protecção de dados pessoais de que fala o n.° 4.

ARTIGO 99.°
Qualificação do serviço interno e comum

1 – A organização dos serviços internos e dos serviços comuns deve atender aos requisitos definidos nas alíneas *b*) a *e*) do n.° 1 do artigo 85.°, bem como, quanto aos recursos humanos, ao disposto nos artigos 101.° e 105.°.

2 – Constitui contra-ordenação grave a violação do disposto no número anterior.

Nota:

O legislador tomou como base de regulamentação o modelo do serviço externo, de longe o mais comum, e depois fez estender a sua organização às duas outras modalidades (serviços internos e comuns) não só no tocante aos requisitos de autorização como à garantia mínima de funcionamento.

Serviço de segurança no trabalho

ARTIGO 100.°
Actividades técnicas

1 – As actividades técnicas de segurança no trabalho são exercidas por técnicos superiores ou técnicos de segurança e higiene no trabalho, certificados pelo organismo competente para a promoção da segurança e da saúde no trabalho do ministério competente para a área laboral, nos termos de legislação especial.

2 – Os profissionais referidos no número anterior exercem as respectivas actividades com autonomia técnica.

3 – Constitui contra-ordenação grave, imputável ao empregador, a contratação de técnico que não reúna os requisitos identificados no n.° 1.

Nota:

É o Dec.-Lei n.° 110/2000, de 30/06, alterado pela Lei n.° 14/2001, de 14/06, que estabelece as condições de acesso e de exercício das profissões de Técnico Superior de Segurança e Higiene do Trabalho e de Técnico de Segurança e Higiene.

ARTIGO 101.º
Garantia mínima de funcionamento do serviço de segurança no trabalho

1 – A actividade dos serviços de segurança deve ser assegurada regularmente no próprio estabelecimento durante o tempo necessário.

2 – A afectação dos técnicos superiores ou técnicos às actividades de segurança no trabalho, por empresa, é estabelecida nos seguintes termos:

a) Em estabelecimento industrial – até 50 trabalhadores, um técnico, e, acima de 50, dois técnicos, por cada 1500 trabalhadores abrangidos ou fracção, sendo pelo menos um deles técnico superior;

b) Nos restantes estabelecimentos – até 50 trabalhadores, um técnico, e, acima de 50 trabalhadores, dois técnicos, por cada 3000 trabalhadores abrangidos ou fracção, sendo pelo menos um deles técnico superior.

3 – O organismo competente para a promoção da segurança e saúde no trabalho do ministério responsável pela área laboral pode determinar uma duração mais alargada da actividade dos serviços de segurança em estabelecimento em que, independentemente do número de trabalhadores, a natureza ou a gravidade dos riscos profissionais, bem como os indicadores de sinistralidade, se justifique uma acção mais eficaz.

4 – Constitui contra-ordenação grave a violação do disposto nos números anteriores.

Nota:
Neste preceito se estabelece o número mínimo de profissionais de segurança no trabalho que é necessário para o desempenho da função. Quanto à área da saúde, consultar o art. 105.º.

ARTIGO 102.º
Informação e consulta ao serviço de segurança e de saúde no trabalho

1 – O empregador deve fornecer aos serviços de segurança no trabalho os elementos técnicos sobre os equipamentos e a composição dos produtos utilizados.

2 – Os serviços de segurança no trabalho devem ser informados sobre todas as alterações dos componentes materiais do trabalho e consultados, previamente, sobre todas as situações com possível repercussão na segurança dos trabalhadores.

....

4 – Constitui contra-ordenação grave a violação do disposto nos n.os 1 e 2.

Serviço de saúde no trabalho

ARTIGO 103.°
Médico do trabalho

1 – Para efeitos da presente lei, considera-se médico do trabalho o licenciado em Medicina com especialidade de medicina do trabalho reconhecida pela Ordem dos Médicos.

2 – Considera-se, ainda, médico do trabalho aquele a quem seja reconhecida idoneidade técnica para o exercício das respectivas funções, nos termos da lei.

3 – No caso de insuficiência comprovada de médicos do trabalho qualificados nos termos referidos nos números anteriores, o organismo competente do ministério responsável pela área da saúde pode autorizar outros licenciados em Medicina a exercer as respectivas funções, os quais, no prazo de quatro anos a contar da respectiva autorização, devem apresentar prova da obtenção de especialidade em medicina do trabalho, sob pena de lhes ser vedada a continuação do exercício das referidas funções.

Nota:

A norma constante do n.° 3 é recorrente em todos os diplomas que aos serviços médicos do trabalho se vêm referindo desde, pelo menos, em 1967 data em que um Dec.-Lei[359] estabeleceu as bases da organização dos serviços médicos no trabalho.

---

[359] Cfr. § único do art. 2.° do Dec.-Lei n.° 47 511, de 25/01/1967.

ARTIGO 104.°
Enfermeiro do trabalho

1 – Em empresa com mais de 250 trabalhadores, o médico do trabalho deve ser coadjuvado por um enfermeiro com experiência adequada.

....

3 – Constitui contra-ordenação grave a violação do disposto no n.° 1.

Nota:

Parece haver uma incongruência na determinação da dimensão da empresa (n.° 1). Aqui fala-se em "mais de 250 trabalhadores", ao passo que, nos termos do art. 100.°/1/*d*) do CT/2009, já é *grande empresa a que emprega 250 ou mais trabalhadores*.

ARTIGO 105.°
Garantia mínima de funcionamento do serviço de saúde no trabalho

1 – O médico do trabalho deve prestar actividade durante o número de horas necessário à realização dos actos médicos, de rotina ou de emergência e outros trabalhos que deva coordenar.

2 – O médico do trabalho deve conhecer os componentes materiais do trabalho com influência sobre a saúde dos trabalhadores, desenvolvendo para este efeito a actividade no estabelecimento nos seguintes termos:

a) Em estabelecimento industrial ou estabelecimento de outra natureza com risco elevado, pelo menos uma hora por mês por cada grupo de 10 trabalhadores ou fracção;

b) Nos restantes estabelecimentos, pelo menos uma hora por mês por cada grupo de 20 trabalhadores ou fracção.

3 – Ao médico do trabalho é proibido assegurar a vigilância da saúde de um número de trabalhadores a que correspondam mais de 150 horas de actividade por mês.

4 – Constitui contra-ordenação grave a violação do disposto nos números anteriores.

Nota:

A expressão constante da al. *a*) do n.° 2 "ou estabelecimento de outra natureza com risco elevado" foi aditada por este CT/2009. No restante mantiveram-se os números de grandeza do regime anterior.

ARTIGO 108.°
Exames de saúde

1 – O empregador deve promover a realização de exames de saúde adequados a comprovar e avaliar a aptidão física e psíquica do trabalhador para o exercício da actividade, bem como a repercussão desta e das condições em que é prestada na saúde do mesmo.

2 – As consultas de vigilância da saúde devem ser efectuadas por médico que reúna os requisitos previstos no artigo 103.°.

3 – Sem prejuízo do disposto em legislação especial, devem ser realizados os seguintes exames de saúde:

a) Exames de admissão, antes do início da prestação de trabalho ou, se a urgência da admissão o justificar, nos 15 dias seguintes;

b) Exames periódicos, anuais para os menores e para os trabalhadores com idade superior a 50 anos, e de 2 em 2 anos para os restantes trabalhadores;

c) Exames ocasionais, sempre que haja alterações substanciais nos componentes materiais de trabalho que possam ter repercussão nociva na saúde do trabalhador, bem como no caso de regresso ao trabalho depois de uma ausência superior a 30 dias por motivo de doença ou acidente.

....

6 – Constitui contra-ordenação grave a violação do disposto nos n.os 1 e 3, bem como a utilização de serviço de médico não habilitado nos termos do artigo 103.°, imputável ao empregador.

Notas:

1 – Sobre os exames de saúde e as dúvidas de ordem constitucional que suscitou a entrada em vigor do Dec.-Lei n.° 26/94, de 01/02, que pela primeira vez regulou a obrigatoriedade da sujeição dos trabalhadores a exames médicos, pode ver-se o Acórdão do Tribunal Constitucional n.° 368/2002, de 25/09/2002, relatado pelo Conselheiro Artur Maurício, que não se pronuncia pela inconstitucionalidade de diversas normas desse diploma.

2 – Para uma análise crítica ao Acórdão referido na nota anterior, ver Carlos Lopes do Rego – Comentário ao Acórdão do Tribunal Constitucional de 25/09/2002 – Revista do M.° P.° n.° 92 (Out/Dez 2002), pp. 149 a 158.

ARTIGO 109.°
Ficha clínica

1 – As observações clínicas relativas aos exames de saúde são anotadas na ficha clínica do trabalhador.

2 – A ficha clínica está sujeita ao segredo profissional, só podendo ser facultada às autoridades de saúde e aos médicos afectos ao organismo com competência para a promoção da segurança e da saúde no trabalho do ministério responsável pela área laboral.

3 – Para efeitos do disposto nos números anteriores, a ficha clínica não deve conter dados sobre a raça, a nacionalidade, a origem étnica ou informação sobre hábitos pessoais do trabalhador, salvo quando estes últimos estejam relacionados com patologias específicas ou com outros dados de saúde.

4 – O médico responsável pela vigilância da saúde deve entregar ao trabalhador que deixar de prestar serviço na empresa cópia da ficha clínica.

5 – Em caso de cessação da actividade, as fichas clínicas devem ser enviadas para o serviço com competências para o reconhecimento das doenças profissionais na área da segurança social.

6 – Constitui contra-ordenação grave a violação do disposto no presente artigo, imputável ao empregador no caso de serviço interno, ou à entidade titular de serviço comum ou de serviço externo que não seja convencionado.

Notas:

1 – O n.° 6 é um bom exemplo do que deve o legislador fazer quando há dúvidas sobre a imputabilidade da CO, ou quando pretende que o seu agente material não seja por ela responsabilizado, como será o caso dos quatro primeiros números deste artigo, em que o agente será o médico do trabalho.

2 – Receamos, porém, que a imputação da responsabilidade contra-ordenacional, apesar do teor da parte final do n.° 6, não fique suficientemente definida. Primeiro porque no serviço comum haverá, naturalmente, várias entidades titulares. Depois, porque fica sem se saber do responsável quando o serviço é conven-

cionado. Naquele caso propendemos a defender a imputação a título de responsabilidade contra-ordenacional solidária (art. 562.°/2 do CT/2009). Neste, as dúvidas são de outra natureza. O afastamento da responsabilidade contra-ordenacional quando o serviço externo é convencionado pretende, por certo, que, nas hipóteses em que é possível o recurso ao Serviço Nacional de Saúde (trabalhadores de microempresas e outros previstos no art. 76.°), se não apliquem coimas ao serviço. Mas que isso seria possível e legal há muito que a doutrina o defende[360].

ARTIGO 110.°
Ficha de aptidão

1 – Face ao resultado do exame de admissão, periódico ou ocasional, o médico do trabalho deve, imediatamente na sequência do exame realizado, preencher uma ficha de aptidão e remeter uma cópia ao responsável dos recursos humanos da empresa.

2 – Se o resultado do exame de saúde revelar a inaptidão do trabalhador, o médico do trabalho deve indicar, sendo caso disso, outras funções que aquele possa desempenhar.

3 – A ficha de aptidão não pode conter elementos que envolvam segredo profissional.

4 – A ficha de aptidão deve ser dada a conhecer ao trabalhador, devendo conter a assinatura com a aposição da data de conhecimento.

....

7 – Constitui contra-ordenação grave a violação do disposto nos n.os 1, 2, 3 e 4.

Notas:

1 – Todas estas contra-ordenações são imputáveis ao médico do trabalho, já que é ele o seu agente material, e a lei não comanda a sua imputação ao empregador como sucede com o artigo anterior ou em diversas outras situações[361].

2 – O modelo da ficha de aptidão encontra-se, presentemente, previsto na Portaria n. 299/2007, de 16/03.

---

[360] Cfr. sobre a responsabilidade contra-ordenacional das pessoas colectivas de direito público o Parecer do Conselho Consultivo da PGR n.° 102/89, publicado np DR, II série, n.° 55, de 07/03/1991, pp. 2684 e ss..

[361] Cfr., p. ex., a imputação ao dono da obra das violações das obrigações de que a própria lei incumbe ao coordenador de segurança (arts. 25.°/3/*a*) e 19.° do Dec.-Lei n.° 273/2003, de 29/10).

Disposições complementares, finais e transitórias

ARTIGO 111.°
Comunicações

1 – Sem prejuízo de outras notificações previstas na lei, o empregador deve comunicar ao organismo competente para a promoção da segurança e da saúde no trabalho os acidentes mortais, bem como aqueles que evidenciem uma situação particularmente grave, nas vinte e quatro horas a seguir à ocorrência.

2 – A comunicação prevista no número anterior deve conter a identificação do trabalhador acidentado e a descrição dos factos, devendo ser acompanhado de informação e respectivos registos sobre os tempos de trabalho prestado pelo trabalhador nos 30 dias que antecederam o aci dente.

3 – Constitui contra-ordenação grave a violação do disposto nos números anteriores.

Notas:

1 – Esta é uma das contra-ordenações mais frequentemente detectadas e punidas no âmbito da sst.

Não são obrigatoriamente comunicáveis apenas os acidentes mortais, mas também os que revelem uma *situação particularmente grave*. Esta menção legal teve origem no Dec.-Lei n.° 155/95, primeiro diploma que transpôs a Directiva 92/57/CEE, designada directiva-estaleiros, e daí passou para o Dec.-Lei n.° 273/2003 onde ainda se mantém (art. 24.°/1) tendo o legislador no preâmbulo explicado que tais acidentes são aqueles *de que resulte, nomeadamente, lesão grave dos trabalhadores, evitando-se a ambiguidade que adviria da comunicação ligada ao internamento dos sinistrados*... e para o CT/2003.

2 – Foi o CT/2003 quem primeiro criou a norma do n.° 2, destinada a propiciar a análise das causas do acidente, mormente se poderá estar relacionado com o excessivo tempo de trabalho.

ARTIGO 115.°
Sanções acessórias

1 – No caso de contra-ordenação muito grave ou reincidência em contra-ordenação grave, praticada com dolo ou negligência grosseira, é

aplicada ao agente a sanção acessória de publicidade, nos termos previstos no Código do Trabalho.

2 – No caso de reincidência em contra-ordenação prevista no número anterior, tendo em conta os efeitos gravosos para o trabalhador ou o benefício económico retirado pelo empregador com o incumprimento, podem ainda ser aplicadas ao agente as seguintes sanções acessórias:

a) Interdição do exercício de actividade no estabelecimento, na unidade fabril ou no estaleiro onde se verificar a infracção, por um período até dois anos;

b) Privação do direito de participar em arrematações ou concursos públicos por um período até dois anos.

Nota:
Esta norma coincide com a do art. 562.° do CT/2009.

LEI N.º 105/2009
de 14 de Setembro

Regulamenta o Código do Trabalho
(Só se publicam as disposições que respeitam às CO)

Participação de menor em actividade de natureza cultural, artística ou publicitária

ARTIGO 2.º
Actividades permitidas a menor

1 – O menor pode participar em espectáculo ou outra actividade de natureza cultural, artística ou publicitária, designadamente como actor, cantor, dançarino, figurante, músico, modelo ou manequim.

2 – A situação prevista no número anterior não pode envolver contacto com animal, substância ou actividade perigosa que possa constituir risco para a segurança ou a saúde do menor.

3 – Sem prejuízo do previsto no número anterior, o menor só pode participar em espectáculos que envolvam animais desde que tenha pelo menos 12 anos e a sua actividade, incluindo os respectivos ensaios, decorra sob a vigilância de um dos progenitores, representante legal ou irmão maior.

4 – Constitui contra-ordenação muito grave, imputável à entidade promotora da actividade, a violação do disposto nos n.os 2 e 3, podendo ser aplicada a sanção acessória de publicidade da condenação, nos termos gerais, e ainda, tendo em conta os efeitos gravosos para o menor ou o benefício económico retirado pela entidade promotora:

a) Interdição do exercício de profissão ou actividade cujo exercício dependa de título público ou de autorização ou homologação de autoridade pública;

b) Privação do direito a subsídio ou benefício outorgado por entidade ou serviço público;

c) Encerramento de estabelecimento cujo funcionamento dependa de autorização ou licença de autoridade administrativa.

Notas:

1 – O n.º 4 do artigo contém a coima e as sanções acessórias em simultâneo, o que, de resto, caracteriza as disposições sancionatórias de todo este capítulo sobre participação de menor em actividade de natureza cultural, artística ou publicitária.

2 – Apesar de as coimas serem imputáveis à entidade promotora, pensamos que o critério de determinação da moldura das coimas é o que consta do art. 554.º, uma vez que, nos termos do n.º 1 do art. 555.º, ambos do CT/2009, mesmo que se trate de pessoa singular, normalmente exercerá actividade com fins lucrativos.

ARTIGO 3.º
Duração do período de participação em actividade

1 – A participação do menor na actividade, incluindo ensaios e outros actos preparatórios, não pode exceder, consoante a idade daquele:

a) Menos de 1 ano, uma hora por semana;

b) De 1 a menos de 3 anos, duas horas por semana;

c) De 3 a menos de 7 anos, duas horas por dia e quatro horas por semana;

d) De 7 a menos de 12 anos, três horas por dia e nove horas por semana, podendo qualquer dos limites ser excedido até três horas, caso o acréscimo de actividade ocorra em dia sem actividades escolares;

e) De 12 a menos de 16 anos, quatro horas por dia e doze horas por semana, podendo qualquer dos limites ser excedido até três horas, caso o acréscimo de actividade ocorra em dia sem actividades escolares.

2 – Durante o período de aulas, a actividade do menor deve não coincidir com o horário escolar, respeitar um intervalo mínimo de uma hora entre ela e a frequência das aulas e não impossibilitar de qualquer modo a participação em actividades escolares.

3 – A actividade do menor deve ser suspensa pelo menos um dia por semana, coincidente com dia de descanso durante o período de aulas.

4 – A actividade pode ser exercida em metade do período de férias escolares e não pode exceder, consoante a idade do menor:

a) De 6 a menos de 12 anos, seis horas por dia e doze horas por semana;

b) De 12 a menos de 16 anos, sete horas por dia e dezasseis horas por semana.

5 – Em situação referida nas alíneas *c*) a *e*) do n.° 1 ou no número anterior deve haver uma ou mais pausas de, pelo menos, trinta minutos cada, de modo que a actividade consecutiva não seja superior a metade do período diário referido naqueles preceitos.

6 – O menor só pode exercer a actividade entre as 8 e as 20 horas ou, tendo idade igual ou superior a 7 anos e apenas para participar em espectáculos de natureza cultural ou artística, entre as 8 e as 24 horas.

7 – Os n.os 1 a 5 são aplicáveis a menor que esteja abrangido pela escolaridade obrigatória.

8 – Constitui contra-ordenação muito grave, imputável à entidade promotora, a violação do disposto no presente artigo, podendo ser aplicadas as sanções acessórias referidas no n.° 4 do artigo anterior.

Nota:

Pensamos que a redacção do n.° 7 traiu o pensamento do legislador. Não é admissível dizer que os n.os 1 a 5 só se aplicam a menores em escolaridade obrigatória. Desde logo, a alínea *a*) do n.° 1 aplica-se, por exemplo, a menor que tenha menos de 1 ano de idade. E a escolaridade só é obrigatória para os menores que perfaçam 6 anos até 15 de Setembro (art. 6.°/2 da Lei 46/86, na redacção da Lei n.° 49/2005, de 30/08).

O que supomos que se pretendeu dizer é que os referidos n.os 1 a 5 não se aplicam ao menor que já não esteja abrangido pela escolaridade obrigatória. Ou seja, aos menores com 16 ou mais anos, uma vez que a obrigatoriedade de frequência do ensino básico termina aos 15 anos (art. 6.°/4 da citada Lei n.° 46/86).

ARTIGO 4.°
Responsabilidade por acidente de trabalho

1 – O menor tem direito a reparação de danos emergentes de acidente de trabalho, nos termos do correspondente regime geral, assumindo, para este efeito, a entidade promotora a posição de empregadora.

2 – A entidade promotora deve transferir a responsabilidade por acidente de trabalho para entidade autorizada por lei a realizar este seguro.

3 – Constitui contra-ordenação grave a violação do disposto no número anterior, podendo ser aplicadas as sanções acessórias previstas no n.° 4 do artigo 2.° em caso de reincidência em contra-ordenação praticada com dolo ou negligência grosseira.

Nota:

Sobre a responsabilidade por acidente de trabalho dos trabalhadores em geral e, concretamente, sobre obrigatoriedade da transferência da responsabilidade civil pela sua reparação, consultar o art. 79.° da Lei n.° 98/2009.

ARTIGO 9.°
Celebração do contrato e formalidades

1 – O contrato que titula a prestação de actividade do menor é celebrado entre os seus representantes legais e a entidade promotora, por escrito e em dois exemplares, devendo indicar a actividade a realizar e a duração da participação do menor, o correspondente número de horas por dia e por semana, a retribuição e a pessoa que exerce a vigilância do menor, no caso previsto no n.° 3 do artigo 7.°.

2 – O exemplar do contrato que ficar na posse da entidade promotora deve ter anexas cópias da autorização da CPCJ ou da comunicação feita a esta entidade, do certificado de que o menor tem capacidade física e psíquica adequadas e da declaração comprovativa do horário escolar inicial e de alterações que ocorram durante a validade da autorização, se o menor estiver abrangido pela escolaridade obrigatória, bem como de documento comprovativo do seguro de acidentes de trabalho.

3 – Antes do início da actividade do menor, a entidade promotora deve enviar cópia do contrato e dos anexos ao serviço com competência inspectiva do ministério responsável pela área laboral, bem como ao estabelecimento de ensino de menor abrangido pela escolaridade obrigatória.

4 – Constitui contra-ordenação grave, imputável à entidade promotora, a violação do disposto neste artigo, podendo ser aplicadas as sanções acessórias previstas no n.° 3 do artigo 2.° em caso de reincidência em contra-ordenação praticada com dolo ou negligência grosseira.

Nota:

As Comissões de Protecção de Crianças e Jovens (CPCJ) são constituídas e funcionam nos termos da Lei n.° 147/99, de 1 de Setembro (alterada pela Lei n.° 31/2003, de 22 de Agosto, e regulamentada pelo Decreto-Lei n.° 332-B/2000, de 30 de Dezembro).

Exercem a sua competência na área do município onde têm sede, mas nos municípios com maior número de habitantes podem ser criadas várias CPCJ, como é o caso de Lisboa, Porto e Coimbra.

A sua composição vai desde representantes do Município, Segurança Social, Ministério da Educação, instituições particulares de solidariedade social, associações de pais, forças de segurança até 4 pessoas designadas pela assembleia municipal.

ARTIGO 10.°

Consequências de alteração do horário ou do aproveitamento escolar de menor

1 – Em caso de alteração de horário, o estabelecimento de ensino deve comunicar de imediato tal facto à entidade promotora, à CPCJ e aos representantes legais do menor.

2 – Quando o período de validade da autorização abranger mais de um ano escolar, os representantes legais do menor devem enviar à entidade promotora e à CPCJ, no início de novo ano escolar, uma declaração de horário escolar emitida pelo estabelecimento de ensino.

3 – Nas situações referidas nos números anteriores, para que a prestação da actividade do menor possa prosseguir, a entidade promotora deve proceder às alterações do horário necessárias para respeitar o disposto nos n.os 2 e 3 do artigo 3.°, e comunicá-las ao estabelecimento de ensino e à CPCJ.

....

9 – Constitui contra-ordenação grave, imputável à entidade promotora, a violação do disposto no n.° 3, podendo ser aplicadas as sanções acessórias previstas no n.° 4 do artigo 2.° em caso de reincidência em contra-ordenação praticada com dolo ou negligência grosseira.

Formação profissional

ARTIGO 13.°
Plano de formação

1 – O empregador deve elaborar o plano de formação, anual ou plurianual, com base no diagnóstico das necessidades de qualificação dos trabalhadores.

2 – O plano de formação deve especificar, nomeadamente, os objectivos, as entidades formadoras, as acções de formação, o local e o horário de realização destas.

3 – Os elementos que o plano de formação não possa especificar devem ser comunicados logo que possível aos trabalhadores interessados, à comissão de trabalhadores ou, na sua falta, à comissão intersindical, à comissão sindical ou aos delegados sindicais.

4 – O disposto nos números anteriores não se aplica às microempresas.

5 – Constitui contra-ordenação grave a violação do disposto no presente artigo.

Notas:

1 – Ver também os arts. 130.° a 134.° do Código – Parte II.

2 – Mantém-se, com pequenas alterações, a redacção do art. 165.° da Lei n.° 35/2004. Quanto à informação anual a prestar pelo empregador sobre a formação contínua, rege o art. 15.°. Sobre a formação profissional para os trabalhadores com funções específicas de sst, consultar o art. 20.° da Lei n.° 102/2009.

3 – A Lei 35/2004 determinava, no seu art. 166.°, a elaboração de um relatório anual da formação contínua. Esta norma, todavia, ficou revogada no início do primeiro ano abrangido pelo regime de informação relativa à actividade social da empresa plasmada no art. 32.°.

A Portaria n.° 55/2010, de 21 de Janeiro, determinou que o relatório de formação contínua, incluído no designado relatório único, se inicie em 2011, com referência a 2010.

ARTIGO 14.°
Informação e consulta sobre o plano de formação

1 – O empregador deve dar conhecimento do diagnóstico das necessidades de qualificação e do projecto de plano de formação a cada traba-

lhador, na parte que lhe respeita, bem como à comissão de trabalhadores ou, na sua falta, à comissão intersindical, à comissão sindical ou aos delegados sindicais.

....

3 – Constitui contra-ordenação grave a violação do disposto no n.º 1.

Nota:
A recepção pelo trabalhador do diagnóstico das necessidades de formação é o momento asado para cada trabalhador informar o empregador sobre as suas necessidades de formação e sobre o seu conteúdo, nos termos do disposto no art. 133.º do Código.

Período de funcionamento

ARTIGO 16.º
Período de laboração

1 – O período de laboração é o compreendido entre as 7 e as 20 horas, sem prejuízo do disposto no número seguinte.

2 – O membro do Governo responsável pela área laboral, ouvidas as entidades públicas competentes, pode autorizar períodos de laboração do estabelecimento com amplitude superior à definida no número anterior, por motivos económicos e tecnológicos.

3 – Os membros do Governo responsáveis pela área laboral e pelo sector de actividade em causa podem, mediante despacho conjunto, autorizar a laboração contínua do estabelecimento por motivos económicos ou tecnológicos.

....

5 – Constitui contra-ordenação grave a violação do disposto nos n.ºs 1, 2 e 3.

Nota:
Só se compreende a contra-ordenacionalização dos n.ºs 2 e 3 se se interpretar a sua violação, não como a não autorização que decorreria directamente da sua letra, mas, antes, como a prática pelo empregador dessa laboração contínua sem para isso estar autorizado.

Informação sobre a actividade social da empresa

ARTIGO 32.°
Prestação anual de informação sobre a actividade social da empresa

....

3 – O empregador deve dar a conhecer, previamente ao prazo constante da portaria a que se refere o número anterior, à comissão de trabalhadores ou, na sua falta, à comissão intersindical ou comissão sindical da empresa, a informação a que se refere o n.° 1, os quais podem suscitar a correcção de irregularidades, no prazo de 15 dias.

4 – A informação que, de acordo com a portaria referida no n.° 2, seja prestada de modo individualizado deve ser previamente dada a conhecer aos trabalhadores em causa, os quais podem suscitar a correcção de irregularidades, no prazo de 15 dias.

....

8 – A informação prestada aos representantes dos empregadores ou dos trabalhadores, com excepção das remunerações em relação aos sindicatos, e ao serviço competente para proceder ao apuramento estatístico deve ser expurgada de elementos nominativos.

9 – O empregador deve conservar a informação enviada durante cinco anos.

10 – Constitui contra-ordenação muito grave a violação do disposto no n.° 8, na parte respeitante ao empregador, contra-ordenação grave a violação do disposto no n.° 5 e contra-ordenação leve a violação do disposto nos n.os 3, 4 e 9.

Nota:

1 – Ver a Portaria n.° 55/2010, de 21/01 que reúne informações até agora dispersas respeitantes ao quadro de pessoal, à comunicação trimestral de celebração e cessação de contratos de trabalho a termo, à relação semestral dos trabalhadores que prestaram trabalho suplementar, ao relatório da formação profissional contínua, ao relatório da actividade anual dos serviços de segurança e saúde no trabalho e ao balanço social. A informação anual inclui ainda aspectos relativos a greves e informação sobre os prestadores de serviço, o que permite superar o procedimento complexo entre as empresas e a administração do trabalho em que até agora assentou a informação sobre as greves.

2 – O modelo de informação anual anexo à Portaria 55/2010 deve ser preenchido e enviado por via electrónica à ACT entre 16 de Março e 15 de Abril do ano seguinte àquele a que respeita.

Disposições finais e transitórias

ARTIGO 33.°
Informação sobre prestadores de serviço

A informação anual sobre a actividade social da empresa a que se refere o artigo anterior deve abranger quem esteja vinculado ao empregador mediante contrato de prestação de serviço, relativamente às matérias especificadas na portaria prevista no n.° 2 do artigo anterior.

Nota:
Nos termos do art. 5.° do Portaria n.° 55/2010, de 21/01, "*A informação anual sobre a actividade social da empresa que abrange quem esteja vinculado ao empregador, mediante contrato de prestação de serviço, incluído no anexo F, só deverá começar a ser prestada em 2011, com referência ao ano de 2010.*"

ARTIGO 34.°
Norma revogatória

A revogação do artigo 166.°, dos n.os 3 e 4 do artigo 167.°, dos artigos 170.°, 259.°, 452.° a 464.° e 480.°, do n.° 3 do artigo 484.° e dos artigos 490.° e 491.°, determinada pelo n.° 6 do artigo 12.° da Lei n.° 7/2009, de 12 de Fevereiro, produz efeitos no início do primeiro ano abrangido pelo regime da informação relativa à actividade social da empresa a que se refere o artigo 32.°

Notas:
1 – Sobre o modelo da informação anual relativa à actividade social da empresa, a enviar de 16 de Março a 15 de Abril de cada ano. ver a Portaria n.° 55/2010, de 21/01
2 – Ver nota 3 ao art. 13.°.

DECRETO-LEI N.° 260/2009
de 25 de Setembro

Exercício e licenciamento das agências privadas de colocação e das empresas de trabalho temporário

(Sobre o contrato de trabalho temporário consultar os arts. 172.° a 182.° do Código do Trabalho)

(Só se publicam as disposições que respeitam às CO)

ARTIGO 4.°
Contratos a celebrar pela empresa de trabalho temporário

....

2 – É proibido à empresa de trabalho temporário cobrar ao candidato a emprego temporário, directa ou indirectamente, quaisquer importâncias em numerário ou espécie.

3 – Constitui contra-ordenação grave a violação do disposto no número anterior.

....

Nota:

1 – Embora as normas aqui previstas não sejam rigorosamente de natureza laboral, no que toca às contra-ordenações, aplica-se o regime geral do Código do Trabalho (arts. 548.° a 566.°) com excepção do exercício e licenciamento da actividade de agência (arts 14.° a 28.°), cujo regime aplicável é o regime geral das contra-ordenações contido no Dec.-Lei n.° 433/82, de 27/10.

2 – Consagra-se neste artigo o princípio da gratuitidade dos serviços prestados pelas agências privadas de colocação ao candidato a emprego.

ARTIGO 5.°
Licença para o exercício da actividade de empresa de trabalho temporário

....

4 – Considera-se verificado o requisito de estrutura organizativa adequada quando a empresa reúna os seguintes requisitos:

a) Existência de um director técnico contratado pela empresa, com habilitações e experiência adequadas na área dos recursos humanos, que preste as suas funções diariamente na empresa ou estabelecimento;

b) Existência de instalações adequadas e devidamente equipadas para o exercício da actividade.

....

6 – Constitui contra-ordenação muito grave a violação do disposto no n.° 4.

....

Nota:

Foi a Lei n.° 19/2007 que alterou o sistema de autorização prévia, que constava do Dec.-Lei n.° 358/89, para o de licenciamento[362] que depende de vários requisitos, entre os quais se inclui o de estrutura organizativa adequada. Como tal requisito pode ser comprovado posteriormente à apresentação do requerimento ou resultar de declaração sob compromisso de honra (art. 6.°/1/*e*) e 5), a contra-ordenação verificar-se-á, ou quando a comprovação não foi feita conforme fora assumido, ou quando se vier a verificar que a declaração é falsa.

Num caso como noutro, pareceria mais adequada a incriminação ou por falsificação de documento (art. 256.° do CP) ou por falsas declarações (art. 360.° do CP).

Resta, contudo, a hipótese de o director técnico não prestar as funções *diariamente* como impõe o preceito.

ARTIGO 7.°
Caução para o exercício da actividade de trabalho temporário

1 – O requerente constitui, a favor do serviço público de emprego, uma caução para o exercício da actividade de trabalho temporário, de valor

---

[362] Cfr. o nosso *Notas sobre o regime do Trabalho Temporário de 2007* – Minerva, Série II, N.° 1, 2008, Universidade Lusíada Editora, (pp. 83 a 118).

correspondente a 200 meses da retribuição mínima mensal garantida, acrescida do montante da taxa social única incidente sobre aquele valor.

2 – A caução deve ser anualmente actualizada por referência ao montante da retribuição mínima mensal garantida fixado para cada ano.

3 – Sem prejuízo do disposto no artigo 190.° do Código do Trabalho, se no ano anterior se verificarem pagamentos de créditos a trabalhadores através da caução, deve a mesma ser reforçada para o valor correspondente a pelo menos 15% da massa salarial anual relativa a trabalhadores em cedência temporária naquele ano.

4 – A actualização referida no n.° 2 dever ser efectuada até 31 de Janeiro de cada ano ou até 30 dias após a publicação do diploma de revisão da retribuição mínima mensal garantida, se posterior.

5 – O reforço da caução prevista no n.° 3 deve ser efectuado por iniciativa da empresa de trabalho temporário até ao dia 31 de Janeiro de cada ano.

6 – Sempre que se verifiquem pagamentos por conta da caução, o serviço público de emprego notifica a empresa de trabalho temporário para, no prazo de 30 dias, fazer prova da sua reconstituição.

....

9 – Constitui contra-ordenação a violação do disposto no n.° 1 e contra--ordenação grave a violação do disposto nos n.os 2 a 6.

Notas:

1 – O facto de a primeira parte referir a contra-ordenação sem indicar o escalão de gravidade, devendo tratar-se de lapso, todavia, não rectificado, significará que é uma daquelas a que se deve aplicar o regime geral das contra-ordenações, designadamente quanto ao montante da coima, concretamente o art. 17.° do Dec.--Lei n.° 433/82.

2 – Estando a **empresa** de trabalho temporário registada no serviço público de emprego, incumbe a este notificar a ACT sobre a violação de qualquer das condutas descritas nos n.os 2 a 6, a fim de proceder à instrução e decisão do respectivo processo por contra-ordenação, nos termos do disposto no art. 29.°/1/*a*).

ARTIGO 8.°
Licença e registo para o exercício da actividade de empresa de trabalho temporário

1 – O exercício da actividade de empresa de trabalho temporário está sujeito à emissão de licença, que deve constar de alvará numerado.

....

4 – Constitui contra-ordenação muito grave a violação do disposto no n.º 1.

Nota:
A contra-ordenação aqui consagrada ocorrerá quando a empresa de trabalho temporário começar a exercer actividade sem estar munida da respectiva licença, titulada por alvará.

ARTIGO 9.º
Deveres da empresa de trabalho temporário

1 – A empresa de trabalho temporário deve comunicar, no prazo de 15 dias, ao serviço público de emprego, através da unidade orgânica local competente, as alterações respeitantes a:

a) Domicílio ou sede e localização dos estabelecimentos de exercício da actividade;
b) Identificação dos administradores, sócios, gerentes ou membros da direcção;
c) Objecto da respectiva actividade, bem como a sua suspensão ou cessação por iniciativa própria.

2 – A empresa de trabalho temporário deve ainda:

a) Incluir em todos os contratos, correspondência, publicações, anúncios e de modo geral em toda a sua actividade externa o número e a data do alvará de licença para o exercício da respectiva actividade;
b) Comunicar à unidade orgânica local competente do serviço público de emprego, por via electrónica, até aos dias 15 de Janeiro e 15 de Julho, a relação completa dos trabalhadores, quer nacionais quer estrangeiros, cedidos no semestre anterior, com indicação do nome, sexo, idade, número do bilhete de identidade ou número de identificação civil ou passaporte, número de beneficiário da segurança social, início e duração do contrato, local de trabalho, actividade contratada, retribuição base e classificação da actividade económica (CAE) do utilizador e respectivo código postal;
c) Comunicar ao serviço competente pelos assuntos consulares e comunidades portuguesas do ministério responsável pela área dos negócios estrangeiros, por via electrónica, até aos dias 15 de Janeiro e 15 de Julho, a relação dos trabalhadores cedidos para prestar serviço no estran-

geiro no semestre anterior, com indicação do nome, sexo, idade, número de beneficiário da segurança social, início e duração do contrato, local de trabalho, actividade de trabalho, actividade contratada, retribuição base, datas de saída e entrada no território nacional, bem como identificação, classificação da actividade económica (CAE) e localidade e país de execução do contrato.

....

4 – Constitui contra-ordenação grave a violação do disposto no n.° 1 e nas alíneas *b*) e *c*) do n.° 2 e contra-ordenação leve a violação do disposto na alínea *a*) do n.° 2.

Nota:

Ocorre com alguma frequência a violação do prescrito nas als. *b*) e *c*) do n.° 2, sendo da iniciativa do serviço público de emprego a participação da notícia da infracção à ACT que elabora o respectivo processo. Apesar de tal não constar da letra dos normativos do diploma, é importante a comunicação ao mesmo serviço do resultado final da actuação sancionadora.

ARTIGO 10.°
Deveres para utilização de trabalhadores no estrangeiro

1 – Sem prejuízo da prestação de caução referida no n.° 1 do artigo 7.°, a empresa de trabalho temporário que celebra contratos para utilização de trabalhadores no estrangeiro deve:

a) Constituir, a favor do serviço público de emprego, uma caução específica no valor de 10% das retribuições correspondentes à duração previsível dos contratos e no mínimo de dois meses de retribuição ou no valor das retribuições, se o contrato durar menos de dois meses, acrescido do custo das viagens de repatriamento;

b) Garantir aos trabalhadores prestações médicas, medicamentosas e hospitalares sempre que aqueles não beneficiem das mesmas prestações no país de acolhimento, através de seguro que garanta o pagamento de despesas de valor pelo menos igual a seis meses de retribuição;

c) Assegurar o repatriamento dos trabalhadores, findo o trabalho objecto do contrato, verificando-se a cessação do contrato de trabalho ou, ainda, no caso de falta de pagamento pontual da retribuição.

....

3 – A empresa de trabalho temporário deve, ainda, comunicar com cinco dias de antecedência ao serviço com competência inspectiva do ministério responsável pela área laboral a identidade dos trabalhadores a ceder para o estrangeiro, o utilizador, o local de trabalho, o início e o termo previsíveis da deslocação, bem como a constituição da caução e a garantia das prestações, nos termos das alíneas *a*) e *b*) do n.° 1.

....

9 – Constitui contra-ordenação grave a violação do disposto no n.° 1 e contra-ordenação leve a violação do disposto no n.° 3.

Nota:

A comunicação social dá conta de frequentes situações de incumprimento do disposto neste normativo. Sucede, porém, que a maioria delas não respeita a empresas legalmente constituídas, mas, antes, a engajadores de mão-de-obra clandestina.

ARTIGO 11.°

Verificação da manutenção dos requisitos para o exercício da actividade de empresa de trabalho temporário

1 – A empresa de trabalho temporário deve fazer prova junto do serviço público de emprego, até ao final do 1.° trimestre de cada ano, do cumprimento dos requisitos previstos no artigo 5.°, relativamente ao ano anterior.

2 – Para efeitos da verificação da existência de uma estrutura organizativa adequada, a empresa de trabalho temporário tem de ter um número de trabalhadores a tempo completo que corresponda, no mínimo, a 1% do número médio de trabalhadores temporários contratados no ano anterior ou, quando este número for superior a 5000, 50 trabalhadores a tempo completo.

....

4 – Constitui contra-ordenação grave a violação do disposto no n.os 1 e 2.

Nota:

Este artigo contém o princípio da verificação anual da manutenção de requisitos, por oposição ao princípio da renovação automática. Ainda assim, torna-se necessária a prévia notificação da empresa de trabalho temporário, sem o que se pressupõe verificada a manutenção dos requisitos.

ARTIGO 13.°
Segurança social e seguro de acidente de trabalho

....

2 – Nas situações a que se refere o artigo 10.° deve ser entregue pela empresa de trabalho temporário uma cópia do contrato de trabalho temporário no serviço competente do ministério responsável pela área da segurança social.

3 – A empresa de trabalho temporário é obrigada a transferir a responsabilidade pela indemnização devida por acidente de trabalho para empresas legalmente autorizadas a realizar este seguro.

4 – Constitui contra-ordenação muito grave a violação do disposto no n.° 3 e contra-ordenação leve a violação do disposto no n.° 2.

Nota:

1 – Quando se trate da utilização de trabalhadores no estrangeiro, a entregue de cópia do contrato de trabalho nos serviços da segurança social destina-se a um maior controlo por parte deste do cumprimento das obrigações sociais.

2 – Sobre a obrigatoriedade em geral da transferência da responsabilidade civil por acidentes de trabalho, veja-se o art. 79.° da Lei n.° 98/2009.

Do exercício da actividade de agência

ARTIGO 14.°
Objecto da agência

1 – Para efeitos do presente decreto-lei, a agência tem por objecto um ou mais dos seguintes serviços:

a) Recepção das ofertas de emprego;
b) Inscrição de candidatos a emprego;
c) Colocação de candidatos a emprego;
d) Selecção, orientação ou formação profissional, desde que desenvolvida com vista à colocação do candidato a emprego.

2 – A agência pode ainda promover a empregabilidade de candidatos a emprego através do apoio à procura activa de emprego ou auto-emprego.

3 – Para efeitos do disposto nos números anteriores, deve a agência realizar por si os serviços que constituem o seu objecto, sem recorrer a subcontratação de terceiros.

4 – Constitui contra-ordenação muito grave a violação do disposto no número anterior punível com coima de € 1400 a € 3000 ou € 6000, consoante se trate de pessoa singular ou pessoa colectiva.

Nota:

A partir deste artigo às contra-ordenações aplica-se o regime geral contido no Dec.-Lei n.° 433/82, de 27/10, com as especificações que constam do art. 31.°/2.

Só está tipificada como CO a realização dos serviços que constituem o objecto social das agências privadas de colocação, não pelas próprias mas por intermediários.

ARTIGO 15.°
Incompatibilidades

1 – É vedado à agência o exercício da actividade de empresa de trabalho temporário.

2 – É vedado à agência ter como sócio, membro dos corpos sociais ou responsável técnico, em regime de trabalho por conta de outrem ou a outro título, pessoa individual ou colectiva que tenha vínculo a empresas de trabalho temporário.

3 – Constitui contra-ordenação grave a violação do disposto no presente artigo punível com coima de € 600 a € 1300 ou € 2000, consoante se trate de pessoa singular ou pessoa colectiva.

Nota:

Às contra-ordenações aplica-se o regime geral contido no Dec.-Lei n.° 433/82, de 27/10, com as especificações que constam do art. 31.°/2.

A incompatibilidade aqui prescrita destina-se a evitar a miscigenação entre as ett e as agências.

ARTIGO 16.°
Licença para o exercício da actividade de agência

....

3 – Para efeitos de concessão de licença para o exercício da actividade de agência considera-se verificado o requisito de estrutura organizativa adequada, previsto na alínea *b*) do n.° 1 do artigo 5.°, quando se encontrem reunidas as seguintes condições:

a) Existência de um director técnico contratado pela agência com habilitações e experiência adequadas na área de recursos humanos, que preste as suas funções diariamente na agência;

b) Existência de instalações adequadas e devidamente equipadas para o exercício da actividade.

....

5 – Constitui contra-ordenação muito grave a violação do disposto no n.° 3 punível com coima de € 1400 a € 3000 ou € 6000, consoante se trate de pessoa singular ou pessoa colectiva.

Nota:

Às contra-ordenações aplica-se o regime geral contido no Dec.-Lei n.° 433/82, de 27/10, com as especificações que constam do art. 31.°/2. Remete-se para o referido na nota ao art. 5.°.

ARTIGO 18.°
Caução para o exercício da actividade de agência

1 – O requerente constitui, a favor do serviço público de emprego, uma caução para o exercício da actividade de agência, de valor correspondente a 13 vezes o valor da retribuição mínima mensal garantida, que pode ser prestada por depósito, garantia bancária na modalidade à primeira solicitação ou contrato seguro.

2 – A constituição da caução referida no número anterior destina-se a garantir a responsabilidade da agência pelo repatriamento do candidato a emprego, nos termos previstos no n.° 3 do artigo 27.°.

3 – A caução deve ser anualmente actualizada por referência ao valor da retribuição mínima mensal garantida fixado para cada ano.

4 – Sempre que se verifiquem pagamentos por conta da caução, aplica-se o disposto no n.° 6 do artigo 7.°.

5 – A actualização referida no n.° 3 deve ser efectuada até 31 de Janeiro de cada ano ou até 30 dias após a publicação do diploma de revisão da retribuição mínima mensal garantida, se posterior.

....

7 – Constitui contra-ordenação muito grave a violação do disposto no n.° 1 punível com coima de € 1400 a € 3000 ou € 6000, consoante se trate de pessoa singular ou pessoa colectiva.

8 – Constitui contra-ordenação grave a violação do disposto nos n.os 3 a 5 punível com coima de € 600 a € 1300 ou € 2000, consoante se trate de pessoa singular ou pessoa colectiva.

Nota:

Às contra-ordenações aplica-se o regime geral contido no Dec.-Lei n.° 433/82, de 27/10, com as especificações que constam do art. 31.°/2. Remete-se para a nota 2 ao art. 7.°.

ARTIGO 19.°
Licença e registo do exercício de actividade de agência

1 – O exercício da actividade de agência está sujeito à emissão de licença, que deve constar de alvará numerado.

....

4 – Constitui contra-ordenação muito grave a violação do disposto no n.° 1 punível com coima de € 1400 a € 3000 ou € 6000, consoante se trate de pessoa singular ou pessoa colectiva.

Nota:

Às contra-ordenações aplica-se o regime geral contido no Dec.-Lei n.° 433/82, de 27/10, com as especificações que constam do art. 31.°/2. Remete-se para a nota ao art. 8.°.

ARTIGO 20.°
Verificação da manutenção dos requisitos para o exercício da actividade de agência

1 – A agência deve fazer prova junto do serviço público de emprego, até ao dia 31 de Janeiro de cada ano, do cumprimento dos requisitos previstos no artigo 16.°, relativamente ao ano anterior.

2 – Cumprido o prazo estipulado no número anterior e caso o serviço público de emprego não notifique a agência, consideram-se cumpridos os requisitos previstos no artigo 16.°.

3 – Constitui contra-ordenação grave a violação do disposto no n.° 1 punível com coima de € 600 a € 1300 ou € 2000, consoante se trate de pessoa singular ou pessoa colectiva.

Às contra-ordenações aplica-se o regime geral contido no Dec.-Lei n.° 433/82, de 27/10, com as especificações que constam do art. 31.°/2. Remete-se para a nota ao art. 11.°.

Da relação da intermediação laboral

ARTIGO 23.°
Requisitos gerais

1 – No âmbito da sua actividade, a agência deve:

a) Sempre que fizer uso de oferta de emprego publicitada pelos serviços públicos de emprego, informar desse facto a entidade contratante e o candidato a emprego interessados;

b) Actuar segundo o princípio da igualdade de oportunidades no acesso ao emprego, não podendo praticar qualquer discriminação, directa ou indirecta, baseada, nomeadamente, na ascendência, idade, sexo, orientação sexual, maternidade, paternidade, estado civil, situação familiar, património genético, capacidade de trabalho reduzida, deficiência ou doença crónica, nacionalidade, origem étnica, religião, convicções políticas, religiosas ou filiação sindical;

c) Actuar segundo o princípio da proporcionalidade entre as informações pedidas aos candidatos a emprego e as necessidades e características da relação laboral oferecida;

d) Assegurar a protecção de dados pessoais dos candidatos a emprego, de acordo com a legislação aplicável;

e) Assegurar que a relação laboral oferecida consiste no exercício de funções ou tarefas susceptíveis de poderem ser desempenhadas pelo candidato a emprego, atendendo nomeadamente às suas aptidões físicas, habilitações escolares e formação profissional;

f) Assegurar a gratuitidade dos serviços prestados ao candidato a emprego, não lhe cobrando, directa ou indirectamente, quaisquer importâncias em numerário ou em espécie;

g) Respeitar as normas sobre idade mínima de admissão para prestar trabalho e escolaridade obrigatória na inscrição e colocação de candidatos a emprego.

2 – Constitui contra-ordenação muito grave a violação do disposto nas alíneas *b*) e *g*) do número anterior punível com coima de € 1400 a € 3000 ou € 6000, consoante se trate de pessoa singular ou pessoa colectiva.

3 – Constitui contra-ordenação grave a violação do disposto nas alíneas *a*), *e*) e *f*) do número anterior punível com coima de € 600 a € 1300 ou € 2000, consoante se trate de pessoa singular ou pessoa colectiva.

4 – Constitui contra-ordenação leve a violação do disposto nas alíneas *c*) e *d*) do número anterior punível com coima de € 150 a € 300 ou € 600, consoante se trate de pessoa singular ou pessoa colectiva.

Nota:

Às contra-ordenações aplica-se o regime geral contido no Dec.-Lei n.° 433/82, de 27/10, com as especificações que constam do art. 31.°/2.

Todavia, não faz muito sentido escalonar a gravidade das contra-ordenações, tal como é feito nos n.os 2 a 4, para depois fixar a moldura das coimas. A gravidade da CO, neste regime de coimas de moldura fixa[363], isto é, não dependente da dimensão dos sujeitos activos da infracção, afere-se pelo montante pecuniário daquelas.

ARTIGO 24.°
Deveres da agência

1 – A agência deve comunicar, no prazo de 15 dias, ao serviço público de emprego, através da unidade orgânica local competente, as alterações a que se refere o n.° 1 do artigo 9.°.

2 – A agência deve ainda:

a) Incluir em todos os contratos, correspondência, publicações, anúncios e de modo geral em toda a sua actividade externa o número e a data do alvará de licença para o exercício da respectiva actividade;

b) Comunicar à unidade orgânica local competente do serviço público de emprego, até 31 de Janeiro, por via electrónica, listagens com

---

363 Variando, apesar de tudo, com a natureza singular ou colectiva do agente.

dados sobre a actividade desenvolvida no ano anterior, com a indicação do número de candidatos a emprego inscritos, das ofertas de emprego recebidas e das colocações efectuadas, por profissões e sectores de actividade económica;

c) Comunicar ao serviço competente pelos assuntos consulares e comunidades portuguesas do ministério responsável pela área dos negócios estrangeiros, no caso de colocação no estrangeiro, por via electrónica, no prazo mínimo de 15 dias antes da saída do território nacional, a identificação do candidato a emprego, a identificação da entidade contratante, o local de trabalho e o início e termo previsíveis da colocação.

....

5 – Constitui contra-ordenação grave a violação do disposto no n.° 1 e nas alíneas *b*) a *c*) do n.° 2 punível com coima de € 600 a € 1300 ou € 2000, consoante se trate de pessoa singular ou pessoa colectiva.

6 – Constitui contra-ordenação leve a violação do disposto na alínea *a*) do n.° 2 punível com coima de € 150 a € 300 ou € 600, consoante se trate de pessoa singular ou pessoa colectiva.

Nota:

Às contra-ordenações aplica-se o regime geral contido no Dec.-Lei n.° 433/82, de 27/10, com as especificações que constam do art. 31.°/2.

Os deveres da agência têm paralelismo com os deveres da ett previstos no art. 9.°.

ARTIGO 25.°

Direitos e deveres do candidato

1 – O candidato a emprego tem o direito de ser informado, por escrito, sobre:

a) Os métodos e técnicas de recrutamento aos quais se deve submeter e as regras relativas à confidencialidade dos resultados obtidos;

b) O carácter obrigatório ou facultativo das respostas aos testes ou questionários, bem como das consequências da falta de resposta;

c) As pessoas ou empresas destinatárias das informações prestadas, no termo dos processos de recrutamento, mediante pedido do candidato a emprego;

d) Receber informação sobre a negociação colectiva aplicável ao sector da entidade contratante.

2 – O candidatos a emprego tem ainda o direito de:

a) Ser informado por escrito pela agência sobre os direitos que tem no âmbito do presente decreto-lei, assim como no âmbito da relação laboral oferecida;

b) Aceder e rectificar as informações prestadas nos processos de colocação;

c) Recusar responder a questionários ou testes que não se relacionem com as aptidões profissionais ou que se relacionem com a sua vida privada;

d) Receber um documento comprovativo da sua inscrição como candidato a emprego na agência.

....

4 – Constitui contra-ordenação grave a violação do disposto no n.° 2 punível com coima de € 600 a € 1300 ou € 2000, consoante se trate de pessoa singular ou pessoa colectiva.

5 – Constitui contra-ordenação leve a violação do disposto no n.° 1 punível com coima de € 150 a € 300 ou € 600, consoante se trate de pessoa singular ou pessoa colectiva.

Nota:

Às contra-ordenações aplica-se o regime geral contido no Dec.-Lei n.° 433/82, de 27/10, com as especificações que constam do art. 31.°/2. Remete-se para o referido na parte final da nota ao art. 23.°.

ARTIGO 26.°
Ofertas de emprego

1 – O conteúdo dos anúncios e outras formas de publicitação de ofertas de emprego emitidos pela agência devem:

a) Respeitar o princípio da veracidade, não deformando os elementos que caracterizam a relação laboral oferecida;

b) Ser redigido ou formulado em português;

c) Respeitar os requisitos gerais enunciados no artigo 23.°;

d) Identificar a agência emitente nos termos definidos no presente decreto-lei.

2 – A agência deve incluir nas ofertas de emprego o número e a data do alvará de licença para o exercício da respectiva actividade.

....

5 – Constitui contra-ordenação grave a violação do disposto nos n.os 1 e 2 punível com coima de € 600 a € 1300 ou € 2000, consoante se trate de pessoa singular ou pessoa colectiva.

Nota:
Às contra-ordenações aplica-se o regime geral contido no Dec.-Lei n.° 433/82, de 27/10, com as especificações que constam do art. 31.°/2.

ARTIGO 27.°
Colocação de candidatos

1 – No exercício da actividade de colocação deve a agência actuar de acordo com o princípio da boa fé, abstendo-se de efectuar colocações que não garantam boas condições de trabalho, tanto do ponto de vista físico como moral, assegurando nomeadamente que a entidade contratante:

a) Cumpra as prescrições legais e convencionais vigentes relativas à segurança e saúde no trabalho;
b) Tenha a situação contributiva regularizada perante a segurança social e administração tributária;
c) Respeite os direitos de liberdade sindical e de negociação colectiva.

2 – Sem prejuízo do disposto no número anterior, na actividade de colocação de candidato a emprego fora do território nacional, deve a agência acautelar que o candidato a emprego tenha, no país de destino:

a) Acesso a prestações médicas, medicamentosas e hospitalares, nas mesmas condições que teria no território nacional;
b) Alojamento adequado.

3 – Em caso de incumprimento do contrato por causa não imputável ao candidato, deve a agência assegurar o seu repatriamento, até seis meses após a colocação.

4 – Constitui contra-ordenação muito grave a violação do disposto no presente artigo punível com coima de € 1400 a € 3000 ou € 6000, consoante se trate de pessoa singular ou pessoa colectiva.

Notas:

1 – Veja-se, a propósito do emprego fora do território nacional, o disposto no art. 8.° do CT/2009.

2 – Às contra-ordenações aplica-se o regime geral contido no Dec.-Lei n.° 433/82, de 27/10, com as especificações que constam do art. 31.°/2.

ARTIGO 28.°
Dever de informação

1 – A agência tem o dever de informar o candidato a emprego sobre os aspectos relevantes da colocação, designadamente sobre os direitos que decorrem do presente decreto-lei e, bem assim, informação relevante sobre a relação laboral oferecida.

2 – A informação prevista no número anterior deve ser prestada por documento escrito.

3 – Constitui contra-ordenação grave a violação do disposto no presente artigo punível com coima de € 600 a € 1300 ou € 2000, consoante se trate de pessoa singular ou pessoa colectiva.

Nota:

1 – A *informação relevante* sobre a relação laboral não poderá deixar de abranger a modalidade do contrato, a sua duração assim como a retribuição. Para o dever de informação em geral, consultar os arts. 106.° a 109.° do CT/2009.

2 – Às contra-ordenações aplica-se o regime geral contido no Dec.-Lei n.° 433/82, de 27/10, com as especificações que constam do art. 31.°/2.

Do controlo do exercício da actividade

ARTIGO 29.°
Competência para inspecção

1 – A fiscalização do cumprimento do disposto no presente decreto-lei e a instrução dos respectivos processos contra-ordenacionais competem:

a) Ao serviço com competência inspectiva do ministério responsável pela área laboral no âmbito do exercício da actividade das agências e empresas de trabalho temporário e, quanto a estas, no âmbito das relações de trabalho e condições de trabalho;

b) Ao serviço com competência inspectiva do ministério responsável pela área da economia relativamente à violação de regras da concorrência.

2 – Para efeitos da alínea *b*) do número anterior, o serviço público de emprego e o serviço com competência inspectiva do ministério responsável pela área laboral devem comunicar ao serviço com competência inspectiva do ministério responsável pela área da economia todas as situações de que tenham conhecimento que evidenciem violação das regras da concorrência.

Nota:

A discriminação que é feita na alínea *a*) do n.° 1 entre as "agências" e as empresas de trabalho temporário resulta de naquelas só estar sujeita à fiscalização a sua actividade enquanto instituições de intermediação laboral, ao passo que nestas a fiscalização também abrange as relações como entidades empregadoras. A norma foi baseada no que se encontrava disposto no art. 46.°/1 da Lei n.° 19/2007, ora revogada, tendo o legislador sentido a necessidade de incluir uma referência às agências privadas de colocação.

ARTIGO 31.°
Regime das contra-ordenações

1 – O regime geral previsto nos artigos 548.° a 566.° do Código do Trabalho e o regime processual das contra-ordenações laborais e da segurança social aplica-se às infracções por violação do presente decreto-lei, com excepção do exercício e licenciamento da actividade de agência cujo regime aplicável é o regime geral das contra-ordenações.

2 – A tentativa e a negligência são puníveis, sendo, nesse caso, reduzido para metade os limites mínimos e máximos.

Notas:

1 – O regime processual das COL e das COSS encontra-se na Lei n.° 107/2009 – Parte I. E porque abrange a ACT e o ISS, I.P., poderia haver alguma dúvida quanto à competência para o processamento desta matéria específica da área do emprego.

2 – Se a negligência é comummente punível nas contra-ordenações laborais (art. 550.° do CT/2009), já o mesmo se não verifica quanto à tentativa, cuja disciplina se tem de buscar no Dec.-Lei n.° 433/82 (arts. 12.° e 13.°).

E se a punição da tentativa com redução a metade dos limites das coimas se justifica e compreende, já é fonte das maiores dúvidas a junção no mesmo saco da punição da negligência. Ela compreende-se no quadro do regime geral das contra-ordenações (art. 17.°/3 do Dec.-Lei n.° 433/82) que é aplicável às infracções ao exercício e ao licenciamento da actividade das agências, mas já se não compreende a formulação do n.° 2 onde essa limitação não é feita. E é óbvio que nas contra-ordenações laborais a negligência tem uma moldura própria com valores mais atenuados que os do dolo.

Mas, tendo em conta a redacção do n.° 2, não poderá deixar de se aplicar a redução a metade das molduras das coimas em caso de negligência, mesmo que das contra-ordenações imputadas às empresas de trabalho temporário.

ARTIGO 32.°
Sanções acessórias

1 – Para além das sanções acessórias previstas no Código do Trabalho, o exercício da actividade de cedência de trabalhadores temporários a utilizadores sem licença ou com licença suspensa é ainda punível com ordem de encerramento do estabelecimento onde a actividade é exercida até à regularização da situação, juntamente com a coima.

2 – As sanções acessórias referidas no número anterior são averbadas no registo referido no artigo 8.°.

Nota:

A ordem de encerramento do estabelecimento onde a actividade é exercida até à regularização da situação é sanção acessória que não integra o elenco das que estão previstas no regime geral contido no art. 562.° do Código.

LEI N.º 27/2010
de 30 de Agosto

Estabelece o regime sancionatório aplicável à violação das normas respeitantes aos tempos de condução, pausas e tempos de repouso e ao controlo da utilização de tacógrafos, na actividade de transporte rodoviário, transpondo a Directiva n.º 2006/22/CE, do Parlamento Europeu e do Conselho, de 15 de Março, alterada pelas Directivas n.ºs 2009/4/CE, da Comissão, de 23 de Janeiro, e 2009/5/CE, da Comissão, de 30 de Janeiro.

Notas:

1 – Esta lei, que contem o regime sancionatório da violação das disposições sociais comunitárias nos transportes rodoviários, constantes do REG (CE) n.º 561/2006, de 15 de Março de 2006, define também regras sobre o controlo da utilização do tacógrafo, cuja disciplina consta do REG (CEE) n.º 3821/2005, de 20 de Dezembro.

Mas, sendo destinada aos utilizadores do tacógrafo, não abrange:

a) Os trabalhadores móveis – isto é, os profissionais que utilizam a viatura como local de trabalho – que não sejam condutores: distribuidores, ajudantes de motorista, descarregadores, etc..

b) Os condutores de viaturas pesadas que à partida estariam abrangidos pelo uso obrigatório do tacógrafo mas que dele são dispensados, nos termos do art. 3.º do REG (CE) 561/2006.

2 – Os profissionais não abrangidos pela Lei n.º 27/2010, nos termos da nota antecedente, ficam adstritos pela disciplina do Dec.-Lei n.º 237/2010, de 19/06.

A Assembleia da República decreta, nos termos da alínea *c*) do artigo 161.º da Constituição, o seguinte:

CAPÍTULO I
Disposições gerais

ARTIGO 1.°
Objecto

1 – A presente lei transpõe para a ordem jurídica interna a Directiva n.° 2006/22/CE, do Parlamento Europeu e do Conselho, de 15 de Março, alterada pelas Directivas n.os 2009/4/CE, da Comissão, de 23 de Janeiro, e 2009/5/CE, da Comissão, de 30 de Janeiro, na parte respeitante a:

a) Regime sancionatório da violação, no território nacional, das disposições sociais constantes do Regulamento (CE) n.° 561/2006, do Parlamento Europeu e do Conselho, de 15 de Março;

b) Controlo, no território nacional, da instalação e utilização de tacógrafos de acordo com o Regulamento (CE) n.° 3821/85, do Conselho, de 20 de Dezembro, e da aplicação das disposições sociais constantes do regulamento referido na alínea anterior.

2 – A presente lei regula, ainda, o regime sancionatório da violação das disposições sociais constantes do Acordo Europeu Relativo ao Trabalho das Tripulações dos Veículos que Efectuem Transportes Internacionais Rodoviários (AETR).

3 – O regime estabelecido no capítulo III é também aplicável a infracções cometidas no território de outro Estado que sejam detectadas em território nacional, desde que não tenham dado lugar à aplicação de uma sanção.

Notas:

1 – A transposição para a ordem jurídica interna da Directiva n.° 2006/22/CE realizada pela presente Lei, deveria tê-lo sido feita até 1 de Abril de 2007, tendo sido, por isso, o Estado Português condenado por Acórdão do Tribunal de Justiça das Comunidades Europeias, 6.ª Secção, de 19/05/2009. Também a Directiva n.° 2009/5/CE deveria ter sido transposta até 31 de Dezembro de 2009, tendo-o sido apenas com a publicação da lei em anotação.

2 – Ver infra o REG (CE) n.° 561/2006.

3 – O AETR foi aprovado para ratificação pelo decreto n.° 324/73, de 30/06.

4 – O n.° 3 constitui uma norma de direito internacional privado[364], que não constava do regime anterior do Dec.-Lei n.° 272/89, e que atribui competência

[364] Cfr. art. 18.°/1 do CC.

sancionatória ás autoridades nacionais e aos tribunais portugueses, que inicialmente dela careciam. É da maior importância prática, em virtude de uma boa parte das infracções no domínio dos transportes rodoviários por viaturas pesadas, ocorrerem com os transportes internacionais rodoviários (TIR) ao percorrerem o território dos diversos Estados, sendo detectadas apenas num deles.

CAPÍTULO II
Aplicação e controlo das disposições sociais comunitárias no domínio dos transportes rodoviários e do AETR

SECÇÃO I
Aplicação das disposições sociais comunitárias e do AETR

ARTIGO 2.°
Aplicação da regulamentação nacional

1 – Em caso de transporte efectuado inteiramente em território português, o condutor ao serviço de empresa neste estabelecida está sujeito à regulamentação colectiva de trabalho aplicável que preveja tempos máximos de condução menos elevados ou pausas ou períodos de repouso mais elevados do que os estabelecidos na regulamentação comunitária ou no AETR.

2 – Na situação prevista no número anterior, o incumprimento de normas aplicáveis da regulamentação nacional que corresponda simultaneamente a infracção ao disposto em norma dos artigos 19.° a 21.° é sancionado nos termos da presente lei.

Notas:

1 – O regime de aplicação de disposições sociais nacionais de conteúdo mais favorável para os condutores que as comunitárias, encontrava-se já previsto no diploma anterior (art. 16.° do DL 272/89). Simplesmente, enquanto agora a norma no número 1 utiliza a expressão «regulamentação colectiva» a anterior falava em «regulamentação nacional», significando que será a autonomia colectiva, e não a heteronomia, que deverá definir esse regime.

2 – Considerando o novo sistema de determinação da gravidade da contra-ordenação de acordo com o tempo maior ou menor de duração da infracção dos arts. 18.° a 20.° introduzido pela presente lei, não será fácil a aplicação das regras

ali estabelecidas quando a regulamentação colectiva preveja tempos de condução menores ou pausas ou períodos de repouso maiores que os determinados nos artigos.

3 – Considerando o teor do n.° 1, que se refere a tempos de condução, pausas e períodos de repouso, parece evidente que a referência aos arts. 19.° a 21.° no n.° 2 se deve a mero lapso, devendo entender-se como referente aos arts. 18.° a 20.°.

ARTIGO 3.°
Registo manual por condutor de veículo matriculado em país terceiro

O condutor de veículo pesado matriculado em Estado que não seja membro da União Europeia nem Parte Contratante do AETR, não equipado com tacógrafo conforme à legislação comunitária ou ao AETR, deve registar manualmente em folha diária de modelo análogo à utilizada nos termos desse Acordo, o seguinte:

a) Os tempos de condução;
b) Os tempos de outras actividades profissionais além da condução;
c) As pausas e os tempos de repouso.

Notas:

1 – Por argumento *a contrario* conclui-se que se o veículo matriculado em Estado terceiro (não comunitário nem subscritor do AETR) estiver equipado com aparelho de tacógrafo conforme com a legislação comunitária, ficará obrigatoriamente abrangido pelo regime da sua utilização.

2 – Apesar do texto do Acordo, quer em francês quer em português, constar em anexo ao Decreto n.° 324/73, publicado no Diário do Governo de 30/06 – Suplemento, a verdade é que dele não constam nem a assinatura nem, ao menos, a identificação das partes contratantes.

SECÇÃO II
Controlo da aplicação das disposições sociais comunitárias e do AETR

ARTIGO 4.°
Modalidades de controlo

1 – Os controlos da aplicação das disposições sociais comunitárias e do AETR são realizados na estrada e nas instalações das empresas.

2 – Os controlos devem incidir sobre, pelo menos, 3% dos dias de trabalho dos condutores abrangidos pelos regulamentos referidos no artigo 1.°.

3 – Dos dias de trabalho controlados, um mínimo de 30% deve corresponder a controlos na estrada e um mínimo de 50% deve corresponder a controlos nas instalações das empresas.

4 – Os controlos efectuados nas instalações das autoridades competentes, com base em dados solicitados às empresas, equivalem a controlos efectuados nas instalações destas.

Notas:

1 – As disposições desta secção sobre o controlo da aplicação das disposições sociais são inovação relativamente ao direito anterior.

2 – A quantificação mínima dos controlos, a sua distribuição pelas estradas e pelas instalações das empresas, a determinação concreta dos seus elementos nos anexos A e B, assim como a obrigatoriedade da sua publicitação e transmissão à Comissão Europeia (art. 11.°/3), leva a considerar que será efectivo o exercício da actividade fiscalizadora neste subsector de transportes.

3 – Considerando o elenco das autoridades fiscalizadoras que consta do art. 9.° e as atribuições que legalmente lhes estão conferidas, parece que o controlo nas estradas ficará essencialmente a cargo da GNR (embora também à PSP nas vias áreas urbanas) enquanto o controlo nas instalações das empresas competirá à ACT.

ARTIGO 5.°
Controlo na estrada

1 – Os controlos na estrada devem ocorrer em diferentes locais e a qualquer hora, abrangendo uma parte da rede rodoviária com a extensão necessária, com vista a prevenir que as entidades controladas evitem os locais de controlo.

2 – Os controlos são efectuados através de rotação aleatória que tenha em vista um equilíbrio geográfico adequado, sendo instalados pontos de controlo em número suficiente nas estradas ou na sua proximidade, nomeadamente em estações de serviço e locais seguros nas autoestradas.

3 – Os controlos na estrada são realizados em simultâneo com as autoridades de controlo transfronteiriças, pelo menos seis vezes por ano, mediante coordenação nos termos da alínea *a*) do artigo 10.°

4 – Os controlos incidem sobre todos ou parte dos elementos referidos na parte A do anexo à presente lei, de que faz parte integrante.

5 – Sem prejuízo do disposto no n.° 3 do artigo 7.°, os controlos são realizados sem discriminação, nomeadamente, em razão:

a) Do país de matrícula do veículo;
b) Do país de residência do condutor;
c) Do país de estabelecimento da empresa;
d) Da origem e destino da viagem;
e) Do tipo de tacógrafo, analógico ou digital.

6 – Os agentes encarregados da fiscalização devem dispor de:

a) Uma lista dos principais elementos a controlar, nos termos da parte A do anexo à presente lei;

b) Um equipamento normalizado de controlo que permita descarregar dados da unidade do veículo e do cartão de condutor a partir do tacógrafo digital, ler e analisar dados ou transmiti-los a uma base central para análise, e controlar as folhas do tacógrafo.

7 – Sempre que o controlo efectuado na estrada a condutor de veículo registado noutro Estado membro indicie infracção para cuja prova sejam necessários outros elementos além dos transportados no veículo, é solicitada a informação em falta ao organismo referido no artigo 10.°, o qual providencia junto do organismo congénere do Estado membro em causa a obtenção da informação pertinente.

ARTIGO 6.°
Controlos nas instalações das empresas

1 – Os controlos nas instalações das empresas são programados por cada uma das autoridades encarregadas dessa fiscalização, tendo em conta

os diferentes tipos de transporte e de empresas, e têm lugar sempre que sejam detectadas nos controlos de estrada infracções graves ou muito graves aos regulamentos referidos no artigo 1.°

2 – Os controlos nas instalações das empresas incidem sobre os elementos referidos no anexo à presente lei.

3 – Os agentes encarregados da fiscalização devem dispor de:

a) Uma lista dos principais elementos a controlar, de acordo com o disposto no anexo à presente lei;

b) Um equipamento normalizado referido na alínea *b*) do n.° 6 do artigo anterior;

c) Um equipamento específico, dotado de *software* que permita verificar e confirmar a assinatura digital associada aos dados e estabelecer o perfil de velocidade do veículo previamente à inspecção do tacógrafo.

4 – Os agentes encarregados da fiscalização têm em conta, durante todas as fases do processo de controlo e fiscalização, todas as informações respeitantes às actividades da empresa noutros Estados membros que tenham sido prestadas pelos organismos de ligação desses Estados membros.

5 – Aos controlos efectuados nas instalações das autoridades competentes aplica-se o disposto nos números anteriores.

Nota:

Apesar da norma no n.° 1 prescrever que os «controlos nas instalações das empresas são programados por cada uma das autoridades encarregadas dessa fiscalização» não vemos que, para além da ACT, haja alguma outra autoridade com vocação para actuar nos estabelecimentos das empresas. Não a tem a GNR ou a PSP, autoridades com competência para aí entrarem e fiscalizarem o cumprimento da lei em geral, mas não a lei laboral, e muito menos o IMTT, I.P., que não terá nem vocação (á organismo de coordenação e ligação – art. 10.°) nem sequer competência.

ARTIGO 7.°
Sistema de classificação de riscos

1 – Os membros do Governo responsáveis pelas áreas a que pertencem as autoridades encarregadas da fiscalização estabelecem, por portaria conjunta, um sistema de classificação de riscos.

2 – O sistema referido no número anterior estabelece o grau de risco das empresas, tendo em consideração o número e a gravidade das infracções previstas na presente lei, cometidas pelas empresas, e de acordo com a regulamentação comunitária sobre a matéria.

3 – O rigor e a frequência do controlo dependem do grau de risco em que as empresas sejam classificadas.

ARTIGO 8.°
Conservação de documentos

A empresa deve conservar, pelo menos durante um ano, os documentos, os registos dos resultados e outros dados relevantes relativos aos controlos efectuados nas suas instalações ou na estrada, fornecidos por agentes encarregados da fiscalização.

ARTIGO 9.°
Fiscalização

A fiscalização do cumprimento das disposições sociais comunitárias no domínio dos transportes rodoviários e do AETR é assegurada, no âmbito das respectivas atribuições, pelas seguintes entidades:

a) Autoridade para as Condições do Trabalho;

b) Guarda Nacional Republicana;

c) Instituto da Mobilidade e dos Transportes Terrestres, I. P. (IMTT, I. P.);

d) Polícia de Segurança Pública.

Nota:

Dos seis organismos que, nos termos do Dec.-Lei n.° 272/89, detinham competência para a fiscalização: a Inspecção-Geral do Trabalho, a Direcção-Geral de Viação, a Direcção-Geral de Transportes Terrestres, as Delegações Regionais do Ministério da Indústria e Energia (competência esta revogada pelo art. 11.° do DL 169/2009, de 31/07), a Guarda Nacional Republicana e a Polícia de Segurança Pública, a lei em anotação reduziu-os a três: a ACT, a GNR e a PSP, uma vez que o IMTT, I.P. tem funções meramente de coordenação e de ligação entre as autoridades fiscalizadoras e com a Comissão Europeia.

ARTIGO 10.°
Organismo de coordenação e ligação

1 – Compete ao IMTT, I. P., enquanto organismo de coordenação e ligação:

a) Assegurar a coordenação das acções efectuadas ao abrigo do n.° 3 do artigo 5.°, com os organismos congéneres dos outros Estados membros;
b) Transmitir à Comissão Europeia os elementos estatísticos bienais, nos termos dos n.os 1 e 2 do artigo 17.° do Regulamento (CE) n.° 561/2006, do Parlamento Europeu e do Conselho, de 15 de Março;
c) Assegurar a disponibilização de informações nos termos do artigo 11.°.

2 – O IMTT, I. P., disponibiliza aos organismos de coordenação e ligação dos outros Estados membros as informações referidas no n.° 3 do artigo 19.° do Regulamento (CEE) n.° 3821/85, do Conselho, de 20 de Dezembro, e no n.° 2 do artigo 22.° do Regulamento (CE) n.° 561/2006, do Parlamento Europeu e do Conselho, de 15 de Março, pelo menos de seis em seis meses e em caso de pedido específico.
3 – O IMTT, I. P., promove, pelo menos uma vez por ano, em conjunto com os organismos de coordenação e ligação dos outros Estados membros:

a) Programas de formação sobre melhores práticas para os agentes encarregados da fiscalização;
b) Intercâmbio entre o seu pessoal e o dos organismos de coordenação e ligação dos outros Estados membros.

Nota:
As funções atribuídas ao IMTT, I.P., constituem a execução do considerando 10 e do art. 7.° da Directiva n.° 2006/22/CE, segundo os quais em cada Estado-Membro deverá existir um único órgão de ligação intracomunitária com as outras autoridades competentes.

ARTIGO 11.°
Recolha e divulgação de dados estatísticos

1 – As entidades responsáveis pela fiscalização recolhem, organizam

e remetem anualmente ao IMTT, I. P., em formato digital, os dados respeitantes a essa actividade, designadamente os seguintes:

a) No que respeita ao controlo na estrada:

i) O tipo de via pública, nomeadamente auto-estrada, estrada nacional ou estrada secundária, em que foi realizado o controlo;
ii) O país de matrícula do veículo controlado;
iii) O tipo de tacógrafo, analógico ou digital utilizado;

b) No que respeita ao controlo nas instalações das empresas:

i) O tipo de actividade de transporte, nomeadamente internacional ou nacional, de passageiros ou de carga, por conta própria ou por conta de outrem;
ii) A dimensão da frota da empresa;
iii) O tipo de tacógrafo, analógico ou digital utilizado.

2 – O IMTT, I. P., publicita os dados estatísticos recolhidos de acordo com o número anterior e transmite-os à Comissão Europeia, de dois em dois anos.

CAPÍTULO III
Responsabilidade contra-ordenacional

SECÇÃO I
Regime geral

ARTIGO 12.°
Regime geral da responsabilidade contra-ordenacional

1 – O regime dos artigos 548.° a 565.° do Código do Trabalho é aplicável às contra-ordenações previstas na presente lei, com as adaptações previstas no artigo 14.°.

2 – O regime do procedimento das contra-ordenações laborais e de segurança social é aplicável às contra-ordenações previstas na presente lei.

Notas:

1 – Do capítulo da responsabilidade contra-ordenacional do CT/2009, o único preceito excluído directamente é o do art. 566.° sobre o destino das coimas – cfr. o art. 15.° – mas também o do seu valor (art. 554.°) sofre alterações em relação ao regime geral.

Não deve, porém, deixar de se assinalar a inovação que é neste regime das contra-ordenações sociais rodoviárias a determinação do escalão da sua gravidade dado o período de tempo da conduta infractora.

2 – O regime do procedimento das contra-ordenações em matéria laboral e de segurança social encontra-se na Lei n.° 107/2009, de 14/09 – cfr. *infra*, Parte I.

ARTIGO 13.°
Responsabilidade pelas contra-ordenações

1 – A empresa é responsável por qualquer infracção cometida pelo condutor, ainda que fora do território nacional.

2 – A responsabilidade da empresa é excluída se esta demonstrar que organizou o trabalho de modo a que o condutor possa cumprir o disposto no Regulamento (CEE) n.° 3821/85, do Conselho, de 20 de Dezembro, e no capítulo II do Regulamento (CE) n.° 561/2006, do Parlamento Europeu e do Conselho, de 15 de Março.

3 – O condutor é responsável pela infracção na situação a que se refere o número anterior ou quando esteja em causa a violação do disposto no artigo 22.°.

4 – A responsabilidade de outros intervenientes na actividade de transporte, nomeadamente expedidores, transitários ou operadores turísticos, pela prática da infracção é punida a título de comparticipação, nos termos do regime geral das contra-ordenações.

Notas:

1 – São três os locais onde vem consagrada a responsabilidade da empresa pelas infracções cometidas pelos seus trabalhadores, condutores de viaturas pesadas: REG (CE) 561/2006; Dec.-Lei n.° 23772007; a norma em anotação.

Em termos cronológicos, o primeiro é o do n.° 3 do art. 10.° do REG (CE) n.° 561/2006. Aí se consagra a responsabilidade das «empresas de transportes» pelas infracções dos condutores.

Após a entrada em vigor desse instrumento de regulamentação comunitária, que ocorreu em 11 de Abril de 2007, a jurisprudência – que desde a revogação pelo CT/2003 da norma do art. 4.° da Lei 116/99, de 04/08, vinha defendendo que a responsabilidade do empregador pelos factos dos seus trabalhadores tinha de ser em cada caso alegada e demonstrada – dividiu-se.

O Tribunal da Relação de Coimbra[365], acompanhado pelo Tribunal da Relação de Lisboa[366], considerava que aquela norma do primeiro parágrafo do n.° 3 do art. 10.° do REG 561/2006 era de aplicação imediata e consagrava a responsabilidade objectiva do empregador pelos factos dos seus condutores.

O Tribunal da Relação do Porto[367], por sua vez, vinha sustentando que essa norma, apesar de constar de um regulamento comunitário, não se aplicava imediatamente, necessitando de legislação complementar para se tornar eficaz, face ao teor do segundo parágrafo daquele preceito quando dispõe: *Sem prejuízo do direito que lhes assiste de responsabilizarem plenamente as empresas de transportes, os Estados-Membros podem tornar esta responsabilidade dependente da infracção aos n.os 1 e 2 por parte da empresa de transportes*. Ora se o n.° 1 respeita à proibição da remuneração da viagem através de prémios ou suplementos, o n.° 2 respeita à organização do trabalho dos condutores de modo a estes poderem cumprir os tempos máximos de condução ininterrupta e os mínimos de repouso assim como o dever de os instruir sobre a utilização correcta do tacógrafo. Por isso, considerava aquele Tribunal, era necessário que o legislador nacional concretizasse o sistema de responsabilidade para que esta se tornasse efectiva no direito interno português, invocando a doutrina nacional conforme a qual: *o regulamento não se apresenta sempre como um acto normativo completo, plenamente aplicável e exequível «per se». Acontece, por vezes, que o regulamento surge como um acto incompleto no sentido de que não figuram no seu dispositivo todas as disposições necessárias à sua boa execução. Nestes casos cumpre aos Estados-membros prover às omissões verificadas...*[368].

2 – A redacção do preceito em anotação parece ter vindo dar razão à orientação jurisprudencial do Porto.

Na verdade, deixou de se prosseguir com a responsabilidade plena das empresas de transporte, como vinha sucedendo nos processos que cabiam às Rela-

365 Cfr., i.a., os Acórdãos do TRC: de 15/07/2009 – Proc. 81/09.1TTAVR. C1, relatado por Felizardo Paiva, de 22/10/2009 – Proc. 326/09.9TTCBR.C1, relatado por Serra Leitão, ou de 11/03/2010 – Proc. 608/09.9TTVIS.C1, relatado por Felizardo Paiva.

366 Cfr. os Acórdãos do TRL: de 17/06/2009 – Proc. 656/08.6TTSNT.L1-4, relatado por Ferreira Marques ou o de 24/06/2009 – Proc. 102709.8TTTVD.L4, relatado por José Feiteira.

367 Cfr., p. ex., Ac do TRP de 25/01/2010 – Proc. 756/08.2TTOAZ.P1, relatado por Fernandes Isidoro.

368 João e Luíz Mota Campos – *Manual de Direito Comunitário, 5.ª edição*, 2007, pp. 313/317.

ções de Coimbra e Lisboa, para se consagrar legislativamente uma responsabilidade subjectiva meramente presumida do empregador com admissibilidade de prova em contrário, fixando-se, desde logo, os termos em que tal pode ser feito (n.° 2).

3 – Mas não se ficou apenas por aí a responsabilidade contra-ordenacional pela violação das disposições sociais de fonte comunitária, tal como sucede com a responsabilidade consagrada para os trabalhadores móveis não condutores no n.° 2 do art. 10.° do Dec.-Lei n.° 237/2007.

No n.° 3 do preceito em anotação estatuiu-se, a título subordinado, a responsabilidade do trabalhador, que ocorrerá sempre que a empresa consiga ilidir o ónus da prova da culpa que lhe cabia. Todavia, também neste caso a culpa não funciona de modo automático, pois que, apesar de a empregador ter demonstrado que a culpa lhe não pertencia, bem pode outrotanto vir a fazer o trabalhador, caso em que se terá de concluir pela inexistência de infracção.

Esta nos parece ser a marca mais distintiva deste regime quando comparado com o regime constante do art. 10.°/2 do diploma de 2007, referido. Mais do que a admissão de responsabilidade objectiva, que ali também não defendemos, o que sucede é que, no caso de contra-ordenação em que o agente tenha sido um trabalhador móvel não condutor, não há nunca lugar à sua imputação a este, mesmo que o empregador tenha feito a prova de que a sua comissão, por acção ou omissão, se deveu a culpa, ou mesmo a dolo, do trabalhador.

4 – Se a conclusão a que chegámos no ponto anterior fluía já do disposto no n.° 3, no seguinte n.° 4, ao se determinar quem pode ser punido a título de comparticipação e ao se excluir do elenco o trabalhador enquanto agente individual da prática do facto infraccional pela empresa, dissipa por completo alguma dúvida que pudesse subsistir.

De concluir é, pois, que, sendo embora diferentes a imputação de responsabilidade dos condutores obrigados à utilização do tacógrafo da dos não obrigados ou dispensados dele, ou ainda da dos restantes trabalhadores móveis não condutores (abrangidos pelo DL 237/2007), a verdade é que a diferença mais marcante resulta da circunstância destes, ao contrário daqueles (dos condutores *tout court)* nunca poderem ser responsabilizados pelos tipos legais de contra-ordenações rodoviárias de carácter social.

5 – O facto de o CT/2009, no n.° 1 do art. 551.° prescrever que *o empregador é responsável pelas contra-ordenações laborais, ainda que praticadas pelos seus trabalhadores no exercício das suas funções,* não resolvia o problema desta espécie de contra-ordenações cujo tipo legal prevê que é o próprio trabalhador quem tem o dever a seu cargo (arts 6.°/5, 8.°/1,2,5,6 do REG (CE) 561/2006). E ainda porque o que está em causa é saber se o trabalhador actua *no exercício de funções* ou fora delas. Pelo facto de ser detectado a conduzir não significa que esteja sempre no exercício das suas funções. Se continua a conduzir para além dos

limites impostos por lei, tanto o pode fazer por determinação, instruções, interesse ou mero consentimento da entidade empregadora, caso em que ainda está no exercício delas, como o pode fazer actuando deliberadamente contra ordens ou instruções daquela, ou por mero e exclusivo interesse pessoal, praticando então o facto *fora do exercício das suas funções*.

ARTIGO 14.°
Valores das coimas

1 – A cada escalão de gravidade das contra-ordenações laborais corresponde uma coima variável em função do grau da culpa do infractor, salvo o disposto no artigo 555.° do Código do Trabalho.

2 – Os limites mínimo e máximo das coimas correspondentes a contra-ordenação leve são os seguintes:

a) De 2 UC a 9 UC em caso de negligência;
b) De 6 UC a 15 UC em caso de dolo.

3 – Os limites mínimo e máximo das coimas correspondentes a contra-ordenação grave são os seguintes:

a) De 6 UC a 40 UC em caso de negligência;
b) De 13 UC a 95 UC em caso de dolo.

4 – Os limites mínimo e máximo das coimas correspondentes a contra-ordenação muito grave são os seguintes:

a) De 20 UC a 300 UC em caso de negligência;
b) De 45 UC a 600 UC em caso de dolo.

5 – A sigla UC corresponde à unidade de conta processual, definida nos termos do Regulamento das Custas Processuais.

6 – Em caso de transporte de mercadorias perigosas ou de transporte pesado de passageiros, os limites mínimos e máximos da coima aplicável são agravados em 30%.

Notas:

1 – A remissão que no n.° 1 é feita para o art. 555.° do Código significa que serão menos elevados os montantes das coimas aplicáveis a trabalhadores ou, de um modo geral, a agentes que não tenham trabalhadores ao serviço.

2 – Também as molduras aqui instituídas para as contra-ordenações leves, graves ou muito graves são estabelecidas de modo diverso do regime geral, uma vez que não têm em conta a dimensão da empresa determinada pelo volume de negócios.

A razão prender-se-á com a dificuldade de os agentes terem acesso a tais dados quando fiscalizam os condutores das viaturas nas estradas e autoestradas.

3 – Sobre a unidade de conta consultar a nota de rodapé constante da nota 2 ao art. 28.° da Lei n.° 107/2009 – Parte I.

4 – O agravamento das molduras das coimas quando se tratava de mercadorias perigosas constava já do regime anterior (art. 7.°/2 do DL 272/89). Mas o agravamento quando se trata de transporte de passageiros constitui inovação do presente regime (n.° 6).

ARTIGO 15.°
Destino das coimas

1 – O produto das coimas aplicadas reverte para as seguintes entidades:

a) 50% para a Autoridade para as Condições do Trabalho;
b) 25% para o Fundo de Acidentes de Trabalho;
c) 15% para a entidade autuante;
d) 10% para o IMTT, I. P.

2 – No caso em que a Autoridade para as Condições do Trabalho seja a entidade autuante, o valor a que se refere a alínea *c*) do número anterior reverte para o Fundo de Acidentes de Trabalho.

ARTIGO 16.°
Apreensão de folhas de registo

As folhas de registo de tacógrafo ou de livrete individual de controlo que indiciem a existência de qualquer infracção prevista na presente lei devem ser apreendidas pelo autuante e juntas ao auto de notícia correspondente.

Nota:

A apreensão e junção aos autos das folhas de registo que indiciem infracção encontrava-se já prescrita no art. 12.° do Dec.-Lei n.° 272/89, ora revogado.

SECÇÃO II
Contra-ordenações em especial

ARTIGO 17.°
Idade mínima

Constitui contra-ordenação grave o exercício da actividade de condutor ou de ajudante de condutor por quem não tenha completado a idade mínima prevista na regulamentação comunitária aplicável ou no AETR.

Nota: A idade mínima da regulamentação comunitária é a de 18 anos (art. 5.° 71 do REG (CE) 561/2006) mas a do AETR (art. 5.°) é de 18 anos para condutores de veículos até 7,5t e de 21 anos para veículos com massa superior.

ARTIGO 18.°
Tempo de condução

1 – O tempo diário de condução que exceda o previsto na regulamentação comunitária aplicável ou no AETR constitui contra-ordenação classificada como:

a) Leve, sendo inferior a dez horas;
b) Grave, sendo igual ou superior a dez horas e inferior a onze horas;
c) Muito grave, sendo igual ou superior a onze horas.

2 – O tempo diário de condução alargado que exceda o previsto na regulamentação comunitária aplicável ou no AETR constitui contra-ordenação classificada como:

a) Leve, sendo inferior a onze horas;
b) Grave, sendo igual ou superior a onze horas e inferior a doze horas;
c) Muito grave, sendo igual ou superior a doze horas.

3 – O tempo semanal de condução que exceda o previsto na regulamentação comunitária aplicável ou no AETR constitui contra-ordenação classificada como:

a) Leve, sendo inferior a 60 horas;

b) Grave, sendo igual ou superior a 60 horas e inferior a 70 horas;
c) Muito grave, sendo igual ou superior a 70 horas.

4 – O tempo de condução total acumulado que exceda o previsto na regulamentação comunitária aplicável ou no AETR constitui contra-ordenação classificada como:

a) Leve, sendo inferior a 100 horas;
b) Grave, sendo igual ou superior a 100 horas e inferior a 112 horas e 30 minutos;
c) Muito grave, sendo igual ou superior a 112 horas e 30 minutos.

Nota:
É muito mais justa a determinação do escalão de gravidade das contra-ordenações de acordo com o número maior ou menor de horas em que se excedeu o tempo máximo de condução e não, como sucedia anteriormente, em que se classificava como grave qualquer violação durasse ela muitas horas ou poucos minutos (art. 7.°/1 do DL 272/89).

ARTIGO 19.°
Tempo de condução ininterrupta

1 – O período de condução ininterrupta que exceda o previsto na regulamentação comunitária aplicável ou no AETR constitui contra-ordenação classificada como:

a) Leve, sendo inferior a cinco horas;
b) Grave, sendo igual ou superior a cinco horas e inferior a seis horas;
c) Muito grave, sendo igual ou superior a seis horas.

2 – O incumprimento da pausa de modo a que esta seja inferior aos limites mínimos de duração previstos na regulamentação comunitária aplicável ou no AETR constitui contra-ordenação classificada como:

a) Leve, sendo a diferença até 10%;
b) Grave, sendo a diferença igual ou superior a 10% e inferior a 30%;
c) Muito grave, sendo a diferença igual ou superior a 30%.

Nota:
É muito mais justa a determinação do escalão de gravidade das contra-ordenações de acordo com a percentagem de tempo em que se excedeu o tempo

máximo de condução ininterrupta e não, como sucedia anteriormente, em que se classificava como grave qualquer violação durasse ela horas ou poucos minutos (art. 7.°/1 do DL 272/89).

ARTIGO 20.°
Períodos de repouso

1 – O período de repouso diário regular inferior ao previsto na regulamentação comunitária aplicável ou no AETR constitui contra-ordenação classificada como:

a) Leve, sendo igual ou superior a dez horas e inferior a onze horas;
b) Grave, sendo igual ou superior a oito horas e trinta minutos e inferior a dez horas;
c) Muito grave, sendo inferior a oito horas e trinta minutos.

2 – O período de repouso diário reduzido inferior ao previsto na regulamentação comunitária aplicável ou no AETR constitui contra-ordenação classificada como:

a) Leve, sendo igual ou superior a oito horas e inferior a nove horas;
b) Grave, sendo igual ou superior a sete horas e inferior a oito horas;
c) Muito grave, sendo inferior a sete horas.

3 – Caso o período de repouso diário regular seja gozado em dois períodos e um ou ambos sejam inferiores ao previsto na regulamentação comunitária aplicável ou no AETR constitui contra-ordenação classificada como:

a) Leve, sendo a duração em falta inferior a uma hora;
b) Grave, sendo a duração em falta igual ou superior a uma hora e inferior a duas horas;
c) Muito grave, sendo a duração em falta igual ou superior a duas horas.

4 – O disposto no n.° 2 é aplicável caso o período de repouso diário do condutor de veículo com tripulação múltipla que se deve seguir ao termo de um período de repouso diário ou semanal for inferior ao previsto na regulamentação comunitária aplicável ou no AETR.

5 – O período de repouso semanal regular inferior ao previsto na regulamentação comunitária aplicável ou no AETR constitui contra-ordenação classificada como:

a) Leve, sendo igual ou superior a 42 horas e inferior a 45 horas;
b) Grave, sendo igual ou superior a 36 horas e inferior a 42 horas;
c) Muito grave, sendo inferior a 36 horas.

6 – O período de repouso semanal reduzido inferior ao previsto na regulamentação comunitária aplicável ou no AETR constitui contra-ordenação classificada como:

a) Leve, sendo igual ou superior a vinte e duas horas e inferior a vinte e quatro horas;
b) Grave, sendo igual ou superior a vinte horas e inferior a vinte e duas horas;
c) Muito grave, sendo inferior a vinte horas.

Nota:
É muito mais justa a determinação do escalão de gravidade das contra-ordenações de acordo com o número maior ou menor de horas em que se incumpriu o período mínimo de repouso e não, como sucedia anteriormente, em que se classificava como grave qualquer violação fosse ela por várias horas ou por poucos minutos (art. 7.°/1 do DL 272/89).

ARTIGO 21.°
Horário e escala de serviço

O incumprimento das regras relativas ao horário e à escala de serviço previstas na regulamentação comunitária aplicável constitui contra-ordenação grave.

Nota:
Os horários e escalas de serviço encontram-se regulados nos n.ºs 2 e 3 do art. 16.° do REG (CE) n.° 561/2006.

ARTIGO 22.º
Dever de informação

O incumprimento, por parte do condutor, do dever de fornecer a cada uma das empresas de transporte para as quais execute trabalho de condução ou outra actividade elementos relativos a tempo de condução, duração do trabalho semanal, pausas, tempo de condução ininterrupta e períodos de repouso constitui contra-ordenação grave.

Nota:

Constitui inovação esta contra-ordenação imputável ao trabalhador por violação do dever de informação

Assinale-se que na situação paralela de um menor trabalhar para um empregador e querer celebrar um novo contrato com um outro – contemplada no art. 80.º do CT/2009 – também existe esse dever de informar por parte do menor ou dos seus representantes legais, mas a coima que ali está prevista é imputável ao empregador que era conhecedor da situação e, apesar disso, celebrou o contrato.

ARTIGO 23.º
Prémios ou outras prestações complementares ou acessórias

A atribuição de prémios ou outras prestações complementares ou acessórias da retribuição em função das distâncias percorridas ou do volume das mercadorias transportadas, por modo a comprometer a segurança rodoviária ou estimular o incumprimento da regulamentação aplicável, constitui contra-ordenação muito grave.

Nota:

Esta é uma contra-ordenação que é inequivocamente imputável ao empregador. Todavia, apesar de ser muitas vezes referida como sendo, de facto, praticada, é extremamente difícil e rara a sua detecção.

ARTIGO 24.º
Veículo de transporte regular de passageiros não equipado com tacógrafo

No caso de veículo de transporte regular de passageiros que não esteja equipado com tacógrafo por não estar obrigado à sua utilização, a falta do horário e da escala de serviço para cada condutor, nos termos da regulamentação comunitária, constitui contra-ordenação grave.

Nota:
A esta situação se refere a alínea *a*) do art. 3.°, art. 15.° e art. 16.°/1 e 2 do REG (CE) 561/2006.

ARTIGO 25.°
Apresentação de dados a agente encarregado da fiscalização

1 – Constitui contra-ordenação muito grave a não apresentação, quando solicitada por agente encarregado da fiscalização:

a) De folhas de registo e impressões, bem como de dados descarregados do cartão do condutor;
b) De cartão de condutor, das folhas de registo utilizadas e de qualquer registo manual e impressão efectuados, que o condutor esteja obrigado a apresentar;
c) De escala de serviço com o conteúdo e pela forma previstos na regulamentação comunitária aplicável.

2 – Constitui contra-ordenação grave o accionamento incorrecto do dispositivo de comutação.

Nota:
Releva-se neste preceito o estabelecimento de uma contra-ordenação específica para o accionamento incorrecto do dispositivo de comutação do tacógrafo, uma vez que é uma das infracções mais detectadas. Ao abrigo da legislação anterior, a única forma de a punir era considerar a violação dos tempos de repouso, pausas ou tempo de condução, quando, de antemão, se sabia que o que o diagrama do aparelho retratava era tão somente fruto de distracção ou até ignorância do condutor quanto ao modo correcto de o utilizar.

ARTIGO 26.°
Integridade e conservação de dados

1 – Constitui contra-ordenação muito grave:

a) A não conservação das folhas de registo pela empresa de transportes durante pelo menos um ano a partir da data do registo;

b) As impressões incorrectamente efectuadas por cartão danificado ou em mau estado de funcionamento ou que não esteja na posse do condutor pelo menos um ano a partir da data do registo;

c) A não conservação da escala de serviço com o conteúdo e pela forma previstos na regulamentação comunitária aplicável, durante um ano após o termo do período abrangido.

2 – Constitui contra-ordenação grave o incumprimento por parte do condutor do dever de conservar ou apresentar à autoridade autuante os documentos comprovativos da instauração de processos ou de sanções que lhe tenham sido aplicadas, no prazo de um ano a contar da prática de infracção.

3 – Sem prejuízo do disposto na presente lei, a instalação, utilização de tacógrafos e a transferência e conservação de dados desse mesmo aparelho são realizadas de acordo com o disposto no Decreto-Lei n.° 169/2009, de 31 de Julho.

Nota:

1 – Se a contra-ordenação prevista no n.° 1 é imputável à empresa de transportes, a tipificada no n.° 2 é inquestionavelmente referida ao condutor.

Apesar disso, a autoria desta, por força do disposto no art. 13.°/1, deve ser *ab initio* feita à empresa que, todavia, pode vir a ilidir a presunção legal dessa imputabilidade.

2 – O n.° 1 do art. 6.° do Dec.-Lei n.° 169/2009 deferiu ao IMTT, I.P., a competência para a instrução dos processos e aplicação das coimas relativos à instalação e uso do tacógrafo constante do REG (CEE) n.° 3821/85, de 20/12.

ARTIGO 27.°
Entrega de elementos de registos ao condutor

Constitui contra-ordenação leve:

a) A não entrega ao condutor de cópia de folhas de registo e de impressões, bem como dos dados descarregados do cartão do condutor, nos 10 dias posteriores ao pedido;

b) A não entrega ao condutor de veículo de transporte regular de passageiros não equipado com aparelho de controlo de um extracto da escala de serviço, nos 10 dias posteriores ao pedido.

ARTIGO 28.º
Imobilização do veículo em caso de infracção

1 – Sempre que o condutor se encontre em infracção às disposições relativas aos tempos máximos de condução ou aos períodos mínimos de repouso ou de pausa, o autuante deve impedi-lo de continuar a conduzir, procedendo simultaneamente à imobilização do veículo.

2 – Na situação prevista no número anterior, a imobilização do veículo não se aplica quando for assegurada a substituição do condutor.

3 – Na situação prevista no n.º 1, a imobilização do veículo cessa imediatamente após ter sido efectuado ou garantido o pagamento da coima e o impedimento do condutor cessa logo que seja cumprido o período de repouso ou de pausa exigido.

4 – O controlo do cumprimento da interrupção da condução ou do repouso, durante a imobilização, compete às entidades policiais, através da apreensão temporária dos documentos da viatura e do condutor.

Nota:
A imobilização do veículo já se encontrava prevista nos n.os 3 e 4 do art. 7.º do Dec.-Lei n.º 272/89.

ARTIGO 29.º
Pagamento voluntário de coima ou prestação de caução

1 – O responsável pelo pagamento da coima pode efectuar imediatamente o pagamento voluntário da mesma, pelo valor mínimo previsto para o caso de negligência.

2 – O responsável pelo pagamento da coima que não efectue imediatamente o pagamento voluntário da mesma deve proceder ao depósito de uma caução.

3 – A caução é prestada pelo valor mínimo da coima estabelecida para o caso de dolo, acrescido de 10% para despesas processuais, incidindo esta percentagem apenas sobre o montante da coima correspondente à infracção mais grave em caso de concurso de infracções.

4 – O pagamento voluntário e a prestação da caução são efectuados em numerário ou outro meio de pagamento legalmente admitido.

5 – O pagamento voluntário ou o depósito de caução deve ser efectuado no acto de verificação da contra-ordenação, destinando-se a caução

a garantir o pagamento da coima em que o infractor possa ser condenado, bem como das despesas legais a que houver lugar.

6 – Se o responsável pela infracção não apresentar defesa dentro do prazo legal, o valor da caução converte-se em pagamento da coima em que for condenado.

7 – A falta do pagamento voluntário da coima e da prestação da caução implica a apreensão provisória de documentos, nos termos dos n.os 4 e 5 do artigo 173.° do Código da Estrada.

8 – Se, no acto de verificação da contra-ordenação, o responsável pretender pagar a coima ou depositar caução mas não o puder fazer, ser-lhe-á concedido um prazo para o efeito, procedendo-se à apreensão provisória de documentos, de acordo com o número anterior, até ao pagamento da coima ou à prestação da caução.

Nota:

1 – É a primeira vez, no âmbito laboral, que se prescreve o pagamento voluntário da coima no acto da verificação da contra-ordenação, situação há muito consagrada no âmbito das contra-ordenações ao Código de Estrada (art. 173.°) e que vinha sendo reclamada, sobretudo quando o infractor não é residente em território nacional. É de salientar, porém, que só aparentemente serão semelhantes as situações práticas que caracterizam a contra-ordenação rodoviária e a que resulta da violação das disposições sociais de carácter laboral. Naquela, o agente que pratica os factos constitutivos é normalmente o responsável pela contra-ordenação e tal agente, relativamente às infracções que respeitam ao exercício de condução é o condutor do veículo. Nas contra-ordenações tipificadas na lei em anotação, ao contrário, *a empresa é responsável por qualquer infracção cometida pelo condutor*. Esta diferente situação postularia um diferente tratamento legislativo.

2 – A solução encontrada não reflecte, a nosso ver, a diferente realidade. Ao determinar-se que *o responsável pelo pagamento da coima pode efectuar imediatamente o pagamento voluntário da mesma* (n.° 1) está-se a esquecer que, na esmagadora maioria dos casos, é o condutor que se vê confrontado pelas autoridades policiais com essa hipótese/dever, sendo que é o seu empregador o responsável por aquele pagamento.

E será legítimo que o condutor desconheça a vontade do seu empregador em pagar voluntariamente a coima ou constituir caução. Não querendo pagar, ou querendo mas não o podendo fazer, o resultado será essencialmente o mesmo: apreensão dos documentos.

Note-se que se nas contra-ordenações rodoviárias o valor da coima em pagamento voluntário e a caução substitutiva são o mesmo, já aqui o montante da coima paga voluntariamente corresponde ao valor mínimo da negligência ao passo que o da caução é o valor mínimo do dolo acrescido de 10%. Para atenuar a dificuldade de o autor material da contra-ordenação laboral e o responsável pela infracção e pelo pagamento da coima não serem o mesmo, a lei permite que a autoridade fiscalizadora conceda um prazo, não definido, para a efectivação do pagamento ou constituição de caução[369].

3 – O legislador aqui, nesta lei, ao contrário do que sucede no regime geral do processo das contra-ordenações laborais e da segurança social contido na Lei n.° 107/2009 (art. 19.°/1), não impede o pagamento voluntário no caso de contra-ordenação muito grave com dolo, o que se saúda, tendo em conta que uma tal determinação de conduta dolosa só será possível a final, e nunca no momento de verificação de indícios da existência de contra-ordenação.

CAPÍTULO IV
Disposições transitórias e finais

ARTIGO 30.°
Registo de dados

1 – O IMTT, I. P., mantém um registo actualizado da actividade desenvolvida, com base nos dados recolhidos pelas entidades com competência fiscalizadora, incluindo os relativos aos procedimentos e sanções aplicados em cada caso.

2 – A Autoridade para as Condições do Trabalho comunica ao IMTT, I. P., através de *webservices*, os dados da actividade desenvolvida, relativos aos procedimentos e sanções aplicadas em cada caso.

3 – O registo é de utilização comum pelas entidades com competência fiscalizadora, para efeitos de instrução de processos contra-ordenacionais relativos a infracções ao disposto nos regulamentos e no AETR referidos no artigo 1.°, devendo ser celebrados protocolos definindo os procedimentos para a sua utilização.

4 – À recolha, registo e tratamento dos elementos necessários pelas entidades com competência fiscalizadora e para a instrução dos processos e a aplicação das coimas é aplicável o regime do registo nacional de trans-

[369] Prazo esse que, de resto, também existe nas contra-ordenações rodoviárias, estando aí fixado em 48 horas (art. 173.°/2).

portador rodoviário e das actividades auxiliares ou complementares do sector dos transportes, com as adaptações necessárias, e a legislação sobre protecção de dados pessoais.

ARTIGO 31.°
Regiões Autónomas

Os actos e procedimentos necessários à execução da presente lei nas Regiões Autónomas dos Açores e da Madeira competem às entidades das respectivas administrações regionais com atribuições e competências nas matérias em causa.

ARTIGO 32.°
Norma revogatória

É revogado o Decreto-Lei n.° 272/89, de 19 de Agosto, alterado pela Lei n.° 114/99, de 3 de Agosto.

Aprovada em 22 de Julho de 2010.
O Presidente da Assembleia da República, *Jaime Gama*.

Promulgada em 14 de Agosto de 2010.
Publique-se.
O Presidente da República, ANÍBAL CAVACO SILVA.

Referendada em 16 de Agosto de 2010.
O Primeiro-Ministro, *José Sócrates Carvalho Pinto de Sousa*.

ANEXO

(a que se refere o n.° 4 do artigo 5.° e o n.° 2 do artigo 6.°)

PARTE A
Controlos na estrada

Os controlos na estrada incidem, nomeadamente, sobre os seguintes elementos:

1 – Os tempos de condução diária e semanal, as pausas e os períodos de descanso diários e semanais. A verificação incide sobre: as folhas de registo dos dias precedentes, conservadas no veículo por força do n.° 7 do artigo 15.° do Regulamento (CEE) n.° 3821/85, do Conselho, de 20 de Dezembro, ou do n.° 4 do artigo 11.° do AETR, e os dados relativos ao mesmo período, armazenados no cartão do condutor ou na memória do equipamento de registo, ou registados em folhas impressas.

2 – Os excessos relativamente à velocidade autorizada para o veículo, no que respeita ao período referido no número anterior.

São considerados como tal: para os veículos da categoria N3, os períodos superiores a um minuto durante os quais o veículo circule a mais de 90 km/h; para os veículos da categoria M3, os períodos superiores a um minuto durante os quais o veículo circule a mais de 105 km/h.

Integram a categoria N3 os veículos destinados a transporte de mercadorias com peso bruto superior a 12 t e a categoria M3 os veículos destinados a transporte de passageiros com mais de oito lugares sentados, além do lugar do condutor, e peso bruto superior a 5t.

3 – Quando se justifique, as velocidades instantâneas registadas pelo aparelho de controlo durante as últimas vinte e quatro horas de utilização do veículo.

PARTE B
Controlos nas instalações da empresa

Para além dos elementos referidos na Parte A, os controlos nas instalações da empresa incidem sobre os seguintes elementos:

1 – Os períodos semanais de descanso e os tempos de condução entre esses períodos.

2 – A limitação dos tempos de condução num período de duas semanas consecutivas.

3 – As folhas de registo, os dados da unidade instalada no veículo e do cartão de condutor e as respectivas folhas impressas.

ALGUNS DIPLOMAS LEGAIS REFERENCIADOS NESTE LIVRO
(por ordem cronológica)

Decreto-Lei n.° 232/79, de 24 de Julho – Introduz o direito de mera ordenação social em Portugal.

Decreto-Lei n.° 411-A/79, de 1 de Outubro – Revoga os n.os 3 e 4 do art. 1.° do DL n.° 232/79.

Decreto-Lei n.° 433/82, de 27 de Outubro, na redacção da Lei n.° 109/2001, de 24/12 – Institui o ilícito de mera ordenação social e revoga o DL n.° 232/79.

Decreto-Lei n.° 358/84, de 13 de Novembro – Regime das carteiras profissionais.

Lei n.° 21/85, de 30 de Julho, na redacção da Lei n.° 26/2008, de 27/06 – Estatuto dos Magistrados Judiciais.

Lei n.° 46/86, de 14 de Outubro, alterada pelas Leis n.os 115/97, de 19 de Setembro, 49/2005 e 85/2009, de 27 de Setembro – Lei de Bases do Sistema Educativo.

Lei n.° 47/86, de 15/10, redacção da Lei n.° 37/2009, de 20 de Julho – Estatuto do Ministério Público.

Decreto-Lei n.° 272/89, de 19 de Agosto – Regras de aplicação e regime sancionatório das normas comunitárias sobre regulamentação social e aparelho de controlo no domínio dos transportes rodoviários.

Decreto-Lei n.° 362/93, de 15 de Outubro – Regime da informação estatística sobre acidentes de trabalho.

Lei n.° 15/97, de 31 de Maio, alterada pela Lei n.° 114/99, de 3 de Agosto – Estabelece o regime jurídico do contrato individual de trabalho a bordo das embarcações de pesca.

Lei n.° 67/98, de 26 de Outubro – Protecção de dados pessoais.

Lei n.° 74/98, de 11/11, na redacção da Lei n.° 42/2007 de 24/08 – 3.ª alteração à Lei sobre a publicação, a identificação e o formulário dos diplomas.

Decreto-Lei n.° 159/99, de 11 de Maio – Regulamenta o seguro de acidentes de trabalho para os trabalhadores independentes

Lei 116/99, de 04 de Agosto – Regime geral das Contra-Ordenações Laborais.

Lei n.° 134/99 de 28 de Agosto – Proíbe as discriminações no exercício de direitos por motivos baseados na raça, cor, nacionalidade ou origem étnica.

Decreto-Lei n.° 102/2000, de 02 de Junho – Estatuto da IGT.

Decreto-Lei n.° 110/2000, de 30/06, alterado pela Lei n.° 14/2001, de 14/06 – estabelece as condições de acesso e de exercício das profissões de Técnico Superior de Segurança e Higiene do Trabalho e de Técnico de Segurança e Higiene.

Decreto-Lei n.o 111/2000, de 4 de Julho – Regulamenta a Lei n.°134/99 que visa prevenir e proibir as discriminações.

Decreto-Lei n.° 280/2001, de 23 de Outubro – Regime aplicável à actividade profissional dos marítimos e à fixação da lotação das embarcações.

Lei n.° 99/2003, de 27 de Agosto – Aprova a 1.ª versão do Código de Trabalho.

Decreto-Lei n.° 273/2003, de 29 de Outubro – Regulamentação das condições de segurança e de saúde no trabalho em estaleiros temporários ou móveis.

Lei n.° 34/2004, de 29 de Julho, na redacção da Lei 47/2007, de 28/08 – 1.ª alteração ao regime de acesso ao direito e aos tribunais.

Lei n.° 35/2004, de 29 de Julho – Regulamento do Código de Trabalho de 2003.

Lei n.° 13/2006, de 17 de Abril – Transporte colectivo de crianças.

Lei n.° 30/2006, de 11 de Julho, na redacção da Lei n.° 4/2008, de 07/02 – Procede à conversão em contra-ordenações de contravenções e transgressões em vigor no ordenamento jurídico nacional.

Decreto-Lei n.° 237/2007, de 19 de Junho – Organização do tempo de trabalho das pessoas que exercem actividades móveis de transporte rodoviário.

Lei n.° 59/2007, de 04 de Setembro – 23.ª alteração ao Código Penal.

Decreto-Lei n.° 326-B/2007, de 28 de Setembro – Cria a Autoridade para as Condições de Trabalho (ACT).

Decreto-Lei n.° 396/2007, de 31 de Dezembro – Regime jurídico do Sistema Nacional de Qualificações.

Decreto-Lei n.º 34/2008, de 26 de Fevereiro, alterado por último pela Lei 64-A/2008, de 31/12 – Regulamento das custas processuais.

Lei n.º 4/2008, de 27 de Fevereiro, alterada pela Lei 105/2009, de 14/09 – Regime dos contratos de trabalho dos profissionais de espectáculos.

Lei n.º 12-A/2008 – Estabelece os regimes de vinculação, de carreiras e de remunerações dos trabalhadores que exercem funções públicas.

Proposta de Lei n.º 216/X, publicada na Separata n.º 81, DAR, de 19 de Julho de 2008 que originou a Lei n.º 7/2009 – CT/2009.

Lei n.º 52/2008, de 28 de Agosto, com última redacção (5.ª) da rectificação n.º 86/2009, de 23/11 – Lei da Organização e Funcionamento dos Tribunais Judicias (LOFTJ).

Lei n.º 7/2009, de 12 de Fevereiro – Introduz o Código do Trabalho (2009).

Decreto-Lei n.º 91/2009, de 09 de Abril – Regime da protecção social na parentalidade do sistema previdencial e do subsistema de solidariedade.

Lei n.º 98/2009, de 04 de Setembro – Regime de reparação de acidentes de trabalho e de doenças profissionais, incluindo a reabilitação e reintegração profissionais.

Lei n.º 101/2009, de 08 de Setembro – Regime do trabalho no domicílio.

Lei n.º 102/2009 de 10 de Setembro – Regime jurídico da promoção da segurança e saúde no trabalho.

Lei n.º 105/2009, de 14 de Setembro – Regulamenta o Código do Trabalho.

Lei n.º 107/2009, de 14 de Setembro – Regime processual aplicável às contra-ordenações laborais e de segurança social.

Decreto-Lei n.º 260/2009, de 25 de Setembro – Regula o regime jurídico do exercício e licenciamento das agências privadas de colocação e das empresas de trabalho temporário.

Decreto-Lei n.º 295/2009, de 13 de Outubro – Altera o Código do Processo de Trabalho, aprovado pelo Decreto-Lei n.º 480/99, de 09/11.

ÍNDICE TEMÁTICO

Note bem:

PI = Parte Um (Regime Processual das contra-ordenações laborais e da Segurança Social – L 107/2009)

PII = Parte Dois (Tipos legais de contra-ordenações e crimes previstos no Código e Regime Geral – CT/2009)

P III = Parte Três (Responsabilidade contra-ordenacional no planeamento, organização e coordenação de segurança, higiene e saúde em estaleiros da construção)

P IV = Parte IV (Tipos legais de contra-ordenações em Leis Avulsas)

Absolvição – P I: art. 39.°/3 e 5

Acesso ao emprego – P II: art. 30.°

Acidentes de trabalho

- – graves e mortais – comunicação – P III: art. 24.°
- – informação estatística – P IV: DL 362/93
- – participação ao Dep Estatística – P IV: DL 362/93, art. 5.°
- – reparação – P IV: L 98/2009
- – responsabilidade por menores em actividades culturais – P IV: Lei 105/2009, art. 4.°

ACT

- – Comunicação à ISS – P I: art. 62.°, nota 1.
- – DL 326-B/2007, de 28/09
- – /ISS – competência processual conjunta – P II: art. 12.°, nota 2
- – P II: art. 8.°, nota 1

Actividades no mesmo local de trabalho – P IV: L 102/2009, art. 16.°

Actividade sindical na empresa

- – afixação e distribuição de informação sindical – P II: art. 465.°
- – crédito de horas de delegado sindical – P II: art. 467.°
- – crédito de horas de membro da direcção – P II: art. 468.°
- – direito a instalações – P II: art. 464.°
- – reuniões no local de trabalho – P II: art. 461.°

Actividade social da empresa

- – informação anual – P IV: Lei 10572009- art. 32.° e notas; Port.ª 55/2010
- – P II: art. 127.°, nota 3; 203.°, nota 5; 268.°, nota; 284.°, nota 3

Actos processuais – P I: art. 5.°

Acusação

- – decisão com valor de acusação – P I: art. 37.° e nota 2

– elementos da acusação da autoridade administrativa – P I: Assento 1/2003 – nota 2 ao art. 40.°
– retirada – P I: art. 41.° e nota 1
Adaptabilidade
– grupal – P II: art. 206.°
– individual – P II: art. 205.°
– por regulamentação colectiva – P II: art. 204.°
Administração – classificação – P III: art. 3.°, nota V
Admoestação judicial – P I: art. 48.° e notas
Advogados
– falta de comparência – P I: nota 2 ao art. 22.°
– obrigatoriedade na representação de assistentes P I: notas ao art. 23.°
Afixação
– direitos e obrigações dos sinistrados – P IV: L 98/2009 – art. 177.°
– irct – P II: art. 480.°
– mapa de férias – P II: art. 241.°/9
Agências privadas de colocação
– actividades – P IV: DL 260/2009, art. 14.°
– colocação de candidatos – P IV: DL 260/2009, art. 27.°
– deveres – P IV: DL 260/2009, art.24.°
– incompatibilidades – P IV: DL 260/2009, art. 15.°
– intermediação laboral – P IV: DL 260/2009, art. 23.°
– licença – P IV: DL 260/2009, art. 16.°
– ofertas de emprego – P IV: DL 260/2009, art. 26.°
– P IV: DL 260/2009
Agente
– responsabilidade CO do A. da pessoa colectiva – P II: nota 3 ao art. 546.°
Alegações pela Administração – P I: art. 36.°/1 e nota 2
Aparelho de controlo (ver tacógrafo)
Aplicação subsidiária da LG das CO – P I: nota 2 ao art. 1.°
Apólice de seguro – P II: art. 106/1/*j*), nota 1 e nota de rodapé
Apresentação dos autos ao juiz – P I: art. 37.°
Apresentação de documentos – P I: nota 3 ao art. 12.°
Arguido
– ausência – P I: art. 43.°
– defensor legal – P I: notas 2 e 3 ao art. 42.°
– participação na audiência – P I: art. 42.°/1
– presença na audiência – P I: nota 1 ao art. 42.°
– representação – P I: art. 42.°/2
Armador – deveres – P IV: L 15/97, art. 7.°
Assédio – P II: art. 29.°
Assento n.° 1/2001 – P I: art. 33.° – Jurisp. C
Assento n.° 1/2003 – P I: nota 2 ao art. 40.°
Arquivamento do processo – P I: nota 2 ao art. 31.°
Assinatura electrónica – P I: nota 1 ao art. 5.°

Assistentes – P I: art. 23.°
Associações sindicais – P I: art. 23.°
Audiência (vd. Decisão por audiência)
– marcação – P I: art. 40.°.
Auto de advertência
– efeitos – P I: nota 2 ao art. 28.°
– procedimento inspectivo. P I: art. 10.°/1/*d*), 2/*b*) e notas 3, 4 e 6
– pagamento por mínimo do dolo – P I: art. 19.°/4 e nota 4
Auto de infracção (da SS) – P I: art. 14.° e notas; nota 3 ao art. 16.°; nota 3 ao art. 63.°
Auto de notícia
– confirmação (desaparecimento) – nota 2 ao art. 16.°
– documento autêntico – P I: art. 13.°, Jurisp. A
– elementos que contém – P I: art. 15.°/1 e nota 2; nota 1 ao art. 17.°
– factos (especificados) – P I: nota 3 ao art. 15.°
– fé em juízo – P I: art. 13.°, notas 2 e 3 e Jurisp. C; P II, nota 2 ao art. 557.°
– GNR – P I: art. 13.°, Jurisp. B
– por quem é elaborado – P I: art. 13.°/1
– procedimento inspectivo – P I: art. 10.°/1/*d*) e 2/*b*)
– quando tem lugar – P I: art. 13.°/2 e nota 2
– valor probatório – P I: art. 13.°/3 e nota 3; notas 1 e 2 ao art. 39.°
Autor do projecto
– obrigações – P III: art. 18.°
– P II: art. 3.°, nota II
Autuação – competência – P I: nota 3 ao art. 2.°
Avaliação de riscos – P I: art. 10.°/1/*b*)

Banco de horas – P II: art. 208.°

CAE – classificação das actividades económicas – P III: art. 2.°, nota I
Cartas precatórias – P I: nota 2 ao art. 9.°
Carteiras profissionais
– diplomas que prvêem CP – – P IV: DL 358/84, art. 6.°, nota 2
– falta de CP – P IV: DL 358/84, art. 6.°
– P IV – DL 358/84.
Caducidade (vd. cessação do contrato)
Caução – P I: art. 35.°/2 e notas
Cedência ocasional
– acordo de C. – P II: art. 290.°
– admissibilidade de C. – P II: art. 289.°
– enquadramento de trabalhador cedido – P II: art. 293.°
– prestação de trabalho de trabalhador cedido – P II: art. 291.°
Celeridade processual – P I: nota 4 ao art. 17.°; nota 2 ao art. 47.°
Cessação do contrato
– caducidade do contrato a termo certo – P II: art. 345.°
– caducidade do contrato a termo incerto – P II: art. 346.°

– documentos a entregar ao trabalhador – P II: art. 341.° e notas
– morte do empregador – P II: art. 346.°
– por acordo – P II: art. 349.°

Coima
– agravamento – P II: art. 556.°/1
– agravamento por reincidência – art. 556.°/1 e nota 1
– alargamento da coima por benefício económico – P II: art. 558.°/4 e nota 5
– atenuada aplicável a trabalhadores – P II: art. 555.° e nota 1
– atenuada (entidades a quem se aplica) – P II: nota 3 ao art. 555.°
– cúmulo material – P IV: art. 11.° da L 134/2009
– definição – P II: nota 4 ao art. 548.°
– determinação da C pelo volume de negócios – P II: art. 554.°/5 e nota 6
– dispensa de C – 363.ª, nota 2; 371.°, nota 2; 375.°, nota; 389.°, nota 2
– P II, art. 560.° e nota 1
– em caso de pluralidade de agentes P II: art. 556.°/2
– execução – P I: notas 2 e 3 ao art. 35.°
– molduras diferentes no dolo e negligência – P II: art. 554.° e nota 4
– moldura fixa – P IV: DL 362/93, art. 12.°
– montante mínimo – P I: nota 3 ao art. 30.°
– pagamento voluntário – P I: art. 17.°/2 e nota 2; art. 19.° e notas
– prescrição – P I: nota 3 ao art. 28.°
– reduzida – P I: art. 30.° e notas
– responsabilidade pelo pagamento – P II: art. 551.°/3/4 e notas 7 e 8;
– suspensão da prescrição – P I.: nota 5 ao art. 27.°
– única – P I: art. 17.°/3. P II: Jurisp. do art. 558.°
– valores atenuados – P II: art. 555.° e nota 1
– valores das c. – P II: art. 554.° e nota 1

COL
– alterações na gravidade das col no CT/2009 – P II: nota 2 ao art. 553.°
– CO muito graves – P II: nota 3 ao art. 553.°
– escalões de gravidade – P II: art. 553.° e notas
– pluralidade de CO – P II: art. 558.°
– perigo concreto – P II: art. 558.°/2 e nota 2
– responsabilidade do empregador – P II: art. 551.°/1
– responsabilidade da pes. colectiva – P II: art. 551.°/2
– responsabilidade solidária – P II: art. 556.°/2 e nota 2
– sujeito responsável – P II: art. 551.°

Colaboração de autoridades policiais – P I: art. 10.°/2/*g*)

Comissões de protecção de crianças e jovens – P IV: Lei 105/2009, art. 9.°, nota

Comissões de trabalhadores
– apoio à CT – P II: art. 421.°
– conteúdo do direito a informação – P II: art. 424.°
– controlo de gestão – P II: art. 426.°
– crédito de horas dos membros das comissões – P II: art. 422.°
– direito a informação e consulta – P II: art. 427.°

– direito de participação em processos de reestruturação – P II: art. 429.°
– direitos das CT – P II: art. 423.°
– procedimento para apuramento do resultado – P II: art. 432.°
– procedimento para reuniões de trabalhadores – P II: art. 420.°
– reuniões no local de trabalho – P II: art. 419.°
– votação de constituição e estatutos – P II: art. 431.°
Compensação
– em caso de morte do trabalhador – P II: art. 346.° e nota
– no contrato a termo – P II: art. 345.° e nota
– proibição de C na retribuição – P II: art. 279.°
Competência
– conjunta da ACT e ISS,IP – P I: notas 2 e 3 ao art. 2.°
– para decisão de aplicação das coimas – P I: notas 1, 2 e 3 ao art. 3.°
– material das autoridades administrativas para procedimento das CO – P I. nota 6 ao art. 2.°
– material dos tribunais do trabalho – P I: art. 33.°/1 e nota 1
– territorial das autoridades administrativas: P I: art. 4.° e notas
– territorial dos tribunais do trabalho – P I: art. 34.°
Compilação técnica da obra – P III: art. 16.°
Comprovação por documentos – P I: nota 1 ao art. 12.°
Comunicação
– de destacamento de trabalhador para o estrangeiro – P II: art. 8.°
– de início de actividade – P II: art. 127.°/4.
– entre autoridades administrativas – P I: art. 62.° e notas
– trimestral – P I: art. 62.°/1 e nota 1
Conclusões
– na impugnação judicial – P I: art. 33.°/1 e Jurisp.B
– falta de c. – consequência – Jurisp.A
Condenação (em caso de pagamento voluntário) – P I: art. 19.° e nota 3
Conflitos colectivos
– conciliação – P II: art. 524.°
– mediação – P II: art. 527.°
Conservação de arquivos por 40 anos – art. 32.°, nota
Contagem dos prazos – P I: notas ao art. 6.°
Contra-Ordenações
– CO e contravenções – P II: nota 3 ao art. 548.°
– critério de imputação de C.O. – P II: nota 2 ao art. 41.°; 286.°, nota 1; nota 2 ao art. 325.°; nota ao art. 432.°; nota 1 ao art. 487.°; nota 3 ao art. 546.°
– imputação ao trabalhador – P II: art. 124.°/1; 364.°, nota 2
– laborais – P II: art. 548.°
– leis avulsas de COL – P II: nota 2 ao art. 549.°
Contrato de trabalho
– a tempo parcial – alteração da duração – P II: art. 155.°
– a tempo parcial – condições de trabalho – P II: art. 154.°
– a tempo parcial – deveres do empregador – P II: art. 156.°

– a tempo parcial – preferência na admissão – P II: art. 152.°
– a termo – admissibilidade – P II: art. 140.°
– a termo – forma e conteúdo – P II: art. 141.°
– a termo – informações – P II: art. 144.°
– a termo – preferência na admissão – P II: art. 145.°
– a termo – sucessão de contratos – P II: art. 143.°
– com fim contrário à lei – P II: art. 124.°
– comissão de serviço – efeitos da cessação – P II: art. 164.°
– intermitente – período de prestação – P II: art. 159.°
– intermitente – período de prestação – P II: art. 159.°
– intermitente – período de prestação – P II: art. 159.°
– intermitente – direitos do trabalhador – P II: art. 160.°
– presunção – P II: art. 12.°
– redução ou suspensão – efeitos – P II: art. 295.°
– temporário – admissibilidade de contrato de utilização – P II: art. 175.°
– temporário – forma e conteúdo do contrato de utilização – P II: art. 177.°
– temporário – proibição de contratos sucessivos – P II: art. 179.°
– temporário – forma e conteúdo – P II: art. 181.°
– temporário – forma e conteúdo do contrato para cedência temporária – P II: art. 183.°
– temporário – período sem cedência temporária – P II: art. 184.°
– temporário – condições de trabalho de trabalhador temporário – P II: art. 185.°
– temporário – sst de trabalhador temporário – P II: art. 186.°
– temporário – formação profissional de trabalhador temporário – P II: art. 187.°
– temporário – enquadramento de trabalhador temporário – P II: art. 189.°
– temporário – sanções acessórias no trabalho temporário – P II: art. 192.°
Contravenções
– P II: nota 3 ao art. 548.°
– conversão em contra-ordenações – P IV: Lei 30/2006
Coordenador de segurança
– obrigações – P III: art. 19.°
– P III, art. 9.°
CPT – P I: nota 4 ao art. 1.°; nota 2 ao art. 26.°
Crianças – transporte colectivo – P IV: L 13/2006
Crimes
– critérios de imputação de C – P II: nota 3 ao art. 546.°
– de discriminação por adesão ou não à greve – P II: arts. 540.° e 543.°
– de desobediência por não cessação da actividade do menor – P II: art. 83.°
– de encerramento de empresa – P II: art. 316.°
– de infracção de regras de construção – P III: art. 1.°, nota 2
– desobediência por não cessação de actividade de menor – P II: art. 83.°
– elenco dos C do CT – P II: art. 546.° e nota 1
– lock-out – 544.°, 545.° e notas
– maus tratos – P II: art. 82.°, nota 2; P IV: Lei 102/2009 – art. 67.°, nota 2
– paralelismo crime/CO – P II: nota 1 ao art. 311.°
– por falta de pagamento pontual da retribuição – P II: art. 324.° e nota

– por não apresentação de documentos – P II: art. 547.° e notas
– por violação da autonomia e independência – P II: art. 497.° e nota 2
– por utilização indevida de trabalho de menor – P II: art. 82.°
– retenção de quota sindical – P II: art. 459.° e notas
– substituição de grevistas – P II: arts. 535.° e 543.°
– semi-públicos – P II: nota 2 ao art. 45.°
Crise empresarial (vd. também encerramento temportário)
– comunicações em caso de redução ou suspensão – P II: art. 299.°
– deveres do empregador durante a redução ou suspensão – P II: art. 304.°
– direitos do trabalhador durante a redução ou suspensão – P II: art. 305.°
– direitos dos rep. dos trabalhadores durante a redução ou suspensão – P II: art. 308.°
– duração da redução ou suspensão – P II: art. 301.°
– efeitos da redução ou suspensão nas férias e subsídios – P II: art. 306.°
– formação profissional durante a redução ou suspensão – P II: art. 302.°
– informações e negociação em caso de redução ou suspensão – P II: art. 300.°
– retribuição durante a redução ou suspensão – P II: art. 309.°
Cumprimento
– da obrigação devida – P I: art. 61.°
– do dever omitido – P II: art. 564.°
Custas – P I: art. 59.°

Dados
– biométricos – P II: art. 18.°
– protecção de D. pessoais – P II: art. 17.°
Decisão
– acusação – P I: art. 37.° e nota 2
– administrativa – P I: art. 25.°
– competência para proferir a decisão – P I: art. 3.°
– condenatória – P I: art. 25.°
– conforme for de direito – P I: nota 3 ao art. 25.°; nota ao art. 43.°
– fundamentação – P I: art. 25.°/4 e 5; art. 39.°/4
– judicial – P I: art. 39.°
– por audiência – P I: art. 39.°/1 e nota 1
– por despacho – P I: art. 39.°/1 e nota 3; art. 40.°, nota 1.
– por remissão – P I: art. 25.°/4; 39.°/4
– que equivale a acusação – P I: nota 2 ao art 37.°
– revogação pela autoridade administrativa – P I: art. 36.°/2
Defensor oficioso – P I: nota 5 ao art. 7.°
Defesa
– ausência de defesa na fase administrativa – P I: nota 4 ao art. 21.°
– por contestação – P I: art. 18.°/1
Delegação de competências – P I: art. 3.° /3 e notas 4 e 5
Denúncia – P I: nota 5 ao art. 13.°
Deprecadas – P I: nota 2 ao art. 9.°
Decisão administrativa

– decisão/acusação – P I: art. 37.°, nota 2
– decisão condenatória ou de arquivamento – P I: nota 8 ao art. 32.°
– P I: art. 25.°; art. 32.°
Decisão judicial – natureza – P I: nota 1 ao art. 40.°
Declaração de Rectificação n.° 21/2009 – inexistência jurídica – P II: art. 12.° – Jurisp. B
Descanso diário
– P II: art. 214.°
– do menor – P II: art. 77.°
Descanso semanal
– P II: art. 232.°
– cumulação desc sem e desc diário – P II: art. 233.°
– do menor – P II: art. 79.°
– do menor em caso de pluriemprego – P II: art. 80.°
Descontos
– na retribuição – P II: art. 279.°
Despacho judicial – P I: art. 39.°/1,2,3 e nota 2
– recurso – P I: art. 38.°/2; nota 3 ao art. 39.°
Despedimento colectivo
– compensação em caso de DC – P II: art. 366.°
– comunicações em caso de DC – P II: art. 360.°
– crédito de horas em caso de DC – P II: art. 364.°
– decisão em caso de DC – P II: art. 363.°
– informações e negociações em caso de DC – P II: art. 361.°
– intervençaõ do Ministério em caso de DC – P II: art. 362.°
– noção – P II: art. 359.°
Despedimento individual
– em caso de contrato a termo – P II: art. 393.°
– decisão – P II: art. 357.°
– instrução – P II: art. 356.°
– nota de culpa – P II: art. 353.°
– procedimento em caso de microempresa – P II: art. 358.°
Despedimento por extinção do posto de trabalho
– comunicações em caso de DEPT – P II: art. 369.°
– decisão em caso de DEPT – P II: art. 371.°
– requisitos do DEPT – P II: art. 368.°
Despedimento por inadaptação
– comunicações em caso de DI – P II: art. 376.°
– decisão em caso de DI – P II: art. 378.°
– manutenção do nível de emprego em caso de DI – P II: art. 380.°
– requisitos do DI – P II: art. 375.°
Destacamento
– de trabalhador para o estrangeiro – P II: art. 8.°
– em território português – P II: art. 6.°
Direito subsidiário – P I: art. 60.°
Discriminação

– com base na raça, cor, nacionalidade, etnia – P IV: L 134/99 e DL 111/2000
– competência para a instrução e decisão – P IV – DL 111/2000, arts 6.° e 7.
– racial (conceito) – P IV: L 134/99, art. 3.°
Dispensa
– de formas de organização do tempo de trabalho – P II: art. 58.°
– de formas de organização do tempo de trabalho do menor – P II: art. 74.°
– de trabalho nocturno – P II: art. 60.°
– de trabalho suplementar – P II: art. 59.°
– para amamentação – P II: art. 47.°
– para consulta pré-natal – P II: art. 46.°
Documentos
– apresentação de D. – P II: art. 552.°
– conservação de D. sobre actividade social da empresa – P IV: art. 32.°/9 da Lei 105/2009
– dolo por falta de apresentação de D. – P II: art. 552.°, nota 3
– electrónicos – P I: nota 2 ao art. 5.°
Doenças profissionais
– participação ao Dep. de Estatística – P IV: DL 362/93, art. 6.°
– reparação – P IV: L 98/2009
Dolo
– auto de advertência – P II: art. 557.° e notas
– conceito – P II: rodapé da nota 1 ao art. 557.°
– por falta de apresentação de documentos – P II: art. 552.°, nota 3
– presunção? – P II: nota 3 ao art. 550.°
Dono da obra
– obrigações – P III: art. 17.°
– P III: art. 3.°, notas V e VI; art. 14.°

Efeito meramente devolutivo da impugnação – P I: nota 1 ao art. 25.°; art. 33.°/1 e nota 1; art. 35.° e notas
Embargos – (ver Execução)
Empregadores
– deveres dos E – P II: art. 127.°
– obrigações (sst) – P III: art. 22.°
– pluralidade de E – P II: art. 101.°
Empreiteiro – P III: art. 12.°, nota III
Empresas
– dimensão para aplicação de coimas – P II: art. 554.° e nota 3
– regulamento interno de E – P II: art. 99.°
– tipos de E – P II: art. 100.°
Empresas de trabalho temporário
– caução – P IV: DL 260/2009, art. 7.°
– contrato – P IV: DL 260/2009, art. 4.°
– deveres – P IV: DL 260/2009, art. 9.°
– licença – P IV: DL 260/2009, art. 5.°

– P IV: DL 260/2009
– seguro de acidentes de trabalho – P IV: DL 260/2009, art. 13.°
– utilização de trabalhadores no estrangeiro – P IV: DL 260/2009, art. 10.°
Encerramento temporário
– actos proibidos em caso de ET – P II: art. 313.°
– procedimento em caso de ET – P II: art. 311.°
– responsabilidade penal em caso de ET – P II: art. 316.°
– retribuição durante o ET – P II: art. 309.°
Enfermeiro do trabalho – P IV: Lei 102/2009 – art. 104.°
Entrada em vigor da Lei 107/2009 – P I: art. 65.°
Entrega de mapas, relatórios – art. 19.°/2 e nota 3 ao art. 29.°
Envio
– dos autos às autoridades administrativas competentes – P I: art. 63.°, nota 2
– dos autos ao M.°P.° – P I: art. 36.°
– de documentos a título devolutivo – P I: nota 2 ao art. 12.°
Espectáculos
– profissionais de E – P IV: L 4/2008
Estado
– responsabilização CO do E. e outras pess. colectivas públicas – P II: nota 4 ao art. 546.°
Estaleiros
– abertura – comunicação prévia – P III: art.° 15.°
– P III: DL 273/2003; art 1.° e nota III
Estatística
– acidentes de trabalho e doenças profissionais – P IV: DL 362/93
– mapas de acidentes de trabalho e doenças profissionais – P IV: DL 362/93, art. 8.°
Estrangeiros – contrato de trabalho – P II: art. 5.°, nota 1
Estruturas de representação colectiva
– violação da autonomia e independência – 405.° e nota 1
Estrutura inquisitória (do processo de CO) – P I: nota 1 ao art. 16.°
Ética – neutralidade ética da CO – P II: notas 2 e 3 ao art. 561.°
Exame
– de saúde – P IV: art. 108.° da L102/2009
– de saúde do menor – P II: art. 74.° e nota 1.
– médico – P II: art. 19.°
– preliminar (vd. recurso)
Execução
– embargos – P I: nota 2 ao art. 35.°
– em caso de retirada da impugnação pelo arguido – P I: nota 1 ao art. 46.°
– não fundada em sentença – P I: nota 2 ao art. 26.°
– quantias em dívida ao trabalhador – P II: art. 564.°/3 e nota 3
Executante (de obra)
– obrigações – P III: art. 20.°
– P III: art. 12.° e nota III; art. 13.°
Exibição imediata (de documentos) – P I: nota 2 ao art. 12.°

Facto
– censurável – P II: art. 548.°, nota 2
– ilícito – P II: art. 548.°, nota 1
– prática – P I: nota 4 ao art. 4.°
– típico – P II: art. 548.°, nota 1
Faltas
– para assistência a filho – P II: art. 49.°
– para assistência a neto – P II: art. 50.°
– por falecimento de cônjuge, parentes ou afins – P II: art. 251.°
Fase administrativa – P I: secção I do cap. IV (art. 13.°)
Fase intermédia – P I: nota 2 ao art. 41.°
Fase judicial – P I: secção II do cap. IV (art. 32.°)
– quando se inicia – P I: nota 1 ao art. 32.° e Jurisp; nota 1 ao art. 37.°.
Férias
– alteração do período de F pela empresa – P II: art. 243.°
– alteração do período de F pelo trabalhador – P II: art. 244.°
– ano de gozo de F – P II: art. 240.°
– casos especiais de duração do período de F – P II: art. 239.°
– duração do período de F – P II: art. 238.°
– efeitos da cessação do contrato nas F – P II: art. 245.°
– marcação do período de F – P II: art. 241.°
– violação do direito a F – P II: art. 246.°
Férias judiciais e administrativas – P I: art. 6.°/2 e notas 2 a 4
Ficha
– clínica – P IV: art. 109.° da L 102/2009
– de aptidão – P IV – art. 110.° da L 10272009
– de procedimentos de segurança –P III: art. 14.°
Filiação sindical – P I: nota 2 ao art. 23.°
Fogueiros – P IV – Lei 30/2006
Formação
– certificação da F – P II: art. 131.°, nota 2
– contínua – P II: art. 131.°
– conteúdo da F contínua – P II: art. 133.°
– no trabalho no domicílio – P IV Lei 105/2009: art. 6.°
– plano de F – P IV: Lei 105/2009, rt. 14.°
– profissional – P II: arts. 130.° a 134.°; P IV Lei 105/2009: arts 13.° a 15.°.
Fundamentação da decisão – P I: art. 39.°/4

Garantia bancária – P I: art. 35.°/2
Grávidas, puérperas ou lactantes – P IV: Lei 102/2009 – art. 50.° e ss.
Greve
– proibição de coacção poradesão ou não à greve – P II: art. 540.°
– proibição de substituição de grevistas – P II: art. 535.°
– responsabilidade penal – P II: art. 543.°

Horário de trabalho:
- afixação e envio do mapa de HT – P II: art. 216.º
- alteração do HT – P II: art. 217.º
- elaboração do HT – P II: art. 212.º
- flexível – P II: art. 56.º e 57.º
- isenção de HT – P II: art. 218.º
- mapa de HT – P II: art. 215.º
- modalidades de isenção HT – P II: art. 219.º

Igualdade
- de condições de trabalho – P II: art. 31.º
- no aceso ao emprego – P II: art. 24.º

Ilicitude do despedimento
- efeitos – P II: art. 389.º

Impedimentos – P I: art. 16.º , nota 1 e nota 2 ao art. 29.º sobre aplicabilidade no processo especial

Impugnação da decisão administrativa – P I: nota 4 ao art. 1.º; art. 31.º
- data de apresentação – P I: art. 33.º Jurisp.C
- efeito devolutivo art. 35.º/1 e nota 1
- falta de conclusões – P I: art. 33.º, Jurisp.
- forma – P I: art. 33.º/1
- não recepção – P I: nota 1 ao art. 36.º
- por quem pode ser interposta – P I: nota 6 ao art. 32.º
- natureza – P I: nota 2 ao art. 32.º
- pelo arguido – P I: nota 6 ao art. 32.º
- prazo – 33.º/2 e notas 2 e 3
- retirada pelo arguido – P I: art. 46.º e nota1

Imputação da COL
- conduta ilícita – P II: art. 558.º/2
- critério – P II: art. 551.º, notas 1 e 2

Inconstitucionalidade
- do art. 12.º/3/*a*) da L 7/2009 – P II: art. 12.º Jurisp. A

Informação
- actualização da I – P II: art. 109.º
- anual sobre actividade social da empresa: P IV: L 105/2009 – art. 32.º; Portaria 55/2010
- dever geral de I – P II: art. 106.º
- dever de I trabalhadores móveis – P IV: DL 237/2007 art. 3.º
- meios de I – P II: art. 107.º
- relativa a trabalho no estrangeiro – P II: art. 108

Infractor primário – P I: art. 28.º e nota 3

Início de actividade – P II: art. 127.º/4

Instrumentos de regulamentação colectiva de trabalho (irct)
- nomeação de árbitros – P II: art. 507.º
- boa-fé na negociação – P II: art. 489.º

– publicidade dos irct – P II: art. 480.°
– resposta à proposta na convenção colectiva – P II: art. 487.°
– violação de irct – P II: art. 521.°
Interrupção da gravidez – P II: art. 38.°
Intervalo de descanso
– P II: art. 2013.°
– do menor – P II: art. 77.°

Judicialização do processo de CO – P I: nota 1 ao art. 28.°
Jurisdição – tutela de jurisdição efectiva – P I: nota 5 ao art. 32.°
Justo impedimento – P I: nota 2 ao art. 6.°

Lei orgânica da ACT e ISS, I.P. – P I: notas 1 e 2 ao art. 2.°; nota 1 ao art. 10.°
Licenças
– faltas e dispensas – P II: art. 65.°
– para assistência a filho – P II: art. 52.°
– para assistência a filho com doença crónica – P II: art. 53.°
– parental complementar – P II: art. 51.°
– parental exclusiva da mãe – P II: art. 41.°
– parental exclusiva do pai – P II: art. 43.°
– parental inicial – P II: arts. 40.° e 42.°
– por adopção – P II: art. 44.°
– por interrupção de gravidez – P II: art.38.°
– sem retribuição – concessão e efeitos – P II: art. 317.°
Livre-trânsito – P I: art. 10.°/2/d)
Lock-out
– proibição de lock-out – P II: art. 544.°
– responsabilidade penal – P II: art. 545.°

Mapa de quadro de pessoal – volume de negócios – P II: art. 554.° e nota 7
Marítimo
– a bordo das embarcações (C O e sanções) – P IV: DL 280/2001
– descanso diário do trabalhador M – P IV: L 15/97, art. 20.°
– descanso semanal do trabalhador M – P IV: L 15/97, art. 22.°
– pnt do trabalhador M – P IV: L 15/97, art. 18.°
– P IV: L 15/97, art. 10.°
Matéria de direito/de facto – P I: nota 8 ao art. 39.°
Médico
– do trabalho – P IV: Lei 102/2009 – art. 103.°
– imputação de CO – art. 17.°/2 e nota 2
– participação obrigatória de doença profissional – P IV: L 98/2009, art. 142.°
Menores
– actividades proibidas – P IV: Lei 102/2009 – art. 61.° e ss.
– admissão ao trabalho– P II: art. 68.°, nota 1
– admissão de M. sem escolaridade – P II: art. 69.°

– capacidade para celebrar contratos – P II: art. 70.°
– em actividades culturais, espectáculos – P IV: Lei 105/2009
– limites do pnt do menor – P II: art. 73.°
– marítimos – P IV: L 15/97, art. 35.°
– pnt – P II: art. 73.°
– princípios gerais – P II: art. 66.°
– protecção de sst – P II: art. 72.°
Ministério Público
– apresentação dos autos – P I: art. 37.°, nota 1
– critérios de actuação – P I: nota 3 ao art. 41.°
– dever de solicitar a pronúncia da Administração – P I: art. 45.°/2 e nota 3
– envio dos autos – P I: art. 36.°
– participação na audiência – P I: art. 44.°
Mobilidade funcional – P II: art. 120.°
Multa – prática do acto com multa até 3 dias após o prazo – P I: notas 2 e 3 ao art. 33.°

Negociação colectiva – boa-fé – P II: art. 489.°
Negligência
– conceito – P II: nota 2 ao art. 550.°
– presunção? – P II: nota 3 ao art. 550.°
– punibilidade – P II: art. 550.° e notas 1 e 2
Norma revogatória do DL 64/89 – P I: art. 64.°
Notificações
– P I: art. 7.°
– ao arguido – P I: art. 17.°
– a pessoas colectivas – P I: nota 3 ao art. 8.°
– das infracções da SS – P I: art. 18.° e notas
– do defensor oficioso – P I: nota 2 ao art. 9.°
– em procedimentos inspectivos – P I: art. 11.°
– em processo especial – P I: art. 29.°/ 1 e notas 1, 4 e 5
– inviabilidade de n. do arguido – P I: art. 53.°/1/*b*)
– na pendência do processo – P I: art. 9.°
– pelos inspectores – P I: art. 10.°/1/*b*), *c*), 2/*c*) e 3
– por carta registada – P I: art. 8.°
Nulidade – arguição pelo interessado – P I: nota 2 ao art. 40.°

Obras públicas – P III, art. 8.°

Pagamento da coima
– responsabilidade dos gerentes – P II: art. 551.°/3, nota 7
– responsabilidade solidária – P II: art. 551.°/4, nota 8
– de quantias em dívida – P II: art. 564.°/2 e notas 2 e 3
– voluntário – P I: art. 19.°
– aplicação de sanção acessória – P I: nota 4 ao art. 19.°
– das coimas da SS – P I: art. 19.° e nota 3

– da coima reduzida – P I: art. 29/2.º
– direito ao pagamento voluntário P I: nota 2 ao art. 17.º
– equivalência à condenação – P I: nota 4 ao art. 19.º
Parentalidade
– P II: arts. 37.º e ss.
– protecção social – P IV: DL 91/2009
Participação
– da autoridade administrativa na audiência – P I: art. 45.º
– do instrutor do processo na audiência – P I: nota 1 ao art. 45.º
– por quem é elaborada – P I: art. 13.º/1
– procedimento inspectivo – P I: art. 10.º/1/*d*)
– quando é elaborada – P I: art. 13.º/4 e nota 4
– valor probatório – P I: nota 1 ao art. 15.º
Património genético (protecção) – P IV: Lei 102/2009 – art. 42.º
Pena (dispensa de *p*) – inaplicação – nota 2 ao art. 560.º
Perigo
– CO de P. concreto – P II. art. 558/2 e nota 2
Período de referência – P II: art. 207.º
Período de funcionamento – P IV: L 105/2009, art. 16.º
Pessoas Colectivas
– P I: art. 15.º/2 e notas 1 e 3
– equiparadas – P II: 548.º, nota 2
– colectivas públicas – P III: art. 2.º , nota III
– responsabilidade CO do agente da P.C. – P II: nota 3 ao art. 546.º
– responsabilidade por crimes das P.C. – P II: art. 546.º e nota 2
Pessoas singulares – P II: nota 2 ao art. 546.º
Polivalência – P II: art. 118.º
Prazos
– aceleratório – P I: nota 2 ao art. 24.º
– contínuos e descontínuos – P I: art. 6.º e nota 2
– contagem – P I: art. 6.º
– de impugnação (dies a quo) – P I: nota 3 ao art. 9.º
– para a conclusão da instrução – P I: art. 24.º e notas
– prática do acto nos 3 dias após o prazo – nota 3 ao art. 6.º
– no processo especial – P I: notas 4 e 5 ao art. 29.º
– prorrogação no processo especial – P I: nota 6 ao art. 29.º
Prescrição
– aplicação de prazo mais favorável – P I: nota 1 ao art. 52.º
– conhecimento oficioso – P I: art. 52.º Jurisp.
– da coima – P I: nota 3 ao art. 28.º, art. 55.º e nota 1 (remissão para o regime geral – nota 2)
– do procedimento – P I: art. 52.º
– das sanções acessórias – P I: art. 58.º
– interrupção da p. da coima – P I: art. 57.º
– interrupção da p. do procedimento – P I: art. 54.º e notas

– suspensão da p. da coima – P I: art. 56.° (pagamento em prestações – nota 1)
– suspensão da p. do procedimento – P I: art. 53.° e nota 1
Presencialidade (da infracção) – P I: art. 13.°/2 e nota 2
Prestações da coima – P I: art. 27.°
Prestadores de serviço – P IV: L 105/2009, art. 33.°
Presunção de inocência – P II: nota 2 ao art. 557.°
Prevenção – P III, art. 4.°, nota II
Primeiros socorros
– em caso de ac. de trabalho/doença – P IV: L 98/2009, art. 26.°.
Proibição da *reformatio* (vd. *Reformatio in pejus*)
Procedimento
– comum das COL e das COSS – P I: nota 3 ao art. 1.° e nota 3 ao art. 2.°
– disciplinar – decisão de despedimento – P II: art. 357.°
– disciplinar – instrução – P II: art. 356.°
– disciplinar – micro-empresa – P II: art. 358.°
– disciplinar – P II: art. 329.° – nota de culpa – P II: art. 353.°
– inspectivo – P I: art. 10.°
Processo de COL e COSS
– simplificação – P I: art. 25.°/4 e nota 2; art. 39.°/4 e notas 5 e 6
Processo especial – P I: arts. 28.° a 31.°
Profissionais de espectáculos – P IV: L 4/2008
Projecto de obra – P III, art. 4.°
Proposta de Lei n.° 282/X/4.ª – P I: introdução da L 107/2009
Prova
– âmbito da prova – P I: art. 47.°/2
– elementos de prova – P I: art. 37.° e nota 3
– leitura de depoimentos prestados na fase administrativa – P I: nota 1 ao art. 47.°
– produção de prova perante o tribunal – P I: art. 47.°/2 e nota 4
– promoção da prova pelo M.°P.° – P I: art. 47.°/1
– testemunhal – P I: arts. 21.° e 22.°; art. 47.°/3 e 4
Pessoas colectivas públicas – P III: art. 2.°, nota III
Pss (Plano de segurança e saúde)
– aplicação na execução da obra – P III, art 13.°
– aprovação – P III, art. 12.°
– desenvolvimento – P III, art. 11.°
– P III, art. 5.°, nota 2
Publicidade – (Vd. também Sanções acessórias)
– dispensa e eliminação de P. – P II: art. 563.°/1 e 2
– pressupostos da dispensa de P – P II: art. 563.°, notas 2, 3 e 4
– publicitação – P II: art. 563.°, nota 5

Quadro de pessoal – P II: art. 127.°/1/*j*)
Quotização sindical
– cobrança de quotas – P II: art. 458.°
– crime de retenção de quota sindical – P II: art. 459.°

Reabilitação e reintegração – P IV: L 98/2009, art. 155.°
Recrutamento – registo de processos – P II: art. 32.°
Recurso
– apresentação 3 dias após o prazo com multa – P I: art. 33.°, nota 2
– da decisão administrativa – P I: art. 32.°, nota 3
– do despacho judicial – P I: art. 38.°/2; nota 3 ao art. 39.°
– exame preliminar – P I: art. 53.°/1/*d*) e nota 5
– interposição pelo arguido – P I: nota 6 ao art. 32.°
– natureza não jurisdicional – P I: nota 5 e Jurisp. do art. 34.°
– para os tribunais comuns, e não para os administrativos – P I: nota 4 ao art. 34.°
– sentido do termo "Recurso" – P I, art. 34.° Jurisp.
Reenvio
– dos autos pelo M.°P.° à Administração – P I: nota 1 ao art. 37.°
– pelo tribunal do proc. à Administração – P I: Jurisp. C do art. 25.°; nota 3 ao art. 32.°; art. 37.°, Jurisp. IV; nota 4 ao art. 39.° e Jurisp.B; nota 4 ao art. 47.°; nota 3 ao art. 51.°.
Reformatio in pejus – P I: nota 5 ao art. 45.°; nota 2 ao art. 46.°; nota 3 ao art. 47.°; nota 2 ao art. 51.°; nota 1 ao art. 60.°
Regime das COL e COSS – P I: nota 1 ao art. 10.°;
Regiões autónomas – P I: art. 63.°
Registo
– de sanções disciplinares – P II: art. 332.° e nota
– de tempos de trabalho – P II: art. 202.°, nota 1
– do tempo de trabalho trabalhadores móveis – P IV: DL 237/2007 , art. 4.°
Regulamento interno – P II: art. 99.°
Reincidência
– condições de verificação – P II: art. 561.° e nota 5
– dies a quo da prescrição – P II: nota 6 ao art. 561.°
– em caso de responsabilidade solidária – P II: nota 4 ao art. 561.°
– interpretação do art. 561.°/2 in fine – P II: nota 7 ao art. 561.°
– neutralidade ética da CO – P II: notas 2 e 3 art. 561.°
– prescrição – P II: nota 1 ao art. 561.°
Relatório único – informação anual sobre a actividade social da empresa – Port.ª 55/2010 – Parte IV: Lei 102/2009 – art. 32.° e notas
Remissão da decisão judicial para a decisão administrativa – P I: art. 39.°/4 e nota 5
Representação colectiva dos trabalhadores
– autonomia e independência – P II: art. 405.°
– crédito de horas dos rep. dos trabalhadores – P II: art. 408.°
– crime por violação da autonomia e independência – P II: art. 407.°
– faltas dos rep. dos trabalhadores – P II: art. 409.°
– proibição de actos discriminatórios – P II: art. 406.°
– protecção no caso de transferência – P II: art. 411.° e notas
Representante sindical
– agravamento das CÓS – P II: art. 553.°, nota 2
– P II: arts. 353.°/4; 355.°/2; 356.°/7; 357.°/8; 358.°/1
Requisição de documentos – P I: art. 10.°/1/*d*) e 2/*a*)

Responsabilidade
– conjunta da pessoas colectiva e do agente pela coima – P II: art. 551.°, nota 3
– contra-ordenacional – P II: Livro II, Cap. II (art. 548.°)
– contra-ordenacional das pessoas colectivas – P I: art. 15.°, nota 3
– das pessoas colectivas – P II: art. 551.°, nota 5
– individual do agente de COL – P II: art. 546.°, nota 3; 551.°, nota 2
– objectiva – P II: art. 548.°, nota 2
– outros sujeitos além do empregador – P II: art. 551.°, nota 4
– solidária – P I: art. 20.° e notas
– solidária do contratante – P II: art. 551.°, nota 6
– solidária pela CO – P II: nota 9 ao art. 551.°; nota 2 ao art. 556.°
– solidária pelo pagamento da coima – art. 12.°, nota 6
Retribuição
– cumprimento da obrigação – P II: art. 276.°
– de férias – P II: art. 264.°
– de funções afins ou funcionalmente ligadas – P II: art. 267.°
– de trabalho nocturno – P II: art. 266.°
– de trabalho suplementar – P II: art. 268.°
– efeitos penais da falta de pagamento da R – P II: art. 324.°
– em dívida – P II: art. 564.°/2 e notas 2 e 3
– mínima mensal garantida – P II: art. 273.°; nota 3 ao art. 564.°
– por isenção de HT – P II: art. 265.°
– proibição de desconto de prémio de seguro na R – P IV: L 98/2009, art. 13.°.
– tempo de cumprimento da obrigação – P II: art. 278.°
Revogação
– do contrato por acordo – P II: art. 349.°
– do CT/2003: P II: art. 12.°/3/*a*) da L 7/2009 e notas
– total ou parcial da decisão pela Administração – P I: nota 5 ao art. 36.° e Jurisp.
RGCO – P II: art. 549.° e nota 1.
Risco elevado (actividades) – P IV: Lei 102/2009 – art. 79.°

Sanções acessórias
– evolução histórica das S.A. – P II: art. 562.°, nota 1
– interdição do exercício de actividade e privação de arrematações – P II: art. 561.°/2 e nota 4
– P I: art. 19.°/3 e nota 3
– P II: art 12.°, nota 5; art. 562.°
– prescrição das S.A. – P I: art. 58.°
– publicidade – P II: art. 562.°/1 e 3 e nota 3
– S.A. não constantes do 562.° – P II: art. 192.°, nota 1; art. 562.°, nota 2
Sanções disciplinares
– P II: art. 328.°
– abusivas – P II: art. 331.°
– critério de decisão das SD – P II: art. 330.°
– registo de SD – P II: art. 332.°

Saúde (vigilância) – P IV: Lei 102/2009 – art. 44.° e 45.°
Seguradora – participação dos acidentes – P IV: L 98/2009, art. 90.°
Seguro
– alta – P IV: L 98/2009, art. 35.°.
– boletim de exame – P IV: L 98/2009, art. 35.°.
– do trabalhador independente – P II: art. 4.°/2 da Lei 7/2009
– caução para garantir pagamento – P IV: L 98/2009, art. 84.°.
– do trabalhador marítimo – P IV: L 15/97, art. 33.°
– obrigatoriedade de transferência da responsabilidade civil – P IV: Lei 98/2009 – art. 79.°
– obrigatoriedade de transferência pelas ett – P IV: art. 13.°/2 do DL 260/2009
– transporte e estada (acidente) – P IV: L 98/2009, art. 39.°.
Serviços internos, comuns, externos – P IV: Lei 102/2009 – art. 98.° e ss.
Shst /sst
– consulta dos trabalhadores – P IV: Lei 102/2009 – art. 18.°
– contra-ordenações – P III: arts. 25.°, 26.° e 27.°
– eleição dos rep. dos trabalhadores – P IV: Lei 102/2009 – art. 28.° e ss.
– informação anual sobre actividade – P IV: Lei 102/2009 – art. 112.°
– informação dos trabalhadores – P IV: Lei 102/2009 – art. 19.°
– formação dos trabalhadores – P IV: Lei 102/2009 – art. 20.°
– formação dos rep. dos trabalhadores – P IV: Lei 102/2009 – art. 22.°
– obrigações dos trabalhadores – P IV: Lei 102/2009 – art. 17.°
– P II: nota 3 ao art. 12.° da L 7/2009
– planificação – P III, art. 5.°
– plano – P III, art. 6.°
– promoção da sst – P IV: Lei 102/2009
– quedas em altura – P III, art. 7.°, nota III
– riscos especiais – P III, art. 7.°
– segurança na construção civil – P III: DL 273/2003
Simplificação processual – P I: nota 2 ao art. 25.°; nota 1 ao art. 28.°; notas 5 e 6 ao art. 39.°
Sindicato – (vd. representante sindical ou associações sindicais)
Subcontratação – P I: art. 15.°/3 e nota 2
Subempreiteiro – P III – art. 21.°
Subsídio
– de férias – P II: art. 264.°
– de Natal – P II: art. 263.°
Sucessão de leis sobre prescrição – P I: nota 1 ao art. 52.°
Suspensão
– causas de suspensão – P I: nota 2 ao art. 52.°
– da prescrição da coima – P I: art. 55.° e notas
– da prescrição do procedimento – P I: art. 53.° e notas
– do contrato por falta de pagamento da R – requisitos – P II: art. 325.° e nota 1
– dos trabalhos – P I: art. 10.°, n.° 1/*c*) e nota 2

Tacógrafo (ver Transportes rodoviários) – P IV: DL 272/89; Port.ª 222/2008; Regulamento (CE) n.º 561/2006
Taxa de justiça – P I: nota 3 ao art. 59.º
Teletrabalho
– em caso de trabalhador antes vinculado – P II: art. 167.º
– privacidade do trabalhador – P II: art. 170.º
– regime do contrato – P II: art. 166.º
– representação colectiva do trabalhador – P II: art. 171.º
Tempo de trabalho
– redução para assistência a filho com doença crónica – P II: art. 54.º
Testemunhas
– adiamento de diligências – P I: art. 22.º
– apresentação – P I: nota 3 ao art. 17.º; art. 21.º/1
– justificação de faltas – P I: art. 22.º/2/3/4
– arrolamento – P I: art. 17.º/2 e 3
– de acusação – P I: art. 15.º/1 e nota 2
– de defesa – P I: nota 2 ao art. 21.º
– depoimento perante a Administração – P I: art. 21.º/2 e 3
– limite máximo – P I: art. 17.º/2 e 3; art. 47.º/3 e 4
– meios técnicos áudio-visuais – P I: art. 21.º/2 e 3
– número limite P I: nota 4 ao art. 17.º
Testes médicos – P II: art. 19.º
Título executivo – P I: art. 26.º e notas
Trabalhador(es)
– adventícios – P II: art. 291.º, nota 1
– com capacidade de trabalho reduzida – P II: art. 84.º
– com deficiência ou doença crónica – P II: art. 85.º
– de espectáculos – P IV: L 4/2008
– estrangeiro – conteúdo do contrato – P II: art. 5.º
– funções desempenhadas pelo T – P II: art. 118.º
– garantias do T – P II: art. 129.º
– móveis – P IV: DL 237/2007, art. 1.º, nota 1
– no domicílio – P IV: Lei 101/2009
– nocturno – protecção – P II: art. 225.º
Trabalhador – estudante
– faltas para provas do TE – P II: art. 91.º
– férias do TE – P II: art. 92.º
– organização do tempo de trabalho do TE – P II: art. 90.º
Trabalhador independente
– obrigações (sst) – P III: art. 23.º
– seguro obrigatório – P II – L 7/2009 – art. 4.º/2
Trabalhadora grávida, puérpera ou lactante
Protecção em caso de despedimento – P II: art. 63.º
protecção da sst – P II: art. 62.º
Trabalho

– a bordo das embarcações de pesca – P IV: L 15/97
– a tempo parcial – P II: art. 55.°; 57.°
– autónomo – P I: nota 5 ao art. 2.°
– duração do T a bordo – P IV: L 15/97, art. 5.°
– duração do T trabalhadores móveis – P IV: DL 237/2007 , arts. 6.° e 7.°
– forma do T a bordo – P IV: L 15/97, art. 6.°
– intermitente – P II: arts. 159.° e 160.°
– limites máximos do pnt – P II: art. 203.°
– nocturno – duração – P II: art. 224.°
– nocturno do menor – P II: art. 76.°
– por turnos – organização – P II: art. 221.°
– por turnos – protecção de sst – P II: art. 222.°
– registo dos tempos de T – P II: art. 202.°
– tempo de T – P II: art. 197.°
– utilização indevida de T de menor – art. 82.°
Trabalho no domicílio
– formação profissional – P IV: L 101/2009, art. 6.°
– proibição de T no d – P IV: L 101/2009, art. 2.°
– remuneração – P IV: L 101/2009, art. 7.°
– sst – P IV: L 101/2009, art. 5.°
Trabalho suplementar
– condições de prestação de Ts – P II: art. 227.°
– de menor – P II: art. 75.°
– de menor com deficiência – P II: art. 88.°
– descanso compensatório – P II: art. 229.°
– limites de duração de Ts – P II: art. 228.°
– regimes especiais de Ts – P II: art. 230.°
– registo de Ts – P II: art. 231.°
Trabalho temporário
– admissão de T. temporário para trabalhos perigosos – P II: art. 175.°, nota
– formação profissional – P II: art. 187.°
– inclusão no balanço social e relatório sst – P II: art. 187.°
– P II: arts. 172.° a 192.°
– sst – P II: art. 186.°
Transferência
– a pedido do trabalhador vítima de violência doméstica – P II: art. 195.°
– de local de trabalho – P II: art. 194.° e notas
Transmissão da empresa ou estabelecimento
– efeitos da T – P II: art. 285.°
– informação dos rep. dos trabalhadores – P II: art. 286.°
Transportes rodoviários
– condução e repouso – P IV: DL 272/89, art. 7.°
– organização e remuneração do trabalho – P IV: DL 272/89, art. 8.°
– P IV: DL 237/2007
– responsabilidade do empregador – P IV: DL 272/89, art. 7.°, nota 4

Tribunal
– dever de comunicação da sentença à Administração – P I: art. 45/3 e nota 4

Unidade de Conta (UC) – P I: nota 2 ao art. 28.° e nota de rodapé; nota 2 ao art. 30.°; nota 1 ao art. 49.°; P II: 554.°/9 e nota 2;

Vigilância a distância – P II: arts. 20.° e 21.°
Volume de negócios – determinação da coima – P II: art. 554.°/5 e nota 6

BIBLIOGRAFIA

NOTA: Os acórdãos citados sem indicação de proveniência, encontram-se disponíveis em *http://www.dgsi.pt*.

ABRANTES, JOSÉ JOÃO – *Contratos de Trabalho e Meios de Vigilância da Actividade do trabalhador*, in Estudos em Homenagem ao Prof. Doutor Raul Ventura, vol. II, pp. 809 a 818.

ALMEIDA, MARGARIDA RAMOS DE – relatora do Ac do TRL de 10/10/2007, Proc. 6535/2007-3.

AMADO, LEAL/JOÃO REIS – *Nótula sobre as faltas justificadas por motivo de falecimento de parentes ou afins (art. 227.° do Código do Trabalho), in* QL, n.° 27 (2006), pp. 129 a 134.

AMADO, LEAL JOÃO – *O incumprimento da obrigação retributiva e o art. 364.°/2 do Código do Trabalho* [de 2003], *in* VIII Congresso Nacional de Direito do Trabalho, coordenação de António José Moreira, pp. 115 a 129.

ANDRADE, MANUEL COSTA – *Contributo para o conceito de Contra-Ordenação*, in Revista de Direito e Economia, Anos VI/VII, pp. 81 a 120.

ANTUNES, MANUEL FERREIRA – *Reflexões sobre o Direito Contra-Ordenacional*, SPB Editores, 1997.

ANTUNES, MARIA JOÃO – relatora do Ac do Tribunal Constitucional n.° 632/2009.

ARAÚJO, ANA PAULA GAMA – "*Contra-Ordenações Laborais*: *O problema da remissão fundamentadora*" *in* Prontuário, n.° 62, pp. 81 e ss.

BAPTISTA, ALBINO MENDES – *Tempo de trabalho efectivo, tempos de pausa e tempo de "terceiro tipo"*, in RDES, Jan-Mar / 2002, Ano XLII, n.° 1, pp. 29 a 53;
– *Que futuro para as comissões de trabalhadores?, in* VI Congresso de Direito do Trabalho, Memórias, Coordenação de António José Moreira, pp. 205-224.
– *Notas sobre a mobilidade geográfica dos trabalhadores* VII Congresso de Direito do Trabalho, Memórias, Coordenação de António José Moreira, pp. 25-40.

BELEZA, MARIA DOS PRAZERES PIZARRO, relatora do Ac. do Tribunal Constitucional n.° 27/2006.

BOLAS, NATALINO – relator do Ac do TRL de 13/12/2007, Proc. 8362/2007-4.

BORGES, ALBERTO – relator do Ac do TRE de 13/06/2006, Proc. 802-06-1.

BOTAS, NATALINO – relator do Ac do TRL de 17/01/2007, Proc. 7888/2006-4.

BOTELHO, SARMENTO – relator do Ac do TRL de 19/11/2003 Proc. 6284/2003-4.

BRAZ, MANUEL – relator do Ac do TRP de 14/01/98, Proc. 9710984 e do AC. do TRP de 06/02/2008, Proc. 0715317.

CADILHA, FERNANDES – Conselheiro relator dos Acórdãos do STJ: de 08/02/2006, Proc. 05S3139; de 13/04/2005, Proc. 05S2834.

CAMPOS, JÚLIA – *Igualdade e Não-Discriminação no Direito do Trabalho* – IV Congresso de Direito do Trabalho, Memórias, Coordenação de António José Moreira, pp. 267 – 321.

CARDOSO, DURO MATEUS – relator do Ac. do TRL de 23/02/2005 – Proc. 4668/2004-4.

CARDOSO, F. RIBEIRO – relator dos: Ac. do TRE de 10/1/2006, Proc. 2563/05-1; Ac do TRE de 11/11/2008, Proc. 2490/08-1.

CARDOSO, RICARDO – relator do Ac do TRL de 24/10/2006, Proc. 870472005-5.

CARVALHO, ANTÓNIO NUNES DE – *Sobre o dever de ocupação efectiva,* RDES, 1991, n.ºs 3 e 4;

– *Contrato de Trabalho a Tempo Parcial (Tópicos de reflexão), in* IX e X Congresso Nacional de Direito do Trabalho (Novembro de 2007) – Almedina, 2007, pp. 207 a 240;

CARVALHO, A. TAIPA DE – *Sucessão de leis penais, Coimbra Editora, Ld.ª, 1990.*

CARVALHO, CATARINA DE OLIVEIRA – "*Algumas questões sobre a empresa e o direito do trabalho no novo Código do Trabalho*" in A Reforma do Código do Trabalho, Coimbra Editora, 2004, pp. 437 a 474;

– *Cessação do contrato de trabalho promovida pelo empregador com justa causa objectiva no contexto dos grupos empresariais,* in Estudos em Homenagem ao Professor Manuel Alonso Olea, Almedina 2004, pp. 206 a 239.

– "*O equívoco jurisprudencial quanto à (in)admissibilidade do contrato de trabalho com pluralidade de empregadores antes do início de vigência do Código do Trabalho*", in QL, Ano XIV-2007 – n.° 30, pp 223-24;

– *A mobilidade geográfica dos trabalhadores no Código do Trabalho, in* VII Congresso Nacional de Direito do Trabalho, Almedina, 2004, pp. e 43 a 80;

– *A regulamentação nacional do tempo de trabalho e o direito comunitário: omissões e incompatibilidades, in* QL, n.° 27 (Ano XIII, 2006), pp. 33 a 59.

CARVALHO, PAULA LEAL DE – relatora dos: Ac. do TRP de 18/06/2007, N.° Conv. JTRP00040428; Ac. do TRP, de 20/04/2009, Proc. 0847279, N.° Conv. JTRP00042472; Ac. do TRP de 12/10/2009, Proc. 91/07.3TTBCL.P1, N.° Conv. JTRP00043030; Ac. do TRP, de 14/04/2008, Proc. 0746044, N.° Conv. JTRP00041245.

CASTRO, CATARINA SARMENTO E – *A protecção dos dados pessoais dos trabalhadores*, in Questões Laborais, ano IX, 2002.

COELHO, ALEXANDRE BAPTISTA – relator do Ac. do TRE de 05/05/2009, Proc. 2595/08-2-II.

COELHO, CARLOS BERGUETE – relator do Ac. do TRE de 03/12/2009 – Proc. 2768/08.7TBSTR.E1.

CORDEIRO, ANTÓNIO MENEZES – "Manual de Direito do Trabalho" ed. 1994.

– *Isenção do horário, subsídios para a dogmática actual do direito da duração do trabalho,* Coimbra, 2000.

CORREIA, ANTÓNIO DAMASCENO – *O regime jurídico das férias no novo Código do Trabalho, in* Prontuário de Direito do Trabalho, n.° 69 (Set/Dez, 2004), pp. 63 a 77.

CORREIA EDUARDO – Direito Criminal, vol. I e II, Almedina, Coimbra, 1971;

– *Direito Penal e Direito de Mera Ordenação Social* – B.F.D.U.C., vol. XLIX, 1973, pp. 257 e ss..

– anotação ao Assento publicado em 17/03/89 na RLJ n.° 3560, pp. 361 e ss..

COSTA, EMÍDIO – relator do Ac. do TRP de 08/03/2005, N.° Conv. JTRP00037802.

COSTA, JOAQUIM PEDRO F. CARDOSO DA, *O Recurso para os Tribunais Judiciais da Aplicação das Coimas pelas Autoridades Administrativas,* in Ciência e Técnica Fiscal, n.° 366. Abr/Jun, 1992, pp. 43 e ss..

COSTA, JORGE – *A retribuição e outras prestações patrimoniais no Código do Trabalho, in* A Reforma do Código do Trabalho; Coimbra Editora, 2004, pp. 381 a 400.

COSTA, MANUEL FERREIRA DA – *A retribuição e outras atribuições patrimoniais, in* A Reforma do Código do Trabalho; Coimbra Editora, 2004, pp. 401 a 412L;

– Relator do Ac. do TRP de 16/12/2009, Proc. 236-07.3IIBGC.P1, N.° Conv. JTRP00043289; Relator do Ac. do TRP, de 14/11/2005, Proc. 0540252, JTRP00038518; – Relator do Ac. do TRP, de 06/10/2008, Proc. 0843176, N.° Conv. JTRP 00041722.

DANTAS, ANTÓNIO LEONES – *Considerações sobre o processo das contra-ordenações* Revista do M.°P.° n.° 55, (1993), p. 99 a 105.

– *Considerações sobre o processo das contra-ordenações: as fases do recurso e da execução* – Revista do M.°P.°, (Jan/Mar1994), p. 71 a 83.

DIAS CABRAL – relator do Acórdão do TRP de 01/06/2005, n.° conv. JTRP00038122.

DIAS, FIGUEIREDO – relator do Acórdão da Comissão Constitucional n.° 168, de 24/07/79,

– BMJ 291.°, p. 341 e ss.;

– *O Movimento da Descriminalização e o Ilícito de Mera Ordenação Social – Jornadas de Direito Criminal – O Novo Código Penal Português e Legislação Complementar*, Fase I, CEJ, pp. 317 e ss..

– *Para uma dogmática do direito penal secundário. Um contributo para a reforma do direito penal económico e social português* – Direito e Justiça, Vol. IV, 1989/1990, pp. 7 a 57.

DIAS, MANUEL – relator do Acórdão do TRL de 05/07/95, n.° conv. JTRL0003052, (só sumário disponível) .

DINIS, ANTERO ALVES MONTEIRO – relator do Acórdão do Tribunal Constitucional n.° 158/92.

DINIS, VASQUES – relator dos Acórdãos: do STJ de 25/03/2010, Proc. 1052.2TTMTS.S1; do STJ de 25/06/2009, Proc. 09S0090.

DOMINGOS, MARIA ADELAIDE – *Poder e procedimento disciplinar no Código do Trabalho, in* A Reforma do Código do Trabalho; Coimbra Editora, 2004, pp. 475 a 493.

ESTEVES, MARIA LEONOR – relatora do Ac. do TRP de 04/02/2009, Proc. 0816413.

FARIA, PAULA RIBEIRO DE – *Comentário Conimbricense ao Código Penal,* Tomo II – anotação ao artigo 277.°.

FEITEIRA, JOSÉ – relator dos Acórdão do TRL: de 04/10/2006, Proc. 5113/2006-4; de 24/01/2007, Proc. 8885-2006-4.

FERNANDES, ANTÓNIO MONTEIRO – Direito do Trabalho, 11.ª Edição.

– *A Convenção Colectiva segundo o Código do Trabalho,* in Estudos em Homenagem ao Professor Manuel Alonso Olea, Almedina 2004, pp. 76 a 104.

FERNANDES, FRANCISCO LIBERAL – *Aspectos da interferência do direito social comunitário no direito laboral português* – Estudos em comemoração dos cinco anos (1995-2000) da Faculdade de Direito da Universidade do Porto – Coimbra Editora, 2001.

– *O regime da adaptabilidade do tempo de trabalho,in* A Reforma do Código do Trabalho; Coimbra Editora, 2004, pp. 329 a 339;

FERNANDES, PAULA SÁ – relatora do Ac. do TRL de 29/09/2004, Proc. 2602/2002-4.

FERREIRA, CAVALEIRO DE, – Curso de Processo Penal, Danúbio, 1986, 2.° v.

GOMES, JÚLIO – *Trabalho a tempo parcial, in* III Congresso Nacional de Direito do Trabalho, Memórias, Coordenação de António Moreira, Almedina, 2001;
– *Algumas observações sobre o contrato de trabalho por tempo indeterminado para cedência temporária*, in Questões Laborais, n.° 17, Ano VIII, 2001, pp. 41 a 86.

GOMES, MARIA IRENE – *Jurisprudência e Requisitos Materiais do Contrato de trabalho a Termo Certo, in* Prontuário de Direito do Trabalho, n.os 79 a 81, pp. 157 a 169;
– *Principais aspectos do regime jurídico do trabalho exercido em comissão de serviço,* in Estudos em Homenagem ao Professor Manuel Alonso Olea, Almedina 2004, pp. 241 a 265;
– *A comissão de serviço, in* A Reforma do Código do Trabalho; Coimbra Editora, 2004, pp. 365 a 380.

GOMINHO, LUÍS – relator do Ac. do TRP de 28/03/2007, Proc. 0647053.

GONÇALVES , PEDRO LIMA – relator do Ac do TRL de 08/11/2007, Proc. 7403-2008-8.

GRANDÃO, SOUSA – relator do Ac do STJ de 25/11/2009, Proc. 274/07.6TTBRR.S1; relator do Ac. do STJ de 20/05/2009, Proc. 08S3258.

HESPANHOL, PINTO – Conselheiro relator dos: Ac. do STJ de 20/05/2009, Proc. 09S0472; Ac. do STJ de 21/02/2006; Ac. do STJ de 14/02/2007, Proc. 06S2960; Ac. do STJ de 22/05/2007, Proc. 07S054; Ac de 14/05/2008, Proc. 08S643; Ac do STJ de 22/04/2009, Proc. 08S3769; Ac do STJ de 14/04/2010, Proc. 35/05.7TBSRQ.L1.S1.

JORGE JACOB – relator do Ac do TRP de 14/03/2007 Proc. 0647091, n.° conv. JTRP00040129.

JONES, MIRANDA – relator do Acórdão de 28/10/98 do TRL, publicado em Acórdãos Doutrinais, 1998, p. 156-III.

LEITE, FAUSTO – *Férias, faltas e feriados, in* A Reforma do Código do Trabalho; Coimbra Editora, 2004, pp. 341 a 347.

LIMA, FILOMENA – relatora do Ac. do TRL de 27/01/2003 – Proc. 10583/2003-5.

LIZARDO, JOÃO PALLA – *Exames médicos obrigatórios e Direitos de Personalidade – o Acórdão do Tribunal da Relação de Lisboa de 25/10/2000,* – Questões Laborais, n.° 24 (2004), p. 215 e ss..

MARIANO, JOÃO CURA – Conselheiro relator do Acórdão do Tribunal Constitucional n.° 490/2009, de 28/09/2009.

MARQUES, FERREIRA – relator dos Acórdãos: do TRP de 13/12/2007, Proc. 3734/2007-4; do TRL de 10/10/2007, Proc. 6853/2007-4.

HERMÍNIA MARQUES – relatora do Ac. do TRL, de 07/1072009, Proc. 4603-05.9TTLSB.L1-4.

MARTINEZ, PEDRO ROMANO – "Direito do Trabalho", Almedina, 2.ª Edição (2005).

MARTINS, ALDA MARIA DE OLIVEIRA – *Tutela procedimental e tutela jurisdicional no despedimento por extinção do posto de trabalho, in* Prontuário de Direito do Trabalho, n.os 79/80/81, pp. 172 a 196.

MARTINS, FERNANDES – relator do Ac. do TRE de 13/11/2007, Proc. 1984-07.1.

MARTINS, JOÃO ZENHA – *Definição e condições gerais da cedência ocasional de trabalhadores no Código do Trabalho, in* QL, n.° 27(2005), pp. 77 a 110.

MAURÍCIO, ARTUR – Conselheiro relator dos: Acórdão do Tribunal Constitucional n.° 368/2002; Acórdão do Tribunal Constitucional n.° 62/2003, DR, 2.as, de 23/05/2003.

MELO, VITOR – *Trabalho de menores*, em Prontuário de Direito do Trabalho, 71, pp. 121 a 133.

MENDES, AZEVEDO – relator do Ac do TRC de 28/03/2007, Proc. 436/06. OTTCBR-A.C1.

MESTRE, BRUNO – *Cláusulas de remissão a CCT,* in QL, n.° 30 (Jul/Dez 2007), pp. 139 a 171.

MIGUEL, ALBERTO SÉRGIO S. R. – *Manual de Higiene e Segurança do Trabalho* – Porto Editora, s/d.

MONTEIRO, CRISTINA LÍBANO – Comentário Conimbricense ao Código Penal – Tomo III – anotação ao art. 348.°, pp. 349 a 359.

MONTEIRO, LUÍS MIGUEL – *Regime jurídico do trabalho em comissão de serviço,* in Estudos em Homenagem ao Professor Manuel Alonso Olea, Almedina 2004, pp. 507 a 528;
– *Ausência ao serviço de membros de estruturas representativas de tradores, in* Prontuário de Direito de Trabalho, n.° 72, Set/Dez, 2005, pp. 66 a 84.

MORAIS, DOMINGOS – *Assédio Sexual* – Subjudice, Jan/Mar, 2004, p. 183 e ss.; relator do Ac. do TRP de 15/10/2007, Proc. 0711034, N.° Conv. JTRP00040659.

MOREIRA, ANTÓNIO JOSÉ – *Flexibilidade Temporal in* Estudos em Homenagem ao Professor Manuel Alonso Olea, Almedina 2004, pp. 105 a 121.

MOREIRA, TERESA COELHO – *Da Esfera Privada do trabalhador e Controlo do Empregador* – BFDUC, Abril 2004;
– *Discriminação pela Conduta e Orientação Sexuais* – VIII Congresso de Direito do Trabalho, Memórias, Coordenação de António José Moreira, pp. 167-190;
– *A conduta e a orientação sexuais do trabalhador, in* Estudos em Homenagem ao Professor Manuel Alonso Olea, Almedina 2004, pp. 613 a 645.

MOURISCO, CHAMBEL – relator do Ac do TRE de 09/11/2004, Proc. 1756/04-3; do Ac. do TRE, de 09/11/2004, Proc. 1677/04-2.

NASCIMENTO ANDRÉ PESTANA DO – *O Impacto das Novas Tecnologias no Direito do Trabalho e a Tutela dos Direitos de Personalidade do Trabalhado*r, in Prontuário do direito do Trabalho, n.os 79 a 81, pp. 215 a 262.

OLIVEIRA, ARTUR – relator do Ac. do TRP de 01/04/2009, Proc. 159/08.9TPPRT.

PAIXÃO, SEARA – relator do Ac do TRL, de 10/12/2003, Proc. 8135/2003-4; relator do Ac do TRL, de 19/11/2008, Proc. 4815/2008-4.

PALMA, MARIA FERNANDA – relatora do Ac. do TRE de 09/07/2009 – Proc. 2761/08-1.

PALMA, MARIA FERNANDA E PAULO OTERO – *Revisão do Regime Legal do Ilícito de Mera Ordenação Social,* in Rev. da Fac. Dir. Univ. Lisboa, vol. XXXVII, 1996, n.° 2.

PARREIRA, ISABEL RIBEIRO – O Assédio Moral no Trabalho – V Congresso de Direito do Trabalho, Memórias, Coordenação de António José Moreira, pp. 209-244.

PEREIRA, MÁRIO – relator dos Acódãos: do STJ de 13/02/2008, Proc. 06S4106; do STJ, de 22/10/2008, Proc. 07S3666; do STJ de 13/01/2010, Proc. 4583/06.3TTL.SB.S1; do STJ de 10/12/2009, Proc. 08S3695; do STJ de 24/09/2008, Proc. 07S53793; Ac do STJ de 13/02/2010, Proc. 162/2001.L1.S1.

PEIXOTO, SOUSA – relator do Ac. do TRP de 24/05/2004, Proc. 0411714, N.° Conv. JTRP00036933; relator do Ac. do STJ de 12/07/2007, Proc. 07S736.

PINTO, FREDERICO DE LACERDA DA COSTA – *O Ilícito de Mera Ordenação Social e a Erosão do Princípio da Subsidiariedade da Intervenção Penal – in* RPCC 7 (1997), pp. 7 a 100.

PINTO, JOÃO FERNANDO FERREIRA – *Cessação do contrato de trabalho por iniciativa do empregador, in* A Reforma do Código do Trabalho, Coimbra Editora, 2004, pp. 513 a 536.

PINTO, PAULO DA MOTA – relator do Ac do tribunal Constitucional n.° 628/99.

PINTO, RAMALHO – relator dos Acórdãos: do TRL de 14/01/2004, Proc. 8504/2003-4; do Ac do TRL de 16/06/2004, Proc. 4667/2004-7; do Ac do TRL de12/07/2006, Proc. 5104-2006-4.

QUINTAS, PAULA – *A precariedade dentro da precariedade ou a demanda dos trabalhadores à procura de primeiro emprego, in* QL, n.° 24, pp. 225 a 240.

PROENÇA, ACÁCIO – relator do Acórdão do TRE n.° 550/08-3, de 22/04/2008.

PUISSOCHET, J.P. – *Acórdão do Tribunal de Justiça de 20/11/2003*, na revista Subjudice, n.° 27 (Jan/Mar, 2004), pp. 163 a 168.

RAMOS, SOARES – Conselheiro relator do Acórdão do STJ de 12/03/2009, Proc. 08P3554.

RATO, JOÃO – Contra-Ordenações Laborais – Questões Laborais , n.° 21 (2003), pp. 112 a 115.

REBELO, GLÓRIA – Reflexões sobre o teletrabalho: entra a vida privada e a vida profissional, in QL, n.° 23 (2004), pp. 98 a 116;

– Teletrabalho: Reflexões sobre uma nova forma de prestar trabalho subordinado, in Prontuário de Direito do Trabalho, n.° 67 (Jan/Abr 2004), pp. 53 a 65.

REDINHA, MARIA REGINA – *Assédio Moral ou Mobbing* –V Congresso de Direito do Trabalho, Memórias, Coordenação de António José Moreira, pp. 169 a 171.

REGO, CARLOS LOPES DO – Comentário ao Ac do Tribunal Constitucional n.° 368/2002, in Revista do M.° P n.° 92 (2002); Relator do Ac. do STJ, de 26/11/2009, Proc. 4781/07.2. TBALM.L1,S1 – 7.ª Sec.).

REIS, JOÃO – *A legitimidade do sindicato no processo,* in Estudos em Homenagem ao Professor Manuel Alonso Olea, Almedina 2004, pp. 357 a 396.

RIBEIRO, JOÃO SOARES – *O auto de notícia de contravenção e contra-ordenação: valor probatório – Questões Laborais* – Ano I, n.° 3, 1994, pp. 129-143;

– *O auto de notícia da Inspecção do Trabalho* – Questões Laborais – Ano VI, n.° 13, 1999, pp. 102-108;

– Contra-Ordenações Laborais, 2.ª edição, Almedina 2003;

– *Natureza da Decisão Administrativa em Processo de Contra – Ordenação* – Prontuário de Direito do Trabalho, CEJ, Actualização n.° 63, (Jan/Abr 2003), pp. 99-112;

– *Crimes e concurso de infracções no Código do Trabalho* – Minerva, Ano II, – n.° 3, 2003;

– *Contra-ordenações no Código do Trabalho* – VII Congresso Nacional de Direito do Trabalho (29/30 Janeiro de 2004) – Almedina, 2004;

– *Responsabilidade pela Segurança na Construção Civil e Obras Públicas,* Almedina, 2005;

– *Violação dos Instrumentos de Regulamentação Colectiva (Breves apontamentos sobre a Interpretação e constitucionalidade do artigo 687.° do Código do Trabalho)* – Prontuário de Direito do Trabalho 69 (Set/Dez 2004, pp 119 a 141);

– Comparticipação e Responsabilidade Contra-Ordenacional de Empresas com Trabalhadores no Mesmo Local - Minerva, Ano V, n.° 9 (Setembro 2006, pp. 75 a 114);

– *O Crime de não apresentação pelo empregador de registos e outros documentos* – IX e X Congresso Nacional de Direito do Trabalho (Novembro de 2007);

– *Elemento subjectivo da contra-ordenação: A propósito da responsabilidade do empregador nos transportes rodoviários* – 05 e 16/17 de Novembro de 2006) – Almedina, Novembro, 2007, (pp. 33-53); Maia Jurídica, Ano V, n.° 2 – Jul/Dez 2007 (pp. 17-26);

– *Discricionariedade no Exercício da Acção Inspectiva* – Prontuário do Direito do Trabalho – Act. n.° 79/81 (Jan-Dez/2008 – pp. 263-278);

– *Notas Sobre o Regime do Trabalho Temporário de 2007* – Minerva, Série II, n.° 1, 2008, pp. 85 a 118.

RIBEIRO, MARIA DE FÁTIMA – *Breves notas críticas sobre a evolução de alguns aspectos da duração e organização do tempo de trabalho, in* QL, Ano XIII-2006 – n.° 28, pp. 219-240

RICARDO, NUNES – relator do Acórdão do TRL de 06/02/96, n.° conv. JTRL00000976, (só sumário disponível).

RODRIGUES, PEREIRA – relator do Ac do TRL de 16/02/2000, Proc. 0073064 N.° Conv. JTRL00026229.

ROMBA, MARIA JOÃO – relatora dos Acórdãos do TRL: de 09/04/2008, Proc. 318/2008-4; de 09/05/2007, Proc. 1254/2007-4.

ROUXINOL, MILENA SILVA – *A obrigação de segurança e saúde do empregador,* Coimbra Editora, 2008.

SAMPAIO, PAULA FORJAZ DE – *Férias, feriados e faltas in* A Reforma do Código do Trabalho; Coimbra Editora, 2004, pp. 349 a 363.

SANTOS, SIMAS E JORGE LOPES DE SOUSA – *Contra-Ordenações Anotações ao Regime Geral* – 2.ª edição.

SEQUEIRA, ALEXANDRA MARQUES – *Assédio Moral no Trabalho* – Questões Laborais, Ano XII, 2006, n.° 28, p. 241 a 258.

SERRA, BRAVO – relator do Acórdão do Tribunal Constitucional n.° 265/2001, de 19/06/2001; relator do Ac. do STJ de 21/05/2008, Proc. 08S606.

SERRA, TERESA – *Contra-ordenações: Responsabilidade de Entidades Colectivas* – RPCC 9 (Abril/Junho 1999).

SILVA, JOÃO SOARES DA – *Responsabilidade Civil dos Administradores da Sociedade: Os Deveres Gerais e a Corporate Governance*, in ROA, Ano 57, Abril de 1997, pp. 605 e ss..

SILVA, LUÍS GONÇAVES DA – *Sujeitos Colectivos*, 2003 ; *Nótula sobre os efeitos colectivos da transmissão da empresa, in* revista Subjudice, n.° 27 (Jan/Mar, 2004), pp. 127 a 135.

SILVA, MACHADO DA – relator do Ac. do TRP de 31/01/2007, Proc. 0615787, N.° Conv. JTRP00040018.

SIMÕES, RUI FIGUEIREDO – Revista Segurança, n.° 103, 2.° trimestre 1991, pp. 10 a 14 e n.° 104, 3.° trimestre 1991, pp. 21 a 30.

SOARES, LEOPOLDO – relator do Ac. do TRL de 29/10/2008, Proc. 6010/2008-4.

SOUSA, JOÃO CASTRO E – *A Aplicabilidade de Coimas às Pessoas Colectivas – As pessoas Colectivas em Face do Direito Criminal e do Chamado "Direito de Mera Ordenação Social"*, Coimbra Editora, Ld.ª, 1985, pp. 136 e ss..

SOUSA, JOÃO GOMES DE – relator do Ac do TRE de 28/10/2008 – Proc. 1441/08.1.

TRINDADE, JOÃO – relator do Ac do TRC de 28/10/2009, Proc. 401/07.3TBSRE-A.C1.

TRIUNFANTE, ARMANDO – *Responsabilidade Civil das Concessionárias das auto-estradas*, *in* Direito e Justiça (2001); vol. XV, T.I, pp. 45 e ss.

VASCONCELOS, JOANA –, *A transmissão da empresa no Código do Trabalho, in* Prontuário de Direito do trabalho, n.° 71 (Ago/ 2005), pp. 67 a 72.

VICENTE, JOANA NUNES – *Cláusulas de mobilidade geográfica: vias de controlo possível, in* QL, n.° 27 (Ano XIII, 2006) pp. 61 a 90.

VIEIRA, IVA CARLA E MARIA MANUEL BUSTO – *Manual Jurídico da Empresa* – Ecla Editora, 1990.

ÍNDICE

	Pág.
Nota introdutória	5
Abreviaturas e siglas	7

PARTE I
REGIME PROCESSUAL DAS CONTRA-ORDENAÇÕES LABORAIS E DA SEGURANÇA SOCIAL CONTIDO NA LEI N.º 107/2009

Lei n.º 107/2009 de 14 de Setembro	11
CAPÍTULO I – Objecto, âmbito e competência	11
Artigo 1.º – Objecto e âmbito	11
Artigo 2.º – Competência para o procedimento de contra-ordenações	12
Artigo 3.º – Competência para a decisão	15
Artigo 4.º – Competência territorial	18
CAPÍTULO II – Actos processuais na fase administrativa	20
Artigo 5.º – Forma dos actos processuais	20
Artigo 6.º – Contagem dos prazos	20
Artigo 7.º – Notificações	23
Artigo 8.º – Notificação por carta registada	24
Artigo 9.º – Notificação na pendência de processo	26
CAPÍTULO III – Da acção inspectiva	27
Artigo 10.º – Procedimentos inspectivos	27
Artigo 11.º – Notificação no âmbito de procedimentos inspectivos	31
Artigo 12.º – Modo e lugar do cumprimento	32
CAPÍTULO IV – Tramitação processual	34
SECÇÃO I – Da fase administrativa	34
Artigo 13.º – Auto de notícia e participação	34
Artigo 14.º – Auto de infracção	37
Artigo 15.º – Elementos do auto de notícia, da participação e do auto de infracção	39
Artigo 16.º – Impedimentos	42
Artigo 17.º – Notificação ao arguido das infracções laborais	43
Artigo 18.º – Notificação ao arguido das infracções de segurança social	45
Artigo 19.º – Pagamento voluntário da coima	46

Artigo 20.° – Responsabilidade solidária pelo pagamento da coima ... 50
Artigo 21.° – Testemunhas ... 51
Artigo 22.° – Adiamento da diligência de inquirição de testemunhas ... 53
Artigo 23.° – Legitimidade das associações sindicais como assistentes ... 53
Artigo 24.° – Prazo para a instrução ... 55
Artigo 25.° – Decisão condenatória ... 56
Artigo 26.° – Natureza de título executivo ... 59
Artigo 27.° – Pagamento da coima em prestações ... 60
SUBSECÇÃO I – Processo especial ... 61
Artigo 28.° – Âmbito ... 61
Artigo 29.° – Procedimento ... 63
Artigo 30.° – Redução da coima ... 65
Artigo 31.° – Efeitos do cumprimento ... 66
SECÇÃO II – Fase judicial ... 66
Artigo 32.° – Impugnação judicial das decisões de aplicação das coimas ... 66
Artigo 33.° – Forma e prazo ... 69
Artigo 34.° – Tribunal competente ... 71
Artigo 35.° – Efeitos da impugnação judicial ... 72
Artigo 36.° – Envio dos autos ao Ministério Público ... 75
Artigo 37.° – Apresentação dos autos ao juiz ... 77
Artigo 38.° – Não aceitação da impugnação judicial ... 78
Artigo 39.° – Decisão judicial ... 79
Artigo 40.° – Marcação da audiência ... 82
Artigo 41.° – Retirada da acusação ... 82
Artigo 42.° – Participação do arguido na audiência ... 84
Artigo 43.° – Ausência do arguido ... 85
Artigo 44.° – Participação do Ministério Público ... 85
Artigo 45.° – Participação da autoridade administrativa competente ... 86
Artigo 46.° – Retirada da impugnação judicial ... 87
Artigo 47.° – Prova ... 88
Artigo 48.° – Admoestação judicial ... 90
Artigo 49.° – Decisões judiciais que admitem recurso ... 91
Artigo 50.° – Regime do recurso ... 92
Artigo 51.° – Âmbito e efeitos do recurso ... 93
CAPÍTULO V – Prescrição ... 95
Artigo 52.° – Prescrição do procedimento ... 95
Artigo 53.° – Suspensão da prescrição ... 96
Artigo 54.° – Interrupção da prescrição ... 98
Artigo 55.° – Prescrição da coima ... 99
Artigo 56.° – Suspensão da prescrição da coima ... 99
Artigo 57.° – Interrupção da prescrição da coima ... 99
Artigo 58.° – Prescrição das sanções acessórias ... 100
CAPÍTULO V – Custas ... 100
Artigo 59.° – Custas processuais ... 100

CAPÍTULO VI – Disposições finais 101
Artigo 60.° – Direito subsidiário 101
Artigo 61.° – Cumprimento da obrigação devida 102
Artigo 62.° – Comunicações entre autoridades administrativas competentes 102
Artigo 63.° – Regiões Autónomas 104
Artigo 64.° – Norma revogatória 104
Artigo 65.° – Entrada em vigor 104

PARTE II
TIPOS LEGAIS DE CONTRA-ORDENAÇÕES
E CRIMES PREVISTOS NO CÓDIGO DO TRABALHO
E REGIME GERAL

Lei n.° 7/2009 de 12 de Fevereiro 109
Artigo 12.° – Norma revogatória 109

CÓDIGO DO TRABALHO
(Só se publicam as disposições que respeitam às CO)

Aplicação do direito do trabalho 115

Artigo 5.° – Forma e conteúdo de contrato com trabalhador estrangeiro ou apátrida 115
Artigo 8.° – Destacamento para outro Estado 116
Contrato de trabalho 117
Artigo 12.° – Presunção de contrato de trabalho 117
Direitos de personalidade 119
Artigo 17.° – Protecção de dados pessoais 119
Artigo 18.° – Dados biométricos 120
Artigo 19.° – Testes e exames médicos 121
Artigo 20.° – Meios de vigilância a distância 122
Artigo 21.° – Utilização de meios de vigilância a distância 123
Igualdade e não discriminação 124
Artigo 24.° – Direito à igualdade no acesso a emprego e no trabalho 124
Artigo 25.° – Proibição de discriminação 125
Proibição de assédio 126
Artigo 29.° – Assédio 126
Igualdade e não discriminação 127
Artigo 30.° – Acesso ao emprego, actividade profissional ou formação 127
Artigo 31.° – Igualdade de condições de trabalho 127
Artigo 32.° – Registo de processos de recrutamento 128

Parentalidade – (Sobre o regime da protecção social na parentalidade do sistema previdencial e do subsistema de solidariedade, consultar o Dec.-Lei n.° 91/2009, de 09/04) ... 129
Artigo 37.° – Licença em situação de risco clínico durante a gravidez ... 129
Artigo 38.° – Licença por interrupção da gravidez ... 130
Artigo 40.° – Licença parental inicial ... 130
Artigo 41.° – Períodos de licença parental exclusiva da mãe ... 131
Artigo 42.° – Licença parental inicial a gozar por um progenitor em caso de impossibilidade do outro ... 133
Artigo 43.° – Licença parental exclusiva do pai ... 134
Artigo 44.° – Licença por adopção ... 134
Artigo 46.° – Dispensa para consulta pré-natal ... 135
Artigo 47.° – Dispensa para amamentação ou aleitação ... 136
Artigo 49.° – Falta para assistência a filho ... 137
Artigo 50.° – Falta para assistência a neto ... 138
Artigo 51.° – Licença parental complementar ... 138
Artigo 52.° – Licença para assistência a filho ... 139
Artigo 53.° – Licença para assistência a filho com deficiência ou doença crónica 140
Artigo 54.° – Redução do tempo de trabalho para assistência a filho menor com deficiência ou doença crónica ... 140
Artigo 55.° – Trabalho a tempo parcial de trabalhador com responsabilidades familiares ... 141
Artigo 56.° – Horário flexível de trabalhador com responsabilidades familiares 142
Artigo 57.° – Autorização de trabalho a tempo parcial ou em regime de horário flexível ... 142
Artigo 58.° – Dispensa de algumas formas de organização do tempo de trabalho 143
Artigo 59.° – Dispensa de prestação de trabalho suplementar ... 143
Artigo 60.° – Dispensa de prestação de trabalho no período nocturno ... 144
Artigo 62.° – Protecção da segurança e saúde de trabalhadora grávida, puérpera ou lactante ... 144
Artigo 63.° – Protecção em caso de despedimento ... 146
Artigo 65.° – Regime de licenças, faltas e dispensas ... 147
Trabalho de menores – (Sobre a participação de menor em actividade de natureza cultural, artística ou publicitária, consultar a Lei n.° 105/2009, de 14/09 – arts. 2.° a 11.°) ... 149
Artigo 66.° – Princípios gerais relativos ao trabalho de menor ... 149
Artigo 68.° – Admissão de menor ao trabalho ... 150
Artigo 69.° – Admissão de menor sem escolaridade obrigatória ou sem qualificação profissional ... 150
Artigo 70.° – Capacidade do menor para celebrar contrato de trabalho e receber a retribuição ... 152
Artigo 72.° – Protecção da segurança e saúde de menor ... 153
Artigo 73.° – Limites máximos do período normal de trabalho de menor ... 154
Artigo 74.° – Dispensa de algumas formas de organização do tempo de trabalho de menor ... 154

Artigo 75.° – Trabalho suplementar de menor ... 155
Artigo 76.° – Trabalho de menor no período nocturno ... 156
Artigo 77.° – Intervalo de descanso de menor ... 157
Artigo 78.° – Descanso diário de menor ... 157
Artigo 79.° – Descanso semanal de menor ... 158
Artigo 80.° – Descanso semanal e períodos de trabalho de menor em caso de pluriemprego ... 159
Artigo 82.° – Crime por utilização indevida de trabalho de menor ... 160
Artigo 83.° – Crime de desobediência por não cessação da actividade de menor 162
Trabalhador com capacidade de trabalho reduzida
Artigo 84.° – Princípios gerais quanto ao emprego de trabalhador com capacidade de trabalho reduzida ... 164
Trabalhador com deficiência ou doença crónica ... 164
Artigo 85.° – Princípios gerais quanto ao emprego de trabalhador com deficiência ou doença crónica ... 164
Artigo 87.° – Dispensa de algumas formas de organização do tempo de trabalho de trabalhador com deficiência ou doença crónica ... 165
Artigo 88.° – Trabalho suplementar de trabalhador com deficiência ou doença crónica ... 166
Trabalhador-estudante – (Ter presente o art. 12.° da Lei n.° 105/2009, de 14/09, sobre as especificidades da frequência de estabelecimento de ensino por trabalhador-estudante) ... 166
Artigo 90.° – Organização do tempo de trabalho de trabalhador-estudante ... 166
Artigo 91.° – Faltas para prestação de provas de avaliação ... 168
Artigo 92.° – Férias e licenças de trabalhador-estudante ... 169
O empregador e a empresa ... 169
Artigo 99.° – Regulamento interno de empresa ... 169
Artigo 101.° – Pluralidade de empregadores ... 170
Informação sobre aspectos relevantes na prestação de trabalho ... 171
Artigo 106.° – Dever de informação ... 171
Artigo 107.° – Meios de informação ... 174
Artigo 108.° – Informação relativa a prestação de trabalho no estrangeiro ... 175
Artigo 109.° – Actualização da informação ... 175
Actividade do trabalhador ... 176
Artigo 118.° – Funções desempenhadas pelo trabalhador ... 176
Artigo 120.° – Mobilidade funcional ... 177
Invalidade do contrato de trabalho ... 178
Artigo 124.° – Contrato com objecto ou fim contrário à lei ou à ordem pública 178
Direitos, deveres e garantias das partes ... 178
Artigo 127.° – Deveres do empregador ... 178
Artigo 129.° – Garantias do trabalhador ... 180
Formação profissional – (Sobre formação profissional, ver também arts. 13.° a 15.° da Lei n.° 105/2009 – Parte IV) ... 182
Artigo 131.° – Formação contínua ... 182
Artigo 133.° – Conteúdo da formação contínua ... 184

Contrato a termo resolutivo 184
Artigo 140.° – Admissibilidade de contrato de trabalho a termo resolutivo 184
Artigo 141.° – Forma e conteúdo de contrato de trabalho a termo 185
Artigo 143.° – Sucessão de contrato de trabalho a termo 187
Artigo 144.° – Informações relativas a contrato de trabalho a termo 187
Artigo 145.° – Preferência na admissão 188
Trabalho a tempo parcial 189
Artigo 152.° – Preferência na admissão para trabalho a tempo parcial 189
Artigo 154.° – Condições de trabalho a tempo parcial 189
Artigo 155.° – Alteração da duração do trabalho a tempo parcial 190
Artigo 156.° – Deveres do empregador em caso de trabalho a tempo parcial.... 190
Trabalho intermitente 191
Artigo 159.° – Período de prestação de trabalho 191
Artigo 160.° – Direitos do trabalhador 192
Comissão de serviço 192
Artigo 162.° – Regime de contrato de trabalho em comissão de serviço 192
Artigo 164.° – Efeitos da cessação da comissão de serviço 193

Teletrabalho 194
Artigo 166.° – Regime de contrato para prestação subordinada de teletrabalho 194
Artigo 167.° – Regime no caso de trabalhador anteriormente vinculado ao empregador 195
Artigo 170.° – Privacidade de trabalhador em regime de teletrabalho 195
Artigo 171.° – Participação e representação colectivas de trabalhador em regime de teletrabalho 196
Trabalho temporário 197
Artigo 173.° – Cedência ilícita de trabalhador 197
Artigo 175.° – Admissibilidade de contrato de utilização de trabalho temporário 198
Artigo 177.° – Forma e conteúdo de contrato de utilização de trabalho temporário 199
Artigo 179.° – Proibição de contratos sucessivos 200
Artigo 181.° – Forma e conteúdo de contrato de trabalho temporário 201
Artigo 183.° – Forma e conteúdo de contrato de trabalho por tempo indeterminado para cedência temporária 201
Artigo 184.° – Período sem cedência temporária 202
Artigo 185.° – Condições de trabalho de trabalhador temporário 203
Artigo 186.° – Segurança e saúde no trabalho temporário 204
Artigo 187.° – Formação profissional de trabalhador temporário 205
Artigo 189.° – Enquadramento de trabalhador temporário 206
Artigo 192.° – Sanções acessórias no âmbito de trabalho temporário 206
Local de trabalho 207
Artigo 194.° – Transferência de local de trabalho 207
Artigo 195.° – Transferência a pedido do trabalhador 208
Duração e organização do tempo de trabalho 209
Artigo 197.° – Tempo de trabalho 209

Artigo 202.° – Registo de tempos de trabalho 210
Artigo 203.° – Limites máximos do período normal de trabalho 212
Artigo 204.° – Adaptabilidade por regulamentação colectiva 213
Artigo 205.° – Adaptabilidade individual 313
Artigo 206.° – Adaptabilidade grupal 214
Artigo 207.° – Período de referência.. 216
Artigo 208.° – Banco de horas 216
Horário de trabalho 217
Artigo 212.° – Elaboração de horário de trabalho... 217
Artigo 213.° – Intervalo de descanso 218
Artigo 214.° – Descanso diário 219
Artigo 215.° – Mapa de horário de trabalho 220
Artigo 216.° – Afixação e envio de mapa de horário de trabalho 221
Artigo 217.° – Alteração de horário de trabalho 222
Isenção de horário de trabalho 223
Artigo 218.° – Condições de isenção de horário de trabalho.............................. 223
Artigo 219.° – Modalidades e efeitos de isenção de horário de trabalho 224
Trabalho por turnos 224
Artigo 221.° – Organização de turnos 224
Artigo 222.° – Protecção em matéria de segurança e saúde no trabalho 225
Trabalho nocturno 226
Artigo 224.° – Duração do trabalho de trabalhador nocturno............................. 226
Artigo 225.° – Protecção de trabalhador nocturno.. 227
Trabalho suplementar... 228
Artigo 227.° – Condições de prestação de trabalho suplementar 228
Artigo 228.° – Limites de duração do trabalho suplementar 229
Artigo 229.° – Descanso compensatório de trabalho suplementar 230
Artigo 230.° – Regimes especiais de trabalho suplementar................................ 231
Artigo 231.° – Registo de trabalho suplementar 231
Descanso semanal 232
Artigo 232.° – Descanso semanal.. 232
Artigo 233.° – Cumulação de descanso semanal e de descanso diário............... 233
Férias 233
Artigo 238.° – Duração do período de férias 233
Artigo 239.° – Casos especiais de duração do período de férias 235
Artigo 240.° – Ano do gozo das férias 235
Artigo 241.° – Marcação do período de férias 236
Artigo 243.° – Alteração do período de férias por motivo relativo à empresa ... 238
Artigo 244.° – Alteração do período de férias por motivo relativo ao trabalhador 238
Artigo 245.° – Efeitos da cessação do contrato de trabalho no direito a férias .. 239
Artigo 246.° – Violação do direito a férias 240
Faltas 240
Artigo 251.° – Faltas por motivo de falecimento de cônjuge, parente ou afim .. 240
Retribuição 241
Artigo 263.° – Subsídio de Natal... 241

Artigo 264.° – Retribuição do período de férias e subsídio 242
Artigo 265.° – Retribuição por isenção de horário de trabalho 243
Artigo 266.° – Pagamento de trabalho nocturno 244
Artigo 267.° – Retribuição por exercício de funções afins ou funcionalmente ligadas 244
Artigo 268.° – Pagamento de trabalho suplementar 245
Artigo 273.° – Determinação da retribuição mínima mensal garantida 246
Artigo 276.° – Forma de cumprimento 246
Artigo 278.° – Tempo do cumprimento 247
Artigo 279.° – Compensações e descontos 248
CAPÍTULO IV – Prevenção e reparação de acidentes de trabalho e doenças profissionais 248
Artigo 281.° – Princípios gerais em matéria de segurança e saúde no trabalho. 248
Artigo 282.° – Informação, consulta e formação dos trabalhadores 248
Artigo 283.° – Acidentes de trabalho e doenças profissionais 248
Artigo 284.° – Regulamentação da prevenção e reparação 249
Transmissão de empresa ou estabelecimento 249
Artigo 285.° – Efeitos de transmissão de empresa ou estabelecimento 249
Artigo 286.° – Informação e consulta de representantes dos trabalhadores 250
Cedência ocasional de trabalhador 251
Artigo 289.° – Admissibilidade de cedência ocasional 251
Artigo 290.° – Acordo de cedência ocasional de trabalhador 252
Artigo 291.° – Regime de prestação de trabalho de trabalhador cedido 253
Artigo 293.° – Enquadramento de trabalhador cedido 254
Redução da actividade e suspensão de contrato de trabalho 254
Artigo 295.° – Efeitos da redução ou da suspensão 254
Situação de crise empresarial 255
Artigo 299.° – Comunicações em caso de redução ou suspensão 255
Artigo 300.° – Informações e negociação em caso de redução ou suspensão 256
Artigo 301.° – Duração de medida de redução ou suspensão 257
Artigo 302.° – Formação profissional durante a redução ou suspensão 257
Artigo 303.° – Deveres do empregador no período de redução ou suspensão ... 258
Artigo 305.° – Direitos do trabalhador no período de redução ou suspensão 259
Artigo 306.° – Efeitos da redução ou suspensão em férias, subsídio de férias ou de Natal 259
Artigo 308.° – Direitos dos representantes dos trabalhadores durante a redução ou suspensão 260
Encerramento e diminuição temporários de actividade 260
Artigo 309.° – Retribuição durante o encerramento ou a diminuição de actividade 260
Artigo 311.° – Procedimento em caso de encerramento temporário por facto imputável ao empregador 261
Artigo 312.° – Caução em caso de encerramento temporário por facto imputável ao empregador 261
Artigo 313.° – Actos proibidos em caso de encerramento temporário 262

Artigo 316.° – Responsabilidade penal em caso de encerramento de empresa ou estabelecimento 263
Licença sem retribuição 265
Artigo 317.° – Concessão e efeitos da licença sem retribuição 265
Incumprimento do contrato 266
Artigo 324.° – Efeitos para o empregador de falta de pagamento pontual da retribuição 266
Suspensão do contrato de trabalho por não pagamento pontual da retribuição 267
Artigo 325.° – Requisitos da suspensão de contrato de trabalho 267
Poder disciplinar 267
Artigo 328.° – Sanções disciplinares 267
Artigo 329.° – Procedimento disciplinar e prescrição 268
Artigo 330.° – Critério de decisão e aplicação de sanção disciplinar 269
Artigo 331.° – Sanções abusivas 270
Artigo 332.° – Registo de sanções disciplinares 271
Cessação do contrato de trabalho 272
Artigo 341.° – Documentos a entregar ao trabalhador 272
Caducidade de contrato de trabalho 272
Artigo 344.° – Caducidade de contrato de trabalho a termo certo 272
Artigo 345.° – Caducidade de contrato de trabalho a termo incerto 273
Artigo 346.° – Morte de empregador, extinção de pessoa colectiva ou encerramento de empresa 274
Revogação de contrato de trabalho 274
Artigo 349.° – Cessação de contrato de trabalho por acordo 274
Despedimento por facto imputável ao trabalhador 275
Artigo 353.° – Nota de culpa 275
Artigo 355.° – Resposta à nota de culpa 276
Artigo 356.° – Instrução 276
Artigo 357.° – Decisão de despedimento por facto imputável ao trabalhador 277
Artigo 358.° – Procedimento em caso de microempresa 278
Despedimento colectivo 279
Artigo 360.° – Comunicações em caso de despedimento colectivo 279
Artigo 361.° – Informações e negociação em caso de despedimento colectivo 280
Artigo 362.° – Intervenção do ministério responsável pela área laboral 281
Artigo 363.° – Decisão de despedimento colectivo 281
Artigo 364.° – Crédito de horas durante o aviso prévio 283
Artigo 366.° – Compensação por despedimento colectivo 283
Despedimento por extinção de posto de trabalho 284
Artigo 368.° – Requisitos de despedimento por extinção de posto de trabalho 284
Artigo 369.° – Comunicações em caso de despedimento por extinção de posto de trabalho 286
Artigo 371.° – Decisão de despedimento por extinção de posto de trabalho 286
Despedimento por inadaptação 288
Artigo 375.° – Requisitos de despedimento por inadaptação 288
Artigo 376.° – Comunicações em caso de despedimento por inadaptação 289

Artigo 378.° – Decisão de despedimento por inadaptação ... 290
Artigo 380.° – Manutenção do nível de emprego ... 291
Ilicitude de despedimento ... 291
Artigo 389.° – Efeitos da ilicitude de despedimento ... 291
Despedimento por iniciativa do empregador em caso de contrato a termo ... 292
Artigo 393.° – Regras especiais relativas a contrato de trabalho a termo ... 292
Direito Colectivo Estruturas de representação colectiva dos trabalhadores ... 293
Artigo 405.° – Autonomia e independência ... 293
Artigo 406.° – Proibição de actos discriminatórios ... 294
Artigo 407.° – Crime por violação da autonomia ou independência sindical, ou por acto discriminatório ... 295
Artigo 408.° – Crédito de horas de representantes dos trabalhadores ... 296
Artigo 409.° – Faltas de representantes dos trabalhadores ... 297
Artigo 411.° – Protecção em caso de transferência ... 298
Comissões de trabalhadores ... 299
Artigo 419.° – Reunião de trabalhadores no local de trabalho convocada por comissão de trabalhadores ... 299
Artigo 420.° – Procedimento para reunião de trabalhadores no local de trabalho 299
Artigo 421.° – Apoio à comissão de trabalhadores e difusão de informação ... 300
Artigo 422.° – Crédito de horas de membros das comissões ... 300
Artigo 423.° – Direitos da comissão e da subcomissão de trabalhadores ... 301
Artigo 424.° – Conteúdo do direito a informação ... 302
Artigo 426.° – Finalidade e conteúdo do controlo de gestão ... 303
Artigo 427.° – Exercício do direito a informação e consulta ... 304
Artigo 429.° – Exercício do direito de participação nos processos de reestruturação ... 304
Artigo 431.° – Votação da constituição e aprovação dos estatutos de comissão de trabalhadores ... 305
Artigo 432.° – Procedimento para apuramento do resultado ... 306
Quotização sindical ... 306
Artigo 458.° – Cobrança de quotas sindicais ... 306
Artigo 459.° – Crime de retenção de quota sindical ... 307
Actividade sindical na empresa ... 309
Artigo 461.° – Reunião de trabalhadores no local de trabalho ... 309
Artigo 464.° – Direito a instalações ... 310
Artigo 465.° – Afixação e distribuição de informação sindical ... 310
Artigo 467.° – Crédito de horas de delegado sindical ... 311
Artigo 468.° – Crédito de horas e faltas de membro de direcção ... 312
Instrumentos de regulamentação colectiva de trabalho ... 313
Artigo 480.° – Publicidade de instrumento de regulamentação colectiva de trabalho aplicável ... 313
Artigo 487.° – Resposta à proposta ... 314
Artigo 489.° – Boa fé na negociação ... 314
Arbitragem ... 315
Artigo 507.° – Funcionamento da arbitragem voluntária ... 315

Publicação, entrada em vigor e aplicação 315
Artigo 521.° – Violação de disposição de instrumento de regulamentação colectiva de trabalho 315
Conflitos Colectivos de Trabalho 316
Artigo 524.° – Procedimento de conciliação 316
Artigo 527.° – Procedimento de mediação 316
Greve e proibição de *lock-out* 316
Artigo 535.° – Proibição de substituição de grevistas 316
Artigo 540.° – Proibição de coacção, prejuízo ou discriminação de trabalhador 317
Artigo 543.° – Responsabilidade penal em matéria de greve 317
Artigo 544.° – Conceito e proibição de *lock-out* 318
Artigo 545.° – Responsabilidade penal em matéria de lock-out 319

LIVRO II

RESPONSABILIDADES PENAL E CONTRA-ORDENACIONAL

CAPÍTULO I – Responsabilidade penal 321
Artigo 546.° – Responsabilidade de pessoas colectivas e equiparadas 321
Artigo 547.° – Desobediência qualificada 324
CAPÍTULO II – Responsabilidade contra-ordenacional 325
Artigo 548.° – Noção de contra-ordenação laboral 325
Artigo 549.° – Regime das contra-ordenações laborais 327
Artigo 550.° – Punibilidade da negligência 329
Artigo 551.° – Sujeito responsável por contra-ordenação laboral 330
Artigo 552.° – Apresentação de documentos 337
Artigo 553.° – Escalões de gravidade das contra-ordenações laborais 338
Artigo 554.° – Valores das coimas 340
Artigo 555.° – Outros valores de coimas 343
Artigo 556.° – Critérios especiais de medida da coima 345
Artigo 557.° – Dolo 346
Artigo 558.° – Pluralidade de contra-ordenações 347
Artigo 559.° – Determinação da medida da coima 350
Artigo 560.° – Dispensa de coima 352
Artigo 561.° – Reincidência 353
Artigo 562.° – Sanções acessórias 356
Artigo 563.° – Dispensa e eliminação da publicidade 360
Artigo 564.° – Cumprimento de dever omitido 363
Artigo 565.° – Registo individual 365
Artigo 566.° – Destino das coimas 367

PARTE III
RESPONSABILIDADE CONTRA-ORDENACIONAL NO PLANEAMENTO, ORGANIZAÇÃO E COORDENAÇÃO DA SEGURANÇA, HIGIENE E SAÚDE NO TRABALHO EM ESTALEIROS DA CONSTRUÇÃO

DECRETO-LEI N.° 273/2003 DE 29 DE OUTUBRO

CAPÍTULO I – Princípios gerais 376
Artigo 1.° – Objecto 376
Artigo 2.° – Âmbito 378
Artigo 3.° – Definições 381
CAPÍTULO II – Desenvolvimento do projecto e execução da obra 387
SECÇÃO I – Projecto da obra 387
Artigo 4.° – Princípios gerais do projecto da obra 387
Artigo 5.° – Planificação da segurança e saúde no trabalho 390
Artigo 6.° – Plano de segurança e saúde em projecto 392
Artigo 7.° – Riscos especiais 395
Artigo 8.° – Obras públicas e obras abrangidas pelo regime jurídico da urbanização e edificação 397
SECÇÃO II – Coordenação da segurança 398
Artigo 9.° – Coordenadores de segurança 398
Artigo 10.° – Responsabilidade dos outros intervenientes 401
SECÇÃO III – Execução da obra 402
Artigo 11.° – Desenvolvimento do plano de segurança e saúde para a execução da obra 402
Artigo 12.° – Aprovação do plano de segurança e saúde para a execução da obra 404
Artigo 13.° – Aplicação do plano de segurança e saúde para a execução da obra 405
Artigo 14.° – Fichas de procedimentos de segurança 407
Artigo 15.° – Comunicação prévia da abertura do estaleiro 409
Artigo 16.° – Compilação técnica da obra 412
SECÇÃO IV – Obrigações dos intervenientes no empreendimento 414
Artigo 17.° – Obrigações do dono da obra 414
Artigo 18.° – Obrigações do autor do projecto 415
Artigo 19.° – Obrigações dos coordenadores de segurança 416
Artigo 20.° – Obrigações da entidade executante 419
Artigo 21.° – Registo de subempreiteiros e trabalhadores independentes 422
Artigo 22.° – Obrigações dos empregadores 423
Artigo 23.° – Obrigações dos trabalhadores independentes 425
Artigo 24.° – Acidentes graves e mortais 426
CAPÍTULO III – Disposições finais e transitórias 429
Artigo 25.° – Contra-ordenações muito graves 429

Artigo 26.º – Contra-ordenações graves ... 432
Artigo 27.º – Contra-ordenações leves ... 433
Artigo 28.º – Critérios especiais de determinação do valor das coimas ... 433
Artigo 28.º-A – Regiões Autónomas ... 436
Artigo 29.º – Regulamentação em vigor ... 436
Artigo 30.º – Revogação ... 436
Artigo 31.º – Entrada em vigor ... 436
ANEXO I – Gestão e organização geral do estaleiro a incluir no plano de segurança e saúde em projecto, previstas na alínea *f*) do n.º 2 do artigo 6.º ... 437
ANEXO II – Estrutura do plano de segurança e saúde para a execução da obra, prevista no n.º 2 do artigo 11.º ... 437
ANEXO III – Elementos a juntar ao plano de segurança e saúde para a execução da obra, de acordo com o n.º 2 do artigo 11.º ... 438

PARTE IV
LEIS AVULSAS

Decreto-Lei n.º 358/84, de 13 de Novembro ... 443
Regulamento (CEE) n.º 3821/85 do conselho ... 445
Decreto-Lei n.º 362/93, de 15 de Outubro ... 459
Lei n.º 15/97, de 31 de Maio ... 463
Lei n.º 134/99, de 28 de Agosto ... 475
Decreto-Lei n.º 111/2000, de 4 de Julho ... 481
Decreto-Lei n.º 280/2001, de 23 de Outubro ... 485
Regulamento (CE) n.º 561/2006 do Parlamento Europeu ... 489
Lei n.º 13/2006, de 17 de Abril ... 513
Lei n.º 30/2006, de 11 de Julho ... 515
Decreto-Lei n.º 237/2007, de 19 de Junho ... 519
Lei n.º 4/2008, de 7 de Fevereiro ... 529
Decreto-Lei n.º 91/2009, de 9 de Abril ... 531
Lei n.º 98/2009, de 4 de Setembro ... 535
Lei n.º 101/2009, de 8 de Setembro ... 553
Lei n.º 102/2009, de 10 de Setembro ... 561
Lei n.º 105/2009, de 14 de Setembro ... 609
Decreto-Lei n.º 260/2009, de 25 de Setembro ... 619
Lei n.º 27/2010, de 30 de Agosto ... 637
Alguns diplomas legais referenciados neste livro ... 665

ÍNDICE TEMÁTICO ... 669
BIBLIOGRAFIA ... 691
ÍNDICE ... 699